P. FONCIN

Géographie Générale

4° G
340

GÉOGRAPHIE GÉNÉRALE

PARIS — IMPRIMERIE E. CAPIOMONT ET C⁹⁸

6, RUE DES POITEVINS, 6

GÉOGRAPHIE GÉNÉRALE

RELIEF DU SOL — HYDROGRAPHIE
VOIES DE COMMUNICATION — AGRICULTURE — INDUSTRIE — COMMERCE — STATISTIQUE

200 pages de texte — 106 cartes en couleur — 17 profils
102 figures

AVEC INDEX ALPHABÉTIQUE CONTENANT 4125 NOMS GÉOGRAPHIQUES

PAR

P. FONCIN

AGRÉGÉ D'HISTOIRE ET DE GÉOGRAPHIE, DOCTEUR ÈS LETTRES,
ANCIEN RECTEUR D'ACADÉMIE, DIRECTEUR HONORAIRE DE L'ENSEIGNEMENT SECONDAIRE AU MINISTÈRE DE L'INSTRUCTION PUBLIQUE
INSPECTEUR GÉNÉRAL DE L'ENSEIGNEMENT SECONDAIRE
SECRÉTAIRE GÉNÉRAL DE L'*Alliance française* POUR LA PROPAGATION DE LA LANGUE FRANÇAISE DANS LES COLONIES ET A L'ÉTRANGER

> « Si nous voulons, nous, Français, conserver
> « une place dans le monde, il faut, par un vigoureux
> « effort, voyager, coloniser, répandre partout notre
> « langue, apprendre les langues étrangères, nous
> « renseigner sur les productions de chaque pays. »

PARIS
ARMAND COLIN ET Cⁱᵉ, ÉDITEURS
1, 3, 5, RUE DE MÉZIÈRES
—
1887
Tous droits réservés.

PRÉFACE

Les ouvrages de géographie générale ne manquent point en France, et celui-ci serait-il meilleur que d'autres, s'il devait leur ressembler, nous aurions été à coup sûr téméraire de l'entreprendre et nous aurions eu tort de le publier. La seule raison d'être de ce volume est d'avoir été conçu d'après un type nouveau. Ouvrez un traité ou un dictionnaire de géographie, vous y trouverez rarement des cartes et, s'il y en a, elles sont en très petit nombre. Feuilletez un atlas, le texte explicatif fait défaut. En réunissant en un même livre toutes les cartes d'un Atlas et tout le texte d'une Géographie, nous espérons avoir produit une œuvre d'un genre inédit. Le seul mérite de notre effort est qu'il n'avait pas été tenté jusqu'ici.

Ce n'est point que dans les écoles, les collèges, les lycées on ignore notre méthode. La *géographie Préparatoire* et la *Première année de géographie* destinées surtout à l'enseignement primaire élémentaire, la *Deuxième* et la *Troisième année de géographie* qui conviennent plus particulièrement à l'enseignement primaire supérieur, aux écoles normales, à l'enseignement secondaire spécial et à l'enseignement secondaire classique des filles et des garçons, étaient déjà composées d'après le plan que nous venons d'indiquer. Nous avons voulu cette fois fondre en un seul corps tous les matériaux de ces diverses publications et les approprier à l'usage non seulement du public scolaire, mais aussi du grand public, — hommes d'affaires et gens du monde.

Notre **Géographie générale** est donc, sous une forme relativement restreinte, un manuel, un *livre de main*, comme disent nos voisins d'outre-Rhin ou d'outre-Manche, aussi court, mais aussi complet que possible. Il vise à la concision, sans s'interdire sur les points essentiels, des développements de quelque étendue. Il s'étudie à ne rien dire de trop comme à ne rien omettre d'important. Les détails de nomenclature physique, politique ou économique, les renseignements de statistique comparée sont placés en vedette, en tête de chaque chapitre. Ils sont faciles à consulter et nous avons essayé de leur donner leur relief propre, sans nuire à la perspective de l'ensemble. Ils allègent le texte qui peut courir sur les sommets des choses, sans s'attarder ni se perdre en route. De loin en loin, des chapitres accessoires composés en plus petits caractères résument des groupes de faits secondaires qui offrent croyons-nous, un réel intérêt, mais qui peuvent demeurer au second plan; ces *lectures* condensent en quelques lignes des pages nombreuses, n'en prennent que l'essentiel; elles sont destinées en même temps à reposer le lecteur; elles sont pour lui des haltes sur l'infini chemin des terres et des eaux, des villes et des peuples.

Puisse cette Géographie-Atlas paraître à la fois assez attrayante et assez pratique pour trouver place sur l'étagère mondaine comme sur le bureau du comptoir ou sur la table de travail de l'homme d'étude. Être lue de page en page et de ligne en ligne, elle le souhaite assurément, sans oser l'espérer. Être feuilletée du moins, et souvent consultée, tel est son plus cher désir. *L'index alphabétique* qui la termine invite aux recherches, les rend promptes et faciles.

Puisse surtout ce volume contribuer à répandre en France des notions précises de géographie, et à guérir les Français de deux travers graves : — l'ignorance des autres et la réclusion chez soi. Nous sommes toujours portés à nous croire en tous points le premier peuple du monde, faute de connaître les autres peuples. Nous tendons fatalement à l'immobilité, parce que le savoir seul rend véritablement curieux et qu'à force de vivre au dedans nous n'éprouvons plus aucun désir d'aller voir ce qui se passe au dehors. Si nous voulons cependant conserver une place dans le monde, résister aux flots anglo-saxon, allemand, américain, russe, qui menacent de nous submerger, nous, notre commerce, notre industrie, notre agriculture, notre richesse, notre race, notre influence politique et intellectuelle, il faut par un vigoureux effort sortir de nous-mêmes, nous aguerrir aux voyages lointains, émigrer, coloniser, répandre partout notre langue, sûr moyen d'accroître notre exportation, apprendre en même temps les langues étrangères ; — il faut avant tout que nous sachions la géographie.

P. FONCIN.

GÉOGRAPHIE GÉNÉRALE

Par PIERRE FONCIN

PREMIÈRE PARTIE
LA TERRE ET LA MER

CHAPITRE PREMIER
LA TERRE DANS L'ESPACE

⁓ La terre est un des astres innombrables qui peuplent l'espace.
⁓ Il y a plusieurs sortes d'astres : les *étoiles*, — les *planètes*, — les *satellites* des planètes, — les *comètes*.

Le *soleil* est une étoile; la *terre* est une planète qui tourne autour du soleil; la *lune* est un satellite qui tourne autour de la terre.

LES ÉTOILES

⁓ Les *étoiles* sont ces points brillants que l'on aperçoit la nuit, dans le ciel, et qui semblent rester dans la même position les uns par rapport aux autres. Leur éclat vient d'elles-mêmes. — Les étoiles sont situées à des distances immenses de nous. — Il en existe un nombre prodigieux.
⁓ **Constellations.** — On remarque dans la voûte céleste des étoiles réunies par

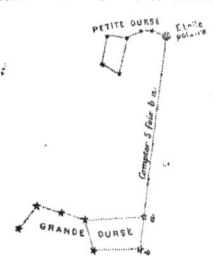

Fig. 1. — Étoile polaire.

groupes ou *constellations*. Une des plus connues est la *Petite Ourse* (fig. 1) qui se termine par l'étoile polaire.

A peu de distance de la *Petite Ourse* (fig. 1) se trouve une autre constellation de même forme, mais plus grande et autrement orientée. On lui donne le nom de *Grande Ourse* ou *Chariot de David*. — Quand on a trouvé la Grande Ourse, qu'il est facile de reconnaître, il suffit de prolonger la direction des étoiles *b c* à pour rencontrer l'étoile polaire qui fait reconnaître le *Nord*.

⁓ **Nébuleuses.** — L'ensemble de toutes les étoiles qui occupent la même région de l'espace se nomme une *nébuleuse*. Toutes les étoiles que nos yeux découvrent constituent la nébuleuse dont font partie le Soleil et la

Fig. 2. — Notre Nébuleuse.

Terre (fig. 2); les étoiles de cette nébuleuse sont, par endroits, assez nombreuses pour former dans le ciel la longue traînée de lueur, connue sous le nom de *voie lactée*.
⁓ A des distances incalculables de notre nébuleuse se trouvent d'autres *nébuleuses* qui peuplent l'espace infini.

LE SOLEIL

⁓ **Soleil.** — Le Soleil est *l'étoile du ciel la plus voisine de nous*. C'est une des plus petites parmi les étoiles. Si le soleil était aussi loin de nous que le sont les plus lointaines des étoiles visibles à l'œil nu, nos yeux *ne le verraient plus*.
⁓ **Dimensions du soleil.** — Les dimensions du Soleil sont énormes. On a calculé qu'il est un million trois cent mille fois plus gros que la Terre.
⁓ **Distance du Soleil.** — La lumière parcourt 75 000 lieues à la seconde; le Soleil, qui nous envoie sa lumière en 8 minutes 18 secondes, est donc séparé de nous par 37 millions de lieues (fig. 3). Mais cette distance prodigieuse est insignifiante si on la com-

Fig. 3. — Distance de la Terre au Soleil.

pare à celle qui sépare la Terre de l'étoile la plus voisine, puisque la lumière met 3 ans 1/2 à nous venir de cette étoile. — Pour nous arriver des étoiles les plus éloignées, il faut à la lumière des milliers d'années.

LES PLANÈTES

⁓ **Planètes.** — On nomme planètes des astres qui décrivent autour du Soleil des orbites presque circulaires (fig. 4).

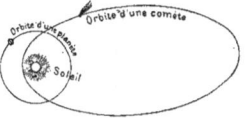

Fig. 4. — Orbite d'une planète. — Orbite d'une comète.

⁓ A première vue, les planètes *semblent* être des étoiles. Cependant elles en sont complètement différentes. En effet, les étoiles sont situées à des distances *immenses*, et elles brillent de leur propre éclat, comme autant de soleils, — au contraire, les planètes sont relativement proches de nous, et ne brillent qu'en réfléchissant la lumière qu'elles reçoivent du Soleil.

Si nous pouvions nous transporter dans une planète, nous apercevrions la terre brillante, comme une étoile, et cependant elle n'a de lumière que celle que lui envoie le Soleil.

⁓ Les planètes diffèrent encore des étoiles parce qu'elles tournent autour du Soleil, au lieu que les étoiles *semblent* immobiles.
⁓ On connaît huit planètes principales

LA TERRE DANS L'ESPACE.

(fig. 5) et un groupe de *planètes* beaucoup plus petites, récemment découvertes.

1. Saturne et son anneau; —2. Jupiter; —3. Neptune; —4. Uranus; —5. La Terre; — 6. Vénus; —7. Mars; — 8. Mercure.
Fig. 5. Grosseur comparée des huit planètes principales.

Les huit planètes principales sont, en commençant par la plus proche du Soleil :

Mercure,	Jupiter.
Vénus.	Saturne.
La Terre.	Uranus.
Mars.	Neptune.

~~~ Entre Mars et Jupiter sont situées 214 petites planètes télescopiques.

~~~ La plus brillante des planètes est *Vénus*, dont l'éclat est si vif, qu'on la voit quelquefois en plein jour. — Uranus et Neptune ne sont pas visibles à l'œil nu.

~~~ **Satellites des planètes.** — Plusieurs planètes sont accompagnées d'astres secondaires ou *satellites*, qui circulent autour d'elles — La *Terre* a un satellite qui est la *Lune* ; — *Mars* en a deux; — *Jupiter* en a quatre; — *Saturne* en a huit, plus un anneau circulaire et aplati; — *Uranus*, quatre; — *Neptune*, un.

~~~ **Système solaire.** — L'ensemble du Soleil, des planètes qui circulent autour de lui et des satellites de ces planètes, a reçu le nom de *système solaire*.

COMÈTES

~~~ On appelle *comètes* (fig. 4) des astres formés d'un noyau brillant, d'une excessive ténuité, qu'enveloppe une nébulosité, nommée *chevelure*. Ce noyau se termine par une traînée ou *queue* lumineuse.

Les comètes décrivent autour du Soleil des orbites très allongées. Elles viennent ainsi de fort loin, sont visibles pendant quelque temps, puis disparaissent.

LA TERRE

~~~ **La Terre, planète.** — La Terre est une des huit planètes principales qui circulent autour du Soleil.

~~~ **Rotondité ou sphéricité de la Terre.** — Notre Terre est *sphérique*, c'est-à-dire qu'elle a la forme d'une *sphère* ; mais cette forme n'est pas tout à fait régulière : la Terre est légèrement aplatie aux pôles, de P en P' (fig. 6), et légèrement renflée à l'équateur, de A en B.

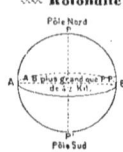

Fig. 6. — Aplatissement de la Terre aux pôles.

AB est plus grand que PP' de 42 kil.

~~~ Au bord de la mer on peut très bien se rendre compte de la rotondité ou *sphéricité* de la Terre.

Supposons un observateur placé en A (fig. 7) et regardant un navire s'éloigner. Si

Fig. 7 — Une des preuves de la sphéricité de la Terre.

l'immense surface qu'il a devant lui était plane, il verrait le vaisseau diminuer peu à peu, mais il l'apercevrait toujours *en entier*, jusqu'à ce qu'il cessât de le distinguer à cause de l'éloignement.

Mais les choses ne se passent pas ainsi. En *m*, à une faible distance, l'observateur voit la coque entière du navire; en *m'*, il ne voit plus que les voiles; en *m''*, les voiles elles-mêmes ont disparu au-dessous du rayon visuel AB. La surface de la mer est donc convexe, et comme la même observation peut se renouveler partout, on doit en conclure que la Terre a bien la forme d'une sphère.

Il y a d'autres preuves de la rotondité de la Terre. La plus simple est celle-ci : la Terre est ronde, car on peut en faire le tour, par une direction opposée, à son point de départ, comme une mouche qui ferait le tour d'un globe de lampe.

~~~ **Dimensions de la Terre, diamètre.** — Le diamètre AB de la Terre (fig. 8) a plus de 3 000 lieues : environ 15 fois la distance de Paris à Marseille.

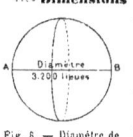

Fig. 8. — Diamètre de la Terre.

Ce diamètre est 1 500 fois plus grand que la plus haute montagne du globe, dont la hauteur atteint environ deux lieues. Si donc on faisait une boule de 1 mètre 50 ou de 1 500 millimètres de diamètre pour représenter la Terre, il faudrait mettre sur cette boule un grain de sable de 1 millimètre d'épaisseur pour représenter la plus haute montagne; ce grain de sable serait imperceptible. On a donc raison de dire que, toutes proportions gardées, la surface de la Terre est plus lisse que la surface d'une peau d'orange.

~~~ **Circonférence de la Terre.** — L'unité de longueur, le mètre, est la $\frac{1}{40\,000\,000}$ partie du *méridien terrestre*, c'est-à-dire de la circonférence passant par les pôles ; la circonférence de la Terre est donc de 40 millions de mètres (fig. 9), c'est-à-dire de 10000 lieues.

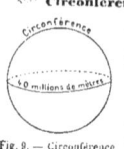

Fig. 9. — Circonférence de la Terre.

~~~ **Antipodes.** — On appelle Antipodes les points du globe *diamétralement opposés*. Ainsi le point B (fig. 10) est l'antipode du point A ; de même le point C est l'antipode du point D. On voit que les habitants des points B et D semblent avoir, par rapport aux habitants des points

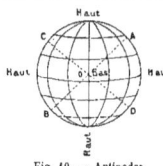

Fig. 10. — Antipodes.

C et A, la tête en bas et les pieds en l'air. En réalité, pour les uns et pour les autres, le bas, c'est le *centre* de la Terre; le haut, c'est le ciel.

L'antipode de Paris est une des îles de l'océan Pacifique (page 171) faisant partie de l'archipel des Antipodes, situé au S.-E. de la possession anglaise de la *Nouvelle-Zélande*.

~~~ **Rotation de la Terre.** — La Terre tourne sur elle-même comme une toupie; c'est ce qu'on appelle son mouvement de *rotation*. Ce mouvement s'opère de l'ouest à l'est, en un *jour* de 24 heures.

La Terre, dans son mouvement de rotation, amène successivement les différents points A, B, C, D de sa surface (fig. 11) vis-à-vis du So-

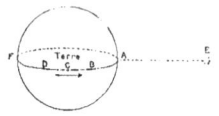

Fig. 11. — Rotation de la Terre de l'ouest à l'est.

leil, de la Lune ou d'une étoile quelconque E du ciel. C'est ce mouvement qui nous fait croire que les astres se déplacent dans le ciel, *se lèvent* et *se couchent*, comme on dit, tandis que c'est nous qui tournons avec la Terre. Nous commençons à découvrir les astres du côté du *levant*, nous passons devant eux, puis nous les perdons de vue du côté du *couchant*.

Lorsque nous sommes en chemin de fer, en voiture ou en bateau, il ne nous semble pas que nous sommes immobiles et que le sol et les arbres fuient à notre droite et à notre gauche. — De même, tournant avec la Terre, nous croyons être immobiles, et il nous semble que c'est le Soleil qui tourne autour de nous. — Nous avons les mêmes illusions pour les autres astres.

~~~ **Jour et nuit.** — Le mouvement de rotation de la Terre sur elle-même produit la succession des *jours* et des *nuits*. On conçoit en effet (fig. 12) que le Soleil S éclairant

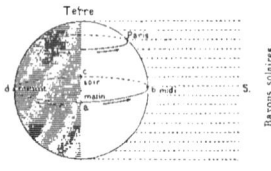

Fig. 12. — Succession des jours et des nuits.

notre Terre n'en éclaire que la moitié *a b c*, qui le regarde, et laisse dans l'ombre l'autre moitié *c d a*.

La Terre, en tournant sur elle-même, fait donc passer successivement un point quelconque de sa surface : 1° en *a*, au bord de la partie éclairée, c'est le *matin*; — 2° en *b*, au milieu de la partie éclairée, en face du Soleil, c'est *midi*; — 3° en *c*, au bord de l'ombre, c'est le *soir*; — 4° en *d*, au milieu de l'ombre, à l'opposé du Soleil, c'est *minuit*.

~~~ **Révolution, Écliptique.** — La Terre tourne autour du Soleil dans le même

sens qu'elle tourne sur elle-même, c'est-à-dire de *l'ouest à l'est* (fig. 13).

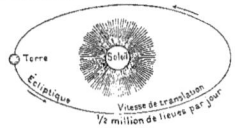

Fig. 13. — Translation de la Terre autour du Soleil.

Ce mouvement de translation de la Terre autour du Soleil se nomme *révolution*, et le grand cercle qu'elle parcourt ainsi s'appelle *l'écliptique*.

Durée de la révolution. — La Terre accomplit sa révolution en 365 jours 6 heures, ou une *année*, avec une vitesse bien supérieure à celle d'un boulet de canon. Notre globe, qu'on a cru si longtemps immobile, est donc doué d'une vitesse prodigieuse.

Zones, tropiques, cercles polaires. — Soit une surface A C (fig. 14) et deux rayons de chaleur, l'un, DB, oblique sur A C, et l'autre, EB, perpendiculaire. On constate en physique que le point B reçoit moins de chaleur du rayon *oblique* BD que du rayon *perpendiculaire* EB.

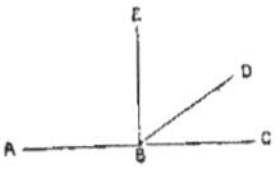

Fig. 14.—B D, rayon oblique. E B, rayon perpendiculaire.

Considérons maintenant (fig. 15) la direction des rayons solaires par rapport à la Terre. Les rayons frappent perpendiculairement le point B, et presque perpendiculairement la portion DC du globe, comprise entre C'C et D'D. La région comprise entre C'C et D'D recevra

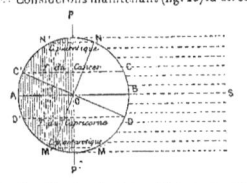

Fig. 15. — Direction des rayons solaires par rapport aux différents points de la Terre.

donc la plus grande quantité de chaleur. Cette région est nommée la zone *torride* (fig. 16).

Fig. 16. — Les cinq zones terrestres.

Les cercles C'C et D'D, situés à 23° 28' (1) de l'équateur sont nommés : le premier, *tropique du Cancer*; le second, *tropique du Capricorne*.

Les rayons solaires frappent obliquement la portion du globe comprise entre C'C et N'N, ainsi que la région comprise entre D'D et M'M. Ces deux régions reçoivent moins de chaleur que la zone torride. Ce sont les zones *tempérées*.

Les cercles N'N et M'M sont appelés : le premier, *cercle polaire arctique*; le second, *cercle polaire antarctique*.

Les rayons solaires frappent plus obliquement encore la région comprise entre le cercle polaire arctique et le pôle nord ; entre le cercle polaire antarctique et le pôle sud.

Ce sont les zones *glaciales*.

Ces zones, régulièrement limitées par des cercles parallèles à l'équateur, sont conventionnelles. Les véritables limites des zones sont les lignes isothermes dont il sera parlé plus loin.

Dans son mouvement de translation, la Terre est tantôt plus élevée dans le ciel que le Soleil par rapport à une étoile, tantôt à la même hauteur, tantôt moins élevée. Ces diverses positions de la Terre ont pour conséquences :

1° L'inégale durée des jours et des nuits.
2° Des variations de température aux différentes époques de l'année.

Ces deux phénomènes produisent les saisons.

THÉORIE DES SAISONS

Faits préliminaires. — Pour bien comprendre la théorie des saisons, il importe de se rappeler ou d'avoir présents à l'esprit les faits suivants :

1° La Terre tourne sur elle-même de *l'ouest à l'est*;
2° La Terre tourne autour du Soleil dans le même sens qu'elle tourne sur elle-même, c'est-à-dire de *l'ouest à l'est*;
3° Le Soleil est tellement éloigné de nous que tous ses rayons peuvent être considérés comme *parallèles* entre eux ;
4° Les rayons perpendiculaires envoient plus de chaleur que les rayons obliques.

Examinons maintenant la position de l'*écliptique*. ou grand cercle que la Terre parcourt autour du Soleil.

Position de l'écliptique. — Pour se faire une idée nette de l'*écliptique* ou courbe que la *Terre* décrit en un an autour du *Soleil*, le moyen le plus simple est de se transporter en imagination dans une étoile E (fig. 17), au-dessus du Soleil et de la Terre, puis, du haut de cet observatoire, de considérer ce qui se passe.

On verrait alors que la Terre, en tournant autour du Soleil, ne reste pas toujours à la même distance de l'étoile, que dans la position 1, elle se rapproche de l'étoile, qu'elle s'en éloigne, lorsque, six mois après, elle est dans la position 3, formant ainsi une courbe RS inclinée dans l'espace.

Si nous supposons un instant que la Terre, au lieu de se rapprocher et de s'éloigner alternativement de l'étoile E, reste toujours à la même distance de cette dernière, la trace de sa course dans le ciel serait une courbe R'S', qui formerait avec la courbe RS un angle R'OR de 23° et demi (exactement 23° 28').

Considérons la Terre dans la position 2. — Dans cette position, le plan qui passe par l'équateur ee' ou plan équatorial de la terre coïncide avec le plan imaginaire R' S'; il en résulte que le plan équatorial ee' fait un angle de 23° et demi avec le plan de l'écliptique. L'inclinaison est la même dans les trois autres positions

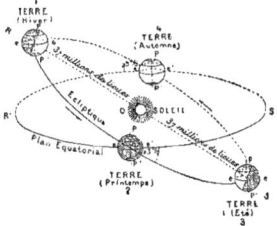

Fig. 17. — Le plan de l'écliptique est incliné de 23 degrés et demi sur le plan de l'équateur.

3, 1, 4, puisque l'axe de la Terre se meut parallèlement à lui-même. C'est ce qu'on énonce en disant que le plan de l'écliptique est incliné de 23° et demi sur le plan de l'équateur terrestre.

Ainsi dans sa révolution annuelle autour du soleil, la Terre occupe quatre positions bien distinctes : en hiver, elle est en 1, à 23° et demi **au-dessus** du Soleil ; — au printemps, elle est en 2, juste à *la hauteur* du Soleil ; — en été, elle est en 3, à 23° et demi **au-dessous** du soleil ; — enfin, trois mois après, en automne, pour continuer sa course ascendante vers 1 et redescendre ensuite.

Saisons. — Ces différentes positions de la Terre autour du Soleil produisent des variations de température qui constituent les saisons.

Hiver. — L'hiver a lieu quand la Terre est dans la position 1 de la figure 17, au moment où notre globe est à 23° et demi au nord du cercle équatorial. Dans cette position (fig. 18) le Soleil éclaire la Terre *par le sud* ; sa

Fig. 18. — Hiver : le Soleil éclaire la Terre par le sud.

lumière, répandue sur la moitié BCD de la Terre, s'étend jusqu'en B, à 23° et demi au delà du pôle sud et s'arrête en D, à 23° et demi en deçà du pôle nord.

La Terre tournant sur elle-même en 24 heures dans le sens de la flèche (fig. 17), examinons le temps que chacun des points ADD restera dans la partie éclairée.

Le point A, qui est l'équateur, parcourant juste un demi-cercle AA'A" dans la partie éclairée, restera 12 heures devant le Soleil.

Pour A, les jours seront **égaux** aux nuits ; *il en est de même pour tous les points situés à l'équateur.*

Cela n'a plus lieu pour les points qui sont au *nord* de l'équateur. Le point F, par exemple, où est situé la France, parcourt dans la lumière un arc de cercle FF'F'' plus court que l'arc F'''F''F' qu'il décrit dans l'ombre ; pour lui, en hiver, les jours sont *plus courts* que les nuits. — Au nord de F, les jours seront de plus en plus courts et les nuits de plus en plus longues. — A partir de D jusqu'au pôle nord, *tout reste dans l'ombre pendant 24 heures*, et les habitants de ces régions ont une nuit qui dure près de six mois.

Les mêmes phénomènes se produisent, mais en sens inverse, pour les points qui sont au *sud* de l'équateur. Le point G, par exemple, en tournant avec la Terre, a plus de chemin à faire dans la lumière que dans l'ombre ; les jours, en hiver, y sont plus longs que les nuits, et ils y sont d'autant plus longs que ces points sont plus au sud de l'équateur.

A partir de BB', à 23° et demi du pôle sud, les points qui avoisinent ce pôle, en tournant avec la Terre, ne sortent plus de la lumière du Soleil et *n'ont pas de nuit*.

On sait que la chaleur, à la surface de la Terre, dépend en partie de la *longueur des jours*. Dans ces conditions, pendant que les habitants de l'hémisphère nord sont en hiver, ceux de l'hémisphère sud sont en été.

~~~ **Été.** — L'été a lieu pour nous, habitants de la France, lorsque la Terre est dans la position 3 (fig. 17). A ce moment, le Soleil éclaire notre Terre par le nord.

Sa lumière, répandue sur la moitié BA'''D (fig. 19), atteint le point D, à 23° et demi au delà

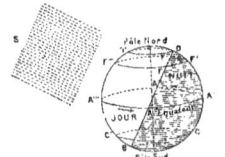

Fig. 19. — Été : le Soleil éclaire la Terre par le nord.

du pôle nord, et s'arrête en B, à 23° et demi avant le pôle sud. La Terre tournant sur elle-même en 24 heures dans le sens de la flèche (fig. 17), et le point A, situé à l'équateur, parcourant juste un demi-cercle AA'A'' dans la partie obscure, restera 12 heures privé de Soleil. Pour lui, les nuits seront *égales* aux jours. *Il en sera de même pour tous les points situés à l'équateur.*

Pour les points situés au nord ou au sud de l'équateur, les effets sont inverses de ce qui se passe en hiver. En effet, au nord, ces points en tournant avec la Terre, ont plus de chemin à faire dans la lumière que dans l'ombre. Cela se voit clairement pour le point F'' (France), qui parcourt devant le Soleil le grand arc de cercle F''F'''F', et n'est dans l'obscurité que pour le temps qu'il met à parcourir le petit arc F F' F''. — Au delà, vers le nord, les jours seront plus longs encore. En D' et au delà, les points ne sortent pas de la lumière du Soleil et *n'ont pas de nuit* à cette époque de l'année.

Au contraire, les points situés au sud de l'équateur, le point C', par exemple, ont, en tournant avec la Terre, moins de chemin à faire dans la lumière que dans l'ombre ; ils ont les jours *plus courts* que les nuits, et d'autant plus courts que ces points sont plus au sud de l'équateur. En B et au delà, les points ne sortent plus de l'ombre et *n'ont pas de nuit*.

En outre la France F''' reçoit presque perpendiculairement les rayons du Soleil.

C'est donc bien la saison chaude, c'est-à-dire l'été pour la partie nord (la nôtre) de la Terre, et la saison froide pour la partie sud du globe.

~~~ **Printemps.** — La Terre ne peut passer de la position 1 à la position 3 (fig. 17) sans se trouver, à un certain moment, dans la position 2, c'est-à-dire *à la hauteur* du Soleil. Il est facile de voir alors (fig. 20) que la moitié

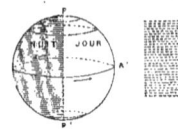

Fig. 20. — Printemps : le Soleil éclaire la Terre de face.

PA'P' de la Terre, éclairée par le Soleil, va d'un pôle à l'autre, et que tous les points de la surface de la Terre, en tournant avec elle, *restent autant de temps dans la lumière que dans l'ombre*. Il y a donc à cette époque, pour toute la Terre, 12 heures de jour et 12 heures de nuit.

~~~ **Automne.** — La Terre en passant de 3 à 4 (fig. 17), c'est-à-dire de sa position d'été

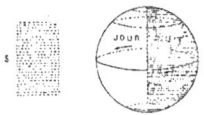

Fig. 21. — Automne : le Soleil éclaire la Terre de face.

à sa position d'hiver, occupe à un certain moment la position 4, où elle se trouve *à la hauteur* du Soleil (fig. 21). Les jours sont alors redevenus égaux aux nuits pour toute la Terre : c'est la saison d'automne.

LE CALENDRIER

~~~ **L'année et les mois.** — L'année est, comme on l'a vu (p. 9), le temps pendant lequel la Terre accomplit sa révolution autour du Soleil.

L'année a été divisée en douze *mois*.

Les noms des douze mois ont été empruntés aux Romains.

Janvier, ou mois consacré au dieu Janus ;
Février, ou mois pendant lequel on faisait des expiations et des purifications (*februare*), et non, mois de fièvres, comme on le dit souvent ;
Mars, ou mois consacré au dieu Mars ;
Avril, du latin *aperire*, ouvrir ;
Mai, ou mois pendant lequel la terre produit, déploie ses richesses ;
Juin, ou mois de la déesse Junon ;
Juillet, ou mois consacré à Jules César ;
Août, ou mois consacré à Auguste ;
Septembre, octobre, novembre, et *décembre*, septième, huitième, neuvième et dixième mois dans l'année romaine, qui commençait en mars.

~~~ **Les jours du mois chez les Romains.** — Chez les Romains, le premier jour du mois s'appelait les *calendes*, d'où le nom même de calendrier ; le cinquième ou septième les *nones* ; le treizième ou le quinzième les *ides*. Les autres jours étaient indiqués par des numéros marchant à rebours et indiquant de combien ils étaient antérieurs à chacune de ces dates, calendes, nones ou ides. Cette méthode de compter était assez compliquée.

~~~ **Les semaines et les jours de la semaine.** — Dans la plupart des calendriers le temps est divisé en *semaines*, ou périodes de sept jours absolument indépendantes des divisions en années et en mois. L'origine de la semaine est fort ancienne. Les noms des jours de la semaine sont d'origine latine, mais les Romains les avaient empruntés eux-mêmes à l'Égypte, en les traduisant. Ils correspondent aux noms des sept planètes principales, y compris le Soleil et la Lune.

Samedi, jour de Saturne ;
Dimanche, jour du Soleil (*Sunday* en anglais, *Sontay* en allemand), et plus tard jour du Seigneur (*Dominica dies*) ;
Lundi, jour de la Lune ;
Mardi, jour de Mars ;
Mercredi, jour de Mercure ;
Jeudi, jour de Jupiter ;
Vendredi, jour de Vénus.

~~~ **Différence de l'année sidérale et de l'année tropique.** — Si l'on calcule le temps que le Soleil met, dans son mouvement apparent, à parcourir le ciel, par rapport aux étoiles, on obtient l'année *sidérale*, qui est de 365 jours, 25. — Si l'on recherche au contraire l'intervalle qui s'écoule entre deux passages du soleil à l'équinoxe du printemps, on trouve l'année *tropique*, qui est de 365 jours, 24. L'année tropique est donc un peu plus courte que l'année sidérale.

~~~ **La précession des équinoxes.** — L'année tropique est plus courte que l'année sidérale, parce que chaque année l'équinoxe du printemps se trouve légèrement en retard et rétrograde parmi les constellations. Ce phénomène s'appelle la précession des équinoxes.

~~~ **L'année civile.** — Il serait trop long de calculer la date des événements par jours ou par semaines, on a donc adopté comme unité de temps l'*année*. C'est l'année civile. Mais il est indispensable d'une part que l'année civile compte un nombre de jours déterminés, sans heures en plus ou en moins, afin que les heures du jour et de la nuit correspondent à la réalité des choses. Il faut, d'autre part, que la durée de l'année civile soit égale à celle de l'année tropique, afin que les saisons arrivent toujours aux mêmes dates. Cette double concordance a été assez difficile à établir.

~~~ **Réforme Julienne. Année bissextile.** — Douze mois de 30 jours ne donnent que 360 jours, pour l'année, et il y a en plus un reste de 6 heures environ. C'est pourquoi Jules César, réformateur du calendrier romain, décida que les mois de janvier, mars, mai, juillet, août, octobre et décembre auraient 31 jours, les autres en conservant 30, et celui de février 28 seulement. Il obtint ainsi un total de 365 jours. Il décida en outre que tous les quatre ans, le mois de février aurait 29 jours au lieu de 28. Ce jour complémentaire se trouvant intercalé entre le 23 et le 24 février (le sixième avant les calendes) prit le nom de

bis-sexto-calendes. C'est ainsi que l'année supplémentaire qui revient périodiquement tous les quatre ans s'appelle année bissextile.

Réforme Grégorienne (1582). — Cependant le calendrier adopté par Jules César n'était pas absolument exact; la durée moyenne de l'année civile dépassait légèrement celle de l'année tropique, si bien que les saisons empiétaient peu à peu sur leur date réelle, en 1582 l'équinoxe de printemps arriva le 11 mars au lieu du 21. Pour obvier à cet inconvénient, le pape Grégoire XIII porta d'abord la date de l'équinoxe au 21 mars, puis il décida qu'à l'avenir, dans une période de quatre siècles, il n'y aurait que 97 années bissextiles au lieu de 100; en d'autres termes, qu'on retrancherait 3 jours sur 400. Désormais il y a concordance presque complète entre l'année civile et l'année tropique. Mais quelques peuples, notamment les Russes, n'ont pas adopté la réforme grégorienne, si bien qu'il y a aujourd'hui 12 jours de différence entre leur calendrier et le nôtre. Quand nous datons 30 janvier, ils ne sont encore qu'au 18 du même mois, vieux style. Pour éviter tout malentendu, on écrit les deux dates : 18/30 *janvier*, par exemple.

Calendrier républicain. — Une réforme de l'ancien calendrier a été tentée par la Convention. Dans ce système, tous les mois sont de 30 jours et divisés en 3 décades ou semaines de 10 jours. Les jours de la semaine sont, d'après leur numéro d'ordre : Primidi, duodi, tridi, quartidi, quintidi, sextidi, septidi, octidi, nonidi decadi. A la fin de l'année s'ajoutent cinq jours complémentaires consacrés à des fêtes nationales, six dans les années bissextiles. L'année commence à l'équinoxe; les mois, dont les noms poétiques se comprennent d'eux-mêmes, sont groupés trois par trois et correspondent aux saisons. *Automne* : vendémiaire, brumaire, frimaire ; *Hiver* : nivôse, pluviôse, ventôse ; *Printemps*: germinal, floréal, prairial ; *Été* : messidor, thermidor, fructidor.

LA LUNE

Généralités. — La Lune est un petit astre 49 fois plus petit que notre Terre en volume (fig. 22) et 400 fois plus proche de

La Terre. La Lune.
Fig. 22. — Grosseur comparée de la Terre et de la Lune.

nous que le Soleil. Sa distance de la Terre n'est que de 95 000 lieues.

La Lune, comme la Terre, est un corps opaque et non lumineux. Si elle nous éclaire pendant la nuit, c'est parce qu'elle *réfléchit* la lumière qu'elle reçoit du Soleil.

La Lune tourne autour de la Terre comme celle-ci tourne autour du Soleil ; elle est un *satellite* de la Terre.

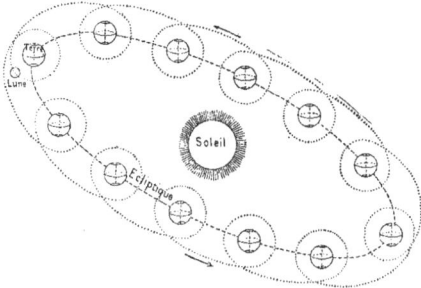

Fig. 23. — Translation de la Lune autour du Soleil.

La Lune, en même temps qu'elle tourne autour de la Terre, est emportée par celle-ci dans le mouvement de translation de notre planète autour du Soleil (fig. 23).

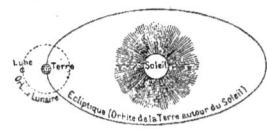

Fig. 24. — Mouvement de la Lune autour de la Terre.

Lunaison. — La Lune met 27 jours 8 heures pour faire le tour de la Terre; elle met plus de temps, 29 jours et demi, pour revenir deux fois de suite en face du Soleil, parce que la Terre s'est déplacée dans l'intervalle. C'est cette dernière période qui constitue la *lunaison*, le *mois lunaire* pendant lequel la Lune passe par ses diverses phases.

Nouvelle Lune. — On nomme *nouvelle lune*, le moment où la Lune L (fig. 25), dans sa révolution autour de la Terre, se trouve entre le Soleil S et la Terre. Dans cette

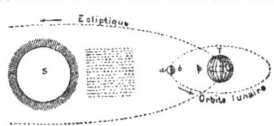

Fig. 25. — Nouvelle Lune.

position, la Lune n'est pas visible pour nous, parce qu'elle est éclairée par le Soleil du côté *a* et qu'elle tourne vers la Terre son côté obscur *b*.

Pleine Lune. — On appelle *pleine lune* (fig. 26) le moment où la Lune L est au

Fig. 26. — Pleine Lune.

delà de la Terre T par rapport au Soleil S. Dans cette position, toute la moitié *a* de la Lune qui est éclairée par le Soleil est visible pour la Terre; aussi la Lune nous apparaît-elle toute ronde.

Premier quartier, dernier quartier, octants. — La Lune a quatre phases principales qui se succèdent à sept jours d'intervalle. La première phase est la *nouvelle lune*, la seconde phase est le *premier quartier*, la troisième phase est la *pleine lune*, la quatrième phase est le *dernier quartier*. Les quatre positions intermédiaires de la Lune sont nommées *octants*; la Lune nous montre alors tantôt le quart, tantôt les trois quarts de sa surface.

Éclipse de Soleil. — Il arrive quelquefois que la Lune L (fig. 27), dans sa révo-

Fig. 27. — Éclipse partielle de Soleil.

lution autour de la Terre T, vient se placer *juste* entre la Terre et le Soleil S. Dans ces conditions, elle cache le Soleil en totalité ou en partie à l'observateur placé en A. On dit alors qu'il y a éclipse de soleil.

Quand le Soleil disparaît complètement, l'éclipse est *totale*; quand il ne disparaît qu'en partie, comme dans la figure 27, l'éclipse est *partielle*.

Éclipse de Lune. — Lorsque la Lune, se trouvant au delà de la Terre par rapport au Soleil, passe en L (fig. 28), juste *en face* de la Terre et du Soleil, elle entre dans

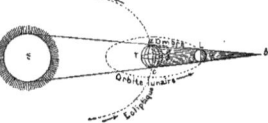

Fig. 28. — Éclipse totale de Lune.

le cône d'ombre *a b c* projeté par la Terre; sa clarté s'obscurcit et l'on dit alors qu'il y a **éclipse de lune**. L'éclipse est *totale*, si le disque lunaire s'obscurcit en entier; *partielle*, s'il ne s'obscurcit qu'en partie.

En résumé c'est la révolution de la Terre autour du Soleil qui divise le temps en *années*; — c'est la révolution de la Lune autour de la Terre qui divise l'année en *mois*; — c'est la rotation de la Terre sur elle-même qui divise l'année en *jours*.

CHAPITRE II
FIGURATION DE LA TERRE

NOTIONS GÉNÉRALES

Axe de la Terre. — On nomme *axe de la Terre* la ligne imaginaire A'A (fig. 29), autour de laquelle la Terre exécute son mouvement de rotation en 24 heures.

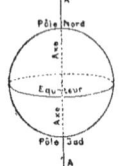

Fig. 29. — Axe de la Terre.

Points cardinaux. — Lorsqu'on regarde l'étoile polaire, la direction du regard est celle du *nord*; on a devant soi le *nord*, derrière soi le *sud* ou *midi*, à droite l'*est*, à gauche l'*ouest*. Le nord, le midi, l'est, l'ouest sont appelés les quatre points cardinaux (fig. 30).

Le *nord* s'appelle aussi *septentrion*.

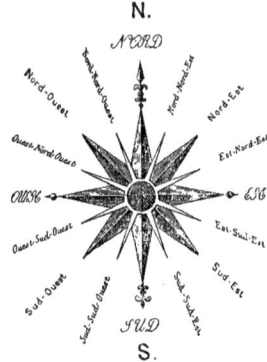

Fig. 30. — Points cardinaux et collatéraux.

Le *sud* ou *midi*, opposé au nord, est le côté de l'horizon où se trouve le soleil tous les jours à midi.

L'*est*, *levant* ou *orient* est le point qu'on a à sa droite quand on regarde l'étoile polaire; c'est le côté de l'horizon où le Soleil et les astres *se lèvent*, c'est-à-dire commencent à être aperçus.

L'*ouest*, *couchant*, *occident* ou *ponant* opposé au levant, est le point qu'on a à sa gauche quand on regarde l'étoile polaire; c'est le côté de l'horizon où le Soleil et les astres *se couchent*, c'est-à-dire commencent à disparaître (1).

---

(1). *Nord* (north), *sud* (south), *ouest* (west), *est* (east) sont des termes d'origine germanique et qui se retrouvent peu modifiés en anglais. Les autres termes sont d'origine latine. *Septentrion* (septem, sept, triones, bœufs de labour) ainsi nommé des sept étoiles de la Grande Ourse. *Midi* (mi, au milieu, dies, jour), côté du ciel où se trouve le soleil à l'heure de midi. *Orient* (oriri, se lever). *Occident* (occidere, se coucher). *Ponant* (ponere se, se coucher). *Levant*, *couchant*, se comprennent d'eux-mêmes.

Il est donc facile de s'orienter la *nuit* en regardant l'étoile polaire ; le *jour*, à midi, en regardant le soleil; le *matin*, en mettant le levant ou *est* à sa droite; le *soir*, en mettant le couchant ou *ouest* à sa gauche.

Sur les cartes, on place ordinairement le *nord* en haut, le *sud* en bas, l'*est* à droite et l'*ouest* à gauche.

Points collatéraux. — Entre les directions précédentes, il y a des directions intermédiaires, qu'on appelle *points collatéraux* (fig. 30) ; ce sont : le *nord-est*, entre le nord et l'est ; — le *nord-ouest*, entre le nord et l'ouest ; — le *sud-est*, entre le sud et l'est ; — le *sud-ouest*, entre le sud et l'ouest.

Il existe encore d'autres points intermédiaires, situés entre les points cardinaux et les points collatéraux ; tels sont : le *nord-nord-est*, entre le nord et le nord-est ; l'*est-nord-est*, entre l'est et le nord-est, etc.

Les marins, pour se diriger en mer, se servent d'une boussole (fig. 31) ; c'est un cadran au centre duquel un pivot porte une aiguille aimantée, mobile, dont la pointe se dirige constamment vers le nord.

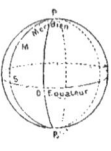

Fig. 31. — Boussole.

Pôles. — Les points où l'axe de la Terre rencontre la surface de notre globe se nomment les *pôles terrestres*. On nomme *pôle nord*, *boréal*, *septentrional* ou *arctique* celui qui est du côté de l'étoile polaire, — *pôle sud*, *austral*, *méridional* ou *antarctique*, celui qui est à l'opposé.

Les terres qui avoisinent les pôles sont appelées *terres polaires*. Elles sont couvertes de glaces.

Équateur. — L'équateur (fig. 32) est le grand cercle imaginaire également distant des deux pôles, qui divise la Terre en deux moitiés.

Il est censé tracer à la surface du globe une circonférence que les marins appellent la *ligne*.

L'équateur traverse la partie nord de l'Amérique du sud, — l'océan Atlantique, — l'Afrique, — l'océan Indien, — les grands archipels de l'Océanie, — et l'océan Pacifique dans sa plus grande largeur.

Hémisphère occidental   Hémisphère oriental

Fig. 32. — Pays traversés par l'Équateur

Parallèles. — On nomme *parallèles* des cercles quelconques A, B, C, D (fig. 33 et 34) tracés parallèlement à l'équateur. Ces

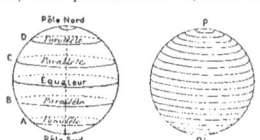

Fig. 33 et 34. — Parallèles.

cercles sont d'autant plus petits qu'ils s'éloignent davantage de l'équateur. Tels sont les cercles A et D, plus petits que C et B.

Méridiens. — On nomme *méridiens* des cercles imaginaires, tels que PEP'R

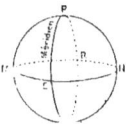 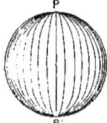

Fig. 35 et 36. — Méridiens.

(fig. 35 et 36), qui passent par les deux pôles. Ils sont partagés en quatre parties égales PE, EP' ; P'R, RP par l'équateur et par les pôles. *Chaque point de la Terre a son méridien.*

On remarquera que chaque méridien PEP'R partage l'équateur MN en deux parties égales : EMR, ENR.

Pour la figuration de la Terre, il est nécessaire de choisir un méridien comme point de départ ; ce méridien est appelé *méridien d'origine*.

Sur les cartes françaises, le méridien d'origine est celui qui passe par l'Observatoire de Paris.

D'autres pays ont choisi pour point de départ le méridien qui passe par leur principal observatoire.

Détermination de la position d'un lieu. — On peut, à l'aide de l'équateur et d'un méridien d'origine, déterminer la position d'un lieu quelconque sur la Terre.

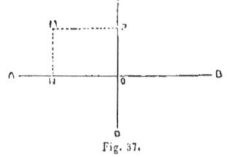

Fig. 37.

Pour comprendre comment on procède, il faut résoudre le petit problème suivant :

Étant donné (fig. 37) un point M situé dans l'un des angles formés par les droites AB et CD, qui se coupent à angle droit, déterminer la position du point M par rapport aux deux droites.

Du point M j'abaisse deux perpendiculaires, l'une MN sur AB, l'autre MP sur CD, et je mesure les longueurs MN et MP, qui me permettront de retrouver le point M.

Supposons ce point M placé sur la surface terrestre (fig. 38); la ligne AB devient l'équateur O; la ligne CD devient le *méridien d'origine* POP'. En mesurant la distance MS qui sépare le point M de l'équateur, nous aurons la *latitude* du point M.

Fig. 38. — Moyen de déterminer la position d'un lieu.

De même, en mesurant la distance SO qui sépare le méridien passant par le point M du méridien d'origine, nous aurons la *longitude* du point M.

Il ne reste plus, pour compléter la définition de la *latitude* et de la *longitude* qu'à con-

FIGURATION DE LA TERRE

naître la division en degrés de l'équateur et des méridiens. C'est ce qu'on verra dans l'alinéa suivant.

Les Anciens, qui connaissaient plus particulièrement les pays qui s'étendent le long de la Méditerranée et à l'est de cette mer (fig. 39), et qui connaissaient moins

Fig. 39. — Monde connu des anciens.

bien les pays situés au nord et au sud de cette mer, ont été amenés tout naturellement à appeler *longitude*, c'est-à-dire *longueur*, le sens le plus long de la partie explorée, et *latitude*, c'est-à-dire *largeur*, le sens le moins étendu. L'usage a conservé ces dénominations.

~~ **Division de l'équateur et des**

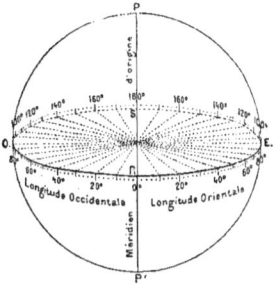

Fig. 40. — La longitude se compte à partir du méridien d'origine.

méridiens en degrés. — La longitude et la latitude sont évaluées en degrés. L'équateur OE (fig. 40) étant, comme toutes les circonférences, en 360 degrés. Comme il est coupé par le méridien d'origine en deux parties égales ROS et RES, chaque partie contient la moitié de 360 degrés, ou 180 degrés. On compte donc sur l'équateur, à gauche du point R (méridien d'origine), c'est-à-dire à l'*ouest*, 180 degrés de longitude occidentale,

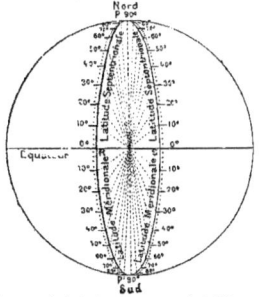

Fig. 41. La latitude se compte à partir de l'Équateur.

et, à droite du point R, c'est-à-dire à l'*est*, 180 degrés de longitude orientale.

~~ Semblablement (fig. 41) le méridien PRP'S est coupé par l'équateur en deux parties égales : RPS et RP'S, partagées elles-mêmes par moitiés par les pôles P et P'. On compte donc sur le méridien d'origine, du point R de l'équateur au pôle P, c'est-à-dire vers le *nord*, 90 degrés de latitude septentrionale ; et, du même point R de l'équateur au pôle P', c'est-à-dire vers le *sud*, 90 degrés de latitude méridionale.

De même, de S à P, il y a 90 degrés de latitude septentrionale, et de S à P', 90 degrés de latitude méridionale.

~~ **Calcul en degrés de la latitude.** — *D'après ce qui précède, on nomme latitude d'un lieu le nombre de degrés comptés sur le méridien de ce lieu, depuis l'équateur jusqu'à ce lieu.*

Ainsi quand on dit que Paris (p.14) est à environ 49 degrés de latitude septentrionale, cela veut dire qu'on doit compter 49 degrés à partir de l'équateur au nord.

De même, pour Rio-de-Janeiro (Brésil) qui est à 23° de *latitude méridionale*, on comptera 23 degrés au sud de l'équateur.

~~ **Calcul en degrés de la longitude.** — On appelle longitude d'un lieu *le nombre de degrés comptés sur l'équateur, depuis le méridien d'origine jusqu'au méridien qui passe par ce lieu.*

Ainsi quand on dit que New-York (États-Unis) (p.14) est à 75 degrés de *longitude occidentale*, cela veut dire qu'on doit compter 75 degrés sur l'équateur, à l'*ouest* du méridien de Paris.

Quand on dit que Batavia (1) est à 105 degrés de *longitude orientale*, cela veut dire qu'il faut compter 105 degrés sur l'équateur, à l'*est* du méridien de Paris.

~~ **Différence de l'heure pour deux points situés à des longitudes différentes.** — La Terre, dans son mouvement de rotation de l'*ouest* à l'*est* (fig. 11), présente successivement au Soleil dans l'espace de 24 heures, les 360 degrés de sa circonférence équatoriale. Pour connaître le nombre de degrés que la Terre présente au Soleil dans l'espace d'une heure, il suffira donc de diviser 360° par 24. Le résultat est : 15° ; en une heure, soit 1° en 4 minutes.

D'après cela, quand il est MIDI à Paris :
Il n'est que 11 heures du matin à 15° *ouest* de Paris ;

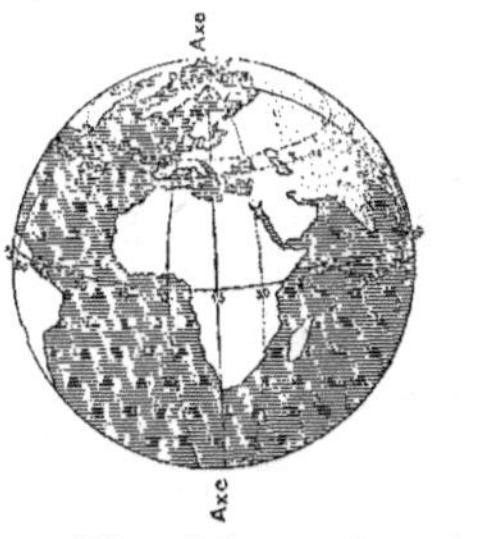

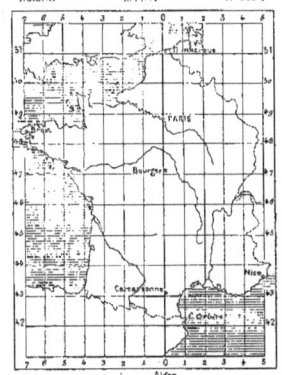

Fig. 42. — Différence de l'heure pour deux points situés à des longitudes différentes.

10 heures à 30° ouest de Paris, — et ainsi de suite.

---
1. Capitale de l'île de Java (aux Hollandais), dans l'archipel de la Sonde (Océanie).

Au contraire, il est une heure de l'*après-midi* à 15° *est* de Paris ;
2 heures de l'après-midi à 30° est, etc.

~~ Il résulte de ce qui précède un moyen facile de déterminer la longitude d'un lieu lorsqu'on connaît l'heure de ce lieu et celle de Paris. Ainsi, New-York (États-Unis) (fig. 42) qui retarde de 5 heures environ sur Paris, est à $5 \times 15° = 75°$ de longitude occidentale ; tandis que Batavia, qui avance de 7 heures sur Paris, est à $7 \times 15° = 105°$ de longitude orientale.

~~ Un calcul analogue permet de déterminer les longitudes inférieures à 15 degrés. Ainsi,

Fig. 43. — Différence de l'heure entre Brest et Nice.

Brest (fig. 43), qui retarde de 28 minutes environ sur Paris est, à raison de 4 minutes par degré, à 7° de longitude occidentale de Paris ; — de même, Nice, qui avance de 20 minutes sur Paris, est à 5° de longitude orientale (1).

~~ *Tous les points situés à la même longitude ont la même heure.* Ainsi, il est midi à Dunkerque, à Bourges, à Carcassonne, à Alger, quand il est midi à Paris, car toutes ces villes se trouvent sur le méridien de Paris ou très près.

~~ **Longueur en mètres d'un degré.** — Les 360 degrés de la circonférence terrestre représentent 40 millions de mètres. Un degré vaut donc $\frac{40000000}{360} = 111111$ mètres ou, en chiffres ronds, 111 kilomètres, pour un degré.

Il est dès lors facile d'évaluer en kilomètres la distance à l'équateur d'un lieu dont on connaît la latitude.

Veut-on savoir à quelle distance de l'équateur se trouve le cap *Cerbère* (fig. 43), extrémité méridionale de la France, et situé par 42° de *latitude septentrionale* environ, on n'aura qu'à multiplier 42 par 111 kil. : on obtiendra 4662 kil., soit environ 1165 lieues au nord de l'équateur.

De même, si l'on veut calculer du sud au nord la longueur de la France, située entre le 42° et le 51° de *latitude septentrionale*, on soustraira 42 de 51 et l'on multipliera la diffé-

---
1. C'est avec intention que, négligeant de légères différences de longitude, nous avons choisi Brest et Nice comme exemples, afin de marquer aussi clairement que possible les longitudes extrêmes de la France.

FIGURATION DE LA TERRE.

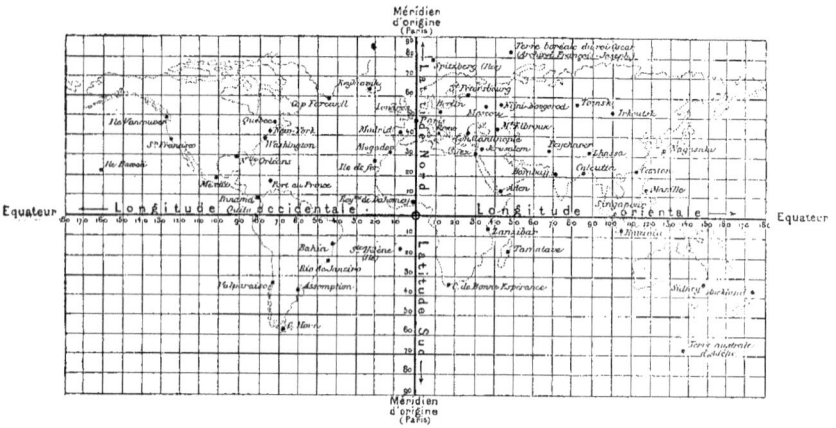

Fig. 44. — La latitude se compte au-dessus et au-dessous de l'équateur. — La longitude se compte à droite et à gauche du méridien d'origine.

rence 9 par 111 kil. on obtiendra ainsi 999 kil. ou 250 lieues, qui représentent approximativement la distance qui sépare le cap *Cerbère* de *Dunkerque*.

~~~ **Lieue marine, mille marin, nœud.** — Si l'on prend la 90ᵉ partie d'un degré ou $\frac{111111^m}{90}$, on a la lieue marine ou la lieue de « 20 au degré, » qui vaut 5 557 mètres.

Le mille marin est le *tiers* de la lieue marine, soit $\frac{5557}{3}$ = 1 852 mètres.

Le nœud est la 120ᵉ partie du mille marin; il vaut environ 15 mètres.

GLOBES ET CARTES

~~~ **Globes terrestres.** — La Terre étant ronde, il n'y a qu'un moyen de la représenter exactement, c'est de fabriquer une Terre *en petit*. L'instrument ainsi construit se nomme un *globe terrestre*, ou simplement un *globe*.

~~~ **Cartes planes.** — On parvient aussi, par des procédés géométriques appelés *projections*, à représenter sur une surface plane les différentes contrées de la Terre. Ces représentations prennent le nom de *cartes*.

Les cartes sont dites *orographiques* lorsqu'elles représentent plus spécialement les montagnes. — Telle est la carte de la France (p. 33).

Les cartes géographiques sont quelquefois accompagnées du *profil* des montagnes. On appelle ainsi le contour qu'on obtiendrait si la montagne était coupée par un plan vertical. La carte p. 31 offre plusieurs exemples de profils.

Les cartes sont dites *hypsométriques* lorsqu'elles indiquent, au moyen de *courbes de niveau*, les hauteurs relatives des montagnes au-dessus du niveau de la mer (1). — Telle est la carte hypsométrique de la France (p. 81).

1. La mobilité de l'eau, qui donne aux masses liquides une surface uniforme, a fait choisir le niveau de la mer comme point de départ de l'évaluation des hauteurs terrestres. C'est ainsi que l'on dit que la cime du mont Blanc (Alpes françaises) est à 4 810ᵐ au-dessus du niveau de la mer.

On appelle *courbe de niveau* l'intersection du relief du sol par un plan horizontal. Telles seraient (fig. 45) les traces A, B, C, que laisserait la mer sur le flanc d'une montagne si l'eau venait à s'élever successivement à une altitude de 1 000ᵐ, de 2 000ᵐ, de 3 000ᵐ. Supposons maintenant qu'un observateur, planant dans un ballon au-dessus de la montagne, projette sur le sol, par la pensée, chacune des traces A, B, C, laissées par la mer, celles-ci sont représentées par des courbes A', B', C', et ces courbes seront de plus en plus petites à cause de l'amincissement graduel de la montagne.

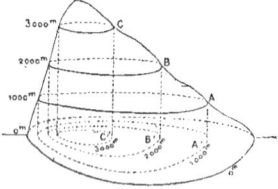

Fig. 45. — Courbes de niveau et projection sur un plan horizontal.

Les cartes sont dites *hydrographiques* lorsqu'elles reproduisent plus spécialement les cours d'eau. Telle est la carte de la page 35.

On donne le nom de cartes *marines* à celles qui font connaître les mers et les côtes. — Ces cartes sont employées exclusivement par les marins.

Les cartes sont dites *topographiques* lorsqu'elles donnent une idée exacte des formes du terrain et des objets qu'on y rencontre. — Ces cartes, toujours très détaillées, sont surtout à l'usage des militaires et des ingénieurs.

~~~ **Échelles.** — Les cartes reproduisent en petit de grandes surfaces. Le rapport qui existe entre la carte et la surface réelle se nomme *échelle*.

Soit une longueur de *un million de mètres*, représentée par *un mètre*.

Le dessin sera un million de fois plus petit que la surface représentée; il sera à l'échelle de

$$\frac{1}{1\,000\,000} \text{ ou } 1 : 1\,000\,000$$

(Lisez : un millionième.)

A cette échelle, 1 million de mètres étant représentés par 1 mètre, — 1000 mètres ou 1 kilomètre seront représentés par 1 millimètre; 10 kilomètres seront représentés par 10 millimètres ou 1 centimètre; 20 kilomètres par 2 centimètres, etc.

Cela acquis, il est très facile de dessiner l'échelle kilométrique. On le fait de la manière suivante (fig. 46).

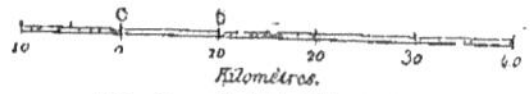

Fig. 46. — Échelle kilométrique.

On peut, avec une échelle ainsi figurée, calculer sur la carte la distance qui sépare deux lieux donnés.

Soit, par exemple, à mesurer la distance

Fig. 47.

(fig. 47) qui sépare les deux villes A et B sur une carte qui serait à l'échelle de 1 : 1 000 000. Je prends sur la figure 46, avec un compas, la longueur qui représente 10 kilomètres et je porte cette longueur de A en B (fig. 47) autant de fois que je le puis; je constate que je puis la porter trois fois et demie; j'en conclus que A est distant de B de 35 kil.

Les dimensions limitées d'un atlas obligent les géographes à présenter sur des surfaces égales des pays dont les superficies sont loin d'être les mêmes; c'est ainsi que l'Asie, 76 fois plus étendue que la France, occupe dans ce livre autant de place que la France elle-même. Nos lecteurs devront se mettre en garde contre l'erreur d'appréciation qui pourrait en résulter. Ils y réussiront s'ils ont soin de cou-

FIGURATION DE LA TERRE.

sulter l'échelle. Ils verront alors que la France est dessinée à l'échelle du $\frac{1}{3\,000\,000}$ tandis que l'Asie est dessinée à l'échelle du $\frac{1}{66\,000\,000}$. — Du reste pour parer à cet inconvénient, on a eu soin de faire figurer auprès de chaque carte générale de ce livre un petit dessin de la France à l'échelle de la carte. (Voir pages 150 et suivantes.)

PROJECTIONS

Globe. — La Terre étant ronde, il n'y a qu'un moyen de la représenter exactement, c'est de fabriquer une Terre en petit. La sphère ainsi construite se nomme un *globe terrestre*.

Systèmes de projection. — Pour représenter la sphère ou une partie de la sphère sur une surface *plane*, comme l'est une carte, on emploie des procédés géométriques appelés systèmes de projection.

Les principaux systèmes employés pour la représentation *générale* du globe sont : la projection orthographique, — la projection stéréographique — et la projection cylindrique ou de Mercator.

Le système employé pour la représentation d'une *partie* du globe est la projection conique.

Projection orthographique. — Soient (fig. 48) ABC, un hémisphère à représenter, et AC le plan de projection passant par les pôles. L'observateur est censé placé en E, à une distance infinie, dans une étoile, par exemple, de façon que les rayons visuels RA, RB, RC et tous les autres rayons visuels venant de l'étoile, puissent être considérés comme parallèles, et, par conséquent, comme perpendiculaires au plan de projection. De l'étoile E, l'observateur considère l'hémisphère ABC qui lui fait face, et en projette les détails sur le plan AC.

Fig. 48. — Projection orthographique. — AC, plan de projection ; E, lieu d'observation.

L'observateur verra *nettement* la région ST, qui est la partie *centrale* de l'hémisphère et dont la projection S'T' sera assez fidèle, mais il ne verra qu'*en raccourci* les autres régions SA, TC qui avoisinent les *bords* de l'hémisphère.

Ainsi, dans la projection orthographique, les parties *centrales* sont reproduites exactement, mais les parties *latérales* sont déformées.

Pour y remédier, l'observateur est censé se déplacer dans le ciel de façon à faire successivement face à tous les points de l'hémisphère envisagé.

Projection stéréographique. — Soit (fig. 49) ABC l'hémisphère à représenter, AC le plan de projection passant par les pôles. L'observateur, placé en D, au milieu de l'hémisphère opposé, regarde de là l'hémisphère ABC, comme si la Terre était transparente, et ramène tout ce qu'il voit sur le plan AC. C'est ainsi que la région ST vient se projeter suivant S'T'.

Cette projection, à l'inverse de la projection orthographique, agrandit beaucoup les bords.

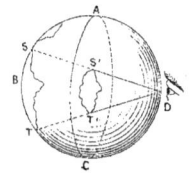

Fig. 49. — Projection stéréographique.

Projection cylindrique ou de Mercator[1]. — Soit ABCD (fig. 50) le globe terrestre; MNOP un vaste cylindre enfermant le globe et le touchant en B et en C. Ce cylindre est le plan de projection. En O est placé l'observateur : il vise successivement les diverses régions à travers l'épaisseur du globe terrestre supposé transparent, et les projette sur le cylindre, en faisant subir à la ligne de projection une *déviation* vers l'équateur. Exemple : ST projeté en S'T'.

Toutes les régions de la Terre étant ainsi projetées sur le cylindre, celui-ci est ouvert dans toute sa hauteur et étalé sur une surface plane M'N'O'P' (fig. 51).

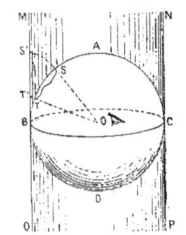

Fig. 50. — Projection cylindrique.

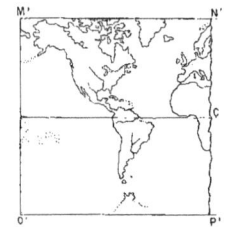

Fig. 51. — Moitié de cylindre développé.

Dans cette projection, les régions qui avoisinent l'équateur sont assez fidèlement repro-

[1]. Mercator est la traduction latine du vrai nom de ce géographe flamand, qui vécut au seizième siècle ; il s'appelait *Kaufman*, c'est-à-dire *Marchand*.

duites sur le cylindre, mais à mesure qu'on s'avance vers les pôles, les régions sont projetées avec un agrandissement de plus en plus marqué et prennent ainsi des dimensions disproportionnées. Cependant ces cartes sont fort commodes pour la navigation ; le nord et le sud s'y trouvent toujours exactement opposés l'un à l'autre, ainsi que l'est et l'ouest ; tous les méridiens sont parallèles entre eux ; il en est de même des parallèles. Le marin le moins instruit peut y chercher et y tracer la route de son navire sans aucun calcul.

Projection conique. — Les projections orthographique, stéréographique et cylindrique servent de préférence à la représentation *totale* du globe. — Pour les cartes *particulières*, on emploie la projection conique.

Soient ABCD (fig. 52) le globe terrestre, et

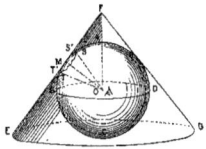

Fig. 52. — Projection conique.

ST la région à représenter. Par le point M, milieu de la région à représenter, je trace une tangente EF, jusqu'à son point de rencontre avec une tangente symétrique FG de l'autre côté de la sphère. L'angle EFG me donne le tracé d'un vaste cône imaginaire dont le sommet serait en F et la base en EG. L'observateur placé en O, au centre de la Terre, projette sur la surface du cône, suivant S'T', la région ST. Cela fait, on ouvre le cône (suivant FG par exemple), comme on ferait de l'abat-jour d'une lampe, et on le développe (fig. 53). Il ne reste

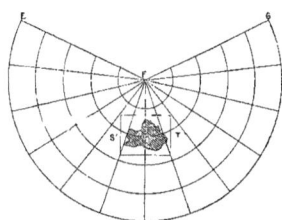

Fig. 53. — Cône développé.

plus alors qu'à détacher de la surface plane ainsi obtenue la carte de la région ST, que l'on voulait représenter.

La projection conique, ainsi limitée au tracé de cartes particulières et modifiée dans certains détails, est relativement d'une remarquable exactitude. Aussi a-t-elle été adoptée pour la grande carte de France au $\frac{1}{80\,000}$ dressée par notre État-major.

Toutes les cartes particulières de cette géographie ont été dressées avec la projection conique.

CHAPITRE III

COMMENT LA GÉOGRAPHIE EST DEVENUE UNE SCIENCE EXACTE

~~ Observations et croyances des anciens peuples de l'Orient. — Ce n'est que lentement et par un long effort que l'homme s'est dégagé des faux semblants de l'observation superficielle pour s'élever à des notions exactes et rationnelles sur la forme, les dimensions, les mouvements de la planète qu'il habite.

Les prêtres *Égyptiens*, et surtout les prêtres *Chaldéens* (Babylone) étaient d'habiles astronomes. Ceux-ci, du haut de leurs observatoires, énormes tours à sept étages de diverses couleurs, étudiant le ciel et les révolutions des astres, étaient arrivés à calculer assez exactement la marche apparente du soleil, à déterminer la durée des saisons, à prédire les éclipses de Lune. Mais ce qu'ils demandaient surtout aux étoiles, c'était d'annoncer l'avenir, d'expliquer les songes et les prodiges.

Pour les *Hébreux*, la Terre était circulaire, elle reposait sur des fondements perdus dans l'abîme, colonnes inébranlables, posées par la main de Dieu lui-même; et le ciel s'étevait à l'Orient d'un foyer de lumière, descendait chaque soir, voûte mobile, dans un lieu de ténèbres. Les hymnes védiques des Aryas de l'*Iade* représentent de même la Terre sous la forme d'un vaste bouclier supporté par deux éléphants qui reposent eux-mêmes sur une tortue.

Les Grecs. Géographie homérique. — Le monde, d'après l'*Iliade* et l'*Odyssée*, est un large disque dont un fleuve immense aux rives inconnues, l'Océan, fait le tour. Le Soleil sorti du beau lac de l'Orient, se plonge au couchant dans d'épaisses ténèbres. *Hésiode* se figurait de même la Terre comme « un disque dont les fondations s'enfoncent dans le Tartare et sur lequel la voûte céleste se déploie comme une immense coupole métallique que soutient l'Atlas. »

~~ Avènement de la science. Thalès et les philosophes grecs. — Le philosophe grec Thalès est le premier savant digne de ce nom. Il enseigna la *sphéricité* de la Terre, il connut les différentes manières de déterminer une *latitude*; il partagea la sphère céleste en cinq zones déterminées par les *tropiques* et les *cercles polaires*, et ces divisions furent appliquées 150 ans plus tard à la Terre elle-même par Pythagore.

Au VI⁰ siècle, Anaximandre, disciple de Thalès, représenta sur un plan du globe terrestre. Au V⁰, Hécatée construisit une carte qui eut une grande célébrité et l'usage des cartes se répandit peu à peu. Platon et son maître Socrate enseignaient que la Terre est un globe suspendu au centre de l'espace dans un équilibre parfait, que le bassin de la Méditerranée n'occupe qu'une faible partie de sa surface et qu'elle doit être habitée par une foule de peuples inconnus, nombreux « comme les fourmis autour d'un puits ou les grenouilles autour de la mer. » Cependant les philosophes grecs, même les plus instruits, tels qu'Aristote, n'eurent pas une idée exacte des dimensions véritables de notre planète.

~~ Les géographes proprement dits. Antiquité. — La géographie devenue une science à part fut surtout en honneur, durant l'antiquité, à la célèbre école grecque d'*Alexandrie*. Eratosthène, de Cyrène (271-194 av. J.-C.), reprenant une idée de *Dicéarque*, disciple d'Aristote, construisit une carte graduée et mesura entre Syène et Alexandrie un arc du méridien. Hipparque, de Rhodes, qui enseigna trente ans après Eratosthène, est l'inventeur des projections dans le tracé des cartes, et c'est lui qui divisa le cercle en 360⁰. Strabon, contemporain de César, exposa dans un beau livre le tableau du Monde connu de son temps. Au II⁰ siècle de l'ère chrétienne, l'alexandrin Ptolémée dirigea une sorte de bureau des longitudes et détermina, souvent avec une approximation remarquable, la situation d'un très grand nombre de lieux.

Recul des notions exactes en géographie à la fin de l'Empire. — La décadence des écoles, l'abaissement des études à la fin de l'Empire furent fatals à la géographie. Les Pères de l'église combattirent les doctrines cosmographiques qui leur semblaient en contradiction avec les livres saints. St Augustin, ce noble et grand esprit, s'ingénie à démontrer que la doctrine des antipodes est une absurdité. La science rétrograde avec lui en deçà de Socrate.

Les Arabes continuateurs des Grecs. — Il était réservé aux Arabes de conserver, sans l'accroître sensiblement, il est vrai, le trésor de connaissances géographiques amassé par les Grecs. Al Mamoun, de Bagdad (813-833) chargea quatre astronomes de calculer la grosseur de la Terre d'après la mesure d'un arc de méridien. Edrisi, arabe d'Espagne, construisit au XII⁰ siècle une sphère et un planisphère en argent pour Roger, roi de Sicile. Aboul Hasân, marocain de la fin du même siècle, entreprit de corriger les Tables de Ptolémée. Ce qui manquait aux Arabes, ce qui avait fait défaut aux Grecs et avait arrêté l'essor de leurs calculs, c'étaient des instruments exacts. L'absence de chronomètre notamment faussait toutes leurs mesures de longitude.

~~ La renaissance géographique. — L'influence des Arabes, l'étude d'Aristote retrouvée, l'ouverture d'horizon due aux croisades et aux premiers voyages lointains, l'usage de la boussole, la découverte de la gravure et de l'imprimerie, la publication des géographes anciens produisirent à l'aurore des temps modernes un véritable réveil géographique. Dès le XIII⁰ siècle, Roger Bacon affirmait, d'après Aristote, la sphéricité de la Terre, dont il restait, disait-il, à dévoiler d'immenses régions. Au XIV⁰ siècle furent publiées les premières cartes générales du monde. A la fin du XV⁰ siècle, Christophe Colomb et Magellan démontrèrent pratiquement que la Terre est ronde. Au XVI⁰ siècle parurent : — le premier ouvrage moderne de géographie descriptive, par le hessois Munster, en 1514, — le premier atlas moderne, le *Theatrum mundi* par Ortel ou Ortelius, d'Anvers, en 1570, — puis un atlas plus finement gravé, celui du flamand Kaufman ou Mercator, auteur du système de projections qui porte encore son nom.

~~ Fondation définitive de la géographie mathématique. — C'est au XVII⁰ siècle que les progrès rapides de l'astronomie, facilités par l'invention d'instruments de haute précision, assirent sur des bases inébranlables la géographie mathématique. Le télescope est trouvé en 1609. Galilée démontre, et soutient jusque dans sa prison, que *la Terre tourne autour du Soleil* et non le Soleil autour de la Terre. Picard, reprenant l'opération tentée dès 1528 par le médecin *Fernel*, mesure, en 1669-1670, l'arc du méridien compris entre Paris et Amiens. L'Académie des sciences, fondée en 1666, charge, en 1683, Dominique Cassini et *La Hire* de prolonger cette mesure, d'une part jusqu'à Dunkerque, de l'autre jusqu'à Perpignan. Partout les peuples civilisés suivent l'exemple de la France. Pendant ce temps Sanson, d'Abbeville, mort en 1667, fonde la cartographie française.

~~ Réforme géographique du dix-huitième siècle. — Cependant les cartes étaient encore très imparfaites et contenaient des erreurs grossières, parce qu'un très petit nombre de points du globe était déterminé scientifiquement et que d'immenses régions (intérieur de l'Afrique, de l'Australie, contrées polaires, îles du Grand Océan, etc.), restaient inconnues. Guillaume *Delisle* entreprit, dès 1700, la rectification de la mappemonde. D'Anville, artiste et savant tout à la fois, apporta un soin infini (1748-1782) à perfectionner le contour des continents. L'Académie des sciences envoya Clairaut et Maupertuis en Laponie, La Condamine, *Godin* et *Bouguer* au Pérou (1735-1739) mesurer des degrés du méridien et vérifier le renflement de la terre à l'équateur, son aplatissement au pôle.

Le nombre des positions astronomiques dûment constatées ne cessa de s'accroître. Le suisse *Scheuchzer* appliqua le baromètre à la mesure des hauteurs. *Buache* publia en 1756 un essai de géographie physique, d'après le système des bassins et de leur séparation, premier pas vers l'hypsométrie. *Cassini de Thury* dressa (1741-1783) la grande carte topographique de France, un chef-d'œuvre, qui n'a été surpassé de nos jours que par la carte de l'*État-major*.

Enfin les voyages scientifiques, qui commencent au milieu du XVIII⁰ siècle et qui n'ont fait que se multiplier depuis (Niebuhr, Anson, Byron, Wallis, Bougainville, Cook, Lapérouse, d'Entrecasteaux, Vancouver, de Humboldt, etc.), apportent à la géographie un nombre prodigieux de faits dont elle s'empare pour compléter et perfectionner la figure de la Terre.

~~ Derniers progrès. Dix-neuvième siècle. — Malgré les progrès accomplis dans les siècles précédents, on pourra dire plus tard que le dix-neuvième siècle a été *le siècle de la géographie*. Jamais les explorateurs ne furent plus nombreux ni plus intrépides. La géographie a désormais ses héros et ses martyrs. Franklin et ses devanciers et ses continuateurs au pôle nord, Dumont d'Urville au pôle sud, l'expédition française en Égypte, Barth au Soudan, d'Abbadie en Abyssinie, *Burton*, *Speke*, *Grant*, *Baker*, Livingstone, *Cameron*, Stanley, Brazza, dans l'Afrique australe et centrale, Donall Stuart en Australie, dans l'Amérique du Sud *Crevaux*, pour ne parler que des plus illustres, ont resserré de tous côtés le domaine de l'inconnu. La colonisation ou la conquête de l'Algérie, de la Cochinchine et du Tonkin par les Français, de l'Inde, du Cap, de l'Australie et de la Nouvelle-Zélande par les Anglais, de la moitié de l'Asie par les Russes, de la Malaisie par les Hollandais, la fondation et le développement d'États civilisés dans tout le nouveau monde, l'ouverture du Japon, l'entrée de la Chine en contact avec le monde occidental, la multiplication des rapports commerciaux, des lignes de paquebots, des voies ferrées, des fils télégraphiques et téléphoniques, les applications innombrables de la photographie, les progrès constants de la géodésie, tout concourt à donner à l'homme conscience de sa planète. La géographie peut se tromper dans le détail, elle est du moins certaine de la précision de ses données dans leur ensemble. C'est une science fondée, c'est une science exacte. Inutile d'ajouter que, comme toutes les autres sciences, elle est surtout parvenue à savoir qu'elle est encore très ignorante.

CHAPITRE IV
GÉOLOGIE

Origine de la Terre. Hypothèse de Laplace. — La Géologie, dont un des objets est l'histoire de la Terre, emprunte à l'Astronomie ses premières données sur l'origine de notre planète.

D'après l'hypothèse célèbre du savant français Laplace, le Soleil et tous les corps qui décrivent leurs orbites autour de lui auraient formé d'abord une seule et même *Nébuleuse*, c'est-à-dire une immense masse sphéroïdale de gaz prodigieusement dilatés et enflammés, animée d'un lent mouvement de rotation et se serait condensée en vastes *anneaux* concentriques tournant autour du centre commun dans le plan de l'équateur.

A leur tour, ces anneaux se seraient fractionnés en un certain nombre de centres d'attraction animés de vitesses inégales ; puis toutes les parties du même anneau se seraient rejointes successivement et auraient fini par se confondre en une seule masse; chacune de ces masses, continuant à se refroidir et à se condenser aurait produit une *planète*. La Terre serait l'une d'entre elles. Quant au centre de la nébuleuse resté incandescent, ce serait le Soleil.

Théorie du feu central. — Une seconde hypothèse, continuant celle de Laplace, essaie de nous raconter la période suivante de l'histoire de la Terre.

Lorsque notre planète eut été formée en masse sphérique indépendante, elle aurait continué à se refroidir, serait passée de l'état gazeux à l'*état liquide*, semblable à une mer de laves brûlantes. Puis la déperdition de calorique augmentant toujours, des îlots de matière solide auraient commencé à flotter à la surface de cet océan de feu. Enfin, tous ces archipels se seraient soudés ensemble et auraient entouré le globe d'une croûte continue et résistante qui est l'*écorce terrestre*. La masse intérieure toujours incandescente serait le *feu central*. Cette hypothèse est contestée; beaucoup de géologues pensent, au contraire, que le noyau central de la terre est d'une grande dureté, qu'il est entouré de croûtes brûlantes et plus ou moins fluides sur lesquelles repose comme une fine membrane la croûte supérieure.

Relations de la géologie et de la géographie. — La géographie qui étudie l'aspect extérieur du globe, ses accidents, son relief, a de nombreux rapports avec la *géologie*, qui étudie les *matériaux* dont est composée la masse terrestre.

La géologie nous apprend que la *distribution* actuelle des continents et des mers *n'a pas toujours été la même*; elle nous explique, par l'origine et la nature des roches, par l'action des eaux, des vents et de la température, les caractères et les aspects divers des montagnes et des plaines; elle nous montre l'identité *des forces de la nature*, qui travaillent depuis des milliers de siècles et continuent sous nos yeux à *modifier* l'aspect extérieur du globe.

Les roches ignées et les roches sédimentaires. — Il y a deux sortes de roches, les roches *massives* ou *ignées* et les roches *stratifiées* ou *sédimentaires*.

Les premières sont les matières terrestres, jadis en fusion, qui se sont refroidies ou solidifiées au contact de l'air : ainsi le *granit*.

Les autres proviennent des débris des roches ignées, que les eaux ont désagrégées et entraînées dans leur chute et leur cours, qu'elles ont déposées ensuite et solidifiées par le poids de leur masse : ainsi, les *quartz*, les *argiles*, les *calcaires*.

Tous les terrains sédimentaires indiquent un *séjour* ancien des *eaux* sous forme de lacs ou de mers (*Limagne*, bassin de la *Seine*).

Parfois les sédiments déposés au fond des mers ont été soulevés sur place par les actions *volcaniques* (*Causses*), ou déchirés par un soulèvement de matières ignées et portés à des hauteurs gigantesques lorsque l'*écorce* terrestre, encore peu *résistante*, se prêtait à tous les mouvements des matières en fusion de l'intérieur (*Alpes, Himalaya*).

Les restes des coquillages marins attestent, sur certains sommets très élevés, que les roches dont ils sont formés ont été autrefois recouvertes par les eaux. Sur d'autres, qui n'ont jamais été submergés (*Bretagne, Massif central* français, *Ardennes*), la matière ignée est restée à nu, et sur leurs flancs, rives d'îles anciennes, des forêts mortes depuis des milliers d'années, se sont déposées en couches épaisses de *houille* (*Saint-Étienne, Monchanin, Graissessac*, autour du Massif central; vallées de *Sambre, Sarre, Ruhr*, autour des Ardennes) (p. 63 et 125).

Les soulèvements et les abaissements du sol. — Les forces intérieures qui ont modifié tant de fois l'aspect du globe, sont encore aujourd'hui en *activité*, quoique avec moins d'énergie. Elles se manifestent soit par le soulèvement, soit par l'abaissement du sol. Ces mouvements que nous mesurons d'après le niveau de la mer et qui nous paraissent insensibles, nous les jugerions *rapides* et *considérables*, si notre courte vie avait l'ampleur de celle de la terre.

L'Islande, la péninsule Scandinave, l'Écosse et l'Irlande, la côte sud-ouest de l'Espagne, la Sicile, la Grèce, la mer Noire occidentale, la Crimée, les côtes de la mer Rouge, l'Hindoustan, la Malaisie, le Japon, les *côtes* du Labrador et du Chili *s'élèvent* peu à peu.

Les côtes occidentales du Groenland, de la Chine, entre le fleuve Bleu et Canton, de la Cyrénaïque, de l'Australie orientale, *s'abaissent* lentement.

Les volcans. — Les volcans sont des montagnes dont l'orifice ou *cratère* vomit des matières en fusion qui se solidifient, à leur sortie, en *roches tout à fait analogues aux roches ignées*. Ils sont toujours disposés en *alignements*, tantôt rectilignes, tantôt légèrement courbes, que l'on appelle *failles volcaniques*.

Les côtes orientales de l'Asie et de l'Australie sont bordées par une *série d'alignements volcaniques*, auxquels correspondent sur l'autre rive, les *volcans américains* (p. 203).

Au centre du *Grand Océan*, une série commence par les îles Sandwich et se poursuit à l'Est par les îles Revillagigedo, vers les volcans du Mexique.

L'océan Indien est enveloppé par les volcans des Malaises à l'Est, par ceux des côtes méridionales d'Arabie, de l'Abyssinie, des Seychelles, des Comores, et de Madagascar à l'Ouest.

Les groupes volcaniques sont moins nombreux dans le bassin de l'*Atlantique* : Hekla en Islande, *Pic de Ténériffe* (p. 189) dans les Canaries, Antilles, volcans sous-marins du golfe de Guinée, volcans *éteints* d'Auvergne et d'Allemagne, volcans d'Italie méridionale (*Vésuve, Stromboli, Etna*) (p. 141), volcans échelonnés en Asie Mineure (p. 153), depuis les îles de l'Archipel jusqu'à l'extrémité orientale du Caucase.

Tous ces volcans ne sont pas en *activité*; les uns, comme ceux d'*Auvergne* ou de l'*Ararat*, ne sont reconnaissables qu'à leur cratère et à leurs laves depuis longtemps refroidies; d'autres, qui sommeillaient, ont brusquement recommencé leurs éruptions, comme le *Vésuve* (75 après Jésus-Christ). L'île de Java (Malaisie) a été en août 1883 bouleversée par d'épouvantables éruptions, qui ont amené la disparition de l'île de Krakatoa.

Quelques volcans sont entièrement *immergés* sous les eaux de l'Océan, ou s'élèvent au-dessus des flots que les *lèvres de leur cratère* : Santorin, dans l'Archipel (p. 145), est le rebord d'un cratère sous-marin.

Plus de 300 *volcans* sont aujourd'hui en *activité* sur la surface du globe : ils sont ordinairement la cause principale de ces mouvements subits du sol, connus sous le nom de *tremblements de terre*, trop fréquents dans l'Amérique centrale et la Malaisie, où se trouvent les *plus nombreux* volcans du monde. En Italie, l'île d'Ischia (juillet 1883); en Espagne, la province de Grenade (janvier 1885); plus récemment, la Grèce et les États-Unis (août et septembre 1886) ont été dévastés par des secousses formidables.

Effet des forces extérieures sur l'écorce terrestre. — Le relief du globe n'est pas seulement modifié par l'action des forces intérieures, il subit aussi extérieurement celle de la température, des eaux et des vents.

Les eaux du ciel démolissent rapidement des montagnes formées de *calcaire friable* et les taillent en pics nombreux et en vallées profondes comme dans les *Alpes* ou l'*Himalaya*; elles respectent davantage celles qui se composent de *granits* ou *calcaires durs* comme dans les *Pyrénées* ou les *Kouen-Lun*.

Sur un plateau de *schiste* imperméable comme les *Ardennes*, les eaux s'écoulent séjournent en *marais* permanents; au contraire elles s'infiltrent dans les pores de calcaires trop *perméables* comme ceux des *Causses* ou de la *Champagne*, qui ne conservent pas même assez d'humidité pour nourrir une végétation arborescente.

Les vents, entraînant d'innombrables parcelles de roches désagrégées par les modifications incessantes de l'atmosphère, ont recouvert le sol d'une couche de *terre végétale*, comme dans la plus grande partie de l'Europe, soit de *sables* amoncelés ou dunes, comme dans certaines vallées et plaines du *Sahara* et de l'*Arabie*.

L'Océan taille les calcaires en falaises dont les assises semblent celles d'un mur, il déchire les granits en golfes, en écueils, en *récifs* infinis.

Action de l'homme. — Enfin le travail de l'homme modifie l'aspect et la nature du sol, l'économie des eaux et leur distribution. Les *engrais*, les *amendements* enrichissent et corrigent la terre et la rendent productive. Le dessèchement des marais, le *drainage*, la culture l'assainissent. Les *irrigations* la fertilisent. Le *déboisement* dépouille les monts de leur bienfaisante parure, hâte leur destruction, accélère et grossit les torrents qui vont creuser la plaine et former sur le rivage un dépôt d'*alluvions*.

CHAPITRE V

STRUCTURE DE L'ANCIEN CONTINENT

NOMENCLATURE

Charpente de hautes terres. — Plateaux de l'Asie Centrale et du Tibet (Altaï, Thian-Chan, Hindou-Kouch, Kouen-Lun, *Himalaya*); — Plateau de l'Iran; — **Caucase et Massifs Arméniens**; — Montagnes qui, en Asie, en Europe et en Afrique environnent la Méditerranée (plateau d'Asie Mineure, Balkans, Karpathes, *Alpes et Apennins*, montagnes françaises, péninsule Ibérique, *massifs Barbaresques*); — Au sud de ce système morcelé et découpé à l'infini, masses compactes des plateaux de l'Arabie et du Sahara.

Hautes terres annexes. — Plateau Scandinave, Oural; — Montagnes du N.-E. de la Sibérie; — Montagnes de Chine et de l'Indo-Chine; — Plateau du Dekan; — *Plateau de l'Afrique méridionale*; — Australie.

Plaines hautes. — Désert de Gobi; — steppes de l'Iran et de l'Asie Mineure; — Plaines Castillanes; — *Déserts sahariens*.

Plaines basses. — *Allemagne du Nord, Russie et Sibérie*; — Delta des grands fleuves chinois; — Deltas du Tonkin et de la Cochinchine; — *Bengale et Pendjab*; — Mésopotamie et Syrie; — Delta du Nil; — Roumanie et Hongrie; — Lombardie.

Dépressions au-dessous du niveau de la mer. — Dépressions de la *Caspienne*; — de la

LES CONTINENTS.

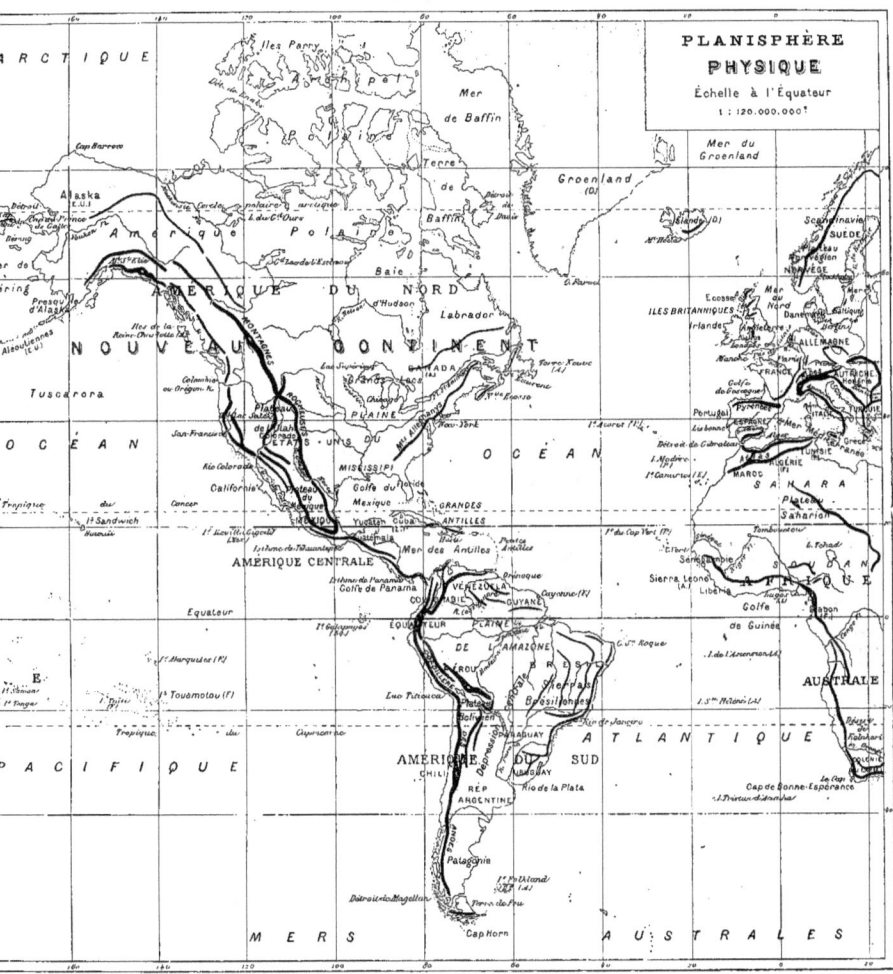

mer Morte et du Jourdain; — des oasis de Lybie; — des Chotts tunisiens.

Grandes presqu'îles extérieures. — Scandinavie; — Kamtchatka; — Indo-Chine; — Hindoustan; — Afrique du Sud.

Points extrêmes. — Au Nord : cap Tchéliouskine (Sibérie); — à l'Est : cap Oriental (Sibérie); — au Sud : cap de Bonne-Espérance (Afrique); — à l'Ouest : cap Vert (Afrique).

Grandes îles. — Iles Britanniques, — Spitzberg, — Nouvelle-Zemble et terre de François-Joseph. — archipel Japonais, — archipel Malais, — Madagascar, — Australie.

Mers et grands golfes du pourtour. — Mer Blanche; — Mer de Kara; — Mer de Béring; — Mer d'Okhotsk; — Mer du Japon; — Mer Orientale; — Mer de Chine; — Golfes du Bengale et d'Oman; — Golfe de Guinée; — Golfe de Gascogne; — *Mer du Nord.*

Mers intérieures. — Mer Rouge; — Mer Méditerranée et dépendances; — Mer Baltique.

Grands lacs. — En plaine : Caspienne, mer d'Aral, lac Tchad; — en montagne : lac Baïkal, *grands lacs africains.*

Grands fleuves. — Atlantique : Sénégal, Niger, Congo, Orange ; — Océan Indien : Zambèze, Chatt-el-Arab, Indus, Gange et Brahmapoutre, Iraouady ; — Mers côtières du Pacifique : Mé-Kong ou Cambodge, fleuve Bleu, fleuve Jaune, Amour; —Océan Arctique : Léna, Iénisséï, Obi ; — Méditerranée : Danube et Nil; — Caspienne : Volga.

~~~~ **Les continents et les mers.** — Les parties émergées de l'écorce terrestre sont

presque toutes situées dans l'hémisphère boréal. Les deux masses dont elles se composent sont à peine séparées d'un côté par le détroit peu profond de Béring, au sud duquel s'étalent l'océan Pacifique et les mers australes; de l'autre côté, elles enveloppent une sorte d'immense vallée submergée : océan Glacial Arctique et océan Atlantique (Voir la carte de l'hémisphère septentrional, p. 21).

Au contraire, la majeure partie de l'hémisphère austral est occupée par les mers : océan Pacifique, océan Atlantique, océan Indien. Entre ces trois immenses cuves marines s'avancent les pointes des continents : Amérique méridionale, Australie, Afrique australe, dirigées toutes les trois vers l'océan Glacial Antarctique.

Ordonnance générale du relief terrestre. — Quelle que soit la nature du noyau central du globe, il diminue de volume en se refroidissant. Il en résulte que l'écorce extérieure de la Terre a dû à plusieurs reprises se contracter elle-même, se plisser et se fendre. Ces phénomènes continuent sous nos yeux, bien qu'avec une intensité beaucoup moindre. Les fentes ou cassures sont les grandes vallées; les plissements et les soulèvements sont les grandes chaînes de montagnes.

Unité de l'ancien continent. — L'ancien continent se compose de trois parties : l'Asie, l'Europe et l'Afrique; ce n'est pas moins une masse homogène : la mer *Rouge* et la mer *Méditerranée* n'y sont que des *accidents superficiels*, qui ne détruisent point les relations géographiques de l'Arabie et de l'Égypte, des deux rives des Dardanelles et du Bosphore (p. 145) ou du détroit de Gibraltar.

Grandes lignes directrices de l'ancien continent. — Les hautes terres de l'ancien continent. — Plusieurs grandes lignes de *soulèvement* et de *dépression* semblent indiquer la direction des plissements de l'écorce terrestre qui ont dessiné dans ses traits essentiels le relief de l'ancien continent.

Du cap de Bonne-Espérance au détroit de Béring s'alignent en un immense demi-cercle, tout le long du bassin du Pacifique, les plus hautes montagnes de l'Afrique et de l'Asie : chaîne littorale africaine (mont Kilimanjaro), plateau d'Éthiopie, Caucase, Hindou-Kouch, Himalaya, monts de la Chine. Un hémicycle secondaire européen s'embranche au précédent avec les Pyrénées, les Alpes et les Balkans.

Inversement, une grande ligne de dépression européenne et asiatique est marquée par la Méditerranée, la mer Noire, la Caspienne, la mer d'Aral et les lacs sibériens. Une ligne de dépression secondaire indiquée par les grands lacs africains, se rattache peut-être à la précédente par la mer Rouge.

Abstraction faite de ces déchirures, l'ensemble de l'ancien continent présente une *longue et épaisse succession* de terres élevées, orientées du nord-est au sud-ouest, depuis la mer de Béring, jusqu'aux extrémités de l'Espagne et du Soudan, sur l'océan Atlantique.

Ce sont d'abord les monts Stanovoï et Jablonoï en Sibérie, puis l'immense masse de l'Asie centrale (désert de Gobi) dont la *dépression* intérieure est encore à 800 mètres au-dessus du niveau de la mer, et le plateau du Tibet adossé à l'Himalaya; le plateau de l'*Iran* (Perse); les montagnes *arméniennes*, le *Caucase*; la péninsule élevée de l'*Asie Mineure*; les *Hauteurs européennes* (Balkans, Karpathes, Alpes et Pyrénées), situées au nord de la Méditerranée, tandis qu'au sud s'élèvent le plateau *Arabe* et le plateau *Saharien*, enfin les terrasses de l'*Atlas*.

La plaine du nord-ouest. — Au nord une plaine immense se déroule des rives de l'*Ienisseï* aux rives de la *Manche*, bordant le *revers septentrional* de cette ceinture montagneuse. Sibérie occidentale, Russie, Allemagne du Nord, avec des annexes naturelles : Hollande, Belgique, Suède méridionale, Danemark, sud-ouest de l'Angleterre : telles en sont les diverses parties.

Renflée au centre par l'*Oural*, elle s'affaisse au nord de l'Iran par la *dépression* de la Caspienne, située à 28 mètres au-dessous du niveau de la mer, dépression que le bassin de la mer d'Aral, les steppes des Kirghizes, les vallées du Tobol et de l'Obi (véritable séparation de l'Asie et de l'Europe), prolongent jusqu'à l'océan Glacial.

Cette plaine est limitée au nord-ouest par une série de *montagnes côtières* qui bordent l'océan Glacial et l'océan Atlantique : plateau *Norvégien*, montagnes des *Îles Britanniques*.

En deçà, l'Océan a formé dans la plaine, deux mers intérieures : mer du *Nord* et mer *Baltique*.

Les presqu'îles et les îles du sud-est. — Le revers extérieur ou méridional des hautes masses de l'ancien continent est environné par l'océan *Indien* et l'océan *Pacifique*.

Leurs flots n'en baignent pas directement le pied, que protège un *rempart d'îles* et de *presqu'îles*.

Au sud du Sahara et de l'Arabie, l'*Afrique australe*, flanquée de l'île de Madagascar forme une presqu'île triangulaire énorme, bordée de hautes montagnes. Au sud de l'Himalaya, l'*Hindoustan*, est, avec Ceylan, une Afrique australe réduite.

A l'est, l'*Indo-Chine* et la presqu'île de Malacca, la *Chine* et l'île d'Haï-nan, la *Mandchourie* et la *Corée*, les îles du *Japon*, l'extrémité orientale de la Sibérie et la presqu'île du Kamtchatka forment des renflements successifs bordés d'une ceinture d'îles volcaniques, depuis le vaste archipel Malais jusqu'au chapelet des îles Aléoutiennes.

L'*Australie* elle-même, malgré de profondes différences, peut être considérée comme un prolongement de l'Asie vers le sud-est.

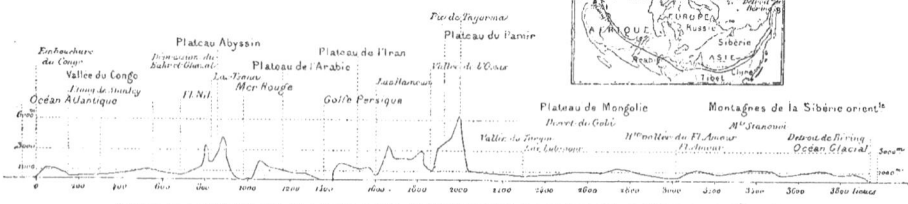

PROFIL DE L'AFRIQUE ET DE L'ASIE, ENTRE L'EMBOUCHURE DU CONGO ET LE DÉTROIT DE BÉRING
Les hauteurs sont exagérées 180 fois

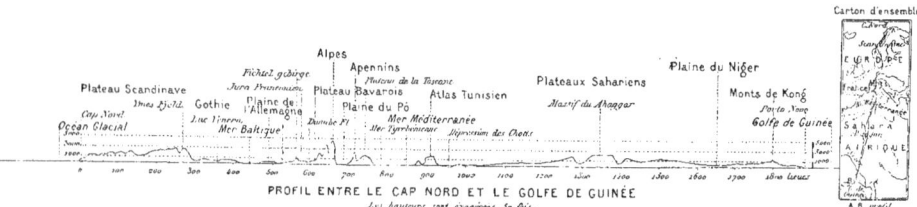

PROFIL ENTRE LE CAP NORD ET LE GOLFE DE GUINÉE
Les hauteurs sont exagérées 50 fois

LES CONTINENTS

HÉMISPHÈRE SEPTENTRIONAL

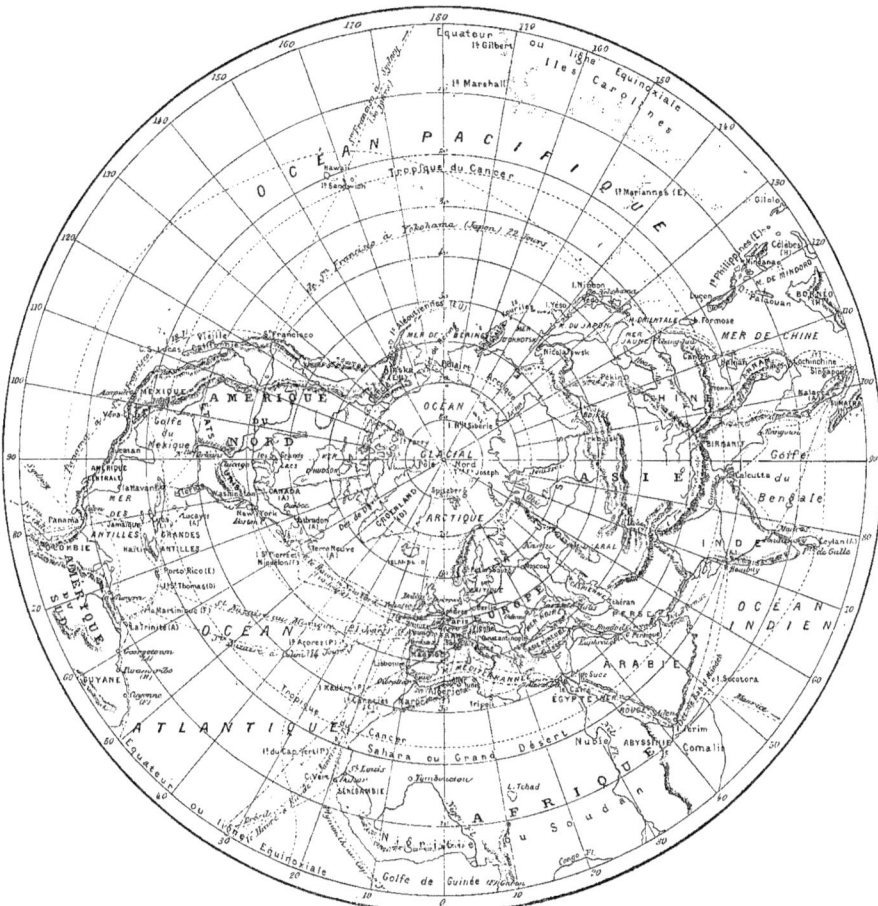

CHAPITRE VI

STRUCTURE DU NOUVEAU CONTINENT

NOMENCLATURE

Charpente de hautes terres. — Montagnes Rocheuses avec les plateaux de l'*Utah*, du *Colorado* et du *Mexique*; — système volcanique de l'Amérique centrale ; — Cordillères des Andes.

Hautes terres annexes. — *Alléghanys*; — montagnes des grandes et des petites Antilles; — montagnes des Guyanes et du *Brésil*.

Hautes plaines. — Utah et *Mexique*.

Plaines basses. — Pourtour de la baie d'Hudson; — plaines du *Mississipi*, de l'Orénoque, de l'*Amazone*, de la Plata.

Presqu'îles extérieures. — Alaska, — Californie, — Nouvelle-Écosse.

Points extrêmes. — Au Nord : cap Barrow (Dominion); — à l'Est : cap Saint-Roch (Brésil); — au Sud : cap *Horn* (la Plata); — à l'Ouest : cap du Prince-de-Galles (Alaska).

Grandes îles. — *Archipel Polaire*, — Groenland et Islande, — Terre-Neuve, — Antilles, — Archipels côtiers de la Patagonie et de la Colombie.

Mers et golfes du pourtour. — Mer de Baffin; — Golfe de l'Atlantique, entre les États-Unis et les Antilles; — Golfe de Panama; — Golfe de Californie.

Mers intérieures. — Baie d'Hudson; — Golfe du *Mexique*; — *Mer des Antilles*.

Grands lacs. — En plaine : Lacs du Dominion et du *Saint-Laurent*; en montagne : lac salé de l'Utah, lac *Titicaca*.
Grands fleuves. — Océan glacial : Mackensie ; — Atlantique : *Saint-Laurent*, Orénoque, Amazone, *la Plata* ; — Pacifique : Colorado et Columbia ; — Baie d'Hudson : Nelson ; — Golfe du Mexique : **Mississipi et Rio Grande del Norte.**

Différences caractéristiques de l'ancien et du nouveau continent.

Le nouveau continent présente avec l'ancien un contraste frappant.

Les deux Amériques sont plus isolées l'une de l'autre que l'Europe ou l'Afrique de l'Asie ; leur contour est plus simple, *moins articulé*; ce sont *deux masses* larges et compactes séparées par une vaste *échancrure*.

La direction générale du relief de l'ancien continent est sensiblement *parallèle à l'Equateur*; les deux Amériques, au contraire, s'étendent à peu près dans le *sens des Méridiens*.

L'ancien continent forme une série de *hautes terres* avec des plaines au nord, toute une couronne de presqu'îles et d'îles au midi ; dans chaque Amérique, une *grande plaine centrale* est limitée à l'ouest et à l'est par des montagnes côtières d'altitude très inégale.

Les seuls traits communs entre l'ancien et le nouveau continent c'est qu'ils sont tous deux situés dans l'*hémisphère boréal* et ne projettent qu'une presqu'île dans l'autre (Afrique et Amérique méridionale).

Structure de l'Amérique du Nord. Les hautes terres latérales.

L'Amérique du Nord est encadrée à l'ouest par les monts Rocheux, à l'est par les *Alléghanys*.

Les montagnes Rocheuses se relient au nord par la presqu'île d'Alaska avec les *hauteurs sibériennes*; elles forment dans les États-Unis et le Mexique deux *plateaux* analogues à ceux de l'Asie, bordés par des montagnes de plus de 4 000 mètres, et renfermant des *dépressions* où les eaux s'accumulent en *lagunes salées* (lac de l'Utah, etc.).

Ces hautes terres occidentales de l'Amérique du Nord sont bordées extérieurement de *chaînes volcaniques* : le volcan *Saint-Élie* dans l'Alaska; une chaîne qui longe la côte du Dominion anglais jusqu'à l'embouchure du *Columbia*; la péninsule de *Californie*; les volcans du plateau *Mexicain* qui dominent l'isthme bas de *Téhuantepec* se continuent à l'est par *Cuba* et les Grandes *Antilles*.

A l'est de l'Amérique du Nord, les *Alléghanys* forment comme un vaste *Jura* avec ses chaînes *parallèles*, ses longues vallées, ses cluses étroites, ses forêts de sapins ; ils sont bordés du côté de l'Atlantique par une zone de plaines basses à côtes marécageuses.

La plaine centrale.

Entre ces deux massifs s'étend un large espace de pays plat partagé en deux régions distinctes : la région *polaire* et le bassin du *Mississipi*.

La région polaire forme autour de la mer d'*Hudson* un immense cirque de roches généralement peu élevées, si ce n'est dans le *Labrador* et le *Groenland*, mais entrecoupées de détroits, de golfes, de lacs creusés par les glaciers, surtout au nord du *cercle polaire arctique*.

Sur le continent, aucune barrière appréciable ne sépare le bassin de la mer d'Hudson des bassins du Mississipi et du golfe du Mexique. De l'une à l'autre mer ondule une immense plaine qui ne dépasse pas 200 mètres d'altitude. Au nord, de nombreux lacs, quelques-uns énormes, sont en communication les uns avec les autres, si bien que le Nelson, le Saint-Laurent et le *Mississipi* portent dans *trois mers* différentes des eaux puisées aux mêmes sources.

L'Amérique du Sud.

Le relief de l'Amérique du Sud est très *semblable* à celui de l'Amérique du Nord. A l'ouest, la grande **Cordillère des Andes**, qui va de Panama au cap Horn, est surchargée de cimes volcaniques. Elle enveloppe le vaste plateau de *Bolivie*, **le plus élevé qui existe au monde**, avec sa lagune centrale, le lac *Titicaca*. C'est le pendant des montagnes Rocheuses.

A l'est, les *sierras* de la Guyane et du Brésil correspondent au Labrador et aux Alléghanys, comme l'Amazone au Saint-Laurent.

Au centre, une grande *dépression* s'allonge du nord au sud, et, semblable au Mississipi, le Rio Parana communique par les vastes *marécages* du *Madeira* et du *Pilcomayo* avec l'Amazone, relié lui-même par le célèbre *Cassiquiare* à l'Orénoque (analogue au Nelson).

Les volcans de l'Amérique centrale.

Les deux Amériques sont plutôt séparées que réunies par une région volcanique demi-continentale et demi-insulaire, celle de l'Amérique centrale.

La chaîne des volcans du *Guatémala* est isolée, au nord et au sud du double continent, par deux dépressions (p. 205), celles des isthmes de *Téhuantepec* et de *Panama*.

Les Grandes et les Petites Antilles forment une seconde chaîne volcanique dont les sommets seuls émergent au-dessus des eaux.

Relations générales du nouveau et de l'ancien continent.

Les lignes directrices de *soulèvement* et de *dépression*, qui ont modelé dans son ensemble le Nouveau Continent, ne sont qu'une prolongation de celles qui ont déterminé la physionomie générale de l'ancien monde. Le demi-cercle des hautes montagnes d'Afrique et d'Asie qui se développe à l'ouest du Pacifique se continue à l'est par la muraille plus régulière encore des montagnes Rocheuses et de la Cordillère des Andes. La ligne de dépression qui, des lacs sibériens à la Méditerranée et au détroit de Gibraltar, traverse tout le continent ancien, semble se prolonger dans l'Amérique du Nord par l'hémicycle des grands lacs canadiens et polaires.

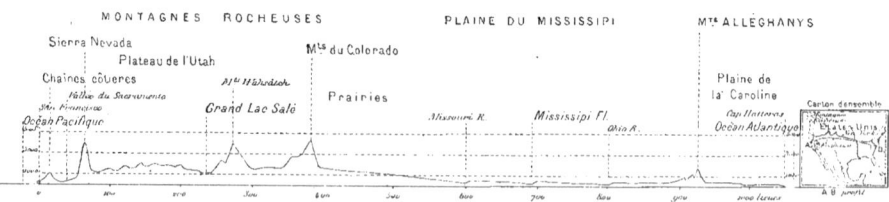

PROFIL DE L'AMÉRIQUE DU NORD DE L'OUEST A L'EST

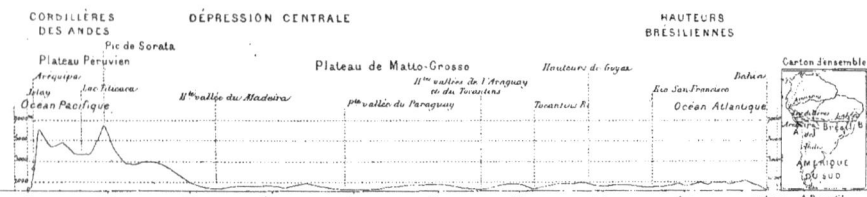

PROFIL DE L'AMÉRIQUE DU SUD DE L'OUEST A L'EST

HÉMISPHÈRE MÉRIDIONAL

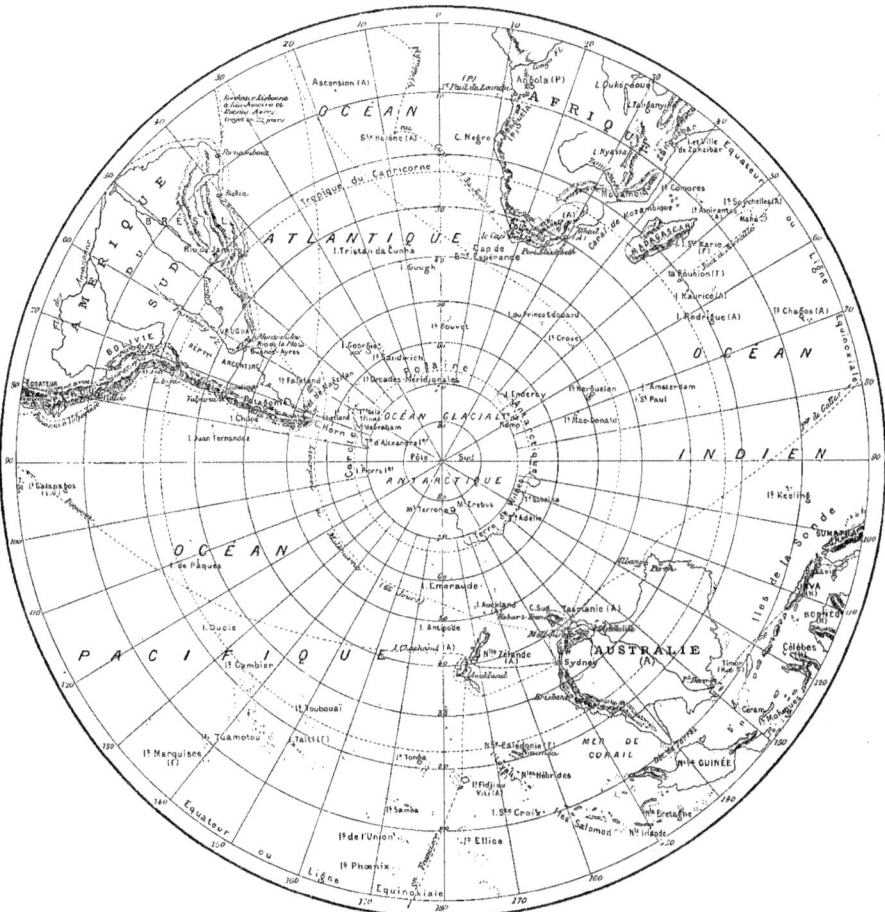

~~ **Conclusion.** — Il y a plus de variété et de richesse dans la composition de l'ancien monde, plus de simplicité dans celle du nouveau. Chaque Amérique, réduite à ses éléments essentiels (voir les profils p. 22), se compose d'une grande région *basse* à l'est, de vastes *massifs montagneux* à l'ouest. Ces massifs sont plus épais et moins hauts dans le nord, moins larges et plus élevés dans le sud. Entre les deux péninsules, une vaste lacune n'est qu'à demi-comblée par les volcans de l'Amérique centrale et des Antilles.

~~ **Continents disparus.** — Les aspérités (montagnes) et les dépressions (mers et vallées) de l'écorce terrestre dont les dimensions nous étonnent sont bien peu de chose par rapport à la masse de la planète tout entière. Les plus grandes chaînes de montagnes, les plus grandes profondeurs de l'océan ne dépassent guère 8 kilomètres; elles ne représentent qu'un six-centième du rayon terrestre et si on les figurait à leur échelle exacte sur un globe de carton de 33 centimètres de diamètre, elles n'auraient pas plus d'importance que les rugosités du papier. Les moindres mouvements de la pellicule superficielle de la Terre peuvent donc produire des changements considérables dans la distribution des mers et des continents. Aussi a-t-on pensé que les îles du Pacifique étaient les derniers sommets d'un monde submergé; et de même sous l'Atlantique dormirait une terre que les peuples anciens auraient connue, l'*Atlantide*. Il est possible en effet que des archipels ou des terres basses aient existé anciennement dans certaines parties des océans. Inversement, il est manifeste que de vastes plaines, plages ou plateaux ont été autrefois couverts par les eaux, et même soumis à des submersions périodiques. Mais il paraît prouvé que des eaux profondes ont toujours occupé en tout ou en partie les lits des océans actuels.

CHAPITRE VII

LES MERS

NOMENCLATURE PHYSIQUE

I. **Mers et grands golfes formés par l'océan Arctique et l'Atlantique.** — Mer de Baffin; — Baie d'Hudson; — Mer du Groenland; — Mer de Barents; — Mer Blanche; — Mer de Kara; — *Mer du Nord et Baltique*; — Mer **Méditerranée**; — Golfe de Guinée; — *Mer des Antilles*; — *Golfe du Mexique*; — Golfe du Saint-Laurent.

II. **Mers et grands golfes formés par le Pacifique et l'océan Indien.** — Golfe de Californie; — Mer de Béring; — Mer d'Okhotsk; — Mer du Japon; — Mer Jaune; — Mer de la Chine; — Mer de la Sonde; — Mer de Corail; — Golfe du Bengale; — Golfes d'Oman et de Perse; — Mer Rouge.

III. **Grandes îles** (*Par ordre de dimensions*). — Groenland; — Nouvelle-Guinée; — Bornéo; *Madagascar*; — *Sumatra*; — **Grande-Bretagne**; — *Nipon*; — Célèbes; — Tavaï-pounamou (Nouvelle-Zélande); — *Java*; — *Cuba*; — Ta-ïka-maoui (Nouvelle-Zélande); — Terre-Neuve; — Luçon (Philippines); — Islande; — Nouvelle-Zemble; — Mindanao (Philippines); — *Irlande*; — Yéso; — Haïti; — Sakhaline; — Tasmanie; — Ceylan; — Terre de feu.

Rapports généraux de situation et d'étendue entre les continents et les mers. — L'eau qui entre dans la composition du monde terrestre est répandue soit à l'état de *vapeur* dans l'atmosphère, soit à l'état *liquide* dans l'intérieur et sur la surface même du globe. Comme cette surface n'est point exactement sphérique, la masse liquide superficielle s'est réunie dans les parties les plus creuses ou *dépressions*. Le quart seulement des terres émerge au-dessus des eaux; les trois quarts sont recouverts par les mers.

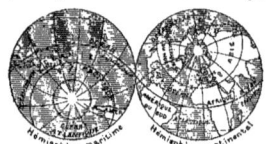

Fig. 54. — Hémisphère maritime et hémisphère continental.

Comme nous l'avons vu, p. 20, les *terres émergées* ou *continents* sont groupées surtout dans l'hémisphère nord, les *eaux* accumulées surtout dans l'hémisphère sud.

Il serait possible (fig. 54) de tracer obliquement à l'équateur un grand cercle qui ne laisserait dans l'hémisphère maritime que la *pointe de l'Amérique du Sud*, les îles de la *Sonde* et *l'Australie*. Dans l'hémisphère continental, lui-même, les terres n'occuperaient qu'une moitié de la superficie.

Les deux grands océans. — **L'Atlantique.** — Les mers se répartissent en deux grandes masses: l'*Atlantique* et le *Pacifique* avec l'océan Indien.

L'Atlantique est une vallée relativement étroite, prolongée au nord par l'océan Glacial *Arctique*, qui aboutit au delà du pôle au détroit de Béring, elle est largement ouverte au Sud sur les mers *Australes* (p. 18, 19, 23).

Cette vallée a la forme d'un S irrégulier (p. 18, 19), qui commence, au nord-est, sur les rivages européens et sibériens, s'arrondit à l'ouest sur la côte des États-Unis et des Antilles, se recourbe à l'est par le golfe de Guinée, et se termine au sud entre l'Afrique et l'Amérique méridionale.

Les inégalités du fond partagent la vallée atlantique en plusieurs bassins ou dépressions. L'océan Glacial Arctique forme un *bassin* peu profond depuis le détroit de Béring jusqu'à un large *plateau* sous-marin qui relie le Groenland à l'Angleterre et à la Norvège, supportant l'Islande et les îles Far-Oer (carte, p. 100). Les mers européennes septentrionales, *Manche*, mer du *Nord*, *Baltique* couvrent une partie de ce plateau, et c'est ce qui *explique leur peu de profondeur*.

De ce plateau part un *renflement* sous-marin qui se dirige au sud-ouest vers la *Guyane* et émerge avec les îles *Açores*. Entre ce renflement et les côtes des États-Unis, une dépression profonde dépasse 7 000 mètres (voir profil, p. 25).

De la Guyane, une autre série de *hautes terres sous-marines* se dirige vers le sud-est jusqu'à l'île *Tristan da Cunha*, puis rejoint la côte de l'Afrique méridionale. Au nord-est de ce plateau se creuse la grande *dépression* qui isole l'Afrique, et dont la profondeur moyenne est de 4 500 mètres; au sud-ouest, celle qui borde les côtes brésiliennes et dont la profondeur moyenne est de 5 500 mètres.

A l'océan Atlantique se rattachent deux groupes de mers intérieures: celles qui séparent les deux Amériques et que le soulèvement volcanique des grandes Antilles partage en deux bassins, le golfe du *Mexique* et la mer *Antilles*; celles qui se prolongent entre l'Europe et l'Afrique sous le nom de *Méditerranée*.

On a remarqué un curieux parallélisme, qui ne saurait être fortuit, entre le dessin et la constitution géologique des deux rivages est et ouest de l'océan Atlantique septentrional. Aux îles Britanniques correspondent Terre-Neuve et le Labrador; — au canal de la Manche, le golfe du Saint-Laurent; — au golfe de Gascogne, la baie du Maine; — à la proéminence de l'Espagne, la Floride avec le cap Hatteras; — à la Méditerranée, le golfe du Mexique. L'analogie n'est pas moins frappante entre la double renflement de l'Afrique au cap Palmas et de l'Amérique du Sud au cap Saint-Roch, entre la rectitude relative des côtes africaines et américaines de l'Atlantique méridional.

Le Pacifique. — Le Pacifique forme avec l'océan Indien et l'océan Glacial du sud une immense masse liquide semi-circulaire dont le diamètre, dans le sens de l'Équateur, est de plus de 260 degrés de longitude, entre la pointe méridionale de l'Afrique et celle de l'Amérique.

Il est coupé en deux par des terres que l'on peut considérer comme les restes d'un *continent à demi-détruit* dont l'Australie et la multitude des archipels océaniens orientés de l'ouest à l'est (des *Carolines* aux îles *Touamotou*) indiqueraient l'étendue ancienne.

A l'ouest de l'Australie s'ouvre l'*océan Indien* (profondeur moyenne 3 300 mètres); à l'est le **Grand océan** proprement dit (5 000 mètres en moyenne, 8 500 mètres au maximum). La principale *dépression* du Grand océan, celle du *Tuscarora*, comprise entre les îles *Aléutiennes* et *Sandwich*, le *Japon* et la *Californie* a une profondeur moyenne de plus de 6 000 mètres et atteint 8 513 mètres près du Japon.

Une immense couronne de volcans, un cercle de feu, environne le Pacifique et l'océan Indien, que parsèment aussi un grand nombre d'*îles volcaniques*: Sandwich, Mariannes, Nouvelles-Hébrides, Tonga, Samoa, Nouvelle-Zélande.

Les mouvements des mers. — Les eaux marines sont dans un *perpétuel mouvement*.

Sous l'action du vent, des *vagues* se forment à leur surface; ces vagues sont d'autant plus hautes et plus espacées entre elles, que le bassin marin sur lequel elles se développent est plus profond, et que les souffles aériens qui les soulèvent sont plus intenses. Elles n'agitent, d'ailleurs, que les eaux superficielles; bien loin de les déplacer, on pourrait les comparer aux plissements d'une étoffe agitée par le vent, mais qui ne change pas de place.

L'attraction combinée de la lune et du soleil produisent une série de soulèvements et d'abaissements généraux connus sous le nom de **marées**.

Nées dans chaque grand bassin océanique, les marées se propagent jusqu'aux rivages des continents et y atteignent une hauteur d'autant plus grande qu'elles rencontrent plus d'obstacles à leur développement.

La différence de température entre les diverses zones terrestres occasionne en outre un perpétuel circuit entre les eaux boréales ou australes et les eaux équatoriales, celles-ci plus chaudes tendant à monter, celles-là plus froides tendant à descendre: c'est l'origine des *courants*. Dans chacun des deux océans, les courants se répartissent en un cercle boréal et un cercle austral[1] qui servent d'organes à la circulation des eaux et tendent perpétuellement à rétablir l'équilibre perpétuellement rompu.

Le **Gulf-Stream**[2] dans l'Atlantique, le *Kouro-Sivo* dans le Grand océan sont les plus célèbres des courants chauds; ils ont pour contrepartie des courants froids venus du pôle, tels que le *courant de Humboldt* dans le Pacifique austral.

Enfin, l'évaporation fait perdre à l'Océan une partie de ses eaux, mais les pluies la lui rendent soit directement, soit par l'intermédiaire des fleuves. Il est ainsi la *source* et le *récipient* de toute l'humidité répandue dans le monde terrestre.

La vie dans l'Océan. — Il est en même temps un foyer de vie organique extraordinairement intense; le règne végétal n'y est guère représenté que par des *algues*, mais elles couvrent parfois des espaces immenses comme dans la mer des Sargasses (entre les Canaries et les îles du cap Vert); quant au règne animal, outre les bandes innombrables des *cétacés* et des *poissons*, il faut compter les milliards d'êtres microscopiques dont les restes se déposent au fond des mers en sédiments épais, analogues à ceux qu'étudie le géologue sur les surfaces continentales autrefois submergées.

---

[1]. Dans l'océan Indien qui est limité par l'Asie dans l'hémisphère Nord, la circulation australe seule existe.

[2]. Il paraît démontré aujourd'hui que le Gulf-Stream n'est autre chose que le prolongement du courant équatorial (voir page 20).

LES MERS.

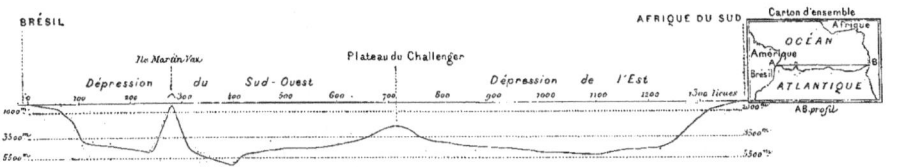

PROFIL DE L'OCÉAN ATLANTIQUE DU SUD, SUIVANT LE 20° PARALLÈLE
Les profondeurs sont exagérées 80 fois

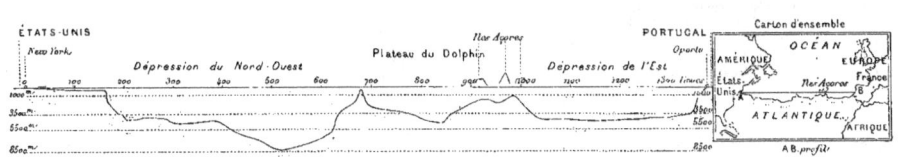

PROFIL DE L'OCÉAN ATLANTIQUE DU NORD, SUIVANT LE 41° PARALLÈLE
Les profondeurs sont exagérées 60 fois

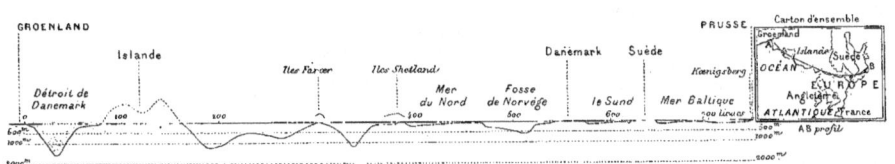

PROFIL ENTRE LE GROENLAND ET KŒNIGSBERG
Les profondeurs sont exagérées 85 fois

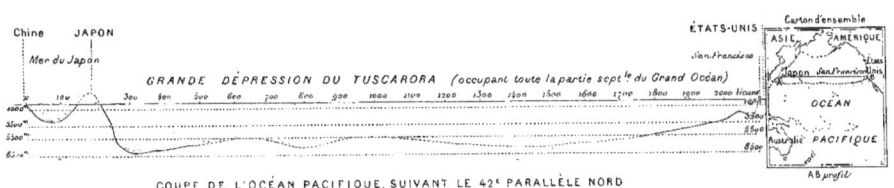

COUPE DE L'OCÉAN PACIFIQUE, SUIVANT LE 42° PARALLÈLE NORD
Les profondeurs sont exagérées 75 fois

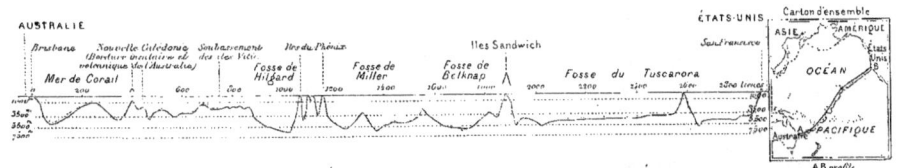

PROFIL EN DIAGONALE DE L'OCÉAN PACIFIQUE, ENTRE L'AUSTRALIE ET LES ÉTATS-UNIS
Les profondeurs sont exagérées 100 fois

CHAPITRE VIII
ÉCOULEMENT DES EAUX

NOMENCLATURE.

Longueur des principaux fleuves. — *Europe :* Seine, 770 kilomètres ; — Elbe, 1 200 k. — Danube, 2 800 k. — Volga, 3 700 k.

Asie : Obi, 5 500 k. — Iénisseï, 5 500 k. — Fleuve Jaune, 4 400 k. — Fleuve Bleu, 5 200 k. — Mé-Kong, 4 200 k. — Gange, 3 100 k. — Indus, 3 100 k. — Euphrate, 2 800 k.

Afrique : Congo, 4 200 k. environ. — Zambèze, 2 600 k. — Nil, 6 400 k. — *Niger :* 4 200 k.

Australie : Murray, 1 800 k.

Amérique : Mackensie, 4 000 k. — Mississipi et *Missouri*, 7 300 k. — Amazone, 6 400 k. — La Plata et Parana, 3 700 k.

Condensation des vapeurs océaniques. — Les océans sont les grands *réservoirs* d'eau du globe.

L'eau des océans qui s'évapore forme des *nuages* ; ceux-ci se condensent en *pluies* ; ces pluies, tantôt retombent directement sur la nappe marine, tantôt, si le vent a entraîné les nuages au-dessus d'un continent ou d'une île, s'épanchent sur la terre qui les rend aux océans par les *rivières* et les *fleuves*.

Les régions *les plus élevées* des continents et les plus rapprochées de la mer sont celles qui reçoivent le *plus d'eau* du ciel. Les montagnes, en effet, condensent les nuages qui viennent se heurter à leurs flancs ; si ces montagnes sont voisines de la mer, c'est-à-dire de la source même des nuages, elles ne perdent pas une parcelle de l'eau qu'ils apportent.

Ainsi s'explique la grande condensation qui ruisselle dans des pays montagneux côtiers : *Australie orientale*, côte de *Malabar* (côte sudouest de l'Hindoustan), *Mingrélie* (sur les flancs du Caucase), Pyrénées, Alpes, Himalaya (massifs relativement très proches de la mer).

L'abondance de cette condensation dépend aussi de la *direction générale des vents* : il ne pleut dans l'*Atlas* qu'une partie de l'année ; sur le versant occidental des Andes péruviennes il ne pleut *presque jamais*, parce que le vent de mer n'y souffle que rarement.

Glaciers. — La raréfaction de l'air qui augmente à mesure qu'on s'élève, produisant un *froid très vif* sur les hautes montagnes, une partie de l'eau des nuages y arrive sous forme de *neige* : cette neige, en s'accumulant, se durcit en *glace*, et forme de vastes champs appelés *névés*, qui couvrent les hautes cimes des montagnes, *même dans les régions tropicales* comme celle de l'*Hymalaya* ; des névés naissent les *glaciers*, véritables fleuves de glace qui remplissent les hautes vallées, *descendent* lentement en déchirant les roches de leurs rives, et en emportent les débris alignés comme de longs chapelets appelés *moraines*.

Suivant la configuration de la montagne, la latitude du pays, les glaciers descendent plus ou moins bas avant de se *fondre* et de se transformer en *torrents*. Dans les longues et larges vallées des Alpes, par exemple, ils se développent bien plus que dans les Pyrénées,

où ils restent confinés dans les régions les plus *hautes*. Dans les pays polaires, comme le *Groenland* et la *Nouvelle-Zemble* ils descendent jusqu'à la *mer* qui en détache ces *icebergs* ou montagnes de glace flottantes, très dangereuses pour les vaisseaux.

Sources. — Les pluies qui se répandent sur les pays plats ou sur les montagnes peu élevées pénètrent en grande partie dans le sol, s'il est perméable, et s'y infiltrent jusqu'à ce qu'elles rencontrent une roche imperméable ; alors leur eau s'étale en nappes souterraines et forme des *sources* aux points où cette roche affleure à la surface du sol. En certains lieux des cours d'eau entiers (*Guadiana, Garonne*), disparaissent un moment absorbés par le sol pour reparaître plus bas.

Quelquefois, à la suite de longues pluies, les cavernes cachées sous le flanc de la montagne, se gonflent démesurément, débordent et donnent naissance à des sources temporaires qui inondent la plaine ou la vallée. Telles sont les *estavelles* du Languedoc et du Jura.

Ailleurs, un siphon naturel ménagé dans quelque canal souterrain, tantôt s'amorce, tantôt s'éteint et produit ainsi une fontaine *intermittente*. Lorsque les eaux, après avoir suivi une longue pente dans le sous-sol de quelque massif, remontent à la surface, elles peuvent former une sorte de puits artésien : ce sont des sources *jaillissantes*. Si dans leur parcours souterrain, elles se sont chargées de matières diverses, telles que le carbonate de chaux, la silice, le sel, le soufre, le fer, l'arsenic, on les dit *eaux minérales*. Beaucoup d'eaux minérales sont *thermales* ; c'est-à-dire qu'ayant pénétré assez profondément dans l'écorce terrestre (ordinairement dans le voisinage de volcans, actifs ou anciens), elles ont traversé des couches de terrain portées à une haute température, et au moment où elles reparaissent au jour, elles sont encore très chaudes, elles-mêmes.

Formation des cours d'eau et des lacs. — Si le sol n'est point perméable, ou ne l'est que *fort* peu, une grande partie de la pluie ou toute sa masse coule immédiatement à la surface du sol et forme des *ruisseaux*, des *rivières* et des fleuves. Mais ces cours d'eau ne coulent pas d'ordinaire dans un lit qu'ils ont trouvé *tout préparé* : la plupart se sont *creusé eux-mêmes*, parfois à travers les roches les plus dures.

Les torrents des montagnes arrachent des fragments de roche, les roulent en galets, les amoncellent sur les pentes qu'ils adoucissent. S'ils rencontrent un obstacle invincible, leurs eaux s'accumulent en lacs, et ne s'échappent que lorsque leur *niveau dépasse* celui de la barrière qui les arrêtait : lacs de *Suisse*, de *Bavière, d'Autriche*, lacs *italiens* (p. 103).

Ces lacs eux-mêmes, les eaux tendent toujours à les combler par leurs apports *d'alluvions* : lac de *Genève*. Dans d'autres cas, les eaux réussissent à percer leur barrière et les lacs se vident et s'assèchent : *Limagne, Forez* (anciens lacs de l'*Allier*, de la *Loire*).

Travail des eaux courantes. — Arrivées sur un sol moins incliné que celui des montagnes, les eaux n'en continuent pas moins à rouler des alluvions et à ronger leurs rives.

Dans les plaines, elles forment des boucles qui allongent leur pente et régularisent leur

débit : *Seine, Mississipi, Rhin*. Rencontrent-elles un obstacle, la plupart du temps elles le *franchissent* : *Meuse* dans les *Ardennes* (p. 110), — Rhin entre Mayence et Cologne (p. 110), — Elbe à Pirna (p. 111).

Lorsque le passage n'est pas encore complètement frayé, le fleuve se précipite en rapides ou en cascades : *Danube* à Orsova (p. 111), — *Nil* à la sortie du lac *Oukéréoué* (p. 191), — *Rhin* à Schaffouse (p. 110), — *Sénégal* à Médine (p. 84), — chute du Niagara (*Saint-Laurent*) (p. 213).

Le lit des cours d'eau se modifie perpétuellement : des *îles* s'y forment, elles changent de place ou disparaissent ; le *fond* s'exhausse quelquefois peu à peu et finit par dominer les campagnes environnantes : basse *Loire, Theiss, Pô*.

Deltas. — Lorsqu'un fleuve aboutit à une mer où les matériaux qu'il apporte ne sont point balayés par la *marée*, ceux-ci se déposent en un *delta* à travers lequel les eaux circulent de nombreux canaux : *Ebre, Rhône, Tibre, Pô, Danube, Nil*, tous les fleuves de la Méditerranée (p. 107) ; *Mississipi, Orénoque, Niger, Gange, Iraouady, Mé-Kong*, fleuve Bleu, fleuve Jaune.

Lacs et bassins fermés. — Cours d'eau défaillants et intermittents. — Dans les régions très chaudes, certains fleuves au lieu de grossir jusqu'à leur embouchure, *diminuent* par infiltration et surtout par *évaporation*, faute d'affluents qui compensent leurs pertes : *Nil*, après son confluent avec l'Atbara (p. 191), *Indus*, après qu'il a reçu le Setledje (p. 163). Quelquefois même ils sont absorbés dans les sables ou les lagunes, ou ne coulent que pendant la saison des pluies : *Igharghar* dans le Sahara (p. 189), — *Hilmend* en Afghanistan (p. 155), — cours d'eau des *Pampas* dans l'Amérique du Sud, — cours d'eau de l'*Australie* centrale.

Il y a aussi des bassins fermés, dont les eaux ne communiquent pas avec l'Océan : Caspienne, mer d'Aral, mer *Morte*, lacs des plateaux de l'*Iran*, de l'*Asie Mineure* en Asie, — de l'*Atlas* en Afrique, — de l'*Utah*, du *Titicaca* en Amérique, — de l'*Australie* centrale.

Il faut signaler dans certains de ces bassins comme ceux de la Caspienne, une *diminution progressive de l'humidité*.

La Caspienne (p. 155), déjà située *au-dessous* du niveau de la mer, diminue peu à peu ; l'*Oxus* qui s'y jetait autrefois ne l'atteint plus. Les chotts de *Tunisie* ont cessé depuis des siècles de se déverser à Gabès dans la Méditerranée.

Conclusion. — Une circulation constante s'accomplit de l'Océan aux cimes aux plaines, et de celles-ci à l'Océan. La goutte d'eau, toujours en voyage, s'élève du sein de la mer sous forme de vapeur, puis emportée par le vent, se condense en pluie ou en neige et sur place, alimente la source ou le torrent, enfin retourne par la rivière ou le fleuve à la mer où elle s'évapore de nouveau. Son voyage est un labeur aussi : elle ronge dans sa course l'écorce du globe, creuse la montagne, creuse le défilé, ouvre un passage au trop-plein du lac, et dessèche ainsi peu à peu ; elle comble la vallée, exhausse le fond de l'Océan, contribue à égaliser les couches terrestres, à rétablir l'équilibre rompu sans cesse par les forces souterraines en travail.

CHAPITRE IX

L'ATMOSPHÈRE ET LES CLIMATS

L'air. — Le globe est environné d'une *atmosphère* ou couche d'*air* dont l'épaisseur est évaluée à plus de 100 kilomètres. L'air se compose surtout d'un mélange d'*oxygène* et d'*azote*, avec une petite quantité d'*acide carbonique* et de *vapeur d'eau*.

Il alimente la vie à la surface du globe : l'oxygène sert à la *respiration des animaux*; l'acide carbonique, l'azote à la *nutrition des plantes*; la vapeur d'eau empêche l'universelle *sécheresse* et l'universelle *destruction*.

Les vents alizés. — L'air n'a pas partout la même température.

A l'équateur il est *plus chaud* et tend à *s'élever*; aux pôles, il est *plus froid* et tend à *s'abaisser*; il s'établit ainsi entre l'équateur et les pôles un double échange d'air, un *double courant atmosphérique*, analogue aux courants marins. C'est ce que l'on appelle les vents **alizés**.

Si la terre était immobile, ces vents souffleraient directement du nord au sud, ou du sud au nord, mais le mouvement de rotation du globe les *infléchit* comme les courants maritimes, et ils soufflent du *sud-est* ou du *nord-est*.

Entre le double domaine des alizés de l'hémisphère nord et de l'hémisphère sud s'étend, sur toute la rondeur du globe, la région des *calmes équatoriaux*, calmes, d'ailleurs, relatifs.

Contre-Alizés. Moussons. — L'air accumulé à l'Équateur par les vents alizés, s'échauffe, se dilate, s'élève, forme une sorte de protubérance autour de la planète, puis s'épand en deux grandes ondes vers les deux pôles. Ce contre-courant qui, en s'abaissant progressivement, atteint la surface et entre alors en lutte avec l'alizé est dévié comme lui par la rotation de la Terre; mais inversement, il souffle du sud-ouest, dans l'hémisphère nord, et du nord-ouest dans l'hémisphère sud. En regagnant le pôle, il alimente en quelque sorte la source de l'alizé et ainsi s'achève la circulation des courants aériens. Mais ces directions générales subissent une foule de déviations particulières : les plus importantes sont les *moussons* qui soufflent alternativement sur l'océan Indien, du nord-est en hiver, du sud-ouest en été, suivant que le soleil échauffe, vers l'un ou l'autre tropique, les plateaux de l'Afrique australe ou ceux de l'Asie.

Les brises de terre et de mer. — La terre absorbe la chaleur et la laisse échapper plus vite que la mer. Aussi, pendant le jour, l'air qui est au-dessus de la terre s'échauffe-t-il plus promptement que l'air qui est au-dessus de la mer; pendant la nuit, au contraire, l'air *marin* reste plus longtemps chaud que l'air *terrestre*. De là résulte un *échange alternatif d'air* sur toutes les côtes, entre le *continent* et *l'océan* : la brise de mer soufflant le *jour*, la brise de terre soufflant la *nuit*.

Les tempêtes. — Sous les zones équatoriales, la chaleur du soleil pompe souvent dans la mer une quantité de *vapeur* tout à fait *anormale*; celle-ci se mélange à l'air et le rend plus léger, il s'élève alors rapidement, et l'air environnant, plus dense, afflue de tous côtés; de là des tempêtes terribles, des cyclones comme ceux qui ravagent si souvent les Antilles et l'île Bourbon.

Rapports des climats avec l'état de l'atmosphère. — Ces divers mouvements de l'air ont une grande influence sur les climats, qui sont loin de dépendre uniquement de la latitude; l'état de l'atmosphère peut modifier grandement l'action du soleil.

S'il y a beaucoup de *vapeur d'eau* dans l'air, celle-ci retient pendant la nuit la chaleur qui s'échappe de la terre, et empêche les froids excessifs; s'il y en a peu, la chaleur rayonnante s'échappe librement de la terre dans l'espace, et la température tombe très bas. C'est la différence qui existe entre les nuits couvertes et les nuits pures; entre les climats *maritimes* et les climats *continentaux*.

Climats maritimes. — Les climats maritimes sont ceux des *régions voisines de l'Océan*, où celui-ci envoie par les vents beaucoup de *vapeur d'eau* : cette vapeur d'eau, invisible dans l'atmosphère, ou condensée sous forme de nuages et de pluie, retient la chaleur, et maintient une certaine égalité de température entre la nuit et le jour, entre l'hiver et l'été.

La Norvège, réchauffée par les vapeurs du *Gulf-Stream*, est très habitable, tandis que, à la même latitude, le Labrador est absolument glacé.

Que la zone soit tempérée ou torride, la vie végétale et animale s'y développera toujours, si le climat est maritime.

Climats continentaux. — Une région a un climat continental, lorsque *l'humidité* de l'Océan n'y arrive point, soit parce que la mer en est trop éloignée (Asie centrale), soit parce que toutes les pluies tombent sur les hautes montagnes qui l'avoisinent (côte sud-américaine du Pacifique). La température est ordinairement élevée le jour (*Sahara*), mais basse la nuit, car rien n'empêche la terre de perdre la chaleur emmagasinée.

Un climat absolument continental est *impropre à la vie* animale ou végétale. Mais tous les climats continentaux ne le sont pas au même degré (Russie centrale, Bavière).

Variété des climats. — Les climats maritimes et continentaux sont des types généraux qui comportent une grande variété. La *situation*, l'*altitude*, l'*exposition*, la *végétation*, ont sur le climat une influence non moins grande que la latitude et le voisinage ou l'éloignement de la mer. Ainsi la plupart des contrées voisines de la Méditerranée sont très sèches parce que cette mer n'est pas assez vaste pour donner naissance à de grandes quantités de pluie. Les hauts plateaux de la Cordillère, bien que placés sous l'équateur jouissent d'une température printanière, à cause de l'élévation du sol. Les hautes montagnes changent le climat d'un pays, suivant qu'elles arrêtent les vents froids ou les vents chauds. Les forêts exercent une influence modératrice analogue à celle de la mer.

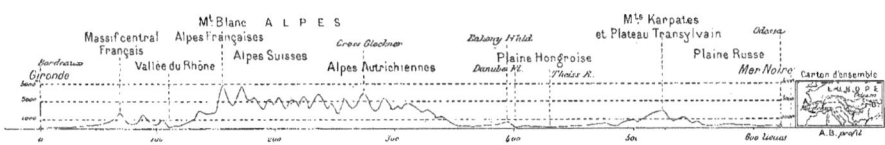

PROFIL ENTRE BORDEAUX ET ODESSA

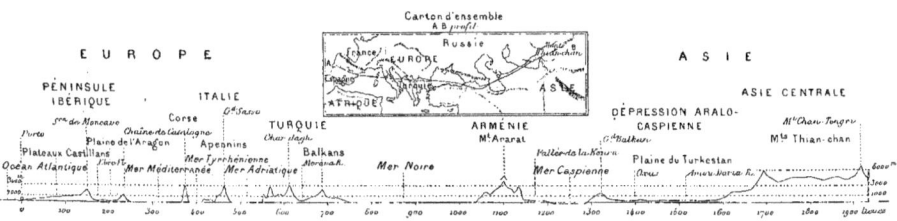

PROFIL ENTRE PORTO ET LES MONTS THIAN-CHAN

DEUXIÈME PARTIE : LA FRANCE
CHAPITRE I. — GÉOGRAPHIE PHYSIQUE

I. — NOTIONS PRÉLIMINAIRES.

Forme de la France. — La France a la forme d'un *hexagone*, ou figure de six côtés (fig. 55).

Si l'on indique les six côtés par des lignes droites, les angles que forment celles-ci sont marqués :

1° Au nord, par la ville de *Dunkerque* (nord);

2° A l'ouest, par la pointe *Saint-Mathieu* (Finistère);

3° Au sud-ouest, par l'embouchure de la *Bidassoa* (Basses-Pyrénées);

4° Au sud, par le cap *Cerbère* (Pyrénées-Orientales);

5° Au sud-est, par la ville de *Menton* (Alpes-Maritimes);

6° A l'est, par le mont *Donon* (chaîne des Vosges).

Avant 1870, ce dernier angle était marqué par le confluent de la *Lauter* et du Rhin.

Dimensions. — Actuellement la France mesure environ 242 lieues du *nord* au *sud*; — 222 lieues de l'*ouest* à l'*est*.

Superficie. — Depuis la perte de l'Alsace-Lorraine, la superficie de la France n'est plus que de 528 600 kilomètres carrés (y compris les îles du littoral et la Corse).

La France est 19 *fois plus petite* que l'*Europe*, 10 fois plus petite que la *Russie*; elle

Fig. 55. — Forme hexagonale de la France. — Méridiens et parallèles.

a à peu près la *même superficie* que l'*Allemagne*, l'*Autriche-Hongrie*, l'*Espagne*.

Longitude. — Le méridien de Paris marqué par 0° coupe la France en deux moitiés à peu près égales. Il passe près de *Dunkerque* (Nord), de *Bourges* (Cher), d'*Aurillac* (Cantal) et de *Carcassonne* (Aude).

A l'ouest, la France s'étend jusqu'au 7° degré (7°) de long. occid., qui coupe la Bretagne entre Brest et la pointe *Saint-Mathieu*.

A l'est, la France, depuis 1870, ne dépasse pas le 5° degré (5°) de longitude orientale, qui passe près du mont *Donon* (montagnes des Vosges) et de *Nice* (Alpes-Maritimes).

En résumé, la France s'étend sur 12 degrés de longitude.

Latitude. — Au nord, la France s'étend jusqu'au 51° degré (51°) de latitude boréale, près de *Dunkerque*.

Au sud, la France s'étend jusqu'auprès du 42° degré (42°) de latitude boréale, qui longe le sud des Pyrénées.

En résumé, la France s'étend sur 9 degrés environ de latitude.

Le 45° degré de latitude nord, qui marque la *distance* moyenne entre le *pôle* et l'*équateur*, passe au nord de *Bordeaux* (Gironde), d'*Aurillac* (Cantal), et au sud du *Puy* (Haute-Loire) et de *Grenoble* (Isère).

II. — GÉOLOGIE.

Terrains ignés. — La teinte rose de la carte de France indique le plus compact des terrains, le sol *granitique*, dont la décomposition superficielle ne produit que de l'*argile* et du *sable*.

On peut regarder comme analogues, au point de vue agricole :

1° Le sol rose foncé, composé de roches éruptives nommées *porphyres*, *basaltes*, — et aussi de *laves* d'anciens volcans;

2° Le sol de teinte *violette* (terrain paléozoïque), composé de *schistes* plus ou moins semblables à l'ardoise, — de *marbres* ou calcaires non friables, etc.

Le caractère principal de tous ces terrains est de ne fournir à la terre végétale que peu de *calcaire* ou de n'en pas fournir du tout. Ce sont des terrains montueux, dont les vallées et les flancs humides portent des *prés*, tandis que les parties plus sèches sont couvertes de *forêts* ou de *landes* stériles.

Les terrains ignés forment la majeure partie des Alpes, des Pyrénées, du *Massif central*. Ils constituent aussi une région moins élevée comprenant toute la Bretagne, avec les parties occidentales du Poitou, de l'Anjou, du Maine et de la *basse Normandie*.

Terrains sédimentaires. — Les autres teintes (noir, ocre, bleu, vert, jaune) indiquent des terrains *sédimentaires* déposés par l'*eau* dans des temps très antérieurs à l'homme, et que leur structure poreuse rend plus ou moins perméables :

1° La teinte *noire* désigne les bassins houillers des départements du *Nord* (Valenciennes), — de la *Loire* (Saint-Étienne), — du *Gard* (Bessèges), etc.;

2° La teinte *ocre* (terrain permien) indique les *grès* qui ont formé les plateaux et les contreforts des *Vosges*, et l'*argile* des plaines de la *Lorraine*. Ce terrain a quelque analogie avec les terrains ignés;

3° La teinte *bleue* (terrain jurassique) marque les roches qui ont formé le système montagneux du *Jura* et celles qui en sont contemporaines. Ce sont surtout des *calcaires* laissant pénétrer l'eau à travers leurs pores et leurs fissures. Ils forment ou des plateaux arides comme ceux de *Langres* et de la *Côte-d'Or*, — ou même affreusement déserts comme les causses du *Larzac*, du *Quercy*, du *Rouergue*, quelquefois aussi des plaines fertiles comme celles de *Caen*, de *Poitiers*, de *Bourges*. — Le terrain jurassique est, en France, celui qui couvre la plus grande surface;

4° La teinte verte (terrain crétacé) signale les terrains de l'âge de la craie de *Champagne* et de *Normandie*. Ils sont composés d'une sorte de calcaire blanc, tendre, friable et poreux. Telle est la grande plaine de « Champagne pouilleuse, » stérile quand l'argile et l'engrais y manquent;

5° La teinte jaune désigne l'ensemble de couches minces et très variables qu'on nomme terrain *tertiaire*. Ce terrain a été déposé le dernier, sur les terrains précédents, dans les grandes dépressions naturelles qui séparent les massifs montagneux de la France. L'une de ces dépressions est appelée par les géologues *bassin de Paris*; l'autre, *bassin de Bordeaux*.

La faible épaisseur des couches tertiaires, la variété des calcaires, de l'argile et du sable qui composent le sol de ces bassins facilitent la formation à leur surface d'une terre végétale de bonne qualité.

On remarquera que le terrain jurassique (bleu) entoure en grande partie le bassin géologique de Paris, et en entier le Massif central.

6° La partie laissée en blanc indique les terrains d'*alluvions* quaternaires formés, depuis l'apparition de l'homme, par le dépôt des fleuves, de la mer etc.

Les pays agricoles. — Quand les divisions du territoire français n'ont pas été dues à la politique mais à la conformation naturelle du sol, elles ont le plus souvent coïncidé avec sa constitution géologique : c'est ainsi que les *pays*, dont les noms populaires survivent aux noms administratifs, sont habituellement limités par le changement de nature du terrain, ce qui explique le fréquent usage de leurs noms au point de vue agricole.

Ainsi, le *Boulonnais* et son petit groupe de collines forme un îlot de terrain jurassique au bord de la Manche; le pays de *Bray*, faite jurassique aussi, s'élève auprès des plateaux tertiaires du pays de *Caux* et du *Vexin*. Près de Paris, entre la Seine et la Marne, les plateaux tertiaires éocènes forment la *Brie*; au sud de la Seine, les plateaux tertiaires miocènes portent le nom de *Gâtinais*, non loin des craies de la *Champagne*.

Par une analogie frappante, on retrouve autour de Cognac, dans les Charentes, et près d'Issoudun, dans le Cher, d'autres pays de *Champagne*, également craveux. Les massifs granitiques ou volcaniques du *Morvan*, du *Velay* (le Puy), des *Maures* entre Hyères et Fréjus, ne sont pas moins nettement délimités que les bas-fonds tertiaires de la *Sologne*, au sud d'Orléans; de la *Brenne*, à l'ouest de Châteauroux; des *Dombes*, au nord de Lyon, que les anciens lacs quaternaires de la *Limagne*, près de Clermont-Ferrand, du *Forez*,

FRANCE. — ÉTUDE GÉOLOGIQUE.

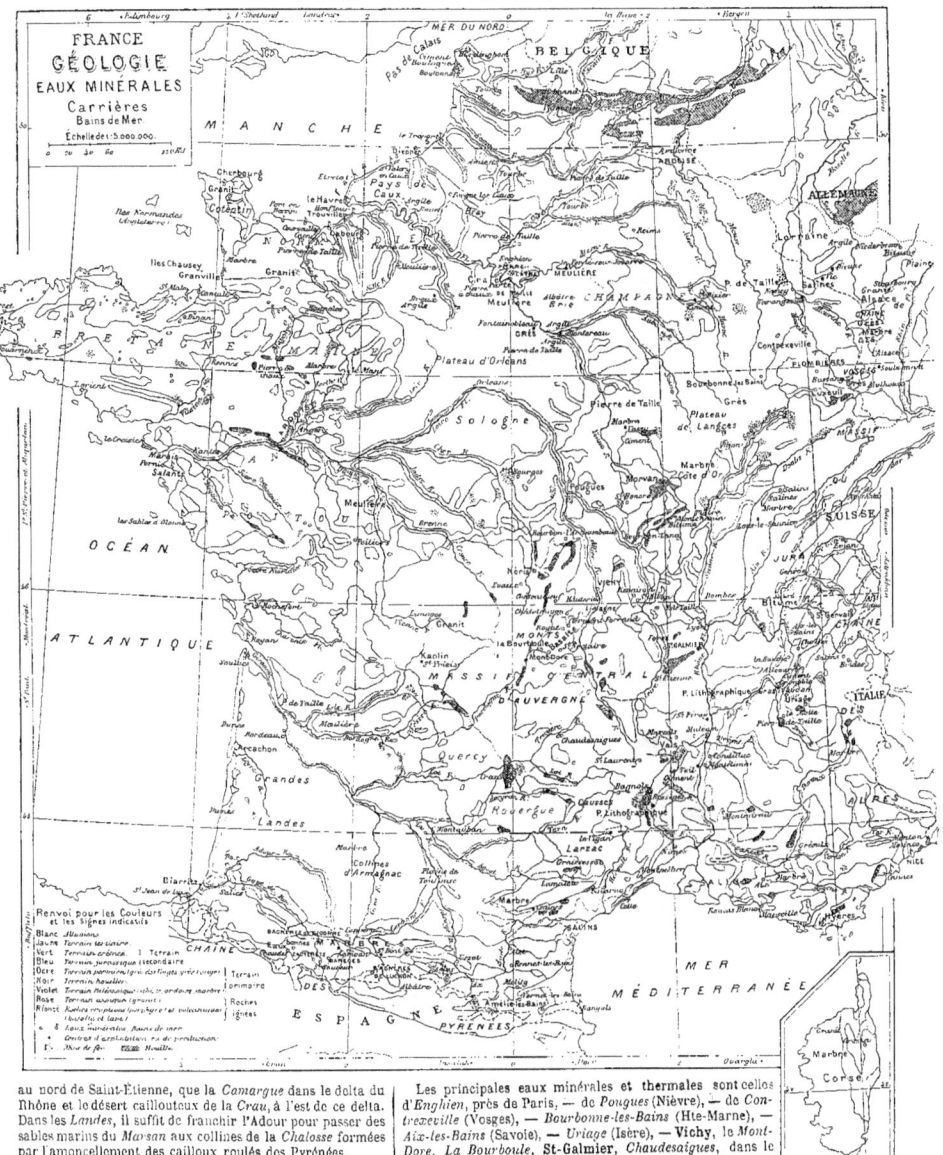

au nord de Saint-Étienne, que la *Camargue* dans le delta du Rhône et le désert caillouteux de la *Crau*, à l'est de ce delta. Dans les *Landes*, il suffit de franchir l'Adour pour passer des sables marins du *Marsan* aux collines de la *Chalosse* formées par l'amoncellement des cailloux roulés des Pyrénées.

Eaux minérales et thermales. — Les eaux minérales ou thermales suivant les matières minérales qu'elles tiennent en dissolution, sont employées au traitement de diverses maladies.

Les principales eaux minérales et thermales sont celles d'*Enghien*, près de Paris, — de *Pougues* (Nièvre), — de *Contrexeville* (Vosges), — *Bourbonne-les-Bains* (Hte-Marne), — *Aix-les-Bains* (Savoie), — *Uriage* (Isère), — **Vichy**, le *Mont-Dore*, *La Bourboule*, **St-Galmier**, *Chaudesaigues*, dans le Massif central, — de *Lamalou* et *Balaruc* (Hérault), — *Vals* (Ardèche), — d'*Amélie-les-Bains*, *Ax*, *Ussat*, *Aulus*, **Bagnères-de-Luchon**, **Barèges**, **Bagnères-de-Bigorre**, **Cauterets**, et des *Eaux-Bonnes*, dans les Pyrénées, etc., etc.

III. — RELIEF DU SOL.

~~ **Courbes de niveau de 200ᵐ.** — Si la mer s'élevait de 200 mètres au-dessus de son niveau actuel, une moitié de la France serait couverte d'eau; l'autre moitié resterait à découvert.

La moitié couverte serait située presque tout entière au *nord-ouest* d'une ligne qui serait tracée de Bayonne (Basses-Pyrénées) à Mézières (Ardennes) : c'est la partie des plaines. On n'y verrait apparaître au-dessus des eaux qu'une faible partie des collines de *Normandie* et du *Perche*, de *Bretagne* et du *Poitou*.

La moitié découverte serait située au *sud-est* de la ligne tracée de Bayonne à Mézières : c'est la partie des montagnes et des plateaux.

~~ **Courbe de 500ᵐ.** — Si la mer s'élevait de 500 mètres au-dessus de son niveau actuel, on apercevrait encore au-dessus des eaux le Massif central de la France, les Cévennes, les Pyrénées, les ALPES, le Jura, les *Vosges*, les monts du *Morvan* et de la *Côte-d'Or*.

~~ **Courbe de 1000ᵐ.** — Si la mer atteignait une altitude de 1000 mètres, seuls les massifs des ALPES, des Pyrénées, du Massif central, du Jura, et quelques sommets des *Vosges* apparaîtraient au-dessus des eaux.

La partie centrale de la *Corse* émergerait aussi au-dessus de la mer.

Fig. 56. — Cirque de Gavarnie (Pyrénées).

PLAINES

~~ Les principales plaines sont :
1° Au nord de la Loire : la plaine de la *Flandre*, — la plaine de *Normandie*, — le plateau de *Caux*, — la plaine de *Champagne*, — la plaine d'*entre Seine et Loire* (Beauce).

2° Au sud de la Loire, les plaines de la *Sologne*, — la plaine du *Berry*, — de la *Basse-Loire*, — de la *Vendée*, — de la *Gironde*, — des *Landes*; — les vallées de la *Loire*, — de la *Charente*, — de la *Garonne*.

3° Le Massif central, généralement pauvre, renferme deux plaines d'une remarquable fertilité : la plaine de la *Limagne* et la plaine du *Forez*.

4° A l'est et au sud du Massif central, la longue et étroite vallée de la *Saône* et du *Rhône* — et la plaine du *Bas-Languedoc*.

MONTAGNES

~~ **Chaîne des Pyrénées.** — La partie des Pyrénées qui sépare la France de l'Espagne, n'est que la moitié de la *chaîne totale*; celle-ci se prolonge sous différents noms jusqu'au cap *Finisterre* (carte p. 137).

~~ Les Pyrénées françaises (du golfe de Gascogne à la Méditerranée), s'étendent sur une

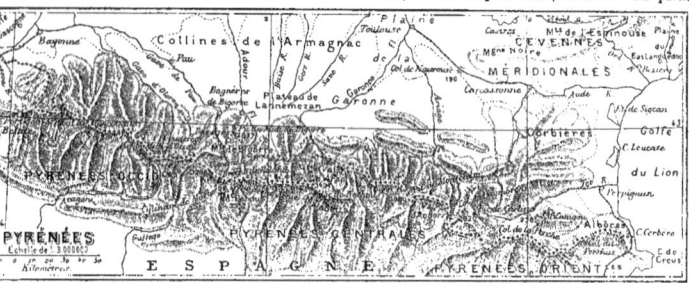

Carte des Pyrénées.

longueur d'environ 110 lieues. Elles suivent une ligne généralement droite, mais forment, au val d'Aran, un *coude* très prononcé.

~~ Les Pyrénées atteignent leur plus grande élévation dans la partie centrale, sur une longueur de 50 lieues (voir le profil p. 31); puis elles s'abaissent graduellement : à l'ouest, jusqu'au golfe de Gascogne; — à l'est, jusqu'à la Méditerranée.

L'extrémité orientale des Pyrénées françaises, du *Perthus* au cap *Cerbère*, porte aussi le nom de monts *Albères*. — Au nord de la partie centrale des Pyrénées se trouve le plateau de *Lannemezan*, d'où descendent la *Save*, le *Gers*, la *Baïse*, affluents de gauche de la Garonne.

~~ Le versant qui regarde la France est *abrupt*; — sur le versant espagnol, la déclivité est, en général, beaucoup *moins forte*.

~~ Les Pyrénées n'ont qu'une ramification importante, les *Corbières*, qui s'étendent en « patte d'oie » sur le département de l'Aude.

Tableau sommaire des principaux pics, cols, etc., des PYRÉNÉES.

NOMS	Altitude	PARTICULARITÉS
Pic du Midi d'Ossau...	2870	Au sud de Pau.
Pic Vignemale...	3298	
Pic du Midi de Bigorre.	2877	Source de l'Adour; observatoire météorologique
Cirque de Gavarnie... (fig. 82).		La partie la plus pittoresque et la plus visitée de la chaîne. Source du Gave de Pau.
Mont Perdu...	3352	En Espagne.
Val d'Aran...		En Espagne. — Source de la Garonne.
Pic de Nethou (massif de la Maladetta).	3404	Point culminant des Pyrénées (en Espagne).
Val d'Andorre...		Petit territoire neutre.
Pic de Carlitte...	2920	Au centre d'un massif d'où descendent l'Ariège, la Tét, l'Aude.

~~ On trouve dans les Pyrénées de nombreuses sources d'*eaux thermales* (Barèges,

Bagnères de Bigorre, Cauterets, Bagnères de Luchon, etc.), et quelques mines de plomb, de fer et de cuivre.

~~ Il existe un certain nombre de passages appelés *cols* ou *ports*, entre la France et l'Espagne, mais très peu carrossables. Les principaux se trouvent aux deux extrémités *ouest* et *est* de la chaîne, qui sont moins élevées. C'est là aussi que passent deux chemins de fer : à l'ouest, celui qui va de *Bayonne* à *Madrid*; à l'est, celui qui va de *Perpignan* à *Barcelone*.

~~ **Alpes françaises.** — La partie française des Alpes s'étend de la *Méditerranée* au lac de Genève; elle se divise en trois sections principales, qui sont, du sud au nord :

Les Alpes Maritimes, de la *Méditerranée* au col d'*Agnello*;

Les Alpes Cottiennes, du col d'*Agnello* au col du mont *Cenis*;

Les Alpes Grées, du col du mont *Cenis* au col du *Grand-Saint-Bernard*.

Les Alpes *Pennines*, qui font suite aux Alpes Grées, et qui complètent les Alpes occidentales, appartiennent à la Suisse et à l'Italie; seul le mont Blanc, qui en fait partie, est en France.

~~ A chacune des trois sections principales qu'on vient d'énumérer, se rattache en France une ramification importante :

Aux Alpes Maritimes se rattachent les Alpes de Provence.

Aux Alpes Cottiennes se rattachent les Alpes du Dauphiné.

Aux Alpes Grées se rattachent les Alpes de Savoie.

~~ **Aspect général des Alpes françaises.** — Les Alpes françaises s'élèvent *progressivement* de la Méditerranée au mont Blanc, point culminant du massif alpestre. A vol d'oiseau, elles s'étendent sur une longueur de 75 lieues. Du côté de la France, le versant s'abaisse en pente relativement *douce*; le versant italien est *rapide*.

~~ Si les Alpes françaises n'ont point le sublime grandiose des Alpes suisses, elles possèdent néanmoins un grand nombre de sites imposants et pittoresques : la mer de Glace près du sommet du mont Blanc, au pied de laquelle se trouve la délicieuse vallée de *Chamonix*, etc.; — le massif de la *grande Chartreuse* (Alpes de Savoie), avec ses belles forêts de sapins, son cascades et son célèbre couvent; — la belle et riche vallée du *Graisivaudan*, qui suit l'Isère en descendant vers Grenoble; — la montagne des *Maures* et la chaîne de l'*Esterel* (Alpes de Provence).

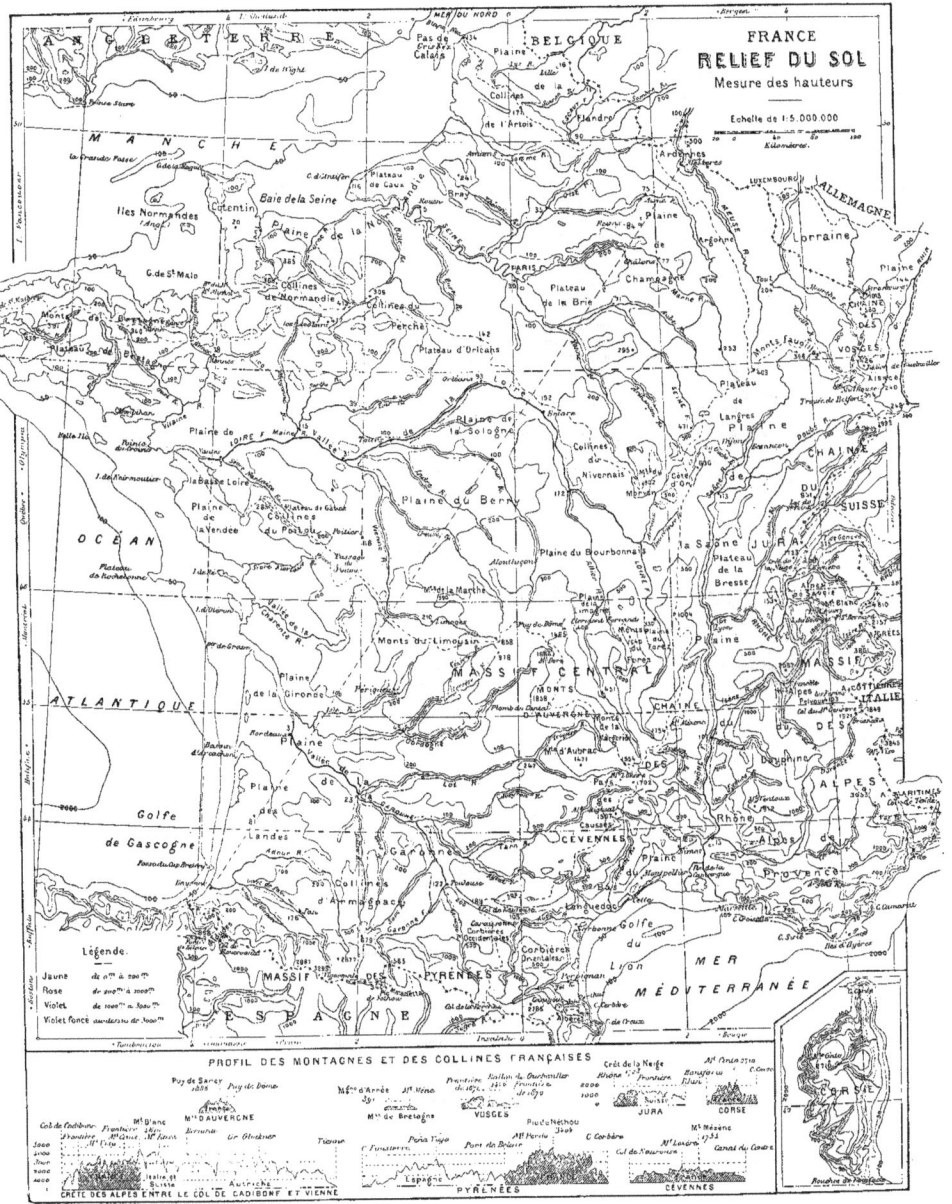

FRANCE. — RELIEF DU SOL.

Tableau sommaire des principaux massifs, pics, cols, etc., des ALPES FRANÇAISES (du sud au nord).

NOMS	Hauts	PARTICULARITÉS
Massif de l'Enchastraye (Alpes Maritimes).	2936m	Source du Var
Col du mont Genèvre (Alpes Cottiennes).	1860	Sur la route de Briançon (Hautes-Alpes)à Turin (Italie). Source de la Durance.
Massif du Pelvoux (Alpes de Provence).	4103	Un des plus beaux sommets des Alpes françaises.
Mont Tabor (Alpes Cottiennes).	3175	Nœud principal des Alpes Cottiennes.
Tunnel de Fréjus (Alpes Cottiennes).	1335	Percé pour le chemin de fer qui va de France en Italie. Longueur du tunnel entre Modane (France) et Bardonnèche (Italie) : 12 kil.
Col du mont Cenis (à la limite des Alpes Cottiennes et des Alpes Grées).	2098	Route allant de Chambéry (France) à Turin (Italie), construite par Napoléon Ier (1801-1812).
Col du Petit St-Bernard (Alpes Grées).	2157	Couvent de moines, qui sert de refuge aux voyageurs.
Mas if de la Vanoise (Alpes Grées.)	3863	Source de l'Isère.
Mont Blanc (Alpes Pennines).	4810	Le mont le plus élevé d'Europe (1).

Les cours d'eau qui prennent leur source dans les Alpes sont : le *Rhône* (au Saint-Gothard, dans les Alpes suisses), — l'*Isère* (au massif de la Vanoise); — la *Drôme* (dans les Alpes du Dauphiné); — la *Durance* (au col du Mont Genèvre); — le *Var* (au massif de l'Enchastraye).

~~~ Les montagnes de la Corse peuvent être considérées comme une ramification sous-marine des Alpes. Le principal sommet est le *Monte-Cinto* (2710m).

~~~ **Cévennes.** — Sur la rive droite du Rhône et parallèlement aux Alpes françaises court, du sud au nord, une longue chaîne de montagnes, les Cévennes.

~~~ Les Cévennes s'étendent du large passage de *Naurouse*, qui relie les vallées de la *Garonne* et de l'*Aude*, aux collines de la *Côte-d'Or*. Elles sont divisées en Cévennes *méridionales* et en Cévennes *septentrionales* par le mont *Lozère*.

Les Cévennes méridionales prennent successivement les noms de montagne *Noire*, — monts de l'*Espinouse*, — monts *Garrigues*, — Cévennes proprement dites, où se trouve le mont *Aigoual* (1567m).

Les Cévennes septentrionales reçoivent les noms de monts du *Vivarais*, où se trouvent le mont *Mézenc* (1754m), point culminant de la chaîne, et le mont *Gerbier des Joncs* (1551m) où la Loire prend sa source, — monts du *Lyonnais*, — monts du *Mâconnais*, — monts du *Beaujolais*, — monts du *Charolais*.

Les Cévennes n'ont que la moitié (1300 m.) de l'altitude moyenne des Pyrénées françaises; leur longueur est la même (110 lieues).

Les cours d'eau qui prennent leur source dans les Cévennes sont : la *Loire* (au mont Gerbier des Joncs dans les monts du Vivarais); — le *Lot* et le *Tarn* (au mont Lozère); — l'*Ardèche* (aux monts du Vivarais); — le *Gard* (Cévennes méridionales).

~~~ **Massif central.** — Les Cévennes étayent à l'ouest un vaste plateau auquel sa

---
1. Le mont *Elbrous* (5547m), dans la chaîne du Caucase, fait partie des montagnes d'Asie.

---

position au cœur de la France a fait donner le nom de Massif ou Plateau central. Le Massif central embrasse toute la région située entre : les *Cévennes* à l'est et au sud; — les sources de la *Vienne* et de la *Charente* à l'ouest; — les monts du *Morvan* au nord.

Le Massif central, y compris les Cévennes, peut être comparé à une île de granit, limitée à l'est par la *vallée rectiligne du Rhône et de la Saône* et entourée de tous les autres côtés par des plaines (carte p. 31).

~~~ Sur les immenses terrasses qui composent le Massif central, s'élèvent les massifs suivants : les monts du *Forez* et du *Velay*; — les monts de la *Margeride*, — la région montagneuse du *Gévaudan*; — les monts d'*Auvergne*, — les monts du *Limousin* et de la *Marche*; — les monts d'*Aubrac*; — enfin les *Causses* (plateaux calcaires du *Larzac*, du *Rouergue*, du *Quercy*).

~~~ C'est dans les monts d'Auvergne que l'on trouve les plus importants massifs du Plateau central, ce sont : 1° le massif des monts *Dore*, qui renferme le *Puy de Sancy* (1886m), le plus haut sommet de France, après ceux des Alpes et des Pyrénées; — 2° le massif du *Cantal* avec le *Plomb du Cantal* (1856m); — 3° le massif des monts *Dôme*, avec le *Puy-de-Dôme* (1165m), sur lequel est établi un observatoire météorologique.

On trouve dans les monts d'Auvergne des volcans éteints forts curieux à visiter. Le plateau, peu fertile, excepté dans la haute plaine de la *Limagne*, possède de nombreuses richesses minérales et surtout des eaux thermales.

Les cours d'eau qui prennent leur source dans le Massif central sont : la *Creuse*, la *Vienne*, la *Charente*, l'*Isle*, la *Corrèze* et la *Vézère*, l'*Indre* et le *Cher* (aux monts du Limousin et de la Marche); — l'*Allier* (dans les monts de la Margeride); — l'*Hérault* et l'*Aveyron* (dans la région des causses); — la *Dordogne* (au massif des monts Dore).

~~~ **Côte-d'Or, plateau de Langres, monts Faucilles.** — Au nord des Cévennes se trouve une série de hauteurs qui ont reçu le nom de collines de la *Côte-d'Or*, — plateau de *Langres*, — monts *Faucilles*. Ces élévations, qui ne dépassent pas 636m, forment un arc de cercle qui relie les Cévennes à la chaîne des Vosges.

Les principaux cours d'eau qui prennent leur source dans ces hauteurs sont : la *Meuse* (à la jonction des monts Faucilles et du plateau de Langres); — la *Saône* (aux monts Faucilles); — la *Seine*, l'*Aube*, la *Marne* (au plateau de Langres).

~~~ **Vosges.** — Depuis la guerre de 1870, nous ne possédons plus que le versant occidental des Vosges, du *ballon d'Alsace* au mont *Donon*. Le versant oriental et le prolongement des Vosges au nord du mont Donon appartiennent à l'Allemagne (Alsace-Lorraine).

Les Vosges forment une belle chaîne de montagnes couvertes de forêts. Les sommets arrondis prennent le nom de *ballons* : ballon de *Guebwiller* (1425m); ballon d'Alsace (1250m).

Les cours d'eau qui prennent leur source dans les Vosges sont : la *Moselle* et son affluent, la *Meurthe*.

~~~ **Jura.** — Au sud des Vosges se trouve une dépression (trouée de Belfort), puis une chaîne de montagnes très pittoresque, le Jura, qui nous sépare de la *Suisse*.

Le Jura, qui commence en Suisse, ne devient français qu'à partir du mont *Terrible* (998m). Il est limité au sud par le coude que fait le Rhône, près de Belley (département de l'Ain). Le Jura, comme les Vosges, n'appartient à la France que par son versant *occidental*.

On divise le Jura en Jura *septentrional*, — en Jura *central*, où se trouvent le *Crêt de la Neige* (1723m) et le *Reculet* (1720m), les deux points culminants de la chaîne, — en Jura *méridional*, où l'on remarque le *Grand Colombier*.

Le Jura est couvert de riches forêts et de villages industrieux. — Quelques vallées sont de toute beauté.

Les cours d'eau qui prennent leur source dans le Jura sont : le *Doubs* et l'*Ain*.

~~~ **Chaînes secondaires.** — La double chaîne de l'*Argonne* (carte p. 31) relie les monts *Faucilles* au plateau des *Ardennes*. — Plus au nord se trouvent les collines de l'*Artois*. — A l'est de la *Côte-d'Or* sont les monts du *Morvan* (902m) de même formation que le massif central.

~~~ Les autres montagnes de la France méritent à peine le nom et sont plutôt de hautes collines : monts de *Bretagne* (391m); — du *Nivernais* (152m); — collines du *Perche* (309m); — de *Normandie* (417m); — collines du *Poitou* et plateau de Gatine (285m).

Dans les monts de Bretagne, on distingue les massifs du *Méné*, d'*Arrée*, les montagnes *Noires*.

L'*Yonne* prend sa source dans les monts du Morvan.

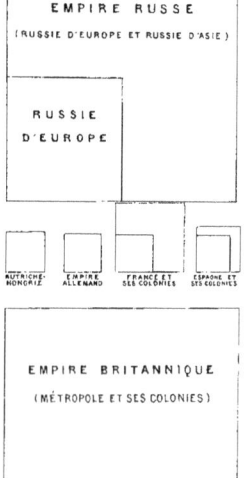

Fig. 57. — Superficie comparée de quelques pays d'Europe.

FRANCE. — RELIEF DU SOL.

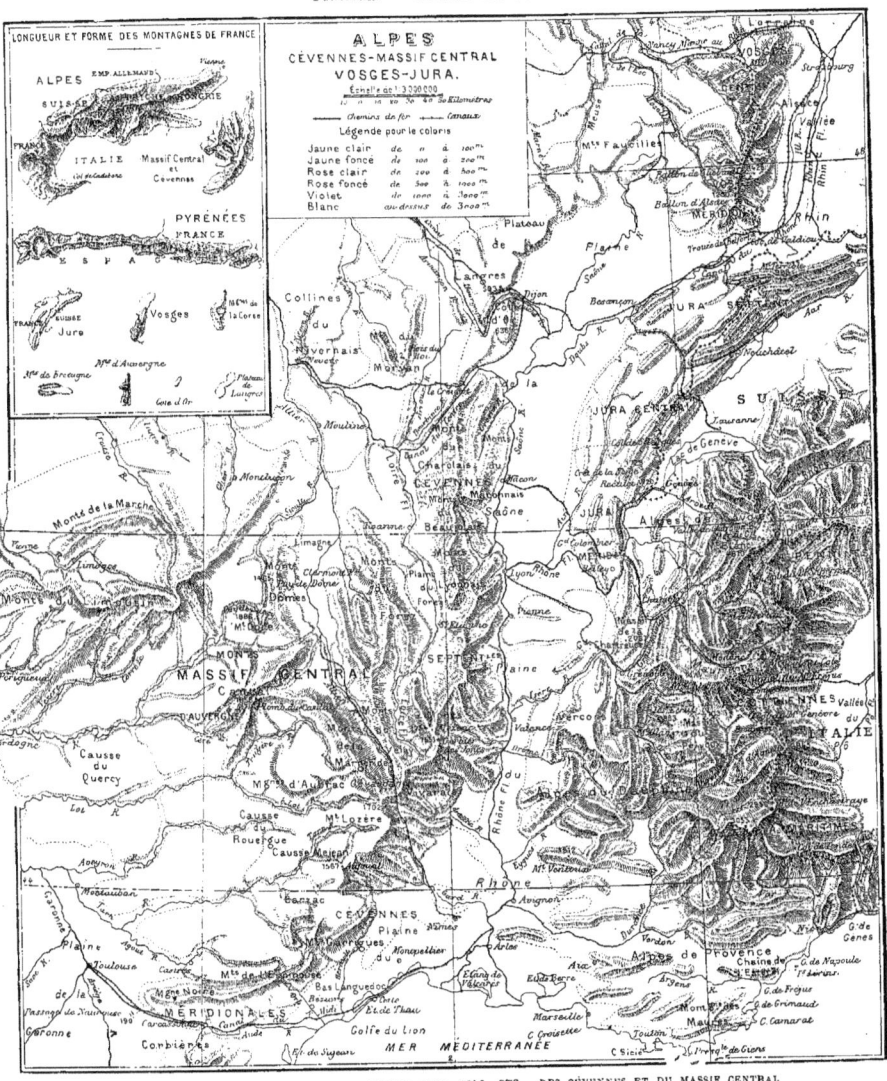

TABLEAU SOMMAIRE DES PRINCIPAUX MASSIFS, PICS, COLS, ETC., DES CÉVENNES ET DU MASSIF CENTRAL

NOMS	ALTITUDE	PARTICULARITÉS	NOMS	ALTITUDE	PARTICULARITÉS
Col de Naurouse.	190 m	Point de partage du canal du midi; Passage de la voie naturelle qui unit le bassin de la Garonne à la Méditerranée.	Puy de Dôme.	1648 m	(Monts de Dôme). Au bord de la plaine de Limagne. Point culminant des monts du Limousin, sources de la Vienne et de la Vézère.
Mont Aigoual.	1567	Point culminant des Cévennes méridionales	Mont de Meymac.	978	
Mont Lozère.	1702	A l'intersection des monts de la Margeride et des Cévennes méridionales et septentrionales, vers les sources du Tarn, du Lot, de l'Allier.	Gerbier des Joncs.	1661	(Mont du Vivarais, Cévennes septentrionales). Source de la Loire.
Plomb du Cantal.	1858	Centre du massif central.	Mont Mézenc.	1754	(Mont du Vivarais). Point culminant des Cévennes septentrionales.
Puy de Sancy.	1886	(Mont-Dore). Point culminant du massif central. Source de la Dordogne.	Trouée du Charolais.	326	Passage du canal du centre et de la voie naturelle qui unit la Loire à la Saône.

IV. — HYDROGRAPHIE.

Grands fleuves et fleuves côtiers. — La France est arrosée :
1° Par quatre grands fleuves : la Seine, la Loire, la Garonne et le Rhône. Ces quatre grands fleuves forment, avec leurs affluents, les quatre bassins principaux.
2° Par un certain nombre de fleuves *côtiers*, dont les principaux sont : la Somme, l'*Orne*, la *Vire* et la *Rance*, qui se jettent dans la Manche ; — l'*Aulne*, le *Blavet*, la Vilaine grossie de l'*Ille* et de l'*Oust*, la Sèvre Niortaise grossie de la *Vendée*, la Charente, l'Adour grossi de la *Midouze* et du gave de *Pau*, qui se jettent dans l'océan Atlantique ; — la *Têt*, l'Aude, l'*Hérault*, le *Var*, qui se jettent dans la mer Méditerranée. — Tous ces fleuves côtiers forment autant de petits bassins secondaires.
3° Par la Moselle, affluent du Rhin ; — par la Meuse et l'Escaut, qui se jettent dans la mer du Nord et qui peuvent être aussi considérés comme les affluents du Rhin (p. 110).

Depuis la perte de l'Alsace-Lorraine, le beau fleuve du Rhin, qui nous servait de frontière sur une longueur de 200 kil., ne baigne plus aucune terre française.

Ligne générale de partage des eaux. — Si l'on étudie l'ensemble des quatre grands fleuves et de leurs affluents, on remarque qu'ils prennent leur source dans la ligne de montagnes qui part des PYRÉNÉES, — suit les Corbières occidentales, — les Cévennes, — la Côte-d'Or, — le plateau de *Langres*, — les monts *Faucilles*, — les Vosges méridionales, — le Jura — et atteint les ALPES.

Cette ligne de montagnes forme la ligne générale de partage des eaux ; elle sépare la France en deux *versants* : le versant de l'*Atlantique* à l'ouest, et le versant de la *Méditerranée* à l'est.

Ceinture des bassins. — La ceinture des bassins situés dans la partie montagneuse est très nettement marquée ; — celle des bassins situés dans la partie des plaines l'est à peine.

Ainsi la grande ligne en S formée par les Cévennes, la Côte-d'Or, le plateau de Langres, les Faucilles et les Vosges, isole complètement le bassin du Rhône des trois autres bassins principaux, et les bassins de la Meuse et de la Moselle.

Le bassin de la Garonne a, de même, une ceinture *parfaitement accusée* par les PYRÉNÉES, — les *Corbières* occidentales, — les Cévennes, — les monts de la *Margeride*, — les monts d'Auvergne, — les monts du Limousin.

Ces trois dernières chaînes séparent aussi le bassin de la Garonne du bassin de la Loire.

Entre le bassin de la Loire et celui de la Seine, la séparation n'est plus marquée (les monts du *Morvan* exceptés) que par de faibles ondulations de terrain : collines du *Nivernais*, collines du *Perche*.

La séparation est un peu plus appréciable entre le bassin de la Seine et les bassins de la Meuse et de l'Escaut, séparés par l'*Argonne* occidentale et par les Ardennes.

Cours de la Seine. — La Seine (900 lieues), dont le nom signifie *la tranquille*, parce qu'elle coule d'un cours *lent* (voir le profil au bas de la carte) et sinueux, prend sa source à l'extrémité sud du plateau de *Langres*, à la faible altitude de 435^m, et va se jeter dans la Manche par un vaste estuaire de 10 kil. de large. — A l'embouchure de la Seine se produit quelquefois le phénomène de la barre. — La Seine n'arrose que des terrains perméables, aussi ses inondations sont-elles peu désastreuses pour les campagnes avoisinantes.

Les principaux affluents de la Seine sont :
SUR LA RIVE DROITE : l'*Aube*, — la Marne, — l'Oise grossie de l'*Aisne*.
SUR LA RIVE GAUCHE : l'*Yonne*, grossie de l'*Armançon*, — le *Loing*, — l'*Eure*.

Cours de la Loire. — La Loire est le plus long fleuve de France (950 lieues). Elle prend sa source à une altitude de 1408^m, au mont *Gerbier des Joncs* (Cévennes). La Loire est sujette à des *crues* subites, et par cela même redoutables. Ces crues proviennent de trois causes principales : 1° des eaux qui, au moment de la saison des pluies, descendent du Plateau central ; — 2° de l'imperméabilité des terrains granitiques de ce même plateau ; — 3° de la pente rapide de la Loire dans son cours supérieur (voir le profil) et de son défaut de pente dans son cours inférieur.

Pour protéger les campagnes contre les inondations de la Loire, on a élevé, entre le confluent de l'Allier et la mer, des *digues* ou *levées*, gigantesques terrassements très larges à la base et moins larges au sommet. A plusieurs reprises, en 1846, 1853, 1866, les eaux ont rompu ces digues et causé de grands ravages.

Les principaux affluents de la Loire sont :
SUR LA RIVE DROITE : la *Nièvre*, — la Maine, formée de la *Mayenne* et de la *Sarthe*, grossie du *Loir*.
SUR LA RIVE GAUCHE : l'*Allier*, — le *Loiret*, — le Cher, — l'*Indre*, la Vienne, grossie de la *Creuse*, — la Sèvre Nantaise.

Cours de la Garonne. — La Garonne (150 lieues) prend sa source en Espagne, au *Val d'Aran* (Pyrénées), à 10 lieues des frontières françaises, et à près de 1900^m d'altitude (voir le profil). La Garonne prend le nom de Gironde à partir de sa réunion avec la Dordogne.

La Garonne, comme la Loire, a des inondations quelquefois terribles (année 1875). Ces inondations ont lieu lorsque la fonte des neiges des Pyrénées transforme ses affluents de gauche en de véritables torrents, et lorsque, au même moment, les pluies abondantes qui tombent sur le Plateau central, grossissent démesurément les affluents de droite.

Les principaux affluents de la Garonne sont :
SUR LA RIVE DROITE : l'*Ariège*, — le Tarn, grossi de l'*Agout* et de l'*Aveyron*, — le Lot, — la Dordogne, qui reçoit la *Vézère* grossie de la *Corrèze*, l'*Isle*.
SUR LA RIVE GAUCHE : la *Save*, — le *Gers*, — la Baïse, qui sont plutôt des torrents que des cours d'eau.

A l'embouchure de la Dordogne, on observe le phénomène de remous appelé *mascaret*.

Cours du Rhône. — Le Rhône (200 lieues : 75 en Suisse, 125 en France), dont le nom signifie *le rapide*, prend sa source dans les Alpes suisses à une altitude de 1600^m (voir le profil), au massif du *Saint-Gothard*, — traverse le lac de *Genève* où il régularise le cours de ses eaux, — pénètre en France, — contourne la chaîne du Jura qui se dresse devant lui, — reçoit à Lyon son principal affluent, la Saône, et de là, arrêté par les *Cévennes*, descend perpendiculairement à la Méditerranée. — Avant de s'y jeter, il se divise en plusieurs branches qu'on appelle les *bouches du Rhône*. — Le Rhône a un débit d'eau considérable (autant que la Seine et la Loire réunies).

Les principaux affluents du Rhône sont :
SUR LA RIVE DROITE : l'*Ain*, — l'importante rivière de la Saône, grossie du *Doubs*, — l'*Ardèche*, — le *Gard*.
SUR LA RIVE GAUCHE : l'*Isère*, — la *Drôme*, — la *Durance*.

Cours de la Moselle, de la Meuse, de l'Escaut. — La Moselle a sa source au *Ballon d'Alsace* (chaîne des Vosges), et se jette dans le Rhin après un cours de 125 lieues, dont moitié en France.

Elle reçoit, sur sa rive droite, en France, la *Meurthe* (source : chaîne des Vosges).

La Meuse a sa source entre le plateau de *Langres* et les monts *Faucilles*. Elle n'a qu'un tiers de son cours en France, traverse la Belgique, la Hollande, et se perd dans la mer du Nord par plusieurs embouchures qui se confondent avec celles du Rhin et de l'Escaut.

La Meuse a la *Sambre* pour affluent de gauche.

L'Escaut n'a que le quart de son cours en France ; comme la Meuse, il arrose la France, la Belgique et la Hollande, avant de se jeter dans la mer du Nord.

L'Escaut a pour affluents de gauche : la *Scarpe* et la *Lys*.

Principaux lacs. — Les lacs intérieurs de la France sont : le lac du *Bourget* (Alpes de Savoie), d'une superficie exactement égale à celle de Paris ; — le lac d'*Annecy* (Alpes de Savoie) ; — le lac de *Grand-Lieu*, au sud de l'embouchure de la Loire.

Le lac de Genève ou de Léman (Suisse) sert de frontière à une partie du dép. de la *Haute-Savoie*.

Principaux étangs. — Le nombre des étangs et marais est plus considérable. Sur les côtes de Gascogne se trouve, au sud et au nord du bassin d'*Arcachon*, une série d'étangs formés par les dunes qui ont mis obstacle à l'écoulement des eaux vers la mer.

Sur les côtes de la Méditerranée, on trouve les étangs de *Leucate*, — de *Sigean*, — de *Thau*, — de *Valcarès*, — de *Berre*.

Marais. — Dans la Brenne (Indre-et-Loire), la Sologne (Orléanais), la Bresse et les Dombes (Ain), on trouve des marais et des étangs insalubres que l'on dessèche peu à peu pour les livrer à la culture.

Les tourbières de la vallée de la Somme sont des marais où les végétaux accumulés et tassés sous les eaux se transforment en une matière combustible : la *tourbe*.

Formation des étangs et des marais. — La formation des étangs et des marais est due à des causes très diverses. Les pays plats, abandonnés à eux-mêmes, sont naturellement marécageux. Les guerres de religion qui, en dépeuplant la Sologne, l'avaient transformée en un vaste marais.

Ailleurs, dans les Dombes par exemple, à la suite des guerres féodales du quatorzième siècle, les habitants moins nombreux prirent l'habitude de créer par des barrages des étangs artificiels pour y élever du poisson.

Sur les côtes de la Méditerranée au contraire, ce sont les torrents de la montagne qui, en juxtaposant leurs deltas façonnés ensuite par la mer, ont donné naissance aux étangs saumâtres du bas Languedoc.

FRANCE. — HYDROGRAPHIE.

LA SEINE ET SES AFFLUENTS. — FLEUVES CÔTIERS.

LA SEINE

~~~ **Départements et villes traversés par la Seine.** — La Seine traverse les *départements* suivants : Côte-d'Or, — Aube, — Marne, — Aube, — Seine-et-Marne, — Seine-et-Oise, — Seine, — Seine-et-Oise, — Eure, — Seine-Inférieure.

La Seine arrose les *villes* suivantes : Châtillon-sur-Seine (*Côte-d'Or*); — Bar-sur-Seine, Troyes et Nogent-sur-Seine (*Aube*); — Melun (*Seine-et-Marne*); — Corbeil (*Seine-et-Oise*); — PARIS et Saint-Denis (*Seine*); — passe près de Saint-Germain et arrose Mantes (*Seine-et-Oise*); — les Andelys (*Eure*); — Elbeuf, Rouen et Caudebec (*Seine-Inférieure*); — et se jette dans la Manche entre le Havre (*Seine-Inférieure*) et Honfleur (*Calvados*).

~~~ **Affluents de droite.** — L'Aube, affluent de la Seine (source : plateau de Langres), arrose les départements de la *Haute-Marne*; Bar-sur-Aube, Arcis-sur-Aube (*Aube*).

La Marne, affluent de la Seine (source : plateau de Langres), passe près de Langres et au bas de Chaumont (*Haute-Marne*); — arrose St-Dizier (*Haute-Marne*); — Vitry-le-François, Châlons-sur-Marne, Epernay (*Marne*); — Château-Thierry (*Aisne*); — Meaux (*Seine-et-Marne*); — le département de Seine-et-Oise; — et se jette dans la Seine à Charenton, près Paris (*Seine*).

L'Oise, affluent de la Seine (source : en Belgique), arrose Chauny (*Aisne*); — Compiègne (*Oise*); — Pontoise (*Seine-et-Oise*).

L'Aisne, affluent de l'Oise (source : Argonne occidentale), arrose Sainte-Menehould (*Marne*); — Vouziers, Rethel (*Ardennes*); — Soissons (*Aisne*); — et se jette dans l'Oise non loin de Compiègne.

~~~ **Affluents de gauche.** — L'Yonne, affluent de la Seine (source : monts du Morvan), passe près de Château-Chinon (*Nièvre*); — arrose Clamecy (*Nièvre*); — Auxerre, Joigny, Sens (*Yonne*); — et se jette dans la Seine à Montereau (*Seine-et-Marne*).

L'Armançon, affluent de l'Yonne, arrose Semur (*Côte-d'Or*), Tonnerre (*Yonne*).

Le Loing, affluent de la Seine (source : département de l'*Yonne*), arrose Montargis (*Loiret*); — le département de *Seine-et-Marne*.

L'Eure, affluent de la Seine (source : collines du Perche), arrose Chartres (*Eure-et-Loir*); — passe près de Dreux (*Eure-et-Loir*); — baigne Louviers (*Eure*).

~~~ **Bassins côtiers.** — La Somme, tributaire de la Manche (source : aux environs de Saint-Quentin), traverse Saint-Quentin (*Aisne*); — Péronne, Amiens, Abbeville (*Somme*); — et se jette dans la Manche à St-Valery-sur-Somme (*Somme*).

L'Orne, tributaire de la Manche (source : collines du Perche), arrose Sées et Argentan (*Orne*); — Caen (*Calvados*); — aboutit au golfe du Calvados.

La Vire, tributaire de la Manche (source : collines de Normandie), arrose Vire (*Calvados*), St-Lô (*Manche*); aboutit au golfe du Calvados.

La Rance, tributaire de la Manche (source : monts de Bretagne), arrose Dinan, (*Côtes-du-Nord*); — débouche aux ports de Saint-Servan et de Saint-Malo (*Ille-et-Vilaine*), dans le golfe de Saint-Malo.

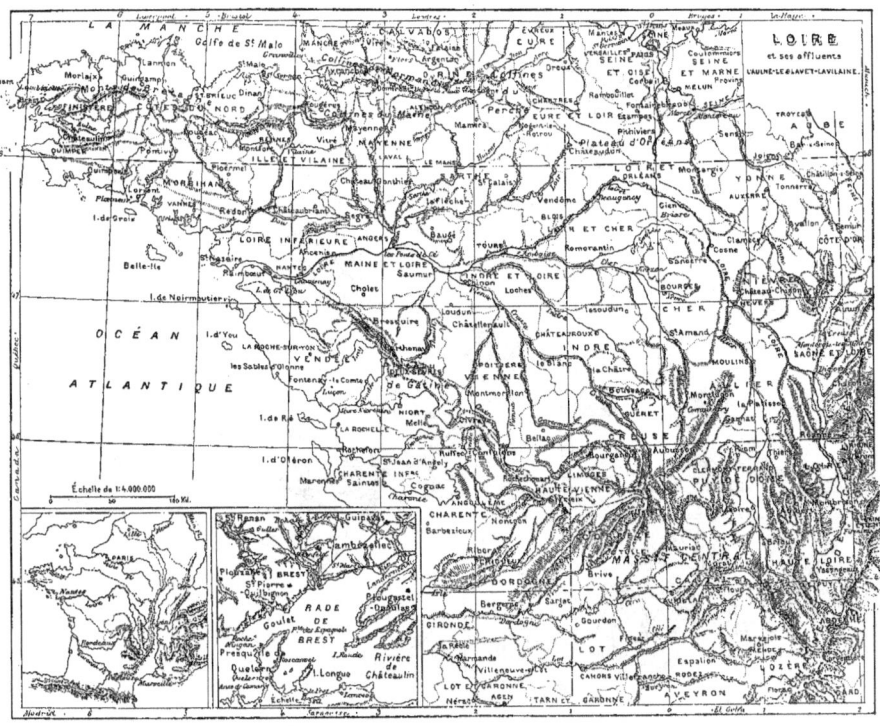

LA LOIRE

~~~ **Départements et villes traversés par la Loire.** — La Loire traverse les départements suivants : Ardèche, — Haute-Loire, — Loire, — Saône-et-Loire, qu'elle sépare de l'Allier, — Nièvre, qu'elle sépare du Cher, — Loiret, — Loir-et-Cher, — Indre-et-Loire, — Maine-et-Loire, — Loire-Inférieure.

La Loire passe non loin du Puy (*Haute-Loire*) et arrose : Roanne (*Loire*) ; — Nevers et Cosne (*Nièvre*) ; — Gien, Orléans (*Loiret*) ; — Blois (*Loir-et-Cher*) ; — Tours (*Indre-et-Loire*) ; — Saumur (*Maine-et-Loire*) : — Ancenis, **Nantes, Laval, Paimbœuf, Saint-Nazaire** (*Loire-Inférieure*).

~~~ **Affluents de droite.** — Le Furens véritable torrent, passe à Saint-Étienne (*Loire*).

La **Nièvre** se jette dans la Loire à Nevers (*Nièvre*).

La **Maine**, formée de la *Mayenne* et de la *Sarthe*, passe à Angers (*Maine-et-Loire*).

La **Mayenne** (source : collines de Normandie), arrose Mayenne, **Laval**, Château-Gontier (*Mayenne*) ; — pénètre dans *Maine-et-Loire*, — et se réunit à la **Sarthe** pour former la Maine.

La **Sarthe** (source : collines du Perche), arrose Alençon (*Orne*) ; — le **Mans** (*Sarthe*) ; — pénètre dans *Maine-et-Loire*, où elle se réunit à la Mayenne pour former la Maine.

Le *Loir*, affluent de la Sarthe (source : collines du Perche), arrose Châteaudun (*Eure-et-Loir*) ; — Vendôme (*Loir-et-Cher*) ; — La Flèche (*Sarthe*).

~~~ **Affluents de gauche.** — L'Allier, affluent de la Loire (source : massif central), passe près de Brioude (*Haute-Loire*), et d'Issoire (*Puy-de-Dôme*) ; — arrose Vichy et Moulins (*Allier*) ; — limite en partie les départements du *Cher* et de la *Nièvre*, — et se jette dans la Loire non loin de Nevers (*Nièvre*).

Le **Loiret**, affluent de la Loire, n'a que 12 kil.

Le **Cher**, affluent de la Loire (source : massif central), arrose Montluçon (*Allier*) ; — Saint-Amand et Vierzon (*Cher*) ; — traverse le *Loir-et-Cher*, — l'*Indre-et-Loire*, — et se jette dans la Loire au-dessous de Tours.

L'**Indre**, affluent de la Loire (source : massif central), arrose La Châtre et Châteauroux (*Indre*) ; — Loches (*Indre-et-Loire*).

La **Vienne**, affluent de la Loire (source : massif central), arrose **Limoges** (*Haute-Vienne*) ; — Confolens (*Charente*) ; — Châtellerault (*Vienne*) ; — Chinon (*Indre-et-Loire*).

La **Creuse**, affluent de la Vienne (source : Massif central), arrose Aubusson (*Creuse*) ; — Le Blanc (*Indre*) ; — limite en partie les départements de la Vienne et d'*Indre-et-Loire*.

Le **Clain**, affluent de la Vienne, passe à Poitiers (*Vienne*).

La **Sèvre Nantaise**, affluent de la Loire (source : plateau de Gâtine) (*Deux-Sèvres*), se jette dans la Loire à Nantes (*Loire-Inférieure*).

~~~ **Bassins côtiers.** — La **Vilaine**, tributaire de l'Atlantique (source : collines du Maine), arrose Vitré, Rennes et Redon (*Ille-et-Vilaine*) ; — et pénètre dans le *Morbihan*.

L'**Ille** se jette dans la Vilaine, à Rennes (*Ille-et-Vilaine*).

L'**Oust** se jette dans la Vilaine, à Redon (*Ille-et-Vilaine*).

Le **Blavet**, tributaire de l'océan Atlantique (source : monts de Bretagne), arrose Pontivy et Lorient (*Morbihan*).

L'**Aulne**, tributaire de l'Atlantique, arrose Châteaulin (*Finistère*) et se jette dans la rade de Brest, sous le nom de *Rivière de Châteaulin* (voir le carton de la carte).

L'un des affluents de la Loire les plus curieux est le Loiret : long de 12 kilomètres seulement, mais abondant dès sa source (40 m. c. par minute). il fait mouvoir de nombreux moulins Il est très limpide et ne gèle jamais. C'est une dérivation souterraine du fleuve.

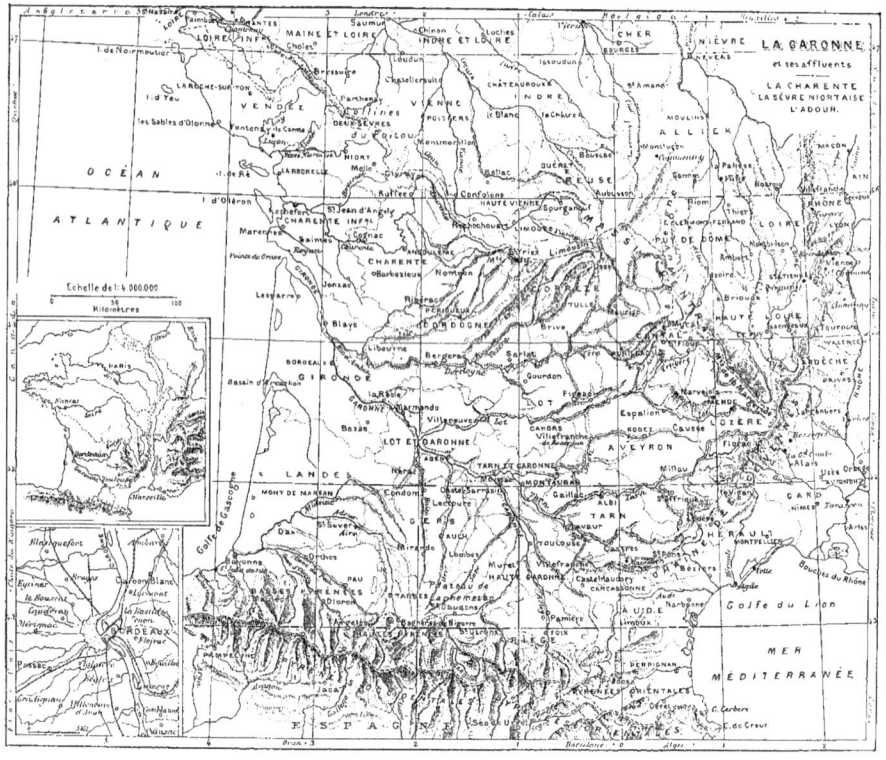

LA GARONNE

~~~ **Départements et villes traversés par la Garonne.** — La Garonne, traverse les *départements* suivants : Haute-Garonne, — Tarn-et-Garonne, — Lot-et-Garonne, — Gironde.
La Garonne, après sa réunion avec la Dordogne, sépare, sous le nom de *Gironde*, le département de ce nom, de la Charente-Inférieure, — arrose Blaye (*Gironde*), et se jette dans l'Océan à la pointe de Grave.
La Garonne arrose les *villes* suivantes : Saint-Gaudens, Muret, Toulouse (*Haute-Garonne*); — **Agen**, Marmande (*Lot-et-Garonne*); — La Réole, Bordeaux (*Gironde*).

~~~ **Affluents de droite.** — L'Ariège, affluent de la Garonne (source : Pyrénées), arrose **Foix**, Pamiers (*Ariège*); — la *Haute-Garonne*.
Le Tarn, affluent de la Garonne (source : Cévennes), passe près de Florac (*Lozère*); — arrose Millau (*Aveyron*); — Albi et Gaillac (*Tarn*); — Montauban et Moissac (*Tarn-et-Garonne*).
L'Agout, affluent du Tarn (source : Cévennes), arrose Castres et Lavaur (*Tarn*).

L'Aveyron, affluent du Tarn (source : dans un des causses du massif Central), arrose Rodez et Villefranche de Rouergue (*Aveyron*).

~~~ Le Lot, affluent de la Garonne (source : Cévennes), arrose Mende (*Lozère*); — Espalion (*Aveyron*); — Cahors (*Lot*); — Villeneuve-sur-Lot (*Lot-et-Garonne*).
La Dordogne, affluent de la Garonne (source : monts d'Auvergne), traverse les dép. de la *Corrèze*, — du *Lot*; — passe à Bergerac (*Dordogne*); — à Libourne (*Gironde*); — et rejoint la Garonne au bec d'Ambez (1).

La Corrèze, (source : monts du Limousin), arrose **Tulle** et Brive (*Corrèze*) et se jette dans la Vézère, affluent de la Dordogne.
L'Isle, affluent de la Dordogne (source : monts du Limousin), passe à Périgueux (*Dordogne*); — à Libourne (*Gironde*).

~~~ **Affluents de gauche.** — La *Save*, le *Gers*, la *Baïse*, affluents de la Garonne, descendent du plateau de Lannemezan.
La Save passe à Lombez (*Gers*).
Le Gers passe à Auch (*Gers*) et près de Lectoure (*Gers*).

(1) Nom donné à la langue de terre qui s'étend entre la Garonne et la Dordogne, près de leur confluent.

La Baïse, passe à Mirande et à Condom (*Gers*); — à Nérac (*Lot-et-Garonne*).

~~~ **Bassins côtiers**. — La Charente, tributaire de l'océan Atlantique (source : monts du Limousin), — arrose Civray (*Vienne*); — passe près de Ruffec, arrose Angoulême, Cognac (*Charente*); — Saintes, Rochefort (*Charente-Inférieure*).
La Sèvre Niortaise, tributaire de l'océan Atlantique (source : collines du Poitou), arrose Niort (*Deux-Sèvres*); — sépare la *Charente-Inférieure* de la *Vendée*.

La Vendée, affluent de la Sèvre Niortaise, — arrose Fontenay-le-Comte (*Vendée*).

L'Adour, tributaire du golfe de Gascogne (source : Pyrénées), arrose Bagnères de Bigorre, **Tarbes** (*Hautes-Pyrénées*); — passe dans le département du *Gers*; — arrose Aire, Saint-Sever et Dax (*Landes*); — Bayonne (*Basses-Pyrénées*).

La Midouze, affluent de droite de l'Adour, passe à Mont-de-Marsan (*Landes*).
Le Gave de Pau, affluent de gauche de l'Adour (source : Pyrénées), passe près d'Argelès (*Hautes-Pyrénées*), arrose Pau et Orthez (*Basses-Pyrénées*).
La Nivelle se jette à Saint-Jean-de-Luz.
La Bidassoa marque la frontière.

LE RHONE

~~~ **Départements et villes traversés par le Rhône.** — Le Rhône arrose : sur sa rive droite, l'Ain, le Rhône, la Loire, l'Ardèche, le Gard ; — sur sa rive gauche, la Haute-Savoie, la Savoie, l'Isère, la Drôme, le Vaucluse, les Bouches-du-Rhône.

Le Rhône arrose les villes suivantes : Lyon et Givors (*Rhône*) ; — Vienne (*Isère*) ; — Tournon (*Ardèche*) ; — Valence (*Drôme*) ; — Viviers (*Ardèche*) ; — Avignon (*Vaucluse*) ; — Tarascon et Arles (*Bouches-du-Rhône*).

~~~ **Affluents de droite.** — L'Ain, affluent du Rhône (source : chaîne du Jura), traverse le *Jura* et l'*Ain*.

La Saône, affl. du Rhône (source : monts Faucilles), arrose Gray (*Haute-Saône*) ; — traverse la *Côte-d'Or* ; — arrose Châlon-sur-Saône et Mâcon (*Saône-et-Loire*) ; — Trévoux (*Ain*) ; — sépare le département du *Rhône* de celui de l'*Ain*, — et se jette dans le Rhône à Lyon.

Le Doubs (source : chaîne du Jura), affluent de la Saône, — arrose Pontarlier, Baume-les-Dames et Besançon (*Doubs*) ; — Dôle (*Jura*).

L'Ardèche, affluent du Rhône (source : les Cévennes) traverse le département de l'*Ardèche*.

Le Gard, affluent du Rhône (source : les Cévennes méridionales), arrose Alais (*Gard*).

~~~ **Affluents de gauche.** — L'Isère, affl. du Rhône (source : Alpes Grées), passe à Moutiers (*Savoie*), — à Grenoble (*Isère*) ; — à Romans (*Drôme*), et se jette dans le Rhône entre Tournon (*Ardèche*) et Valence (*Drôme*).

La Drôme, affluent du Rhône (source : Alpes du Dauphiné), arrose Die (*Drôme*).

La Durance, affluent du Rhône (source : Alpes Cottiennes), arrose Briançon et Embrun (*Hautes-Alpes*) ; — Sisteron (*Basses-Alpes*) ; — sépare les départements de *Vaucluse* de celui des *Bouches-du-Rhône* ; — et se jette dans le Rhône au sud d'Avignon.

~~~ **Bassins côtiers.** — La Têt (source : monts Pyrénées), arrose Prades et Perpignan (*Pyrénées-Orientales*).

L'Aude (source : monts Pyrénées), arrose Limoux et Carcassonne (*Aude*).

L'Hérault (source : dans un des causses du Massif central), arrose le département du *Gard* et forme le petit port d'Agde (*Hérault*).

Le Var (source : Alpes Maritimes), arrose Puget-Théniers (*Alpes-Maritimes*).

Ce petit fleuve avait donné son nom au département du Var, qu'il ne traverse plus.

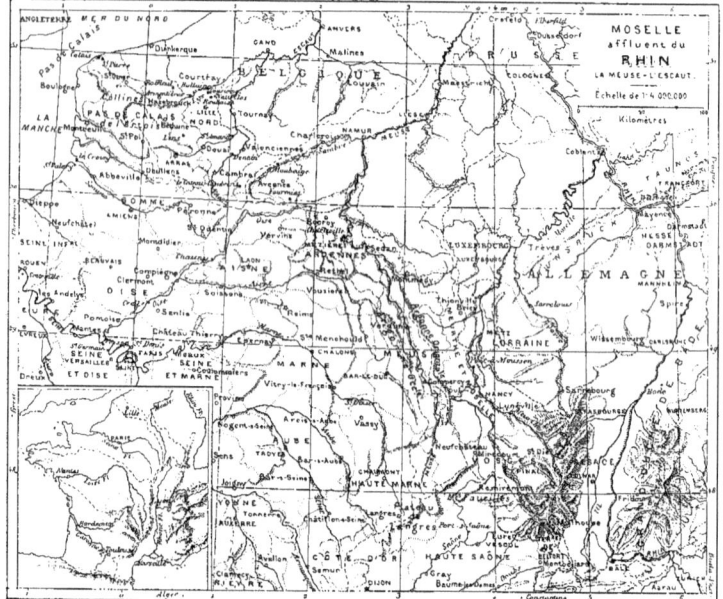

LA MOSELLE
AFFLUENT DU RHIN

LA MEUSE, — L'ESCAUT

~~~ **Bassin de la Moselle.** — La Moselle arrose Remiremont, Épinal (*Vosges*); Toul (*Meurthe-et-Moselle*); — franchit la nouvelle frontière de l'Alsace-Lorraine, où elle arrose Metz et Thionville (Lorraine). De là, la Moselle pénètre en Prusse et va se jeter dans le Rhin à Coblentz.

La Meurthe, affluent de la Moselle (source : chaîne des *Vosges*) arrose Saint-Dié (*Vosges*) ; — Lunéville et Nancy (*Meurthe-et-Moselle*).

~~~ **Bassin de la Meuse.** — La Meuse sort du département de la *Haute-Marne*; — arrose Neufchâteau (*Vosges*); — Commercy, Verdun (*Meuse*); — Sedan, Mézières, Charleville (*Ardennes*).

La Meuse pénètre ensuite en Belgique, qu'elle traverse, — puis en Hollande.

La Sambre, affluent de la Meuse (source : département de l'*Aisne*), arrose Maubeuge (*Nord*), et pénètre en Belgique.

~~~ **Bassin de l'Escaut.** — L'Escaut arrose Cambrai et Valenciennes (*Nord*); — pénètre en Belgique, qu'il traverse, — puis en Hollande.

La Lys, affl. de l'Escaut (source : collines de l'Artois), arrose les dép. du *Pas-de-Calais* et du *Nord*, est grossie de la *Deûle*, qui passe à Lille et pénètre en Belgique.

~~~ **Rive gauche du Rhin.** — L'ancienne Gaule s'étendait sur toute la rive gauche du bassin du Rhin dont la France actuelle ne possède plus qu'une faible partie. Les affluents de gauche du Rhin sont tous par leur origine ou les souvenirs qui s'y rattachent des cours d'eau à demi-français.

L'Ill, la rivière principale de l'Alsace, y arrose Mulhouse et Colmar (ancien dép. du *Haut-Rhin*), Strasbourg (ancien dép. du *Bas-Rhin*).

La Moselle, la rivière principale de la Lorraine, arrose Metz et Thionville (ancien dép. de la *Moselle*), et dans la *Prusse rhénane* : Trèves (Trier), ancienne capitale de la nation gauloise des Trévires. Elle se jette dans le Rhin à Coblentz, où repose le général Marceau. Elle reçoit à droite la Sarre, qui passe à Sarrebourg (ancien dép. de la *Meurthe*), à Sarreguemines (ancien dép. de la *Moselle*), dans la *Prusse rhénane* à Sarrelouis, patrie du maréchal Ney.

La Meuse, en continuant sa route hors de France traverse en Belgique Namur et Liège, les principales villes du pays wallon où la langue des habitants est un dialecte français. Elle entre en Hollande à Maëstricht, proche d'Aix-la-Chapelle, ancienne capitale de Charlemagne.

La Sambre, affluent de gauche de la Meuse, arrose en pays wallon, Charleroi, au bord de ce vaste bassin houiller dont l'hémicycle s'étend des bords du Pas-de-Calais aux rives du Rhin.

L'Escaut, à sa sortie de France, passe à Tournai, reçoit à Gand la Lys, qui arrose Courtray, recueille les eaux qui viennent de Bruxelles, capitale de la Belgique, et à travers les plaines des Flandres, aboutit par Anvers à la mer du Nord.

CARACTÈRE
DES PRINCIPAUX
COURS D'EAU

~~~ L'observateur qui se serait élevé en ballon au-dessus du *Plomb du Cantal* apercevrait à la fois dans leur ensemble le *relief du sol* et le réseau fluvial formé par l'écoulement des eaux, soit vers l'Océan et la Manche, soit vers la Méditerranée.

~~~ **Rivières qui parcourent ou qui environnent le Massif central.** — Le Massif central, comme toutes les régions élevées, est un condensateur de nuages très puissant. Les pluies qu'il reçoit forment des cours d'eau qui alimentent en partie trois des grands fleuves français : la *Garonne*, la *Loire* et le *Rhône*. Mais le Massif central s'abaisse graduellement vers le nord-ouest et retombe très rapidement au contraire au sud-est.

Voilà pourquoi ses eaux s'écoulent vers le Rhône et la Méditerranée par de *courtes rivières*, tandis que la *Loire* et ses affluents, ainsi que les tributaires de la Garonne, nés au fond du massif, y restent *longtemps enfermés* avant d'en sortir par le nord, le nord-ouest, l'ouest et le sud-ouest.

~~~ **Caractère commun de ces rivières.** — Les cours d'eau du Massif central, sauf la *Loire* et l'*Allier*, dans le *Forez* et la *Limagne*, coulent presque toujours sur un sol rocheux et imperméable ; d'où il résulte qu'*ils n'ont pas un débit régulier*. Dans la saison sèche, un mince filet d'eau forme de petits rapides sur les aspérités du lit. Vienne au contraire la saison des pluies ou quelque orage d'été, toute la masse des eaux tombées du ciel et retenues à la surface du sol, se réunit immédiatement dans les rivières ; celles-ci débordent et deviennent de redoutables torrents.

Ce régime commun des cours d'eau du Massif central a contribué à donner un caractère semblable aux trois grandes artères qui les reçoivent : la *Loire*, le *Rhône* et la *Garonne*. Tantôt les eaux ne remplissent pas leur lit, tantôt, au contraire, elles en sortent par de brusques débordements. Telle est surtout la Loire, qui n'a pas, pour s'alimenter pendant la saison sèche, les neiges des Alpes ou des Pyrénées : elle est souvent à sec et ses inondations sont aussi soudaines que redoutables, il a fallu la border de digues sur une grande partie de son cours.

~~~ **La Garonne.** — Une *irrégularité de débit* analogue est aussi le caractère de la

Garonne et du *Rhône*, qui pourtant séparent le Massif central des Pyrénées et des Alpes, et recueillent ainsi les eaux des régions où la condensation des nuages est le plus abondante.

La *Garonne*, dans la partie supérieure de son cours, est un fleuve exclusivement pyrénéen. A partir de Toulouse, elle adopte la grande vallée qui sépare les Causses des dernières terrasses des Pyrénées. Le *Tarn*, le *Lot* et la *Dordogne* lui apportent les eaux du Massif central ; puis, par l'*Ariège*, le *Gers* et la *Baïse*, elle reçoit toutes celles que déversent au nord les Pyrénées centrales : de là **un apport très considérable de sables et de galets**, débris enlevés à la grande montagne; de là aussi des *crues* comme celle qui a détruit, en 1875, le faubourg Saint-Cyprien à Toulouse.

~~~ **Le Rhône**. — Outre les courtes rivières du versant oriental des Cévennes, le *Rhône* reçoit presque toutes les eaux du Jura par la *Saône*, grossie du *Doubs;* de plus, comme il borde, à partir de Lyon, l'extrémité occidentale des Alpes, il recueille par l'*Isère* et la *Durance* tous les torrents descendus du Pelvoux. Alimenté par de nombreux glaciers pendant la saison sèche, il roule beaucoup plus d'eau que la Garonne et *ne cesse jamais d'être navigable;* mais, nulle part, les cailloux roulés et les sables ne se réunissent en masses plus considérables, et comme il n'y a pas de flux dans la Méditerranée pour débarrasser l'embouchure du fleuve, tous ces débris y ont formé un **grand delta** qui croît tous les jours, comme ceux du Pô, du Danube (carte, p. 111) ou du Nil (carte, p. 190).

Ainsi le *Rhône* et la *Garonne* reçoivent à la fois les eaux du Massif central et des grands systèmes montagneux des Alpes et des Pyrénées : ils ont un régime irrégulier et leurs crues **rapides** surprennent les riverains; mais, dans la saison sèche, la fonte des glaciers maintient, surtout dans le Rhône, un niveau qui permet la navigation.

~~~ **La Loire**. — Une fois réunie à l'*Allier*, au sortir du Massif central, la *Loire* n'a pas, comme le Rhône ou la Garonne, à recevoir les pluies de régions très élevées. Elle entre d'abord dans la plaine berrichonne, dominant la Seine de 63 mètres à Orléans, et semblant *prête à la rejoindre*, puis elle tourne au sud-ouest. Jusqu'à Saumur, toutes les rivières qu'elle reçoit sur sa rive gauche (Cher, Indre, Vienne) lui arrivent du Massif central. Entre Saumur et Nantes, elle recueille, par la *Maine*, les eaux du Perche et d'une partie partie de la Normandie.

Pendant la saison sèche, la Loire est réduite à de *maigres ruisseaux*, épandus sur une large surface sablonneuse qui ne lui suffit point pendant les crues.

Ainsi la Loire s'alimente presque uniquement aux sources du Massif central, et comme les forêts y sont rares, comme aucun glacier n'y supplée à l'insuffisance des pluies, elle n'est presque jamais navigable l'été, et elle est également sujette à de brusques inondations.

~~~ **La Seine**. — Plus modeste que les trois fleuves précédents, la *Seine* a un *débit plus régulier* et elle se prête plus docilement à la navigation.

Elle offre ce précieux avantage, qui est son caractère distinctif, de couler dans une seule région, très homogène, parfaitement limitée, d'avoir ainsi un domaine qui lui appartient en propre.

Son *cours supérieur* et celui de ses affluents de droite, l'*Aube*, la *Marne*, l'*Aisne* et l'*Oise*, décrivent autant de courbes concentriques eaux de son bassin, *retardées dans leur cours supérieur par une large ceinture boisée* et particulièrement absorbées par les terrains perméables qu'elles arrosent, s'écoulent régulièrement dans une artère presque rectiligne, orientée du sud-est au nord-ouest. Ce fossé naturel est formé de l'Armançon, de l'Yonne depuis Joigny, et de la Seine elle-même à partir de Montereau.

Le régime du fleuve n'oscille pas entre deux extrêmes, *l'abondance et la rareté excessive des eaux;* son niveau *ne varie guère;* son lit, presque toujours plein, porte aisément bateau.

Aussi la *Seine*, quoique l'un des plus petits, est-elle le plus commode et le plus important de tous les fleuves français.

La Garonne, navigable à partir de Cazères, ne l'est réellement qu'à Toulouse; durant la saison des basses eaux, qui est d'environ cinq mois, la profondeur de son lit est de 50 centimètres à 1 mètre. La crue de 1875 a été jusqu'à 13 mètres au-dessus de l'étiage.

Le *Rhône* est le fleuve le plus rapide de l'Europe, à une vitesse de un à deux mètres de Lyon à Avignon. Il débite à Lyon 50 m. c. en eaux maigres, 650 en eaux moyennes, 6 000 lors des crues extrêmes.

Les crues de la Loire peuvent atteindre 7 m. Elle débite, au bec d'Allier, 30 m. c. en été, et jusqu'à 10 000, dans ses crues extrêmes.

La pente moyenne de la Seine est de 15 centimètres par kilomètre. Malgré la régularité ordinaire de son cours, elle a eu en 1876 une crue exceptionnelle; elle roulait alors à Paris 1 650 m. c. à la seconde, au lieu de 33, qui est son débit minimum.

Les gorges du Tarn et Montpellier-le-Vieux. — Les gorges du Tarn, longtemps méconnues par les touristes, ont été explorées en dernier lieu par M. A. Martel (1884-85).

Dans le département de la Lozère, au milieu des Causses du Gévaudan, le Tarn s'est ouvert un chemin admirable, l'une des plus grandes curiosités de l'Europe et l'on peut dire même du monde entier. « Sur une longueur d'environ 100 kilomètres, entre Florac et Milhau, il coule entre deux murailles calcaires presque partout perpendiculaires, hautes de 400 à 600 mètres, rouges et jaunes comme au soleil couchant, découpées en pointes de lance et taillées en bastions formidables ; il coule au fond d'une gorge large à son sommet 1 à 2 kilomètres et où la lumière tombe à pic comme dans un puits ensoleillé. Au point de vue de l'impression de grandeur et d'étrangeté produite sur le voyageur, il n'y a que trois sites au monde plus particuliers que les gorges du Tarn : les Alpes dolmitiques au Tyrol, le versant espagnol du mont Perdu (vallée d'Arrasas) et le grand cañon du Colorado (Arizona). Nulle part ailleurs on ne trouve des roches aussi flamboyantes et surnaturelles. »

A quelques heures de ces gorges magnifiques, à 15 kilomètres à l'est de Milhau, dans le département de l'Aveyron, M. Louis de Malafosse a découvert en 1883 une ruine extraordinaire qui complète la précédent, c'est Montpellier-le-Vieux, qui se dresse entre la gorge d'un affluent du Tarn, la Dourbie, et les ravines profondes de deux de ses tributaires. Cette ruine *naturelle*, qui rappelle Palmyre ou Thèbes, « est une ruine *naturelle* toutefois et *faite de rochers*. Cinq cirques de formes diverses, profonds de 100 à 124 mètres, sont entourés d'une circonvallation rocheuse coupée de brèches et renfermant des forêts d'obélisques et de portes ogivales, des tours de défense et des murailles crénelées, des rues, des places et des amphithéâtres, una Pompéi géante, en un mot, couvrant 120 hectares. A l'intérieur, les monuments naturels et les cascades de pierre s'écroulent sur des précipices de 300 mètres et sur une surface de 600 hectares; au-delà des ravins, une ceinture de forts détachés, tous monolithes rocheux, hauts parfois de 60 mètres, forme la défense extérieure et porte à 1 000 hectares la superficie de Montpellier-le-Vieux. »

V. — MERS ET COTES

~~~ **Situation et avantages maritimes de la France.** — Au point de vue maritime, la France est le pays *le plus heureusement situé* de la péninsule européenne : elle est baignée à la fois par la Méditerranée et par l'Océan, ce qui n'est le cas ni de l'Allemagne, ni de l'Autriche, ni de l'Italie. La percée de la *Manche* et du *Pas de Calais*, à une époque géologique relativement récente, a plus que *doublé* l'étendue primitive des côtes océaniques de la France ; et elle a ouvert en quelque sorte à notre pays une fenêtre sur la mer du Nord, ce qui la rapproche des pays scandinaves.

La France a la partie la plus large de la Méditerranée et la partie la plus libre de l'Océan, entre ces deux mers, elle possède les *routes transversales les plus courtes* de l'Europe, celle du Havre à Marseille, celle de Bordeaux à Narbonne. Elle est donc, sans conteste, la puissance continentale qui jouit de la situation maritime la plus favorisée.

~~~ **Nature des côtes. — Les Pays-Bas français.** — Si de l'ensemble on passe au détail, on voit que la configuration des côtes de la France résulte de la nature même du *relief du sol*. En effet, lorsque le littoral est un pays de plaines, celles-ci sont basses et se prolongent sous la mer en pente douce ; de là, peu de profondeur. Si, au contraire, le littoral est un pays de montagnes, celles-ci descendent plus ou moins rapidement dans la mer; elles forment des falaises ou des anfractuosités rocheuses bordées seulement de plages étroites, et les grandes profondeurs ne sont pas éloignées du rivage.

En partant de la frontière belge, on longe d'abord une partie des départements du Nord et du Pas-de-Calais, qui sont le commencement occidental de la *grande plaine maritime* où s'étendent l'Allemagne du Nord, la Hollande et une partie de la Belgique. Sur tous ces divers pays, la côte française de la mer du Nord jusqu'à Calais est extrêmement basse et bordée d'une zone fort large, que le flux couvre et que découvre le reflux. Ce sont à proprement parler les *Pays-Bas français*, tourbières et dunes, que les levées faites de main d'homme protègent contre les hautes marées. Autrefois la mer y avait fait des ravages semblables à ceux des côtes de Hollande et de Frise (carte, p. 123); elle pénétrait jusqu'à *Saint-Omer*.

~~~ **Côtes d'Artois et de Picardie.** — Au delà de Calais, l'*éperon* septentrional des collines calcaires de l'Artois forme les caps *Blanc-Nez*, *Gris-Nez*, et abrite en partie Boulogne, puis les *dunes* de la côte picarde s'allongent vers le sud jusqu'à l'embouchure de la *Somme* : rivage monotone et sans ports, où la zone que couvre le flux et que découvre le reflux, l'*estran*, est parfois large d'un kilomètre.

~~~ **Côtes du pays de Caux et de Normandie.** — Entre la *Somme* et la *Seine*, le plateau du pays de Caux tombe à pic sur la Manche, en falaises hautes de 60 à 80 mètres ; la mer les ronge par la base, les fait reculer et emporte leurs débris écroulés vers le Pas de Calais et la mer du Nord.

C'est seulement après cette côte impropre aux grands établissements maritimes, que l'embouchure de la *Seine* a permis l'installation d'un grand port, le Havre.

Au delà, s'ouvre la baie de la Seine ou *golfe du Calvados*, dont les rives longues de 200 kilomètres offrent successivement des plages, des falaises calcaires peu élevées, et des roches granitiques.

Ici encore, on n'a pu créer aucun grand port, tandis qu'en face, *l'Angleterre en possède un grand nombre* : c'est que la baie de la Seine est battue par tous les vents du nord qui l'ont façonnée à leur gré : les sables se déposant sur tout son pourtour en gradins sous-marins, ont exhaussé le lit des rivières à leur embouchure et empêchent ainsi que les grands navires puissent aborder à marée basse.

~~~ **Côtes du Cotentin et de Bretagne.** — Le *Cotentin* et la *Bretagne* sont les débris d'une grande région granitique qui allait rejoindre les Cornouailles (Angleterre) (p 115). Nulle part l'action destructive du *Gulf-Stream* n'a été plus énergique : il a rasé et emporté toute la partie du continent qui occupait autrefois le golfe de Saint-Malo, ne laissant subsister qu'un plateau sous-marin, dont les îles anglaises de *Guernesey*, *Jersey*, et *Aurigny* sont les sommets toujours émergés.

Il a rongé et ronge encore le *Cotentin* qui a mieux résisté ; cette presqu'île barre la moitié de la Manche, et semble une jetée dirigée contre l'Angleterre, avec *Cherbourg* à son extrémité. Il a déchiqueté l'extrémité occidentale de la Bretagne en une série d'échancrures profondes dont la plus belle est la rade de *Brest* ; il a détaché des rivages méridionaux les îles de *Groix* et de *Belle-Isle*. Plus récemment un affaissement du sol a formé le golfe du *Morbihan*.

~~~ **Côtes entre Loire et Gironde.** — La *plaine* qui se déroule au pied des monts de de Bretagne et du Massif central entre la Loire et la Gironde, s'ouvre sur l'Océan comme s'ouvrent sur la mer du Nord les plaines de Flandre et de Belgique. Les rivages vendéens semblent bien encore appartenir à la Bretagne, mais entre la Sèvre Niortaise et la Gironde, la côte du département de la Charente-Inférieure ressemble tout à fait à celle des Pays-Bas. Dans l'intérieur des terres, la mer a autrefois formé jusqu'à *Niort* un golfe semblable à celui de Saint-Omer. On y voit aussi plat que dans la Flandre. On y voit des *marais salants*, (fig. 58), d'innombrables petits canaux et des levées contre le flux.

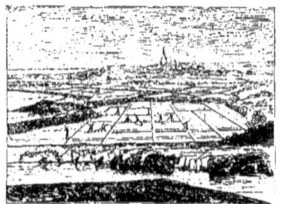

Fig. 58. — Marais salant.

~~~ **Les Landes.** — Après le grand estuaire de la Gironde, au fond duquel *Bordeaux* a établi son port, comme *Nantes* a placé le sien au fond de l'estuaire de la Loire, commencent les dunes des Landes dirigées *en ligne droite* vers le sud, et qui forment la côte la plus triste de France. La mer, aidée du vent, rejette sur le continent les sables qu'elle enlève à sa bordure sous-marine ; les *dunes* amoncelées, et presque entièrement fixées depuis qu'on y a planté des pins, retiennent derrière elles en de vastes étangs les eaux venues de l'intérieur, qui ne s'écoulent que par des *courants* étroits, tortueux et temporaires ; elles ne se sont frayé un passage permanent vers la mer qu'à *Arcachon*. Les dunes landaises se terminent à l'*Adour*, dont l'embouchure abrite *Bayonne*. Aussitôt après, commence la côte *rocheuse* des Pyrénées.

~~~ **Côtes méditerranéennes.** — Comme celles de l'Océan, les côtes françaises de la Méditerranée correspondent à la nature même du relief. Aux deux extrémités, les Pyrénées et les Alpes baignent leur pied dans la mer, les Pyrénées avec la pointe isolée qui s'étend de *Port-Vendres* au cap *Creus*, les Alpes tout le long des rivages provençaux, de *Marseille* à *Nice*. Ce sont là comme deux quais rocheux qui s'avancent dans la Méditerranée, le *Sicié* en Provence, et des anses à eau profonde, où les plus grands navires peuvent quelquefois accoster le rivage : à l'ouest *Port-Vendres*, à l'est *Marseille*, *Toulon*, les rades d'*Hyères* et de *Villefranche*. Entre les deux môles de granit formés par les Pyrénées et les Alpes, s'ouvre le golfe du Lion, qui baigne la plaine étroite du bas Languedoc.

Comme il n'y a *pas de marée* dans la Méditerranée, qui est une mer *presque fermée*, les *alluvions* apportées par les rivières, grandes et petites, depuis la Têt jusqu'au Rhône, n'étant pas dispersées par le flux, se sont déposées et ont formé sur le rivage une longue *région deltaïque*, bordée de *lagunes* (étangs de Leucate, de Sigean, de Thau, de Valcarès) ; la rive intérieure de ces étangs marque l'ancienne côte de la Méditerranée.

~~~ **Conclusion.** — En résumé, la nature des côtes de France est loin de lui être aussi favorable que sa situation même. Le long des *collines* du nord-ouest (Cotentin et Bretagne), l'action destructive de la mer a laissé tant d'écueils qu'elle n'a pu créer que trois grands ports, le Havre Cherbourg et Brest. Le long des *pays bas du nord et de l'ouest*, la profondeur du rivage est trop faible : Dunkerque, Boulogne, sont des ports artificiels ; la Rochelle est perdue derrière l'île de Ré ; Nantes, Rochefort et Bordeaux sont établis sur des fleuves. De même sur les *rivages plats du Languedoc*, Cette côte, exposée aux vents, est d'un accès difficile. Seules les *côtes Alpestres* et *Pyrénéennes* offrent des abris naturels, sûrs et profonds : les Phéniciens en ont profité les premiers, les Grecs ont hérité des Phéniciens, et chez les Grecs : l'une de leurs colonies, *Marseille*, est aujourd'hui notre principal port.

L'ancien golfe du Poitou. — C'est l'exemple le plus curieux des changements survenus dans la configuration des rivages de France. Il y a 2000 ans, l'Océan s'avançait jusqu'au cœur du Poitou et le cours de la Sèvre finissait en aval de Niort. Tout le pays compris entre *Luçon* et *Fontenay-le-Comte*, au nord, *Niort* à l'ouest, les hauteurs de *Courçon* au sud, n'était qu'un vaste golfe de 30 kilomètres d'ouverture. Marans et beaucoup d'autres bourgs et villages de la contrée étaient encore des îles au treizième siècle. Mais le golfe s'est comblé peu à peu par un recul de la mer, qui ne peut guère s'expliquer que par un lent soulèvement de tout le littoral. On aperçoit en effet dans la plaine et à une hauteur de 10 et 15 mètres, des bancs de coquilles déposés jadis par les flots, et ailleurs des pilotis avec des anneaux de fer, qui servaient à amarrer les navires. Le retrait de l'Océan continue sous nos yeux il abandonne environ 30 hectares de terre par an.

A la place de l'ancien golfe du Poitou s'étendent aujourd'hui des prairies humides et grasses, sillonnées de canaux de desséchement, des plaines d'une horizontalité presque parfaite. On y voit aussi, à *Saint-Michel-en-l'Herm* et près de l'anse de l'*Aiguillon*, qui se comble peu à peu, des *marais salants*; mais la baisse du prix du sel tend à les faire abandonner ; aussitôt qu'on en cesse l'exploitation, il faut éviter avec grand soin que l'eau douce ne vienne s'y mêler à l'eau salée, et y donner naissance à des fièvres paludéennes.

Les habitants des marais de *Marans* qu'on nomme les *Huttiers*, n'ayant point d'autre combustible, brûlent les excréments de leurs bestiaux.

Ceux de *Villedoux* se livrent à l'élevage très curieux et très lucratif des *moules*.

Les côtes de Corse. — Sur une superficie inférieure à celle de nos trois départements les plus étendus, la Corse, dont la longueur extrême n'atteint pas plus de 183 kilomètres, et dont la plus grande largeur n'en mesure pas 85, dresse vers le ciel des montagnes abruptes dont la hauteur est énorme, si on la compare à l'étroitesse du socle sur lequel repose leur base. Une dizaine de cimes au moins dépassent 2000 mètres, et plusieurs s'élèvent jusqu'à 2600, 2700 et 2800 ; cette dernière altitude, qui est celle du monte Ciuto, est comparable à celle du Pic du midi de Bigorre, dans les Pyrénées. Cette élévation considérable des monts de la Corse explique l'ampleur grandiose des golfes, l'âpreté sauvage des caps qui découpent ses rivages. Elle est, à proprement parler, un massif montagneux à demi-submergé, une région alpine détachée des Alpes et dont les vallées inférieures sont les vallées sous-marines. Des eaux claires et profondes baignent ses flancs de granit et les étroites plages formées par les alluvions des torrents ne s'étendent guère de leur extrême base baies qui pénètrent à l'intérieur des terres. Cependant sur la côte orientale l'éloignement relatif des montagnes, l'ampleur relative aussi des cours d'eau qui charrient un épais limon à l'époque des pluies, la nature plus friable des roches où dominent le talc et le schiste, la profondeur moindre de la mer ont donné naissance à une bordure de rivages plats et de marécages malsains semblables à notre bas Languedoc. Ils s'étalent en ligne presque droite du nord au sud, depuis les hauteurs grises et ternes qui dominent Bastia jusqu'aux vastes forêts de chênes lièges qui bordent la petite mer inférieure de Porto-Vecchio. Tout le reste du pourtour de l'île est rocheux et rappelle les côtes de Provence, avec des formes plus hautes, plus majestueuses, plus farouches.

Les golfes sont encadrés de montagnes puissantes, tigrées de verdure et dont les flancs s'entr'ouvrent sur des vallées profondes, laissant apercevoir au loin, à travers une brume dorée, derrière les forêts d'oliviers, de chênes verts, de châtaigniers et de sapins, des cimes couvertes de neige. Autour des criques, s'étagent tantôt des landes uniformes ou fleurit l'asphodèle, tantôt des maquis mélancoliques. Près des villages riants entourés d'orangers, de vignes et d'arbres fruitiers. Des senteurs capiteuses descendent des taillis de cistes et de la loix résineux, longs, aigus, rouges, découpés en pyramides ou en bastions crénelés plongent directement leur pied dans les flots. Dans la presqu'île du Cap Corse, les escarpements de la montagne sont coupés à chaque pas de ravins délicieux, où les ruisseaux descendent en fraîches cascades sous des berceaux de verdure pour arroser les jardins en terrasses, les plantations de cédratiers, puis vont se perdre au fond d'une marine, sur une plagette de sable fin.

Près de Bonifacio, sous les falaises blanches, s'ouvrent des grottes accessibles seulement en barque, où l'eau bleue et translucide clapote sur les galets brillants et les blocs de rochers violets, où les veaux marins viennent prendre leurs ébats. La variété des sites est telle, que l'intérieur de l'île n'est pas moins beau ni moins digne de visite que ses rivages.

CHAPITRE II. — GÉOGRAPHIE POLITIQUE

LES 86 DÉPARTEMENTS
GROUPÉS EN NEUF RÉGIONS NATURELLES

1. Ou région de la Méditerranée.

DÉPARTEMENTS	PRÉFECTURES, SOUS-PRÉFECTURES ET AUTRES VILLES (1)
	1° RÉGION DU NORD
PAS-DE-CALAIS (Artois et Picardie).	Arras [27] (2), sur la Scarpe; — Boulogne [45], port de mer sur la *Manche*; — Saint-Omer [22]; — Béthune; — Saint-Pol; — Montreuil. — *Autres villes* : Calais [47], port sur le détroit du *Pas-de-Calais*; Lens.
NORD (Flandre).	Lille [178]; — Dunkerque [37], port sur la mer du *Nord*; — Douai [29]; — Valenciennes [28], sur l'*Escaut*; — Cambrai [23], sur l'*Escaut*; — Haze-brouck; — Avesnes. — *Autres villes* : Roubaix [92]; Tourcoing [52]; Armentières[25]; Halluin; Wattrelos; Bailleul; Denain; Maubeuge, sur la *Sambre*; Fourmies; Saint-Amand; le Cateau-Cambrésis; Auzin.
SOMME (Picardie).	Amiens [74], sur la *Somme*; — Abbeville [19], sur la *Somme*; — Doullens; — Péronne, sur la *Somme*; — Montdidier.
SEINE - INFÉRIEURE (Normandie).	Rouen [105], port sur la *Seine* ; — le Havre [106], grand port à l'embouchure de la *Seine*; — Dieppe [23], port sur la *Manche*; — Yvetot; — Neufchâtel. — *Autres villes* : Elbeuf [23], sur la *Seine*; Fécamp, port sur la *Manche*; Caudebec, sur la *Seine*; Bolbec; Sotteville-lès-Rouen.
OISE (Ile-de-France et Picardie).	Beauvais [18]; — Compiègne, sur l'*Oise*; — Senlis; — Clermont.
AISNE (Ile-de-France et Picardie).	Laon [12]; — Saint-Quentin [46], sur la *Somme*; Soissons, sur l'*Aisne*; — Château-Thierry, sur la *Marne*; — Vervins. — *Autre ville* : Chauny, sur l'*Oise*.
EURE (Normandie).	Évreux [16], sur l'*Iton*; — Louviers, sur l'*Eure*; — Bernay; — Pont-Audemer; — les Andelys, sur la *Seine*.
EURE-ET-LOIR (Orléanais et Maine).	Chartres [21], sur l'*Eure*; — Dreux, près de l'*Eure*; — Nogent-le-Rotrou; — Châteaudun, sur le *Loir*.
SEINE-ET-OISE (Ile-de-France).	Versailles [48]; — Étampes; — Corbeil, sur la *Seine*; — Pontoise, sur l'*Oise*; — Mantes, sur la *Seine*; — Rambouillet. — *Autres villes* : Saint-Germain, près de la *Seine*; — Argenteuil.
SEINE (Ile-de-France). (2 800 000 habitants).	PARIS (2 millions 1/4), sur la *Seine*. — *Autre ville* : Saint-Denis [44]. (Voir la note 3.)
SEINE-ET-MARNE (Ile-de-France et Champagne).	Melun [12], sur la *Seine*; — Meaux, sur la *Marne*; — Fontainebleau; — Provins; — Coulommiers.

1. Les sous-préfectures sont placées par ordre d'importance décroissante du chiffre de la population. — Sous la rubrique : *autres villes*, sont données les villes qui, n'étant pas sous-préfecture, ont plus de 10 000 habitants, ou qui sont le siège d'un évêché.
2. Les chiffres indiquent la population en milliers d'habitants.
3. Aux portes de Paris se trouvent des communes importantes (carte p. 66) : Levallois-Perret [29]; Boulogne [26]; Neuilly [25]; Vincennes [20]; Clichy [24]; Ivry [18]; Aubervilliers [19]; Montreuil [19]; Pantin [16]; Puteaux [15]; Courbevoie [15]; Saint-Ouen [18]; Gentilly [12]; Charenton [12]; Vanves [10]; Asnières [11]; Issy [11]; Saint-Maur [10].

	2° RÉGION DU NORD-OUEST
MANCHE (Normandie).	Saint-Lô [10], sur la *Vire*; — Cherbourg [36], port militaire sur la *Manche*; — Coutances; — Avranches; — Valognes; — Mortain. — *Autre ville* : Granville, port sur la *Manche*.
CALVADOS (Normandie).	Caen [41], sur l'*Orne*, port; — Lisieux; — Bayeux; — Falaise; — Vire, sur la *Vire*; — Pont-l'Évêque. — *Autre ville* : Honfleur, port à l'embouchure de la *Seine*.
ORNE (Normandie et Maine).	Alençon [17], sur la *Sarthe*; — Argentan, sur l'*Orne*; — Domfront; — Mortagne. — *Autres villes* : Flers; la Ferté-Macé; Sées (év.), sur l'*Orne*.
FINISTÈRE (Bretagne).	Quimper [15]; — Brest [69], port militaire sur l'*Atlantique*; — Morlaix, près de l'*Atlantique*; — Quimperlé; — Châteaulin, sur l'*Aulne*; — *Autres villes* : Lambezellec; Douarnenez.
CÔTES-DU-NORD (Bretagne).	Saint-Brieuc [18], près de la *Manche*; — Dinan, sur la *Rance*; — Guingamp; — Lannion; — Loudéac.
MORBIHAN (Bretagne).	Vannes [19], port près de l'*Atlantique*; — Lorient [38], port militaire près de l'*Atlantique*; — Pontivy, sur le *Blavet*; — Ploërmel. — *Autre ville* : Ploemeur.
ILLE-ET-VILAINE (Bretagne).	Rennes [61], sur la *Vilaine*; — Fougères; — Saint-Malo, port à l'embouchure de la *Rance*; — Vitré, sur la *Vilaine*; — Redon, sur la *Vilaine*; — Montfort. — *Autre ville* : Saint-Servan, port près de Saint-Malo.
MAYENNE (Maine).	Laval [30], sur la *Mayenne*; — Mayenne, sur la *Mayenne*; — Château-Gontier, sur la *Mayenne*.
SARTHE (Maine).	Le Mans [55], sur la *Sarthe*; — La Flèche, sur le *Loir*; — Mamers; — Saint-Calais.

	3° RÉGION DU NORD-EST
ARDENNES (Champagne).	Mézières [6], sur la *Meuse* — Sedan, sur la *Meuse*; — Rethel, sur l'*Aisne*; — Rocroy; — Vouziers, sur l'*Aisne*. — *Autre ville* : Charleville, sur la *Meuse*, près Mézières.
MARNE (Champagne).	Châlons-sur-Marne [23]; — Reims [94]; — Épernay, sur la *Marne*; — Vitry-le-François, sur la *Marne*; — Sainte-Menehould, sur l'*Aisne*.
MEUSE (Lorraine).	Bar-le-Duc [17]; — Verdun, sur la *Meuse*; — Commercy, sur la *Meuse*; — Montmédy.
MEURTHE - ET - MOSELLE (Lorraine).	Nancy [73], sur la *Meurthe*; — Lunéville, sur la *Meurthe*; — Toul, sur la *Moselle*; — Briey. — *Autre ville* : Pont-à-Mousson, sur la *Moselle*.
AUBE (Champagne).	Troyes [46], sur la *Seine*; — Bar-sur-Aube; — Nogent-sur-Seine; — Arcis-sur-Aube.
HAUTE-MARNE (Champagne).	Chaumont [12], près de la *Marne* — Langres, à la source de la *Marne*; — Vassy. — *Autre ville* : Saint-Dizier, sur la *Marne*.
VOSGES (Lorraine).	Épinal [16], sur la *Moselle*; — Saint-Dié, sur la *Meurthe*; — Remiremont, sur la *Moselle*; — Mirecourt; — Neufchâteau, sur la *Meuse*.

	4° RÉGION DE L'OUEST
LOIRE - INFÉRIEURE (Bretagne).	Nantes [124], grand port sur la *Loire*; — Saint-Nazaire [19], port à l'embouchure de la *Loire*; — Châteaubriant; — Ancenis, sur la *Loire*; — Paimbœuf, sur la *Loire*. — *Autre ville* : Chantenay.
MAINE-ET-LOIRE (Anjou).	Angers [68], sur la *Maine*; — Cholet; — Saumur, sur la *Loire*; — Baugé; — Segré.
INDRE-ET-LOIRE (Touraine).	Tours [52], sur la *Loire*; — Chinon, sur la *Vienne*; — Loches, sur l'*Indre*.
VENDÉE (Poitou).	La Roche-sur-Yon [11], — les Sables-d'Olonne, port de l'*Atlantique*; — Fontenay-le-Comte, sur la *Vendée*. — *Autre ville* : Lugon (év.).
DEUX-SÈVRES (Poitou).	Niort [22], sur la *Sèvre-Niortaise*; — Parthenay; — Bressuire; — Melle.
VIENNE (Poitou).	Poitiers [36], sur le *Clain*; — Châtellerault, sur la *Vienne*; — Montmorillon; — Loudun; — Civray, sur la *Charente*.
CHARENTE - INFÉRIEURE (Aunis et Saintonge).	La Rochelle [22], port sur l'*Atlantique*; — Rochefort [27], port militaire sur la *Charente*; — Saintes, sur la *Charente*; — Saint-Jean-d'Augely, sur la *Boutonne*; — Marennes, près du *Atlantique*. — *Autre ville* : l'île d'Oléron.
CHARENTE (Angoumois).	Angoulême [33], sur la *Charente*; — Cognac, sur la *Charente*; — Barbezieux; — Ruffec, près de la *Charente*; — Confolens, sur la *Vienne*.

Iles. — L'île d'Ouessant dépend du dép. du Finistère; *Belle-Isle*, du Morbihan; *Noirmoutier* et *Yeu* se rattachent à la Loire-Inférieure; *Ré* et *Oléron* à la Charente-Inférieure.

LES 86 DÉPARTEMENTS (Suite)

5ᵉ RÉGION DU CENTRE

LOIR-ET-CHER (Orléanais). — Blois [21], sur la *Loire*; — Vendôme, sur le *Loir*; — Romorantin.

LOIRET (Orléanais). — Orléans [57], sur la *Loire*; — Montargis, sur le *Loing*; — Gien, sur la *Loire*; — Pithiviers.

YONNE (Bourgogne et Champagne). — Auxerre [17], sur l'*Yonne*; — Sens, sur l'*Yonne*. — Joigny, sur l'*Yonne*; — Avallon; — Tonnerre, sur l'*Armançon*.

INDRE (Berry). — Châteauroux [21], sur l'*Indre*; — Issoudun; — le Blanc, sur la *Creuse*; — la Châtre, sur l'*Indre*.

CHER (Berry et Bourbonnais). — Bourges [40]; — Saint-Amand, sur le *Cher*; — Sancerre, près de la *Loire*. — Autre ville : Vierzon, sur le *Cher*.

NIÈVRE (Nivernais). — Nevers [24], sur la *Loire*; — Cosne, sur la *Loire*; — Clamecy, sur l'*Yonne*; — Château-Chinon, près de l'*Yonne*.

ALLIER (Bourbonnais). — Moulins [24], sur l'*Allier*; — Montluçon [28], sur le *Cher*; — Gannat; — la Palisse. — Autre ville : Commentry.

6ᵉ RÉGION DE L'EST

COTE-D'OR (Bourgogne). — Dijon [55], non loin de la source de la *Seine*; — Beaune — Châtillon-sur-*Seine*; — Semur, sur l'*Armançon*.

HAUTE-SAONE (Franche-Comté). — Vesoul [10]; — Gray, sur la *Saône*; — Lure.

BELFORT (Territoire de). — Belfort [19], (le seul arrondissement qui reste de l'ancien département du Haut-Rhin).

DOUBS (Franche-Comté). — Besançon [57], sur le *Doubs*; — Montbéliard, près du *Doubs*; — Pontarlier, sur le *Doubs*; — Baume-les-Dames, sur le *Doubs*.

SAONE-ET-LOIRE (Bourgogne). — Mâcon [20], sur la *Saône*; — Chalon-sur-*Saône* [22]; — Autun; — Louhans; — Charolles. — Autres villes : le Creusot [28], Montceau-les-Mines.

JURA (Franche-Comté). — Lons-le-Saunier [12]; — Dôle, sur le *Doubs*; — Saint-Claude; — Poligny.

LOIRE (Lyonnais). — Saint-Étienne [124], sur les *Furens*; — Roanne [25], sur la *Loire*; — Montbrison. — Autres villes : Rive-de-Gier; Saint-Chamond; Firminy.

RHONE (Lyonnais). — Lyon [377], au confluent de la *Saône* et du *Rhône*; la deuxième ville de France; — Villefranche-sur-*Saône*, près de la *Saône*. — Autres villes : Tarare; Givors, sur le *Rhône*; Villeurbanne.

AIN (Bourgogne et Savoie). — Bourg [18]; — Belley; — Nantua; — Gex; — Trévoux, sur la *Saône*.

HAUTE-SAVOIE (Savoie). — Annecy [11], sur le lac d'*Annecy*; — Thonon, sur le lac de *Genève*; — Bonneville; — Saint-Julien.

ISÈRE (Dauphiné). — Grenoble [51], sur l'*Isère*; — Vienne [26], sur le *Rhône*; — Saint-Marcellin, près de l'*Isère*; — La-Tour-du-Pin. — Autre ville : Voiron.

SAVOIE (Savoie). — Chambéry [20]; — Albertville, près de l'*Isère*; — Saint-Jean-de-Maurienne; — Moutiers, sur l'*Isère*.

7ᵉ RÉGION DU SUD-OUEST

GIRONDE (Guyenne). — Bordeaux [252], grand port sur la *Garonne*; — Libourne, sur la *Dordogne*; — Baras; — Blaye, sur la *Gironde*; — La Réole, sur la *Garonne*; — Lesparre.

DORDOGNE (Guyenne). — Périgueux [26], sur l'*Isle*; — Bergerac, sur la *Dordogne*; — Sarlat; — Ribérac; — Nontron.

LOT-ET-GARONNE (Guyenne). — Agen [10], sur la *Garonne*; — Villeneuve-sur-Lot; Marmande, sur la *Garonne*; — Nérac, sur la *Baïse*.

LANDES (Gascogne). — Mont-de-Marsan [11], sur la *Midouze*; — Dax, sur l'*Adour*; — Saint-Sever, sur l'*Adour*. — Autre ville : Aire (év.), sur l'*Adour*.

GERS (Guyenne et Gascogne). — Auch [14], sur le *Gers*; — Condom, sur la *Baïse*; — Lectoure, près du *Gers*; — Mirande, sur la *Baïse*; — Lombez, sur la *Save*.

TARN-ET-GARONNE (Guyenne). — Montauban [28], sur le *Tarn*; — Moissac, sur la *Tarn*; — Castel-Sarrasin, près de la *Garonne*.

BASSES PYRÉNÉES (Béarn et Gascogne). — Pau [30], sur le gave de *Pau*; — Bayonne [26], port sur l'*Adour*; — Oloron, sur le gave d'*Oloron*; — Orthez, sur le gave de *Pau*; — Mauléon.

HAUTES PYRÉNÉES (Gascogne). — Tarbes [23], sur l'*Adour*; — Bagnères-de-Bigorre, sur l'*Adour*; — Argelès, près du gave de *Pau*.

HAUTE-GARONNE (Languedoc et Gascogne). — Toulouse [140], sur la *Garonne*; — Saint-Gaudens sur la *Garonne*; — Muret, sur la *Garonne*; — Villefranche-de-Lauraguais.

ARIÈGE (Comté de Foix, Gascogne et Languedoc). — Foix [7], sur l'*Ariège*; — Pamiers, sur l'*Ariège*; — Saint-Girons.

8ᵉ RÉGION DU PLATEAU CENTRAL

HAUTE-VIENNE (Limousin et Marche). — Limoges [64], sur la *Vienne*; — Saint-Yrieix; — Rochechouart, à la source de la *Charente*; — Bellac.

CREUSE (Marche). — Guéret [6]; — Aubusson, sur la *Creuse*; — Bourganeuf; — Boussac.

PUY-DE-DOME (Auvergne). — Clermont-Ferrand [43]; — Thiers; — Riom; — Ambert; — Issoire, près de l'*Allier*.

CORRÈZE (Limousin). — Tulle [16], sur la *Corrèze*; — Brive, sur la *Corrèze*; — Ussel.

CANTAL (Auvergne). — Aurillac [14]; — Saint-Flour; — Mauriac; — Murat.

HAUTE-LOIRE (Languedoc et Auvergne). — Le Puy [19], près de la *Loire*; — Yssingeaux; Brioude, près de l'*Allier*.

LOT (Guyenne et Gascogne). — Cahors [16], sur le *Lot*; — Figeac; — Gourdon.

AVEYRON (Guyenne et Gascogne). — Rodez [15], sur l'*Aveyron*; — Millau, sur le *Tarn*; — Villefranche-de-Rouergue, sur l'*Aveyron*; — Saint-Affrique; — Espalion, sur le *Lot*.

LOZÈRE (Languedoc). — Mende [7], sur le *Lot*; — Marvejols, — Florac, près du *Tarn*.

TARN (Languedoc). — Albi [20], sur le *Tarn*; — Castres [22], sur l'*Agout*; — Gaillac, sur le *Tarn*; — Lavaur, sur l'*Agout*. — Autre ville : Mazamet.

9ᵉ RÉGION DU SUD

ARDÈCHE (Languedoc). — Privas [8]; — Tournon, sur le *Rhône*; — Largentière. — Autres villes : Annonay; Viviers (év.) près du *Rhône*.

DROME (Dauphiné). — Valence [25], sur le *Rhône*; — Montélimar; — Die, sur la *Drôme*; — Nyons. — Autre ville : Romans, sur l'*Isère*.

HAUTES-ALPES (Dauphiné). — Gap [11]; — Briançon, sur la *Durance*; — Embrun, sur la *Durance*.

VAUCLUSE (Comtat d'Avignon, Comtat Venaissin et Provence). — Avignon [38], sur le *Rhône*; — Orange; — Carpentras. — Apt.

BASSES -ALPES (Provence). — Digne [7]; — Sisteron, sur la *Durance*; — Forcalquier; — Barcelonnette; — Castellane.

PYRÉNÉES - ORIENTALES (Roussillon). — Perpignan [31], sur a *Têt*; — Prades, sur la *Têt*; — Céret.

AUDE (Languedoc). — Carcassonne [28], sur l'*Aude*; — Narbonne; — Castelnaudary; — Limoux, sur l'*Aude*.

HÉRAULT (Languedoc). — Montpellier [56]; — Béziers [41]; — Lodève; — Saint-Pons. — Autres villes : Cette [36], port sur la *Méditerranée*; Agde, petit port sur l'*Hérault*.

GARD (Languedoc). — Nîmes [64]; — Alais, sur le *Gard*; — Uzès; — le Vigan. — Autres villes : Bessèges, la Grand-Combe.

BOUCHES-DU-RHONE (Provence). — Marseille [300], sur la *Méditerranée*, le premier port de commerce et le troisième ville de France; — Aix-en-Provence [29]; — Arles [23], port sur le *Rhône*. — Autres villes : Tarascon, sur le *Rhône*; La Ciotat, petit port sur la *Méditerranée*.

VAR (Provence). — Draguignan [9]; — Toulon [70], port militaire sur la *Méditerranée*; — Brignoles. — Autres villes : la Seyne, petit port près de Toulon; Hyères; Fréjus (év.).

ALPES-MARITIMES (Comté de Nice et Provence). — Nice [66], port sur la *Méditerranée*; — Grasse; — Puget-Théniers, sur le *Var*. — Autres villes : Cannes [19], sur la *Méditerranée*; Menton. Près de Nice se trouve la petite principauté indépendante de Monaco.

CORSE (Ile de Corse). — Ajaccio [18]; — Bastia, port; — Sartène; — Corté; — Calvi.

---

¹ Princi., auté de Monaco. — Aucienne colonie phénicienne et grecque, elle resta longtemps isolée en pays barbare; d'où le surnom de son fondateur fabuleux, Hercule *Monachus* (le solitaire), d'où le nom qu'elle porte encore. Elle forme depuis le quatorzième siècle, sous les Grimaldi, un état indépendant, mais amoindri, et qui a perdu définitivement en 1860 ses deux dernières annexes de Roquebrune et Menton. Réduite à la seule commune de Monaco même, elle n'a guère que 3 kil. 1/2 de long sur une largeur variable de 150 mètres à 1 kil. La population est d'environ 150 hab.

Le site est merveilleux. La presqu'île, haute d'une soixantaine de mètres, large d'environ trois cents, longue de huit cents, retombe en pentes escarpées sur la mer bleue; elle est couronnée par les constructions pittoresques de la ville et du château dont l'enceinte a conservé l'aspect du moyen âge, tandis que le jardin en terrasse, avec ses pins, ses aloès et ses cactus rappelle l'Afrique. A l'est, dans la courbure élégante du promontoire, s'abrite le port où les barques de pêche et de plaisance ont remplacé les *triêres* des Helènes. Sur l'isthme qui rattache le rocher au continent et sur la plage occidentale s'alignent les villas de la Condamine. Plus au nord, sur un plateau d'où la vue est admirable, s'étendent les jardins et le décor fastueux du Casino : la ferme des jeux est le principal revenu du prince.

ETUDE GÉNÉRALE DES 86 DÉPARTEMENTS.

République d'Andorre. — Le **Val d'Andorre**, long de 28 kil. du N. au S., large de 25 kil. de l'E. à l'O., forme une sorte de rectangle de 60 000 hectares au plus, adossé à la chaîne des Pyrénées. Il est couvert de montagnes pelées, de pâturages et d'un petit nombre de forêts de pins. Formé en réalité par une fourche de deux vallées principales, il s'ouvre au sud par un unique défilé sur la belle plaine de la Seo d'Urgel. Le climat est des plus rudes. Les habitants, bergers ou bûcherons, ne sont guère que 10 000, dont un millier à Andorra, capitale de l'État. Les Andorrans forment, depuis Louis le Débonnaire, une république indépendante, gouvernée par un Conseil et placée à la fois sous la suzeraineté de l'évêque d'Urgel et sous le protectorat de la France.

CHAPITRE III. — GÉOGRAPHIE ÉCONOMIQUE

Agriculture. — Industrie. — Commerce.

~~~ **Qu'est-ce que la géographie économique ?** — Le travail de l'homme est la véritable source de toute richesse.

Sans le travail de l'homme, la *houille* dormirait dans les entrailles de la terre ; les *plantes* les plus précieuses resteraient sauvages ; il n'y aurait ni *forges*, ni *usines*, ni *chemins de fer*, ni *ports*, ni *vaisseaux*.

La Géographie économique étudie les produits créés par la collaboration féconde des forces de la *nature* et du travail *humain* ; ou, en d'autres termes : L'Agriculture ; — L'Industrie ; — Le Commerce.

AGRICULTURE

L'Agriculture pourvoit à notre alimentation ; on peut dire qu'elle est notre mère nourrice.

L'agriculture d'un pays dépend de la nature du *sol* et du *climat* ; elle s'applique à la *culture des plantes* et à l'*élève des animaux*.

De là quatre divisions dans la géographie agricole de la France : I. Nature du sol ; — II. Climat ; — III. Culture des plantes ; — IV. Animaux.

I
NATURE DU SOL

~~~ **Rôle de la terre végétale.** — Le sol agricole ou terre végétale est destiné à *porter* et à *nourrir la plante*.

~~~ **Sa composition.** — Le sol agricole est un mélange de deux sortes d'éléments ; 1° l'élément organique, formé des débris décomposés des tissus végétaux et animaux demeurés sur le sol ; — 2° l'élément minéral, composé des débris pulvérisés des roches du pays.

~~~ **Diverses sortes de terres.** — Trois substances dominent dans les minéraux de la terre végétale : 1° l'*argile*, appelée aussi *glaise*, dans laquelle entre l'*alumine* ; 2° le *sable*, grain de roche dur où domine la *silice* ; — 3° le *calcaire* ou carbonate de chaux ou pierre à *bâtir*, qui, mélangé avec l'argile, prend le nom de *marne*.

Quand l'*argile* domine, la terre est dite : argileuse, forte, froide, etc. Elle garde trop d'eau ; il y a utilité à la drainer, c'est-à-dire à diriger l'excès d'eau dans des tuyaux troués ou dans des fossés.

Quand le *sable* domine, la terre est légère et sèche.

La terre *calcaire*, où la pierre à chaux domine, a des qualités intermédiaires.

La meilleure terre est la terre franche, marne sableuse qui contient les trois éléments heureusement mélangés. Elle se rencontre surtout dans les *terrains d'alluvion*.

~~~ **Amendements.** — On appelle amendement l'élément apporté par les soins du cultivateur pour modifier la composition du sol. L'*argile* est un amendement pour les terres *sableuses* ; — le *sable*, pour les terres *argileuses* ; — le *calcaire*, pour les terres dépourvues de chaux.

Le calcaire pour amendement doit être friable, soit à l'état de *marne* qui se fendille, soit à l'état de *chaux cuite* qui se délite.

~~~ **Engrais.** — On appelle engrais une matière ajoutée au sol pour lui fournir une plus grande quantité de substances nutritives, telles que : les matières *azotées*, qui fournissent l'un des éléments du salpêtre ; — la *potasse*, l'une des substances qui se rencontrent dans les cendres des végétaux ; — les *phosphates* qu'on extrait des os

~~~ **Principes de la restitution.** — La terre s'épuise en nourrissant les plantes.

Il faut absolument lui *restituer* sous forme d'engrais l'équivalent des substances nutritives que les végétaux ont absorbées.

~~~ **Fertilité et stérilité.** — Pour certains terrains, naturellement fertiles, cette restitution de substances est inutile ; ils en contiennent une provision suffisante Ailleurs, l'eau des rivières débordées ou distribuées par l'irrigation, apporte avec son limon les éléments de fertilité et les dépose sur le sol. Les pays sans pluie et sans cours d'eau sont stériles.

~~~ **Alluvions des vallées et de quelques plateaux.** — En France, les vallées des fleuves et des rivières, généralement couvertes d'épaisses alluvions jadis formées par leurs cours d'eau, sont naturellement *fertiles* : la plupart des villes y sont situées, étalant sur ces alluvions leurs jardins prolongés par de riches prairies ou autres cultures de choix, à peu près semblables partout.

Les plaines et les plateaux qui n'ont pas été creusés par les cours d'eau offrent, au contraire, des conditions très variables de fertilité, suivant la nature du *sous-sol* qui fournit les éléments minéraux de la terre arable.

Il y a cependant des plateaux bas qui sont couverts d'un dépôt d'alluvion d'une grande fertilité. On attribue ce dépôt à un immense courant des temps diluviens, antérieur au creusement des vallées. Les pays de *Caux* (Seine-Inférieure) (carte, p. 29), de *Brie* (Seine-et-Marne), de *Beauce* (Eure-et-Loir), en sont des exemples, et le disputent en fertilité au fond plat des plus riches vallées, telles que la *Limagne* de Clermont-Ferrand, ou le *Graisivaudan* de Grenoble.

~~~ **Contrées infertiles.** — Il n'est pas en France, à proprement parler, de contrées tout à fait infertiles, sauf les sommets des monts couverts de neiges éternelles ; mais il en est de médiocres ou de mauvaises pour la culture.

Lorsque le sol arable est trop pauvre, et que le sous-sol trop perméable laisse écouler les eaux des pluies comme un crible, la végétation est maigre et rare. Tel est le cas de ces plateaux calcaires nommés *Causses*, vraies tables de pierre qui s'étendent sur une partie de la

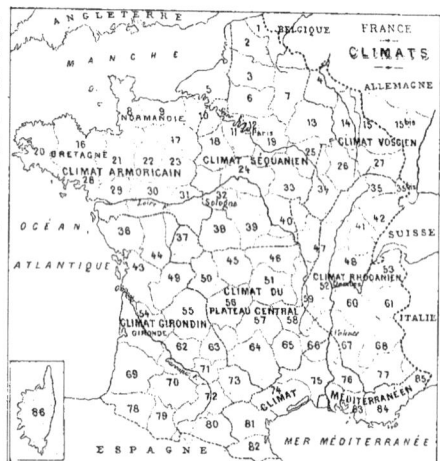

Division de la France en sept climats (1).

Lozère, du Rouergue, du Quercy, entre les gorges abruptes que le Tarn, le Lot et d'autres cours d'eau ont creusées profondément dans leurs assises brunes par le temps. L'eau y manque ; dans les creux quelques arbustes ; çà et là quelques champs de pommes de terre ou de maigres récoltes d'orge ou d'avoine ; sur le roc presque nu, une herbe courte et clairsemée que paissent les moutons. — A l'autre bout de la France, la *Champagne pouilleuse*, vaste banc de craie qui s'étale presque horizontalement de Troyes à Châlons-sur-Marne, offre beaucoup d'analogie avec les Causses.

(1) Légende des numéros de départements de cette carte et de toutes les cartes économiques.

1. Nord ; — 2. Pas-de-Calais ; — 3. Somme ; — 4. Ardennes ; — 5. Seine-Inférieure ; — 6. Oise ; — 7. Aisne ; — 8. Manche ; — 9. Calvados ; — 10. Eure ; — 11. Seine-et-Oise ; — 12. Seine ; — 13. Marne ; — 14. Meuse ; — 15. Meurthe-et-Moselle ; — 15 bis. Alsace-Lorraine ; — 16. Côtes-du-Nord ; — 17. Orne ; — 18. Eure-et-Loir ; 19. Seine-et-Marne ; — 20. Finistère ; — 21. Ille-et-Vilaine ; — 22. Mayenne ; — 23. Sarthe ; — 24. Loiret ; — 25. Aube ; — 26. Haute-Marne ; — 27. Vosges ; — 28. Morbihan ; — 29. Loire-Inférieure ; — 30. Maine-et-Loire ; — 31. Indre-et-Loire ; — 32. Loir-et-Cher ; — 33. Yonne ; — 34. Côte-d'Or ; — 35. Haute-Saône ; — 35 bis. Belfort ; — 36. Vendée ; — 37. Vienne ; — 38. Indre ; — 39. Cher ; — 40. Nièvre ; — 41. Jura ; — 42. Doubs ; — 43. Charente-Inférieure ; — 44. Deux-Sèvres ; — 45. Creuse ; — 46. Allier ; — 47. Saône-et-Loire ; — 48. Ain ; — 49. Charente ; — 50. Haute-Vienne ; — 51. Puy-de-Dôme ; — 52. Rhône ; — 53. Haute-Savoie ; — 54. Gironde ; — 55. Dordogne ; — 56. Corrèze ; — 57. Cantal ; — 58. Haute-Loire ; — 59. Loire ; — 60. Isère ; — 61. Savoie ; — 62. Haute-Garonne ; — 63. Lot ; — 64. Aveyron ; — 65. Lozère ; — 66. Ardèche ; — 67. Drôme ; — 68. Hautes-Alpes ; — 69. Landes ; — 70. Gers ; — 71. Tarn-et-Garonne ; — 72. Haute-Garonne ; — 73. Tarn ; — 74. Hérault ; — 75. Gard ; — 76. Vaucluse ; — 77. Basses-Alpes ; — 78. Basses-Pyrénées ; — 79. Hautes-Pyrénées ; — 80. Ariège ; — 81. Aude ; — 82. Pyrénées-Orientales ; — 83. Bouches-du-Rhône ; — 84. Var ; — 85. Alpes-Maritimes ; — 86. Corse.

FRANCE. — GÉOGRAPHIE ÉCONOMIQUE (AGRICULTURE).

II
CLIMAT DE LA FRANCE

~~~ **Température.** — La France, qui est située dans la zone tempérée boréale et entre les isothermes 10° et 15°, jouit d'une température *modérée*. La moyenne de toute l'année est de 11° au dessus de 0°.

~~~ **Influences qui modifient la température.** — Toutes les parties de la France n'ont pas pour une même saison la même température. La différence est due à plusieurs causes dont les principales sont : 1° la latitude ; — 2° l'altitude ; — 3° le voisinage des mers et des courants maritimes ; — 4° l'exposition ; — 5° les vents ; — 6° les pluies ; — 7° la végétation.

1° **Influence de la latitude.** — Du nord au sud la différence de latitude est de 9°. Cette différence suffit pour que dans les pays du nord de la France (Flandre, Artois, Picardie), le climat soit sensiblement plus froid qu'au midi (Gascogne, Languedoc, Provence).

2° **Influence de l'altitude.** — Les habitants des pays de plaine jouissent d'une température plus douce que ceux qui habitent des régions élevées comme le Plateau central.

3° **Influence de la mer et des courants maritimes.** — L'hiver est très doux sur nos rivages occidentaux baignés par les eaux chaudes du *Gulf-Stream*.

4° **Influence de l'exposition.** — L'exposition du nord est *froide*, celle du midi est *chaude*. C'est ainsi que le versant nord des Cévennes est plus froid que le versant sud. De même, la *Provence* méridionale, abritée du vent du nord par les Alpes et par les Cévennes, n'a pour ainsi dire pas d'hiver.

5° **Influence des vents.** — Les vents du *nord* et de l'*est*, qui nous arrivent en hiver des plaines glacées de l'Europe septentrionale, sont *très froids*. Ils contribuent à rendre *rigoureux* les climats de l'est et du Plateau central. Les vents de l'*ouest* et du *sud-ouest*, qui viennent de l'*Atlantique*, sont *tièdes* et *humides* ; comme ils règnent fréquemment sur nos côtes occidentales, ils les tempèrent pendant l'hiver. — Le *mistral*, vent froid qui descend des Cévennes, refroidit la Provence, tandis que le *sirocco*, vent chaud de l'Afrique, la réchauffe.

6° **Influence des pluies.** — Les pluies, en imprégnant l'atmosphère d'humidité, adoucissent la température. En France, il pleut davantage sur les côtes et sur les versants sud-ouest des montagnes.

La hauteur moyenne des pluies qui tombent chaque année est de 80 centimètres.

~~~ **Les sept climats de la France.** — Les différences qu'on vient de constater dans les diverses régions de la France ont amené les géographes à distinguer dans notre pays sept climats principaux (voir la carte) :
1° Climat *séquanien* (de la Seine), ou des plaines du nord, comprenant Paris et le nord de la France. — Température moyenne 10°. Froids assez vifs en hiver, étés courts, mais souvent très chauds.
2° Climat *armoricain*, ou des côtes de l'ouest, comprenant la Normandie, la Bretagne et la Basse-Loire. — Température moyenne 11°. Influence très sensible de la mer et du Gulf-Stream, pluies fréquentes et abondantes, étés et hivers tempérés.

3° Climat *girondin*, comprenant les plaines du sud-ouest. — Température moyenne 12°. Hivers doux, étés chauds, automnes longs.
4° Climat du *plateau central*. — Température moyenne 11°. Hivers longs, vents violents, pluies très abondantes.
5° Climat *vosgien*, ou des plateaux de l'est. — Température moyenne 9°. Hivers froids et longs, neiges fréquentes, étés courts et chauds.
6° Climat *rhodanien*, ou de la vallée du Rhône (jusqu'à Valence). — Température moyenne 11°. Brusques variations de température, pluies et neiges très abondantes dans les montagnes, orages.
7° Climat *méditerranéen*, ou des côtes du sud. — Température moyenne 14°. Étés chauds, longs et secs.

La France est généralement salubre, mais il reste beaucoup à faire encore, soit pour y corriger partout la nature, soit pour y combattre les maladies dont notre organisation sociale est la principale cause. Dans la plupart de nos villes, l'entassement des maisons, l'impureté de l'air, la malpropreté engendrent la phtisie et la typhoïde. Dans les Landes sévit la pellagre, due à l'usage presque constant de la farine de maïs. La fièvre règne toujours dans la Sologne, la Brenne, les Dombes, sur le littoral charentais et languedocien, sur la côte orientale de la Corse. Il y a des crétins et des goitreux dans certaines vallées des Vosges, du Jura, des Alpes-Maritimes (Tarentaise), des Pyrénées (Lourdes, Luchon, Aran, etc.), de la haute Auvergne.

III
CULTURE des Plantes.

~~~ L'homme subit certaines conditions de *sol* et de *climat* ; mais il peut les améliorer par son travail. Le Français est *travailleur*, comme on l'est partout dans la zone tempérée, où le climat n'accable pas. Il a de nombreux moyens de s'instruire, car il reçoit dès l'école primaire un enseignement agricole élémentaire qu'il peut compléter dans les Écoles spéciales d'agriculture.

L'enseignement agricole et les nombreuses institutions d'encouragement (sociétés d'agriculture, comices agricoles, concours régionaux) lui ont permis d'améliorer ses procédés de culture par l'emploi des engrais de ferme et des engrais chimiques, — par l'emploi des amendements (marne, chaux, plâtre, sable), — par les travaux d'irrigation et de drainage, — par l'assolement, — par l'emploi des machines agricoles perfectionnées.

Il peut garantir sa récolte contre la grêle et l'incendie, ses bestiaux contre les épizooties en ayant recours aux Cies d'Assurances.
Il peut aussi emprunter des capitaux sur ses vignes, ses bois, sa ferme à divers établissements de crédit.
Enfin ses produits, grâce aux nombreuses voies de communications, trouvent des débouchés faciles vers les grands centres de consommation.

~~~ **Répartition des différentes cultures.** — On sait que la superficie de la France est de 529 000 kilomètres carrés, soit en chiffres ronds, 53 millions d'hectares.
Les villes, villages, cours d'eau, occupent quatre millions d'hectares, les landes, marécages, rochers et autres surfaces incultes, 5 millions : les 44 millions qui restent forment le *sol agricole*.

~~~ Le sol agricole se divise en : terres de labour ; — vignobles ; — bois et forêts ; — prairies naturelles et pâturages ; — terres incultes.
Le tableau suivant fait connaître la superficie attribuée à ces différentes divisions du sol agricole.

NATURE DES CULTURES	SUPERFICIE en millions d'hect.	
TERRES DE LABOUR		
1° Cultures alimentaires (céréales, pommes de terre, légumes)............	15	
2° Cultures industrielles (betterave, tabac, houblon, plantes tinctoriales, plantes textiles, plantes oléagineuses)	1	23
3° Cultures fourragères (trèfle, sainfoin, luzerne).......................	4	
4° Cultures diverses et jachères......	3	
AUTRES TERRES		
5° Vignobles.........................		2
6° Bois et forêts.....................		9
7° Prairies naturelles et pâturages.....		8
Total égal........		44

~~~ Le climat, la nature du sol, les besoins de la région où se trouvent les terres de labour, les ressources ou les convenances personnelles de l'agriculteur, déterminent le choix des cultures ci-dessus énoncées.

On rattache à l'agriculture proprement dite, l'*horticulture* ou culture des jardins, — la *sylviculture* ou culture des forêts, — la *viticulture* ou culture de la vigne.

~~~ **Régions agricoles.** — On peut diviser la France en neuf régions agricoles formées de départements ayant *à peu près* la même nature du sol, le même climat, les mêmes productions agricoles. C'est d'après cette division que l'on a groupé les départements (p. 43-44) (1)

Division de la France en 12 régions agricoles (pour les Concours régionaux).

(1) Le ministère de l'agriculture a adopté une autre division en 12 régions agricoles. Nous les donnons, à titre de renseignement, dans la carte ci-dessus.

FRANCE. — GÉOGRAPHIE ÉCONOMIQUE (AGRICULTURE)

1° CULTURES ALIMENTAIRES

~~~ Les cultures alimentaires comprennent principalement : les *céréales*, — les *pommes de terre* et les *légumes*.

~~~ **Importance de la production en céréales.** — La culture des céréales (blé ou froment, avoine, seigle, orge, sarrasin, maïs, méteil), occupe la part la plus importante des terres de labour (14 millions d'hectares sur 25).

La production moyenne (1) des céréales atteint 250 millions d'hectolitres par année, soit 7 hectolitres par habitant.

~~~ **Comparaison avec les pays étrangers.** — Les ÉTATS-UNIS voient leur production en céréales croître chaque année. Leur récolte actuelle atteint déjà le chiffre formidable de 700 millions d'hectolitres, c'est-à-dire près du triple de la production moyenne en France. On conçoit dès lors que les États-Unis puissent pourvoir de céréales les marchés européens.

En Europe c'est la RUSSIE qui donne les plus fortes récoltes (650 millions d'hectolitres), c'est-à-dire presque le triple de la France. — L'Allemagne, l'Autriche ont une récolte presque égale à la nôtre. — L'Inde anglaise, l'Australie, l'Égypte, l'Algérie sont aussi des pays à céréales.

L'Algérie, qui fut autrefois avec l'Égypte le *grenier de Rome* et qui deviendra, si l'on sait en tirer parti, le *grenier de la France*, fournit déjà à elle seule 10 millions d'hectolitres de blé (le 1/10 de la récolte de la France). Sa production en orge est plus abondante encore (16 millions d'hectolitres); elle approche de celle de la France entière.

~~~ **Le blé. — Régions de production.** — La récolte du *blé* figure pour près de la moitié (plus de 100 millions d'hectolitres), dans la production totale des céréales.

On cultive le blé dans *toute la France*, mais particulièrement dans la région du Nord (voir la carte des cultures alimentaires), et de l'Ouest. Les départements du Nord et du Pas-de-Calais, avec leurs 3 millions d'hectolitres chacun, occupent le premier rang, non seulement pour la quantité récoltée, mais encore pour le rendement moyen à l'hectare (20 hectolitres; moyenne des autres départements : 15 hectolitres. — Angleterre 26).

Les régions les moins productives en blé sont : le *Plateau central*, — la région des *Pyrénées* et des *Alpes*, pays trop élevés et par conséquent trop froids, — les départements du littoral de la *Méditerranée*, qui se consacrent à des cultures plus appropriées au sol, à la température ou à l'industrie du pays (vigne, olivier, mûrier).

Certaines régions de la France doivent à la constitution géologique de leur sol (p. 46), d'être par excellence, des pays producteurs de blé; tels sont le pays de *Caux* (Seine inférieure), la *Beauce* (Eure-et-Loir), la *Brie* (Seine-et-Marne), le *Vexin* (Oise et Seine-et-Oise), la *Limagne* (Puy-de-Dôme). L'examen de la carte montre cependant que les perfectionnements apportés à l'agriculture ont créé auprès de ces pays renommés de régions plus productives encore.

~~~ **Centres du commerce des blés.** — Les principaux marchés à blé sont : les *grands ports* : Marseille, Le Havre, Bordeaux, Nantes, Rouen, qui sont les centres naturels de l'importation ou de l'exportation des céréales;

(1) Cette moyenne est donnée sur le rendement des dix dernières années.

puis les villes de *Lille* pour les blés du Nord; — *Paris, Dijon* et *Gray* (Haute-Saône), pour le centre et l'est.

~~~ **Minoteries.** — La transformation des blés en farine se fait un peu partout, dans les moulins disséminés sur le territoire. Cependant l'industrie de la meunerie ou *minoterie* s'est centralisée dans certaines localités, parmi lesquelles il faut citer : *Montivilliers* (Seine-Inférieure), — *Corbeil* (Seine-et-Oise), — *Gray* (Haute-Saône), — *Moissac* (Tarn-et-Garonne).

On fabrique avec les céréales des *eaux-de-vie de grains*, très nuisibles à la santé.

~~~ **Avoine, seigle, orge, sarrasin, maïs, méteil.** — Après le BLÉ, la céréale dont la production est la plus considérable est l'*avoine* (80 millions d'hectolitres), qu'on trouve principalement dans la région du NORD et du Nord-Est.

Après l'avoine, vient le *seigle* (25 millions d'hectolitres), cultivé surtout dans la région granitique du Plateau central; — puis l'*orge*, qui entre dans la fabrication de la bière, et qu'on cultive dans le nord-ouest. — Le *sarrasin* ou *blé noir* est cultivé dans la région du nord-ouest.

Le *maïs* (6 millions d'hectolitres) exige à la fois une chaleur continue et beaucoup d'humidité. La région du Sud-Ouest, la plus favorable à cette culture, produit la moitié de la récolte totale.

La limite septentrionale de la culture du maïs (v. la carte) part du département de la *Vendée*, descend le long du Plateau central fort avant dans le sud, puis remonte le long des Cévennes jusqu'en Lorraine.

~~~ **Importation et exportation des céréales.** — Lorsque la récolte est bonne, la France peut non seulement suffire à ses propres besoins, mais encore exporter des céréales chez les nations voisines. Lorsque la récolte est insuffisante, elle fait venir du blé de la Russie, — des États-Unis, — de l'*Algérie*, — de l'*Égypte*, de l'*Italie*, — de l'*Espagne*, — de l'*Autriche-Hongrie*.

C'est ainsi que grâce à la facilité des communications avec les contrées même les plus éloignées, on n'a plus à craindre les terribles famines qui, au moyen âge, faisaient tant de victimes. — Le prix moyen du blé est de 21 fr. l'hectolitre. — Les États-Unis amènent sur nos marchés des blés à un prix inférieur.

~~~ **Pommes de terre.** — La production moyenne est de 150 millions d'hectolitres. La région de l'Est fournit à elle seule un cinquième de la récolte totale.

La pomme de terre ne sert pas seulement à l'alimentation de l'homme et des animaux; elle entre pour une forte part dans la fabrication de certaines *eaux-de-vie* de mauvaise qualité, et dans celle du *sucre de glycose*.

— Le prix moyen des pommes de terre est de 22 fr. l'hect.

~~~ **Légumes.** — La culture *maraîchère* ou culture des légumes est pratiquée aux environs des grandes villes et sur le littoral de la Manche et de l'Océan.

Les légumes du *Midi* et ceux d'*Algérie*, qui viennent à maturité quelques semaines plus tôt que ceux des régions du Nord, sont expédiés à Paris comme *primeurs*.

On est parvenu, au moyen de certains procédés, à conserver aux légumes pendant plusieurs années la saveur et les qualités qu'ils ont à l'état frais. Cette découverte a donné lieu à l'industrie des *conserves alimentaires*, qui est pratiquée surtout à *Nantes*, à *Bordeaux*, au *Mans*, à *Paris*.

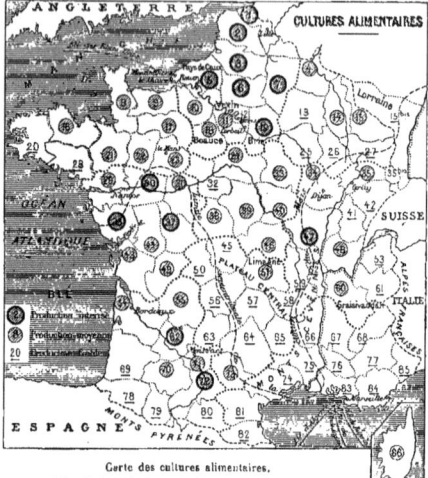

Carte des cultures alimentaires.
(Pour la légende des n°s de départements, v. p. 46).

2° CULTURES INDUSTRIELLES

~~~ Les principales cultures industrielles sont, dans l'ordre d'importance décroissante : la BETTERAVE, — les plantes textiles, — les plantes oléagineuses, — le *tabac*, — les plantes *tinctoriales*, — le *houblon*.

A. — Betterave.

~~~ **Lieux de production.** — La betterave sert à la fabrication du sucre, — à celle de l'alcool de betterave, — à l'alimentation du bétail.

La faveur dont jouit en France la culture de la betterave ne date guère que de 1840. Jusque-là, les progrès avaient été lents, malgré les encouragements donnés à cette culture.

Contrairement à un préjugé qui a longtemps prévalu, il est acquis aujourd'hui que la culture de la betterave n'appauvrit pas le sol. C'est ainsi que la région du Nord qui occupe le premier rang pour la production du blé (n° 793), occupe aussi le premier rang pour la production de la *betterave*. Cette région fournit à elle seule les 2/3 de la récolte totale.

FRANCE. — GÉOGRAPHIE ÉCONOMIQUE (AGRICULTURE).

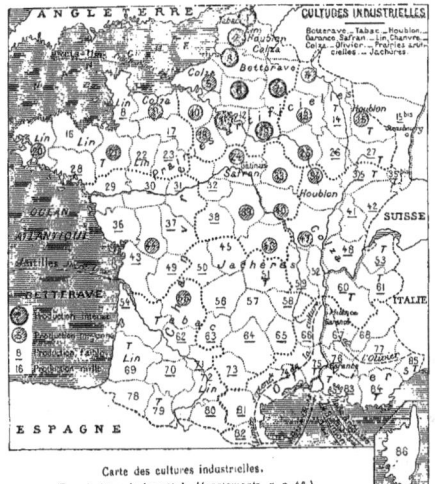

Carte des cultures industrielles.
(Pour la légende des n°° de départements, v. p. 46.)

Après la région du Nord, c'est le *Centre* de la France qui cultive le plus la betterave. Dans le *Midi*, cette culture est presque nulle.

~~ **Industrie du sucre.** — Le sucre que nous consommons est extrait, soit des racines de betteraves : c'est le sucre *indigène* ; soit de la canne à sucre : c'est le sucre *colonial*. La transformation du jus de betterave en sucre brut ou *cassonnade* se fait dans les *fabriques de sucre* ; de là, le sucre brut est porté dans les *raffineries* où, au moyen de différents procédés d'épuration, on le convertit en *sucre blanc*.

La canne à sucre ne croît que dans les pays chauds (Louisiane, Antilles, île de la Réunion, etc.). La transformation du jus de canne en sucre brut se fait sur les *lieux mêmes* de production. Le sucre brut est ensuite envoyé par navires dans les ports européens, et particulièrement dans les ports français, pour y être soumis au *raffinage*.

~~ L'industrie du sucre est très développée en France. Nos raffineries rivalisent avec l'étranger pour le perfectionnement de leurs procédés. Bien que leur nombre soit peu élevé (la majeure partie des raffineries sont situées dans la *Seine* et du *Nord*, et près des grands ports de mer : Marseille, Bordeaux, le Havre) Elles livrent au commerce, tant intérieur qu'extérieur, pour plus de 400 millions de francs de sucre.

La fabrication du sucre fournit un résidu, la *mélasse*, qui peut, comme la betterave, donner de l'alcool. — L'eau-de-vie de betterave est de mauvaise qualité ; néanmoins la betterave est, après la vigne et la pomme de terre, le végétal le plus employé pour cette fabrication. — La pulpe qui reste après l'extraction du jus de betterave sert à la nourriture du bétail.

B. – **Plantes textiles.**

~~ **Lin, Chanvre, Coton, Jute.** — Le Lin et le *Chanvre*, sont des plantes textiles indigènes ; — le *Coton* (fig. 50) est une plante textile exotique ; il croît principalement aux États-Unis et dans l'*Inde anglaise* ; — le *Jute*, autre plante exotique qui croît aussi dans l'Inde anglaise, commence à être importé en France en assez grande quantité (1).

~~ Le lin sert à fabriquer la *toile fine de ménage*, la *batiste* ainsi que le *coutil*. On cultive le lin presque partout, mais notamment dans les régions du Nord et du Nord-ouest. Les départements du Nord, du *Pas-de-Calais*, de la *Manche*, des *Côtes-du-Nord*, du *Finistère*, fournissent à eux seuls près de la moitié du rendement moyen total.

~~ Le chanvre sert à la fabrication de la grosse toile (sacs, voiles, cordages, draps, torchons). On cultive le chanvre dans toute la partie *occidentale* de la France.

La RUSSIE produit à elle seule autant de lin et de chanvre que l'Europe entière.

Fig. 50 — Une branche de cotonnier.

Cette culture est, avec celle des céréales, une des principales richesses du pays.

L'emploi du chanvre tend à diminuer à cause : 1o du développement de la navigation à vapeur, au détriment de la navigation à voile ; — 2o de la substitution dans la marine de câbles en fils de fer aux câbles de chanvre ; 3o de l'importation de plantes textiles exotiques, telles que le jute de l'Inde, le *phormium tenax* ou lin de la Nouvelle Zélande, le chanvre de Chine et l'*alfa* d'Algérie. — La graine du chanvre ou *chènevis* sert à la nourriture des volatiles ; on en extrait aussi une huile comestible.

(1) On ne s'occupera ici que du lin et du chanvre ; le coton sera étudié plus loin (p. 107), aux tissus de coton.

C. – **Plantes oléagineuses.**

~~ **Leur emploi.** — On appelle *plantes oléagineuses* celles dont les graines ou les fruits fournissent de l'*huile*.

On distingue l'huile d'*éclairage*, l'huile *comestible* et l'huile *industrielle*.

~~ L'huile d'*éclairage* est fournie par les graines du colza, sorte de chou monté, la plus importante des plantes oléagineuses. — et par les graines de la *caméline*. — La Seine-Inférieure et le Calvados sont les départements qui produisent le plus de colza.

~~ Les huiles *comestibles* ordinaires sont extraites des graines de l'œillette ou pavot, et, dans une moindre proportion, des graines de *navette*, — du *chènevis* (graine du chanvre), de l'*arachide*, légumineuse qui provient d'Afrique et surtout du Sénégal, — du *sésame*, des *noix*, etc.

~~ Les principales huiles *industrielles* sont : l'huile de *lin*, employée pour la peinture, ainsi que toutes les huiles citées plus haut qui, combinées avec la potasse et la soude, entrent dans la fabrication du savon.

Les résidus des graines dont on a extrait les huiles sont employés comme aliments pour le bétail, ou en agriculture comme engrais sous le nom de *tourteaux*.

~~ **Huile d'olive.** — La meilleure *huile comestible* est l'huile d'olive, extraite du fruit de l'olivier. Cet arbre ne croît en France que dans la chaude région méditerranéenne, jusqu'à Valence (voir la carte) : les grandes richesses des départements des *Bouches-du-Rhône*, du *Var* et de *Vaucluse*.

L'olivier est cultivé sur tout le littoral méditerranéen : Espagne, France, Italie, Turquie, Asie Mineure, Tunisie, Algérie. — En Algérie, où la culture de l'olivier s'étend tous les jours, la production en olives a déjà dépassé celle de la France.

D. – **Tabac.**

~~ **Lieux de production.** — La culture du tabac n'est pas libre en France ; vingt départements seulement et l'arrondissement de *Belfort* sont autorisés à s'y livrer.

Le bassin de la Garonne produit à lui seul les *deux tiers* de la récolte totale de tabac. Les deux départements du *Nord* et du *Pas-de-Calais*, déjà signalés comme grands pays producteurs de froment et de betterave, viennent immédiatement après.

~~ **Importation du tabac.** — La consommation annuelle du tabac en France est aujourd'hui de 32 millions de kilogrammes, dont près de la moitié est récoltée en France et en Algérie. Le reste est importé de la Havane (île de Cuba), des États de *Virginie* et de *Maryland* (États-Unis), de *Manille* (îles Philippines), du *Levant* (Turquie d'Asie).

~~ **Monopole de l'État pour la vente du tabac.** — L'État, en France, a le monopole du tabac, c'est-à-dire qu'il en a seul le droit d'en vendre. Le bénéfice net qu'il en retire, atteint le chiffre prodigieux de 300 millions de francs, somme suffisante pour payer la moitié de l'entretien de notre armée. On s'expliquera facilement ce résultat, quand on saura qu'un kilogramme de tabac à fumer, qui revient à l'État à 1 fr. 65, est livré au consommateur au prix de 12 fr. 50. La différence représente l'impôt qui frappe le tabac.

Avant d'être consommé, le tabac subit des opérations multiples, qui se font dans 17 manufactures appartenant à l'État.

L'impôt sur le tabac, indépendamment des ressources qu'il procure, a pour résultat de restreindre la consommation d'un produit dont l'abus est malfaisant pour le corps et pour l'intelligence. — La France occupe le neuvième rang pour la consommation du tabac; un Français fume trois fois moins qu'un Belge et qu'un Hollandais, deux fois moins qu'un Allemand. — Les débits de tabac sont accordés par le ministre des Finances aux familles des fonctionnaires de l'État, en récompense de services rendus.

E. — Plantes tinctoriales.

Les principales plantes cultivées en France pour la teinture, ou *plantes tinctoriales*, sont : la garance, dont les longues racines fournissent la belle couleur rouge avec laquelle on teint les pantalons de nos soldats d'infanterie, et le safran, qui donne une couleur orange.

La garance est cultivée principalement dans le département de *Vaucluse*, qui fournit à lui seul les deux tiers de la production totale, et dans la *Drôme*. — Le safran est cultivé surtout dans le *Gâtinais* (Loiret).

La culture des plantes tinctoriales et notamment de la garance est maintenant à peu près ruinée, depuis qu'on emploie pour la teinture des étoffes les couleurs variées extraites du goudron de houille. Parmi ces dernières, l'*alizarine artificielle* contient le principe colorant de la garance.

F. — Houblon.

Lieux de culture du houblon. — Le *houblon*, dont les fleurs sont employées à la fabrication de la bière, est cultivé dans les régions de l'Est, du Nord-Est, et du Nord.

La Côte-d'Or occupe le premier rang, puis viennent la *Meurthe-et-Moselle* et le *Nord*, ce dernier déjà cité pour le blé, la betterave et le tabac.

La bière, que les anciens appelaient le *vin d'orge*, est fabriquée avec de l'eau et de l'orge(1). Les fleurs de houblon qu'on fait bouillir dans ce mélange, servent à communiquer à la bière l'amertume et l'odeur qui la caractérisent, en même temps qu'à la conserver. Cette opération se nomme *brassage*.

Pays à bière. — Les pays étrangers où la fabrication de la bière est le plus développée, sont les pays du nord de l'Europe : en première ligne se placent l'*Angleterre*, l'*Allemagne*, l'*Autriche*, la *Belgique*, les *États-Unis*.

Avant 1870, Strasbourg était une des villes françaises dont la bière était la plus renommée.

3° CULTURES FOURRAGÈRES.

Caractères des prairies artificielles. — Parmi les plantes *fourragères*, les unes, telles que le trèfle, la *luzerne*, le *sainfoin*, nécessitent un labour, de la fumure, un ensemencement, et font place l'année suivante à une autre culture. Les autres, désignées sous le nom générique de *foin*, n'exigent aucune main-d'œuvre, poussent d'elles-mêmes et occupent indéfiniment le même terrain. Les premières constituent les *prairies artificielles*, c'est-à-dire les prairies dues au travail de l'homme; les secondes sont les *prairies naturelles*, dont il sera parlé plus loin.

Les prairies artificielles prennent chaque année un nouveau développement; elles occupent aujourd'hui 4 millions d'hectares (sur les 44 millions du sol agricole.)

---
(1) L'orge germée et desséchée est désignée sous le nom de *malt*; d'où le nom de *malteries* donné aux établissements où l'orge subit cette préparation.

Toutes les régions de *plaines* et principalement la région du Nord, sont riches en prairies artificielles.

Autrefois, sous prétexte de faire « reposer la terre », les agriculteurs laissaient leurs champs improductifs pendant une année ou deux. Ce préjugé tend à disparaître de plus en plus, car il est prouvé que la terre *n'a pas besoin de repos* : l'assolement (succession sur une même terre de cultures variées)(1) combiné avec un emploi judicieux de bons engrais, compense les pertes que chaque récolte fait subir à la terre.

Il y a mieux : les plantes fourragères, qui empruntent à l'atmosphère les principes nutritifs nécessaires à leur végétation, ne demandent rien au sol; elles lui fournissent même un engrais par les racines qu'elles y laissent.

4° CULTURES DIVERSES ET JACHÈRES.

Cinq millions d'hectares de terres de labour ne peuvent être classés parmi les cultures qu'on vient d'énumérer : une partie est employée à la culture de plantes diverses; une autre reste en *jachère*, c'est-à-dire en repos, par la faute de cultivateurs routiniers. C'est surtout dans la région naturellement peu fertile du *Plateau central* que la mise en jachère est pratiquée.

5° VIGNOBLES.

La principale richesse de la France, immédiatement après les CÉRÉALES, est la VIGNE. Malheureusement un trouble grave est apporté, dans la récolte des vins, par l'invasion d'un petit puceron venu d'Amérique : le phylloxera, et par la réapparition de l'oïdium.

Comparaison avec les pays étrangers. — Avant cette invasion, notre pays fournissait 60 millions d'hectolitres de vin, égaux à la production totale des autres pays de l'Europe. Il donnait deux fois plus de vin que l'*Italie*, quatre fois plus que l'*Espagne*, cinq fois plus que l'*Autriche-Hongrie*, les trois contrées les plus favorisées après la France. La récolte moyenne est aujourd'hui réduite d'un tiers : (40 millions d'hectolitres).

Zone de la vigne. — La limite septentrionale de la culture de la vigne en France est marquée par une ligne qui part de l'embouchure de la *Loire* (v. la carte p. 51), passe au nord de Paris et aboutit à la Meuse, au sud de Givet (Ardennes). Toutefois la vigne réussit fort mal sur la plus grande partie du Plateau central.

Au nord de cette limite, le vin est remplacé comme boisson ordinaire par la bière; au nord-ouest, sur tout le littoral de la Manche, par le cidre.

Groupes de production. — On peut distinguer cinq groupes principaux de production du vin, savoir : 1° trois groupes très importants : groupe des vins de Bordeaux, — groupe des vins de Bourgogne, — groupe des vins du Midi, — 2° deux groupes spéciaux : groupe des Charentes, et groupe de Champagne, dont les vins servent à la fabrication, les premiers, de l'*eau-de-vie*, les seconds, des vins *mousseux*.

Le groupe des vins de BORDEAUX comprend les vins du département de la

---
(1) L'assolement est *biennal, triennal, quadriennal* selon que la même culture revient sur le même terrain tous les *deux, trois ou quatre* ans.

GIRONDE (1 million 1/2 d'hectolitres), renommés dans le monde entier. Ces vins, suivant la nature des terrains qui les ont produits, se classent en vins de *Graves*, de *Côtes*, de *Palus*, d'*Entre deux mers*. Les plus fins viennent du Médoc, qui s'étend sur la rive gauche du fleuve, de Bordeaux jusqu'au nord de Pauillac.

Les principaux crus de ce groupe sont, parmi les vins rouges : *Château-Margaux*, *Château-Laffite*, *Château-Latour* (Médoc) ; — *Saint-Émilion* (Côtes) ; — parmi les vins blancs, *Château-Yquem*, à Sauternes (Graves).

Le groupe de BOURGOGNE (Haute-Bourgogne et Basse-Bourgogne) lui dispute en réputation, par l'excellence de ses crus, au groupe *bordelais*. Il s'étend sur plusieurs départements, dont l'un porte le nom significatif de Côte-d'Or.

Il comprend principalement les vins du Mâconnais ou de Mâcon (Saône-et-Loire), les vins du *Beaujolais* (Rhône), — les vins blancs de *Chablis* (Yonne).

Les crus les plus renommés de ce groupe, tous situés dans la Haute-Bourgogne, sont ceux de *Gevrey-Chambertin*, *Clos-Vougeot*, *Romanée-Conti*, *Nuits*, *Corton*, *Beaune*, *Pommard*, *Volnay*, *Meursault*, *Montrachet*, etc.

Le groupe du MIDI comprend principalement les vins du *Roussillon* et du *Languedoc*. — Dans ce groupe du Midi, se trouvent : le département de l'HÉRAULT, qui, avant l'invasion du phylloxera, produisait en moyenne 12 millions d'hectolitres par an (1) (France entière : 30 millions) — les départements de l'Aude, — des Bouches-du-Rhône.

Les gros vins de Narbonne et du *Roussillon*, chargés en couleur, sont destinés au coupage ; — les vins du *Languedoc* fournissent l'alcool dit *trois-six* ; — les vins de *Lunel* et de *Frontignan* (Hérault), sont des vins de liqueur.

Les départements du Midi et ceux des Charentes sont les plus éprouvés par le phylloxera. La production annuelle de l'Hérault est descendue de 12 millions d'hectolitres à 5 millions. — On lutte contre le terrible fléau en submergeant les vignes atteintes, en les traitant par des insecticides, en les remplaçant par des ceps américains.

Le groupe des Charentes comprend les départements de la *Charente-Inférieure*, (1 million d'hect.) et de la *Charente* (1/2 million) les plus productifs de France après le département de l'HÉRAULT. — Le vin des Charentes est destiné surtout à la fabrication d'eaux-de-vie très estimées (eaux-de-vie de Cognac et *fine Champagne*.)

D'après l'analyse chimique, le vin est un liquide fermenté composé principalement d'alcool et d'eau, dans la proportion de 10 0/0 d'alcool et de 90 0/0 d'eau. Pour concentrer l'alcool, c'est-à-dire le séparer de l'eau, on soumet le vin à la *distillation* à l'aide d'appareils spéciaux. — Le produit de cette distillation additionné d'eau-de-vie de table, la seule dont on puisse user modérément sans danger. Mais la plupart des eaux-de-vie sont extraites de la betterave, des pommes de terre, des grains, et leurs effets sont, à la longue, désastreux pour la santé (alcoolisme.)

Le groupe de Champagne, beaucoup plus important par la qualité de ses vins que par la quantité, donne lieu à un commerce d'exportation remarquable.

---
(1) Ce chiffre, comme tous ceux qui sont cités dans ce paragraphe des vignes, est fourni par la moyenne des dernières années.

FRANCE. — GÉOGRAPHIE ÉCONOMIQUE (AGRICULTURE).

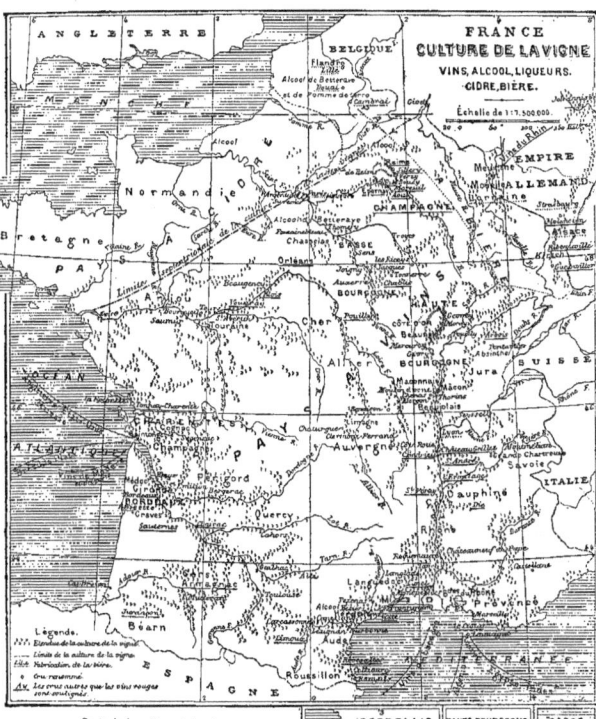

Carte de la culture de la vigne.

Les vins de Champagne ne sont pas, comme les vins rouges, le produit direct de la fermentation du jus de raisin. Fabriqués indifféremment avec du raisin blanc ou avec du raisin noir (1), ils subissent une série de manipulations délicates : mise en bouteilles avant complète fermentation, de façon à emmagasiner l'acide carbonique qui doit rendre le vin mousseux ; soutirages répétés ; addition d'un peu d'eau-de-vie et de sirop ; toutes opérations qui modifient la nature primitive du vin.

On peut fabriquer des vins façon Champagne avec le raisin récolté dans plusieurs autres départements.

Les vins de Champagne sont plus souvent désignés par les grandes marques (veuve Cliquot, Moët, Montebello) que par les noms des vignobles.

~~~ **Autres centres de production**. — Il existe d'autres centres de production d'importance moindre que les précédents. — Le *Gers* donne des vins que l'on convertit en bonnes eaux-de-vie (eaux-de-vie d'Armagnac). — La vallée du *Rhône* fournit des vins de table très estimés (Côte-Rôtie, Saint-André, l'Ermitage, Saint-Péray). — L'*Auvergne*, la *vallée de la Loire*, le département de *Meurthe-et-Moselle*, fournissent des vins de ménage.

Le vin d'Orléans et des environs donne le meilleur vinaigre (1).

~~~ **Vins d'Algérie**. — L'Algérie est un pays d'avenir pour la production du vin. La culture de la vigne n'y est pas encore très étendue, mais elle y fait chaque année des progrès considérables.

~~~ **Exportation des vins français**. — La vente de nos vins et de nos eaux-de-vie à l'étranger constitue encore un des éléments les plus considérables de nos exportations (300 millions de francs sur 3 500 millions). L'An-

(1) Pour faire du vin blanc avec du raisin noir, il suffit d'enlever les pellicules rouges avant la fermentation.

(1) L'illustre chimiste, M. Pasteur, a découvert un procédé pour obtenir du vinaigre avec de l'eau, de l'alcool et des moisissures de vinaigre. On obtient aussi du vinaigre en distillant du bois en vase clos.

gleterre, la *Russie*, l'*Allemagne*, l'*Égypte*, les *Indes*, nous achètent nos vins fins ; — l'*Algérie*, la *République argentine*, — le *Brésil*, les *États-Unis*, la *Belgique* et la *Suisse* nous prennent nos vins ordinaires.

~~~ **Importation des vins et liqueurs**. — Nous sommes obligés aujourd'hui, pour maintenir ce commerce important et pour suffire à notre consommation, d'acheter à l'Espagne et à l'Italie une énorme quantité de gros vins très riches en alcool, qui suppléent à nos vins du Midi, et qu'on mélange aux vins plus légers du Centre.

Nous achetons même à la Grèce du *raisin sec*, avec lequel nous fabriquons du vin. — En outre, nous faisons venir des vins fins d'Espagne, — de Portugal, — d'Italie, — de Hongrie. On peut ajouter à ces pays la Jamaïque (Antilles anglaises), pour le rhum, — la Suisse pour l'absinthe, — la Hollande pour le curaçao.

6° BOIS ET FORÊTS.

~~~ **Distribution des Forêts**. — Les *forêts* couvrent un peu plus du *sixième* de la superficie de la France (9 millions d'hectares sur 53). Aucune région de la France n'en est dépourvue, mais on trouve des forêts en plus grand nombre sur les flancs des montagnes et sur les parties du territoire qui se prêtent mal aux travaux de labour. La région forestière par excellence comprend (voir la carte des Forêts, p. 52) les riches forêts des *Landes*, du *Var*, de la *Côte-d'Or*, des *Vosges*, du *Morvan*, des *Alpes*.

~~~ **Comparaison avec l'étranger**. — On vient de voir que les forêts occupent le sixième du territoire français. A cet égard, la France est considérablement distancée par la RUSSIE et par la SUÈDE dont les forêts couvrent presque la moitié du territoire (1) ; par l'*Autriche-Hongrie* et la *Norvège*, où les forêts occupent le *quart* du territoire.

La guerre de 1870, en nous enlevant l'*Alsace-Lorraine*, nous a fait perdre une contrée riche en forêts. — L'*Algérie*, dont la superficie dépasse celle de la France à quatre fois moins de forêts.

~~~ **A qui appartiennent les forêts**. — En France, la propriété des huit millions d'hectares de forêts se répartit de la manière suivante :

A l'État.................. 1 million d'hect.
Aux communes, hôpitaux, etc. 2 —
Aux particuliers.......... 5 —

~~~ **Reboisement des montagnes**. — Les forêts sont fort utiles : elles consolident le sol des montagnes et préviennent les éboulements ; elles retiennent les eaux des pluies comme une éponge qui s'imbibe *peu à peu*, et elles rendent les inondations moins dangereuses ; elles exercent une influence considérable sur le climat en rendant les pluies plus fréquentes. Le déboisement imprévoyant des montagnes, et notamment des *Pyrénées* et des *Alpes*, a causé souvent d'irréparables désastres. Aussi l'État intervient-il dans l'exploitation des forêts, pour régler la coupe des arbres et entreprendre, d'après un plan d'ensemble, le reboisement et le gazonnement des régions forestières dénudées.

C'est par des plantations de pins maritimes qu'on a réussi à fixer les dunes mobiles du golfe de Gascogne, qui menaçaient d'en-

(1) 200 millions d'hectares (sur un territoire de 550 millions), pour l'immense Russie d'Europe ; 18 millions d'hectares (sur 44 millions), pour la Suède.

FRANCE. — GÉOGRAPHIE ÉCONOMIQUE (AGRICULTURE).

Carte des forêts.
(Pour la légende des n^{os} de départements, v. p. 46.)

vahir les terres — et à transformer les landes, qui ne seront bientôt plus qu'une immense forêt.

Les règlements sur les forêts sont contenus dans le *Code forestier*. L'administration des forêts (ministère des finances) comprend 34 arrondissements *forestiers*, à la tête de chacun desquels se trouve un fonctionnaire appelé *conservateur*. — Il y a une école forestière à *Nancy*.

Arbres des forêts. Usages et produits. — Le chêne ordinaire, l'*orme*, le *hêtre*, le *frêne*, le *charme* croissent dans la majeure partie de nos forêts; — le *chêne-vert* (yeuse) croît sur les plateaux secs du midi; — le *chêne-liège*, dans les contrées chaudes (Landes, Corse, Algérie); — le *peuplier*, le *saule*, l'*aune*, viennent au bord des eaux; — le *sapin* pousse sur les monts du Jura, des Vosges (1), des Alpes et sur une certaine partie des Pyrénées; — le *pin maritime* croît dans les dunes et dans les landes de Gascogne; — l'*eucalyptus*, que l'on cherche à acclimater, en Algérie et en Corse; — le *laricio*, en Corse; — le *thuya*, le *cèdre*, le *palmier*, en Algérie.

Le tableau suivant fait connaître les usages des principaux de ces bois :

ARBRES	PRINCIPAUX USAGES
Chêne ord^{re}...	Construction des navires, traverses des chemins de fer, parquetage, bois de chauffage, charpente, charbon.
Chêne-liège...	L'écorce sert à faire les bouchons.
Orme...	Roues de voitures, affûts de canons, bois de chauffage.
Hêtre...	Sabots, bois de chauffage.
Eucalyptus...	Poteaux télégraphiques, assainissement des pays insalubres.
Peuplier...	Planches de bois blanc.
Saule, aulne...	Paniers.
Bouleau...	Sabots, bois de chauffage, balais.
Sapin...	Echafaudages, charpente.
Pin maritime...	Résine d'où l'on tire l'essence de térébenthine, poteaux, traverses, etc.

(1) Dans les Vosges, le bois de chauffage coupé sur place, descend à la plaine, sur des glissières ou sur des traîneaux ou *schlittes*. De là les bûches sont abandonnées au courant d'une rivière flottable jusqu'à ce qu'elles puissent être réunies pour former un train de bois. Ce procédé est aussi usité dans la Nièvre, où les forêts du Morvan alimentent Paris en bois de chauffage.

L'emploi de la *fonte de fer* pour la construction des maisons, et de la *houille* pour le chauffage, ont diminué l'importance commerciale des forêts.

Bois importés. — Les prudentes restrictions apportées par l'État à l'exploitation des forêts, obligent la France à recourir à l'étranger pour une partie des bois de construction ou de chauffage, et des charbons de bois, dont elle a besoin. Le chiffre de l'importation des bois figure même parmi les plus élevés, puisqu'il a dépassé dans ces dernières années la somme de 200 millions.

Dans ce chiffre, les *bois de construction* comptent pour la part la plus considérable ; ils nous viennent de la Suède et de la Norvège (sapins pour charpente et mâts de navire), de la *Suisse*, de la *Russie*, de l'*Autriche*, de l'*Italie*.

L'acajou, le palissandre, l'ébène, bois exotiques employés dans l'ébénisterie, viennent des pays intertropicaux et particulièrement des *Antilles*, de la *Guyane française* et du *Brésil*, de notre colonie africaine du *Sénégal*.

Principales forêts. — Les forêts les plus célèbres sont celles de *Fontainebleau* (22000 hectares), — de *Saint-Germain-en-Laye*, — de *Compiègne*, — de *Chantilly*, — de *Rambouillet*, aux environs de Paris; — celle d'*Orléans*, la plus grande de France (45 000 hectares), — celle de la *Grande-Chartreuse*.

On donne le nom de *maquis* aux taillis verts et épais de la Corse.

Arbres fruitiers. — Le noyer et le poirier fournissent, indépendamment de leurs fruits, un bois très employé dans l'ébénisterie ; — les *pommiers* et les *poiriers*, qui donnent le *cidre* et le *poiré*, abondent dans le *nord-ouest* et le *Nord*; — les *cerisiers*, les *pêchers*, les *abricotiers* sont nombreux dans l'Auvergne et dans le centre ; — les *oliviers* (p. 49), les *amandiers*, les *figuiers*, les *câpriers*, les *orangers*, les *citronniers*, les *grenadiers*, les *jujubiers*, les *sorbiers* croissent dans le midi ; — les *cédratiers*, en Corse.

A cette liste, il faut ajouter le *mûrier*, qui occupe principalement le bassin inférieur du Rhône, de Lyon à Montpellier et à Nice, et dont les feuilles servent à la nourriture du ver à soie (voir la carte ci-dessus, pour la limite septentrionale de la culture du mûrier).

Nos fruits, dont la qualité est très estimée, sont expédiés pour une somme assez importante (35 millions de francs) dans les pays du nord de l'Europe (Angleterre, Russie, etc.), et en Algérie. Nous recevons des pays du midi (Espagne, Italie, Grèce) et d'Algérie, pour une somme à peu près égale, des oranges, des citrons, des raisins secs, etc.

7° PRAIRIES NATURELLES ET PATURAGES.

Notions générales. — On a vu (n° 819) la différence qui existe entre les prairies *artificielles* et les prairies *naturelles*. Celles-ci produisent d'autant plus qu'elles sont mieux arrosées. Aussi dans beaucoup d'endroits et notamment dans le midi, a-t-on construit à grands frais : 1° des *canaux d'irrigation* (canal de *Craponne* et canal du *Verdon*, dans les Bouches-du-Rhône; — canal de la *Neste*, dans la Haute-Garonne; — canal de la *Bourne*, dans l'Isère, etc.; — 2° des *barrages* ; — 3° des réservoirs d'eau destinés à irriguer les prairies et au besoin à les inonder.

Privées d'eau, les prairies du midi ne produisent qu'une herbe peu abondante et trop courte pour être fauchée et donner des récoltes de foin. Elles servent alors de *pâturages* aux bestiaux.

Répartition. — Les prairies naturelles abondent sur le littoral humide de l'océan Atlantique, — sur tout le *Plateau central*, où il tombe d'ailleurs beaucoup de pluie. — Les pâturages sont nombreux dans les départements montagneux du *midi*, de l'*ouest*, du *centre* de la France.

Leur importance. — On compte en France 4 millions d'hectares de prairies naturelles et autant de pâturages. Ces 8 millions d'hectares de prés, joints aux 4 millions d'hectares de prairies artificielles, *sont une des premières richesses de notre pays*. En effet, la culture des plantes fourragères est intimement liée à la plus importante de nos industries agricoles : l'élève du bétail.

8° TERRES INCULTES.

Diminution progressive des terres incultes. — Les terres *incultes* (landes, marécages, rocs, sable, etc.) occupent encore le dixième de la superficie de la France, bien que depuis le commencement du siècle on ait gagné plus de 2 millions d'hectares sur cette partie improductive de notre sol. Le desséchement des marais, — les plantations de pins dans les landes, — le reboisement partiel des Pyrénées et des Alpes, — la transformation en prairies des terres qui pouvaient être irriguées au moyen de canaux, — ont contribué à obtenir ces heureux résultats. C'est ainsi que la fougueuse *Durance*, jadis le fléau de la Provence, en est devenue le bienfait, en fertilisant peu à peu l'aride plaine de la *Crau*. On peut espérer qu'avec le temps la part des terres incultes sera réduite aux terres absolument infertilisables.

Le département de la Corse est celui où se trouvent le plus de terres incultes. Après la Corse viennent les départements montagneux des *Alpes*, des *Pyrénées* et du *Plateau central* (causses).

IV
LES ANIMAUX

~~~ Les animaux qui intéressent l'agriculture sont : 1° le **BÉTAIL** ; — 2° les *animaux de basse-cour*, — les *abeilles*, — le *gibier*, — les *vers à soie* (dont il sera parlé aux tissus de soie), — le *poisson*, — les *huîtres*.

Il n'y a plus qu'un fort petit nombre d'animaux nuisibles en France : quelques ours dans les Pyrénées, des sangliers dans les forêts, des loups, des renards, etc. Leur nombre diminue tous les jours.

~~~ **Notions générales.** — Le *bétail* comprend : les chevaux, les ânes, les mulets (espèce chevaline) ; — les bœufs, les vaches, les veaux (espèce bovine) ; — les moutons, les brebis, les agneaux (espèce ovine) ; — les porcs (espèce porcine) ; — les chèvres (espèce caprine).

L'élève du bétail est un des objets essentiels de l'exploitation agricole. Non seulement les bestiaux employés comme animaux de trait sont indispensables au cultivateur pour tous ses travaux, mais ils lui fournissent du *fumier*, le meilleur des engrais, et ils sont pour lui une source de revenus, par les bénéfices qu'on retire de la vente des viandes de boucherie, du laitage, des peaux, de la laine, du suif, etc.

~~~ **Comparaison avec l'étranger.** — La France occupe un rang important pour l'élève du bétail. Elle compte plus de 3 millions 1/2 de chevaux, ânes et mulets, — 11 millions de bœufs et vaches, — 25 millions de moutons, — 6 millions de porcs, — 2 millions de chèvres.

Notre pays est distancé de beaucoup par la Russie d'Europe et par les États-Unis, comme le montre le tableau suivant :

PAYS	CHEVAUX ANES et MULETS (millions)	BŒUFS VEAUX et VACHES (millions)	MOUTONS (millions)	PORCS (millions)
France....	3.6	11	25	6
Russie....	17	30	50	10
États-Unis.	13	40	50	45

L'*Allemagne* a un peu plus de bétail que nous; — les autres pays en ont moins. — On trouve en Angleterre de très belles races de chevaux (pur sang anglais), — de bœufs (race Durham), — de moutons (races Dishley et Southdown).

Nous importons des bestiaux d'*Allemagne*, de *Belgique*, de *Suisse*, d'*Italie*, d'*Algérie*, des *États-Unis*, pour une somme totale de 200 millions.

L'*Australie*, l'*Uruguay*, la république Argentine, nous expédient de la viande salée. — Des tentatives récentes ont été faites pour apporter en France de la viande fraîche provenant des mêmes pays. — Les États-Unis commencent à nous expédier des bestiaux.

~~~ **Chevaux, mulets, ânes.** — Les chevaux (3 millions) se divisent en : chevaux de *trait* (race boulonnaise, flamande, ardennaise, bretonne, percheronne, comtoise, poitevine); — chevaux d'*attelage* ou carrossiers (race anglo-normande) ; — chevaux de *selle* (races bretonne, limousine, chevaux des Landes, des Pyrénées).

On trouve des chevaux dans toute la France, mais les pays d'élevage, qui sont des pays à fourrage, sont tous situés dans la partie septentrionale : Bretagne, Normandie, Picardie, Artois, Flandre, Lorraine.

Carte des Animaux domestiques.
(Pour la légende des nos de départements, v. p. 46.)

La remonte de l'armée est un des principaux débouchés pour les chevaux de selle et de trait léger. La *cavalerie* et l'*artillerie* emploient 140,000 chevaux. 20 établissements appelés *dépôts de remonte*, répartis dans toute la France, sont particulièrement affectés à l'élève des chevaux (Caen, Fontenay-le-Comte, Tarbes, Mâcon, Blidah). Lorsque nous manquons de chevaux nous en achetons en *Allemagne* et en Belgique.

Les *mulets* et les *ânes* du Poitou, du Berry et des *Pyrénées* rendent de grands services à la petite culture, surtout dans les pays de montagnes; ils sont très employés dans tout le midi de la France. Nous vendons beaucoup de mulets à l'Espagne.

~~~ **Bœufs, vaches, veaux** (11 millions). — Les principales races de *bœufs* sont : pour les bœufs de boucherie : la race *charolaise* (originaire de Saône-et-Loire) ; la race *mancelle* (Sarthe) ;— pour les bœufs de trait : la race *vendéenne*, qui comprend plusieurs groupes (races parthenaise, marchoise, choletaise); la race *auvergnate* ou de *Salers*; la race *garonnaise*; la race *gasconne*; la race *béarnaise*; — pour les vaches laitières : la race bretonne, la race flamande, la race *normande*, dont le lait fournit le beurre renommé; la race *jurassienne*, et enfin la race suisse, dans les départements de l'est.

Les départements qui comptent le plus grand nombre d'animaux de l'espèce bovine sont *tous* situés dans la partie nord-ouest de la France, précisément là où l'on trouve le plus de prairies.

Nos races bovines destinées à la boucherie ont été améliorées par l'introduction de la race anglaise de *Durham*. Le Durham (originaire du comté anglais de Durham), réalise le type parfait de l'animal de boucherie, car il fournit dès l'âge de 3 ans une viande aussi bonne que celle d'autres bœufs de 5 ans. Le Durham a la tête petite, la poitrine large, les membres fins, les cornes courtes. La race charolaise est la seule qui puisse en France lui être comparée.

~~~ **Moutons** (25 millions). — Les races de moutons les plus estimées sont la race *flamande*, la race *artésienne* (Pas-de-Calais), la race *picarde* (Somme) et la race *poitevine* (Deux-Sèvres).

Tandis que les bœufs préfèrent les plaines humides des pays les mieux cultivés, les moutons s'accommodent plutôt des pâturages secs et même des herbes perdues des pays les plus stériles. Aussi trouve-t-on les moutons en plus grande quantité dans les parties les moins fertiles des *Cévennes* et du *Plateau central* (Marche, Limousin, causse du Larzac), — dans les plaines sèches et calcaires de la *Picardie* et surtout de la *Champagne*, — dans les régions non encore irriguées de la Provence.

Les races indigènes ont été améliorées pour la laine par l'introduction sous Louis XV de moutons *mérinos* d'Espagne ; — pour la viande par l'introduction plus récente des moutons anglais de race *Dishley* et *Southdown*.

~~~ **Les porcs** (6 millions). — Les *porcs* se rencontrent surtout en Bretagne, en

FRANCE. — GÉOGRAPHIE ÉCONOMIQUE (AGRICULTURE).

Guyenne, en Lorraine, dans le Bourbonnais (Allier), dans le Limousin.

Dans le Périgord on utilise les porcs pour la recherche des truffes; ou y emploie aussi les chiens. — Les soies de porcs servent à la fabrication des brosses à dents, etc.

~~~ **Chèvres** (2 millions). — Les *chèvres* sont nombreuses dans les pays montagneux et tout particulièrement en Corse et dans le sud-est. Elles sont nuisibles pour les plantations parce qu'elles broutent les bourgeons des arbustes.

Le maroquin est de la peau de chèvre.

~~~ **Animaux de basse-cour.** — Le *lapin*, les poules, les *canards*, les *oies* entrent pour une notable part dans l'alimentation.

Le poil de lapin sert à la fabrication des chapeaux de feutre.

~~~ **Abeilles.** — On trouve des ruches d'*abeilles* dans toute la France, mais principalement dans les départements des *Basses-Alpes*, — dans le *Languedoc* (miel de Narbonne), — dans la *Bretagne*, — dans la *Bourgogne*, — sur le plateau d'*Orléans* (miel du Gâtinais), — dans la *Normandie*, — et en général dans tous les pays à prairies, d'ordinaire parsemés de plantes aromatiques. Les abeilles fournissent le *miel* et la *cire*.

~~~ **Gibier.** — On chasse principalement le *chevreuil*, le *lièvre*, la *perdrix* et divers oiseaux de passage.

Il faut respecter les petits oiseaux qui sont fort utiles car ils détruisent en grande quantité les insectes malfaisants.

~~~ **Pêche fluviale.** — On trouve dans nos rivières toutes les variétés de poissons d'Europe, mais cette source d'alimentation va en s'amoindrissant chaque année par suite de l'insuffisance de règlements protecteurs.

~~~ **Pêche maritime.** — La pêche se pratique dans tous nos ports de commerce et dans un grand nombre de ports de pêche et de stations de pêcheurs disséminés sur notre littoral. On distingue la *pêche côtière* et la *grande pêche*.

Le produit des différentes pêches auxquelles prennent part 130 000 hommes environ, s'élève à près de 100 millions de francs; 23 000 navires sont affectés à la pêche.

La pêche est très active aux États-Unis, en Angleterre, en Russie, en Norwège. C'est même, avec le bois, une des principales ressources de ce dernier pays.

~~~ La *pêche côtière*, qui se pratique le long des côtes de France, comprend principalement la pêche au hareng, — au maquereau, — à la sardine, — à la raie, — à la sole, etc.

Les principaux ports d'armement pour la pêche côtière sont, du nord au sud : *Calais*, Saint-Valery-sur-Somme, — le *Tréport*, — *Dieppe*, — *Trouville*, — *Brest*, — *Douarnenez*, — *Concarneau*, — Lorient, — le *Croisic*, — les *Sables-d'Olonne*, — *Royan*, — *Agde*, — *Cannes*, — *Bastia*, — Calvi.

Les harengs, la sardine, le maquereau, le saumon, sont des poissons qui parcourent d'immenses distances au moment du frai et qui s'approchent des côtes pour y déposer leurs œufs. Les harengs apparaissent vers le mois de juillet au nord de l'Écosse et descendent dans les sud, le long des côtes d'Angleterre. Nos navires de pêche vont tous les ans à leur rencontre et les suivent jusque dans la Manche. La sardine apparaît surtout sur les côtes de la Bretagne et de la Méditerranée. — Le hareng et la sardine se pêchent au filet. — Une compagnie de bateaux à vapeur pour la pêche au large a son siège à Arcachon (Gironde).

~~~ La *grande pêche* a pour objet la pêche de la morue.

D'après le traité de Nimègue (1678) qui règle encore la matière, nous avons le droit de pêcher la morue sur les côtes et le banc de *Terre-Neuve* dans des endroits *déterminés* (il nous est interdit d'aller pêcher dans les eaux anglaises). Ces lieux de pêche ainsi que les îlots de *Saint-Pierre et Miquelon*, se nomment « les pêcheries de Terre-Neuve. » — Nous pêchons aussi la morue sur les côtes d'Islande et de Norwège.

La morue se pêche à la ligne. — Dix mille marins français sont employés à cette pêche. — Nos marins ont presque totalement abandonné la pêche de la baleine.

~~~ Les principaux ports où l'on arme pour la grande pêche sont: Dunkerque, — Gravelines, — Boulogne, — Dieppe, — Fécamp, — Granville, — Saint-Malo, — Saint-Servan, — Pornic.

~~~ **Huîtres.** — On récolte, en France, chaque année, un demi-milliard d'huîtres. Cette pêche a lieu principalement à *Arcachon* (Gironde), — dans la baie de *Granville*, — à *Saint-Brieuc*, — à *Auray*, près de Vannes, — à *Marennes*, près de La Rochelle.

L'industrie ostréicole en France ne peut être comparée à celle des États-Unis (baie de Chesapeake, p.205), où le nombre d'huîtres récoltées atteint un chiffre énorme (40 milliards !).

L'élevage des huîtres se fait dans des parcs ou bassins peu profonds, que la mer couvre et découvre alternativement. — On trouve dans l'océan Indien, à Ceylan, de vastes bancs d'une huître qui produit les perles fines. — Avec l'épaisse écaille de ces huîtres, on fabrique les objets en nacre.

PRODUITS DES BESTIAUX ET DES AUTRES ANIMAUX.

~~~ On a vu qu'aux avantages agricoles qui résultent de l'élève du bétail, il faut ajouter les avantages pécuniaires qu'on retire de la vente des *produits* des animaux. Les principaux de ces produits sont la laine, les peaux, le *suif*, les *cornes*, le *beurre*, le *fromage*, les *œufs*.

~~~ **Peaux.** — La France est obligée d'avoir recours pour les peaux brutes aux autres pays (la République argentine, l'Australie, le Cap, la Russie). Elle en importe pour plus de 200 millions de francs. Ces peaux, jointes à celles que nous fournissent nos animaux, sont transformées en *cuirs* et en objets de cordonnerie, de sellerie (veau, vache, bœuf, cheval, chevreau), — de ganterie (mouton, agneau, chevreau), — de maroquinerie (chèvre). Tous ces cuirs, fort appréciés des étrangers, figurent dans notre commerce d'exportation pour la somme de 200 millions.

~~~ Paris, Les grandes villes et Liancourt (Oise) sont les centres principaux de la cordonnerie; — Paris, Grenoble et Millau (Aveyron), de la ganterie.

~~~ **Suif.** — Avec le *suif*, qui provient de la graisse des bestiaux on fabrique des bougies et du savon.

~~~ Les bougies *stéariques*, qui sont celles que l'on emploie le plus maintenant, sont fabriquées avec du suif traité par la chaux ou par l'acide sulfurique. L'industrie des bougies dépasse le chiffre de 50 millions de francs. Cette industrie a ses principaux centres à *Paris* et à *Marseille*.

~~~ Les savons sont fabriqués avec les graisses animales (suif et axonge), — les huiles de fruits (olives, arachide, coco), — les huiles de graines (colza, œillette, etc.), — les huiles de poisson.

Les savons dits « de Marseille » sont faits avec de l'huile d'olive.

L'industrie des savons représente une somme qui est supérieure à 100 millions, dont la moitié est fournie par Marseille.

~~~ **Cornes.** — Avec les cornes on fait des peignes, des manches de couteaux, de la gélatine, etc.

~~~ **Beurre, œufs, fromage.** — Le *beurre* et les *œufs* de Bretagne et de Normandie sont en partie expédiés en Angleterre, et figurent dans notre commerce d'exportation pour une somme importante (70 millions pour le beurre et 35 millions pour les œufs). — Le fromage au contraire ne figure qu'à l'importation : fromage de Hollande, fromage de Gruyère (Suisse).

ÉCOLES SPÉCIALES D'AGRICULTURE.

~~~ Les principales écoles d'agriculture sont :

ÉCOLES	LEUR DESTINATION
Écoles d'agriculture de Grignon (Seine-et-Oise), de Grand-Jouan (Loire-Inférieure) et de Montpellier (Hérault).	Étude de l'agriculture générale, de la sériciculture, de la viticulture. — Concours pour l'obtention du diplôme d'ingénieur agricole.
Plusieurs fermes-écoles.	Enseignement élémentaire et pratique de l'agriculture.
École forestière de Nancy	Former des gardes généraux des forêts, chargés de l'administration des forêts de l'État.
Écoles vétérinaires d'Alfort, près Paris, de Lyon et de Toulouse	Former des vétérinaires civils et militaires.
Institut agronomique fondé à Paris en 1876.	Former des agriculteurs instruits, des administrateurs pour les divers services publics et des professeurs d'agriculture.

STATISTIQUE COMPARÉE
DE LA PRODUCTION AGRICOLE
en France et à l'Étranger

Bien que l'agriculture française traverse une crise dont la concurrence étrangère pour le bétail, les céréales et les betteraves, et les ravages du phylloxera pour la vigne soient les causes extérieures les plus visibles, sa production comparée à celle des autres pays prouve combien notre vieille terre nourricière est féconde, combien sont puissantes l'activité et la ténacité de nos cultivateurs. Que ne produirait pas notre patrie, si les capitaux, le savoir, l'intelligence s'y appliquaient plus souvent et avec plus de suite à des entreprises agricoles, si le séjour des champs y était plus en honneur. L'agriculture correspond aux fonctions les plus importantes du corps social; elle est l'organe de sa *nutrition*, elle est sa vie même.

CULTURES ALIMENTAIRES

Froment. — *Superficie ensemencée* : 70 000 kil. c., surtout dans les terrains calcaires du bassin parisien et dans ceux qui enveloppent le Massif central.

FRANCE. — GÉOGRAPHIE ÉCONOMIQUE (INDUSTRIE).

Production : 100 millions d'hect. valant plus de 2 milliards.
Consommation : 125 millions d'hectolitres (la France produit ⁴/₅ et importe ¹/₅ de sa consommation de froment).

Comparaison avec l'étranger (production). — États-Unis : 150 millions d'hectolitres. — Inde Anglaise : 120 millions. — Russie : 100 millions. — Autriche-Hongrie : 50 millions. — Espagne : 50 millions. — Italie : 50 millions. — Allemagne : 25 millions.

Avoine. — *Superficie ensemencée* : 35 000 kil. c. (surtout dans le bassin parisien). — *Production* : 80 millions d'hectolitres.

Comparaison avec l'étranger. — Russie : 180 millions d'hectolitres. — États-Unis : 100 millions. — Allemagne : 50 millions. — Autriche : 30 millions. — Angleterre : 40 millions.

Seigle. — *Superficie ensemencée* : 20 000 kil. c. (surtout dans le Plateau central). — *Production* : 25 millions d'hectol.

Comparaison avec l'étranger. — Russie : 225 millions d'hectolitres. — Allemagne : 85 millions. — Autriche : 40 millions.

Orge. — *Superficie ensemencée* : 10 000 kil. c. — *Production* : 20 000 millions d'hectol.

Comparaison avec l'étranger. — Russie : 50 millions d'hectolitres. — Allemagne : 39 millions. — Angleterre : 30 millions. — Autriche : 25 millions. — Espagne : 30 millions.

Maïs. — *Superficie ensemencée* : 6 000 kil. c. (surtout dans le bassin de la Garonne). — *Production* : 10 millions d'hectol.

Comparaison avec l'étranger. — États-Unis : 500 millions d'hectolitres. — Italie : 30 millions. — Autriche : 30 millions.

Pommes de terre. — *Superficie ensemencée* — 12 000 kil. c. — *Production* : 150 millions d'hectol.

Comparaison avec l'étranger. — Allemagne : 300 millions d'hectolitres. — Autriche : 90 millions. — Angleterre : 70 millions.

CULTURES INDUSTRIELLES

Betteraves. — *Superficie ensemencée* : 4 000 kil. c. (surtout dans le Nord). — *Production* : 150 millions de quintaux (1 quintal = 100 kil.).

Comparaison avec l'étranger. — Allemagne : 250 millions de quintaux. Autriche : 200 millions. Russie : 130 millions. — La production allemande augmente considérablement, et grâce à son bon marché fait diminuer la production française.

Chanvre. — *Superficie ensemencée* : 900 kil. c. (surtout en Bretagne, dans le Maine et l'Anjou). — *Production* : 500 000 quintaux de filasse.

Lin. — *Superficie ensemencée* : 600 kil. c. (surtout dans le Nord, les Landes, le Béarn, la Bretagne, et le Maine). — *Production* : 350 000 quintaux de filasse.

Comparaison avec l'étranger. — Russie : 5 millions de quintaux. — Autriche : 800 000. — Allemagne : 700 000. — Angleterre : 150 000.

Colza. — *Superficie ensemencée* : 1 300 kil. c. (surtout dans la Normandie et les départements du Nord). — *Production* : 30 millions de kilogr. d'huile.

Comparaison avec l'étranger. — Autriche : 50 millions de kil. d'huile. — Allemagne : 40 millions.

Oliviers. — *Superficie cultivée* : 1 000 kil. c. (dans les départements de la vallée du Rhône, à partir de Vienne et le long de la Méditerranée). — *Production* : 20 millions de kilog. d'huile.

Comparaison avec l'étranger. — Espagne : 25 millions.

Tabac. — *Superficie cultivée* : 100 kil. car. (surtout dans les départements de la basse Garonne). — *Production* : 15 millions de kil.

Comparaison avec l'étranger. — États-Unis : 300 millions. — États de l'Amérique centrale et méridionale : 130 millions. — Russie : 70 millions. — Autriche-Hongrie : 60 millions. — Allemagne : 30 millions.

Mûriers. — *Pays de culture* : vallée du Rhône depuis l'Ain, dans la Savoie, le Dauphiné, le Languedoc, la haute Guyenne. — *Production* : 000 000 kil. de soie.

Comparaison avec l'étranger. — Italie 2 500 000 kilogrammes de soie. — Chine : 4 millions de kilogrammes exportés en Europe. — Japon : 1 million, id.

VIGNOBLES

La vigne est la principale richesse de la France, après les céréales. Elle est malheureusement ravagée par le phylloxera. — *Superficie cultivée* : 22 000 kil. c. (partout excepté dans la Normandie, le Nord, les parties les plus élevées du Plateau central). — *Production* : 30 millions d'hectol.

Comparaison avec l'étranger. — Italie : 30 millions d'hectolitres. - Espagne : 20 millions.

BOIS ET FORÊTS

Surtout dans l'est et au sud-ouest, dans les Landes. — *Superficie* : 80 000 kil. c. — *Proportion à l'ensemble du territoire* : 15 %.

Comparaison avec l'étranger. — Suède : 180 000 kilom. carrés (40 %). — Autriche : 190 000 kil. c. (34 %). — Italie : 70 000 kil. c. (23 %). — Allemagne : 140 000 kil. c. (26 %). — Norvège : 60 000 kil. c. (20 %). — Espagne : 80 000 kil. c. (16 %). — Angleterre : 10 000 kil. c. (3 %). — Suisse : 8 000 kilom. c. (20 %).

PRAIRIES ET PATURAGES

Prairies naturelles surtout à l'ouest. Pâturages surtout au centre. Prairies artificielles surtout au nord. — *Superficie* : 123 000 kil. c. — *Proportion au territoire* : 23 %.

Comparaison avec l'étranger. — Suisse : 15 000 k. c. (35 %). — Suède : 130 000 kil. c. (30 %). — Autriche : 170 000 kil. c. (27 %). — Angleterre : 120 000 kil. c. (30 %). — Italie : 60 000 kil. c. (21 %). — Allemagne : 100 000 kil. c. (20 %).

ANIMAUX

Chevaux mulets et ânes. — 3 600 000.

Comparaison avec l'étranger. — États-Unis : 13 millions. — Russie : 17 millions. — Autriche : 3 millions 500 000. — Allemagne : 3 400 000. — Angleterre : 1 900 000. — Italie : 1 600 000. — Espagne : 500 000.

Bœufs. — 11 millions.

Comparaison avec l'étranger. — États-Unis : 40 millions. — Russie : 30. — Allemagne : 16. — Autriche : 14. Angleterre : 10. — Italie : 5. — Espagne : 3.

Moutons. — 25 millions.

Comparaison avec l'étranger. — États-Unis : 50 millions. — Russie : 50 millions. — Angleterre : 30. — Allemagne : 27. — Espagne : 20. — Autriche : 15. — Italie : 9.

Porcs. — 6 millions.

Comparaison avec l'étranger. — États-Unis : 45 millions. — Russie : 10. — Autriche : 7. — Allemagne : 7. — Angleterre : 4. — Espagne : 2. — Italie : 1.

INDUSTRIE

L'agriculture donne à l'homme les matières premières, c'est-à-dire les produits naturels. Parmi ces produits, les uns peuvent être immédiatement employés par l'homme, par exemple le *lait* et les *fruits*. — D'autres ont besoin d'être soumis à un travail, par exemple la *betterave*, dont le jus subit différentes préparations avant d'être transformé en sucre. Ce travail s'appelle l'**industrie**.

On divise l'industrie en deux classes principales : celle qui a pour objet d'*extraire* du sol les matières minérales et le produit des carrières : c'est l'industrie **extractive** ; — et celle qui transforme par la *main de l'homme* toutes sortes de matières premières : c'est l'industrie **manufacturière**.

I
INDUSTRIES
extractives

Les principales matières minérales extraites du sol sont : la *houille*, — le *fer*, — le produit des *carrières*.

1° HOUILLE.

Usages de la houille. — La houille est le « pain » de l'industrie. Elle alimente les machines à vapeur, les locomotives, etc., pour lesquelles elle est ce qu'est la nourriture aux hommes et aux animaux qui travaillent. De plus, la houille est utilisée pour retirer les *métaux* de leurs minerais, pour fournir le *gaz* qui éclaire nos villes, pour *chauffer* nos maisons. — On en extrait le goudron, qui nous donne, entre autres produits, la *benzine*, l'acide phénique et la plus grande partie des *couleurs* employées pour la teinture.

Moyens d'extraction. — La houille forme dans la terre des couches de plusieurs kilomètres de longueur, mais d'une faible épaisseur (1 à 5 mètres). Le plus souvent on trouve plusieurs de ces bancs superposés les uns aux autres et séparés par des lits de roches. Il faut, pour les rencontrer, pénétrer

Fig. 60. — Intérieur d'une mine.

à des profondeurs variables, qui dépassent quelquefois 500 mètres. — Les mineurs descendent dans les galeries souterraines par des puits. Ils sont exposés à de sérieux dangers, dont le principal est l'explosion du gaz hydrogène carboné, connu sous le nom de *grisou*.

Au nombre des combustibles minéraux il faut citer l'*anthracite* et le *lignite*, extraits de la terre comme la houille, mais moins estimés.

FRANCE. — GÉOGRAPHIE ÉCONOMIQUE (INDUSTRIE).

Carte de la production de la Houille.
(Pour la légende des n°s de départements, v. p. 46.)

PRINCIPALES MINES DES BASSINS HOUILLERS
(à consulter.)

MINES	PRODUCTION annuelle en millions de tonnes
AU NORD	
Le bassin de Valenciennes comprend : les mines d'Anzin, d'Aniche, de Denain, de Douai (département du Nord), — les mines de Lens (Pas-de-Calais)......	9, 5
AU CENTRE ET AU SUD	
Le bassin de la Loire comprend : les mines de Rive-de-Gier, de Firminy, de Saint-Étienne (département de la Loire) et les mines de Givors (département du Rhône)..	3, 6
Le bassin d'Alais comprend : les mines de Bessèges, de la Grand'Combe (Gard)...	2, »
Bassin du Creusot et de Blanzy (Saône-et-Loire)......	1, 4
Bassins de Commentry (Allier); — d'Aubin (Aveyron); — de Carmaux (Tarn); — de Brassac (Haute-Loire et Puy-de-Dôme); — de Graissessac (Hérault); — de Decize (Nièvre); — d'Ahun (Creuse); — de St-Éloi (Puy-de-Dôme); — d'Épinac (Saône-et-Loire)	3, 2
A L'OUEST	
Bassin du Maine (Mayenne et Sarthe)....	» 1
A L'EST	
Bassin de Ronchamp (Haute-Saône)......	» 9
AUTRES BASSINS MOINS IMPORTANTS	
Bassins du Drac (Isère); — d'Hardinghem (Pas-de-Calais); — de la Basse Loire (Loire-Inférieure, Maine-et-Loire); — de Vouvant et Chantonnay (Vendée); — des Bouches-du-Rhône (lignite)............	» 3
Total........	20, »

~~~ **Exploitation des mines.** — Les mines ne peuvent être exploitées qu'en vertu d'une autorisation du *gouvernement* et sous la surveillance de l'administration des mines, composée d'un conseil général, d'ingénieurs des mines et de garde-mines.

L'*École des Mines* de Paris est destinée à former des Ingénieurs des Mines. — Il y a aussi des *Écoles de Mineurs* à Saint-Étienne, à Alais, à Douai, qui forment des contre-maîtres, des directeurs d'exploitation, des garde-mines.

~~~ **Notre production houillère. — Importation.** — La France extrait chaque année de ses mines 20 millions de tonnes de houille. Cette production *ne représente que les deux tiers de sa consommation* ; aussi la France est-elle obligée de demander aux nations voisines : Angleterre, Belgique, Allemagne, le complément nécessaire aux besoins de son industrie. Notre pays pourrait cependant se suffire à lui-même, car *la moitié seulement* des gisements houillers qu'elle possède est en exploitation. Pour qu'ils soient tous exploités, il faut que notre réseau de chemins de fer et de voies navigables soit achevé; la houille alors pourra être transportée commodément et à peu de frais dans les centres industriels où on l'emploie.

~~~ **Comparaison avec l'étranger.** — La France extrait de son sol huit fois moins de houille que l'ANGLETERRE, qui en produit annuellement 160 millions de tonnes, c'est-à-dire autant que tous les autres pays du monde réunis.

Les ÉTATS-UNIS ont une production quadruple. — l'ALLEMAGNE une production triple de la nôtre. — La *Belgique* (18 fois plus petite que la France) et l'Autriche-Hongrie nous suivent d'assez près.

La consommation toujours croissante de la houille dans les pays industriels a fait craindre que les bassins houillers du globe ne vinssent à s'épuiser. Cette appréhension n'est pas fondée, car la carte géologique du globe révèle en Chine et aux *États-Unis* des gisements de houille bien autrement importants que nos gisements européens. On en trouvera certainement d'autres en Afrique, en Australie, pays imparfaitement explorés.

~~~ **Principaux bassins houillers.** (Voir la carte.) — Le bassin le plus considérable que nous possédions est celui de VALENCIENNES (Nord et Pas-de-Calais). Sur les 20 millions de tonnes, production totale de la France, ce bassin en donne chaque année près de 9 millions et demi.

Le bassin de la Loire (départements de la Loire et du Rhône) a une production plus de moitié moindre.

Le bassin d'*Alais* (Gard) a une production cinq fois moindre.

Immédiatement après se placent les bassins du Creusot et de Blanzy (Saône-et-Loire), — de Commentry (Allier), — d'Aubin (Aveyron).

Hors ces 6 bassins, on ne rencontre plus que des exploitations d'une importance médiocre.

En perdant l'Alsace-Lorraine, la France a perdu ce qui lui appartenait du riche bassin houiller de la Sarre (4 millions 1/2 de tonnes), qui s'étend sous la Prusse rhénane (Allemagne) et se termine sous le territoire français.

2° LE FER. — AUTRES MÉTAUX.

~~~ **Relations entre la houille et le fer.** — Le fer est, avec la houille, le principal élément de l'industrie moderne. C'est avec la houille qu'on *réduit le minerai de fer* (1) et qu'on en fait de la *fonte* et de l'*acier*. Aussi les conditions de la fabrication du fer ne sont-elles vraiment favorables que lorsque les mines de fer sont à proximité des mines de houille.

Le minerai de fer est réduit en *fonte* dans les *hauts fourneaux*. — La fonte, suivant la quantité de carbone qu'on lui laisse, prend le nom de *fer* ou d'*acier*. — Réduit en feuilles, le fer prend le nom de *tôle*. — Ces opérations sont exécutées dans les *forges*, *fonderies* et *aciéries*. — Dans certaines parties de l'Allemagne, de la Russie, de la Suède, éloignées des centres houillers, on emploie le bois pour la réduction du minerai de fer.

~~~ **Notre production en fer.** — En France, les gisements de fer sont *plus nombreux* et *plus importants* que les gisements de houille. Malheureusement tous les gisements de fer ne sont pas exploités. Actuellement l'extraction annuelle représente 3 millions de tonnes de minerai qui suffisent presque à nos besoins. — Le surplus nous vient de l'Algérie, de l'Espagne, de l'Allemagne, de la Belgique, de la Suède, de l'Italie.

Une des causes qui ont fait abandonner beaucoup de gisements de fer est la présence du phosphore, qui, à la dose d'un millième seulement, rend l'acier cassant. La découverte d'un nouveau procédé qui permet de débarrasser le minerai du phosphore est appelée à modifier les conditions actuelles de cette industrie.

---

(1) Il faut brûler en moyenne une tonne 1/2 de charbon pour obtenir du minerai une tonne de fer.

FRANCE. — GÉOGRAPHIE ÉCONOMIQUE (INDUSTRIE).

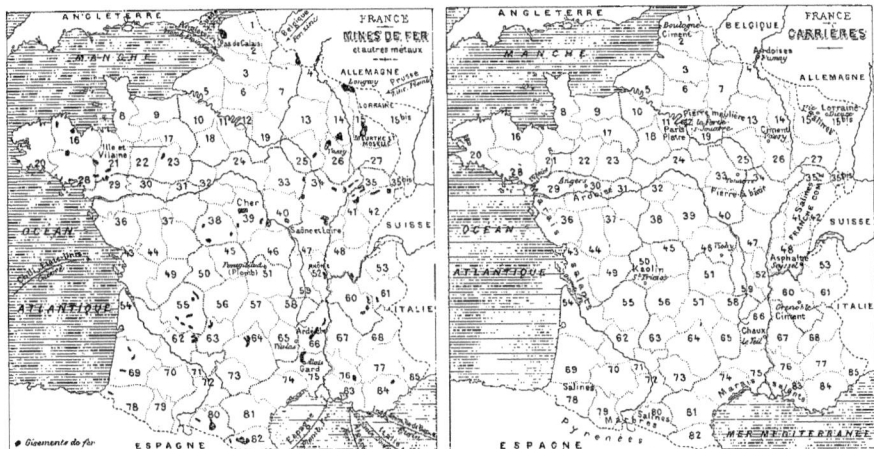

Carte des Mines de Fer. (Pour la légende des nos de départements, v. p 46.) Carte des Carrières.

Comparaison avec l'étranger. — L'ANGLETERRE, déjà si riche en HOUILLE, est le pays du monde où l'on fabrique la plus grande quantité de FONTE (8 millions de tonnes contre 2 millions, fabriqué par la France). Mais l'Angleterre n'est pas seule à nous dépasser, les États-Unis, l'Allemagne, pays à houille, ont aussi une fabrication de fonte supérieure à la nôtre.

L'Angleterre est également le pays qui fabrique le plus d'acier avec les États-Unis (1 500 000 tonnes contre 400 000 fabriqués par la France); l'Allemagne nous dépasse avec 1 300 000 tonnes et l'Autriche avec 600 000.

Principaux centres d'extraction du minerai de fer (voir la carte du Fer). — L'est de la France est la principale région d'extraction du minerai de fer. Le département de Meurthe-et-Moselle (Longwy), où se trouve ce qui nous reste des gisements de Lorraine, fournit à lui seul près du tiers de notre production totale. La Haute-Marne (Vassy) vient ensuite; puis le Cher, l'Ardèche, la Saône-et-Loire et le Pas-de-Calais.

L'Algérie possède d'excellents gisements de fer (Mokta-el-Hadid).

Autres métaux, importation. — La France, bien partagée en houille et en fer, est assez bien pourvue en plomb, mais tout à fait pauvre en cuivre, le plus utile des métaux après le fer, — en zinc, — en manganèse, — en antimoine, — en argent, etc.

On trouve du plomb dans les départements du Puy-de-Dôme (Pontgibaud), d'Ille-et-Vilaine, de la Lozère (Vialas), etc. Ce qui nous manque nous vient principalement d'Espagne, d'Allemagne et d'Angleterre.

Le cuivre nous arrive du Chili, des États-Unis, d'Angleterre.

La presque totalité du zinc consommé en France et dans le monde vient de la Belgique et de la Prusse.

Presque tout l'étain vient de l'Indo-Chine (presqu'île de Malacca), de l'île hollandaise de Banca (archipel de la Sonde) et de l'Angleterre.

L'aluminium, que l'on trouve dans toutes les argiles, est préparé près d'Alais (Gard). — Le soufre, dont les emplois sont si nombreux (préparation des allumettes, de la poudre à canon, de l'acide sulfurique, guérison des maladies de peau), nous arrive des soufrières de la Sicile (Italie). On l'extrait aussi en grande quantité des pyrites de fer du Rhône, du Gard, de l'Ardèche.

A part un peu d'argent mêlé au plomb (plomb argentifère), le sol de la France ne renferme pas de métaux précieux. L'or nous arrive d'Australie, de la Californie (États-Unis), de la Sibérie, de la Nouvelle-Zélande, de l'Amérique du Sud. — L'argent vient des États-Unis, du Mexique, de l'Amérique du Sud, de l'Allemagne. — Notre colonie de la Nouvelle-Calédonie renferme de riches mines de nickel. — La Guyane française a des mines d'or.

3º CARRIÈRES. — SEL.

Carrières (voir la Carte des Carrières). — L'exploitation des diverses roches de nos carrières est très active. Parmi les produits que nous en tirons, il convient de citer ceux que leur qualité fait rechercher à l'étranger; ce sont : la pierre à bâtir des environs de Paris, de Tonnerre (Yonne); — les marbres des Pyrénées; — les pierres meulières de la Ferté-sous-Jouarre (Seine-et-Marne); — les ardoises d'Angers (Maine-et-Loire) et de Fumay (Ardennes); — les ciments de Vassy (Haute-Marne), de Boulogne (Pas-de-Calais), de Grenoble (Isère); — les chaux du Teil (Ardèche);— le plâtre des environs de Paris; — la terre à porcelaine (kaolin) de Saint-Yrieix (Haute-Vienne); — l'asphalte (calcaire bitumineux) de Seyssel (Ain).

Sel. — Le sel a deux origines différentes, il est extrait soit directement des mines de sel (sel gemme), — soit, par évaporation solaire, des marais salants.

En France, la production des mines de sel n'est que la moitié de celle des marais salants. On trouve des mines de sel en Franche-Comté, dans la Meurthe-et-Moselle, l'Ariège et les Basses-Pyrénées; — des marais salants le long des côtes de l'ouest (de la Vilaine à la Gironde), et le long des côtes du midi de la France.

La guerre de 1870 nous a fait perdre les riches mines de sel de Vic et de Dieuze (Lorraine).

II
INDUSTRIES
manufacturières

Les industries manufacturières répondent aux besoins de l'homme :

1º L'homme a besoin de se nourrir; de là les industries alimentaires (préparation de la farine, des pâtes, fabrication de l'huile, du sucre);

2º L'homme a besoin de se vêtir; de là les industries textiles ou des tissus (préparation des tissus de laine, de soie, de coton, de lin, de chanvre, etc.)

3º L'homme fabrique des outils pour le travail, pour la guerre; de là les industries mécaniques, (qui transforment le fer et les autres métaux en machines, en armes, etc.);

4º L'homme doit se loger; de là les industries du bâtiment et de l'ameublement (papiers peints, porcelaine et faïence, cristaux, horlogerie, meubles, etc.)

5º L'homme applique à son bien-être des produits dont l'usage lui est révélé par la science; de là les industries chimiques (produits chimiques, savons, bougies, cuirs);

6º L'homme pourvoit à ses besoins intellectuels (papeterie, imprimerie, photographie, instruments de musique, etc.)

1º INDUSTRIES ALIMENTAIRES.

Ces industries (minoteries, p. 18; — fabriques de sucre et raffineries, p. 19;

FRANCE. — GÉOGRAPHIE ÉCONOMIQUE (INDUSTRIE).

Carte de l'industrie de la Laine. (Pour la légende des nos de départements, v. p. 46.) Carte de l'industrie de la Soie.

malteries, p. 50; — vins, p. 51) ont été passées en revue, en même temps que les matières premières avec lesquelles on les fabrique, au chapitre de l'agriculture.

2° INDUSTRIES TEXTILES.

~~~ Les principales matières propres à fabriquer des *tissus* sont : la **laine**, — la **soie**, — le **coton**, — le **lin**, — le **chanvre**, — le **jute**.

Tissus de laine.

~~~ **Généralités.** — La laine des moutons, pour être transformée en fils de laine, subit une série d'opérations (battage, peignage ou cardage, filage), qu'on exécute dans les *filatures*, à l'aide de métiers à filer munis de *broches*. — Ces fils, entrecroisés sur les métiers à tisser, sont transformés en tissus de laine (drap, velours de laine, flanelle, mérinos, cachemire, tapis) ; ce travail se fait dans des fabriques par des métiers mécaniques, et à domicile par des métiers à bras.

~~~ **Importation de la laine brute et exportation considérable des tissus de laine.** — La *laine* que nous fournissent nos moutons est loin de suffire aux besoins de notre industrie; nous en importons pour plus de **300 millions de francs**. C'est le chiffre le plus élevé de notre commerce, à l'importation. Ces laines nous viennent principalement de l'*Australie* (par l'Angleterre et la Belgique), — de la *République argentine*, — de l'*Uruguay*, — contrées où l'on élève d'immenses troupeaux de moutons, — et, pour une proportion moindre, de notre *Algérie*.

Toute cette laine, transformée en *tissus* et réexpédiée à l'étranger, représente dans notre commerce d'exportation un chiffre au moins égal à celui de l'importation de la matière première : **300 millions de francs**.

~~~ **Comparaison avec l'étranger.** — Pour la fabrication des tissus de laine, la France dispute la supériorité à l'*Angleterre* et dépasse de moitié l'*Allemagne*, qui vient immédiatement après nous.

~~~ **Centres de l'industrie des tissus de laine** (voir la Carte). — L'industrie des tissus de laine est des plus actives dans le nord de la France. C'est là que se trouvent les cinq grands centres manufacturiers : **Roubaix** et **Fourmies** (Nord), — **Sedan** (Ardennes), — **Elbeuf** (Seine-Inférieure), — **Reims** (Marne). — Le département du *Nord* compte à lui seul un million de broches, c'est-à-dire le *tiers* du nombre total des broches à laine en France.

TABLEAU DE L'INDUSTRIE DES TISSUS DE LAINE
(à consulter.)

DÉPARTEMENTS	VILLES ET ARTICLES
Nord	Nouveautés de Roubaix, de Fourmies, du Cateau
Marne	Mérinos et flanelles de Reims, couvertures et molletons
Ardennes	Draps fins de Sedan
Aisne	Tissus légers de St.-Quentin
Eure	Draps fins de Louviers
Tarn	Draps pour l'armée et molletons de Mazamet
Somme	Velours d'Amiens, — draps et tapis d'Abbeville
Seine-Inférieure	Draps d'Elbeuf
Loire	Draps de Roanne
Oise	Draps pour meubles, — Couvertures et molletons de Beauvais
Isère	Draps communs de Vienne
Calvados	Tissus de Lisieux, de Vire
Loiret	Couvertures d'Orléans

Il y a aussi quelques fabriques de drap importantes dans les départements de l'*Hérault* (draps pour l'armée, à Lodève), — de l'*Aude* (draps communs de Carcassonne), — et des fabriques de tapis dans la *Creuse* (à Aubusson), — dans le *Gard* (à Nîmes), — dans la *Seine*, (à Neuilly, près Paris).

Les manufactures nationales des **Gobelins** (à Paris) et de **Beauvais** (Oise), sans rivales en Europe, fournissent nos palais et nos musées de magnifiques tapisseries.

Tissus de soie.

~~~ **Généralités** — La soie est fournie par la chenille d'un papillon désigné sous le nom de *bombyx du mûrier*, que l'on élève dans des établissements agricoles appelés *magnaneries*. Cette chenille, appelée communément *ver à soie*, bave, au moment de sa transformation en papillon, un liquide qu'elle file, et dont elle se forme une enveloppe appelée *cocon*.

L'espèce d'étoupe qui recouvre le cocon proprement dit forme la *bourre de soie*. — Les fils du cocon, dévidés et réunis par trois ou quatre brins, forment, sous le nom de *soie grège*, une soie encore imparfaite. — Plusieurs fils de soie grège, tordus ensemble, forment la *soie pure*.

La soie pure est transformée en tissus (velours de soie et taffetas) à l'aide de *métiers mécaniques* dans les fabriques, ou de *métiers à bras* chez les particuliers.

Le métier à tisser à la Jacquard tire son nom d'un ouvrier, le lyonnais Jacquard, qui l'inventa en 1801.

~~~ **Importation des soies grèges. — Exportation des tissus de soie.** — Les départements du Midi, producteurs du mûrier sont ceux où se pratique l'élève du ver à soie (magnaneries). Ils ne fournissent qu'une partie de la soie nécessaire à notre fabrication. Ce qui nous manque nous vient de l'*Italie*, de la *Chine*, du *Japon*, de l'*Inde anglaise*. La valeur de la soie (en cocons ou en bourre) introduite en France, 350 millions de francs en moyenne, représente le chiffre le plus élevé de notre commerce, à l'importation, avec celui de la laine. Cette grande quantité de soie, filée, teinte et tissée dans nos fabriques, est ensuite réexportée dans toutes les contrées du monde (chiffre de l'exportation : **400 millions de francs**).

Depuis 1853, époque à laquelle ont commencé à sévir la *pébrine* et la *flacherie* maladies des vers à soie, la production des cocons en France a diminué de moitié. Cette production n'est plus actuellement que de 10 millions de kilogrammes de cocons.

FRANCE. — GÉOGRAPHIE ÉCONOMIQUE (INDUSTRIE).

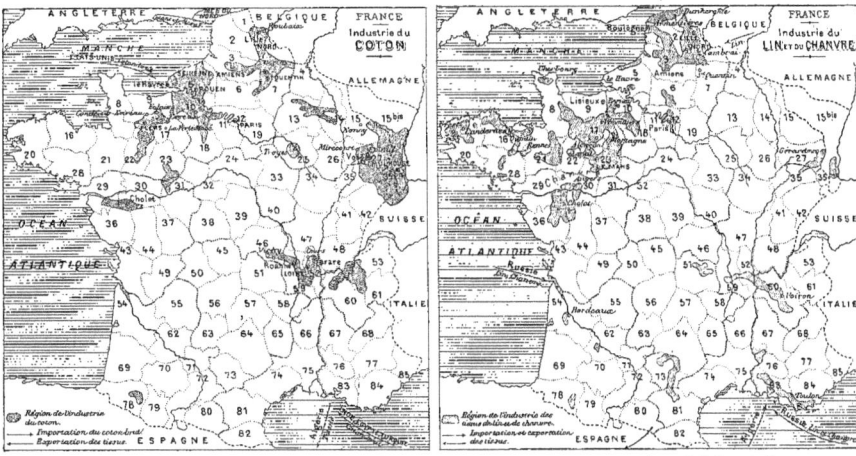

Carte de l'industrie du Coton. (Pour la légende des nos de départements, v. p. 46.) Carte de l'industrie du Lin et du Chanvre.

~~ Comparaison avec l'étranger. — La France excelle dans la teinture de la soie et la fabrication des tissus de soie. L'*Allemagne*, l'*Angleterre*, les *États-Unis*, la *Suisse*, l'*Italie* elle-même, qui nous fournit tant de soie grège, ont une fabrication bien moins importante que la nôtre.

~~ Centres de l'industrie de la soie (voir la Carte). — Il faut distinguer les régions où l'on se livre à la préparation de la soie grège, occupation agricole, des centres de tissage, occupation industrielle.

Les principaux centres de préparation de la soie grège sont : le Gard, l'Ardèche, la Drôme, le Vaucluse, le Var, l'Isère et les autres départements de la vallée du Rhône.

Parmi les principaux centres de tissage se place tout d'abord le département du RHONE (soieries de Lyon), où se trouvent les *trois quarts* des métiers à tisser la soie. Ensuite, mais à distance, viennent les départements de la *Loire* (rubans de Saint-Étienne et de Saint-Chamond) et de l'*Isère*.

Quelques départements, bien qu'on ne s'y occupe pas de l'élève du ver à soie, ni de la préparation de la soie grège, se livrent cependant à Paris, à la fabrication des tissus de soie; tels sont : le Nord, la Seine (Paris), l'Indre-et-Loire (Tours), etc.

Tissus de coton.

~~ Généralités. — Le *coton* est une espèce de duvet blanc qui enveloppe les graines de plusieurs espèces de plantes appelées *cotonniers* (fig. 59); ces plantes ne croissent que dans les pays chauds.

Le *coton*, comme la *laine*, subit dans nos filatures une série d'opérations destinées à le transformer en *fil*, puis en *tissus* (velours de coton, calicot, tulle, dentelle de coton, mousseline, percale, cretonne). — Le *tissage* du coton se fait sur des métiers mécaniques dans les filatures des villes et sur des métiers à bras dans les campagnes, où ce travail occupe une partie de la population pendant les mois d'hiver.

~~ Comparaison avec l'étranger. — La supériorité que la France a acquise pour les tissus de soie appartient, pour les tissus de coton, à l'ANGLETERRE. Alors que nous ne possédons que 5 millions de broches à coton, l'Angleterre en possède 41 millions, soit 8 fois plus que nous. — Les États-Unis, eux aussi, nous dépassent de beaucoup; ils ont un nombre de broches double du nôtre.

~~ Importation du coton, exportation des tissus de coton. — Nous achetons le coton brut dans les pays d'origine : ÉTATS-UNIS, Inde anglaise, *Égypte*, *Turquie*. — Parmi ces pays, les ÉTATS-UNIS nous livrent plus de *la moitié* du coton nécessaire à nos fabriques.

L'importation annuelle du coton brut est, avec celle de la laine brute, de la soie grège, des céréales et des bois, une des plus importantes : 200 millions de francs.

Mais, tandis que notre exportation de *tissus de laine* et de *tissus de soie* est le principal élément de notre commerce extérieur, celle des tissus de coton est moitié moindre. Notre fabrication, d'ailleurs très importante, est restreinte à peu près à la consommation intérieure et à l'exportation des cotonnades imprimées, recherchées pour le bon goût de leurs dessins.

On peut dire que le commerce des *tissus de coton* est monopolisé par l'Angleterre et par les États-Unis, qui encombrent de leurs cotonnades tous les marchés du monde.

~~ Centres de l'industrie des tissus de coton (voir la Carte). — L'industrie des tissus de coton est centralisée dans les départements du littoral de la mer du Nord et de la Manche, dans le département des *Vosges* et dans celui de la *Loire*. Les départements de la Seine-Inférieure et du Nord comptent à eux deux la moitié des broches à coton de nos manufactures.

Les régions où l'on fabrique les fils et les tissus de coton ont pour principaux centres manufacturiers : Saint-Quentin, — Lille, — Amiens, — Rouen, — Flers, — Tarare.

TABLEAU DE L'INDUSTRIE DES TISSUS DE COTON
(à consulter.)

DÉPARTEMENTS	VILLES ET ARTICLES
Seine-Inférieure	Fils, cotonnades, percales de Rouen et de sa banlieue.
Nord	Fils fins de Lille. — articles bon marché de Roubaix.
Aisne	Tissus de St Quentin.
Somme	Velours d'Amiens.
Aube	Bonneterie de Troyes.
Eure	Coutils d'Évreux.
Orne	Coutils de Flers et de la Ferté-Macé.
Calvados	Bonneterie de Falaise, — toiles de coton de Condé-sur-Noireau.
Vosges	Calicots d'Épinal, — dentelles de coton de Mirecourt.
Rhône	Mousselines de Tarare, couvertures de Cours.
Loire	Cotonnades de Roanne.

Nous avons perdu avec l'Alsace le plus grand centre de notre industrie cotonnière : Mulhouse, qui, avec d'autres villes voisines, représentait un million et demi de broches. — Plusieurs manufactures de Mulhouse se sont transportées dans le département des Vosges et à Troyes (Aube).

Tissus de lin, de chanvre et de jute.

~~ Généralités. — Le *lin* et le *chanvre*, qui croissent en France, le *jute* qui nous vient de l'Inde anglaise, sont, comme la soie, la laine et le coton, transformés en fil dans les filatures, et tissés dans les fabriques. Avec le *lin* on fabrique la toile fine (batiste) et la toile ordinaire; — avec le *chanvre* et le *jute*, on fabrique de la grosse toile et des cordages.

Les machines à filer le lin et le chanvre ont été inventées en 1810 par notre compatriote Philippe de Girard.

~~ Importation et exportation. — Ce que nous récoltons de lin et de chanvre ne suffit pas à nos besoins; nous en importons de Russie.

Notre exportation de toiles est relativement faible. Néanmoins notre industrie linière, dont les produits sont surtout consommés à l'intérieur, est, avec celle de l'*Angleterre* et de l'*Allemagne*, une des premières du monde.

~~~ **Principaux centres de l'industrie de la toile** (voir la Carte). — L'industrie du lin et du chanvre est plus particulièrement développée dans les lieux de production de ces deux plantes textiles, c'est-à-dire dans le *nord* et dans l'*ouest* de la France.

Le département du NORD possède la plus grande partie (les 5/6ᵉˢ) des broches employées à l'industrie du *lin*.

Les régions de l'industrie du lin ont pour principal centre : Lille; — celles de l'industrie du chanvre ont pour centre : **Le Mans**.

TABLEAU DE L'INDUSTRIE DES TISSUS DE LIN
ET DE CHANVRE (à consulter.)

DÉPARTEMENTS	VILLES ET ARTICLES
NORD	Fils et toiles de Lille, d'Armentières, de Cambrai, etc
Somme	Toiles d'Amiens.
Eure	Fils de lin de Bernay.
Côtes-du-Nord	Toiles fines de Quintin.
Finistère	Fils et toiles de Landerneau.
Sarthe	Grosses toiles du Mans.
Orne	Cretonnes de Vimoutiers, — toiles de Mortagne.
Maine-et-Loire	Toiles à voiles et cordages d'Angers, — mouchoirs de Cholet.
Mayenne	Toiles de Laval.
Ille-et-Vilaine	Toiles fortes de Rennes.
Vosges	Toiles de Gérardmer.
Isère	Toiles de Voiron.

~~~ On fabrique des toiles à voiles et des cordages pour la marine à Dunkerque, Boulogne, le Havre, Cherbourg, Brest, Bordeaux.

Dentelles.

~~~ La fabrication de la dentelle occupe en France une place importante. Elle offre l'avantage, malheureusement trop rare, d'occuper chez elles un grand nombre d'ouvrières.

~~~ On fabrique des dentelles avec le lin, le coton, la soie, la laine. Les belles dentelles de lin atteignent parfois des prix fort élevés.

Les régions où l'on fabrique la dentelle ont pour centres principaux : **Bayeux** (Calvados) et **Alençon** (Orne), pour la fabrication à l'*aiguille* des belles dentelles de lin (point d'Alençon); — **Bailleul** (Nord), pour la fabrication des

Fig. 61. — Intérieur d'une filature.

dentelles de coton (point de Valenciennes); — Calais, pour les tulles de soie (blondes) ou de coton, les dentelles mécaniques et les guipures : — Saint-Quentin, pour les tulles de soie et de coton.

Le groupe d'Auvergne, avec le Puy, occupe un très grand nombre d'ouvrières pour la fabrication de dentelles à bon marché. — Le groupe des Vosges, avec Mirecourt, est moins important.

3° INDUSTRIES MÉCANIQUES

~~~ L'agriculteur, l'ingénieur des mines, le raffineur, le filateur, etc., ont besoin de *machines;* plus les machines sont perfectionnées plus le travail s'exécute facilement. L'ouvrier lui-même n'a plus que la *direction* du travail; l'*effort brut* est fait par les machines-outils. On peut dire dès lors que les progrès de toutes les industries sont liés à ceux des industries mécaniques.

~~~ **Industrie du fer** (voir la Carte). — Les principaux centres de l'industrie de fer sont groupés tout naturellement dans les lieux à la fois producteurs de houille et de minerais de fer, ainsi que le montre le tableau suivant :

Carte de l'industrie des dentelles et tulles. (Pour la légende des nᵒˢ de départ., v. p. 46.)

Carte de l'industrie du fer. (Pour la légende des nᵒˢ de départements, v. p. 46.)

FRANCE. — GÉOGRAPHIE ÉCONOMIQUE (INDUSTRIE).

TABLEAU DE L'INDUSTRIE DU FER
(à consulter)

DÉPARTEMENTS	CENTRES MÉTALLURGIQUES
Au Nord (correspondant au bassin de Valenciennes).	
NORD	Lille et son faubourg Fives-Lille, — Anzin, — Denain, — Douai, — Aniche, — Marchiennes, — Maubeuge.
Pas-de-Calais	Marquise.
Oise	Montataire.
Au Centre (correspondant aux bassins houillers de la Loire, d'Alais, du Creusot, etc.)	
Loire	Rive-de-Gier, — Firminy, — Saint-Étienne, — Saint-Chamond, — Terre-Noire.
Saône-et-Loire	Le Creusot (1).
Allier	Commentry.
Rhône	Givors.
Nièvre	Fourchambault, — Decize, — Imphy.
Cher	Vierzon, — Bourges.
Gard	Alais, — Bessèges.
Aveyron	Decazeville, — Crassac.
Ardèche	La Voulte.
Au Sud.	
Bouches-du-Rhône	Usine St-Louis à Marseille.
Ariège	Pamiers, — Vic-Dessus.
A l'Est (correspondant au bassin perdu de la Sarre, et au bassin de Ronchamp (Haute-Saône).	
Meuse	Stenay.
MEURTHE-ET-MOSELLE	Pont-à-Mousson, — Frouard Longwy, — Nancy. Ottange, Hayange, Ars-sur-Moselle, Styring-Wendel, perdus en 1870.
Haute-Marne	Saint-Dizier, — Vassy, — Sommevoire, — Val d'Osne.

Construction des machines. —
On construit des machines à vapeur dans la plupart des forges, fonderies et aciéries qu'on vient de citer, — ainsi qu'à Paris et dans la banlieue, — à *Rouen*, — à *Saint-Quentin* (machines à sucrerie), — à *Nantes*, — à *Bordeaux*, — à *Marseille*, — dans les forges nationales d'*Indret* près Nantes, de la *Chaussade*, à *Guérigny* (Nièvre) : ces forges nationales sont affectées à la construction des machines de la marine militaire.

La construction des locomotives se fait surtout à *Paris* (usine Cail), — au *Creusot* (Saône-et-Loire), — à *Fives-Lille* (Nord).

---
(1) Le Creusot est un des plus grands centres industriels du monde; il doit sa grande aisance à sa riche bassin houiller, dont la couche a 30 mètres d'épaisseur, à ses gisements de minerais de fer, à sa proximité du canal du Centre et du chemin de fer de Paris-Lyon-Méditerranée.

Fig. 62. — Le Creusot.

L'usine du Creusot à 13 hauts fourneaux; elle occupe 10 000 ouvriers et livre chaque année à l'industrie plus de 100 locomotives, des machines à vapeur de toute sorte, des aciers et une grande partie des rails nécessaires à nos chemins de fer.

On construit les navires de l'État dans les 5 arsenaux maritimes, de *Cherbourg*, *Brest*, *Lorient*, *Rochefort*, *Toulon* ; — les bâtiments privés, principalement dans les grands ports de mer : *Marseille*, le *Havre*, *Nantes*, *Bordeaux*, ainsi qu'à la *Ciotat*, près de Marseille et à la *Seyne*, près de Toulon.

Fabrication des armes. —
Les armes *blanches* (sabres, baïonnettes), et les armes *à feu* pour l'armée, se fabriquent dans les manufactures de l'État de **Chatellerault** (Vienne), — de Saint-Étienne (Loire), — de *Tulle* (Corrèze) ; — les fusils de chasse à *Charleville* (Ardennes), et à Paris.

La fabrication des canons se fait dans les fonderies de *Bourges* (Cher), — de *Toulouse* (Haute-Garonne), — de *Ruelle* (Charente), — de *Tarbes* (Hautes-Pyrénées), — de *Fives-Lille*, — de *Douai* (Nord).

Depuis la guerre, l'industrie privée a été appelée à concourir à la fabrication des canons. On a pu admirer à l'exposition de 1878, les magnifiques canons d'acier sortis de l'usine du Creusot, et, en 1885, à l'exposition d'Anvers, le canon de 12 mètres de longueur de l'usine Cail (Paris).

4° INDUSTRIES DU BATIMENT ET DE L'AMEUBLEMENT.

Céramique. —
Les principaux centres de fabrication de la **faïence** (mélange d'argile et de sable, recouvert d'émail), sont : *Gien* (Loiret), — *Montereau* (Seine-et-Marne), — *Creil* (Oise), — *Choisy-le-Roi* (Seine), — *Bordeaux* (manufacture de Bacalan), — *Nevers* (Nièvre).

On fabrique de la porcelaine (mélange de kaolin, de sable et de feldspath) à *Limoges* (Haute-Vienne), dont les articles sont très appréciés, — à *Vierzon* (Cher), — à *Longwy* (Meurthe-et-Moselle), — à *Decize* (Nièvre), — à *Creil* (Oise), — enfin à la manufacture nationale de *Sèvres*, près Paris, dont les produits artistiques sont connus du monde entier.

La guerre de 1870 nous a enlevé *Sarreguemines* qui produisait de la faïence fine.

Verrerie. —
On fabrique les verres *à vitres* et les verres *à bouteilles* avec de la silice (sable très pur) mélangée de soude, de potasse ou de chaux. Si l'on ajoute à la silice de l'oxyde de plomb, on obtient le cristal.

Les *verres à bouteilles* et les *verres à vitres* font l'objet d'une fabrication importante. Le département du *Nord* (Anzin, Fresnes) en fabrique pour 12 millions de francs.

La *cristallerie* a pour centre principal : Baccarat (Meurthe-et-Moselle).

La guerre de 1870 nous a fait perdre l'importante cristallerie de *Saint-Louis* (Alsace-Lorraine).

Les *glaces* se fabriquent comme les

Carte des industries diverses (pour la légende des N°* de départ., v. p. 16.)

verres à vitres, mais avec des matières premières plus pures. La fabrication des glaces demande beaucoup de soin. Les plus grandes manufactures de glaces sont celles de la compagnie de Saint-Gobain, à laquelle appartiennent les manufactures de *Saint-Gobain* et *Chauny* (Aisne), — de *Montluçon* (Allier), — de *Cirey* (Meurthe-et-Moselle). — Baccarat (Meurthe-et-Moselle) et le département du *Nord* ont aussi des manufactures de glaces importantes.

Horlogerie. —
Le principal centre de l'horlogerie est *Besançon*, d'où sortent chaque année 420 000 montres, qui représentent la presque totalité des montres fabriquées en France. — *Montbéliard* (Doubs) fabrique les pendules.

L'industrie de l'horlogerie est localisée dans le Jura français et dans le Jura suisse. C'était d'abord, dans les familles de cultivateurs, un travail accessoire, qui occupait leurs loisirs forcés de l'hiver. C'est aujourd'hui une industrie indépendante. L'horlogerie française lutte avec succès contre la concurrence, d'ailleurs redoutable, de la Suisse (Genève) et des États-Unis.

Il y a à *Besançon* une très bonne école d'horlogerie, et une autre à Cluses (Haute-Savoie).

5° INDUSTRIES CHIMIQUES.

Les plus importantes de ces industries (savons, bougies, cuirs) ont été passées en revue en même temps que les matières premières avec lesquelles on les fabrique, au chapitre de l'agriculture.

6° INDUSTRIES RELATIVES AUX BESOINS INTELLECTUELS.

Papier. —
L'industrie du *papier*, qui occupe une place importante dans notre commerce intérieur, et même dans notre commerce d'exportation, est active dans les départements de l'Isère (Rives, Voiron), — de la Charente (Angoulême), — de l'Ardèche (Annonay), — de Seine-et-Oise (Essonnes), — de

FRANCE. — GÉOGRAPHIE ÉCONOMIQUE (INDUSTRIE).

Seine-et-Marne (Sainte-Marie), — du **Pas-de-Calais**

Le chiffon n'entre guère que dans la fabrication des papiers de qualité supérieure; pour les papiers ordinaires c'est la *paille* ou le *bois blanc* qu'on emploie principalement. On se sert aussi, surtout en Angleterre, du *sparte* et de l'*alfa* d'Algérie.

ÉCOLES INDUSTRIELLES

Les principales écoles industrielles sont :

ÉCOLES	LEUR DESTINATION
École des Mines, à Paris (élèves sortant de l'École polytechnique et élèves libres)	Forment des ingénieurs des mines, (ingénieurs de l'État), et des praticiens propres à diriger une exploitation minière (ingénieurs civils).
Écoles des maîtres-ouvriers mineurs d'*Alais* (Gard), de *Douai* (Nord).	Forment des contre-maîtres assez instruits pour guider dans leur travail les ouvriers mineurs.
École des mineurs de *Saint-Étienne*.	Forme des directeurs d'exploitation de mines et des gardes-mines.
Écoles d'Arts et Métiers de Chàlons-sur-Marne (Marne), d'Angers (Maine-et-Loire), et d'Aix (Bouches-du-Rhône)	Forment des industriels instruits ou des chefs d'ateliers capables de diriger les travaux des fabriques.
École centrale des Arts et Manufactures, à Paris.	Forme des ingénieurs pour toutes les branches de l'industrie (chemins de fer, usines métallurgiques, etc).
École d'horlogerie à Besançon (Doubs), et à Cluses (Haute-Savoie)	Forme des horlogers.
Conservatoire des Arts et métiers, à Paris.	Cours publics d'adultes pour les sciences appliquées aux arts. — Magnifique collection de 9 000 machines et 8 000 dessins.

REVUE D'ENSEMBLE

L'importation en France des *produits manufacturés* ne s'élève qu'à 600 millions tandis que notre exportation de ces mêmes produits dépasse 1 milliard 1/2. La différence entre ces deux chiffres prouve que nos articles *sont recherchés à l'étranger*.

L'**Angleterre**, qui a chez elle la **houille** et le **fer** en abondance, et, au dehors, des colonies innombrables pour consommer les produits de ses fabriques, *est le seul pays dont l'industrie, prise dans son ensemble, ait une importance supérieure à celle de la France*.

Les **États-Unis**, dont l'industrie prend chaque jour un développement de plus en plus considérable, — l'**Allemagne**, — sont les deux États qui peuvent être mis en parallèle avec la France.

Pour le moment, l'industrie française l'emporte sur celle des autres peuples par le *bon goût*, l'*élégance*, et surtout par la *qualité* de ses produits. Il ne tient qu'à elle de conserver sa place dans le monde industriel en ne se lassant pas de faire mieux. L'amélioration des moyens de transport, — le perfectionnement de l'outillage, — l'éducation de l'ouvrier et l'amélioration de son sort, — l'introduction, dans les écoles, de l'étude du dessin, — la scrupuleuse loyauté des chefs, — leur initiative intelligente, — leur empressement à se tenir au courant des découvertes de la science, l'étude des besoins et des goûts des peuples étrangers, — tels sont les vrais moyens de surpasser nos rivaux dans cette lutte pacifique.

STATISTIQUE COMPARÉE
DE LA
PRODUCTION INDUSTRIELLE
en France et à l'Étranger

INDUSTRIES EXTRACTIVES

La France est bien partagée en houille et en fer ; — elle est assez bien pourvue en *plomb* ; — elle est *pauvre* en autres produits minéraux.

Houille. — La France n'extrait du sol que les *deux tiers* de sa consommation en houille; elle fait venir le reste d'Angleterre, de Belgique, d'Allemagne.

Production annuelle :

Angleterre	160 millions de tonnes
États-Unis	80 —
Allemagne	65 —
France	20 —
Belgique	15 —
Autriche-Hongrie	15 —

Le bassin houiller français le plus considérable est le bassin de **Valenciennes**, qui produit............ 9 millions 1/2 de tonnes.
Puis viennent :
Le bassin de la Loire. 3.6 —
— d'Alais.... 2 —
— du Creuzot.) 1.1 —
et de Blanzy.

Fer. — La France est *riche en fer*, mais tous ses gisements ne sont pas exploités.
Production annuelle de la fonte (*minerai*) :

Angleterre	16 millions de tonnes
États-Unis	5 1/2 —
Allemagne	4 1/2 —
France	3 —
Autriche-Hongrie	1 1/2 —
Russie	1 —
Suède	750 mille tonnes.
Espagne	700 —
Algérie	600 —

C'est dans l'*est* de la France qu'on extrait le plus de fer ; le dép. de *Meurthe-et-Moselle* fournit près du tiers de la production totale. La production de la fonte extraite des minerais est de 2 millions de tonnes.

Comparaison avec l'étranger. — Angleterre : 8 millions. — États-Unis : 3 millions. — Allemagne : 2 millions. — Belgique : 600 000. — Autriche : 500 000.

La production des **aciers** est de 400 000 tonnes.

Comparaison avec l'étranger. — Angleterre : 1 million 500 000. — États-Unis : 1 million 500 000. — Allemagne : 1 million 300 000. — Autriche : 500 000. — Belgique : 400 000.

INDUSTRIES ALIMENTAIRES

Sucre de betterave. — 8 500 000 quintaux. La betterave est surtout cultivée dans les départements du Nord.

Comparaison avec l'étranger. — Allemagne : 16 millions. — Autriche : 13 millions. — Russie : 5 1/2. — Belgique : 1 million 1/2.

INDUSTRIES MANUFACTURIÈRES

L'industrie des tissus de *laine* et de *soie* est très active en France, elle figure dans notre commerce d'*exportation* pour la somme la plus élevée. — L'industrie du *coton* et du *lin* est limitée à notre consommation intérieure.

Laine. — *Production de laine brute* : 10 millions de kilogr. (les départements de l'Ile-de-France sont ceux qui en produisent le plus).

Comparaison avec l'étranger. — Russie : 180 millions. — Australie : 170 millions. — République argentine : 120. — Angleterre : 70. — Allemagne : 35. — Espagne : 30. — Uruguay : 30. — Le Cap : 30. — Autriche : 25.

Importation de laine brute : 190 millions de kilogr.

Comparaison avec l'étranger. — Angleterre : 400 millions, — Allemagne : 50 millions. — Belgique : 50 millions.

Nombre de broches tissant la laine : 3 millions. Les cinq grands centres de fabrication des tissus de laine sont : Roubaix, — Fourmies, — Sedan, — Elbeuf, — Reims.

Soie. — La France excelle dans la fabrication des *tissus de soie*. — Les départements du *midi* ne lui fournissent qu'une partie de la soie brute dont elle a besoin ; elle en fait venir pour 350 millions de l'Italie, de la Chine et du Japon.

La maladie du ver à soie et surtout la concurrence étrangère ont diminué, depuis quelques années, le chiffre de nos exportations de *tissus de soie*; néanmoins, il atteint encore 400 millions de francs.

Les trois quarts des métiers à tisser la soie se trouvent dans le dép. du Rhône (soieries de Lyon). Les autres dans le Nord et le Rhône.

Il y a plus de 1 million de broches dans nos manufactures de soie.

Comparaison avec l'étranger. — La France qui, n'y a pas longtemps encore, avait presque le monopole des tissus de soie, a maintenant à lutter contre la concurrence de l'Allemagne (Elberfeld et Barmen), de la Suisse (Bâle), de l'Italie (Milan), des États-Unis (New-York).

Coton. La suprématie pour les tissus de coton, appartient à l'*Angleterre* et aux *États-Unis*. Ceux-ci récoltent le coton chez eux ; celle-là le reçoit en grande partie de ses colonies. — C'est de ces pays que la France tire le coton nécessaire à ses fabriques (pour 200 millions de francs).

Les principaux centres manufacturiers du coton sont : Saint-Quentin, — Lille, — Rouen, Amiens, — Flers, — Tarare.

Le nombre des broches est de 5 millions ; elles tissent 500 000 balles par an.

Comparaison avec l'étranger. — Angleterre : 41 millions de broches. — États-Unis : 11 millions. — Allemagne : 5 millions. — Russie : 3 millions. — Suisse : 2 millions. — Autriche : 2 millions. — Espagne : 1 700 000. — Italie : 1 million. — Belgique : 1 million. — Amérique du Sud : 1 million.

Il y a *pour toute la terre* environ 80 *millions de broches* mettant annuellement en œuvre près de 10 *millions de balles*.

Lin, chanvre et jute. — La *Russie* est le pays d'Europe où la récolte du lin est la plus considérable.

Les principaux centres en France sont : pour l'industrie du lin : Lille ; — pour l'industrie du chanvre : le Mans ; — pour l'industrie du jute : le Nord. — Ces industries occupent 800 000 broches.

Comparaison avec l'étranger. — Angleterre : 2 millions de broches. — Allemagne : 350 000.

INDUSTRIES MÉCANIQUES

Machines. — Les principaux centres de construction sont : Paris, — Le Creusot, — Lille. Les machines à vapeur employées dans les diverses industries françaises représentent une force de 500 000 chevaux.

Ind. métallurgique : 110 000 ; — ind. textiles : 100 000 ; ind., extractives : 90 000 ; — ind. alimentaires : 80 000.

Comparaison avec l'étranger. — Angleterre : 2 millions de chevaux. — États-Unis : 2 millions. — Allemagne : 1 800 000. — Autriche : 150 000.

COMMERCE.

CARTE pour l'étude de la FRANCE ÉCONOMIQUE

En résumé, c'est *dans le nord de la France* que l'industrie est le plus développée. Les départements les plus industriels sont : NORD et PAS-DE-CALAIS : bassin houiller de Valenciennes ; — MEURTHE-ET-MOSELLE : production du fer ; — NORD : Lille, tissus de lin, de chanvre, construction de machines ; *Roubaix, Fourmies*, tissus de laine ; — PARIS et sa banlieue : toutes les industries, surtout les machines ; SEINE-INFÉRIEURE : *Rouen*, tissus de coton ; *Elbeuf*, tissus de laine ; — AISNE : *Saint-Quentin*, tissus de coton ; — MARNE : *Reims*, et ARDENNES : *Sedan*, tissus de laine ; — SOMME : *Amiens*, et ORNE : *Flers*, tissus de coton ; — SARTHE : *Le Mans*, tissus de chanvre.

Dans le centre, trois départements forment un groupe prépondérant : RHÔNE : *Lyon*, soieries, et *Tarare*, tissus de coton ; — LOIRE : *Saint-Étienne*, production de la houille et du fer ; — SAÔNE-ET-LOIRE : *Le Creusot*, houille, fer, machines ; *Blanzy*, houille.

Dans le midi, le bassin houiller d'*Alais* (GARD), peut rivaliser avec ceux du centre ; l'industrie, très variée, de *Marseille* (BOUCHES-DU-RHÔNE), avec celles du nord.

COMMERCE
VOIES DE COMMUNICATIONS

Routes. — *Longueur totale : 140 000 kil.* (Routes nationales : 40 000 kil.; chemins vicinaux : 60 000 kil.).

Voies navigables. — *Longueur totale : 13 000 kilomètres.* (Fleuves et rivières : 8 500 kil.; canaux : 4 500 kil.). — *Principaux objets transportés par voies navigables :* Houille (35 %); bois (10 %); produits chimiques (5 %); minerais (4 %); céréales (3 1/2 %); métaux (2 1/2 %); betteraves (2 %). — *Capital dépensé pour les voies navigables de France :* 1 milliard 200 millions.

Chemins de fer. — *Longueur totale des chemins de fer construits :* 32 000 kilomètres (8 kil. 1/2 par 10 000 habitants) et 660 kil. par 10 000 kil. car.). — *Longueur totale des chemins de fer construits, en construction et en projet :* 45 000 kil.

Deux États dépassent la France pour la *longueur totale* de leur réseau, savoir : les États-Unis (200 000 kil.), l'Allemagne (37 000). — Pour la *proportion à la superficie*, la France (666 kil. par 10 000 kil. c. car.) est dépassée par la Belgique (1 450 kil.), le Luxembourg (1 400), l'Angleterre (950), la Suisse (730), l'Allemagne (680), la Hollande (650). Les États-Unis n'ont que 215 kilomètres par 10 000 kilomètres carrés — *Pour la proportion à la population*, la France est dépassée par un grand nombre de pays. En dehors de l'Europe, beaucoup de pays, encore peu peuplés, ont construit néanmoins pour leur exploitation des lignes ferrées considérables. Ainsi dans les *États-Unis*, il y a plus de 40 kilomètres par 10 000 habitants; dans le *Canada* plus de 35; dans la *Nouvelle-Zélande* plus de 45. Toutes les colonies anglaises de l'Australie, la colonie du Cap, le Pérou, le Chili, la République argentine, l'Uruguay, Cuba, Costa-Rica ont plus de chemins de fer que la France, par rapport à leur population. En Europe, la France ne vient qu'au septième rang sous ce rapport : Luxembourg (17 kil. pour 10 000 habitants), Suède (8,6), Suisse (9), Danemark (8,9), Norvège (8,6), Angleterre (8,5), France (8,3).

Capital dépensé pour les chemins de fer français : l'ensemble des travaux exécutés jusqu'à ce jour pour la construction des chemins de fer représente plus de 10 milliards.

Circulation sur les chemins de fer français : Il circule actuellement sur les chemins de fer français 250 millions de voyageurs et 80 millions de tonnes de marchandises. En Angleterre le chiffre des voyageurs est de 600 millions, celui des marchandises de 230 millions de tonnes.

Recettes annuelles des chemins de fer français : 1 300 millions environ (recettes des chemins de fer Allemands : 1 milliard ; — *Anglais :* 700 millions ; — *Américains* (États-Unis) : 3 600 millions).

Les tarifs de transport français sont en général très élevés. Maîtresses du trafic français intérieur, les Compagnies le frappent de charges considérables; obligées de s'entendre avec les étrangers pour le trafic international, elles transportent trop souvent les produits étrangers à meilleur compte que les produits français.

Circulation générale des marchandises. — *Tonnage total :* 14 milliards 500 millions de tonnes parcourant 1 kilomètre[1].

[1]. Pour mesurer l'importance des transports sur un réseau de routes, de canaux ou de chemins de fer, il ne suffit pas de savoir la somme totale des marchandises qui y ont circulé; il faut aussi tenir compte du chemin parcouru par chacune des unités qui forment cette somme totale.

On comprend, en effet, qu'une tonne de marchandises qui a parcouru 2 kilomètres représente un transport deux fois plus important que si elle n'en avait parcouru qu'un seul : elle équivaut à 2 tonnes qui auraient parcouru 1 kilomètre, ou 2 *tonnes kilométriques*.

De même, une tonne qui a parcouru 10 kilomètres équivaut à 2 tonnes qui auraient parcouru 5 kilomètres, ou 5 tonnes qui auraient parcouru 2, et, dans les trois cas, la valeur du transport est exactement représentée par 10 tonnes, ou 10 *tonnes kilométriques*.

Ainsi peut exprimer la valeur d'un transport quelconque en tonnes qui auraient parcouru qu'un kilomètre ou *tonnes kilométriques* : il suffit pour cela de multiplier le chiffre des tonnes transportées par celui des kilomètres parcourus. En additionnant les *tonnages kilométriques* qui représentent les transports effectués sur un réseau, on obtient le *tonnage kilométrique* de ce réseau, et on représente ainsi par leur équivalent en *tonnes qui auraient fait un seul kilomètre*, les quantités diverses de tonnes qui ont parcouru ce réseau sur des *longueurs diverses*.

Si enfin on divise le tonnage kilométrique du réseau par le chiffre de ses kilomètres, on obtient la quantité moyenne de tonnes qui a passé sur chaque kilomètre de ce réseau.

On peut faire pour les voyageurs un calcul analogue.

Ce tonnage total se décompose ainsi : routes nationales, 4 500 millions de tonnes ; — routes départementales, 4 000 millions ; — fleuves et rivières, 500 millions ; — canaux, 1 500 millions ; — chemins de fer, 4 100 millions.

Télégraphes. — *Longueur des lignes :* 90 000 kilomètres. — *Longueur des fils :* 330 000 kilomètres. (La *Russie* a 110 000 kil. de lignes et 250 000 kil. de fils; l'*Allemagne,* 80 000 kil. de lignes et 300 000 kil. de fil; les *États-Unis,* 300 000 kil. de lignes et plus de 1 million de kil. de fils).

Si l'on compare la longueur des fils à la superficie du territoire, on voit que la France a plus de 6 000 kilomètres de fil environ par 10 000 kilomètres carrés.

Elle est dépassée sous ce rapport par l'Angleterre (7 000), la Belgique (9 000). Les États-Unis ne dépassent guère 1 000.

Circulation des télégrammes : 30 millions de télégrammes par an (80 télégrammes par 100 habitants).

Sous ce rapport la France est dépassée en activité par l'Australie (250), la Belgique (150), la Suisse (100), les États-Unis et l'Angleterre (90), la Hollande (80). Elle dépasse l'Allemagne (40).

Postes. — *Circulation des Lettres :* 600 millions par an. — *Circulation des journaux, imprimés, échantillons :* 700 millions par an.

C'est donc pour les lettres une circulation moyenne annuelle de près de 17 lettres par habitant. L'activité postale de la France est dépassée par celle de l'Angleterre (40), de l'Australie (38), de la Suisse (30), de la Belgique (25), des États-Unis, de l'Allemagne, de la Hollande (20).

~~~ **Les chemins naturels.** — Les voies de communication naturelles sont celles que représente la disposition du relief du sol. Ces voies sont de deux sortes : les voies *par eau*, c'est-à-dire les fleuves, les rivières; les voies *par terre*, c'est-à-dire les plaines, les vallées et les cols.

Voies fluviales. — Il semble que les cours d'eau aient invité les hommes à se confier à eux. Moyen de transport facile et économique, « les fleuves sont des chemins qui marchent, » a dit Pascal. Ces chemins sont nombreux en France.

Notre pays, on l'a vu, possède dans le Massif central, dans les Pyrénées et dans les Alpes, de puissants condensateurs d'humidité qui alimentent presque constamment toutes ces rivières.

Il y a peu de cours d'eau français qui, non loin de leur source, ne deviennent propres au moins à la petite batellerie, la seule usitée à l'origine; et l'on ne voit guère qu'une grande rivière, la *Durance,* qui ne soit pas navigable.

Ainsi le réseau fluvial de la France offre un grand nombre de *chemins naturels,* conduisant de l'intérieur du Pays aux rives de la Manche, de l'Océan et de la Méditerranée, ou *vice versa.* De grands ports, le Havre, Nantes, Bordeaux, se sont établis au débouché des fleuves, et, pour ne citer qu'un exemple, c'est en pénétrant dans la Seine et la Loire, que les pirates Normands ont pu, au neuvième siècle venir assiéger Paris et Orléans.

~~~ **Voies terrestres.** — Les montagnes, même dans l'état actuel de la science, qui fournit les moyens de les percer par des tunnels, sont des obstacles sérieux aux communications. Au contraire, les vallées et les plaines et surtout les dépressions du sol *dans* les montagnes (cols, ports, défilés), ou *entre* deux groupes de montagnes (trouées, passages, seuils), sont des chemins terrestres naturels.

Le Massif central (carte p. 33) est entouré de *plaines* et de *vallées* qui communiquent les unes avec les autres, et permettent de le tourner.

Le *bassin Parisien* (qui comprend géologiquement la moyenne Loire et la Seine) est relié à la vallée de la *Saône* et du *Rhône* par deux dépressions : — l'une située entre les Cévennes et les monts du Morvan (vallée de la *Bourbince*); — l'autre, entre les monts du Morvan et de la Côte-d'Or, d'une part, et le plateau de Langres, d'autre part (vallées de l'*Ouche* et de l'*Armançon*), où le sol n'est qu'à 400ᵐ au-dessus du niveau de la mer.

La vallée du *Rhône,* continuée par la plaine maritime du bas Languedoc, communique avec celle de la *Garonne* par le seuil de *Naurouze,* qui n'est qu'à 190ᵐ d'altitude, entre Carcassonne (104ᵐ) et Toulouse (122ᵐ).

De la *Garonne* à la *Loire,* le Poitou offre, entre les monts du Limousin et les collines du Poitou, une large voie naturelle (passage du *Poitou*) où le niveau du sol n'est nulle part supérieur à 200ᵐ.

Les plaines de la *Limagne,* à la descente de l'Allier, et celle du *Forez,* à la descente de la Loire, ouvrent accès dans l'intérieur même du Massif central.

Au nord, le *bassin Parisien* communique librement avec la grande plaine *flamande.*

À l'est, la trouée de Belfort (145ᵐ), entre le pied des Vosges et du Jura, offre un passage de la Saône au Rhin; — la *vallée du Rhône,* de Lyon à Genève, permet aussi de tourner la masse du Jura pour entrer en Suisse.

Au sud-est, par les grandes vallées alpestres, on peut pénétrer assez facilement en Italie. Le col du *Mont Cenis* ou du *Fores,* à 3 000 mètres d'altitude, le col du *Tende* n'en a que 1873.

Au sud, les Pyrénées s'abaissent à leurs deux *extrémités.* Près de la Méditerranée, le *col de Perthus* n'a que 290ᵐ. Celui de la *Perche,* plus élevé (1522ᵐ) est beaucoup plus large et relie la vallée de la Segre (Espagne) à celle du

VOIES DE COMMUNICATION.

Note. — La largeur des bandes en vert est proportionnée à la quantité de marchandises transportées par chaque voie navigable; l'échelle adoptée est celle de un demi-millimètre pour 100 000 tonnes. — La dimension des ronds en rouge est proportionnée à l'importance du tonnage des principaux ports; l'échelle est donnée par le diamètre, à raison de un demi-millimètre pour 100 000 tonnes.

GÉOGRAPHIE GÉNÉRALE.

la Têt (France). Près de l'Océan, les ramifications des Pyrénées ne dépassent pas 1000m, et le *col de Roncevaux* est facilement praticable.

Au nord-ouest, enfin, les deux péninsules élevées de la *Bretagne* et du *Cotentin* sont séparées du continent par des dépressions de 85 ou 20 mètres seulement.

~~~ **Importance historique de ces voies naturelles.** — L'importance de ces voies naturelles est attestée par l'histoire. Dès l'antiquité la plus reculée, il y eut, de l'embouchure de la *Seine* à celle du *Rhône*, un *chemin* pour le transport de l'étain qui venait de la Grande-Bretagne.

La conquête romaine pénétra d'abord le long de la mer, dans la vallée du Rhône et dans la plaine languedocienne.

Au quatrième siècle, les Wisigoths vinrent par le même chemin que les Romains; ils poussèrent au delà du Languedoc, dans la vallée de la Garonne, par le *seuil de Naurouse*, puis envahirent l'Espagne par les *deux extrémités* des Pyrénées; les Burgondes s'établirent dans la vallée de la Saône, après avoir traversé la *trouée de Belfort*; les Francs entrèrent dans le *grand bassin Parisien par la plaine flamande;* sous Clovis, ils attaquèrent les Burgondes par le passage de la *Côte-d'Or* (bataille de Dijon), et les Wisigoths par le *passage du Poitou* (bataille de Vouillé).

Au huitième siècle, les Sarrazins, entrés en Gaule par les Pyrénées, suivirent le chemin contraire : ils s'avancèrent à la conquête du Nord, par le *passage du Poitou* où Charles Martel les arrêta (victoire de Poitiers), et par la *vallée du Rhône* qu'ils remontèrent au delà de Lyon, mais d'où Charles Martel les chassa également.

~~~ **Appropriation des voies naturelles par le travail des hommes.** — Les progrès de la science et de l'industrie ont permis aux hommes de triompher des obstacles naturels, et de se frayer des passages à travers les pays les moins praticables; mais la construction même des *canaux* et des *chemins de fer*, ne saurait s'affranchir entièrement du relief du sol, et elle profite le plus possible des voies de communication tracées par la nature.

La plupart de nos canaux, et principalement ceux de *Bourgogne* et du *Centre* (carte p. 65), celui du *Rhône au Rhin*, celui du *Midi*, celui d'*Ille et Rance*, ont été établis dans les vallées et dans les dépressions qui unissent ces vallées.

Le jour où le *Poitou* aura son canal, qui reliera la Vienne, la Charente et la Garonne, le Massif central sera environné par une ligne navigable ininterrompue.

C'est dans *les régions peu accidentées*, comme dans le bassin de la Loire moyenne et de la Seine, ou dans la plaine flamande, que les *canaux sont le plus nombreux* : du Cher à l'Escaut et à la Meuse, en passant par la Loire et la Seine, s'étend un réseau de canaux navigables des plus développés, bien qu'il ne soit pas encore suffisant.

Afin de régulariser le débit des cours d'eau, et d'y maintenir une profondeur moyenne constante, les uns (la Seine, l'Oise, la Somme, toutes les rivières du Nord), ont été canalisés : les autres (la Garonne, la Loire, la Marne, etc.), ont été pourvues de canaux latéraux, mis autant que possible à l'abri des sécheresses et des crues excessives.

L'établissement d'un chemin de fer est d'autant moins coûteux, les transports y sont d'autant plus rapides et d'autant moins chers que le parcours de la ligne est moins accidenté. Aussi les grandes lignes ferrées suivent-elles en général des voies de communications naturelles : des rubans de rails (carte p. 67) rayonnent de Paris vers le Nord et la Belgique, dans tout le bassin Parisien prolongé par la plaine flamande; c'est là que les chemins de fer sont les plus nombreux en France, et, en Belgique, ils deviennent innombrables. D'autres lignes se dirigent de Paris vers les extrémités, par les passages naturels que ménage le relief du sol.

~~~ **Travaux d'art.** — Cependant il n'y a pas moins d'avantage à abréger les distances qu'à économiser sur les frais; et toutes les fois qu'il a paru trop long de tourner les grands obstacles, on les a attaqués de front. Ainsi, en même temps que le canal de la Marne au Rhin, on a construit, vers Strasbourg, un chemin de fer qui gravit l'âpre région de l'Argonne et de la Lorraine ; il y a fallu de grands travaux d'art : à Liverdun, près de Nancy, par exemple, on est curieux spectacle que le *chemin de fer* et le *canal*, celui-ci à peine sorti d'un tunnel, traversant côte à côte la Moselle, l'un sur un viaduc, l'autre sur un aqueduc ou *pont-canal* de douze arches.

Partout on a construit des ouvrages semblables. Des *viaducs* rejoignent les flancs des vallées, à plus de 100 mètres au-dessus de la rivière, comme celui de *Garabit* (122m), qui traverse la Truyère près de Marvejols (Lozère). Des tunnels percent les montagnes qu'il serait impossible d'escalader : pour éviter le détour de Bordeaux, une ligne directe va de Paris à Toulouse par la difficile région du Limousin; la Limagne communique avec Toulouse par la voie qui traverse le Plomb du Cantal sous le *tunnel du Lioran*, et avec Marseille par celle qui franchit le massif de la Lozère, grâce à une série de *percées souterraines*; pour aller enfin de Lyon en Italie sans passer par Marseille, on a foré sous les Alpes, à 12 ou 1300m d'altitude, le tunnel du mont Cenis, long de 12 kilomètres.

~~~ **Conclusion.** — De tels travaux ont grandement diminué l'importance des voies naturelles ; c'est ainsi que le transit de l'Orient vers l'Angleterre a abandonné Marseille pour l'Italie et le mont Cenis, et qu'il abandonne déjà le mont Cenis pour le tunnel du *Saint-Gothard* (carte de la Suisse, p. 128).

En multipliant sans relâche les voies de communication, les Français effacent peu à peu les différences qui subsistaient entre les diverses provinces et les distances qui les séparaient : l'activité industrielle et commerciale pénètre peu à peu dans les régions que des barrières montagneuses paraissaient condamner à l'isolement ; la grande circulation suit encore pourtant et suivra probablement toujours les routes naturelles aménagées depuis des siècles par le relief même du sol.

A ce point de vue, Paris est comme le cœur de la France, et les lignes fluviales ou ferrées qui rayonnent vers le nord, l'est et l'ouest, ou qui environnent le Massif central pour gagner l'Espagne et l'Italie, sont comme les artères ou les veines auxquelles viennent aboutir une foule innombrable de petits vaisseaux, qui reçoivent du centre ou y ramènent tous les mouvements continus toutes les forces vives du pays. C'est ainsi, par exemple, que son port fluvial est *le plus grand port* de France par le mouvement de ses marchandises et qu'il a fallu prévoir pour son chemin de fer métropolitain un mouvement de voyageurs comparable à celui d'un réseau entier.

Le port de Paris. — C'est parce que l'agglomération parisienne est le plus grand marché de consommation de France que Paris est le premier port français. La majeure partie des denrées et des matières premières qu'il absorbe ou qu'il utilise lui parviennent par voie d'eau. Mais il exporte beaucoup moins qu'il n'importe, et ses exportations ont lieu de préférence par voie ferrée, si bien que sur 100 bateaux qui lui arrivent pleins, 83 repartent à vide, 17 seulement avec un chargement.

En 1883, le trafic du port fluvial de Paris s'est élevé à 5 334 095 tonnes de marchandises transportées par 39 618 bateaux.

Pendant la même année, à Marseille, le port maritime de France le plus important, le total des importations et exportations n'a été que de 4 667 662 tonnes, restant ainsi inférieur de 663 000 tonnes au chiffre atteint par le port parisien.

Les arrivages en *matériaux de construction, houille* et *bois*, représentent à eux seuls 60 pour 100 du tonnage débarqué à Paris, soit 3 165 743 tonnes. Ensuite viennent les *produits agricoles* (notamment les fruits) et les *denrées alimentaires* de toute sorte, qui comptent pour 10 pour 100 dans le total des importations fluviales, avec un chiffre de 282 000 tonnes. Presque toutes ces marchandises sont consommées sur place, ce qui explique la faiblesse relative de l'exportation parisienne.

L'importance extrême du port fluvial de Paris a éveillé depuis longtemps l'idée de faire aussi de Paris un port de mer. Ce projet avait déjà préoccupé Sully et Vauban. En 1760 l'ingénieur Passement proposa d'approfondir de six pieds le lit du fleuve; en 1790, le maire de Dieppe, Lemoyne, traça le plan d'un canal qui mettrait Paris en communication avec la Manche Saint-Denis, Chantilly, Creil, Beauvais, Gournay, Forges-les-Eaux et Dieppe. Sous la Restauration, Gaudin, du Bureau des longitudes, songea à endiguer la Seine et à l'alimenter pendant l'été avec l'eau de 500 puits artésiens. Une grande compagnie fut autorisée par ordonnance royale à commencer les études du canal maritime. Elle n'aboutit pas, et aucun des autres projets formés à cette époque n'ayant été suivis même d'un commencement d'exécution, l'idée parut quelque temps abandonnée. Elle fut reprise en 1868 par M. Lebreton, qui parlait d'un canal complètement au niveau de la mer, large de 80 mètres et profond de 10. En 1869, M. Dumont préconisa de nouveau le canal par Dieppe, cette fois avec 6 écluses alimentées par de puissantes machines qui auraient puisé l'eau dans la Seine En 1870, M. Vattier revint au projet du canal par Dieppe, avec cette différence que son canal ne devait avoir qu'une seule écluse à quelques mètres de 100 mètres. En 1877, M. Manier imagina un canal à niveau par la vallée de la Seine, mais qui s'arrêtait à 55 kilomètres de Paris. En 1882 enfin, M. Bouquet de la Grye a étudié un projet de canal à niveau aboutissant à Poissy. Ce projet, remanié et complété par son auteur, a été remis en lumière tout récemment (1886).

Tous ces projets ont été analysés, étudiés, comparés par M. Émile Labadie, qui prouve la possibilité de creuser entre le Havre et Paris, par la vallée de la Seine, un canal à niveau et sans écluses. Il propose de lui donner comme amorce sur la Manche le canal du Havre à Tancarville, décidé en principe, de couper six des presqu'îles du fleuve entre Tancarville et Rouen. D'établir le port maritime de Paris dans la presqu'île de Genevilliers, entre Asnières et Saint-Denis. Il estime la dépense à 280 millions, mais il prévoit, grâce au transport de 7 millions de tonnes et à l'utilisation d'une chute de 20 mètres fournie par la Seine aux portes de Paris, une recette annuelle de 77 millions, tandis que l'intérêt du capital à 5 pour 100 n'en exigerait que 16.

Paris devenu port de mer pourrait rivaliser avec Londres, Anvers et Hambourg.

FRANCE
CHEMINS DE FER

(La largeur des bandes est proportionnée au trafic à raison de ½ millimètre par 100 000 tonnes)

CHEMINS DE FER DE PARIS AUX GRANDES VILLES D'EUROPE

CHEMINS DE FER
RELIANT PARIS AUX PRINCIPALES VILLES D'EUROPE

NORD

à **Londres**, par Boulogne; — de Boulogne à Folkestone (Angleterre) en steamer; — de Folkestone à Londres en chemin de fer........ 100 lieues 9 heures
[De Londres à Edimbourg (Écosse) en chemin de fer. — De Londres à Dublin (Irlande) en chemin de fer jusqu'à Holyhead; de Holyhead à Dublin en bateau à vapeur.]

à **Bruxelles**, par Saint-Quentin et Maubeuge (France)............ 77 l. — 7 h.

à **Amsterdam**, par Maubeuge (France); — Anvers (Belgique); — Rotterdam, La Haye (Hollande).......... 136 l. — 13 h.

à **Berlin**, par Maubeuge (France); — Liège (Belgique); — Cologne, Hanovre, Stendal (Allemagne)............ 267 l. — 24 h.

à **Copenhague**, par Maubeuge (France); — Liège (Belgique); — Cologne, Hanovre, Hambourg, Kiel (Allemagne); — de Kiel à Korsœr (île de Séeland) en bateau; — de Korsœr à Copenhague (île de Séeland) en chemin de fer............ 345 l. — 39 h.

à **Christiania**, par Copenhague (Danemark); — de Copenhague à Malmœ (Suède) en bateau; — de Malmœ à Christiania en chemin de fer, par Falkœping et Laxa (Suède)............ 536 l. — 80 h.

à **Stockholm**, par Copenhague (Danemark); — Malmœ et Linkœping (Suède)............ 484 l. — 61 h.

à **Varsovie** (Pologne russe), par Berlin et Bromberg (Allemagne)..... 426 l. — 43 h.

à **Saint-Pétersbourg**, par Berlin, Dirschau, Kœnigsberg (Allemagne); — Vilna, Dunabourg, Pskov (Russie)............ 679 l. — 69 h.

à **Moscou**, par Berlin (Allemagne); — Vilna, Minsk, Smolensk (Russie)............ 737 l. — 82 h.

à **Odessa** (Russie), par la ligne de Berlin jusqu'à Stendal (Allemagne), puis Magdebourg, Dresde, Breslau (Allemagne); — Cracovie, Lemberg (Autriche)............ 687 l. — 79 h.

EST

à **Vienne**, par Nancy et Avricourt (France); — Strasbourg (Alsace); — Carlsruhe, Stuttgart, Munich (Allemagne)............ 345 l. — 34 h.

à **Constantinople**, par Vienne, Buda-Pesth, Temesvar, Orsova (Autriche-Hongrie); — Bukarest (Roumanie); — Varna (Bulgarie); — bateau à vapeur de Varna à Constantinople............ 744 l. — 105 h.

P.-L.-M.

à **Berne** (Suisse), par Dijon et Pontarlier (France)............ 143 l. — 18 h.

à **Genève** par Mâcon, Bellegarde (sortie de France)............ 156 l. — 14 h.

à **Rome**, par Mâcon, Chambéry; — passage du tunnel du mont Cenis (entre Modane et Bardonnèche); — Turin, Gênes, Civita-Vecchia (Italie). — De Rome on peut aller à Naples et à Brindisi en chemin de fer............ 367 l. — 41 h.

à **Venise** (Italie), par Mâcon, le mont Cenis, — Turin, Milan, Vérone (Italie)............ 326 l. — 43 h.

à **Brindisi** (Italie), par Mâcon, le mont Cenis, — Turin, Bologne, Ancône (Italie)............ 504 l. — 50 h.

à **Barcelone**, par Lyon, Nîmes, Cette, Narbonne, Perpignan, Port-Vendres............ 436 l. — 36 h.

ORL.

à **Madrid**, par Bordeaux, Bayonne, Hendaye (sortie de France); — Vitoria, Burgos, Valladolid (Espagne)............ 363 l. — 36 h.

à **Lisbonne**, par Madrid, Valence (Espagne); — Santarem (Portugal)............ 662 l. — 80 h.

GRANDES LIGNES FRANÇAISES DE NAVIGATION

I. — CABOTAGE.

PORTS DE DÉPART	PORTS D'ARRIVÉE
De Dunkerque...	au Havre et à Bordeaux (55 h.).
Du Havre.......	à Dunkerque, — Rouen, — Honfleur, — Trouville, — Caen, — Cherbourg, — Brest, — Saint-Nazaire, — Nantes, — Bordeaux, — Marseille.
De Rouen.......	à Bordeaux.
De Brest........	au Havre, — à Lorient, — Saint-Nazaire.
De Lorient......	à Belle-Ile et Nantes.
De Bordeaux....	à Dunkerque, — au Havre, — à Brest.
De Cette........	à Agde et Marseille.
De Marseille....	à Agde, — Cette, — Nice, — Ajaccio (63 l.), — Ile Rousse, — Bastia, — le Havre, — Dunkerque.

II. — LONG COURS.

PORTS DE DÉPART et pays DE DESTINATION	ESCALES ET PORTS D'ARRIVÉE

1° Ports français de la mer du Nord.

De Dunkerque
En Angleterre.... Londres (14 h.), — Hull (30 h.), — Newcastle (36 h.).
En Écosse....... Leith-Édimbourg (4 j.).
En Russie....... Saint-Pétersbourg (6 j.).

De Calais
En Angleterre.... Douvres (8 l. en 1 h. 30 m.).

2° Ports français de la Manche.

De Boulogne
En Angleterre.... Folkestone (8 l.), — Londres (50 l.).

De Dieppe
En Angleterre.... Newhaven (30 l.), — Londres.

Du Havre
En Angleterre.... Southampton (50 l.), — Liverpool, Londres (95 l.), — Hull.
En Écosse....... Glasgow.
En Belgique..... Anvers (110 l.).
En Hollande..... Rotterdam.
Dans l'Allemagne du Nord..... Hambourg.
Au Danemark... Copenhague (360 l.).
En Norvège..... Christiania (345 l.).
En Russie....... Riga, — St-Pétersbourg (540 l.).
En Portugal..... Lisbonne (433 l.).
En Espagne..... Cadix et Malaga (535 l.).
En Algérie...... Oran, — Alger, — Philippeville, — Bône.
Aux États-Unis.. New-York (1430 l. en 12 j.).
Aux Antilles et à Panama....... Colon, — Aspinwall.
Dans l'Amérique du Sud....... Rio-de-Janeiro, — Montevideo, — Buenos-Ayres.

De Granville et de Saint-Malo
Aux Iles anglo-normandes....... Jersey.

3° Ports français de l'océan Atlantique.

De Saint-Nazaire
Aux Antilles..... Martinique (1700 l., en 15 j.), — Saint Thomas (20 j.), — A Fort-de-France (Martinique), embranchement pour Cayenne (Guyane française), (distance de Marseille : 1800 l., en 30 j.).

A l'isthme de Panama Colon-Aspinwall (25 j.).

De Bordeaux
En Angleterre.... Londres, — Bristol, — Liverpool.
En Hollande..... Rotterdam.
Dans l'Allemagne du Nord....... Hambourg.
A la Plata....... Buenos-Ayres (2900 l., en 25 j.), en faisant escale en Espagne; — au Portugal (Lisbonne, 350 l.); — au Sénégal (Dakar-Gorée, 1069 l.); — au Brésil (Fernambouc, 1830 l.); — Bahia (8006 l.), — Rio-de-Janeiro (2365 l.), — à l'Uruguay (Montevideo, 2900 l.).

Aux Antilles..... La Havane (2368 l.).

Aux États-Unis (nord)......... New-York.
Aux États-Unis (sud).......... La Nouvelle-Orléans.
En Océanie..... Nouméa (Nouvelle-Calédonie et Tahiti).
Au Pacifique.... Ports du Chili et du Pérou.

4° Ports français de la Méditerranée.

A. Lignes d'Europe et du bassin occidental de la Méditerranée.

De Port-Vendres Alger (163 l. en 30 heures).

De Cette
En Algérie...... Barcelone, Carthagène.
En Algérie...... Oran, — Alger, Bougie, Djidjelli et Tenez, — Philippeville et Bône, — Mostaganem, Arzeu.
Au Maroc....... Oran, et, par transbordement, Nemours, Gibraltar et Tanger; — Melilla.

De Marseille
En Angleterre.... Londres.
En Belgique..... Anvers.
En Algérie...... Oran (265 l. en 44 h.), — Alger (190 l. en 30 h.), — Bône (230 l.) tous les ports de la côte algérienne, La Calle, Bône, Philippeville, Djidjelli, Bougie, Dellys, Mostaganem, Arzeu, Beni-Saf, Nemours, etc.
Au Maroc....... Oran et, par transbordement, Nemours, Gibraltar et Tanger.
En Tunisie et Tripolitaine..... Tunis, la Goulette (306 l., en 36 h.), Sousse, Monastir, Mehdia, Sfax, Gabès, Djerba, Tripoli.
En Espagne..... Barcelone, Carthagène, Malaga, Gibraltar.
En Italie........ Gênes (136 l.), — Livourne, Civita-Vecchia, — Naples (250 l.), — Messine, Palerme, Malte.
En Autriche..... Trieste.

B. Lignes d'Afrique, des Indes, d'Extrême-Orient, d'Amérique et d'Océanie.

De Marseille
En Égypte...... Alexandrie, — Port-Saïd (720 l. en 6 j.).

L'*Ile de la Réunion*, à Madagascar, et à la côte orientale d'Afrique..... L'isthme de Suez, Aden, Mahé (Seychelles), la Réunion (2430 l. en 21 j.), et Maurice. A la Réunion, correspondance pour Tamatave, Sainte-Marie, Vohémar, Diégo-Suarez, Nossi-Bé, Mayotte, Majunga, Mozambique.

Aux *Indes anglaises et françaises*..... Bombay (2374 l. en 20 j.), par l'isthme de Suez et Aden, Calcutta, par l'isthme de Suez, Aden, Colombo, Pondichéry, Madras, Chandernagor par Calcutta.

Aux *Philippines*..... Manille (4400 l. en 43 j.), par l'isthme de Suez, Colombo, Singapour, ou par Saïgon.

Aux *Indes hollandaises*..... Batavia (3300 l. en 32 j.), par l'isthme de Suez, Colombo, Singapour.

En *Chine, Cochinchine et Tonkin*..... Hong-Kong (4100 l. en 40 j.), par l'isthme de Suez, Aden, Colombo, Singapour, Saïgon, le Toukin.

Au *Japon*..... Yokohama (4500 l. en 50 j.), par la ligne de Chine, Shang-haï et Hiogo.

A la *Nouvelle-Calédonie*..... Nouméa (5450 l. en 51 j.), par l'isthme de Suez, Aden, Mahé (Seychelles), la Réunion, Maurice, Adélaïde, Melbourne, Sydney.

Au *Brésil et à la Plata*..... Buenos-Ayres (2883 l. en 26 j.), par Barcelone, Gibraltar, Saint-Vincent (Iles du Cap-Vert), Rio-de-Janeiro, Montevideo.

C. Lignes de la Méditerranée orientale et de la mer Noire.

De Marseille
En *Grèce et Turquie*..... Constantinople (600 l. en 6 j.), par Syra, Smyrne et Dardanelles; — par Naples, le Pirée et Dardanelles; — par Gênes, Naples, le Pirée, Volo, Salonique, Dédeagach, Dardanelles, Gallipoli, Rodosto; — avec transbordement à Syra; par Zante, Céphalonie, Corfou, La Canée, Réthymo, Candie, Prevesa, Salohora, Smyrne, Métélin, Dardanelles. Ligne annexe de Constantinople en Thessalie.

A la mer Noire et au Danube..... Odessa, par Constantinople. Lignes annexes du Danube : de Constantinople à Kustendje ; Sulina, Tulscha, Galatz, Ibraïla; — d'Arménie : Trébizonde et Batoum.

Aux *Échelles du Levant*..... Smyrne, par Alexandrie, Port-Saïd, Jaffa, Beyrouth, Tripoli de Syrie, Larnaca, Lattaquié-Alexandrette, Mersina, Rhodes.

COMMERCE

NOMENCLATURE.

Commerce général de la France. — 10 milliards environ.

Les 6/10 du commerce de la France se font par mer. L'importation l'emporte toujours sur l'exportation. C'est le cas de tous les grands pays de l'Europe, sauf l'Allemagne et l'Autriche-Hongrie. — C'est aussi le cas des États-Unis, malgré la sévérité de leur régime douanier.

Commerce spécial. — Importation. — *Objets de consommation* : 2 milliards. — *Matières premières* : 2 milliards. — *Objets manufacturés* : 600 millions.

Pays de provenance. — Angleterre (700 millions). États-Unis (400). — Belgique (150). — Allemagne (450). — Italie (400). — Espagne (350). — Russie (200). — Turquie et Grèce (150). — Indes Anglaises (200). — République Argentine (150). — Algérie (100). — Pays scandinaves (100). Chine (400).

Commerce spécial. — Exportation. — *Objets de consommation* : 1 milliard. — *Matières premières* : 700 millions. — *Objets manufacturés* : 1 milliard 700 millions.

Pays de destination. — Angleterre (1 milliard). — Belgique (500 millions). — Allemagne (350). États-Unis (300). — Suisse (200). — Italie (200). Espagne (150).

Un **tiers** seulement des marchandises françaises est exporté par *notre marine*, les deux autres tiers sont exportés par des navires étrangers (anglais, *allemands, italiens, norvégiens*).

Marine marchande. — *Voiliers* : 400000 tonnes. — *Vapeurs* : 500000 tonnes.

Comparaison avec l'étranger. — Voiliers : Angleterre et colonies : 5 millions de tonnes. — États-Unis : 2 millions 1/2. — Norvège : 1 million 1/2. — Italie : 850000 — Allemagne : 800000.

Après elle, il faut signaler : L'Espagne : 500000 tonnes, la Russie : 400000, la Suède : 400000 ; Grèce : 250000 ; la Hollande : 250000 ; l'Autriche : 200000 ; le Danemark : 150000 ; le Portugal : 400000.

Vapeurs : Angleterre et colonies : 4 000 000 tonnes. — États-Unis : 400 000.

La France vient au *second* rang. Après elle, il faut citer :

L'Allemagne : 400 000 tonnes.
Les États-Unis : 400 000 »
L'Espagne : 250 000 »
La Hollande : 130 000 »
La Russie : 100 000 »
L'Italie : 100 000 »

Puissance maritime exacte de la France. — 4e rang.

Pour classer la France à son rang exact parmi les puissances maritimes, il faut tenir compte de ce fait qu'une tonne *vapeur* représente une puissance de transport 3 fois 1/2 plus forte qu'une tonne *voiles*.

Si donc on multiplie par 3 1/2 le chiffre des tonnes vapeur et qu'on l'ajoute aux tonnes voiles on obtient le classement suivant :

Angleterre : 20 millions de tonnes.
États-Unis : 4 millions »
France : 2 millions 100 000 tonnes.
Allemagne : 1 800 000 tonnes
Italie : 1 700 000 »
Norvège : 1 600 000 »
Espagne : 1 100 000 »

Mouvement des ports français. — 20 000 000 tonnes (*entrées* : 12 000 000 tonnes, *sorties* : 8 000 000).

Marseille : 6 150 000 tonnes. — Le Havre : 3 200 000. — Bordeaux : 1 900 000. — Dunkerque : 1 180 000. — Calais : 975 800. — Cette : 925 000. — Rouen : 888 400. — Boulogne : 753 200. — Dieppe : 716 500. — Saint-Nazaire : 689 800. — Bayonne : 105 800. — Nantes 100 200.

Comparaison avec l'étranger. — Angleterre : 64 millions de tonnes. — États-Unis : 33. — Allemagne : 15.

Douanes. — Produits : 300 millions. Principaux ports français. — Marseille, 5 500 000 tonnes ; Le Havre, 3 000 000 ; Bordeaux 1 700 000 Dunkerque, 950 000 ; Calais, 550 000 ; Cette, 900 000 ; Rouen, 800 000 ; Boulogne, 800 000 ; Dieppe, 700 000 ; Saint-Nazaire, 500 000 ; Nantes, 150 000.

La prétendue balance du commerce. — Une erreur encore aujourd'hui très répandue, consiste à croire qu'une nation ne *s'enrichit* que par les marchandises qu'elle vend aux étrangers, et qu'elle *s'appauvrit* au contraire par les achats qu'elle leur fait ; — que, par conséquent, il est avantageux d'exporter le plus possible, et d'importer le moins possible ; — enfin, que la différence entre l'importation et l'exportation donne la mesure exacte du bénéfice fait ou de la perte subie. C'est ce qu'on a appelé la balance du commerce.

Les économistes, et en dernier lieu M. Levasseur (voir *Précis d'économie politique*, *Commerce*), ont aisément réfuté cette doctrine erronée.

« Elle suppose, dit-il : 1° que l'on peut exporter sans importer, vendre sans acheter ; ce qui est faux ; 2° que les métaux précieux sont la seule richesse désirable : ce qui est faux ; 3° que les chiffres d'exportation et d'importation représentent exactement la réalité du mouvement commercial, et qu'il faut solder le compte annuel avec une somme d'or et d'argent précisément égale au reste de la soustraction ; ce qui est faux. »

En réalité, quand un commerçant fait un achat au dehors, aussi bien que lorsqu'il fait une vente, il entend bénéficier de cette opération. Les importations peuvent donc être tout aussi avantageuses que les exportations. Tout dépend de l'habileté des commerçants et du résultat final de leur spéculation.

VALEUR DES PRINCIPAUX OBJETS D'IMPORTATION

MARCHANDISES IMPORTÉES	VALEURS
Céréales	500 millions environ.
Soie et bourre de soie	350 —
Laines brutes	300 —
Bois communs	200 —
Coton brut	200 —
Bestiaux	200 —
Houille	200 —
Peaux brutes	200 —
Graines oléagineuses	100 —
Café	100 —
Lin	100 —

VALEUR DES PRINCIPAUX OBJETS D'EXPORTATION

MARCHANDISES EXPORTÉES	VALEURS (Années moyennes)
Tissus de laine	500 millions environ.
— soie	400 —
Vins	300 —
Tissus de coton	200 —
Céréales (1)	100 —
Soies brutes	150 —
Tabletterie	150 —
Peaux ouvrées	200 —
Sucre raffiné	130 —
Fromages et beurres	100 —
Confection (lingerie)	100 —

Montant du commerce international de la France. — Les chiffres réunis de l'importation et de l'exportation s'élèvent à **huit milliards**. Cette somme représente le *commerce spécial* de la France.

Dans cette somme ne figurent pas: 1° les marchandises *en transit* (2); — 2° les marchandises *admises temporairement* en France pour y recevoir un complément de main-d'œuvre; — 3° les marchandises mises *en entrepôt*, en attendant qu'elles reçoivent une destination.

Ces différentes marchandises ont une valeur de plus d'un milliard, qui, ajoutée aux huit milliards du commerce spécial, donne en chiffres ronds un total de plus de neuf milliards de francs pour le commerce général.

Développement du commerce français. — Depuis le commencement de ce siècle, le commerce de la France s'est considérablement accru. En 1789, nos échanges extérieurs atteignaient à peine 1 milliard. En 1860, ils étaient de 5 milliards. Cet accroissement rapide est dû à l'établissement des chemins de fer, — à l'extraction toujours croissante de la *houille* et du *fer*, — à l'invention

---

(1) On remarquera que les céréales figurent à l'exportation pour un chiffre relativement élevé, si on le compare à celui de l'importation. Cette singularité n'est qu'apparente. En effet, Marseille, entrepôt naturel des blés venant de Russie, de Turquie, d'Algérie, — le Havre, entrepôt de ceux venant d'Amérique, achètent non seulement des céréales pour combler le déficit de nos récoltes, mais encore pour approvisionner les pays voisins de la France: Angleterre, Belgique, Allemagne, Suisse. — Nos départements frontières trouvent souvent aussi leur avantage à vendre leurs blés aux pays voisins plutôt que de les expédier aux extrémités opposées de la France.

(2) Le transit s'élevait, en moyenne, à 500 millions par an; ce sont nos *chemins de fer*, nos *canaux* et notre *marine marchande* qui en profitaient. — La Suisse, qui n'avait pas d'issue directe vers la mer, entrait dans le transit français pour un tiers; mais ce transit a diminué depuis le percement du Saint-Gothard, car la Suisse n'a plus besoin d'emprunter nos chemins de fer pour les marchandises qu'elle expédie en Italie ou qu'elle reçoit de ce pays.

---

du télégraphe, etc. De 1860, époque à laquelle on a inauguré le système du libre échange, à ce jour, notre commerce international a presque doublé, puisqu'il s'est élevé de 5 milliards à plus de 9 milliards.

Comparaison avec l'étranger. — Le tableau suivant donne le montant du commerce général des principaux pays du monde:

Angleterre	17 milliards.
France	10 —
Allemagne	8 —
États-Unis	8 —
Belgique	3 —
Russie	5 —
Hollande	3 —
Autriche-Hongrie	3 1/2 —
Italie	2 1/2 —
Suisse	1 —
Espagne	830 millions

L'Angleterre, qui nous est quelque peu supérieure pour l'importance de son industrie, nous dépasse notablement pour le commerce. Nous occupons néanmoins le deuxième rang dans le monde.

Il faut, pour conserver ce rang, nous appliquer au perfectionnement de nos procédés agricoles et industriels, au développement de nos routes, de nos voies navigables, de nos chemins de fer, de notre marine, de nos colonies.

Chiffres du commerce de la France avec les principaux pays. — Le tableau suivant donne la liste des pays avec lesquels la France entretient le plus de relations commerciales (importations et exportations réunies).

PAYS	VALEUR
Angleterre	1500 millions.
Belgique	900 —
Allemagne	800 —
États-Unis	700 —
Italie	600 —
Espagne	500 —
Suisse	350 —
Algérie	300 —
Russie	350 —
Inde anglaise	220 —
République Argentine	220 —
Colonies françaises (sans l'Algérie)	440 —
Turquie	200 —
Brésil	120 —

On voit par ce tableau:

1° Que notre commerce avec l'Angleterre représente presque le sixième de notre commerce total;

2° Que le second rang appartient à notre laborieux petit voisin, la *Belgique*, et le troisième à l'*Allemagne*;

3° Qu'en dehors de l'Europe, c'est avec les *États-Unis* que nous entretenons le plus de relations;

4° Que notre commerce avec l'*Algérie* atteint un chiffre déjà considérable et qui ne peut que s'accroître avec le protectorat que nous exerçons sur la Tunisie (2 millions d'hab.).

Nature des échanges (9 milliards). — Voici la désignation de nos principaux échanges avec les différents pays du monde.

L'**ANGLETERRE** nous vend des *laines brutes*, — de la *houille*, — des *tissus de laine*, — des *tissus de coton*, — de la *soie brute*, — du *cuivre*, — du *plomb*, — de l'*étain*.

Elle nous achète des *rubans de soie*, — des *peaux préparées*, — du *beurre*.

976. La **Belgique** nous vend de la *houille*, — des *laines brutes*, — des *bestiaux*, — du *zinc*.

Elle nous achète des *tissus de laine*, — des céréales, — des vins.

L'**Allemagne** nous vend des *bestiaux*, — des *bois communs*, — des *tissus de coton*, — de la *houille*, — du *plomb*, — du *zinc*.

Elle nous achète des *vins*, — des *céréales*, — des *tissus de soie et de laine*.

L'**Italie** nous vend de la *soie brute*, — des *bestiaux*, — des *huiles d'olive*, — des *bois communs*, — du *soufre*.

Elle nous achète des *tissus de laine et de soie*.

Les **États-Unis** nous vendent du *coton brut*, — des *céréales*, — de l'*huile de pétrole*, — des *viandes salées*, — du *tabac*.

Ils nous achètent des *tissus de soie*, — des *tissus de laine*, — des *peaux préparées* et ouvrages en peau, — de la *mercerie*, — des *vins*.

La **Suisse** nous vend de la *soie brute*, — des *bois communs*, — des *bestiaux*.

Elle nous achète des *vins*, — des *céréales*, — des *tissus de coton*.

L'**Algérie** nous vend des *bestiaux*, — des *céréales*, — des *laines brutes*, — du minerai de *fer*, — du *tabac*.

Elle nous achète des *tissus de lin et de chanvre*, — des *vins*, — des *ouvrages en peau*, — de la *tabletterie*.

L'**Espagne** nous vend des *vins*, — des *fruits de table*, — du *plomb*, — du *fer*.

Elle nous achète des *tissus de laine et de soie*, — des *mulets*, — de la *mercerie*.

La **Russie** nous vend des *céréales*, — du *lin* et du *chanvre* bruts, — des *bois communs*.

Elle nous achète des *tissus*, — des *vins*, — de la *tabletterie*.

La **Turquie** nous vend du *coton*, — des *céréales*.

Elle nous achète des *tissus* et de la *tabletterie*.

La **République argentine** nous vend des *laines* et des *peaux brutes*.

Elle nous achète des *vins* et des *tissus*.

Nos colonies françaises (sans l'Algérie) nous expédient du *sucre brut* (Réunion, Martinique, Guadeloupe), — de la *morue* (Saint-Pierre et Miquelon), — des *graines d'arachide* et des *gommes* (Sénégal), — du *riz* (Cochinchine).

Nous leur envoyons des *vins* et des *tissus*.

L'**Inde anglaise** nous vend du *coton brut*, — de l'*indigo*.

Elle nous achète des *vins* et des *tissus*.

Le **Brésil** nous vend du *café* et des *bois précieux*.

Il nous achète des *vins* et des *tissus*.

Établissements et institutions auxiliaires du commerce. — Les voies de communication, les postes, les télégraphes ne concourent pas seuls au développement du commerce. Il a d'autres auxiliaires: ce sont: les *banques*, qui reçoivent des dépôts d'argent, escomptent et encaissent les effets de commerce, font des avances sur titres, etc.: la plus importante de ces banques est la *Banque de France*, qui a des succursales dans tous les départements; — les *Compagnies d'assurances*, les *écoles commerciales* qui existent dans la plupart des grandes villes, et à Paris, l'*École des hautes études commerciales*; — les *Bourses*, où se traitent les négociations de marchandises et de valeurs.

CHAPITRE IV. — GÉOGRAPHIE MILITAIRE

DÉFENSE TERRESTRE

NOMENCLATURE.

Armée de terre sur le pied de paix. — 500 000 hommes.

Comparaison avec l'étranger. — Russie : 850 000 hommes. — Allemagne : 450 000 h. — Autriche : 250 000 hommes. — Angleterre (avec l'Inde) : 230 000 hommes. — Italie : 200 000 h. — Turquie : 150 000 h. — Espagne : 125 000 h.

Les armées de l'Europe comprennent sur le pied de paix environ 3 500 000 hommes.

Armée de terre sur le pied de guerre. — 1 800 000 hommes (*Armée active* : 1 200 000 hommes ; *armée territoriale* : 600 000).

Comparaison avec l'étranger. — Russie : 3 000 000 d'hommes. — Allemagne : 1 800 000 h. (ou y comprenant la landwehr). — Autriche : 1 000 000 h. — Italie : 1 000 000 h. — Angleterre (avec l'Inde) : 800 000 hommes. — Turquie : 600 000 h. — Espagne : 450 000 hommes.

Budget de la guerre. — Près de 600 millions.

Comparaison avec l'étranger. — Angleterre (avec l'Inde) : 900 millions. — Russie : 800 millions. — Allemagne : 450 millions. — Autriche : 250 millions. — Italie : 200 millions. — Espagne : 200 millions. — Turquie : 150 millions.

Faiblesse de la frontière du Nord-Est.

Dans un État où tous les services publics sont aussi fortement centralisés qu'en France, la *capitale* est le point que les ennemis cherchent toujours à atteindre et qu'il faut défendre à tout prix. Or, depuis 1871, Paris est plus rapproché des frontières du *nord-est* qu'il ne l'a jamais été (voir la carte, p. 73), et ces limites ne sont point naturelles.

La véritable frontière se trouve reportée le long de la Moselle jusqu'à Toul et le long de la Meuse. Tout le pays qui s'étend entre ces rivières et la frontière officielle est à peu près ouvert aux attaques allemandes. Les Vosges ne sont plus un obstacle puisque l'ennemi en possède la partie septentrionale et *peut ainsi les tourner* ; le point important au cours de la Moselle, Metz, leur appartient. La neutralité de la Belgique *peut être violée*. Les Ardennes peuvent être tournées.

Première ligne de défense.

On a muni de fortifications certaines régions sur lesquelles l'armée de campagne pourrait s'appuyer pour couvrir les routes qui, de Dunkerque à Belfort, convergent sur Paris.

Les régions de défense actuellement très fortes sur cette nouvelle frontière sont celles de Belfort à Épinal, — de Toul à Verdun, — de Maubeuge-Valenciennes-Lille, — de Dunkerque-Calais.

Front de la Moselle.

A l'extrémité de l'aile droite, la solide place de Belfort commande le passage qui sépare le Jura des Vosges (*trouée de Belfort*). Le cours supérieur de la Moselle est garni de puissants forts d'arrêt. Épinal est devenu un véritable camp retranché, assurant les communications avec la Saône et Lyon. D'Épinal à Toul, quelques ouvrages seulement. A Toul, en arrière de Nancy, on a accumulé tous les moyens de défense pour protéger la ligne directe de Paris. La position est inexpugnable.

Front de la Meuse.

De Toul à Verdun, les hauteurs boisées de la rive droite de la Meuse, ou *hauts de Meuse*, ont été garnies de forts notamment en face de *Commercy*. Verdun est protégé par un grand ensemble de travaux militaires : deux lignes de forts à l'Est de la Meuse, puis la place de *Verdun* et la rivière elle-même, enfin une autre ligne de forts à l'Ouest de la Meuse.

Front du Nord, ou belge.

L'espace compris entre Verdun et la Sambre est incomplètement protégé par quelques forts et les Ardennes, places de Longwy, Montmédy, Rocroy, Givet. La plus sérieuse défense est, de ce côté, celle des massifs forestiers des Ardennes.

Maubeuge, sur la Sambre, a une importance de premier ordre.

Valenciennes et Condé, sur la ligne de l'Escaut commandent le quadrilatère central de toute la défense du Nord.

La grande place de Lille, entourée de forts, est la place du nord dont les propriétés offensives sont les plus étendues.

Le groupe Dunkerque, Calais, Gravelines et Bergues forment l'aile gauche et le long du littoral un important centre de résistance.

Les anciennes places de guerre ont été ou déclassées, comme Cambrai, dont on n'a gardé que la citadelle, ou conservées comme Douai, Arras, Landrecies, Le Quesnoy et Bouchain, autour de Valenciennes.

Trouées.

Les régions *solides* de la première ligne de défense laissent dans leurs intervalles plusieurs *trouées* ou portes par lesquelles l'invasion devrait passer, si elle pénétrait en France.

Ces trouées sont : la trouée de *Lorraine*, entre Épinal et Toul ; — celle des *Ardennes*, entre Verdun et Givet ; — celle de l'*Oise*, entre la Meuse et la Sambre ; celle de *Flandre*, au Nord-Ouest de Lille.

Ces trouées ne sont point d'ailleurs absolument dépourvues de défense :

Ainsi dans la trouée de Lorraine l'ennemi serait arrêté par le fort de Neufchâteau ; dans la trouée de l'Oise, par le fort d'Hirson.

La trouée des Ardennes est protégée par des obstacles naturels (vallées, plateaux boisés et marécages des Ardennes, hauteurs boisées de l'Argonne).

Il en est de même de la trouée de Flandre que défendent des marécages et des terrains inondables.

Deuxième ligne de défense.

L'ennemi pénétrant par la trouée de Lorraine dans la Champagne, rencontrerait les *hauteurs de la Brie* garnies de forts, actuellement en construction ou en projet. Il faut se hâter d'achever ces travaux ; car il y a là une grande lacune dans nos moyens défensifs. Le camp retranché de Langres, qui prendrait l'invasion de flanc, ne suffit pas.

A la trouée des Ardennes s'oppose Reims, avec les nombreux forts qui l'entourent.

A la trouée de l'Oise, la position fortifiée de Soissons-Laon-La Fère.

Enfin la trouée de Flandre, peu dangereuse, est en partie barrée par les défenses naturelles des collines d'Artois et de la vallée de la Somme.

Le camp retranché de Paris.

En troisième ligne, PARIS forme aujourd'hui le plus gigantesque camp retranché qui existe au monde. Le siège de 1870-71 a montré que l'enceinte et les forts détachés élevés par Thiers en 1840 étaient insuffisants contre l'artillerie nouvelle. Aussi a-t-on construit, aussitôt après la paix, de nouveaux forts *beaucoup plus éloignés que les anciens* et formant, à vrai dire, trois camps retranchés distincts.

Le premier, au *nord*, sur les hauteurs de Montmorency, s'étend de la Seine au canal de l'Ourcq et protège *Saint-Denis* et la route de la basse Seine. Le second, à l'*est*, entre le canal de l'Ourcq et la Marne, est établi sur les hauteurs de Vaujours et de Chelles et comprend le plateau d'Avron, célèbre par les batailles de 1870. Enfin, le troisième, au *sud*, protège *Versailles* contre un bombardement et pourrait maintenir les communications de

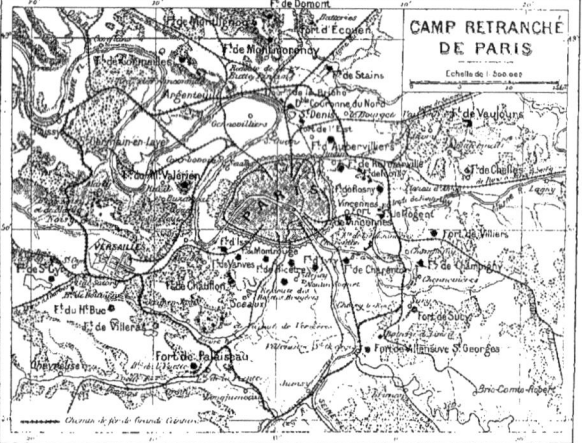

CAMP RETRANCHÉ DE PARIS

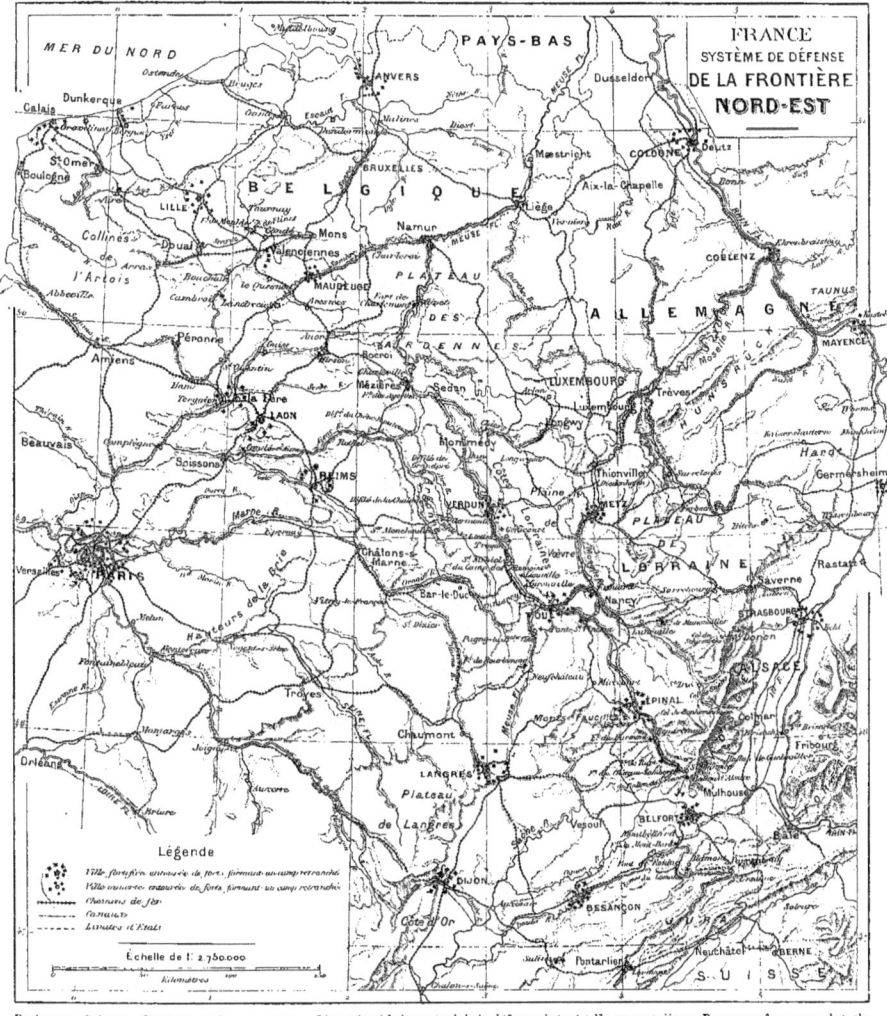

Paris avec Orléans, Chartres et Rouen; son front s'étend de Palaiseau à Poissy, en passant par Saint-Cyr.

Trois *chemins de fer de ceinture*, le premier à l'intérieur des fortifications de Paris, le deuxième à une distance de deux à trois lieues reliant les forts entre eux, le troisième à une distance de vingt à trente lieues font communiquer entre elles les voies ferrées divergeant de Paris dans tous les sens.

Là est le *réduit central de la défense de tout le nord-est de la France.*

Front de l'Est, ou suisse. — La neutralité de la Suisse peut être violée. Aussi le plateau franc-comtois est-il garni de deux lignes de défense. En première ligne, les forts de *Montbéliard*, du *Lomont*, sur la route de *Porrentruy* et au coude du Doubs; celui de *Joux*, sur le chemin de fer de Pontarlier; ceux des *Rousses* et de *l'Écluse*, en face de Genève.

En seconde ligne, Besançon forme un obstacle imposant qui sera complété par plusieurs forteresses.

Si Belfort était pris, Besançon ferme la vallée de la Saône et la route de Lyon, tandis que le camp retranché de *Langres* interdit celle de la Marne, et que les forts de *Dijon* et la place d'Auxonne, gardent les vallées de la Seine, et de la Loire.

Front du Sud-Est ou Italien. — Un très grand nombre de petits forts défendent les passages des Alpes. Mais les points vraiment solides de cette frontière sont : Lyon, vaste camp retranché; Grenoble, *Briançon*, les ouvrages élevés autour de *Nice*, et la place formidable de Toulon.

Il est fâcheux que la Corse ne possède aucune défense sérieuse.

Front du Sud ou espagnol. — *Perpignan* et *Bayonne* ferment les deux extrémités des Pyrénées, dont les passages sont défendus en outre par plusieurs forts; mais cette frontière est trop éloignée de Paris, et les grands déploiements de troupes y sont trop malaisés, pour qu'il y ait aucun danger sérieux à redouter de ce côté.

C'est au nord-est que nous sommes vraiment *menacés*. C'est vers le nord-est que doivent surtout se porter nos regards.

Devoir militaire. — Pour la défense de la patrie, tout Français doit savoir combattre. Le devoir militaire est le premier des devoirs civiques.

Que les jeunes gens se préparent donc de bonne heure à le remplir, en s'aguerrissant à tous les exercices du corps.

Que les soldats s'acquittent de leur service avec ce sentiment de patriotique abnégation qui ennoblit les plus humbles tâches.

Que les chefs surtout soient toujours prêts, que leur vigilance soit constante.

Que tous aient sans cesse présente à la pensée cette plaie ouverte par l'ennemi près du cœur de la France.

DÉFENSE MARITIME

NOMENCLATURE

Bâtiments de la marine de guerre : 450.

Comparaison avec l'étranger. — Angleterre : 550.— Russie : 400. — Hollande : 140. — Espagne : 130.— Italie : 130. — Allemagne : 100. — Autriche : 70.

Cuirassés : 70 (y compris ceux en construction).

Comparaison avec l'étranger. — Angleterre : 70 (y compris ceux en construction). — Russie : 40. — Hollande : 20. — Italie : 20. — Allemagne : 10. — Autriche : 10. — Espagne : 10.

Budget de la marine — 200 millions.

Comparaison avec l'étranger. — Angleterre : 280 millions. — Allemagne : 40 millions — Russie : 110 millions. — Italie : 60 millions. — Autriche : 25 millions. — Hollande : 25 millions. — Espagne : 40 millions.

Nécessité de cette défense. — La défense des côtes est aussi essentielle que celle des frontières de terre à la sécurité nationale. En cas de *guerre maritime*, on peut craindre soit le *débarquement* de l'ennemi, soit l'*attaque* des ports de guerre ou de commerce. Le débarquement d'une armée est toujours une opération difficile. Pour s'opposer aux descentes ayant pour but de conquérir ou de dévaster une partie du littoral, les principales baies ou anses abordables sont armées de nombreuses batteries de côtes et de forts. Mais le danger le plus grave est celui qui menace les ports (carte p. 76).

La flotte. — Le premier moyen de défense maritime est une flotte. Les *navires de guerre* — soit cuirassés et armés d'énormes canons, — soit plus légers, mais animés d'une grande vitesse, sont des armes défensives autant qu'offensives, et ils sont destinés en temps de paix à faire au large la *police* des mers, ou à surveiller la *pêche* le long des côtes.

Suivant les nécessités diverses de la défense maritime on a créé un certain nombre de *types de navires de guerre*.

1° Dans les mers d'Europe et pour opérer dans le voisinage des côtes, la France possède un certain nombre de **cuirassés de 1er rang** armés de gros canons, et protégés par une cuirasse pouvant atteindre 50 centimètres; actuellement il en existe une vingtaine;

2° Dans les mers étrangères, en Chine, dans le Pacifique, la France expédie des **cuirassés de 2e rang**, pouvant tenir la mer par tous les temps : on en compte aujourd'hui une dizaine;

3° Pour protéger notre commerce extérieur en temps de paix, pour entraver celui de l'ennemi en temps de guerre, nous possédons une cinquantaine de grands navires à vitesse considérable de ce qu'on appelle « *croiseurs* »;

4° Nos colonies, nos comptoirs, sont protégés par des navires à faible tirant d'eau, qu'on appelle *avisos*, *canonnières*, une centaine environ;

5° Nos grands ports de commerce et nos cinq ports de guerre ont pour moyens de défense mobile deux catégories de navires de guerre qui sont :

Des *garde-côtes* à cuirasse très épaisse, munis d'un ou de deux énormes canons et construits de telle façon qu'ils soient capables de lutter contre de grands cuirassés et de leur échapper au besoin, leur faible tirant d'eau leur permettant de passer le long des côtes où les grands navires s'échoueraient. La France en possède une vingtaine. Il faut y ajouter les batteries flottantes.

Des *bateaux torpilleurs* ressemblant à des fuseaux, avec peu d'élévation au-dessus de l'eau, et ayant presque le double de vitesse des autres navires de guerre. Ils ont pour mission de s'approcher très rapidement d'un navire de guerre et de le couler en lui lançant une torpille. Il existe environ 80 navires de ce genre répartis dans nos cinq ports de guerre.

Escadres, divisions et stations navales. — En temps de paix les navires qui sont destinés, dans les mers d'Europe comme dans les parages lointains, à protéger notre pavillon, sont divisés en escadres.

Il existe dans la *Méditerranée* une escadre dite « d'*évolution*. » Elle comporte neuf cuirassés et trois avisos.

Dans la *Manche* nous possédons une division cuirassée : trois cuirassés et un aviso.

En outre, il existe six *divisions navales* chargées d'assurer la protection de notre marine marchande et de nos nationaux qui trafiquent dans les contrées lointaines.

Ces divisions ont des centres d'action et les noms suivants :

1° Division navale du *Levant* : Grèce, empire Ottoman, Égypte;

2° Division navale de la *mer des Indes* : Réunion, Madagascar, mer Rouge, mer des Indes;

3° Division navale du *Pacifique* : côtes occidentales de l'Amérique et Polynésie;

4° Division navale des mers de *Chine* et du Japon;

5° Division navale de l'*Atlantique sud* : côtes occidentales d'Afrique et orientale de l'Amérique du Sud, Brésil;

6° Division navale de l'*Atlantique nord* : Antilles et Amérique du Nord.

En dehors de ces divisions navales, la France entretient encore un certain nombre de navires dans diverses « *stations* », telles que station d'*Islande* pour la pêche de la morue, station de *Terre-Neuve* pour le même but, stations de *Cochinchine*, de *Calédonie*, etc.

Les grands ports de guerre. — Dans nos cinq ports de guerre est concentrée toute la force maritime de la France. Tous nos navires de guerre y prennent armement et y possèdent leur rechange en armes et en vivres ou en charbon. Presque tous y sont construits; tous y sont achevés.

Les rades de ces ports sont *profondes* et capables d'abriter des navires pouvant avoir un tirant d'eau de **10 mètres**. Elles sont en général, soit naturellement, soit artificiellement, fort bien *abritées* contre les vents régnants, et protégées du large par tout un système de défense fixe et mobile. Nos ports de guerre sont en même temps des *places fortes*, et Toulon surtout possède actuellement de très importantes défenses terrestres. Certains ports de commerce sont également fortifiés, notamment le Havre.

Voici une appréciation de la valeur de chacun de nos ports de guerre.

Toulon est pourvu d'une *rade* sûre à la fois contre la tempête et contre l'ennemi; elle est suffisante pour abriter les cuirassés du présent et ceux de l'avenir ; son *port* de guerre a des bassins commodes, bien établis, ses *cales de construction* sont vastes et bien aménagées; c'est Toulon, en un mot, qui, en cas de guerre maritime, fournirait le plus aisément le *maximum d'efforts* de notre marine militaire.

Rochefort est loin d'offrir les mêmes avantages : il est situé à 30 kilomètres de la mer, sur une rivière étroite, sinueuse, vaseuse, fermée par une barre qui, à marée basse, aux équinoxes, n'est recouverte que par 60 centimètres d'eau. On ne peut armer aucun navire d'une façon complète dans le port même. Il faut continuer cette opération à l'embouchure de la Charente dans la *rade de l'île d'Aix*.

Lorient, qui fut créé tout d'abord pour les navires de la Compagnie des Indes, possède aujourd'hui peu des qualités exigées d'un port de guerre. Sa rade, il est vrai, est très abritée, très sûre, mais *quatre cuirassés suffisent* à la remplir. Son accès est difficile à cause des bas-fonds, des roches et de l'étroitesse du goulet, que les grands cuirassés ne peuvent plus y pénétrer sans grand danger d'échouer.

Fig. 63. — Port de Brest.

Brest, fig. 63, offre une des plus *belles rades* qui soit au monde, mais elle est devenue difficile à défendre depuis l'invention des bateaux *torpilleurs* : ceux-ci franchiraient aisément le goulet, en dépit des puissantes batteries de terre, sans qu'il fût possible de se mettre en garde contre eux par des obstacles artificiels. Mais là n'est pas le moindre inconvénient de Brest ; son défaut le plus grave est d'avoir un port de guerre à cheval sur la *Penfeld*, rivière étroite et sinueuse, encaissée au fond d'une vallée qui ne permet aucun agrandissement aucun aménagement sagement combiné.

Cherbourg (fig. 64) le plus moderne de tous nos établissements, a un *excellent port de guerre* bien aménagé et bien outillé. Cependant sa *rade* qui peut recevoir toute une esca-

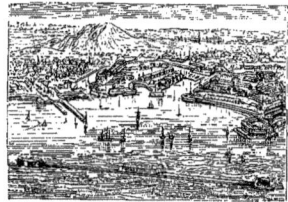

Fig. 64. — Rade et digue de Cherbourg.

dre de grands cuirassés n'est qu'insuffisamment abritée et contre la tempête et contre l'ennemi. Sa fameuse *digue* est un travail colossal, mais *incomplet* encore aujourd'hui.

Destiné par sa situation à servir de base d'opération à toutes les expéditions dirigées sur la Manche, la mer du Nord, la Baltique, Cherbourg a une très *grande importance stratégique*.

Spécialisation et amélioration des ports. — Actuellement, nos cinq ports sont organisés de façon à former chacun une grande usine complète qui arme, désarme, répare et ravitaille les navires de guerre. Ce système est très dispendieux, il est contraire à la loi naturelle de la division du travail, il est suranné, il nuit (ce qui est plus grave) à la rapidité de la construction des navires, l'un des éléments les plus importants de la puissance maritime d'un pays. La méthode la plus simple, la plus économique, la plus expéditive serait peut-être de commander nos vaisseaux à l'industrie privée, comme nous lui demandons des locomotives, ou dans certains cas, des canons. A défaut de cette réforme hardie, il en est une autre qui paraît mûre et acceptée de tous, c'est la spécialisation de nos ports de guerre. Deux d'entre eux seraient affectés aux armements et désarmements, aux ravitaillements et aux réparations, deux autres, aux constructions en bois, le cinquième aux constructions en fer. On obtiendrait ainsi de grandes réductions dans les dépenses comme dans le personnel. Les frais généraux notamment pourraient être diminués de 40 pour 100.

Quant aux ports eux-mêmes, ils n'exigeraient pas d'efforts excessifs pour devenir excellents chacun en son genre. *Toulon* serait irréprochable à tous égards s'il était assaini et soustrait ainsi au retour d'épidémies périodiques. A *Rochefort*, il faudrait creuser un canal de 9 à 10 mètres de profondeur et de 20 kilomètres de longueur, afin de rendre le port accessible même à marée basse, car Rochefort est indispensable ; s'il n'existait pas, il faudrait le créer ; il est le seul abri qui puisse s'offrir à une flotte sur le littoral de l'Atlantique, au sud de Brest. *Lorient*, comme port de constructions, est à peu près suffisant. A *Brest*, la construction d'un port neuf sur la rade devient de jour en jour plus urgente. *Cherbourg* enfin devrait être complété, muni de quelques défenses nouvelles, pourvu d'améliorations d'ailleurs projetées, notamment la possibilité de communiquer en tout temps du port à la rade. Ces travaux secondaires se rendraient satisfaisant de tous points et digne de son rôle, qui est capital. De même que sur le continent, c'est au nord-est qu'il faut regarder et veiller, de même sur mer c'est au nord-ouest que nous devons orienter nos moyens les plus puissants de défense.

Préfectures maritimes. — Chacun de nos cinq ports de guerre a pour commandant en chef un vice-amiral appelé *préfet maritime*. Les préfets maritimes ont sous leur commandement direct une certaine étendue de côtes, ce qui constitue les **cinq arrondissements maritimes** : *Toulon, Rochefort, Lorient, Brest, Cherbourg*. Ces arrondissements se subdivisent en *sous-arrondissements*, partagés eux-mêmes en *quartiers*, puis en *sous-quartiers*.

Inscription maritime. — Les subdivisions maritimes n'ont été créées que pour *l'administration des gens de mer*, et afin de faciliter les *levées* des inscrits.

Tout individu qui se livre à la pêche ou qui embarque sur un navire comme matelot est *homme de mer* et de droit *inscrit*.

Tous les hommes de mer âgés de 18 à 50 ans sont assujettis à l'inscription maritime. Cette inscription leur crée les obligations et les avantages qui suivent :

1° Obligations des inscrits. — Ils ne peuvent quitter leur résidence ou en changer sans prévenir le commissaire du quartier.

Tout marin inscrit est appelé au service des bâtiments de guerre lorsqu'il a atteint 20 ans révolus.

La première période obligatoire de service est de 5 *ans*. En temps de paix ils ne font pas plus de 48 mois de service.

Après cette première période de service et jusqu'à 50 ans, les inscrits ne peuvent être rappelés au service que par décret du pouvoir exécutif.

Au delà de 50 ans ils sont libres de tout rappel.

2° Avantages. — Les inscrits ont seuls le *droit* d'exercer la navigation maritime.

Ils sont dispensés de tout service public autre que celui de l'armée navale et des arsenaux maritimes. Pendant la durée du service ils sont exempts du logement des gens de guerre.

Ils sont également dispensés de la tutelle.

Il est alloué un secours de 10 centimes par jour à tout enfant de marin inscrit tué au service.

Positions navales nécessaires. — Ce n'est pas tout que d'avoir une marine, il faut qu'elle puisse librement évoluer sur les mers du globe, qu'elle y possède des ports de refuge et de ravitaillement, qu'elle puisse en temps de guerre, protéger nos colonies et menacer celles de l'ennemi.

1° Pour tenir en échec Gibraltar et Malte et intercepter au besoin la route directe des Indes par Suez, il nous faut un port militaire en Tunisie. Le meilleur serait *Bizerte*.

2° Pour tenir en échec le Cap, Maurice et les Seychelles et intercepter la route des Indes par le Cap, *Diégo Suarez*, à Madagascar, est tout désigné.

3° Pour tenir en échec Singapour, Hong-Kong et intercepter la route des Indes, par Panama, *Saïgon*, en Cochinchine, est le seul port possible.

Il est grand temps de rendre imprenables ces trois positions navales nécessaires à notre marine.

Quel sera le navire de combat de l'avenir ? — L'évolution de l'art naval se produit sous nos yeux avec des progrès et des retours surprenants et dans des directions inattendues. Pendant plusieurs années, la lutte avait paru circonscrite entre les cuirassés et les canons. Mais le problème s'est compliqué de données nouvelles. Les cuirassés sont devenus si lourds que les vaisseaux en bois ont repris faveur : ils sont seuls capables de servir de croiseurs, de fournir une course longue et rapide. D'autre part le cuirassé a maintenant un ennemi redoutable, le torpilleur. Le cuirassé a pour lui sa carapace gigantesque et invulnérable, ses canons prodigieux qui manœuvrent avec aisance et précision des tourelles ou derrière des parapets d'acier, son éperon terrible auprès duquel les rostres antiques n'étaient que des joujoux. Il a contre lui ses dimensions mêmes, son tirant d'eau qui l'empêche de s'approcher des côtes, son poids énorme qui rend les manœuvres plus longues et plus difficiles. Il a surtout contre lui le torpilleur. Celui-ci, svelte, léger, rapide comme un poisson, presque imperceptible, glisse à la surface de l'eau, s'approche sans bruit du cuirassé, lance sa torpille ; et tout à coup le flanc du colosse s'entr'ouvre, l'eau s'y précipite, il est perdu. En vain pour écarter ce perfide ennemi, a-t-on imaginé d'entourer à distance les cuirassés d'une ceinture de filets d'acier: il suffit d'un oubli, d'une négligence ou encore d'un coup de mer inattendu pour rendre toute précaution illusoire. D'autre part le torpilleur, à cause de son exiguité, est incapable de résister à un trop gros temps. Il rendra d'inestimables services pour protéger les côtes : on n'imagine pas une escadre de torpilleurs voyageant à de grandes distances. Mais voici qu'on invente de nouveaux types de navires : le torpilleur électrique qui peut se passer de charbon et naviguer invisible entre deux eaux; je veux circonscrire ici, qui a la prétention de remplacer à la fois les cuirassés et les croiseurs, d'unir la résistance à la célérité. Ses flancs au lieu d'être bardés de fer sont garnis intérieurement d'une matière *obturante*, la cellulose amorphe que fournit avec une abondance extraordinaire le cocotier des Indes. Cette matière merveilleuse est douée d'une telle élasticité qu'elle rebouche automatiquement. Instantanément, les trous et les brèches, s'imbibe, se gonfle forme un mur impénétrable à l'invasion des flots. Elle est si légère qu'elle allège les navires tout en les protégeant. Le navire insubmersible est peut-être le navire de guerre de demain.

Régions militaires de la France

PREMIÈRE RÉGION. — Ch.-l. LILLE.	2ᵉ RÉGION. — Ch.-l. AMIENS.
Places fortes :	*Places fortes :*
Douai.	Péronne.
Dunkerque.	Citadelle de Laon.
Gravelines.	Citadelle d'Amiens.
Bergues.	Château de Guise.
Calais.	La Fère.
Saint-Omer.	*Fort d'Hirson et forts* de la position de Laon.
Aire.	La Fère.
Lille.	*Établissement militaire :*
Citadelle d'Arras.	La Fère (arsenal).
Condé.	
Bouchain.	3ᵉ RÉGION. — Ch.-l. ROUEN.
Valenciennes.	
Le Quesnoy.	*Places fortes :*
Maubeuge.	Le Havre.
Citadelle de Cambrai.	*Batteries de* côte de Dieppe et du Havre
Landrecies.	
Forts de la frontière du nord et *Batteries de côte* de Dunkerque et Boulogne.	*Établissement militaire* Vernon (ateliers de construction).
Établissement militaire : Douai (arsenal).	

L'ALSACE-LORRAINE

NOMENCLATURE

Superficie. — 15 000 kil. car.
Population. — 1 600 000 hab. (108 par kil. c.).
Divisions administratives. — 3 districts : Haute-Alsace, ch. l. Colmar ; — Basse-Alsace, ch. l. Strasbourg ; — Lorraine, ch. l. Metz.
Budget. — 50 millions.
Contribution matriculaire à l'empire. — 4 millions 1/2.
Dette contractée depuis l'annexion. — 25 millions.
Principales villes. — Strasbourg : 105 000 hab. ; — Mulhouse : 70 000 ; — Metz : 53 000 ; — Colmar : 25 000.

~~~ **Une habitude des géographes allemands.** — Longtemps avant que la guerre de 1870-71 nous eût arraché l'Alsace et la Lorraine, les enfants des écoles d'outre-Rhin avaient appris que ces deux provinces étaient des membres détachés de la grande patrie germanique.

Aujourd'hui même, l'ambition des géographes allemands n'est pas satisfaite. Pour eux, ni les Flamands, ni les Bretons, ni les Basques ne sont Français ; ils retranchent encore de la nation des Juifs, des Italiens, des Bohémiens et des Cagots. Ils découvrent des Allemands dans toutes nos provinces : Champenois, Normands, Bourguignons leur semblent sinon des frères, du moins des cousins qui pourront un jour rentrer dans la famille. Le Languedoc et la Provence, à les entendre, ont reçu eux-mêmes un fort baptême de sang germanique, auquel leurs habitants doivent toutes leurs qualités. Il ne reste guère de vraie France que l'Île-de-France : c'est, disent-ils, *la farce du pâté français, ferment de pourriture qui a réussi lentement à faire lever et corrompre le reste ; le vrai pays gaulois, dont la légèreté, l'inconstance, la folie se sont étendues, pour les gangrener, aux parties les plus nobles de la France*[1].

Nous n'avons point en France de semblables habitudes de sentiment ni de langage. Mais la perte de l'Alsace-Lorraine est pour nous une blessure saignante : nous ne devons pas plus oublier cette malheureuse province qu'elle ne nous oublie. La bien connaître, c'est apprendre combien elle reste étroitement unie à la patrie française, c'est l'aimer davantage.

~~~ **La nouvelle frontière.** — La nouvelle frontière nous a enlevé le département du Haut-Rhin, moins l'arrondissement de Belfort, tout le département du Bas-Rhin, les cantons de Saales et Schirmeck détachés du département des Vosges, tout le nord-est de la Meurthe, et la Moselle, moins une partie de l'arrondissement de Briey. Elle traverse la trouée de Belfort, suit les Vosges jusqu'au Donon ; elle nous prend la source de la Sarre, rejoint la Seille au sud de Château-Salins, nous laisse sur la rive droite le canton de Nomeny, puis gagne et traverse la Moselle et se dirige enfin vers le nord, pour rejoindre la frontière luxembourgeoise tout près de la Belgique.

---

[1] Ces expressions sont empruntées au *Manuel de Géographie de Hummel* (1870), livre destiné aux *familles allemandes*.

CARTE MILITAIRE
FORTERESSES
RÉGIONS DE CORPS D'ARMÉE
Arrondissements Maritimes.

GOUVERNEMENT DE **PARIS**.
Établissements militaires :
Le Bouchet (poudres).
Meudon (aérostation).
Puteaux (ateliers de construction).
Saint-Cyr (école).
Paris (écoles).
Versailles (écoles et arsenal).
Vincennes (écoles et arsenal).
Camp : Satory.

2ᵉ RÉGION. — Ch.-l. **LE MANS**.
Établissements militaires :
Rambouillet (école).
La Flèche (école).

3ᵉ RÉGION. — Ch.-l. **ORLÉANS**.
Places fortes :
Forts projetés à Montereau.
Établissement militaire :
Fontainebleau (École).

6ᵉ RÉGION. — Ch.-l. **CHALONS-SUR-MARNE**.
Places fortes :
Givet.
Rocroi.
Montmédy.
Langwy.
Reims.
Verdun.
Toul.
Épinal.
Fort de Manonvillier.
Forts du front de la Meuse et de la haute Moselle.
Forts projetés à Épernay et à Nogent-s-Seine.
Camp : Châlons (Mourmelon).

7ᵉ RÉGION. — Ch.-l. **BESANÇON**.
Places fortes :
Langres.
Belfort.
Besançon.
Forts de la trouée de Belfort et du Jura.
Camps : Sathonay, La Valbonne.
Établissement militaire :
Besançon (arsenal).

8ᵉ RÉGION. — Ch.-l. **BOURGES**.
Places fortes :
Dijon.
Auxonne.
Établissements militaires :
Bourges (pyrotechnie et fonderie, arsenal).
Avor (École).
Guérigny (forges).

9ᵉ RÉGION. — Ch.-l. **TOURS**.
Établissements militaires :
Saumur (École).
Châtellerault (Manufac. d'armes).
Angers (Ateliers de construct.).
Saint-Maixent (école).
Camp : Le Ruchard.

10ᵉ RÉGION. — Ch.-l. **RENNES**.
Places fortes :
Saint-Malo.
Batteries de côte de La Hougue à Saint-Malo.
Établissement militaire :
Rennes (arsenal).

11ᵉ RÉGION. — Ch.-l. **NANTES**.
Places fortes :
Brest (Ch.-l. de Préfecture maritime).
Forts des Alpes.
Établissement militaire :
Lorient (Ch.-l. de Préfecture maritime).
Le Palais (Belle-Île).
Batteries de côte de Brest aux Sables-d'Olonne.

Établissement militaire :
Indret (ateliers de la marine).

12ᵉ RÉGION. — Ch.-l. **LIMOGES**.
Établissements militaires :
Ruelle (Fonderie).
Tulle (Manufact. d'armes).

13ᵉ RÉGION. — Ch.-l. **CLERMONT-FERRAND**.
Établissements militaires :
Saint-Étienne (Manufac. d'armes).
Billom (école).

14ᵉ RÉGION. — Ch.-l. **GRENOBLE**.
Places fortes :
Lyon (gouvernement militaire à part).
Grenoble.
Briançon.
Embrun.
Mont-Dauphin.
Forts des Alpes.
Établissement militaire :
Lyon (arsenal).

15ᵉ RÉGION. — Ch.-l. **MARSEILLE**.
Places fortes :
Toulon (Ch.-l. de pref. maritime).
Colmar.
Sisteron.
Entrevaux.
Nice.
Forts des Alpes et Batteries de côte de Villefranche à Marseille.
Établissement militaire :
Avignon (atel. de construction).

16ᵉ RÉGION. — Ch.-l. **MONTPELLIER**.
Places fortes :
Perpignan.
Belgarde.
Villefranche.
Mont-Louis.
Prats-de-Mollo.
Forts des Pyrénées-Orientales et batteries de côte de Cette à Port-Vendres.

17ᵉ RÉGION. — Ch.-l. **TOULOUSE**.
Établissement militaire :
Toulouse (arsenal).

18ᵉ RÉGION. — Ch.-l. **BORDEAUX**.
Places fortes :
Presque toutes les villes sont entourées de murs.
La Rochelle.
Le Château d'Oléron.
Bayonne.
St-Jean-Pied-de-Port.
Rochefort (Ch.-l. de préfect. maritime).
Forts d'Urdos.
Forts et Batteries de la Gironde et de la Charente.
Établissement militaire :
Tarbes (arsenal).

(15ᵉ RÉGION).
ÎLE DE CORSE.
Places fortes :
Bastia.
Citadelle d'Ajaccio.
Bonifacio.
Corte.
Forts de Vizzanova.

19ᵉ RÉGION. — Ch.-l. **ALGER**.
Places fortes :
Oran.
Alger.
Bone.

L'ALSACE-LORRAINE.

Géographie physique. — Comme son nom l'indique, l'Alsace-Lorraine se compose de deux régions distinctes. L'Alsace est la moitié occidentale de la grande vallée rhénane entre Bâle et la Lauter. C'est un pays plat où l'Ill recueille, pour les porter au Rhin, la plus grande partie des eaux qui forment les petites rivières torrentielles des hautes et pittoresques vallées Vosgiennes.

La Lorraine annexée occupe une partie du plateau adossé aux Vosges, que caractérisent les *houilles* de la Sarre et les *salines* de la Seille; c'est un pays beaucoup plus élevé, plus rude et moins riche que l'Alsace.

Réunion à la France. — Dans la partie de la Lorraine, aujourd'hui perdue, se trouvent en tout ou en partie, l'évêché de Metz, conquis par Henri II en 1552; le Luxembourg français (Thionville), cédé par l'Espagne, au traité des Pyrénées, en 1659; la Lorraine allemande (pays de la Sarre), acquise par le traité d'Utrecht (1713).

Quant à l'Alsace, les traités de Westphalie (1648), nous en avaient donné la partie méridionale; la ville libre et impériale de Strasbourg fut occupée en 1681, l'évêché acquis au traité de Ryswick (1697). La Révolution réunit diverses parties de la province qui étaient restées aux princes de Wurtemberg, de Deux-Ponts et de Bade, et, en 1798, la république de Mulhouse demanda elle-même l'annexion.

Déjà avant 1871, les traités de 1815 nous avaient enlevé Landau et les places fortes de la Sarre. Nous faisant perdre le reste, Napoléon III n'a donc fait qu'achever l'œuvre de Napoléon Ier.

Ethnographie. — La frontière des langues en Lorraine court un peu au sud de la frontière politique antérieure à 1870. En 1875, sur 1 200 000 Lorrains, 400 000 au moins ignoraient l'allemand. En Alsace (800 000 h.) le dialecte est allemand; mais plusieurs vallées des Vosges parlent exclusivement le français. La France, d'ailleurs, n'avait presque rien fait pour propager sa langue. *Ce respect de la langue natale, quelque regrettable qu'il soit aujourd'hui, est peut-être une des causes qui lui ont le plus attaché les Alsaciens.* A la veille de la guerre, ils étaient depuis longtemps français de cœur et d'adoption. Les Lorrains n'avaient jamais cessé de l'être.

Prospérité sous le régime français. — Les traités de Louis XIV avaient maintenu en Alsace la plupart des anciennes institutions germaniques; elles furent supprimées par la Révolution, et les guerres de la République et de l'Empire resserrèrent encore l'union entre les deux versants des Vosges.

La liste est longue des patriotes illustres de Lorraine et d'Alsace (voir ci-après). C'est à Strasbourg, chez le maire, M. de Dietrich, qu'un jeune officier du génie, Rouget de l'Isle, chanta pour la première fois la *Marseillaise*, qu'il venait d'improviser. Cette ode guerrière, qui est devenue l'hymne civique de la France, s'appela d'abord, à cause de son origine, le chant de *l'Armée du Rhin*.

Enfin l'Alsace participait glorieusement avant 1870 à la vie économique de la France. Pays de culture intensive (lin, tabac, houblon), elle l'emportait, par sa prospérité agricole, sur l'Angleterre et la Saxe, et ne connaissait de rivales que la Flandre et la Belgique. Par ses usines métallurgiques, par ses filatures et ses tissages de laine et de *coton*, par le caractère tout français de son grand centre industriel, Mulhouse, par ses produits chimiques de *Thann*, sa bière de *Strasbourg*, elle alimentait notre marché, elle avait des clients dans la France entière.

Nouvel état économique. — En transportant la frontière du Rhin aux Vosges et à la Seille, le traité de Francfort a complètement changé les conditions d'existence de l'Alsace-Lorraine. Ce pays s'est trouvé tout d'un coup *privé de ses débouchés naturels* par une ligne douanière; il est aujourd'hui réduit à faire concurrence au delà du Rhin aux produits de l'Allemagne, moins beaux assurément mais aussi moins chers que les produits français.

En même temps, ses charges ont augmenté. *La nouvelle administration allemande coûte trois fois plus que l'administration française.* L'Alsace-Lorraine rapportait 65 millions à la France et en coûtait 90 par an; elle a été cédée libre de dettes; aujourd'hui elle en a une de 25 millions; en outre, après quatre ans de régime allemand, le budget de l'Alsace-Lorraine avait déjà un déficit de 10 millions.

Nouvel état social. — Au pénible malaise causé par le changement d'administration s'ajoute l'incertitude et l'obscurité des lois nouvelles.

L'*interdiction du français* dans les écoles, les tribunaux et les assemblées politiques a troublé profondément les habitudes et les relations.

Mais le plus cruel fléau de l'annexion a été le dépeuplement causé par les options et l'*émigration en France*. En 1870, l'Alsace-Lorraine avait 1 600 000 habitants; dès 1871, elle n'en comptait plus que 1 517 000; en 1875, malgré l'immigration allemande, elle en a encore perdu 18 000, en dépit des efforts du gouvernement allemand, plus de 250 000 Alsaciens-Lorrains se sont expatriés.

La plupart sont des jeunes gens qui ne voulurent point servir sous les drapeaux germaniques.

En 1878 et 1879, plus de 15 000 inscrits ne se sont pas présentés à l'autorité militaire.

L'accroissement de la population de Strasbourg (104 000 habitants au lieu de 84 000 en 1871), de Mulhouse (70 000 au lieu de 58 000) et d'autres villes ne doit pas tromper; il est dû à l'*immigration allemande*.

Fig. 63. — Vue de Metz.

Nouvel état politique. — L'Alsace-Lorraine (*Elsass-Lothringen*) est terre d'empire (*Reichsland*); elle semble depuis 1879 jouir de son autonomie, et, depuis 1874, elle est représentée au parlement allemand. Ce ne sont là que des apparences. Le gouverneur général (*Statthalter*), délégué de l'empereur, possède tous les droits que donne *la loi française de 1849 sur l'état de siège*; les fonctionnaires sont tous allemands et les directeurs d'arrondissements (*Kreisdirectoren*) absolument maîtres dans leur circonscription. La délégation provinciale (députés au *Reichstag*) est en réalité impuissante; viciée dans son origine par la nécessité du serment de fidélité à l'empereur, elle n'a point la garantie de l'inviolabilité qui fait seule l'indépendance. *Tous les députés appartiennent au* parti de la protestation : en 1881, ils ont réuni 146 000 voix au lieu de 114 000 en 1878.

Situation de l'Alsace-Lorraine en Allemagne. — Glacis de l'Allemagne contre une tentative de revanche (on a dépensé plus de 500 millions en travaux militaires), l'Alsace-Lorraine est comme le gage de la durée du nouvel empire germanique : c'est pour le garder que doit subsister l'énorme machine militaire qui a fondé et qui soutient la domination prussienne. Mais aujourd'hui, mieux que jamais, l'Alsace-Lorraine, en dépit de l'annexion, se sent française dans le cœur. *L'Allemagne a complètement échoué dans son œuvre de germanisation.*

Les hommes illustres d'Alsace-Lorraine. — Quelques-uns furent des artistes, la plupart des hommes d'action, tous des patriotes. *Metz* a produit au XVIIe siècle, le général Fabert et le graveur Leclerc, au XVIIIe, les généraux Custine, Lassalle, Paixhans, le ministre Bouchotte, le diplomate Barbé-Marbois, l'aéronaute Pilâtre de Rozier, de nos jours Ambroise Thomas, le peintre Maréchal et le chimiste Barral. — A *Dieuze*, naquit Edmond About; — à *Eschwiller*, le peintre Yvon; — à *Sarrelouis*, le maréchal Ney; — à *Sarreguemines*, Moutalivet. *Strasbourg*, est la patrie de Kellermann, un des vainqueurs de Valmy, de Kléber, du préfet Valentin; *Phalsbourg*, du romancier Erckmann et du général Ulrich; *Colmar*, du conventionnel Rewbell, du maréchal Lefebvre, duc de Dantzig; — *Obernai*, de Mgr Freppel; — *Bernwiler*, du peintre Henner; — *Molsheim*, du général Westermann; — *Mulhouse*, des Dolfus et des Kœchlin, les fondateurs de l'industrie alsacienne.

Protestation des députés de l'Alsace et de la Lorraine, lue à la tribune de l'Assemblée nationale, à Bordeaux, le 1er mars 1871, par M. Grosjean :

« Les représentants de l'Alsace et de la Lorraine ont déposé, avant toute négociation de paix, sur le bureau de l'Assemblée nationale, une déclaration affirmant de la manière la plus formelle, au nom de ces provinces, leur volonté et leur droit de rester françaises.

» Livrés, au mépris de toute justice, et par un odieux abus de la force, à la domination de l'étranger, nous avons un dernier devoir à remplir. Nous déclarons encore une fois nul et non avenu un pacte qui dispose de nous sans notre consentement. La revendication de nos droits reste à jamais ouverte à tous et à chacun dans la forme et dans la mesure que notre conscience nous dictera.

» Au moment de quitter cette enceinte, où notre dignité ne nous permet plus de siéger, et malgré l'amertume de notre douleur, la pensée suprême que nous trouvons au fond de nos cœurs est une pensée de reconnaissance pour ceux qui, pendant six mois, n'ont pas cessé de nous défendre, et d'inaltérable attachement à la patrie dont nous sommes violemment arrachés. Nous vous suivrons de nos vœux et nous attendrons avec une confiance entière dans l'avenir, que la France régénérée reprenne le cours de sa grande destinée.

» Vos frères d'Alsace et de Lorraine, séparés en ce moment de la famille commune, conserveront à la France, absente de leurs foyers, une affection filiale, jusqu'au jour où elle viendra y reprendre sa place. »

CHAPITRE V. — GÉOGRAPHIE DE LA FRANCE EXTÉRIEURE

L'ALGÉRIE

NOMENCLATURE.

Superficie. — 418 000 kil. car. Limite sud indéterminée (France : 529 000).
Population. — 3 360 000 hab. (France : 38 millions).

Il n'y a en Algérie que 10 hab. par kil. car. (France : 71). — Sur la population totale, il y a 86 0/0 d'indigènes, 7 0/0 *de Français* 5 0/0 d'étrangers (*Espagnols* surtout).

Divisions administratives. — L'Algérie est divisée en 3 *départements* comprenant chacun un *territoire civil* administré par un préfet et des sous-préfets et un *territoire militaire* administré par un général faisant fonctions de préfet. A la tête de la colonie se trouve un gouverneur civil.

Le département d'*Alger* a pour ch.-l. Alger et pour sous-préf. Médéa, Miliana, Orléansville, Tizi-Ouzou.

Le département d'*Oran* a pour ch.-l. Oran et pour sous-préf. Mascara, Mostaganem, Sidi-bel-Abbès, Tlemcen.

Le département de *Constantine* a pour ch.-l. Constantine et pour sous-préf. Bone, Bougie, Guelma, Philippeville, Sétif.

Budget. — 35 millions (compris dans le budget français).

Villes principales. — *Alger* (70), port sur la Méditerranée, résidence du gouverneur de l'Algérie ; — *Oran* (60), port de commerce important ; — *Constantine* (40), — *Bone* (30).

Productions. — les céréales, le minerai de fer, l'*alfa*, la vigne.

Commerce extérieur. — Près de 500 millions de francs (France : 10 milliards).

Commerce avec la France. — Près de 300 millions.

Mouvement de la navigation. — 3 450 000 tonneaux (France : 20 millions).

Chemins de fer. — 2 000 kil. (France : 32 000).

Aperçu historique. — La partie des pays barbaresques qui formait la régence d'Alger appartient aujourd'hui à la France. C'était un foyer de piraterie que les principales nations maritimes avaient déjà attaqué à plusieurs reprises, depuis le commencement du seizième siècle. Enfin, en 1827, le dey ayant insulté notre consul, la France entreprit la conquête du pays : commencée en 1830, cette conquête a duré plus de 25 ans.

Aujourd'hui, la possession de l'Algérie est assurée jusque dans le Sahara, à 800 kilomètres de la côte ; partout la résignation remplace peu à peu la haine ; plus de 400 000 colons européens, dont la moitié Français, sont venus s'établir dans le pays. Depuis 1870, l'Algérie n'est plus une colonie, mais un prolongement de la France en Afrique.

Situation et superficie. — Située à la même latitude que la Syrie et la Californie, l'Algérie s'étend sur une longueur de 1 000 kilomètres, en face de l'Espagne, de la France et de l'Italie. La distance moyenne entre la France et l'Algérie est de 190 lieues, on va en 36 heures de Marseille à Alger.

La superficie totale de l'Algérie égale actuellement les 4/5 de celle de la France, si l'on ne tient compte que des contrées réellement soumises à notre autorité.

Structure générale. — L'Algérie comprend, du nord au sud, trois zones distinctes, parallèles à la côte :

1° Une partie très fertile, le *Tell*, situé entre la mer et la région des hauts plateaux, formé par le massif de l'Atlas tellien, entrecoupé de vallées et de plaines. Le point culminant de l'Atlas tellien est le Lalla Khadidja (2 308 mètres), dans le Djurjura ;

2° La région des *hauts plateaux*, élevés de 1 000 mètres au-dessus de la mer, bordés au Nord par l'Atlas tellien, au sud par l'Atlas saharien. Le principal massif de cette dernière chaîne est l'Aurès, où le *Djebel-Chelia* atteint 2 312 mètres ;

3° Le *désert* ou région saharienne, où les plateaux (*hamadas*) alternent avec des vallées sablonneuses.

Les eaux et leur écoulement. — Malgré le voisinage de la mer, le climat de l'Algérie est en grande partie déterminé par les vents secs et chauds qui viennent du Sahara. Sur la côte il ne pleut qu'en hiver, et, l'été, il y a plusieurs mois de sécheresse absolue ; plus on va vers le midi, moins il pleut : à In Salah (p. 189), il pleut environ tous les 20 ans.

La plupart des cours d'eau ne sont que des torrents presque toujours à sec pendant l'été (Roumel, au pied de Constantine ; Seybouse, près de Guelma, etc.), et les lagunes d'*eaux stagnantes* sont très fréquentes, *surtout sur les plateaux*. Le *Chéliff* est le seul fleuve originaire des plateaux qui parvienne jusqu'à la mer ; toutes les autres eaux se perdent *dans les chotts salés* Gharbi, Chergui, Hodna, etc. (région des hauts plateaux).

Dans le Sahara, toutes les eaux aboutissent de même dans une vaste lagune, le chott Melghir ; et, sauf pendant les pluies d'orage, les rivières coulent *sous* les amas de sable dont les vents ont recouvert leur lit ; on est obligé de creuser des puits artésiens pour ramener les eaux à la surface du sol et arroser les *oasis*.

Climat. — Le climat de l'Algérie est surtout *continental*. Cependant, les régions montagneuses, telles que la Kabylie, doivent au voisinage de la mer un climat tempéré analogue à celui de la France.

Dans le Sahara, la chaleur est excessive de mai à octobre, et dépasse parfois 50 degrés au-dessus de zéro ; en hiver, le thermomètre descend au-dessous de zéro la nuit, pour remonter au jour jusqu'à 25 degrés au-dessus. En général, plus on s'avance vers le sud, plus la différence est grande entre la température à l'ombre et la température au soleil, entre celle de la nuit et celle du jour.

Productions agricoles et minérales. — La végétation *forestière*, peu nourrie, dévastée depuis des siècles par les nomades, s'est conservée principalement sur les montagnes de l'est, où les pluies sont le moins rares.

A l'ouest, c'est la végétation *herbacée* qui domine : on y exploite l'alfa qui sert à faire des nattes, des papiers et des cartons (1).

Le *Tell*, dont on étend souvent le nom à toutes les terres naturellement arrosées par les pluies, se prolonge assez loin dans le sud-est ; il est grand comme le quart de la France et

---

(1) L'usage qu'en fait l'industrie s'accroît tous les jours ; c'est une des grandes richesses de l'Algérie.

produit surtout du *blé*. On y plante beaucoup de vigne, depuis que le phylloxera ravage le midi de la France et l'Espagne.

Le *Sahara*, dont le nom désigne par opposition toutes les régions qu'il est nécessaire d'irriguer comprend les plateaux de l'ouest et le Sahara proprement dit. Les pâturages y dominent. Il est semé en outre de belles oasis de *dattiers*.

L'Algérie possède des marbres de toutes sortes, du sel gemme, du *fer* en abondance, du cuivre, du plomb, du zinc ; mais, *faute de charbon de terre*, elle est obligée d'exporter ses minerais bruts.

La colonisation et les villes. — Le seul aspect des villes algériennes résume aux yeux du voyageur l'heureux effort de la colonisation européenne. *Nemours* est une sentinelle avancée à l'ouest. *Béni-Saf* et ses minerais, *Aïn-Témouchent* et ses minoteries sont de petits centres déjà très vivants. Le port d'*Oran* a toute l'activité et la croissance rapide d'une cité américaine. *Mostaganem* est à demi-européen. *Bel-Abbès*, fraîche colonie agricole, est un centre commercial important ; *Saïda*, le rendez-vous des Alfatiers. *Perrégaux*, *Relizane*, *Orléansville*, jalonnent la riche plaine du Chéliff ; *Ténès* et *Cherchel*, le littoral du Dahra.

Tlemcen et ses jardins enclos de roses, *Médéa* et ses arbres fruitiers d'Europe, *Mascara*, en face de l'Ouassenis, *Miliana* et ses sources bruissantes dominent du haut l'amphithéâtre des monts telliens. *Blida*, parfumée d'orangers, *Bouffarik* sous le dôme de ses platanes, *Fondouk*, *l'Arba*, *Koléa*, *Marengo*, *Mouzaïaville*, *Douéra*, *Chéragy*, *Maison-Carrée* sont des villes toutes françaises par le climat, la féconde Mitidja. *Alger*, capitale de la civilisation franco-africaine a bien près de 100 000 habitants avec sa ceinture de faubourgs et de villas. *Ménerville*, sur l'Isser, *Tizi-Ouzou* et le petit port de *Dellys* dans la grande Kabylie, *Aumale* qui domine le Biban, *Bou-Arérïdj* et *Sétif* assises sur les hauts plateaux, *Bougie* et *Djidjelli*, au bord des flots sont de plus en plus envahies par les colons.

Constantine, grenier des blés de l'est, et son port de *Philippeville*, *Bône*, dont l'initiative hardie rappelle Marseille, ont chacune de 16 à 20 000 européens. La *Calle* en a 4800, *Guelma*, 2 400, *Aïn-Mokra*, 1 500, sans compter la population indigène. Enfin, dans l'une des régions les plus boisées, les mieux arrosées, les plus tempérées et les plus françaises par le climat, *Soukharas* possède 3 700 colons et *Tebessa*, cité naissante d'un grand avenir, en a déjà 1 000. Ainsi les centres de colonisation forment d'une frontière à l'autre une chaîne ininterrompue, bientôt aussi solide que les montagnes de l'Atlas.

Population. — Sur 3 360 000 habitants, il y a 2 800 000 indigènes : *Berbères* (anciens habitants du pays), dans les montagnes ou surtout en Kabylie ; *Arabes* (conquérants du septième et du quinzième siècle), dans les plaines ; *Maures* (population issue du mélange de toutes les races, dans les villes ; quelques *Turcs* (conquérants du seizième siècle) et des *nègres* (anciens esclaves, importés du Soudan).

Les *Européens* sont déjà plus de 400 000, en majorité *Français* ; mais il y a plus d'Espagnols que de Français dans la province d'Oran, et

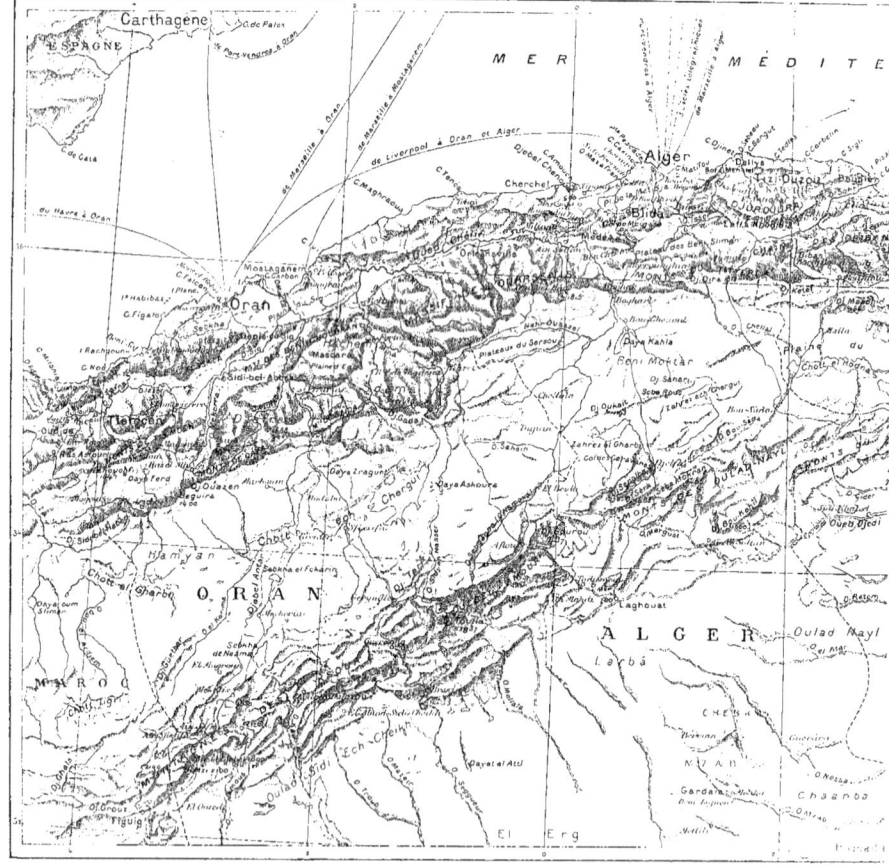

beaucoup d'Italiens dans celle de Constantine.
Les *Israélites*, qui dépassent 30 000, sont naturalisés Français.
De 1852 à 1872, la population européenne a augmenté de 85 pour 100, proportion supérieure à celle des États-Unis dans la même période et qui n'est dépassée que par celle de l'Australie.

~~~ **Présent et avenir de l'Algérie.** — L'Algérie est riche en productions de toutes sortes, et, presque partout, se prête à l'acclimatation des colons français, surtout si ceux-ci appartiennent aux montagnes ou aux plages du Midi. Nous y avons entrepris d'immenses travaux ; nous y avons apporté notre langue, nos idées, organisé la justice, fondé nombre d'écoles. L'Algérie a été notre plus belle conquête du dix-neuvième siècle, elle sera une de nos plus précieuses ressources dans l'avenir.

LA TUNISIE
NOMENCLATURE.

La Régence de Tunis est *sous le protectorat français*.
Superficie. — 118 000 kil. carr. (Près du quart de la France).
Population. — 2 100 000 hab. (France : 38 millions).
Budget. — 15 millions (France : 3 milliards et demi).
Dette. — 125 millions (France : 20 milliards).
Ville principale. — Tunis (125), capitale de la Régence.
Religion dominante. — Le mahométisme.
Productions. — Les *céréales* forment la moitié des exportations tunisiennes.
Commerce extérieur. — 145 millions de francs (France : 10 milliards).

Mouvement des ports. — 500 000 tonneaux (France : 20 millions).
Tonnage de la marine marchande. — 25 000 tonneaux (France : 1 million).
Chemins de fer. — 250 kil. (France : 32 000).

~~~ **Configuration physique.** — La Tunisie est aujourd'hui placée sous le *protectorat effectif*, c'est-à-dire sous la domination de la France. Par sa situation et sa configuration géographiques, la Tunisie n'est que le *prolongement de l'Algérie*.

Le massif de l'Atlas s'y termine en présentant toujours le même relief : d'abord les montagnes *côtières* s'étagent en systèmes parallèles jusqu'aux hauts plateaux, avec une profonde et fertile vallée, celle de la *Medjerdah*, l'ancien Bagradas ; ensuite, les *hauts plateaux* s'abaissent, en se rétrécissant, vers le nord-est jusqu'au golfe de Tunis ; point de *chotts*,

parce que la cuvette n'est plus assez vaste, mais un *oued* intermittent, l'oued *Mellègue*, qui ne porte le tribut de ses eaux à la Medjerdah que dans la saison des pluies.

Enfin, au sud, les hautes montagnes de l'*Aurès* se terminent avec des cimes de 1 500 mètres au nord des plaines et du golfe de *Hammamet* et projettent vers la Sicile la péninsule élevée du cap *Bon*.

Le massif de l'Atlas est séparé lui-même du désert par la partie la plus large de la *dépression* qui commence à *Laghouat*, et va en s'évasant vers l'est jusqu'au golfe de *Gabès*. Des *chotts* y étaient, quelques-uns *au-dessous du niveau de la mer*, leur surface toute blanche d'efflorescences salines et forment vers le sud une excellente frontière naturelle.

Climat et fécondité naturelle. — La Tunisie jouit d'un *climat* analogue à celui de la province de Constantine, plus abondamment arrosée par les pluies que ses voisines de l'Ouest.

Aussi la Tunisie a-t-elle été jadis l'un des pays les plus fertiles du monde ; le blé y donnait plus de cent pour un, et Carthage, dont on a retrouvé les ruines non loin de Tunis, dut sa prospérité, autant à la *richesse* de son territoire qu'à l'étendue de son *commerce* avec l'étranger.

Rome à son tour sut tirer un excellent parti de cette fécondité du sol ; elle aménagea les eaux ; elle construisit des *aqueducs*, des *réservoirs* ; les villes se multiplièrent, et partout leurs ruines témoignent encore de leur splendeur : vingt millions d'habitants vivaient dans ce petit pays, et leurs blés avec ceux de l'Égypte nourrissaient la métropole du monde.

L'invasion des Arabes à partir du septième siècle a changé cette prospérité en ruine et en solitude. Du moins d'immenses forêts sont restées intactes dans les montagnes, et il suffit aux cultivateurs indigènes d'égratigner le sol avec leur charrue pour qu'il produise de belles moissons.

Situation maritime. — Les côtes de la Tunisie ont une valeur maritime, une importance stratégique très supérieures à celles de nos côtes d'Algérie.

Celles-ci nous donnent une grande force dans le bassin occidental de la Méditerranée ; celles-là, dans la *Méditerranée tout entière*, parce qu'elles commandent le passage entre le bassin occidental et le bassin oriental. *Bizerte* et la *Goulette* ont été dans l'antiquité les ports d'Utique, de Carthage ; ils deviendront, si l'on creuse leurs lacs ensablés, d'admirables *stations navales* en face de Cagliari et de Malte.

LES COLONIES.

Au sud, les ports de la Syrte, *Sfax* et surtout *Zarzis* près de Gabès, seront d'excellentes têtes de ligne pour le commerce avec *Ghadamès* et le *centre africain*.

~~~ **Bienfaits de notre protectorat.**
— L'établissement du *protectorat* français en Tunisie est un bienfait pour ce pays.

Il l'a définitivement soustrait à toute agression possible de l'étranger. L'autorité du Bey a été respectée, mais l'État tunisien a subi les plus profondes et les plus heureuses modifications. Le résident général français, assisté d'un conseil de gouvernement, a dans sa main la direction des finances, des travaux publics, de l'instruction publique, les contrôleurs civils chargés de surveiller les provinces.

L'ordre a été rétabli ; la sécurité est aujourd'hui complète.

Les vieilles capitulations ont été abolies, un tribunal français, une police française fonctionnent aujourd'hui à Tunis.

Une *armée* mixte a été organisée sous la direction de nos officiers.

La frontière méridionale, longtemps incertaine, a été fixée. La Dette a été rachetée, le déficit comblé.

Une *administration honnête* gère les finances auparavant dilapidées. Des *écoles* françaises sont créées de tous côtés. Des *chemins de fer* sont tracés et raccordés à ceux de l'Algérie. Les indigènes, dont nous respectons l'organisation religieuse et sociale, se rassurent et se rapprochent de nous. A côté d'eux, il y a place pour de nombreux *colons*; l'immigration a augmenté depuis notre établissement. A côté des *Italiens*, des Siciliens, des Maltais, qui forment la majorité de la colonie étrangère, le nombre des Français augmente tous les jours.

En résumé, l'occupation de la *Tunisie* par la France a été le complément nécessaire de l'occupation de l'*Algérie*; elle contribuera non seulement à l'affermissement de notre puissance dans la *Méditerranée*, mais encore à l'accomplissement de notre rôle civilisateur et régénérateur en *Afrique*.

LES COLONIES [1]

Superficie (*y compris les protectorats*). — Plus de 2 millions de kil. carr.

Comparaison avec l'étranger :
Colonies anglaises : 22 millions de kilom. carrés
Colonies russes : 16   »
Colonies holland. : 1 700 000   »
Colonies portugaises : 1 825 000 kilom. carrés.
Colonies espagnoles : 440 000   »
Colonies danoises : 200 000   »

Population (*y compris les protectorats*). — 30 millions d'habitants.

Comparaison avec l'étranger.
Colonies anglaises : 270 millions d'habit.
Colonies hollandaises : 25   »
Colonies russes : 11   »
Colonies espagnoles : 8   »
Colonies portugaises : 3   »
Colonies danoises : 80 000 habitants.

Ensemble du commerce des colonies. — environ 1 milliard. (Exportations : 450 millions ; — Importations : 550).

Comparaison avec l'étranger :
Colonies anglaises : 10 milliards.
Colonies hollandaises : 750 millions.
Colonies espagnoles : 900 millions.

Commerce des colonies françaises avec la métropole. — 460 millions.

Comparaison avec l'étranger :
Colonies anglaises : 5 milliards.
Colonies hollandaises : 450 millions.
Colonies espagnoles : 300 millions.

~~~ **Aperçu historique.** — Il est de mode, surtout en France, de déclarer que *nous ne sommes pas un peuple colonisateur*, et cette assertion paraît exacte, en effet, quand on considère que l'empire colonial anglais comprend un *sixième* de la population des continents, c'est-à-dire plus de 250 millions

[1] Voir la France coloniale (Histoire, géographie, commerce), par M. Alfred Rambaud, professeur à la faculté des lettres de Paris, avec la collaboration d'une société de géographes et de voyageurs. 1 vol. in-8o, 12 cartes en couleur, librairie Armand Colin et Cie. 8 fr.

d'hommes, tandis que les colonies françaises ont 6 millions d'habitants et 30 millions en y comprenant les protectorats. Mais notre infériorité n'est pas le résultat d'un manque d'aptitudes naturelles pour coloniser ; elle est due surtout à des *fautes politiques* : nous avons été jadis la première puissance coloniale de l'Europe, et sans les funestes guerres du règne de Louis XV et du premier Empire, nous le serions encore aujourd'hui.

En Afrique, les *Normands* avaient fondé des comptoirs sur les côtes de *Guinée* dès le quatorzième siècle, et, au seizième siècle, sur les rives du *Sénégal*. Dans la première moitié du dix-septième siècle, nous étions établis à Madagascar et aux îles *Mascareignes*.

En Asie, nous sommes allés dans l'Inde dès le commencement du seizième siècle, et nous y avons créé un empire que les Anglais nous enlevèrent au dix-huitième siècle : ils se sont contentés d'y suivre la voie tracée par l'illustre français *Dupleix*.

Il en a été de même en Amérique : au dix-septième siècle, nous avons possédé presque toutes les petites *Antilles* et la moitié de *Saint-Domingue* sous François Ier, nous nous étions établis à *Terre-Neuve*; en 1535, le Malouin Jacques Cartier avait pris possession des rives du Saint-Laurent au nom de la France, et dans le Canada s'est développée *une véritable nation française*, qui subsiste avec ses caractères propres, sa langue, son affection pour la mère patrie, malgré l'établissement de la domination anglaise depuis 1763. La Louisiane, c'est-à-dire toute la région du Mississipi, nous a appartenu également au début de ce siècle.

C'est ainsi que dans le passé les preuves de notre génie colonisateur sont indiscutables.

Aujourd'hui encore, en Algérie, aux Antilles, à la Réunion à Madagascar, au Sénégal, dans l'Ouest africain, en Cochinchine, en Océanie, il serait facile de prouver que nous ne sommes point inférieurs à nos ancêtres.

LES COLONIES.

COLONIES D'AMÉRIQUE.

Saint-Pierre et Miquelon.
Situation : à 1 667 lieues ouest de Brest, à 24 kilomètres sud de Terre-Neuve.
Superficie : 24 023 hectares (trois fois Paris).
Population : 4360 habitants sédentaires.
Commerce : Plus de 29 millions de francs.

Dans l'Amérique du Nord, nous n'avons gardé du Canada et de *Terre-Neuve* que les petits îlots de *Saint-Pierre* et de *Miquelon*, et

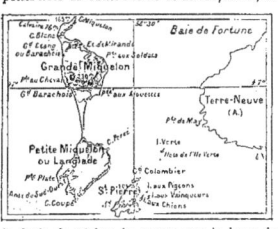

le droit de pêcher la morue sur le banc de Terre-Neuve. Bien que minuscule cette colonie est visitée chaque année par une flotte de bateaux de pêche que montent plus de 8 000 marins français, et par son commerce elle est la troisième de nos colonies.

Les Antilles françaises. — La Martinique.
Situation : à 1 700 l. S.-O. de Saint-Nazaire.
Superficie : 98 792 hectares (un peu plus de deux fois le département de la Seine), dont 42 443 cultivés.
Population : 167 679 habitants dont 5 000 blancs, 143 000 noirs et mulâtres et 19 620 travailleurs indous, africains et chinois.
Administration : Un gouverneur assisté d'un conseil privé; un conseil général et des conseillers municipaux; deux députés et un sénateur. Les mêmes lois qu'en France.
Produits : Sucre de canne, 38 millions de kilogrammes ; *Cacao*, à ou 500 000.
Commerce : *Exportation* : 24 millions de francs dont 15 en France. — *Importation* : 21, dont 9 de France.

L'île, couverte de montagnes pittoresques à deux centres importants : — *Fort-de-France*, magnifique port fortifié est le siège du gouvernement, de la Cour d'appel, de l'Académie, d'une École de droit ; — A *Saint-Pierre*, rade commerçante, se trouvent l'Évêché, la Chambre de commerce, le Lycée.

La Guadeloupe.
Situation : à 110 kilomètres nord de la Martinique.
Superficie : 160 262 hectares, environ 180 000 avec ses dépendances, le double de la Martinique (quatre fois le département de la Seine), un peu plus d'un tiers mis en culture.
Population : 135 340 hab. — 182 800 avec les dépendances.
Administration : comme à la Martinique.
Produits : *Sucre de canne*, 50 à 60 millions de kilogrammes ; *Café* : 700 000 ; *Rocou* : 700 000 ; *Cacao* : 190 000.
Commerce : *Exportation* : 32 millions de francs, dont 19 en France. — *Importation* : 28 millions, dont 13 de France.
Dépendances : îlots de *Marie-Galande*, la *Désirade*, les *Saintes*, *St-Barthélemy* rétrocédé par la Suède en 1877, un tiers de *Saint-Martin* (le reste à la Hollande).

La Guadeloupe se compose de deux îles séparées par un bras de mer, la *Rivière-Salée*. L'une appelée improprement la *Basse-Terre* puisqu'elle est dominée par le cratère fumant de la Soufrière (1 484 mètres), possède la ville de la Basse-Terre, siège du gouvernement, de l'Évêché et de la Cour d'appel. Dans l'autre, la *Grande-Terre*, située à l'est de la précédente, se trouve le beau port de la *Pointe-à-Pitre*.

avec divers établissements commerciaux et un lycée.

La Guyane.
Situation : à 1 815 lieues S.-O. de Brest.
Superficie : environ 150 000 kilomètres carrés (un peu plus du tiers de la France) ; sans compter le territoire contesté, du côté du Brésil.
Population : 27 999 habitants seulement.
Administration : Comme aux Antilles. — Un député.
Produits : Or, 5 000 kilogrammes environ. Grandes richesses naturelles inexploitées.
Commerce : En décroissance. 8 millions de francs dont 5 millions d'importations de France destinées à l'entretien des troupes et des fonctionnaires.

La Guyane, vaste forêt, qui s'étage en pente douce de la mer aux montagnes, inexploitée

faute de bras, est la dernière de nos colonies, mais n'est pas, comme on le croit, la plus insalubre. C'est un *établissement pénitentiaire*. La capitale, *Cayenne*, n'a que 8 000 habitants.

COLONIES D'OCÉANIE.

Nouvelle-Calédonie.
Situation : à 5 430 l. S.-E. de Marseille, par Suez.
Superficie : environ 22 000 kilomètres carrés (près de trois fois la Corse).
Population : 15 650 Européens, dont 10 000 condamnés, 1 500 soldats, 1 200 fonctionnaires, 4 150 colons. — 40 753 indigènes, dont plus d'un tiers aux îles de la Loyauté.
Administration : Un gouverneur, assisté d'un conseil colonial. Un conseil général, un délégué au conseil supérieur des colonies.
Produits : Bétail, maïs, café, bois, nickel.
Commerce : *Exportation* : 6 487 000 francs. — *Importation* : plus de 10 millions.

La Nouvelle-Calédonie, avec son climat salubre bien que chaud, est une véritable terre

de colonisation. Mais c'est avant tout jusqu'ici, une colonie pénitentiaire. Sa capitale *Nouméa* n'a que 3 200 habitants.

La possession des Nouvelles-Hébrides (superficie égale à celle de l'archipel calédonien, 50 000 habitants), est indispensable au développement de la colonie.

Tahiti (et Moorea) ou **îles de la Société**.
Situation : à 5 000 l. O. du Havre, par New-York et S.-Francisco.
Superficie : 104 215 hectares (deux fois le département de la Seine).
Population : 11 361 habitants, dont 1 606 blancs, 447 asiatiques, et 9 308 indigènes.
Administration : Comme à Tahiti.
Produits : Coton, canne à sucre, cocotier, vanille.
Commerce : 9 300 000 francs, en progrès.

Tahiti, avec son climat admirable, ses sites pittoresques, est un charmant séjour. Sa capitale *Papeete* a 3 500 habitants.

Autres archipels océaniens.
Les *Îles sous le vent* (Raiatéa etc.), annexée de Tahiti, à 20 l. au nord de cette île.
Les *Gambier* (550 h.), sous notre protectorat, produisent pour un million de perles, nacre, coprat.
Les *Tubuaï*, à 130 l. de Tahiti, annexées en 1882.
— L'une d'elles, *Rapa*, a un port excellent, sur la voie directe de Panama en Australie.
Les *Marquises*, annexées aussi, ch.-l. Nouka-hiva, ont 5 500 hab. et font déjà 2 millions 1/2 de commerce annuel.
Les *Tuamotou* ou îles basses (7 270 hab.) annexées.

L'influence française devrait être développée aussi dans les *Wallis* (archipel des navigateurs).

La France possède en tout en Océanie 104 îles d'une superficie de 366 000 hectares, peuplées de 93 250 âmes dans toute la largeur du Pacifique austral, véritable Méditerranée océanienne dont l'avenir est incalculable.

COLONIES D'AFRIQUE.

En Afrique, maîtres de l'*Algérie*, nous exerçons le protectorat en *Tunisie*. Nous possédons en outre : le *Sénégal*, des établissements en *Guinée*, l'Ouest africain comprenant le *Gabon* et une partie du *Congo*, *Obock*, l'île de la *Réunion*, *Diégo-Suarez* à Madagascar et le protectorat de cette grande île.

Sénégal et dépendances.

Situation : à 1069 lieues (8 jours) de Bordeaux.
Superficie : Nos possessions s'étendent de l'Océan au Niger sur une longueur de 1 465 kilomètres (distance de Paris à Madrid environ).
Population : 197 644 âmes dans les pays annexés, sans compter celle des pays protégés. Presque exclusivement des *noirs*, de diverses races.
Administration : Un gouverneur assisté d'un conseil colonial ; un conseil général ; un député ; 4 conseils municipaux.
Divisions : 1° Le *Haut Fleuve* (de Matam à Bamakou) administré par un commandant supérieur : cercles de Bakel, Médine, Bafoulabé, Kita, et Bamakou.
2° et 3°. Le *Fleuve*, administré directement par le gouverneur : cercles de Saldé, Podor, Dagana, villes de Saint-Louis, Gorée, Dakar et Rufisque.
4° *Les Rivières du Sud*, administrées par un lieutenant-gouverneur : cercles de Kaolakh (Saloum), Carabane et Sedhiou (Casamance), Rio-Nunès, Rio-Pongo, Mellacorée).
Produits : Arachides, gommes, sésame, bois de teinture et d'ébénisterie, peaux, caoutchouc.
Commerce : 47 216 466 fr., dont 29 116 479 fr. avec la France.

Le Sénégal, la plus ancienne de nos colonies (puisque des Dieppois s'étaient établis à Gorée dès le quatorzième siècle), mais dont la prospérité date surtout de l'administration du général Faidherbe, est avant tout une colonie de commerce ; elle pourrait devenir aussi une colonie de plantations : mais son importance capitale est de nous ouvrir la porte du Soudan. Il a suffi de 750 hommes dont 400 européens bien commandés, pour occuper Bamakou sur le Niger en 1883. Une ligne télégraphique relie ce poste avancé à Saint-Louis. Un chemin de fer a été construit récemment de Saint-Louis à Dakar.

Établissements de Guinée.

Nous possédons dans la Guinée septentrionale, sur la Côte d'or, depuis 1843, des comptoirs à *Grand-Bassam* et à *Assinie* ; sur la Côte des esclaves : le protectorat de *Porto-Novo* depuis 1863, les postes de *Grand-Popo*, *Agoué*, *Petit-Popo* et *Porto-Seguro*, créés de 1857 à 1868.

Le commerce consiste en importation de liqueurs, vins, tissus, poudre, etc. (près de 4 millions de fr.), en exportation d'huile et d'amandes de palme (6 millions et demi).

L'Ouest africain.

Ce vaste territoire, a une superficie de 670 000 kilomètres carrés, soit 140 000 kilomètres de plus que la surface de la France. Il comprend l'ancienne colonie du *Gabon*, et le territoire du *Congo français*, exploré par M. Savorgnan de Brazza.

Le Gabon, occupé en 1839, est resté, malgré son étendue (50 000 kilomètres carrés, — le dixième de la France) et la richesse de ses produits, une colonie improductive pour nous. Sa capitale *Libreville*, n'est qu'une bourgade. Son commerce qui est en grande partie entre les mains de maisons étrangères ne dépasse pas 9 millions de francs, dont 427 565 francs seulement avec la France.

Le Congo français, couvert d'immenses et riches forêts, habité par des peuplades noires

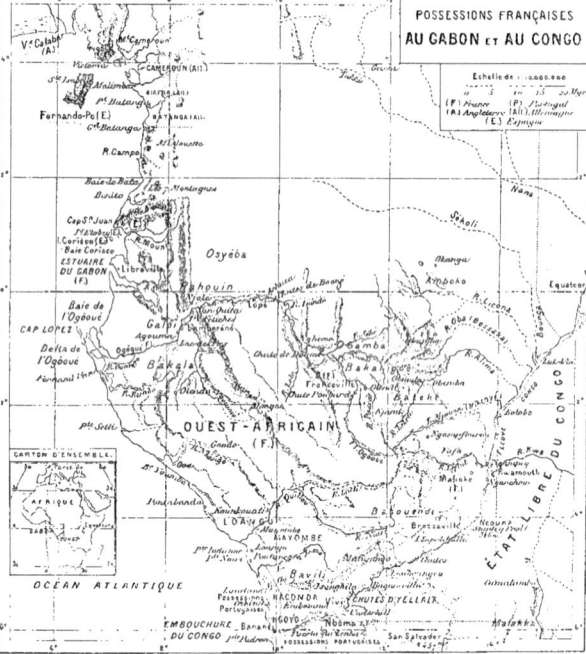

dont l'éducation semble possible, pourra offrir au commerce des ressources précieuses. Dès 1859, Du Chaillu avait signalé l'existence du fleuve Ogooué. En 1872-74, MM. Marche et le marquis de Compiègne le remontèrent jusqu'à 470 kilomètres vers l'intérieur. En 1875-78, M. Savorgnan de Brazza accompagné de M. Marche, puis du Dr Ballay parvint à l'Alima, affluent du Congo, ce fleuve géant dont Stanley descendait alors le cours. En 1880-82, il fonda les postes de *Franceville* et de *Brazzaville*, signa un traité avec le roi *Makoko*, découvrit la vallée du Niari-Quillou qui offre un accès facile vers le fleuve. Enfin en 1884-85, il a complété le réseau de ses 27 postes et ébauché l'organisation du pays dont les limites ont été définitivement fixées par la convention de Berlin, du 26 février 1885. Sa politique n'a cessé d'être humaine et pacifique.

Possessions françaises de la mer Rouge et du golfe d'Aden. — Dans la mer Rouge, sur la côte voisine du Tigré nous possédons la baie *d'Adulis* et l'île *Dessi* que nous avons négligé d'occuper jusqu'ici.

À l'entrée du détroit de Bab-el-Mandeb sur la côte arabique, en face de l'îlot anglais de Périm, le territoire de *Cheik-Saïd*.

Au fond du golfe d'Aden, *Obock* et la baie de *Tadjourah*, sur la route du Choa et de l'Éthiopie méridionale.

Île de la Réunion.
Situation : À 21 jours de Marseille (2 430 lieues), à 140 lieues de Madagascar.
Superficie : 200 000 hectares (de quatre à cinq fois le département de la Seine).
Population : 169 492 habitants, dont 119 942 d'origine blanche ou noire, 30 000 Indous, 6 000 Malgaches, 9 000 Cafres, 900 Chinois, etc.
Administration : Un gouverneur assisté d'un conseil privé, un conseil général ; des conseils municipaux ; deux députés et un sénateur ; les mêmes lois qu'en France.
Produits: *Sucre* (en diminution, à cause de l'épuisement des terres et des ravages d'une chenille, le borer) : de 35 à 40 000 tonnes ; *café*, près de 60 000 kilogrammes ; *vanille*, 23 000 kilogrammes.
Commerce : Importation : 22 millions de francs (animaux de boucherie de Madagascar, rien de l'Inde, tout le reste de France). — Exportation : 16 millions de francs.

La Réunion, île volcanique, dominée par le *Piton des Neiges* (plus de 3 000 mètres) et par le *Volcan*, encore en éruption, est fertile, boisée, elle a des sites merveilleux. C'est d'ailleurs un véritable département français. Au nord, *Saint-Denis*, sa capitale, a une Cour d'appel, une Académie, un Lycée, une École normale. Au sud, *Saint-Pierre* a un port de commerce. Une voie ferrée de 120 kilomètres fait au nord-ouest le demi-tour de l'île, de Saint-Pierre à Saint-Benoît, par le port récemment creusé de la *Pointe des Galets* et par Saint-Denis. La population créole, intelligente, active et patriote, fournira d'excellents colons à la grande île de Madagascar.

Madagascar.
Situation : A 85 lieues environ de la côte orientale d'Afrique (canal de Mozambique).
Superficie : 590 000 kilomètres carrés (60 000 kilomètres de plus que la France).
Population : 4 millions d'âmes environ, dont 1 million de Hovas (d'origine malaise) ; et 3 millions de Sakalaves et de Malgaches (de race noire).
Gouvernement : Les Hovas, convertis officiellement au protestantisme par des missionnaires anglais, ont une organisation féodale ; ils ne sont les maîtres effectifs que du centre et du nord-ouest de l'île. Leur reine réside avec sa cour à Tananarive.
Produits : Riz, maïs, tous les produits des tropiques, bétail innombrable, mines de cuivre, de fer, de houille, etc.
Commerce : Chiffre inconnu.

Nos droits sur l'île de Madagascar datent du ministère de Richelieu. Sous Colbart, elle s'appela la *France orientale*. A la suite de l'expédition de 1882-85, les Hovas ont reconnu notre *protectorat* ; nous avons un résident général, à Tananarive, et nous possédons la rade admirable de Diégo-Suarez, clef de l'océan Indien.

Îles voisines de Madagascar. — Nous sommes établis, depuis 1750, à *Sainte-Marie*, sur la côte orientale ; depuis 1845, au N.-O., à *Nossi-Bé*, dont

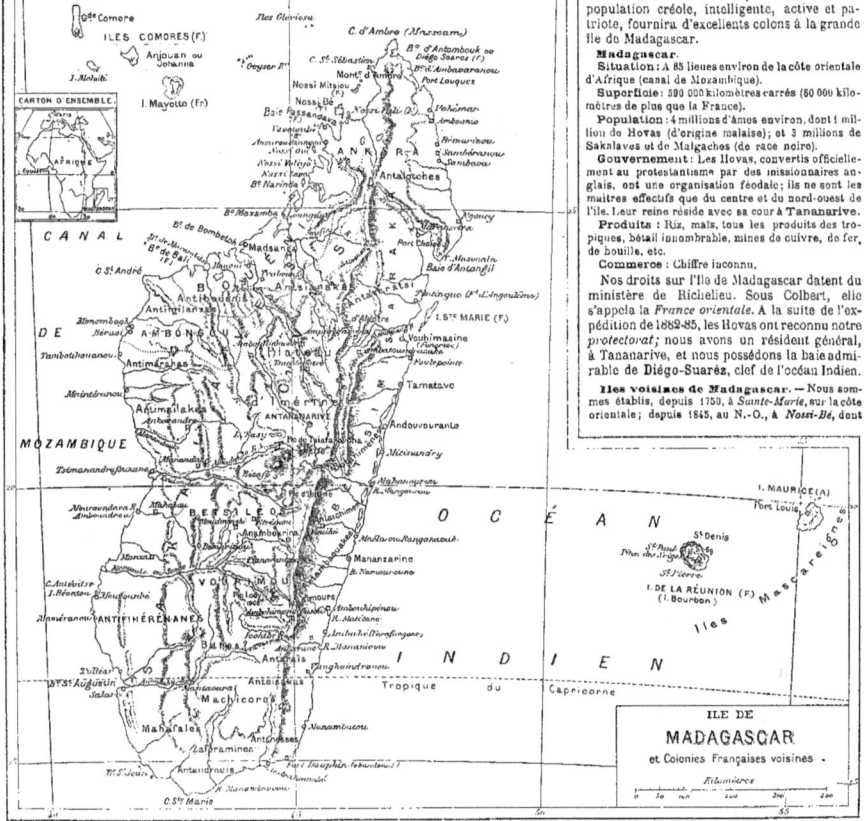

ÎLE DE MADAGASCAR
et Colonies Françaises voisines

le commerce dépasse 70 millions de francs ; depuis 1840 à **Mayotte**, île volcanique, située à 60 lieues N.-O. qui possède un excellent mouillage.

Nous avons récemment placé sous notre protectorat le reste de l'archipel des **Comores** qui commande l'entrée du canal de Mozambique.

Iles Kerguelen. — Au sud de l'océan Indien, archipel de 290 rochers humides, glacés, inhabités.

COLONIES D'ASIE.

Inde française.

Divisions : Cinq territoires: *Mahé*, sur la côte occidentale ; *Karikal*, *Pondichéry*, *Yanaon*, sur la côte orientale ; *Chandernagor*, dans le delta du Gange.

Superficie : 50 803 hectares (un peu plus grand que le département de la Seine).

Population : 282 723 habitants ; 960 Européens presque tous Français, 1 800 Eurasiens ou descendants d'Européens, les autres indigènes brahmanistes sont divisés en une foule de castes.

Administration : Un gouverneur, un conseil général, des conseils locaux, un député, un sénateur.

Produits : Céréales, riz, cocotier, guinées, indigo, plantes oléagineuses, arachides.

Commerce : 32 234 485 francs, dont la moitié avec la France et les colonies françaises.

Ces cinq territoires auxquels il faut joindre huit *loges* ou comptoirs secondaires, sont les débris de notre empire de l'Inde. La capitale, *Pondichéry*, port de commerce actif, a une Cour d'appel, des Cours supérieurs de droit et de médecine, un Collège colonial.

L'Indo-Chine française. — Elle comprend : la Cochinchine, avec le protectorat du Cambodge, le protectorat de l'Annam et du Tonkin. Sa superficie (460 000 kil. car.) est presque celle de la France), avec 18 millions d'hab.

Cochinchine.

Superficie : 60 000 kilomètres carrés.

Population : 1 589 984 hab., en majorité de race annamite. Près de 80 000 Chinois, 2 000 Européens.

Administration : Un gouverneur assisté d'un conseil privé et d'un conseil colonial électif, 21 arrondissements et des communes presque autonomes.

Produits : Riz et toutes les productions des tropiques, poissons secs et salés, porcs.

Commerce : 28 millions de piastres (140 mill. de fr.)

La Cochinchine est formée de six provinces enlevées à l'empire d'Annam en 1862 et 1867. Son budget est déjà de près de 25 millions de francs. D'habiles gouverneurs tels que l'amiral de La Grandière et M. Le Myre de Vilers y ont construit des routes, des ponts, des écoles, établi des télégraphes. La capitale, *Saigon*, est une belle ville de 70 000 habitants, un grand port de commerce avec un arsenal, une escale des paquebots de l'extrême Orient.

Cambodge.

Superficie : 100 000 kilomètres carrés.

Population : 943 954 habitants de race distincte et de langue absolument différente de l'annamite.

Gouvernement : Un roi absolu, des mandarins.

Capitale *Pnom-Penh*.

Produits : Bœufs, porcs, poissons secs, salés ou fumés, fer, chaux, coton, haricots.

Commerce : 10 à 12 millions de francs.

L'établissement de notre protectorat sur le Cambodge est dû à Doudart de Lagrée (1863), l'intrépide explorateur du Mékong.

De jeunes Cambodgiens ont été envoyés en 1885 à Paris pour y recevoir une instruction française.

Annam et Tonkin.

Superficie : Annam : 200 000 kilomètres carrés ; Tonkin . 100 000.

Population : Annam : 12 000 000 d'habitants ; Tonkin : 4 millions. Race annamite. Beaucoup de Chinois.

Gouvernement : Monarchie absolue, mandarins. 25 provinces (12, pour l'Annam, 13 pour le Tonkin).

Produits : Riz et productions des contrées tropicales. Bœufs, buffles, chevaux, porcs, poissons, mines de houille et de métaux divers, nattes, orfèvrerie.

Après l'expédition de 1858 contre l'empereur *Tu-Duc*, un négociant français, M. Dupuis, appela en 1873 l'attention du gouvernement sur le Tonkin. La mort du lieutenant de vaisseau Francis Garnier, qui s'était emparé du Delta avec une poignée d'hommes, l'intervention de la Chine, la prise de Hanoï par le commandant Rivière et la mort de ce brave officier nous obligèrent à la guerre. Hué fut prise et notre protectorat fut imposé à l'Annam (1883). Après une guerre sanglante et coûteuse (1883-85), la paix a été signée avec la Chine ; un résident général français est placé à la tête de l'Annam et du Tonkin ; il a sous ses ordres des résidents supérieurs, l'un à Hué, l'autre à Hanoï et des vice-résidents.

CHAPITRE VI. — GÉOGRAPHIE HISTORIQUE

ETHNOGRAPHIE DE LA FRANCE

~~~ **Diversité d'origine des Français.** — Il est peu d'États au monde dont *l'unité nationale* soit aussi solide que celle de la France, ni qui se rattache par ses ancêtres à des *races plus nombreuses et plus variées*. C'est que notre pays est situé presque à l'extrémité de l'ancien continent, la plupart des migrations asiatiques, en marche vers l'occident, ont passé par la France.

~~~ **Les Français préhistoriques.** — Bien avant le temps dont l'histoire conserve un

Fig. 66 — Hache en pierre.

souvenir précis, la France était habitée par une race de chasseurs sauvages au *crâne allongé et étroit*, ne fabriquant que de grossiers instruments en *pierre* (fig. 66), race contemporaine du *mammouth*.

Puis vint une autre race analogue, mais plus intelligente, habitant des grottes, douée déjà d'un certain sens artistique, qui vivait en même temps que le *renne*, et savait en travailler les os et le bois.

Plus tard parurent des envahisseurs à *tête plus courte et plus large*, qui se mêlèrent aux races antérieures. Ils étaient industrieux, cultivaient le sol, connaissaient l'usage du feu, tissaient des étoffes, avaient des animaux domestiques, employaient des outils et des ustensiles en *pierre polie*. Ils élevèrent ces monuments dits *mégalithiques*, qu'on a attribués à tort aux druides. Beaucoup d'entre

Fig. 67. — Habitations lacustres sur pilotis.

eux habitaient *sur pilotis* (fig. 67), à la surface des lacs. Ils apprirent peu à peu l'usage du *bronze*, puis du *fer*.

~~~ **Les Ligures et les Ibères.** — Les premiers habitants de la France sur lesquels nous ayons des documents écrits, sont les *Ligures* et les *Ibères*. Ils étaient de taille médiocre, avaient les yeux et les cheveux noirs et la peau brune. Ils furent probablement refoulés par les Celtes, les Ligures sur les côtes de la Provence, les Ibères au delà de la Garonne et dans la péninsule hispanique.

Les *Provençaux*, descendants des Ligures, et les *Gascons* (Vascons), descendants des Ibères, sont encore aujourd'hui, par leur tempérament et leur caractère, assez éloignés du type général celte.

~~~ **Les Basques.** — Au sud des Gascons, dans un coin des Pyrénées, habitant à la fois

le versant français et le versant espagnol, les *Basques* ou *Escualdunac* présentent ce phénomène curieux de 500 000 hommes *parlant une langue*, l'*escuara*, *à laquelle nulle autre ne ressemble*, conservant leurs mœurs nationales, au milieu des races prédominantes qui les environnent. Il y a environ 100 000 Basques français.

~~~ **Les Celtes et les Kimris.** — Les *Celtes* d'abord, puis les *Gallo-Kimris*, enfin les *Kimris-Belges*, succédèrent aux Ibères et aux Ligures dans tous les pays qui sont au nord de la Garonne. C'est surtout le type des *Belges* et des *Kimris-Belges*, aux cheveux rouges, à la taille énorme, au teint blanc et à la voix éclatante, qu'a dépeint l'antiquité classique. Les *Celtes*, plus petits, bruns ou châtains, avec des yeux bleus, sont représentés aujourd'hui par les *Bretons*, qui ont longtemps résisté, comme les Basques, à toute assimilation.

~~~ **La conquête romaine.** — Les Celtes et les Kimris, confondus sous le nom de *Gaulois* (mot dont le sens est purement géographique), ont été profondément modifiés par la conquête romaine, après avoir reçu des Phéniciens et des Grecs les premiers rudiments de la civilisation. Les Romains fondirent en une seule nation toutes les races de la Gaule, lui imposèrent leurs mœurs, leur langue, leurs institutions, et ainsi se forma le peuple *Gallo-Romain*, qui est resté à travers toutes les vicissitudes des âges suivants, et qui constitue encore comme le fonds indestructible du peuple français.

~~~ **Les Germains.** — Les barbares Germains qui envahirent la Gaule (cinquième siècle) n'en altérèrent pas sensiblement les caractères. Les *Wisigoths*, les *Burgondes* et les *Franks*, ne furent que des armées perdues dans la grande masse des anciens habitants et bientôt absorbées. Ils adoptèrent la langue gallo-romaine.

~~~ **Les Sarrasins et les Normands.** — Les invasions *sarrasine* et *normande* (huitième et neuvième siècles) ont contribué pour leur part à la multiplicité des éléments dont résulte le type français. Mais elles ont cédé à l'influence de la civilisation latine.

PROVINCES

Influence du relief du sol sur la formation historique. — Le système orographique d'un pays contribue à en expliquer l'histoire. En France, le relief du sol a déterminé d'abord les grandes voies historiques qu'ont suivies la conquête *romaine*, les invasions des *Germains* et des *Sarrazins*. Puis, lorsqu'un état politique relativement stable succéda à l'instabilité des dominations mérovingienne et carlovingienne, il a présidé à la formation de notre unité nationale.

Le morcellement féodal. — *Charlemagne*, par ses expéditions et ses conquêtes au delà du Rhin, des Alpes et des Pyrénées, avait mis la Gaule à l'abri des invasions. Sous ses successeurs, les envahisseurs *Normands*, venus par les embouchures des fleuves, furent plus redoutables par leur barbarie que par leur nombre, et ne tardèrent pas à se fondre dans la masse de la population.

Le démembrement de l'Empire de Charlemagne détacha de l'ancienne Gaule une longue bande de terre comprenant le *plateau Lorrain* et la *vallée du Rhône*, où les anciennes populations gallo-romaines étaient fortement mélangées de Germains. Cette zone avait pour limites à l'Est le *Rhin* et les *Alpes*. La commençait seulement la véritable Germanie.

Dans la Gaule purement française, le morcellement du royaume en un grand nombre de parcelles féodales, correspondit aux *divisions naturelles* du sol. C'est ainsi, par exemple, que la *péninsule Bretonne* forma un tout à part ; que dans le bassin Parisien, la *plaine Champenoise*, terminée par les falaises de la Brie, s'isola de la *plaine Parisienne* ou *de la France*.

De même, les hautes vallées de la Garonne, de l'Aude, et la plaine Méditerranéenne qui environnent de Toulouse à Avignon le Massif central, constituèrent une autre unité politique, le *Languedoc*.

La conquête royale. — La conquête royale, qui a refait l'unité du pays, s'est conformée aussi, dans sa marche, à la disposition du relief.

Hugues Capet ne possédait que l'*Ile de France* et l'*Orléanais*, mais là était déjà le véritable centre de la France.

Les premières acquisitions des Capétiens furent le *Vexin français*, le *Gâtinais*, les trois dans la plaine du nord ; puis, sous Philippe-Auguste, l'*Amiénois*, le *Vermandois*, l'*Artois*, le *Boulonnais* et le *Valois*. Au commencement du treizième siècle, il ne manquait que la *Champagne* au roi de France pour qu'il possédât tout le bassin Parisien.

Bientôt la conquête gagna les pays voisins, et, par les routes naturelles qui environnent le *Massif central*, s'avança vers le *Midi*.

La confiscation de la *Normandie* (1204 sur le roi d'Angleterre, Jean sans Terre, donna à Philippe-Auguste l'embouchure de la Seine ; celle du *Maine*, de l'*Anjou*, de la *Touraine* et du *Poitou* ouvrit la route du sud-ouest.

Sous Philippe III, le Hardi, la réunion du *Languedoc* à la couronne (1270) tourna le Massif central, établit la royauté française à la fois sur la Garonne, la Méditerranée et le Rhône.

Sous Philippe le Bel (1313), *Lyon* assura à la France un poste capital dans la vallée du Rhône et sur les flancs du Massif central.

L'héritage de la *Champagne*, par Louis X, le Hutin, acheva l'occupation du bassin Parisien.

Même sous les Valois, et dans le temps de ses plus grands revers, la royauté française ne cessa d'acquérir.

Philippe VI acheta le *Dauphiné* (1349) et *Montpellier*.

Sous Charles VII, les Anglais expulsés de toutes leurs possessions françaises, sauf Calais, nous rendirent pour toujours le pays qui va *de l'embouchure de la Seine à celle de l'Adour* (1453).

Sous Louis XI, l'acquisition définitive des villes de la *Somme*, celle d'*Auxerre*, de *Mâcon* et de *Dijon* (1477), du *Maine*, de l'*Anjou* et de la *Provence* (1466) ; sous Charles VIII et Louis XII, celle de la *Bretagne* (1532) ; enfin, sous François Ier, la confiscation du *Bourbonnais*, de la *Marche*, du *Forez*, de la *Limagne* (1527) achevèrent de donner à la France un corps solide et résistant : il ne s'agissait plus que d'en fixer les *frontières* et d'en assurer la défense contre l'étranger.

Formation des frontières de la France. — 1° Nord-Est. — Du côté de la *plaine flamande*, la frontière, après avoir subi, sous Louis XIV, des vicissitudes diverses, fut à peu près fixée à la fin de son règne dans l'état où elle se trouve aujourd'hui ; depuis 1815, elle est couverte, diplomatiquement au moins, par la *neutralité* de la Belgique.

Depuis Louis X, le Hutin, la Champagne avait été province frontière. La conquête de *Metz*, *Toul* et *Verdun*, sous Henri II, prépara la réunion à la France de la Lorraine et de l'Alsace.

L'*Alsace*, acquise par les traités de Westphalie (1648), nous assurait une barrière naturelle, le Rhin. L'annexion de la *Lorraine* (1766) laissait ouvert l'espace compris entre la Meuse et le Rhin. Un moment la Révolution avait acquis toute la *rive gauche du Rhin* : le premier Empire nous la fit garder, et les traités de 1815 nous ramenèrent en arrière des limites de 1789, en nous enlevant *Bouillon*, *Sarrelouis*, *Sarrebruck* et *Landau*.

Enfin le second Empire nous a fait perdre l'Alsace, moins Belfort et le Nord-Est de la Lorraine.

2° Est et sud-est. — Vers le Jura, Henri IV, en acquérant la *Bresse*, le *Bugey*, le *Valromey* et le *Pays de Gex*, nous donna le premier une partie du plateau *Franc-Comtois*. Louis XIV reçut la *Franche-Comté* tout entière au traité d'Aix-la-Chapelle (1668). Cette frontière défensive excellente est garantie en outre par la *neutralité* de la Suisse.

Au sud-est, où nous n'avions ni les hautes vallées qui aboutissent au rivage méridional du lac de Genève, ni le cours supérieur de l'Isère et de l'Arc. L'annexion pacifique de la *Savoie* et du *Comté de Nice* (déjà réunis par la Révolution et perdus en 1815), nous a conduits jusqu'à la crête des Alpes, et la Provence naturelles jusqu'à la Roya.

3° Sud. — Dans les Pyrénées, la frontière n'a jamais varié qu'aux deux extrémités, là où s'ouvrent les routes de l'Espagne. Par le col de la Perche (p. 31), tantôt les Espagnols ont envahi le *Roussillon*, tantôt les Français ont envahi la *Cerdagne* et la *Catalogne* (p. 137). Le *Roussillon* fut définitivement acquis au traité des Pyrénées (1659).

A l'extrémité occidentale des Pyrénées, la *Navarre*, d'abord indépendante, s'étendait au Nord et au Sud des Pyrénées ; elle fut possédée tantôt par des Espagnols, tantôt par des Français. Enfin, Henri IV, en 1610, réunit à la couronne la partie qui occupait le versant nord des Pyrénées ou *Basse-Navarre*, tandis que, dès 1512, la Navarre espagnole avait été conquise par Ferdinand d'Aragon.

Conclusion. — En résumé, la France n'a vraiment de frontières naturelles que dans les Pyrénées, les Alpes et le Jura. Quant aux Vosges, où le col de Schirmeck ne nous appartient même pas, et dont nous ne possédons que la partie méridionale, elles peuvent être tournées trop aisément pour constituer une barrière sérieuse.

Partout ailleurs, les frontières sont purement artificielles, avec cette circonstance fâcheuse pour la France que sa capitale, Paris, est tout proche du tracé conventionnel du nord-est. A ne consulter que la géographie physique, dont les données sont confirmées d'ailleurs par les traditions antiques de notre race, la vallée du Rhin est le seul fossé qui puisse réellement couvrir Paris, en avant du glacis des Vosges et des Ardennes.

Les divisions administratives de l'ancienne France. — Les Romains avaient divisé la Gaule en 17 provinces. C'étaient :

Au sud-est : — Les *Alpes maritimes*, capitale Ebrodunum (Embrun) ; — les *Alpes Grées et Pennines*, cap. Darantasia (Moustiers) ; — la 2e *Narbonnaise*, cap. Aquæ Sextiæ (Aix-en-Provence) ; — la 1re *Narbonnaise*, cap. Narbo (Narbonne) ; — la *Viennoise*, cap. Vienne (sur le Rhône).

Au sud-ouest : — La *Novempopulanie*, cap. Elusa (Eause, près d'Auch) ; la 2e *Aquitaine*, cap. Burdigala (Bordeaux).

A l'ouest et au centre : — La 1re *Lyonnaise*, cap. Lugdunum (Lyon) ; — la 2e *Lyonnaise*, cap. Rotomagus (Rouen) ; — la 3e *Lyonnaise*, cap. Cæsarodunum (Tours) ; — la 4e *Lyonnaise*, cap. Agedicum (Sens) ; — la 1re *Aquitaine*, cap. Avaricum (Bourges).

A l'est et au nord : La *Grande Séquanaise*, cap. Vesontio (Besançon) ; — la 2e *Belgique*, cap. Durocortorum (Reims) ; — la 1re *Belgique*, cap. Augusta Trevirorum (Trèves) ; — la 1re *Germanie*, cap. Moguntiacum (Mayence) ; — la 2e *Germanie*, cap. Colonia Agrippina (Cologne).

Chaque province était divisée en *Civitates* ou cités. Il y avait dans toute la Gaule une centaine de cités. Elles étaient surtout nombreuses dans le midi. Il y avait dans chaque cité un ou plusieurs *pagi* ou pays.

L'Église plaça des *archevêques* dans les chefs-lieux des provinces, et des *évêques* dans les chefs-lieux de cités, si bien que l'administration ecclésiastique a perpétué jusqu'à 1789, avec peu de changements, les anciennes divisions politiques de l'administration romaine.

Pendant le moyen âge, les duchés, les comtés créèrent une répartition nouvelle du territoire. A mesure que ces principautés féodales furent réunies à la couronne, elles devinrent des *gouvernements militaires* ou *gouverneurs* avec commandements militaires royaux. Il y avait douze grands gouvernements au temps de François Ier. Il en existait trente-deux grands et huit petits en 1789 (voir la carte ci-contre). C'est ce qu'on appelle les anciennes provinces de France.

La véritable division administrative de la France sous la monarchie n'est point celle des gouvernements militaires. Depuis Richelieu, et surtout depuis Louis XIV, les agents réels du pouvoir royal dans les provinces étaient les *Intendants*. Les Intendances ou généralités étaient déjà organisées à peu près comme nos départements actuels, mais elles étaient plus étendues. Il y en avait trente-cinq, réparties entre les *pays d'élection* soumis directement à l'administration financière de la royauté, et les *pays d'états* qui avaient conservé des assemblées provinciales votant les impôts.

PROVINCES.

Pays. — Les véritables divisions naturelles de la France, celles qui correspondent presque exactement aux diversités de la structure géologique, de la topographie, du climat, de la flore et des cultures, sont les pays dont les noms ont survécu partout aux divisions presque toujours artificielles de la politique et de l'administration. Les pays sont les anciens *pagi* gaulois, qui formèrent plus tard les circonscriptions des *cités* romaines, puis des *diocèses* chrétiens. Leurs habitants primitifs, les *pagani*, désignèrent à la fois les *paysans* ou hommes des champs, et les *payens* ou hommes des anciens cultes, ce qui est très logique, car les campagnes restent plus longtemps que les villes attachées aux traditions du passé.

CHAPITRE VII. — GÉOGRAPHIE ADMINISTRATIVE

GOUVERNEMENT

Forme de Gouvernement. — La France est une république.

Tous les Français sont égaux entre eux et le peuple est souverain. Mais un grand peuple ne peut exercer *directement* sa souveraineté ; il choisit des *mandataires* qui le représentent. — Ces mandataires forment les *corps électifs*, c'est-à-dire des assemblées, dont les membres, élus par le peuple, font les affaires du pays.

Corps électifs. — Tout Français âgé de vingt-un ans est *électeur*, pourvu qu'il soit inscrit à la mairie d'une commune, — qu'il réside dans cette commune depuis six mois, — et qu'il n'ait pas perdu, par une condamnation judiciaire, ses droits de citoyen.

Les électeurs d'une commune élisent le *Conseil municipal* ; c'est la représentation de la commune.

Plusieurs communes forment un *canton* ; — plusieurs cantons forment un *arrondissement* ; — plusieurs arrondissements forment un *département*.

Il y a en France 86 départements ; — 360 arrondissements ; — environ 3000 cantons et 36 000 communes.

Les électeurs du canton élisent un ou plusieurs *conseillers d'arrondissement* : le *Conseil d'arrondissement* est la représentation de l'arrondissement ; il siège au chef-lieu de l'arrondissement (sous-préfecture). — Les électeurs du canton élisent aussi un *conseiller général* : le *Conseil général* est la représentation du département ; il siège au chef-lieu du département ou préfecture.

Les Conseils municipaux, d'arrondissement, de département ne doivent pas s'occuper d'affaires politiques.

Les affaires politiques sont traitées par la Chambre des Députés et par le Sénat.

Chaque département nomme un nombre de députés fixé par la loi, soit un par 70000 hab. Il forme une seule circonscription électorale où les députés sont élus au scrutin de liste.

La Chambre des députés se compose de 584 membres en comptant les députés nommés par l'Algérie et les colonies.

Les colonies françaises représentées sont : la Cochinchine, la Guadeloupe, les Indes françaises, la Guyane, la Martinique, la Réunion, le Sénégal.

Le *Sénat* se compose de 300 membres élus au scrutin de liste par les départements et les colonies : chaque département a, suivant le chiffre de sa population, un certain nombre de sénateurs à élire. Le jour de l'élection, chaque *commune* envoie au chef-lieu du département un ou plusieurs délégués, élus par son Conseil municipal ; les conseillers d'arrondissement, les conseillers généraux et les députés du département se rendent également au chef-lieu. Ils forment, avec les délégués des communes, le *collège électoral* qui nomme les sénateurs.

Le Sénat se renouvelle par séries à raison d'une tous les trois ans. L'ordre de renouvellement des séries est fixé par la loi.

Le *Sénat* et la *Chambre des Députés* forment la *représentation nationale*, c'est-à-dire qu'ils représentent la France entière ; ils siègent à Paris. — Les membres de la Chambre des députés sont élus pour quatre ans.

Pouvoir législatif. — Le Sénat et la Chambre des Députés ont le pouvoir de faire les lois, c'est-à-dire le Pouvoir législatif. La loi est obligatoire pour tous les Français, parce qu'elle est faite au nom de tous les Français. — Chaque année est votée la *loi de finances* qui comprend tous les impôts à payer. L'impôt doit être payé par tous les Français, parce qu'il est voté, au nom de tous les Français, par leurs mandataires. — Il y a deux Chambres pour faire la loi, et toute loi doit être votée par les deux Chambres (Sénat et Chambre des Députés), afin qu'elle soit examinée deux fois et qu'il y ait moins de chances d'erreur, en une matière aussi grave.

Pouvoir exécutif. — Les Conseils municipaux, d'arrondissement, généraux, la Chambre des Députés et le Sénat ne font que délibérer et décider : l'exécution appartient au Pouvoir exécutif. — Le chef du pouvoir exécutif est le *Président de la République*.

Le Président de la République est élu, pour sept années, par le Sénat et la Chambre des Députés, réunis en *Assemblée nationale*. Il commande la force armée ; — il nomme les ministres et il nomme aussi aux emplois militaires et civils les plus élevés. — Les nominations aux autres emplois sont faites par les ministres. — Le Président a le droit de grâce.

— S'il y a un désaccord entre lui et la Chambre des Députés, ou bien entre la Chambre et le Sénat, le Président peut dissoudre la Chambre des Députés, avec l'autorisation du Sénat, — qui ne peut être dissous. Après la dissolution de la Chambre, on fait de nouvelles élections.

Ministres. — Au-dessous du Président de la République, il y a 11 ministres :

1. Le ministre des Affaires étrangères ;
2. — des Finances ;
3. — de l'Intérieur ;
4. — des Travaux publics ;
5. — de l'Agriculture ;
6. — du Commerce ;
7. — de la Guerre ;
8. — de la Marine et des Colonies ;
9. — de la Justice ;
10. — de l'Instruction publique, des Beaux-Arts et des Cultes ;
11. — des Postes et Télégraphes.

Les ministres sont nommés par le *Président de la République*. Chacun d'eux est le chef d'une des grandes administrations françaises : le ministre de la Guerre est le chef de l'armée ; le ministre de l'Instruction publique est le chef de l'Université, etc. ; mais en même temps les ministres réunis forment le *Conseil des ministres* qui dirige la politique du Gouvernement. L'un des ministres a le titre de *Président du Conseil*.

Responsabilité ministérielle. — Les ministres sont responsables devant les Chambres de leurs actes administratifs et politiques. Ils doivent gouverner d'accord avec elles. Un ministre qui administre mal peut être blâmé par les Chambres et obligé de se retirer. Le ministère tout entier, s'il est en désaccord avec elles, peut être blâmé par elles et obligé de se retirer. Un ministère qui violerait les lois serait mis en accusation par la Chambre des Députés et jugé par le Sénat. Le Président de la République ne peut rien faire sans le concours de ses ministres. Ceux-ci sont obligés de se conformer aux décisions des Chambres ; le gouvernement du pays appartient donc, en réalité, aux sénateurs et aux députés, représentants du pays.

Représentants politiques du pouvoir exécutif. — Le pouvoir exécutif est représenté, au chef-lieu de chaque département, par le *préfet* ; — au chef-lieu de chaque arrondissement, par le *sous-préfet*. — Le préfet et le sous-préfet sont nommés par le ministre de l'Intérieur. — Le pouvoir exécutif est représenté, dans chaque commune, par le *maire* ; mais le maire est en même temps le chef de sa commune : il est élu par le Conseil municipal parmi ses membres dans toutes les communes, à l'exception de Paris et de Lyon qui sont régies par une législation particulière.

Résumé. — A tous les degrés, on trouve en France un corps *délibérant* et un représentant du pouvoir *exécutif* : le maire, auprès du Conseil municipal ; le sous-préfet, auprès du Conseil d'arrondissement ; — le préfet, auprès du Conseil général ; — le Président de la République et ses ministres, auprès des Chambres.

Tout Français nomme directement ou indirectement les membres des Conseils et des Chambres, et les agents du pouvoir exécutif. Les députés sont nommés par lui au premier degré ; — les sénateurs, au second degré ; — le Président de la République, au troisième degré. Ce sont ses élus qui gouvernent et qui exécutent. Chacun de nous a une part de la souveraineté nationale, et c'est un devoir pour tout Français de voter, c'est-à-dire de participer aux élections.

Conseils et gouvernement. — Plusieurs ministres sont auprès d'eux un ou plusieurs Conseils qui les assistent dans son administration : Conseil supérieur de l'Instruction publique, de la Guerre, des Ponts et Chaussées, etc.

Le *Conseil d'État* est le Conseil du Gouvernement tout entier : il prépare des projets de loi, de décrets, de règlements d'administration publique. Il est, en outre, juge des procès entre les administrations publiques et les particuliers.

Le Conseil d'État se compose d'un certain nombre de *Conseillers d'État*, de *Maîtres des requêtes* et d'*Auditeurs*.

POPULATION.

Population. — La population de la France est actuellement de 38 millions d'hab. soit une moyenne de 440 000 âmes par département. Parmi les départements dont la population est au-dessus de la moyenne il faut citer : la Seine : (2800 000 hab., dont plus de 2 millions pour Paris seul). — le Nord (1 million 600 000), — puis les départements de la Bretagne, et en général ceux de tout le *littoral* ; — on trouve encore de grandes agglomérations dans la région houillère et métallurgique du centre.

Depuis le développement prodigieux de l'industrie, les villes attirent une grande partie de la population. On compte même un certain nombre de départements où le chiffre des habitants des villes dépasse celui des habitants de la campagne. Le même fait se reproduit chez quelques autres nations, et même avec exagération en Angleterre.

Répartition de la population. — La population se divise comme il suit en cinq grands groupes professionnels :

FRANCE. — GÉOGRAPHIE ADMINISTRATIVE.

Agriculture.............. 20 millions.
Industrie................ 10   —
Commerce................ 4   —
Professions libérales (1).... 2   —
Rentiers et retraités........ 2   —

~~~ On voit que plus de la moitié de la population vit de l'agriculture, — un quart, de l'industrie ; — un dixième, du commerce.

TABLEAU DE LA POPULATION COMPARÉE DE DIFFÉRENTS PAYS.

PAYS	POPULATION	SUPERF. en kil. car.	HABIT. par kil. car.
Empire chinois...	380 millions	12 000 000	32
Empire Britannique...	255 —	21 500 000	15
Empire russe.....	100 —	22 000 000	5
Russie d'Europe..	85 —	5 400 000	16
États-Unis (sans l'Alaska.	50 —	7 500 000	7
Empire ottoman..	42 —	6 125 000	7
Allemagne.......	45 —	540 000	84
Autriche-Hongrie.	39 —	625 000	58
France...........	38 —	529 000	71
Iles Britanniques.	35 —	315 000	112
Japon............	36 —	380 000	125
Italie............	28 1/2 —	296 000	96
Espagne.........	17 —	508 000	38
Brésil............	12 —	8 337 000	1,4
Mexique.........	10 1/2 —	1 945 000	18/1
Belgique.........	5 1/2 —	30 000	181
Canada..........	4 1/2 —	8 301 500	1/2
Hollande........	4 —	33 000	123
Suisse...........	3 —	41 390	69

~~~ La contrée la plus *peuplée* du monde est l'EMPIRE CHINOIS.

L'EMPIRE RUSSE, — l'ANGLETERRE avec ses COLONIES occupent le plus vaste territoire (40 fois la France). — Après eux viennent l'**Empire chinois** (23 fois la France), — le Canada (17 fois), — le Brésil (16 fois), — les États-Unis (14 fois).

En Europe, les pays les plus peuplés sont : la Russie d'Europe, — l'Allemagne, — l'Autriche-Hongrie, — la France.

~~~ Si l'on tient compte de la densité de la population, c'est-à-dire de la moyenne d'habitants par kil. car., on voit que les pays où la population est la plus compacte sont : la BELGIQUE (181 hab. par kil. car.), — la HOLLANDE (123), — les îles Britanniques (115), — l'*Italie* (96), — l'*Allemagne* (84), — la France (71). — En prenant pour base la densité de la population *belge*, la France pourrait avoir un nombre plus que double d'habitants.

~~~ **Accroissement de la population.** — Des statistiques ont établi que c'est en France que la population augmente le plus lentement. Il ne faut pas moins de 260 ans à la France pour voir doubler sa population. Pour arriver au même résultat, il ne faut que 75 ans à l'Angleterre et à la Russie ; — 80 ans, à l'Allemagne ; — 160 ans, à l'Italie.

Ces chiffres ont leur éloquence, car ils indiquent que la France aurait dans l'avenir bien du mal à conserver son influence, si sa population ne lui permettait plus de mettre

(1) Les dernières statistiques donnent 55 millions d'habitants aux États-Unis.

sur pied une armée en rapport avec celle que ses voisins pourront facilement recruter chez eux.

IMPOTS.

~~~ Pour payer ses dépenses, l'État a des revenus (forêts, revenus divers) ; — il a surtout des impôts.

Les principaux impôts sont, par ordre d'importance : les contributions *indirectes*, auxquelles on rattache aussi l'*enregistrement*, le *timbre*, les *douanes*, les *postes* ; — les contributions *directes*.

~~~ **Contributions indirectes.** — Les contributions *indirectes* sont : les droits sur les boissons, — sur la vente des tabacs, — sur le *sucre* indigène, — sur le *transport* des voyageurs et des marchandises, — sur les *poudres à feu*, — et sur divers autres produits.

Les recettes provenant des contributions indirectes (plus d'un milliard) sont la principale ressource du budget. Dans ces recettes, les droits sur les boissons et sur la vente des tabacs entrent pour les deux tiers.

~~~ **Enregistrement et timbre.** — Les droits d'*enregistrement* sont perçus sur les actes (actes de société, baux, etc.) et sur les transmissions de propriété.

Les droits de *timbre* sont représentés par le papier timbré, obligatoire pour la confection de certains actes, — par les timbres apposés sur les effets de commerce, — enfin par les timbres d'acquits.

~~~ **Douanes.** — On a vu que les *douanes* sont des droits établis sur les marchandises à l'*entrée* ou à la *sortie* du territoire.

Le revenu des douanes, bien que restreint par l'application partielle de la doctrine du libre-échange, s'élève à plus de 320 millions.

~~~ **Contributions directes.** — Les contributions *directes* sont : la contribution *foncière*, qui frappe les terres et les maisons ; — la contribution *personnelle mobilière* : la première équivalente à trois journées de travail, et la seconde proportionnée à la valeur locative de l'habitation ; — la contribution des *portes et fenêtres* ; — celle des *patentes*, due par tout individu qui exerce une industrie ou un commerce.

~~~ **Recouvrement des impôts.** — Les impôts sont perçus facilement : 1° parce que chacun comprend que, longtemps encore, nous devons faire de lourds sacrifices pour la réorganisation de notre armée, le développement de l'instruction, l'achèvement de nos moyens de communication ; — 2° parce que la majeure partie de l'impôt est fournie par les contributions indirectes (boissons, tabacs, etc.), que l'on acquitte sans trop s'en apercevoir.

La plupart des villes perçoivent à leur profit des droits d'*octroi* sur les marchandises qui pénètrent dans la ville. Ces droits sont compris dans les impôts proprement dits. — L'octroi de Paris produit autant (120 millions) que tous les octrois de province réunis.

BUDGET.

~~~ On nomme *budget* d'un pays l'état présumé des dépenses et des recettes de ce pays, dans le cours de l'année.

Le budget est préparé par les ministres, discuté et voté par les Chambres.

~~~ Les dépenses et les recettes se décomposent de la manière suivante pour 1885 :

DÉPENSES
(EN MILLIONS DE FRANCS)

Ministère des finances..............	1 467
— de la Guerre.................	596
— des Travaux publics..........	214
— de la Marine et des Colonies..	234
— de l'Intérieur................	74
— de la Justice.................	39
— des Postes et des Télégraphes.	141
— de l'Instruction publique.....	137
— des Beaux-Arts..............	15
— des Cultes...................	51
— de l'Agriculture..............	43
— des Affaires étrangères......	14
— du Commerce................	20
	3 045

RECETTES
(EN MILLIONS DE FRANCS)

1° Provenant des impôts.

Contributions indirectes..............	1 208
Enregistrement, timbre..............	738
Douanes.............................	320
Postes...............................	173
Contributions directes...............	430

2° Provenant d'autres sources.

Produit des forêts...................	35
Produits divers......................	141
	3 045

~~~ Comme on le voit, en France, les recettes couvrent les dépenses et au delà ; en d'autres termes, il y a *équilibre du budget*.

En Espagne, en Turquie, en Russie, en Autriche, en Italie, au Portugal, les dépenses dépassent presque toujours les recettes.

DETTE PUBLIQUE.

~~~ Aux différentes époques de son histoire, l'État, pour payer les grands travaux (canaux, routes, chemins de fer, fortifications, etc.), mais surtout pour faire face aux énormes dépenses occasionnées par les *guerres*, a dû faire des emprunts. Ces emprunts accumulés constituent la *dette publique*.

~~~ L'accroissement de la dette publique a suivi la progression suivante :

En 1793.... 800 millions.
   1852.... 4 milliards et demi.
   1870.... près de 14 milliards.
   1885.... 20 milliards.

~~~ Cette dette formidable de **20 milliards** n'est pas sans peser lourdement sur la situation financière de notre pays. En effet, l'État paye un intérêt de 3 à 4 1/2 p. 100 aux prêteurs, et l'ensemble de ces intérêts représente une somme annuelle de 700 millions, qu'il doit prélever sur les recettes avant toute autre dépense.

Si, aux 700 millions de rente, on ajoute les sommes affectées aux *amortissements* annuels, au service des *retraites* militaires et civiles, etc., on arrive à la somme de 1 280 millions à défalquer des 3 000 millions de recettes.

En un mot, le service de la dette, des amortissements et des retraites absorbe **42 p. 100** de nos recettes. C'est le Ministère des Finances qui est chargé de ces payements.

TABLEAU DES IMPÔTS, BUDGET ET RECETTES DES PRINCIPALES NATIONS.

NATIONS	IMPOTS par hab. en francs.	BUDGET Recettes en milliards	DETTE publique en milliards
France...........	80	3.5	20
Angleterre.......	74	2.5	19
Allemagne.......	60	2.7	5.5
Italie...........	45	2	10.5
Hollande........	75	0.3	2.2
Autriche-Hongrie..	51	2	10
Belgique........	73	0.380	1.5
Espagne.........	41	0.8	6
Russie..........	25	3.	11

~~~ On voit par ce tableau :

1° Que c'est en France et en Hollande qu'on paye le plus d'impôts ;

2° Que l'*Espagne*, dont les recettes ne sont que de 800 millions d'impôts, est grevée d'une dette considérable (10 milliards);

3° Que l'*Allemagne* a une dette relativement peu élevée (5 milliards 1/2).

ORGANISATION ADMINISTRATIVE.

I. — Affaires étrangères.

« Soyons justes envers les autres nations si nous voulons être aimés et respectés par elles. »

~~~ Le ministère des *Affaires étrangères* est chargé des rapports avec les autres puissances pour ce qui concerne les intérêts *politiques* et les intérêts *commerciaux*.

Les intérêts *politiques* sont représentés par des *ambassadeurs*, — des *ministres plénipotentiaires*, — ou des chargés d'affaires.

Les intérêts *commerciaux* sont représentés par des agents appelés *consuls généraux*, — *consuls*, — *vice-consuls* — *agents consulaires*, — suivant l'importance des relations commerciales des places de commerce où ils résident.

Un certain nombre de consuls généraux exercent les fonctions *de chargés d'affaires*. — Du ministère des Affaires étrangères dépend : l'*École des jeunes langues* (Paris), pour l'enseignement des langues orientales aux jeunes gens qui se destinent à être drogmans* et consuls.

II. — Ministère des finances.

« L'État, c'est nous ; les finances de l'État sont les nôtres ; faire tort à l'État, c'est nous faire tort à nous-mêmes. »

~~~ Le ministère des *Finances* est chargé du recouvrement des impôts et de tous les paiements de l'État.

Il y a dans chaque département un *directeur* des *contributions indirectes*, assisté d'un personnel nombreux d'agents chargés d'assurer la perception de l'impôt dans les débits de boisson, les fabriques de sucre, les brasseries, et autres industries soumises à *l'exercice*, c'est-à-dire aux droits.

Il y a un *directeur* de l'enregistrement par département ; un *vérificateur* par arrondissement et un *receveur* par canton.

~~~ Dans chaque département, il y a un *directeur des contributions directes*, assisté d'un *inspecteur* et de *contrôleurs* chargés de préparer les *rôles* . — Le recouvrement des contributions directes se fait dans les communes par des agents spéciaux appelés *percepteurs*.

~~~ Les frontières sont divisées en directions des *douanes* ayant chacune : 1° un service administratif chargé des écritures ; — 2° un service armé (composé d'anciens soldats) destiné à empêcher la fraude ou la contrebande.

~~~ **Centralisation des impôts.** — Le produit des divers impôts est versé à la caisse des receveurs *particuliers* de chaque arrondissement, puis centralisé chez les *trésoriers payeurs généraux* de chaque département, chargés aussi d'acquitter les dépenses, et finalement au *trésor public*, à Paris.

~~~ La *Cour des comptes* est chargée de vérifier les comptes de toutes les administrations.

~~~ **Monnaies.** — Au ministère des Finances se rattache le service de la fabrication des *monnaies* et *médailles*.

La fabrication des monnaies françaises ne se fait plus qu'à l'Hôtel de la Monnaie de Paris, qui en frappe en moyenne pour 300 millions de francs par an.

~~~ Par suite d'une convention conclue entre la France, la Belgique, la Suisse, l'Italie et la Grèce, ces pays font usage de monnaies de même valeur. — L'Autriche a accédé à la convention monétaire pour les monnaies d'or.

~~~ Le tableau suivant donne le nom et la valeur des principales monnaies étrangères.

MÉTAL	NOMS DES MONNAIES	VALEUR fr. c.
	Angleterre.	
Or...	Le souverain ou livre sterling (s'écrit en anglais, en abrégé : £)	25 22
Argent.	Le shilling (s'écrit en anglais, en abrégé : s).	1 16
Bronze.	Le penny (plur. pence) (s'écrit en anglais, en abrégé : d).	» 10

£ 3. 2 s, 1 d, se lira donc : trois livres sterling, plus deux shelings, plus un penny = 78 fr. 08.

	Allemagne.	
Argent.	Le mark.................	1 11
Nickel.	Le pfennig...............	» 01
	États-Unis.	
Or...	Le dollar (s'écrit en anglais, en abrégé : $)	5 18
Bronze.	Le cent (1/100 de dollar)...	» 05
	Espagne.	
Argent.	Le douro................	5 19
	La peseta................	» 93
	Le réal (au pluriel : des réaux).	» 23
	Russie.	
Argent.	Le rouble................	3 99
Bronze.	Le kopeck (le 1/100 d'un rouble..)	» 04
	Autriche.	
Or...	Le ducat.................	11 65
	8 florins.................	20 »
	4 florins.................	10 »
Argent.	Le florin.................	2 47

III. — Ministère de l'intérieur.

« La liberté réglée par l'ordre, la sagesse d'un peuple au dedans, font sa principale force au dehors. »

~~~ **Attributions.** — Le ministre de l'Intérieur est chargé de l'administration générale et départementale du pays, de la direction des prisons, de la police, des hospices, du contrôle de la presse, de la librairie, etc.

~~~ **Administration départementale.** — On sait que chaque département se subdivise en *arrondissements*, chaque arrondissement en *cantons*, chaque canton en *communes*.

~~~ Tout chef-lieu de canton est en même temps une commune, — tout chef-lieu d'arrondissement est en même temps un chef-lieu de canton et une commune ; — tout chef-lieu de département est en même temps un chef-lieu d'arrondissement, un chef-lieu de canton et une commune.

Les communes très importantes sont divisées en plusieurs cantons.

~~~ On sait aussi que chaque département est administré par un *préfet*, — chaque arrondissement par un *sous-préfet*, — chaque commune par un *maire*.

Un *Conseil de préfecture* est chargé d'éclairer le préfet sur les questions administratives et de statuer sur les difficultés qui peuvent surgir entre les particuliers et l'administration.

Le maire de chaque commune est assisté d'un ou de plusieurs adjoints.

Le *canton* n'a pas un administrateur spécial comme le *département* ou l'*arrondissement*. C'est au chef-lieu de canton que résident le juge de paix, un percepteur des contributions directes, le receveur de l'enregistrement.

La ville de *Paris* est administrée par un conseil municipal élu, mais sous le contrôle du préfet. Cette assemblée se compose de 80 conseillers municipaux, à raison d'un par quartier ; en outre, la ville est divisée en 20 arrondissements ayant chacun leur maire et leurs adjoints.

~~~ **Écoles.** — Du ministère de l'Intérieur dépendent : l'Institut des *jeunes aveugles* et celui des *sourds-muets* (à Paris, Chambéry, Bordeaux), ainsi que plusieurs établissements hospitaliers.

IV. — Ministère des Travaux publics.

« Fleuves dirigés, ports creusés, montagnes percées, abîmes franchis, autant de triomphes sur la nature. »

~~~ Le ministère des Travaux publics se compose : 1° de l'administration des *Ponts et chaussées* ; — 2° de l'administration des *Mines*.

~~~ **Ponts et Chaussées.** — L'administration des Ponts et Chaussées est chargée de la construction et de l'entretien des routes, des cours d'eau navigables, des ports, de la surveillance des chemins de fer, etc.

~~~ La France est divisée en un certain nombre de circonscriptions, à la tête de chacune desquelles se trouve un *inspecteur général*.

Il y a un *ingénieur en chef* par département et un *ingénieur ordinaire* par arrondissement. Au-dessous des ingénieurs sont les *conducteurs des ponts et chaussées*, puis les *piqueurs* ou chefs d'ouvriers, les *cantonniers*, etc.

~~~ L'*École des ponts et chaussées*, à Paris, reçoit les élèves qui, sortis dans les premiers de l'École polytechnique, veulent se préparer aux fonctions d'ingénieur de l'État, — et des élèves libres.

~~~ **Mines.** — L'administration des Mines est chargée de surveiller ou de diriger l'exploitation des mines de houille, de fer, etc., ainsi que l'emploi des appareils à vapeur. Cette surveillance est confiée à des inspecteurs généraux, à des ingénieurs et à des gardes-mines.

~~~ L'*École des mines* dépend du ministère des Travaux publics, elle se recrute comme l'École des ponts et chaussées.

V. — Ministère de l'Agriculture.

« Paix et reconnaissance aux travailleurs de bonne volonté. »

~~ **Attributions.** — Le ministère de l'*Agriculture* est chargé de veiller aux intérêts agricoles de la France.

~~ **Assemblées consultatives.** — Le ministre de l'Agriculture est assisté : pour les questions générales, par un *conseil supérieur* de l'Agriculture ; — pour les questions de détail, par les *chambres* consultatives *d'agriculture*.

~~ Les chambres consultatives d'agriculture sont composées de membres élus parmi les agriculteurs les plus notables ; elles sont chargées de faire connaître au gouvernement les vœux et les besoins de l'agriculture.

~~ **Comices agricoles.** — Il existe pour l'agriculture des associations libres de cultivateurs et de propriétaires qui, sous le nom de *Comices agricoles*, se sont donné pour mission de vulgariser les meilleurs procédés de culture.

~~ **Concours régionaux.** — Chaque année, dans les diverses régions agricoles du pays, et successivement dans chacun des départements qui les composent, ont lieu des *concours régionaux*, à la suite desquels on accorde des récompenses aux objets exposés, aux terres de la contrée les mieux cultivées.

Écoles. — V. p. 54

VI. — Ministère du Commerce.

~~ **Attributions.** — Le ministère du Commerce est chargé de veiller aux intérêts commerciaux de la France.

Ce ministère est aidé dans l'accomplissement de son mandat par le ministère de la Marine, qui protège nos navires marchands et nos colonies, — par le ministère des Affaires étrangères, dont un nombreux personnel, celui des *consuls*, surveille l'exécution des traités conclus et sauvegarde les intérêts de nos nationaux établis à l'étranger.

~~ **Assemblées consultatives.** — Le ministre du Commerce est assisté : pour les questions générales, par un *conseil supérieur du commerce* ; — pour les questions de détail : 1° par les chambres consultatives des *arts et manufactures* ; — 2° par les *chambres de commerce* (1), dont les membres sont élus parmi les commerçants les plus notables.

VII. — Ministère de la Guerre.

« Il n'y a aucun intérêt supérieur à celui de la défense de la patrie. »

~~ **Service militaire et recrutement.** — Le service militaire personnel est obligatoire pour tous les Français, à partir de 20 ans (loi de 1872). Sa durée est de 20 ans, qui se décompose ainsi :

5 ans dans l'armée active.
4 — la réserve de l'armée active.
5 — l'armée territoriale.
6 — la réserve de l'armée territoriale.

Total 20 ans.

Les jeunes gens qui sont bacheliers ou qui ont subi avec succès certains examens sont admis à contracter un engagement conditionnel d'un an et sont renvoyés au bout de ce temps dans leurs foyers, mais ils continuent à faire partie, pendant 19 ans, des différentes réserves.

(1) Les chambres de commerce ne sont pas comme les chambres d'agriculture et des arts et manufactures purement consultatives ; elles ont des revenus, des propriétés, des bibliothèques, etc.

~~ **Différentes armes.** — Les différentes armes dont se compose notre armée sont : l'infanterie, — la cavalerie, — l'artillerie, — le génie, — le train des équipages militaires, — la gendarmerie, — les états-majors et services divers de l'armée.

L'infanterie représente les deux tiers (270 000 hommes) de notre effectif de paix. La cavalerie et l'artillerie comptent chacune environ 30 000 hommes ; elles ont ensemble 100 000 chevaux.

~~ **Grades.** — Après six mois de service, le *simple soldat* peut être promu au grade de *caporal* (*brigadier* dans la cavalerie) ; après six autres mois, il peut être nommé *sergent* (*maréchal des logis* dans la cavalerie) : il est alors *sous-officier*. — Le sergent, le sergent-major (*maréchal des logis chef* dans la cavalerie) et l'*adjudant* de compagnie sont des sous-officiers.

Au-dessus des sous-officiers viennent les officiers : sous-lieutenants, lieutenants, capitaines ; — les *officiers supérieurs* : chefs de bataillon ou commandants (*chefs d'escadrons* dans la cavalerie), lieutenants-colonels, colonels ; — les *officiers généraux* : généraux de brigade et généraux de division.

Le maréchalat est une dignité, non un grade. — On ne peut créer de nouveaux maréchaux qu'en vertu d'une loi, pour récompenser des services éminents.

~~ **Écoles.** — Du ministère de la Guerre dépendent les écoles suivantes :

ÉCOLES	LEUR DESTINATION
Prytanée militaire de la Flèche (Sarthe).	Collège pour les fils d'officiers de l'armée.
École spéciale militaire de Saint-Cyr, près Versailles.	Forme des officiers d'infanterie et de cavalerie.
École polytechnique.	Les élèves sortant de cette école alimentent l'École d'application de l'artillerie et du génie de Fontainebleau, l'École du génie maritime, l'École des mines, l'École des ponts et chaussées (ingénieurs de l'État et ingénieurs civils), etc.
École d'application de l'artillerie et du génie, à Fontainebleau.	Recrutement des officiers du corps de l'artillerie et du génie.
École de cavalerie, à Saumur.	Forme des écuyers-instructeurs pour la cavalerie.
École d'administration, à Vincennes.	Forme des officiers comptables.
École d'application de médecine et de pharmacie militaires, à l'hôpital du Val-de-Grâce, Paris	Forme des médecins et des pharmaciens militaires.
École supérieure de guerre, fondée à Paris, en 1878.	Destinée à développer les hautes études militaires dans l'armée.
École des sous-officiers à St-Maixent (Deux-Sèvres).	Fondée en vue de compléter l'instruction des sous-officiers susceptibles d'être proposés pour le grade de sous-lieutenant.
Écoles de gymnastique et de tir.	Dans différents camps.

~~ **Budgets de guerre comparés.** — Après le service de la dette publique et des retraites, c'est le ministère de la Guerre qui absorbe la plus grande partie des recettes du budget (596 millions de fr. sur 3 milliards).

L'Angleterre, à cause des Indes, et la Russie sont les seuls pays qui dépensent plus que nous pour l'entretien de leur armée.

L'Allemagne, l'Autriche consacrent cinq cents millions de francs par an aux dépenses de guerre.

Les dépenses du ministère de la Guerre représentent, pour la France, l'Angleterre et l'Allemagne, le cinquième des recettes ; pour la Russie, le tiers.

~~ **Effectifs comparés.** — Le tableau suivant donne l'effectif comparé des principales armées d'Europe.

EFFECTIFS
DES PRINCIPALES ARMÉES D'EUROPE

NATIONS	NOMBRE d'hommes en temps DE PAIX	NOMBRE d'hommes en temps DE GUERRE
Russie	850 000	3 000 000
France	500 000(1)	1 800 000
Empire d'Allemagne	450 000	1 800 000
Autriche-Hongrie	250 000	1 000 000
Angleterre	250 000	650 000
Italie	200 000	1 000 000
Turquie	150 000	600 000

On voit que la France peut mettre en ligne, en cas de guerre, un très grand nombre de combattants ; mais il ne faut pas oublier qu'une armée, si nombreuse, si courageuse, si remplie de patriotisme qu'elle soit, n'a de valeur que par l'instruction militaire et la discipline des soldats qui la composent.

VIII. — Ministère de la Marine et des Colonies

« Sans colonies, pas de grande nation. Sans marine de guerre, pas de colonies. Sans marine marchande et sans colonies, pas de marine de guerre. »

~~ **Généralités.** — On appelle marine militaire ou *flotte* la réunion de tous les navires de guerre. La marine militaire a été créée pour défendre nos côtes, nos colonies et protéger notre commerce national. Elle prend part, avec l'armée de terre, aux guerres que le pays peut avoir à soutenir.

Du ministère de la Marine dépend l'administration générale de nos colonies.

~~ **Inscription maritime.** — Tous les gens de mer, c'est-à-dire ceux qui se livrent à la pêche ou à la navigation, sont inscrits sur des registres spéciaux et peuvent être requis par l'État depuis l'âge de 18 ans jusqu'à 50. C'est ce que l'on appelle *Inscription maritime*. En temps de paix, tous les inscrits maritimes âgés de vingt ans doivent faire à bord des navires de l'État un service de trois ans, qui leur est compté comme service militaire.

Le droit de pêche et de navigation appartient exclusivement aux inscrits maritimes.

~~ **Personnel.** — Le personnel de l'armée de mer se compose : des *officiers de marine* ; — du corps des *ingénieurs du génie maritime*, chargés de tous les travaux relatifs à la construction des vaisseaux ; — du corps des *ingénieurs hydrographes*, chargés de dresser les cartes de la marine ; — du corps des *commissaires de la marine*, chargés des subsistances, du recrutement, de la comptabilité, etc. ; — du

(1) La gendarmerie (30 000 hommes environ), n'est pas comprise dans ce chiffre.

corps de santé de la marine (médecins et pharmaciens); — des *équipages* de la flotte, composés de marins fournis par l'inscription maritime, par le recrutement ou par l'engagement volontaire; — enfin des *troupes de la marine* (infanterie, artillerie, gendarmerie), chargées de la défense des colonies.

~~ **Grades.** — La marine militaire est commandée par des officiers qui, à partir du grade le moins élevé, sont appelés : aspirant, — enseigne de vaisseau, — lieutenant de vaisseau, — capitaine de frégate, — capitaine de vaisseau, — contre-amiral, — vice-amiral, — amiral.

Les hommes de l'équipage et les sous-officiers portent les noms de : mousse ou apprenti-marin, novice, matelot, — quartier-maître, second maître, maître, premier maître.

~~ **Écoles.** — Du ministère de la Marine dépendent :

ÉCOLES	LEUR DESTINATION
École des mousses de l'État, en rade de Brest.	Reçoit des enfants de 13 ans munis d'un certificat de bonne conduite, pour le recrutement des équipages de la flotte.
École navale, établie sur le vaisseau le *Borda*, en rade de Brest.	Forme les officiers de la marine de l'État. — Les élèves sont admis, après examen, de 14 à 17 ans. Ils en sortent avec le titre d'aspirant de marine.
Écoles de médecine et de pharmacie navales, à Brest, Rochefort et Toulon.	Recrutement du service de santé (Elles sont établies auprès des hôpitaux de la marine).
Écoles de maistrance, dans les ports militaires et à l'indret.	Forment des contre-maîtres et des chefs d'atelier pour les arsenaux maritimes.
École d'application du génie maritime, à Paris.	Forme les ingénieurs du génie maritime.

Il existe beaucoup d'autres écoles : Écoles des défenses sous-marines, de pyrotechnie, de timonerie, de pilotage, de canonnage, etc.

~~ **Marines militaires comparées.** — Si, pour la marine marchande, la France est considérablement distancée par l'Angleterre, elle l'est beaucoup moins pour la marine militaire, comme l'indique le tableau suivant :

ÉTAT COMPARÉ DES PRINCIPALES MARINES MILITAIRES

NATIONS	CUIRASSÉS	ENSEMBLE des bâtiments de la flotte
Angleterre	73	550
France	59	360
Russie	31	370
États-Unis	21	130
Hollande	23	140
Allemagne	13	100
Italie	19	70
Autriche	11	70
Espagne	7	130

Ainsi la marine militaire française est, après celle de l'Angleterre, la plus puissante du monde.

IX. — Ministère de la Justice.

« Ne fais pas à autrui ce que tu ne voudrais pas qui te fût fait à toi-même. »

~~ Il existe deux juridictions principales : la juridiction *civile* et la juridiction *criminelle*.

~~ **Juridiction civile.** — Il y a, dans chaque canton, un *Juge de paix*, et dans chaque arrondissement, un *Tribunal de première instance* ou *Tribunal civil*.

Au-dessus des tribunaux de première instance sont les *Cours d'appel*(1), auxquelles on a le droit de s'adresser pour la révision des jugements de première instance.

~~ **Juridiction criminelle.** — Les juges de paix jugent les *contraventions* aux règlements de police ; — les tribunaux de première instance, constitués en *tribunaux correctionnels*, jugent les fautes plus graves nommées *délits*.

Quatre fois par an, un conseiller de Cour d'appel, assisté de deux juges de première instance, se transporte au chef-lieu de chaque département, où il préside un *jury* formé de simples particuliers désignés par le sort. Ce tribunal ainsi composé est une *Cour d'assises*, chargée de juger les fautes graves nommées *crimes*.

Auprès de chaque tribunal civil est un *procureur de la République*, assisté d'un ou de plusieurs *substituts*; — auprès de chaque Cour d'appel est un *procureur général*, assisté d'un ou de plusieurs *avocats généraux*. — L'ensemble de ces magistrats compose le *Ministère public* ou *Parquet*. — Le ministère public exerce *l'action publique*, c'est-à-dire la défense des intérêts de la société.

~~ **Cour de cassation.** — Au-dessus des divers tribunaux est la Cour de Cassation, à Paris, tribunal suprême chargé de surveiller l'observation stricte des lois et de casser les jugements qui lui paraissent irréguliers ou illégaux.

Il est bon de remarquer que la Cour de cassation ne forme pas un troisième degré de juridiction ; lorsqu'elle casse un jugement, elle renvoie l'affaire devant d'autres juges.

X. — Ministère des Cultes.

(Rattaché tantôt à la Justice, tantôt à l'Instruction publique.)

« Nul ne doit être inquiété pour ses opinions religieuses. »
« La liberté de conscience est la plus respectable des libertés. »

~~ La direction des cultes est rattachée, tantôt au ministère de la Justice, tantôt au ministère de l'Instruction publique, ou même au ministère de l'Intérieur.

~~ Il y a trois cultes reconnus par l'État : le culte *catholique*, le culte *protestant*, le culte *israélite*. — Il y a aussi le culte *musulman*, subventionné par l'État.

~~ **Culte catholique.** — Dans chaque commune, il y a une ou plusieurs *paroisses*. Les plus importantes sont des *cures*, administrées par des *curés*. Ces derniers sont nommés par l'évêque avec l'agrément du gouvernement, et inamovibles. Les curés peuvent être assistés d'un ou de plusieurs *vicaires*.

Les paroisses moins importantes sont des *succursales*, administrées par des *desservants*.

(1) Les juges qui font partie d'une Cour d'appel sont appelés des *conseillers* à la Cour d'appel.

La réunion d'un grand nombre de paroisses forme un *diocèse* ; plusieurs diocèses forment une province ecclésiastique.

~~ Chaque diocèse est administré par un *évêque* ou un *archevêque* nommés par le gouvernement et institués canoniquement par le souverain pontife. Il y a en France 84 diocèses, qui correspondent à peu près aux départements.

Dans 24 départements le siège de l'évêché ou archevêché n'est pas au chef-lieu.

Alger a un archevêché; Oran et Constantine, des évêchés. La Réunion, la Martinique et la Guadeloupe ont chacune un évêque, suffragant de l'archevêque de Bordeaux.

~~ Il y a 17 provinces administrées par un archevêque dont les autres évêques sont les suffragants.

~~ Les écoles supérieures ecclésiastiques ou *grands séminaires* forment les jeunes gens sortant pour la plupart des *petits séminaires* et qui se destinent à la prêtrise.

Il y a 5 facultés de théologie catholique, dont les professeurs sont rétribués par l'État.

Le séminaire des *missions étrangères* de Paris forme des missionnaires pour les pays étrangers. Le séminaire du *Saint-Esprit*, à Paris, forme des missionnaires pour les colonies françaises.

~~ Sur les 38 millions d'habitants de la France, on compte plus de 37 millions de catholiques.

~~ **Culte protestant.** — Le culte protestant est représenté en France par l'église *réformée* ou *calviniste* et par l'église de la *Confession d'Augsbourg* ou *luthérienne*, sous la direction des *pasteurs*, qui exercent leur ministère dans les *temples*. Les protestants sont peu nombreux en France (600 000) ; ils sont disséminés un peu partout ; mais leurs agglomérations sont plus grandes dans le Midi (Gard, Ardèche, Lozère, Gironde).

~~ **Culte israélite.** — La population israélite, fixée surtout dans les *grandes villes*, ne dépasse pas 50 000 âmes, non compris les 33 000 juifs d'Algérie. Les ministres du culte israélite s'appellent *rabbins*. Ils exercent leur ministère dans les *synagogues*.

Il y a un grand séminaire israélite à Paris.

~~ **Culte musulman.** — Le culte musulman est subventionné dans celles de nos colonies (Algérie, Sénégal) où la majorité de l'élément indigène professe les croyances et prescriptions contenues dans le *Coran*. Les ministres du culte musulman s'appellent *imans*. Ils exercent leurs fonctions dans les *mosquées*.

Il y a en Algérie plus de 2 millions 1/2 d'indigènes musulmans.

XI. — Ministère de l'Instruction publique et des Beaux-Arts.

« Ce sont nos maîtres d'école qui ont vaincu la France »
(Opinion de l'empereur Guillaume sur la guerre de 1870).

~~ Le ministre de l'Instruction publique est assisté d'un *conseil supérieur* et d'*inspecteurs généraux*.

~~ **Degrés divers d'enseignement.** — L'instruction publique en France comprend : 1° l'*enseignement public*, confié à un corps de fonctionnaires désigné sous le nom d'*Univer-*

FRANCE. — GÉOGRAPHIE ADMINISTRATIVE.

sité de *France*, où l'enseignement est donné par des fonctionnaires rétribués par l'État; 2° l'*enseignement libre*, donné par des particuliers, ou par des associations religieuses.

L'enseignement public ou libre comprend trois degrés : 1° l'enseignement *primaire*(1), donné dans les écoles primaires *communales* (enseignement public), et dans les écoles primaires libres ; — 2° l'enseignement *secondaire*, qui comprend l'enseignement *spécial* et l'enseignement *classique*, et qui est donné dans les collèges et lycées enseignement public), dans les séminaires et institutions secondaires (enseignement libre) ; — 3° l'enseignement *supérieur*, qui est donné dans les *facultés* publiques de lettres, de droit, de médecine, de théologie, dans les écoles libres d'enseignement supérieur et dans les *Écoles spéciales*, dont il sera parlé plus loin.

~~~ **Diplômes et grades universitaires.** — Les différents diplômes et grades universitaires sont : pour l'enseignement primaire, le *certificat d'études primaires*, le *brevet de capacité élémentaire* et le *brevet supérieur*; — pour l'enseignement secondaire spécial, le *diplôme d'études*; — pour l'enseignement secondaire classique, le *baccalauréat*; — pour l'enseignement supérieur, la *licence* et le *doctorat*.

Le diplôme de bachelier est obligatoire pour les candidats à certains postes de l'administration, à ceux qui veulent faire leurs études de droit, de médecine, etc. —
Le titre d'*agrégé* s'obtient au concours et non à l'examen.

~~~ **Écoles et autres établissements.** — Du ministère de l'Instruction publique dépendent :

ÉCOLES	LEUR DESTINATION
Enseignement primaire.	
Salles d'asile communales.	Pour les enfants de 2 à 7 ans.
Écoles primaires communales.	Préparent les élèves au certificat d'études primaires.
Écoles primaires supérieures.	Donnent un enseignement primaire plus élevé.
Écoles normales primaires	Forment des instituteurs ou des institutrices.
Cours normal primaire supérieur d'Iseure (Allier).	Forme des professeurs (femmes) pour les écoles normales primaires d'institutrices.
Enseignement secondaire.	
Collèges et lycées.	Pour la préparation au diplôme d'études de l'enseignement spécial, aux baccalauréats et aux écoles du gouvernement (normale supérieure, polytechnique, Saint-Cyr, etc.).
Lycées.	Pour l'instruction des jeunes filles.

(1) L'enseignement primaire est aujourd'hui gratuit et obligatoire.

Enseignement supérieur et Écoles spéciales.

15 facultés des lettres.	Cours de philosophie, d'histoire, de géographie, de littérature française, latine, grecque et étrangère, d'archéologie. Examens pour les lettres.
15 facultés des sciences.	Cours de mathématiques, d'astronomie, de physique, de botanique, de zoologie, de minéralogie. Examens pour les sciences.
13 facultés de droit.	Cours et examens de droit.
7 facultés de théologie, dont 2 protestantes.	Cours et examens de théologie.
3 facultés de médecine (Paris, Montpellier, Nancy).	Cours et examens pour le diplôme de docteur en médecine.
3 écoles supérieures de pharmacie (Paris, Montpellier, Nancy).	Cours et examens pour le diplôme de pharmacien de 1re classe.
17 écoles préparatoires de médecine et de pharmacie.	Cours et examens pour le certificat d'officier de santé et de pharmacien de 2e classe.
École normale supérieure, à Paris.	Forme des professeurs pour les lycées.
École pratique des hautes études, à Paris.	Prépare à l'étude approfondie des sciences, de la philosophie et de l'histoire. — Nombreux laboratoires disséminés dans les divers établissements scientifiques.
École normale de Cluny (Saône-et-Loire).	Prépare des professeurs pour l'enseignement secondaire spécial.
Écoles des Chartes, à Paris.	Préparation aux fonctions d'archiviste et de bibliothécaire.
Écoles des langues orientales, à Paris.	Étude de l'arabe, du persan, du chinois, etc.
Écoles françaises d'Athènes et de Rome.	Écoles de perfectionnement pour l'étude de la langue, de l'histoire et des antiquités grecques et latines.
École d'astronomie, à Paris.	

Grands Établissements scientifiques.

Collège de France, à Paris (fondé par François Ier).	Cours supérieurs et gratuits de sciences, de lettres, de droit, d'économie politique.
Muséum d'histoire naturelle, à Paris, et Jardin des Plantes.	Animaux vivants, jardins et collections, cours d'anatomie, de zoologie, de botanique, de physique et chimie, de dessin et de peinture appliquée à l'histoire naturelle.
Bureau des longitudes à Paris.	Sorte d'Académie astronomique.
Observatoire de Paris et observatoires de province.	Destinés à l'observation des phénomènes célestes.

Corps savants.

Institut de France, qui comprend 5 académies : française, Inscriptions et belles-lettres, sciences, beaux-arts, sciences morales et politiques.	Réunion des premiers écrivains, savants et artistes français. Les membres de l'Institut sont élus par les membres de chaque académie.
Sociétés savantes.	Associations libres de savants.

Indépendamment des écoles publiques qui précèdent et qui ressortissent au ministère de l'Instruction publique, il existe d'autres écoles spéciales qui ont été mentionnées précédemment (Écoles d'agriculture, industrielles, commerciales, militaires, etc.) ; il convient encore de signaler l'École libre des *Sciences politiques*, qui prépare aux carrières administratives et diplomatiques ; — l'École libre d'*anthropologie*, etc.

~~~ **Divisions académiques.** — La France est divisée en 16 *Académies*, non compris celle d'Algérie, ayant chacune un *chef-lieu* académique. Chaque académie est administrée par un *recteur*, assisté d'un *conseil académique*.

Dans chaque département est un *inspecteur d'académie*, assisté d'un *conseil départemental*.
Chaque arrondissement est pourvu d'un ou de plusieurs *inspecteurs primaires*.

Les facultés publiques ont, en général, leur siège dans les seize chefs-lieux académiques. — A Paris, le chef-lieu académique est la Sorbonne. Les professeurs de faculté d'État sont chargés des examens pour les divers grades universitaires.

~~~ **Budget de l'Instruction publique.** — Le budget de l'instruction publique en France s'est élevé rapidement depuis 1870 ; il atteint actuellement près de 140 millions de francs, dont la moitié pour l'enseignement primaire.

Il convient d'ajouter aux 140 millions de francs attribués en France à l'instruction publique, les subventions fournies par les départements et par les communes.

~~~ **Comparaison avec l'étranger.** — La *Suisse*, la *Suède* et la *Norvège*, l'*Allemagne*, les *États-Unis* ont rendu l'instruction primaire *obligatoire*. Aussi n'ont-ils qu'un nombre relativement faible d'illettrés (moins de 10 sur 100 habitants). — La *Russie* et les États du *midi* de l'Europe (moins la Grèce) sont au dernier rang pour l'instruction.

En France, 5 millions d'enfants fréquentent les écoles primaires ; il en reste encore 600 000 qui ne reçoivent aucune instruction. Chaque année, sur un contingent de 250 000 hommes, 40 000 conscrits ne savent ni lire ni écrire (voir la carte).

~~~ D'énergiques efforts tendent, surtout depuis 1870, à diminuer chez nous la tache honteuse de l'ignorance. Déjà, dans l'*Est* et dans le *Nord*, l'instruction est très répandue, et si dans l'Ouest et dans le Centre on trouve encore des départements retardataires, il est permis d'espérer que le niveau de leur instruction ne tardera pas à s'élever.

L'infériorité de la France n'est d'ailleurs manifeste que dans l'enseignement *primaire*. Bien que des réformes soient indispensables dans notre enseignement *secondaire* et dans notre enseignement *supérieur*, ils peuvent soutenir plus dignement la comparaison avec les institutions similaires des autres peuples. L'instruction secondaire des filles est seule réellement négligée chez nous. Il est temps d'effacer ce vieux préjugé que les femmes peuvent être impunément ignorantes.

Beaux-Arts

« Le culte du beau est le commencement de la vertu. »

Généralités. — Les beaux-arts ont pour objet la représentation du *beau*. Ils comprennent la peinture, la sculpture, l'architecture, la poésie, la musique, etc.

Aptitude des Français pour les beaux-arts. — Les arts ont été de tout temps en honneur en France. Les dessins, les tableaux, les statues qui remplissent nos musées, nos églises, nos hôtels de ville, nos châteaux, — les jardins qui font l'ornement de nos cités, — les compositions de nos musiciens, — les chefs-d'œuvre de notre théâtre, attestent l'éclat de l'art français dans le passé, de même que nos expositions annuelles, nos concerts, nos représentations dramatiques, l'attestent dans le présent. Efforçons-nous de rester fidèles à notre génie national et de le développer par une éducation persévérante.

On a vu que le bon goût et le caractère artistique de beaucoup de nos produits leur assurent les préférences de l'étranger, et que le plus sûr moyen de conserver cet avantage est de répandre chez nous l'enseignement du *dessin industriel*. Aussi le gouvernement a-t-il rendu le dessin obligatoire dans les lycées et les collèges, et il se prépare à l'introduire dans les écoles primaires.

Comparaison avec les pays étrangers. — On ne peut, dans les questions d'art, comme dans les questions économiques, comparer, chiffres en main, la puissance intellectuelle des différents pays. Il est permis de dire cependant que dans la lutte pacifique que la France soutient avec l'*Allemagne*, l'*Angleterre* et l'*Italie*, elle conserve jusqu'ici la prépondérance.

Écoles, musées, manufactures artistiques. — Le ministre de l'instruction publique est en même temps ministre des *beaux-arts*. Il veille à la conservation des musées, des bibliothèques, des monuments historiques, des richesses artistiques de toute sorte que possède la France; il a sous sa haute surveillance les théâtres subventionnés; il encourage l'enseignement musical.

Voici la liste des principaux établissements affectés aux beaux-arts

ÉTABLISSEMENTS	DESTINATION
École des *Beaux-Arts* à Paris (succursale à Lyon, à Dijon et Toulouse).	Forme des peintres, des sculpteurs, des architectes, des graveurs.
Conservatoire de musique et de déclamation, à Paris (succursales à Lyon, Lille, Toulouse, Nantes et Dijon)	Forme des musiciens et des artistes dramatiques.
École française de l'*Académie de France*, à Rome (villa Médicis).	Reçoit les élèves de l'école des Beaux-Arts et du Conservatoire de musique qui ont remporté le *prix de Rome*.
École des Arts décoratifs, à Paris.	Tient le milieu entre l'école des Beaux-Arts et les écoles municipales de dessin.
Écoles de dessin pour les jeunes filles, dans les grandes villes.	Cours de dessin industriel, de peinture sur faïence et porcelaine, de gravure, etc.
Écoles d'tes académiques, dans plusieurs villes du nord (Lille, Valenciennes, Douai.	Cours municipaux pour l'enseignement des beaux-arts.

Manufactures.

Manufacture de Sèvres, près Paris.	Fabrication de porcelaine, d'émaux, de mosaïque décorative.
Manufacture des Gobelins, à Paris.	Fabrication de tapisseries.
Manufacture de *Beauvais* (Oise).	Fabrication de tapisseries.

Musées.

Musée du *Louvre*, à Paris.	Peintures, dessins, galeries de sculptures, bronzes antiques, antiquités égyptiennes, objets de haute curiosité, etc.
Musée de Compiègne (Oise).	Annexe des galeries du musée du Louvre.
Musée historique de Versailles.	Tableaux, portraits historiques, etc.
Musée des artistes vivants (palais du Luxembourg).	Peintures, sculptures.
Musée de *Cluny*, à Paris.	Objets d'art du moyen âge.
Musée de Saint-Germain (Seine-et-Oise).	Antiquités nationales jusqu'au règne de Charlemagne.

Théâtres.

Opéra, Comédie française, Opéra-Comique, Odéon, à Paris.	Subventionnés par l'État.

Monuments.

2000 monuments à l'État, à Paris et en province.	Monuments celtiques (dolmens, menhirs, etc.); monuments gallo-romains (arcs de triomphe, temples et palais, amphithéâtres, ponts, aqueducs); monuments du moyen âge, de la Renaissance, etc. (monuments religieux, militaires et civils, tombeaux, fontaines, etc.)

XII. — Ministère des Postes et des Télégraphes.

« Tout moyen rapide de correspondance est à la fois un lien matériel et moral entre les hommes. »

Le ministère *des Postes et des Télégraphes* est un ministère de fondation récente. On a pensé avec raison que la réunion en un ministère spécial de deux services aussi importants ne pourrait manquer de contribuer au développement de notre commerce.

Le premier résultat de cette réforme a été: l'affectation générale des nombreux bureaux de poste et de leur personnel au service des télégraphes; — la pose de fils dans un grand nombre de communes qui en étaient dépourvues; — enfin et surtout une réduction de la taxe des lettres et des dépêches.

En temps de guerre, les employés des télégraphes forment un corps spécial. — Une école supérieure de télégraphie existe à Paris.

INITIATIVE PRIVÉE

Les attributions de l'État sont considérables, et à mesure que les rapports des hommes entre eux se développent, elles tendent à s'accroître. Mais l'État ne peut tout faire, et, dans un pays *libre* comme le nôtre, il faut qu'il soit puissamment secondé par l'initiative privée.

L'État n'est point d'ailleurs une personne morale à part, une entité indépendante de la nation ayant sa raison d'être particulière, il est la nation elle-même agissant par l'intermédiaire d'un certain nombre de fonctionnaires.

Aussi chacun, dans la mesure de ses talents et de ses moyens, doit-il prêter spontanément main-forte à l'État, c'est-à-dire *concourir* à *l'intérêt général*. La Société est une association naturelle, un véritable organisme, dont tous les membres, tous les organes, toutes les fonctions sont solidaires. A mesure que chaque citoyen comprend mieux son devoir et l'usage précieux qu'il peut faire de sa liberté, le rôle de l'initiative individuelle s'accroît.

C'est ainsi que depuis une quinzaine d'années surtout, une foule d'associations volontaires, dont le nom et l'importance ne cessent de grandir, concourent à l'œuvre de l'État. Telles sont ;

Les Sociétés *de gymnastique* et *de tir*, qui préparent pour notre armée des soldats robustes et habiles ; les sociétés *colombophiles*, qui élèvent des pigeons voyageurs destinés à rendre de précieux services en temps de guerre;

La société *de patronage des prisonniers libérés*, qui s'efforce d'améliorer les criminels.

Les innombrables sociétés d'instruction populaire, telles que la *Société Franklin*, la *Société d'instruction élémentaire*, la *Ligue de l'enseignement*, l'*Association philotechnique*, etc., qui organisent des cours, encouragent les écoliers, distribuent des livres de lecture ;

Les sociétés *de géographie*, les sociétés de *colonisation*, la société d'*encouragement au commerce français*, qui ont préparé et qui continuent à seconder le mouvement d'expansion de la France au dehors;

L'*Alliance française*, qui en propageant la langue française dans les colonies et à l'étranger, contribue à l'extension de notre influence intellectuelle, politique et commerciale;

Les sociétés *d'agriculture* ; la société d'*acclimatation*, qui s'efforcent de doter notre pays de plantes et d'animaux utiles ;

D'innombrables sociétés de *bienfaisance*, et entre autres l'*Hospitalité de nuit*, la *Bouchée de pain*, les *Crèches*, qui forment tout un département libre de l'Assistance publique ;

Les *Sociétés industrielles*, qui en groupant d'énormes capitaux rendent possibles, soit à elles seules, soit en s'associant avec l'État, des travaux prodigieux tels que la construction des chemins de fer, le percement de l'isthme de Suez ou de l'isthme de Panama;

Les sociétés *ouvrières*, groupant les travailleurs par métier ; les *Chambres syndicales*, placées à la tête de ces groupes, dont l'ardeur novatrice prépare la solution de quelques-unes des questions sociales ; — Les sociétés d'*Économie politique*, qui étudient ces mêmes questions à un autre point de vue ; — Les sociétés *coopératives* de production, de consommation ou de crédit qui appliquent pratiquement les théories économiques.

Les sociétés *littéraires* et *artistiques*, qui entretiennent le goût du beau, c'est-à-dire la santé morale du corps social ;

Les sociétés *savantes* enfin, qui sont innombrables et embrassent dans leur labeur tout le domaine du savoir humain. Si plusieurs d'entre elles et des plus éminentes sont devenues de véritables institutions publiques, la plupart ne demandent à l'État que de modestes subventions ou même simplement l'autorisation d'exister. Elles ne suppléent pas aux recherches personnelles, encore moins au génie, qui est ce qu'il y a au monde de plus individuel ; mais elles soutiennent, elles encouragent les savants, elles éclairent pour la discussion et la contradiction, elles propagent leurs découvertes ; elles contribuent à faire passer dans le domaine public les applications précieuses des sciences (machine à vapeur, pile électrique, photographie) ou leurs applications bienfaisantes (chloroforme, traitements antiseptiques, vaccine de la rage). C'est à l'*initiative individuelle* que l'on devra l'Institut Pasteur.

ÉLÉMENTS DE DÉMOGRAPHIE.

NOMENCLATURE

Mouvement de la population en France

	Population.	Naissances.	N. p. 1000 hab.
1881	37 672 000	937 057	2,49
1882	37 769 000	945 566	2,48
1883	37 886 000	937 944	2,48
1884	37 915 000	937 758	2,47
1885	38 030 000	922 361	2,43

Le chiffre des naissances avait été de 966.000 en 1872, de 950 975 en 1875, de 944 576 en 1877.

Nombre des mariages en France

	Mariages.	Mariages par 1000 hab.
1881	282 079	7,5
1882	281 060	7,4
1883	281 519	7,5
1884	289 555	7,6
1885	283 170	7,4

Avant 1877 la moyenne des mariages en France était de 8 pour 1 000, ce qui plaçait la France au rang des pays où l'on se marie le plus.

Principaux pays de l'Europe d'après la population absolue. — Russie : 85 millions ; — Allemagne : 45 ; — Autriche : 39 ; — France : 37 1/2.

Viennent ensuite : Angleterre : 36 millions ; — Italie : 28 ; — Espagne : 16.

Principaux pays de l'Europe rangés d'après la densité de la population. — Belgique : 181 hab. par kil. car. ; — Hollande : 123 ; — Angleterre : 112 ; — Italie : 98 ; — Allemagne : 81 ; — France : 70.

Viennent ensuite : Suisse : 69 hab. par kilom. carré ; — Autriche : 53 ; — Espagne : 33 ; — Russie : 16.

États de l'Europe rangés d'après la proportion des mariages au chiffre de la population. — Serbie : 114 mariages par an en moyenne pour 10 000 habitants ; — Croatie : 104 ; — Hongrie : 101 ; — Russie : 99 ; — Allemagne : 87 ; — Autriche : 85 ; — Angleterre : 82 ; — Hollande : 81 ; — Finlande : 80 ; — France : 79.

Viennent ensuite : Danemark : 78 ; — Italie : 75 ; — Suisse : 73 ; — Espagne : 74 ; — Belgique : 73.

États de l'Europe rangés d'après la proportion des naissances au chiffre de la population. — 436 naissances par an en moyenne pour 10 000 habitants : — Croatie : 445 ; — Serbie : 425 ; — Hongrie : 422 ; — Autriche : 386 ; — Grèce : 385 ; — Italie : 367 ; — Espagne : 360 ; — Allemagne : 358 ; — Hollande : 358 ; — Angleterre : 354 ; — Finlande : 351 ; — Écosse : 350 ; — Belgique : 320 ; — Danemark : 312 ; — Suisse : 303 ; — Roumanie : 305 ; — Norvège : 305 ; — Suède : 303 ; — France : 256.

États de l'Europe rangés d'après la proportion des décès au chiffre de la population. — Norvège : 170 décès environ par an pour 10 000 hab. ; — Irlande : 176 ; — Suède : 190 ; — Danemark : 197 ; — Grèce : 211 ; — Écosse : 218 ; — Angleterre : 219 ; — France : 226.

Viennent ensuite : Belgique : 230 décès environ pour 10 000 habitants ; — Suisse : 235 ; Hollande : 243 ; — Roumanie : 267 ; — Allemagne : 269 ; — Finlande : 272 ; — Italie : 298 ; — Espagne : 307 ; — Autriche : 313 ; — Serbie : 334 ; — Russie : 367 ; — Hongrie : 378 ; — Croatie : 419.

Taux annuel de l'augmentation de la population dans les principaux États de l'Europe. (*Excédent des naissances sur les décès.*) — Suède : 11,5 pour 1 000 ; — Danemark : 11,1 ; — Allemagne : 10,6 ; — Russie : 9,7 ; — Grèce : 9,7 ; — Pays-Bas : 9,5 ; — Angleterre : 9,2 ; — Norvège : 8,6 ; — Belgique : 8,2 ; — Autriche : 7,5 ; — Italie : 7,1 ; — Suisse : 6 ; — France : 2,8.

Définition de la démographie. — La statistique ne se borne pas à indiquer, d'après les recensements faits à une date fixe, la *population* des villes et des États ; elle donne aussi, entre autres renseignements, le nombre des *mariages*, des *naissances* et des *décès*, que relèvent, suivant les pays, soit les églises, soit l'administration civile.

Les documents que fournit la statistique, arides en apparence, sont très utiles et très intéressants. Ainsi, de la comparaison entre la superficie et la population d'un pays résulte la notion de la *densité* de sa population : on voit, par exemple que, malgré le nombre énorme de ses habitants, la Russie est *relativement* moins peuplée que la France, et que celle-ci l'est à son tour moins que l'Italie ou l'Angleterre.

Ce genre de comparaisons et les idées qu'on en tire appartiennent à ce qu'on appelle la **démographie**.

La *Démographie* est l'étude de la *vie collective*. Elle suit les *mouvements* de la population d'un pays, examine comment elle diminue, augmente ou reste stationnaire ; recherche les causes des phénomènes qu'elle a constatés, en les comparant à d'autres observés ailleurs.

Mariages et naissances. — Les mariages et les naissances n'ont pas cessé de *diminuer* en France de 1872 à 1879. En 1872 il y avait une naissance par 37 habitants, et en 1879, il n'y en a plus eu qu'une pour 39.

Décès. — D'une manière générale, grâce aux progrès de l'aisance et de l'*hygiène*, le nombre des décès tend à *diminuer*. C'est là la principale cause de l'augmentation de la population en France, puisque, au contraire, les naissances ne cessent de diminuer. En 1869, sur 10 000 habitants il en est mort 234 ; en 1879, il en est mort 226.

C'est à la campagne qu'on meurt le moins : ainsi, tandis que la moyenne des décès parmi les populations rurales a été, en 1879, de 208 sur 10 000 habitants, celle des villes a atteint le chiffre 261.

Paris. — La population de Paris et du département de la Seine ne cesse de *s'accroitre*, non par l'excédent des naissances, mais par une immigration constante de la province.

En 1876, Paris avait 2 millions d'âmes ; au recensement suivant, en 1881, il en comptait 2 225 000, renfermant ainsi le *dix-septième* de la population totale de la France.

Or, les statistiques montrent qu'à Paris on se marie moins, on meurt plus, on naît moins que dans le reste de la France. Si la population de Paris était, au point de vue démographique, dans les mêmes conditions que le reste de la France, la population du pays *augmenterait de* 40000 *âmes* de plus par année, c'est-à-dire de 190 000 habitants, au lieu de 150000. Il est facile d'en conclure que tout *accroissement* nouveau de Paris contribue à *ralentir* celui de la population française, déjà si lent dans son ensemble.

Danger qui menace la nationalité française. — Tandis que la population de la France reste à peu près *stationnaire*, celle des autres puissances **augmente très rapidement**. Là est le *danger* le *plus redoutable* qui menace notre nationalité.

En 1700, la population de la France, comparée à l'ensemble de la population des grandes puissances, en formait les 38 centièmes. En 1789, la proportion n'était déjà plus que de 27 pour 100. Elle est tombée, en 1815, à 20 pour 100, en 1880 à 13 pour 100.

En moins de deux siècles, l'Angleterre s'est élevée de 8 à 35 millions d'habitants ; l'Autriche, de 12 à 39 ; l'Allemagne, de 19 à 46 ; la Russie a atteint 85 millions. La France, dans le même temps, s'est haussée péniblement de 19 à 37 millions. On a quadruplé, triplé ou plus que doublé autour d'elle. **Elle n'a même pas doublé.** Tous les peuples voisins fournissent en outre une **émigration** considérable qui active leur commerce et leur industrie, porte leur langue et leurs mœurs sur les points les plus éloignés du globe, et, par un phénomène bien connu des statisticiens, contribue à accroître l'excédent des naissances dans la mère patrie. La France n'a pas assez d'enfants pour les envoyer au loin, et l'aversion qu'on y éprouve pour les établissements lointains est une des causes qui contribuent à diminuer le nombre des naissances.

Non seulement la population de la France augmente très lentement, mais une grande partie de son faible accroissement tient à l'immigration des étrangers et non à l'excédent des naissances sur les décès. Ainsi, de 1876 à 1881 l'excédent des naissances sur les décès a été de 507 000 seulement, et l'accroissement total a été de 767 000. Le surplus, 260 000, provient de l'immigration étrangère *qui augmente sans cesse*. Elle s'est accrue de 30 pour 100 dans la période de 1876-1881 par rapport à la période 1872-1876. C'est là un véritable **danger pour la nationalité française**, surtout dans les départements frontières, où les étrangers pourraient un jour se trouver en plus grand nombre que les Français.

Conclusion. — En résumé, la situation démographique de la France est grave et menace surtout de l'avenir. Nous sommes plus **riches** que la plupart de nos voisins, mais qu'est-ce que l'argent comparé à cette richesse supérieure qu'assure à une race le *nombre de ses fils*

SITUATION ET AVENIR DE LA FRANCE
NOMENCLATURE COMPARATIVE.

Budgets des principaux États de l'Europe. — France : 3 milliards 1/2 ; — Angleterre : 2 1/2 ; — Allemagne : 2 1/2 ; — Russie : 3 ; — Italie : 2.

Viennent ensuite : Autriche : 2 milliards ; — Espagne : 800 millions.

Dettes des principaux États de l'Europe. — France : 20 milliards ; — Angleterre : 19 ; — Russie : 11 ; — Italie : 10 1/2 ; — Autriche : 10 ; — Espagne : 6.

Viennent ensuite : Turquie : 6 milliards ; — Allemagne : 5 1/2 ; — Hollande : 2 ; — Portugal : 2 1/2 ; — Belgique : 1 1/2 ; — Grèce : 1/2 milliard.

États de l'Europe rangés d'après l'importance de leur dette par rapport à leur population. — Turquie : 856 francs par tête ; — Espagne : 598 ; — Angleterre : 538 ; — France : 537.

Viennent ensuite : Hollande : 535 francs par tête ; — Portugal : 516 ; — Italie : 361 ; — Autriche : 372 ; — Belgique : 263 ; — Grèce : 250.

Dépenses militaires des principaux États de l'Europe. — Angleterre (avec les Indes) : 1 milliard 150 millions ; — Russie : 920 millions ; — France : 950.

Viennent ensuite : Allemagne : 600 millions ; — Autriche : 370 ; — Italie : 350 ; — Espagne : 230.

Commerce extérieur des principaux États. — Angleterre et colonies : 27 milliards ; — France et colonies : 10.

Viennent après : Allemagne : 8 milliards ; — États-Unis : 8 ; — Hollande et colonies : 4 ; — Autriche : 3 1/2 ; — Belgique : 3 ; — Russie : 5 ; — Italie : 2 1/2 ; — Espagne et colonies : 2.

Les principaux États de l'Europe rangés d'après l'importance de leur commerce extérieur par rapport à leur population. — Hollande : 760 francs par tête ; — Belgique : 500 ; — Angleterre : 450 ; — Danemark : 240 ; — France : 225.

Viennent après : Norvège : 170 francs par tête ; — Allemagne : 165 ; — Suède : 130.

États de l'Europe rangés d'après le nombre des illettrés relevé à la conscription. — Danemark : 0,3 par 100 conscrits ; — Suède : 0,4 ; — Allemagne : 1,5 ; — Suisse : 2,3 ; — Hollande : 12,8 ; — France : 14,9.

Viennent ensuite : Belgique : 17,5 par 100 conscrits ; — Autriche : 38,9 ; — Hongrie : 50,8 ; — Italie : 57,7.

Pas de renseignements statistiques sur l'Angleterre.

Situation continentale et maritime. — Peu de pays jouissent d'une situation géographique aussi avantageuse que la France. Elle est au centre des États civilisés. Sauf au Nord-Est, elle a de fortes limites naturelles, qui d'ailleurs n'entravent point ses relations avec ses voisins. Son climat naturellement tempéré, est encore adouci à l'Ouest par le *Gulf-Stream*. Par la Méditerranée, la mer européenne par excellence, où elle occupe la Corse, l'Algérie, la Tunisie, elle est en relations avec tous les pays latins, avec l'Orient, l'Afrique, les Indes. Par l'Océan, elle regarde le Nouveau Monde. Elle est au rang des grandes puissances du commerce transatlantique. D'une mer à l'autre, les relations sont plus rapides chez nous que partout ailleurs.

Colonies. — Nos colonies, bien que réduites depuis le dix-huitième siècle tendent à s'accroître de nouveau, à se développer. Leur avenir est entre nos mains.

Si nous perdons nos habitudes casanières, *si nous craignons moins les lointains voyages, si nous apprenons les langues étrangères*, si nous gagnons en hardiesse, en décision, si nous savons développer dans la nation l'esprit d'initiative, *éclairer et encourager l'émigration*, abolir dans l'administration la manie des règlements, nous pourrons peut-être un jour, par notre développement colonial, soutenir la comparaison avec l'empire Britannique et rester supérieur à l'Allemagne : le *Sénégal* et l'*Algérie* nous donneront la prépondérance au Soudan ; le *Tonkin* est la clef de la Chine méridionale, comme Saigon est le débouché naturel de l'Indo-Chine. *Madagascar* s'appela autrefois la France orientale. *Taiti* est une des grandes escales du Pacifique.

Agriculture. — Le sol de la France, qui s'étend des brumes du Pas de Calais aux plages lumineuses et presque africaines de la Provence, des pâturages glacés des Alpes aux tièdes vergers de la Touraine, se prête aux cultures les plus variées. Nulle part aussi, sauf peut-être en Chine, les liens entre la terre et l'homme qui la cultive ne sont plus étroits ; nulle part n'est plus féconde la collaboration de la terre et de l'agriculteur.

Plus de 25 millions de Français passent toute leur vie à travailler, à féconder la terre, ils y ont mis leur âme, ils l'ont « épousée. » Ces cultivateurs persévérants et robustes forment la majorité et la solide réserve de la nation. Mais pour que notre agriculture reste vraiment prospère, il faut qu'elle *renonce à la routine*, qu'elle se perfectionne ; qu'elle sache se servir des *procédés économiques nouveaux*, qu'elle renonce à réclamer la *protection illusoire* des taxes douanières qu'elle comprenne et pratique l'*association*.

Richesse financière. — C'est surtout à son agriculture que la France doit sa richesse et à ses capitaux, les sommes énormes qu'elle dépense pour développer son outillage industriel, pour étendre ses voies de communication, les avances que son crédit offre aux nations étrangères.

Elle est, avec l'Angleterre et les États-Unis, un des « greniers d'or » du monde. Pas une œuvre d'intérêt universel, comme le percement des isthmes de Suez ou de Panama, n'est entreprise et ne s'accomplit sans que l'or français n'y contribue largement et n'assure en retour à la France une des meilleures parts dans les revenus du travail achevé.

Produits industriels. — Si nous n'occupons que le second ou le troisième rang dans plusieurs industries qui vivent surtout de la *houille* et du *fer*, nous pourrons, par des efforts soutenus et une vigilance constante, conserver la prééminence dans tous les travaux qui exigent du goût. Nos *ouvriers artistes* ont à l'étranger des rivaux et surtout des imitateurs, *mais qui ne les surpassent point* : ils fournissent le monde de nos objets de luxe. Ces matières de prix sont — avec nos *tissus*, nos *blés* et nos *vins* — le principal aliment du commerce extérieur.

Le budget français. — La prospérité agricole, industrielle, commerciale de la France, se résume dans sa *situation financière*, si solide que les désastres de 1870 et 1871 et de sérieuses crises économiques ont pu l'atteindre sans l'entamer.

La France peut ainsi contracter à bon compte des emprunts énormes et supporter sans fléchir les charges militaires qui accablent d'autres nations.

Le caractère français. — Il est délicat de s'apprécier soi-même. Ne tombons ni dans cette fierté ridicule et turbulente qu'on appelle le « chauvinisme, » ni dans l'humilité égoïste de pessimistes chagrins.

Nous sommes de *langue latine* comme les Espagnols et les Italiens, mais notre race descend surtout des *anciens Gaulois*, ce qui nous donne une physionomie à part au milieu des peuples latins. L'habitude de nous vanter hors mesure ou de nous dénigrer hors de propos, n'est au fond qu'une franchise et une bonne humeur naturelles, trop faciles à exalter, ou une imagination parfois encline à tourner au noir. Les désastres de 1870 ont été une rude leçon : sachons l'envisager sans forfanterie comme sans faiblesse.

La légèreté dont on nous accuse aussi est plus affectée que réelle. Nous excellons à parler sérieusement sans être frivole, et ce genre d'esprit n'est point toujours compris des étrangers.

Des qualités très françaises qu'il faut regarder précieusement sont : la *lucidité*, la *souplesse* de l'intelligence, la *clarté* et *la précision* du langage, la *rigueur* de la méthode. Conservons aussi la *politesse* et l'*urbanité* dont s'honoraient nos ancêtres.

Nous sommes en démocratie et nous avons un instinct très juste et très vif de l'*égalité* politique : craignons qu'il ne dégénère en un sentiment confus de *jalousie* contre toute supériorité d'influence, de richesse, de talent, ou même de vertu. L'envie n'est point digne de cœurs francs et loyaux. Or, la loyauté, l'honneur, l'amour de la justice et du droit, la sociabilité sont le meilleur patrimoine de notre race.

Il n'y a au monde que la Suisse, l'Angleterre et les États-Unis où les libertés politiques soient aussi développées qu'en France. Gardons-nous d'en faire mauvais usage, de peur qu'elles ne nous conduisent au désordre et à l'anarchie.

Efforçons-nous, par notre sagesse, notre *concorde fraternelle*, notre *tolérance réciproque*, notre *respect de la dignité*, des convictions et des opinions d'autrui, notre *persévérance à nous instruire*, de mériter le succès de cette expérience de la liberté.

TROISIÈME PARTIE. — EUROPE

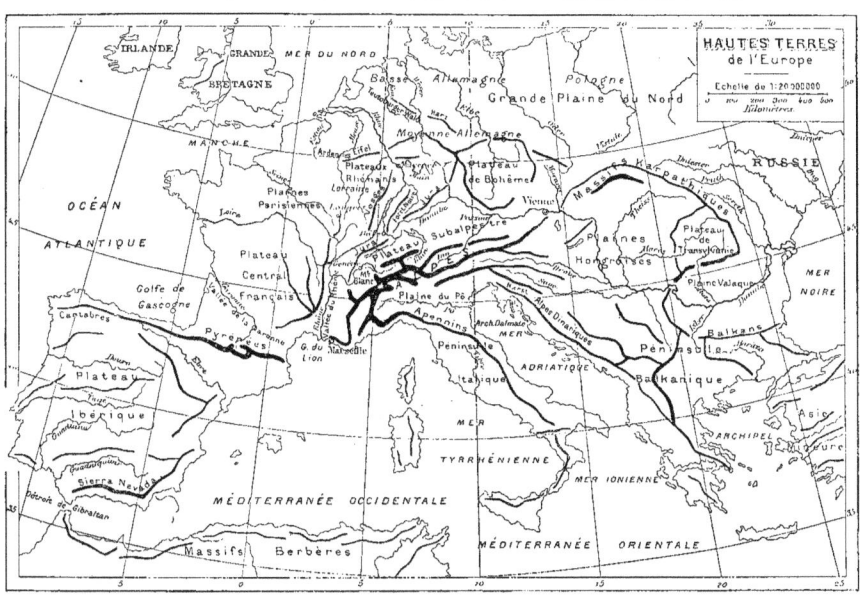

CHAPITRE PREMIER
HAUTES
TERRES EUROPÉENNES

NOMENCLATURE
PRINCIPALES ALTITUDES

I. **Alpes.** — Pelvoux, 4 103 m. — *mont Blanc*, 4 810 m. — mont Rosa, 4 6 0 m. — Bernina, 4 000 m. — Gross-Glockner, 3 800 m.

II. **Plateaux subalpestres de Suisse, de Souabe et de Bavière.** — *Genève*, 375 m. — *Munich*, 520 m.

III. **Juras.** — Crêt de la Neige (*France*), 1 700 m. — Chasseral (*Suisse*), 1 600 m. — Hohenberg (*Souabe*), 1 000 m. — Friedenberg (*Franconie*), 680 m.

IV. **Massif central français.** — Mont Mézenc, 1 700 m. — Plomb du Cantal, 1 800 m. — *Puy de Sancy*, 1 900 m. — Pierre-sur-haute (Forez), 1 600 m.

V. **Massifs des Karpathes.** — Pic de Gerlsdorf (Tatra), 2 700 m. — Pietrosza (Transylvanie), 2 300 m. — Kœnigsstein, 2 200 m.

VI. **France du Nord-Est et moyenne Allemagne.** — Haut-du-Sec (*Plateau de Langres*), 500 m. — Botrauche (*Ardennes et Eifel*), 700 m. — Inselsberg (*Thuringe*), 900 m. — Brocken (*Harz*), 1 100 m. — Riesengebirge (*Bohême*), 1 600 m.

VII. **Vosges et Forêt-Noire.** — Ballon de Soultz (*Vosges*), 1 400 m. — Feldberg (*Forêt-Noire*), 1 500 m.

VIII. **Péninsules méridionales.** — 1° Espagne : Maladetta (*Pyrénées*), 3 400 m. — Mulhacen (*Sierra Nevada*), 3 600 m.— *Madrid*, 650 m.

2° Italie : Gran Sasso (*Apennins*) 2 900 m. — Lac Bulsena, 303 m.

3° Péninsule Balkanique : Char-Dagh (*Turquie*), 2 500 m.; — Rilo-Dagh, 2 700 m.— *Sofia* 566 m. — Parnasse (*Grèce*), 2 700 m.; Taygète, 2 500 m.; — *Tripolitza*, 663 m.

IX. **Iles de la Méditerranée.** — Silla de Torellas (*Majorque*), 1 900 m. — Monte Cinto (*Corse*), 2 700 m. — Genargento (*Sardaigne*), 1 800 m. — Etna (*Sicile*), 3 300 m. — Ida (*Crète*), 2 500 m.

X. **Hautes terres bordant l'océan Atlantique.** — Péninsule Scandinave : Dovre-field, 2 300 m. — Ymes-field, 2 600 m.

Iles Britanniques : Ben Nevis (*Écosse*), 1 300 m. — Snowdon (*Angleterre*), 1 100 m. — Carrantuohill (*Irlande*), 1 000 m.

Bretagne française et Normandie : Signal des Avaloirs (*Normandie*), 420 m. — Menez (*Bretagne*), 310 m

Caractère général du relief européen.

— L'Europe présente le *même relief* général que l'Asie, dont elle est le prolongement vers l'Ouest : au Nord, des *plaines*; au Sud, de *hautes terres* flanquées de péninsules. Mais point d'immenses plateaux comme le Tibet (p. 153), point d'amoncellements de montagnes comparables à l'Himalaya, qui couvrirait la *Méditerranée tout entière* : ce que l'Europe perd en grandeur, elle le gagne en *délicatesse*, et pour ainsi dire en perfection. Nulle part les systèmes montagneux ne sont plus articulés et distribués d'une manière plus variée. Ce n'est pas seulement leur taille qui les rend plus accessibles : les plaines qui pénètrent et s'y rejoignent, les plateaux qui en facilitent l'abord, tout leur aménagement, qui est le résultat du travail des siècles, ont merveilleusement préparé cette partie du monde au développement d'une civilisation qui s'étend de proche en proche au globe tout entier.

Les Alpes.

— Le massif culminant, le dôme de l'Europe montagneuse, est l'édifice naturel des Alpes (p.193). Si de la cime du mont *Blanc*, élevée presque de 5000 mètres, le regard pouvait se promener librement en tous sens, on aperce-

EUROPE

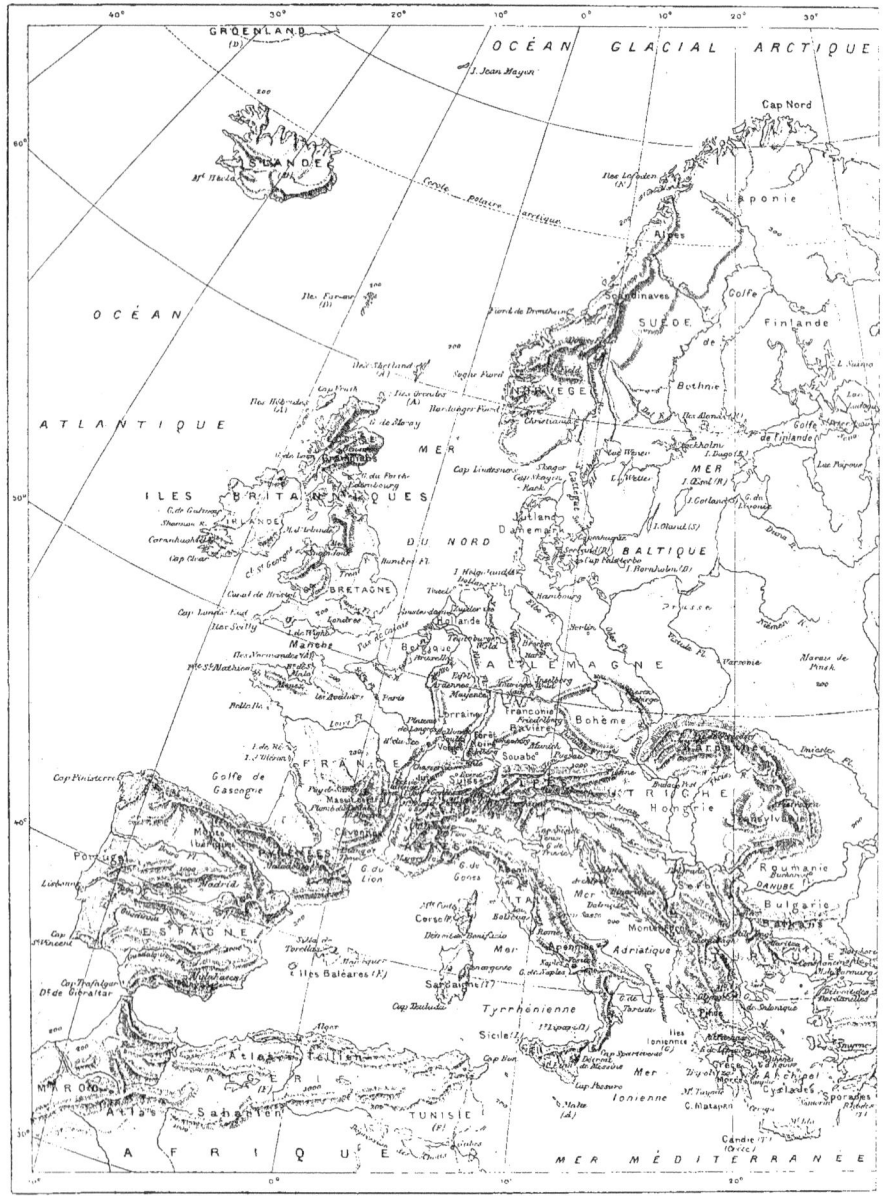

vrait l'immense étendue que recouvrent les Alpes; une mer de montagnes, de vallées, de glaciers, semblables à des vagues tumultueusement figées, se prolongeant d'un côté vers l'Est et le Danube, de l'autre vers le Sud et le golfe du Lion.

Dans la concavité formée par ces deux bras du massif alpestre, l'œil, planant au-dessus des vastes espaces de la plaine du Pô, rencontrerait à l'horizon la silhouette des *Apennins*, et, tout à fait au loin, derrière l'Adriatique, la ligne *crénelée* des Alpes Dinariques et de l'archipel dalmate, rempart de la péninsule des Balkans.

Plateau suisse et bavarois. — Se retournant vers le Nord, on embrasserait du regard la convexité du grand cercle alpestre; plus loin, la grande *terrasse* qui s'y adosse de Genève à Passau, avec ses pentes régulières où courent parallèlement les affluents du cours supérieur du Rhin et du Danube, plus loin encore, les *Juras*, qui se succèdent, en France le long du lac de Neuchâtel et le long de l'Aar; en Allemagne, le long du Danube (Jura de Souabe), et qui forment comme le balcon du plateau subalpestre (p. 109).

Là, *aucune* ville n'est à moins de 300 mètres *au-dessus* du niveau de la mer; *Fribourg* et *Berne*, en Suisse, *Munich* en Bavière, dépassent 500 mètres.

De là s'échappent le *Rhin*, le *Danube* et le *Rhône*.

Le massif central français et les Karpathes. — Aux deux extrémités du vaste massif formé par les Alpes et les plateaux subalpestres, deux plaines se font pendant : la vallée du *Rhône* et les plaines *hongroises*, où, doublé par la Theiss, le Danube coule vers le Sud parallèlement au cours inférieur du Rhône.

A l'Est du Danube et à l'Ouest du Rhône, deux grands massifs, le *massif central français* et les massifs *Karpathiques*, bordant les deux extrémités de l'Europe élevée, aboutissant, le premier aux plaines de la Loire et de la Seine, le second aux confins de la grande *plaine russe*.

Ce sont comme les deux bornes des hautes terres européennes, proportionnées l'une et l'autre aux dimensions de l'Europe elle-même, qui va s'amincissant de l'Est à l'Ouest.

La France du Nord-Est et la moyenne Allemagne. — Entre ces deux massifs s'étendent les dernières pentes qui dominent la grande plaine du nord: en France (p. 31 et 33), le plateau de *Langres* et le plateau *Lorrain*; au Sud-Est de l'Allemagne, le plateau de *Bohême*.

De la Bohême à la Lorraine, les montagnes *allemandes*, qui bordent la rive septentrionale du Main, rejoignent les *Ardennes* au delà du Rhin et projettent au Nord deux bastions avancés, le *Harz* et le *Teutoburger Wald*.

~~ **Les Vosges et la Forêt-Noire**. — Un double accident géologique a rompu l'uniformité de ces terres élevées. Les *Vosges* et la *Forêt-Noire* sont apparues en un seul massif dont la partie centrale s'est ensuite *effondrée*. Entre les débris de cet écroulement, le Rhin s'est frayé de Bâle à Mayence une large trouée, chemin naturel du Sud au Nord, *trait d'union* entre toutes les parties de l'Europe montagneuse.

~~ **Les Péninsules**. — Au sud, les trois péninsules de l'Espagne, de l'Italie et des Balkans étaient sans doute *unies* autrefois aux côtes africaines et asiatiques, vers lesquelles elles s'allongent. La Méditerranée, en les *isolant*, a non seulement accru le développement des côtes maritimes de l'Europe, mais elle a ouvert une grande voie navigable, du Caucase au rocher de Gibraltar qui lui-même est devenu la porte de l'Atlantique.

On trouve dans les trois péninsules des montagnes élevées : *Pyrénées* et *Sierra Nevada*, en Espagne; *Apennins*, en Italie; *Balkans*, en Turquie.

Au Nord, la presqu'île scandinave est dominée par une longue chaîne de montagnes (*Alpes scandinaves*).

~~ **Conclusion**. — L'Europe montagneuse unit à la variété une harmonie, une unité de plan que le *travail des eaux* a encore contribué à *perfectionner*.

Le Rhin, le Danube et le Rhône s'échappent de l'acropole centrale dans trois directions différentes; ils traversent en outre, le premier, les plateaux rhénans (Eifel, etc.); le second, les *Karpathes*; le troisième, le *Jura*, avant d'atteindre leur embouchure.

Du Danube au Rhin par le Main, du Rhin au Rhône par la Saône, de la Saône à la Loire et à la Seine, il a été possible d'établir des canaux; il est probable que la *Morava* mettra bientôt le Danube en communication avec l'Oder et la Vistule, et le travail de l'homme aura ainsi achevé celui de la nature en perfectionnant les traits d'union naturels qui joignent entre elles les diverses régions de l'Europe.

Graviseurs et touristes. — Le goût des ascensions alpestres ne date guère que de la fin du dix-huitième siècle. Jusque-là on ne visitait pas les montagnes, elles n'inspiraient que de l'effroi et de l'horreur. Il était réservé à Jean-Jacques Rousseau de découvrir en quelque sorte la montagne, comme à un autre genevois, Horace Bénédict de Saussure de découvrir les Alpes.

Le premier vanta l'agrément des excursions à pied et surtout des courses dans les montagnes : « C'est une impression générale qu'éprouvent les hommes disait-il, quoique ils ne l'observent pas tous, que sur les hautes montagnes, où l'air est pur et subtil, on sent plus de facilité dans la respiration, plus de légèreté dans le corps, plus de sérénité dans l'esprit. »

Saussure, prêchant d'exemple, consacra plus de trente années à parcourir les Alpes; naturaliste passionné, grimpeur intrépide, écrivain éloquent, il comprit, il étudia, il décrivit l'architecture de ce massif central de l'orographie européenne; il forma le premier des *guides* pour les touristes; l'événement le plus important de sa vie fut son ascension au mont Blanc, le 7 août 1787.

Dès lors, le nombre des graviseurs n'a cessé de s'accroître. L'excellent Topffer a raconté dans ses *Voyages en zigzag* les expéditions qu'il accomplit en compagnie de ses élèves vers 1840.

De tous côtés se sont formées des associations de touristes : l'*Alpine club*, en Angleterre, dès 1858 ; le *Club autrichien*, en 1862; le *Club alpin italien*, en 1863 ; la *Société Ramond*, à Bagnères de Bigorre, en 1865 ; le *Club des Vosges*, à Saverne, en 1872 ; enfin le *Club alpin français*, en 1874. Cette société patriotique, divisée en un grand nombre de sections, compte aujourd'hui plus de 7 000 adhérents. Elle a surtout pour but de mettre en lumière et de populariser les beautés de nos montagnes françaises et d'inspirer à la jeunesse le goût salutaire et fortifiant des excursions à pied. Elle surveille les guides, crée des sentiers et des abris pour les explorateurs, facilite l'accès des hautes cimes. Les plus beaux sites des Alpes, des Pyrénées, du Massif central, des Vosges, de l'Algérie même, deviennent peu à peu classiques.

« La santé, la vigueur, l'énergie, la science et ses richesses, dit M. Abel Lemercier, se trouvent dans la montagne : les querelles de toute sorte, politiques ou religieuses, se rapetissent ou s'éteignent pour ceux qui se rapprochent des hautes cimes. Une devise qui semble faite pour les Alpinistes est celle de la ville de Tulle, assise au milieu des montagnes de Vercingétorix : *Sunt rupes virtutis iter*, les montagnes sont l'école du courage ».

CHAPITRE II

ALPES

NOMENCLATURE

1° PRINCIPAUX GROUPES DE MONTAGNES

	GROUPES CALCAIRES DE L'OUEST ET DU NORD	GROUPES FORMANT LA ZONE MÉDIANE DE ROCHES PRIMITIVES	GROUPES CALCAIRES DU SUD
I	Alpes de Provence (*Saint-Honorat*, 2 520 m.). — Alpes du Comtat (*Ventoux*, 1911 m.). — Vercors et Dévoluy (*Obiou*, 2 793 m.). — Alpes de Savoie (*Pointe percée*, 2 752 m.). — Chablais et Faucigny (*Dent du Midi*, 3 285 m.).	Alpes maritimes (*Cima di Gelas*, 3 186 m.). — Alpes Cottiennes (*Pelvoux*, 4 103 m.). — Alpes Grées (mont Blanc, 4 810 m.).	
II	Alpes Bernoises (*Finster-Aarhorn*, 4 275 m.).	Alpes Pennines (*monte Rosa*, 4 658 m.).	
III	Alpes des Quatre-Cantons ou de Glaris (*Tœdi*, 3 635 m.). — Alpes Algaviennes (*Rothe-Wand*, 2 701 m.).	Alpes Lépontiennes (*Monte Leone*, 3 565 m.). — Alpes Rhétiques (*Bernina*, 4 052 m.).	Alpes du Bergamasque (*Ortler*, 3 905 m.).
IV	Tyrol septentrional (*Zug-Spitze*, 2 960 m.).	Tyrol central (*Wildspitze*, 37.8 m.).	Tyrol méridional (*Marmolata*, 3 494 m.).
V	Alpes autrichiennes (*Dachstein*, 2 996 m.).	Hautes Tours ou Tauern (*Gross-Glockner*, 3 797 m.) — Alpes Styriennes *Hafner-Eck*, 3 106 m.).	Alpes Cariques *Parulba*, 2 642 m.). — Alpes Juliennes (*Treglav ou Terglou*, 851 m.).

2e PASSAGES PRINCIPAUX DES ALPES

Les grandes routes qui traversent les massifs alpestres rayonnent *de la plaine italienne du Pô*, vers les diverses vallées *françaises, suisses* et *autrichiennes* qui aboutissent au Rhône, au Rhin et au Danube.

Routes franco-italiennes

De Turin elles aboutissent :
Par le Col de Tende (1 870 m.), à la *Roya* ;
Par le Col du Genèvre (1850 m), à la *Durance* (Briançon) ;
Par le Col du mont Cenis (route 2 182 m. et tunnel 1 330 m.) à l'*Arc* (Modane) ;
Par le Col du Petit-Saint-Bernard (2 160 m.) à l'*Isère*.

Routes entre la Suisse et l'Italie

De Milan elles aboutissent :
Par le Col du Simplon (2 010 m.), au *Rhône* ;
Par le Col du Saint-Gothard (route 2 110 m. et tunnel 1 150 m.) à la *Reuss*.
Par le Col de Bernardino (*Tessin*), (2 060 m.), au *Rhin* (Coire);
Par le Col du Splügen (*Maira*), (2 120 m.), au *Rhin* (Coire) ;
Par le seuil de Maloya (*Maira*), (1 800 m.) à l'*Inn* ;
Par le Col de la Bernina (*Adda*), (2 330 m.) à l'*Inn*.

Routes austro-italiennes

De Bologne elles aboutissent :
Par le Col de Brenner (*chem. de fer*),(1 360 m.), à l'*Inn* (Inspruck);
Par le Col du Tarvis (*route et chem. de fer*), (811 m.), à la *Drave* ;
Par le Col d'Adelsberg (*ch. de f.*), (550 m.), à la *Save* (Laybach).

~~~ **Ensemble des Alpes.** — L'ensemble des Alpes forme une masse de pays montagneux dont la superficie dépasse la *moitié de celle de la France*. De *Nice* à *Vienne* en Autriche, elles s'étendent en arc de cercle sur une longueur de 1 200 kilomètres, et leur largeur varie de 150 (massif du mont Blanc) à 300 kilomètres, entre *Vérone* (Italie) et *Munich* (Bavière).
Sur une carte bien faite, leur masse, foncée par les hachures, se détache nettement entre les parties claires du plateau de Bavière et de la plaine italienne.

~~~ **Importance des Alpes.** — On sait que les vapeurs apportées de la mer par le vent sous forme de nuages viennent se heurter aux flancs des terres élevées, et leur abandonnent la plus grande quantité de leurs pluies. Les Alpes, grâce à l'étendue de leur surface de condensation, sont le plus grand réservoir d'eau de l'Europe.

Situées au centre de la péninsule européenne relativement étroite, s'allongeant dans le même sens qu'elle, environnées par des mers presque de tous côtés, les Alpes sont admirablement disposées et pour recevoir l'humidité de l'atmosphère et pour distribuer l'eau à toutes les contrées européennes qu'elles avoisinent : France, Allemagne, Autriche, Hongrie, Turquie et Italie.

Les nuées de la *Méditerranée* arrivent *directement* aux Alpes par la Provence et la Vénétie; celles de l'Océan ne traversent que des pays de médiocre hauteur (plateau central, Vosges) avant de les toucher. A l'une comme à l'autre mer, les Alpes rendent ce qu'elles en ont reçu par des fleuves abondants : Rhône, Pô, Danube, Rhin.

~~~ **Grands traits de la géologie alpestre.** — Les Alpes se composent de roches *granitiques* et de roches *calcaires* : les premières sont disposées comme un noyau central et orientées dans le même sens que toute la masse montagneuse ; les secondes, comme une

sorte de revêtement, enveloppent ce noyau au Nord et au Sud.

Les Alpes se partagent ainsi en trois **zones longitudinales** : celle du milieu, *granitique*, qui a déchiré et relevé les deux autres, celles du Nord et du Sud, *calcaires*, débris d'une gigantesque couche de terrains calcaires déposés par un Océan (fig. 68).

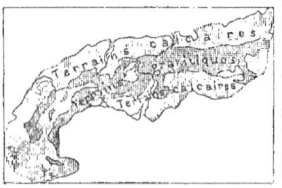

Fig. 68. — Tracé géologique des Alpes.

Ainsi les Alpes seraient des montagnes relativement jeunes, et leur emplacement aurait été recouvert par la mer à une époque où émergeaient déjà les granits de la Bretagne et de l'Auvergne et les schistes des Ardennes.

Grands traits de la topographie alpestre.

Le soulèvement ayant eu lieu de l'Est à l'Ouest, c'est dans ce *sens* que sont orientées les principales vallées, Save, Drave, Salzach, Inn, Rhin jusqu'à Coire, Rhône jusqu'à Martigny. Puis l'écoulement des eaux a donné naissance à un grand nombre de petites vallées transversales. Il en résulte que les Alpes sont formées aujourd'hui d'un grand nombre de *massifs isolés*, autour desquels circulent des *routes naturelles* qui ont permis à l'homme de pénétrer dans cette grande région montagneuse et de la traverser.

Si les principales rivières des Alpes coulent dans les vallées intérieures et longitudinales, aucune d'elles (sauf la Durance, la Save, la Drave et la Leitha), ne s'en échappe directement ; la plupart sont obligées, pour sortir de la montagne, soit vers le Nord, soit vers le Sud, de faire **un coude très aigu** qui est véritablement le *trait caractéristique* des rivières alpestres.

Tel est le cas de l'Isère à Grenoble, du Rhône à Martigny, du Rhin à Coire, de l'Adda à son entrée dans le lac de Côme, de l'Inn à Kuefstein, de l'Adige à Botzen, etc.

Un autre caractère général des eaux alpestres c'est qu'en sortant de la montagne pour traverser soit le plateau suisse et bavarois, soit la plaine lombarde, elles ont formé un grand nombre de lacs qui bordent le massif au Sud et au Nord. Du côté de l'Italie, ce sont les lacs **Majeur**, de **Côme**, d'*Iséo*, de *Garde*, auxquels font pendant, du côté du Nord, ceux du *Bourget*, d'*Annecy*, de **Genève**, des *Quatre-Cantons*, de **Zurich**, de **Constance** et les lacs de la **Bavière**.

Les sommets alpestres.

Le Saint-Gothard n'est pas le point culminant des Alpes, mais il occupe le centre de la région la plus importante de tout le massif. Ce n'est pas un nœud, mais une croupe relativement basse, une de celles où les routes sont les plus nombreuses. A l'Ouest, se dressent les sommets les plus élevés, se creusent les vallées les plus profondes ; à l'Est, c'est le contraire : les montagnes sont moins hantes et les vallées moins déprimées. Ainsi le mont Blanc (fig. 69) a 4 810 mètres, et au pied du mont Blanc, la source de l'Arve se trouve à 1 050 mètres ; le mont *Bernina*, près des sources de l'Inn, n'a que 4 052 mètres, tandis qu'à ses pieds le village de Silva Plana, sur les bords du lac où naît la rivière, est à 800 mètres plus haut que Chamounix. De même le *Rhône*, de sa source à Martigny,

Fig. 69. — Les glaciers du mont Blanc.

descend 1 200 mètres, sur un parcours de 150 kilomètres ; l'*Inn*, qui commence à la même hauteur, doit suivre une route deux fois plus longue avant d'être descendu aussi bas (fig. 70).

Fig. 70. — Comparaison entre le cours du Rhône et le cours de l'Inn.

La série de massifs qui, dans la zone granitique, forme le *faîte* de tout le système alpestre, a une pente générale de l'Ouest à l'Est ; le pic le plus élevé, le mont Blanc (4 810 mètres), est au bord du talus occidental des Alpes, qui s'abaissent rapidement vers la plaine du Rhône, tandis qu'elles se maintiennent très longtemps à une hauteur considérable dans la direction du Danube. Dans les Alpes françaises, il n'y a que le massif du **Pelvoux** dont l'élévation dépasse 4 000 mètres, et, à 200 kilomètres du mont Blanc, le *Ventoux* n'a même pas 2 000 mètres. De l'autre côté, au contraire, les cimes qui dépassent 4 000 mètres sont très nombreuses : *Rosa*, *Cervin*, *Jungfrau*, etc., et, dans les Alpes autrichiennes, deux fois plus loin du mont Blanc que le Ventoux, le pic des *Trois-Seigneurs* et le *Gross Glockner* ont encore 3 500 et 3 800 mètres.

Les routes alpestres.

Parmi les avantages que présentent les Alpes, si, par exemple, on les compare aux Pyrénées, le plus important est d'être *très accessibles*. Dans les Pyrénées, *les routes sont rares*, tandis que *les passages alpestres sont très nombreux*.

Entre la France et l'Espagne, se dresse un véritable mur, qu'on ne peut tourner qu'à ses extrémités, par Bayonne et Perpignan (carte p. 31) ; dans l'intervalle, aucune route, seulement des sentiers à mulets, encore très dangereux. Dans les Alpes, au contraire, des routes de toute sorte ont développé l'activité et la vie.

Nulle part l'épaisseur des massifs n'est assez considérable pour qu'on hésite à y creuser des *tunnels* : la France a percé celui du mont Cenis ; l'Allemagne a ouvert au commerce celui du **Saint-Gothard**, qui fournit une route plus *courte* pour le transit de la Méditerranée et de l'Inde vers l'Angleterre ; mais la France projette de percer le *Simplon* ou le *mont Blanc* pour faire concurrence au Saint-Gothard, comme on a percé le Saint-Gothard pour faire concurrence au mont Cenis.

Conclusion.

Les Alpes n'offrent pas seulement à nos yeux des sites admirables, elles ne sont pas seulement un précieux réservoir d'eaux qui ruissellent des glaciers et des neiges éternelles ; ce sont des montagnes *sociables* en quelque sorte, qui s'ouvrent docilement au génie industriel, aux relations des peuples et à la civilisation. On peut dire qu'au point de *vue humain*, ce sont les **premières montagnes du globe**.

Chamonix, la Mer de glace et le mont Blanc. — Le mont Blanc, qu'on aperçoit depuis des quais de Genève dans un lointain vaporeux, revêt, au soleil couchant une teinte rose d'une douceur idéale. Il semble nager bien au-dessus de la terre et défier la curiosité du voyageur. L'accès du pied de la montagne est facile par la riante vallée de l'Arve, dont les eaux claires et rapides vont se jeter dans le Rhône un peu en aval de Genève, après avoir arrosé Sallanches et Bonneville. Chamonix, situé à 1 050 mètres, était jadis pauvre et ignoré ; c'est aujourd'hui une petite ville prospère, rendez-vous des touristes, quartier général des guides, musée du mont Blanc. A deux ou trois heures de marche de Chamonix, les *Grands-Mulets* (3 048 m.), grands rochers sur une cabane a été construite pour les touristes ; dans cette première partie de l'ascension, on traverse la région des *Moutneurs*, énormes masses de glace dressées comme des tours, et dont les flancs paraissent teints du plus beau vert. On couche ordinairement aux Grands-Mulets. Le reste de la route est pénible et parfois dangereux, à cause des crevasses cachées sous la nappe blanche des névés ou champs de neige ; les avalanches sont également à craindre, et quand on a dépassé 4 000 mètres le mal des montagnes abat souvent les forces des plus intrépides. Mais sur la cime, quel admirable panorama : la vue plane sur tout le Jura, sur toute la Suisse ; elle s'étend jusqu'aux Alpes Maritimes, aux plaines du Pô et à l'Apennin.

CHAPITRE III
PLAINE DU NORD

NOMENCLATURE

I. Ondulations du Nord (*points les plus élevés*). — Mecklembourg, 180 m. — Poméranie, 330 m. — Prusse propre, 310 m. — Lithuanie, 350 m. — Valdaï (Russie). 360 m.
II. Ondulations du Sud (*points les plus élevés*). — Hanovre, 170 m. — Brandebourg, 230 m. — Pologne, 650 m. — Ukraine, 810 m.
III. Grande dépression intermédiaire (*altitudes principales*). — Bruxelles, 15 m. — Berlin, 33 m. — Varsovie, 99 m. — Moscou, 142 m.

Étendue de la plaine européenne. — Nous savons que de la mer du Nord à l'Iénisséï, s'étend une plaine immense, dont la partie la plus basse est occupée par la Caspienne. La partie occidentale en appartient à l'Europe : du *Pas de Calais* à l'*Oural*, pas un seul tunnel sur les voies ferrées ; fleuves, lacs, marais sont les seuls obstacles à la circulation.

La Russie tout entière, l'Allemagne du Nord, la Hollande, la Belgique occidentale, une partie des départements français du Nord et du Pas-de-Calais, sont compris dans cette immense étendue de pays plats ou faiblement ondulés.

Absence de frontières naturelles. — Là, pas de barrière naturelle entre les peuples, pas de fixité dans les frontières politiques.

Au temps de Charlemagne, les *Slaves* allaient du Volga jusqu'à l'Elbe ; plus tard, la création de la marche allemande de Brandebourg, les refoula jusqu'à l'Oder, et les conquêtes des chevaliers teutoniques sur les *Prussiens* (de véritables *Slaves*), étendirent la Germanie jusqu'à la Vistule et au Niémen.

Au delà se trouvaient la Pologne et l'empire des tzars. Pressée entre la Prusse et la Russie, la *Pologne* a disparu, victime de ses fautes, mais surtout desservie par l'absence de frontières *naturelles* ; et lorsqu'elle a été définitivement démembrée, la Prusse et la Russie se sont trouvées *face à face* sur ses ruines : aucun obstacle naturel n'y limite en réalité leurs ambitions contraires.

Du côté de l'Ouest, la Prusse a fini par tout absorber, jusqu'aux marécages de l'Ems, qui protègent faiblement contre elle la *Hollande*, extrémité occidentale de la plaine germanique.

Les côtes de la plaine. — Pays plats et faiblement inclinés, la Hollande, l'Allemagne du Nord, le Danemark, ont des côtes *basses* et *marécageuses*. Ce sont d'immenses plages. La mer y a fait en grand le travail qu'elle exécute en petit sur les plages de nos bains de mer, laissant des flaques d'eau quand elle se retire, détachant du rivage des flèches et des bancs de sable qu'elle exhausse par ses apports de ses vagues.

Les flaques d'eau, ce sont les marécages du *Biesboch* (Hollande), (p.123), de la Frise (Hollande) et du Hanovre (Allemagne), (p.125), les lagunes des embouchures de l'Oder, de la Vistule, du Niémen. Les flèches, les bancs de sable, ce sont les îles qui s'allongent devant la côte, depuis le Texel (Hollande) jusqu'au Danemark et sur une partie des côtes de la Baltique (Prusse).

Il n'existe aucun pays où la limite entre le continent et la mer soit moins certaine : tous les golfes, le *Zuyderzée*, le *Dollart*, la *Jade* (p.123) doivent leur existence à des catastrophes qui ont englouti des milliers d'êtres humains. Aujourd'hui encore, sans les *digues*, une partie de la Hollande et de l'Allemagne du nord serait totalement submergée. Il en serait de même sur une partie des côtes de la Baltique, si cette mer était une mer ouverte, sujette à de fortes marées.

Les ondulations de la plaine. — Cette plaine immense a pourtant ses ondulations, qui ne dépassent pas, il est vrai, deux cents mètres au-dessus du niveau de la mer.

Le *Mecklembourg*, la *Poméranie*, la province de *Prusse* (p.125), la *Lithuanie* (Russie) (p.133) sont de vastes plateaux argileux, semés de lacs et d'étangs, et que traversent dans leur partie basse l'Oder, la Vistule, le Niémen et la Duna. Ils vont rejoindre le plateau russe de *Valdaï*, qui, par une nouvelle série d'élévations, se rattache lui-même à l'Oural septentrional, en séparant le *Volga* de la *Dwina*.

Voilà pour le Nord. Il en est de même au Sud : une autre série de hauteurs commencent au sud de l'embouchure de l'Elbe, se poursuivent le long du haut Oder et de la haute Vistule, bordent la rive gauche du Dniester, s'élargissent pour former le vaste plateau de l'Ukraine (Russie), où le Dniéper coule en rapides nombreux, enfin vont rejoindre au delà du Don et du Volga, les hauteurs de l'Oural méridional.

Entre cette double série de plateaux qui courent à travers la plaine, de l'Ouest à l'Est, se creuse une *région déprimée et marécageuse*, où l'Elbe, l'Oder, la Vistule, le Niémen, le Dniéper et la Volga, sont pour ainsi dire en communication constante les uns avec les autres, par leurs affluents. Il a été très facile de les unir par des canaux, et l'on pourrait aller aujourd'hui sans changer de bateau, de Hambourg à Nijni-Novgorod (p.133). C'est dans cette partie centrale que se trouvent les capitales des États de la plaine : **Berlin**, **Varsovie**, **Moscou**, dont l'antagonisme déjà ancien subsiste toujours.

CHAPITRE IV
CÔTES DE L'EUROPE

Caractères généraux des côtes européennes. — La Méditerranée n'est qu'un long *couloir intérieur*, de forme tourmentée, resserré entre les *hauteurs* de l'Europe du Sud (Espagne, Italie, péninsule des Balkans), de l'Afrique du Nord et de l'Asie Mineure ; les côtes en sont donc presque partout élevées et rocheuses.

L'Océan, au contraire, est une mer *largement ouverte*, vers laquelle s'abaisse le versant le plus doucement incliné de l'Europe ; mais les péninsules lapone et scandinave, les îles Britanniques, la France du Nord-Ouest (presqu'île de Bretagne) et le plateau espagnol opposent aux vagues de l'Océan, comme autant de *bastions*, des terres plus ou moins élevées qui protègent les plaines. Celles-ci ne sont réellement *baignées par la mer* que dans des *golfes* comme la mer Blanche, la mer Baltique et la mer du Nord. De là les côtes rocheuses des *presqu'îles* et des *îles*, les côtes basses des *plaines*.

Côtes rocheuses de l'Océan. — Les côtes rocheuses de l'Océan, depuis le cap Nord, en Norvège, jusqu'au cap Finisterre, en Espagne, présentent ce caractère commun, que les flots de l'Océan, y pénètrent en golfes profonds.

Les hautes falaises et les îles de la côte norvégienne, déchirées par l'action des glaciers anciens, s'ouvrent de toutes parts en d'étroites et longues fentes connues sous le nom de *fiords* (p.121).

En Écosse, la mer a pratiqué entre les chaînons parallèles des Grampians une série de golfes qui *étranglent* l'île à plusieurs reprises (p.115).

Les côtes irlandaises (p.113), l'extrémité de la Bretagne française (p.31) et de la Galice espagnole (p.137 sont percées aussi de golfes étroits et profonds, dont la forme rappelle celle des fiords scandinaves.

Le plus profond de tous ces golfes est la **Manche**, où l'action des eaux a été si puissante, que le *fond* même du golfe a cédé et s'est ouvert en un détroit, en un *canal*, suivant l'expression anglaise.

Côtes basses de l'Océan. — Les côtes de la mer Blanche sont bloquées par des *glaces* une grande partie de l'année : elles ont peu d'importance. Celles de la Baltique et de la mer du Nord ont au contraire une grande part dans le *mouvement commercial du monde*.

1° LA BALTIQUE (p.121). — C'est une mer fermée : aussi les *marées* n'y ont-elles

(*La suite*, p.106.)

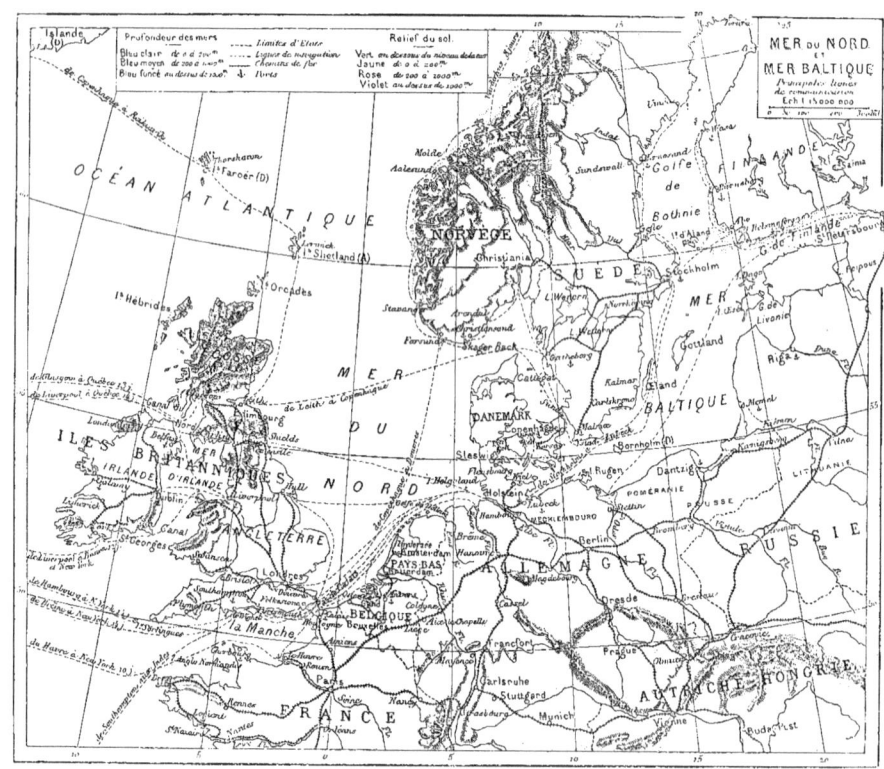

NOMENCLATURE

Principaux caps de l'Europe

Atlantique : Cap de glace (*Eis Cap*), (au N. de la *Nouvelle-Zemble*). — C. Nord (au N. de la *Norvège*). — C. Lindesnes (au S. de la *Norvège*). — C. Falsterbo (au S. de la *Suède*). — C. Skagen (au N. du *Jutland*). — C. Vrath (au N. de l'*Écosse*). — C. Land's-End, au S.-O. de l'*Angleterre*). — C. Clear (au S.-O. de l'*Irlande*). — Pointe St-Mathieu (à l'O. de la *France*). — C. Finisterre (au N.-O. de l'*Espagne*). — C. St-Vincent (au S.-O. du *Portugal*).
Méditerranée : Cap Gibraltar (au S. de l'*Espagne*). — C. Teulada (au S. de la *Sardaigne*). — C. Passaro (au S. de la *Sicile*). — C. Spartivento (au S. de l'*Italie*). — C. Matapan (au S. de la *Grèce*).

Principaux golfes de l'Europe

Mer Blanche : G. d'Arkangel. — *Baltique :* G. de Bothnie, de Finlande, de Livonie. — *Mer du Nord :* G. d'Édimbourg (*Forth of Forth*), Zuyderzée. — *Manche :* Baie de Saint-Malo. — *Atlantique :* Fiord de Drontheim, Sogne-Fiord, Hardanger-Fiord, G. de Galway, canal de Bristol, golfe de Gascogne.
Méditerranée occidentale : G. du Lion, G. de Gênes. — *Mer Tyrrhenienne :* G. de Naples. — *Mer Ionienne :* G. de Tarente, G. de Lépante. — *Adriatique :* G. de Trieste. — *Archipel :* G. de Nauplie, G. d'Égine, G. de Salonique.

Principaux détroits de l'Europe

Entre la *mer de Kara* et l'*océan Arctique* : D. de Vaigatz.
Entre la *mer du Nord* et la *Baltique* : Skager-Rack, Cattégat, Sund, grand Belt, petit Belt.
Entre la *mer du Nord* et la *Manche* : **Pas de Calais.**
Entre la *mer d'Irlande* et l'*Atlantique* : Canal du Nord, canal de St-Georges.
Entre l'*Atlantique* et la *Méditerranée occidentale* : D. de Gibraltar.
Entre la *mer Tyrrhenienne* et la *mer Ionienne* : D. de Messine.
Entre la *mer Ionienne* et l'*Adriatique* : Canal d'Otrante.
Entre l'*Archipel* et la *mer de Marmara* : Dardanelles.
Entre la *mer de Marmara* et la *mer Noire* : Bosphore.
Entre la *mer Noire* et la *mer d'Azov* : D. de Kertch.

Principales îles de l'Europe

Océan Arctique : Terre de François-Joseph, — Arch. du Spitzberg, — Arch. de la Nouvelle-Zemble, — Île Kolgouev.
Mer Baltique : Îles Danoises, — Bornholm, Œland, Gottland, Œsel, Dago, Îles Aland.
Mer du Nord : Le Texel et les îles côtières du Zuyderzée à l'Elbe, — Helgoland.
Manche : Wight, — Îles Normandes.
Atlantique : Islande, — Îles Lofoden. — Îles Far-Œr, — Shetland, — Orcades, — Hébrides, — Îles Britanniques, — Scilly, — Petites îles françaises.
Méditerranée : Baléares, — Corse, — Sardaigne, — Sicile, — Archipel dalmate, — Îles Ioniennes, — Cérigo, — Candie, — Cyclades, — Sporades.

Suite des côtes de l'Europe

que peu d'amplitude, et les côtes y sont-elles d'une fixité remarquable. Le lent soulèvement de cette partie du continent diminue peu à peu la profondeur de la cuvette occupée par les eaux. Les détroits ou

belt danois sont de véritables déchirures dans la barrière compacte qui fermait autrefois la Baltique.

2° La mer du Nord. — La mer du Nord étant ouverte, les marées s'y font sentir vivement, et l'on y observe une grande *instabilité* de la côte, entre la lisière de la basse mer et celle de la haute mer.

Cette instabilité est d'autant plus grande que le continent est plus faiblement incliné : aussi, en Angleterre, en Belgique, en Hollande, en Allemagne et en Danemark, la mer du Nord, qui s'étend en réalité *sur* la partie la plus basse de la plaine européenne, est-elle bordée par des marécages, des îles détachées, des estuaires agrandis par les marées, et presque partout il a fallu construire des *digues* pour protéger ces *pays bas* contre l'invasion des flots; mais ces digues cèdent parfois, et l'on voit alors se renouveler les cataclysmes comme ceux qui ont formé les golfes du Dollart et du *Zuyderzée*.

Côtes méditerranéennes. — Les côtes de la Méditerranée sont presque partout *rocheuses* et *pittoresques*; mais leur variété même est *uniforme*, et presque partout, en Espagne, en France, en Italie, dans la Barbarie et le Levant, elles offrent des aspects semblables et une même végétation. Toutefois, la mer ne borde pas toujours directement les montagnes : il y a alors entre ces dernières et la mer une étroite lisière de *plaines côtières*, qui ont un caractère deltaïque très prononcé.

Ce ne sont pas seulement de grands fleuves comme le Rhône, le Pô, le Nil ou le Danube qui ont un delta : les plus petites rivières exécutent un travail semblable, et c'est à elles qu'est due, par exemple, la physionomie du royaume de Valence (p.137), avec ses lacs ou *albuferas*, ses *huertas* ou jardins sillonnés de canaux artificiels.

Le Languedoc français (p.33) offre le même aspect, ainsi que le Frioul (Italie) (p.141) au fond de l'Adriatique, et tout le pays voisin de la mer d'Azov. Tantôt les petits fleuves, descendus des Pyrénées, des Cévennes et des Alpes, tantôt les grandes rivières venues de la plaine, ont déposé des alluvions, qui, empiétant sur la mer, ont créé des étangs comme celui de Thau (carte p.33), et des lagunes comme celles de Venise.

Comme les marées sont très fortes sur les bords de l'Europe septentrionale, il a été possible de profiter des heures de basse mer pour fortifier contre elle les plages qu'elle laisse momentanément à découvert. Rien de tel sur les bords de la Méditerranée : le flux et le reflux n'y sont sensibles que sur quelques points; partout ailleurs, et notamment en Languedoc, les oscillations du niveau marin sont plutôt déterminées par les vents qui l'abaissent s'ils soufflent de terre (*cers* ou *mistral*), qui l'élèvent s'ils viennent du large (vent *marin*), vidant et remplissant alternativement les étangs latéraux.

CHAPITRE V

MÉDITERRANÉE

GRANDES LIGNES DE NAVIGATION

I. **Françaises.** — 1° Messageries maritimes (surtout pour la *Méditerranée orientale*).

De *Marseille* à Alger, à Naples et Alexandrie, aux Échelles de Syrie, à Syra et Smyrne, au Pirée et à Constantinople.

De *Constantinople* à Trébizonde, à Odessa, aux bouches du Danube.

2° Compagnie transatlantique (desservant la *Méditerranée occidentale*).

De *Marseille* et de *Port-Vendres* aux ports d'Espagne orientale, d'Italie occidentale, de Corse, de Sardaigne, de Sicile, de Tunisie, d'*Algérie*.

Compagnie Fraissinet (pour *toute la Méditerranée*).

De *Marseille* aux ports de l'Italie occidentale, de la Grèce et de l'Archipel, à Constantinople, aux ports de la mer Noire, à Malte et *Alexandrie*.

II. **Italiennes.** — Compagnie Florio-Rubattino :

Ports d'attache: Marseille, Gênes, Livourne, Civita-Vecchia, *Naples*, Palerme, *Brindisi* et Venise.

Pays desservis : Corse, Sardaigne, Sicile, Tunisie, Grèce, *Constantinople*, Échelles du Levant, Port-Saïd et *Alexandrie*.

III. **Autrichiennes.** — Lloyd Austro-Hongrois (*Méditerranée orientale*) :

De *Trieste* et de *Fiume* aux ports de Grèce, de l'Archipel, à *Constantinople*, aux ports de la mer Noire, à *Smyrne*, aux Échelles, à Port-Saïd et à *Alexandrie*.

Aspect général.

La Méditerranée s'allonge profondément entre des terres très rapprochées, et présente un grand nombre de bassins distincts.

C'est presque un lac; elle ne communique avec l'Atlantique que par la passe étroite de Gibraltar, ouverte par Hercule, disaient les anciens, en réalité par l'action des flots, à une époque géologique relativement récente.

Le bassin occidental.

Entre la Sicile et Tunis, un détroit resserré fait de la partie de la Méditerranée comprise entre l'Espagne, la France, l'Italie et les pays Barbaresques, un bassin occidental que commandait autrefois *Carthage*, et que l'Angleterre commande doublement aujourd'hui par *Malte* et *Gibraltar*. La protection de la *Tunisie* donne aussi à la France une bonne position sur ce passage.

Le bassin oriental.

À l'est de Tunis et de la Sicile, un nouveau bassin méditerranéen s'allonge en rectangle jusqu'à la côte syrienne, entre le pied de l'Italie, les pointes de la Grèce, et l'Asie Mineure d'une part, d'autre part l'Égypte, la régence de Tripoli et la Tunisie. C'est la partie *la plus importante* de la Méditerranée, et comme le carrefour de toutes les mers qui la composent.

Par le *canal de Malte* (entre la Sicile et la Tunisie), elle communique avec le bassin occidental; par l'*Adriatique*, elle pénètre dans l'intérieur du continent, jusqu'au pied des massifs alpestres; par l'*Archipel*, elle s'allonge jusqu'à la mer de Marmara et à la mer Noire; le golfe d'Alexandrette est tout près de l'Euphrate supérieur qui conduit au golfe Persique et aux Indes (p. 155).

Enfin, un français, M. de Lesseps, a ouvert la route de la mer Rouge et de l'océan Indien en perçant le canal de Suez.

Un problème politique qui est toujours à résoudre, la « question d'Orient », doit une partie de son importance à la situation de cette Méditerranée orientale : il s'agit de maintenir l'équilibre entre les puissances européennes qui y sont établies, et d'en interdire l'accès à une nouvelle : la Russie.

La mer Noire.

La Russie, en effet, n'a de côtes que sur le *troisième* bassin méditerranéen, la mer Noire, qui est isolée de la grande mer par une série de passages très resserrés : les Dardanelles, la petite mer de Marmara et le Bosphore. Constantinople est la *clef* de ces passages : nouvelle *Carthage* orientale, mais plus forte que celle-ci à cause de l'étroitesse du Bosphore, elle *ferme* la mer Noire. Tant que Constantinople sera aux Turcs et sous la sauvegarde des puissances occidentales, les Russes ne pourront exercer d'influence sérieuse sur la Méditerranée : de là leurs tentatives réitérées pour s'emparer du Bosphore.

La Méditerranée dans l'antiquité.

La Méditerranée, aux horizons bornés, où les navires ne pouvaient perdre bien longtemps de vue la terre ferme, se prêtait à souhait à la navigation imparfaite des anciens.

Les *Grecs*, postés au centre même de la Méditerranée orientale, y enlevèrent promptement la suprématie aux *Phéniciens*, qui n'avaient que des comptoirs côtiers; peu à peu ils allèrent s'établir sur les rives de la mer Noire, et sur celles de la Méditerranée occidentale, où ils colonisèrent Naples, Marseille et les côtes de l'Espagne. Ils firent enfin de la Sicile une *île grecque*. Cette île, d'une importance capitale pour sa situation entre les deux mers, servit de champ de bataille aux Romains et aux *Carthaginois* : le peuple vainqueur devait avoir l'empire de la Méditerranée. C'est aux *Romains* qu'il échut, et leur domaine n'eut en réalité d'autres limites que celles de la Méditerranée elle-même.

La Méditerranée au moyen âge.

Au moyen âge, lorsque le commerce des *Indes* se fut développé, par l'intermédiaire des Arabes, avec les ports de Syrie et d'Égypte, Venise, située au fond de l'Adriatique, véritable porte de l'Europe centrale, atteignit une prospérité inouïe. Elle ne la perdit que lorsque les Portugais, ayant doublé le cap de *Bonne-Espérance* (p. 18 et 19), eurent ouvert par l'océan Atlantique une communication maritime directe avec l'Hindoustan.

Quant à *Gênes*, sa rivale d'un moment, dont les colonies principales étaient dans la mer Noire, la prise de Constantinople par les Turcs lui fut un coup mortel.

L'Angleterre dans la Méditerranée.

Aujourd'hui le percement de l'isthme de Suez a fait de la Méditerranée la *véritable route des Indes*. Elle n'est plus seulement l'intermédiaire naturel entre les peuples de l'Europe méridionale, de l'Asie Mineure et de l'Afrique du Nord, elle est le premier tronçon du chemin de l'extrême Orient.

Aussi l'Angleterre qui veut communiquer librement avec sa grande colonie de l'*Hindoustan* attache-t-elle une importance extrême à la possession de la Méditerranée : elle la tient par Gibraltar, Malte, Chypre; elle veut s'établir aujourd'hui en Égypte, malgré l'Europe, et, par *Périm* et Aden (p. 155), elle ferme et ouvre à son gré la *mer Rouge*, qui n'est plus qu'une *annexe* de la Méditerranée.

La Grèce et l'Italie dans la Méditerranée.

Semblables à deux jetées allongées vers l'Égypte et la route de Suez, la *Grèce* et l'*Italie* sont, comme autrefois, des puissances méditerranéennes de premier ordre. Elles sont bien placées pour le transit des voyageurs et des marchandises précieuses, qui préfèrent les routes de terre aux routes de mer : *Brindisi*, en Italie, remplace déjà Marseille comme tête de ligne de la *malle anglaise des Indes*. Ce sera sans doute un jour le tour du *Pirée*.

La France dans la Méditerranée.

Dans la Méditerranée occidentale, la puissance prépondérante est la France. Ses deux ports de *Marseille* et d'*Alger* la dominent au Nord et au Sud : par l'occupation et le protectorat de la Tunisie, sa force s'est singulièrement accrue. Elle est maîtresse aujourd'hui de la situation de Carthage : elle peut neutraliser en partie l'importance de la position italienne de Cagliari (Sardaigne) par celle de *Bizerte* (Tunisie), et la position anglaise de Malte par celle de Tunis.

Bizerte. — Bizerte est une ancienne colonie phénicienne (Zaritus). Entourée de murailles d'un blanc éblouissant, elle est assise au bord des flots, au fond d'un arc immense qui s'étend entre la masse éclatante du cap Blanc au nord-ouest et le cap Zébib au sud-est. La baie, largement ouverte, est exposée aux coups de vents du nord et du nord-est : mais ces vents soufflent rarement, et seulement en hiver. La côte sablonneuse se prolonge en pente douce sous les flots; mais on trouve des profondeurs de 4 mètres près de la jetée, de 7 mètres à une distance de 80 mètres, de 10 mètres à 200 mètres. Il suffirait de quelques dragages pour approfondir l'entrée du port; la rade est naturellement accessible aux plus gros navires.

Le port actuel de Bizerte ne mérite pas ce nom ce n'est qu'un canal avec un quai étroit formé de grosses pierres, que bordent des échoppes et où de vieux canons de bronze, rongés par les vagues, servent à amarrer quelques barques et quelques bateaux de pêche.

Sur la rive droite, avant le canal et là, dans une sorte de presqu'île plate et sablonneuse est le fort de la Chaîne, ainsi nommé parce que c'est de là que partait la chaîne qui fermait autrefois l'entrée du port. Dans l'île qui n'a guère plus de 400 mètres de long, s'élèvent la petite mosquée, le palais du gouverneur, les consulats et quelques maisons à l'européenne. Sur la rive gauche du canal s'étend en pente douce la ville proprement dite. La ville arabe, avec ses ruelles étroites et ses maisons cubiques blanchies à la chaux, sa kasbah, sorte de cité militaire entourée de murailles crénelées, sa grande mosquée que domine un minaret effilé. Les murailles de la ville sont délabrées; elles s'avancent en pointe au nord-ouest jusqu'au fort d'Espagne, sur une colline peu élevée, mais qui domine toute la plage. Hors de la ville, vers la mer, au nord de la kasbah est le quartier des Andalous, encore plus sale et plus misérable que les autres.

Malgré son aspect pittoresque et sa riante ceinture de jardins, la ville de Bizerte tombait en ruines en 1881. Elle a pris déjà un meilleur aspect et elle pourra retrouver son ancienne prospérité, grâce au rétablissement de l'ordre, de la sécurité et d'une sage administration : car elle est le débouché naturel d'une région riche et fertile, surtout en blés et en olives.

Mais l'importance véritable que l'avenir lui réserve tient à ce qu'elle sera tôt ou tard un grand port militaire, un Toulon tunisien. Ce port est tout creusé d'avance; il est formé par le lac qui s'étend derrière la ville, sur une longueur de 13 kilomètres, une largeur de 9 à 10, avec des profondeurs de 12 à treize mètres, il pourrait abriter contre tout danger dérober même à la vue de l'ennemi les flottes les plus nombreuses. Il suffirait d'un chenal de 200 mètres creusé dans le sable au sud de la ville, pour le mettre en communication directe avec la mer; car le canal actuel ne saurait être aisément utilisé. Il communique lui-même au sud-ouest avec un autre lac près duquel est situé la ville de Mateur.

CHAPITRE VI
FLEUVES EUROPÉENS

NOMENCLATURE

Océan Glacial : Kara, Petchora.
Mer Blanche : Dvina, formée de la Vitchegda et de la Soukhona.
Baltique : Rivières suédoises : Tornéa, etc., — Néva, — Duna, — Niémen, — Vistule, — Oder.
Mer du Nord : Glommen (Norvège). — Gotaelf (Suède), — Elbe, -- Weser. — Rhin (voir. p. 64), — Meuse, — Escaut, — Tamise, — Humber, — Forth.
Manche : Somme. — Seine.
Mer d'Irlande : Mersey, — Clyde.
Atlantique : Shannon, — Loire. — Gironde, — Douro, — Tage, — Guadiana, — Guadalquivir.
Méditerranée occidentale : Ebre, — Rhône, — Arno.
Mer Tyrrhénienne : Tibre.
Adriatique : Pô, — Adige.
Archipel : Vardar, — Maritza.
Mer Noire : Danube, — Dniester, — Dniéper.
Mer d'Azov : Don, — Kouban.
Caspienne : Volga, — Oka, — Oural, — Manytch, — Térek.

~~ Caractère général de l'écoulement des eaux en Europe.
— La ligne *de partage des eaux* en Europe ne suit pas, comme on le supposerait en examinant certaines cartes, une série de collines et de montagnes dominant toute la péninsule et la partageant en deux versants, l'un du Nord-Ouest, l'autre du Sud-Est. La réalité est tout autre. Dans la plaine, les eaux hésitantes se sont souvent *confondues* ensemble avant de se diriger vers l'une ou l'autre mer. Dans les pays accidentés, elles se sont aménagé elles-mêmes leur écoulement, sans grand souci de l'inclinaison générale, cédant souvent à des obstacles insignifiants, plus souvent encore *perçant* et traversant les barrières montagneuses *les plus élevées*, au lieu de les tourner.

~~ Les fleuves alpestres. — Si
la masse alpestre est par son étendue, son élévation, l'abondance des eaux qu'elle reçoit, le véritable centre, le cœur hydrographique de l'Europe, les premiers fleuves européens, le Danube, le Pô et le Rhône, ressemblent à de grandes *artères* par où les eaux, qui sont le sang et la vie des continents, s'échappent du cœur vers les extrémités.

Le Rhin et le Rhône paraissent seuls naître en *pleines Alpes* (dans la région du Gothard) ; mais le Danube et le Pô n'en sont pas moins deux fleuves alpestres aussi, car leur source n'est pas seulement dans la *Forêt-Noire* (Danube), ou au mont Viso (Pô), mais dans toutes les fissures des grandes Alpes, où quelque filet d'eau suintant d'une roche, s'échappant d'un glacier, contribue à former quelqu'un de leurs affluents.

Ils sont même plus alpestres que le Rhin et le Rhône ; le *Rhin* ne reçoit que les eaux du plateau suisse réunies dans le lit de l'Aar, et ses autres grands tributaires, le Main, le Neckar, la Moselle, ne viennent pas des Alpes : le *Rhône*, malgré l'importance de l'*Isère* et de la *Durance*, qu'alimentent les glaciers des Alpes du Dauphiné, doit une grande partie de son volume à la Saône et aux petits affluents qui s'échappent du massif central français.

Le *Pô*, au contraire, longe les Alpes au Sud pendant plus de la moitié de leur longueur, et du col de Genèvre au col du Brenner (p. 103), en reçoit toutes les eaux méridionales par le Mincio, l'Adige, etc.

De même pour le *Danube* (p. 103), qui du Voralberg aux Balkans recueille toutes les eaux septentrionales des Alpes par le Lech, l'Inn, la *Drave*, la *Save*, etc.

~~ Les fleuves de la moyenne Europe.
— Les fleuves entièrement étrangers aux Alpes et qui sortent des hauteurs moyennes de l'Europe, sont la Garonne (rive droite) et la *Loire*, alimentées par le Plateau central français, — la Seine, — l'*Escaut*, — les *affluents moyens du Rhin*, — le *Weser*, né dans les montagnes de la moyenne Allemagne, — l'*Elbe*, l'*Oder*, la *Vistule* et le *Dniester*, qui coulent il est vrai dans la plaine, mais qui viennent des montagnes de la Bohême et des Karpathes ; — la *Theiss* et les tributaires transylvaniens du Danube, qui ont une grande analogie avec les tributaires allemands du Rhin.

Presque tous ces fleuves coulent vers le Nord, parce que les Alpes, très rapprochées de la Méditerranée ne lui envoient guère leurs eaux que par le Rhône, le Pô et le Danube, tandis qu'au Nord s'étend une large plaine où de nombreux cours d'eau peuvent se donner carrière.

~~ Les fleuves de la plaine.
— Les fleuves qui sont formés exclusivement par les eaux de la plaine, c'est-à-dire des *fleuves russes* (Niémen, Néva, Duna, *Volga*, Don, Dniéper), se distinguent par la longueur, la sinuosité et la lenteur de leur cours. Presque tous aussi *communiquent* soit ensemble, soit avec les fleuves de la plaine allemande et polonaise, Elbe, Oder, Vistule, par des marécages, des lacs ou des canaux qu'il a été très facile d'établir ; on pourrait aller aisément en bateau, de la mer du Nord à la mer Baltique et de la mer Blanche à la mer Noire et à la mer Caspienne. Ce réseau de navigation fluviale est le plus complet de l'Europe.

~~ Les fleuves des îles et des presqu'îles.
— Parmi les îles, l'Angleterre seule possède une plaine assez large et reçoit assez d'eau du ciel pour avoir des fleuves véritablement utiles : la *Tyne*, la *Trent*, la *Tamise*, la *Severn*.

Parmi les péninsules, la Scandinavie, trop abrupte, n'a que de longs torrents ; l'Italie et les Balkans n'ont que des plaines étroites où le *Tibre*, le *Vardar*, la *Maritza* ne sont que de très petites rivières : enfin le plateau espagnol ne reçoit pas assez d'humidité pour que ses fleuves, sauf l'*Ebre*, grâce aux Pyrénées, et le *Guadalquivir*, grâce à la Sierra-Nevada, soient autre chose que de grands filets d'eau.

~~ Conclusion. — En résumé.
l'*Europe* est trop petite pour posséder des cours d'eau comparables à ceux des autres parties du monde ; mais, grâce à sa situation au milieu des mers, à la hauteur de quelques-unes de ses montagnes et à l'harmonie de son *relief*, ses voies fluviales sont, par l'abondance de leur débit et leur navigabilité, tout à fait appropriées aux besoins de l'homme. C'est là, parmi tant d'autres, une des raisons du grand développement de la civilisation européenne.

Le plus grand fleuve de l'Europe : le Volga ou la Volga. — La Volga dont le nom signifie en français « le fleuve Saint » et que les Russes appellent « la Mère » (Matouchka) a 3 800 *kilomètres de long*; la superficie de son bassin est de *un million et demi de kilomètres carrés*; son débit moyen est de 4 300 *mètres cubes* par seconde. Le second fleuve de l'Europe, le Danube, avec une longueur de 2 900 kil. de moins (2 800 kil.) et un bassin presque moitié moindre ou étendue (900 000 kil. car.), roule un volume d'eau deux fois plus considérable 9 000 m. c.). La longueur de la Volga égale cinq fois celle de la Seine, son bassin est 19 fois plus vaste, et cependant son débit n'est que six fois plus considérable que celui du fleuve français. Cette indigence relative de la reine des rivières moscovites tient à deux causes principales : elle coule constamment en plaine, et ne sait point comme le Danube, comme le Rhin, au cœur hydrographique de l'Europe, dans le grand Massif alpestre ; elle traverse des régions continentales, au climat sec, et n'est point, comme l'artère du bassin parisien, abreuvée par des pluies fréquentes.

Elle sort du plateau marécageux de Valdaï, à 65 mètres d'altitude à peine, et jusqu'à Kasan sa direction générale est celle de l'est. Enflée par le tribut de plusieurs lacs, elle présente d'abord 35 *porogi* ou seuils, qui d'ailleurs n'entravent pas la navigation ; à Tver elle est définitivement navigable et communique par divers canaux avec le versant de la Baltique. A Nijni-Novgorod, dont la foire est célèbre, elle s'unit à la grande rivière Oka longue de 1 500 kil., large de 1 300 mètres, qui sort du cœur même de l'ancienne Moscovie et dont l'affluent principal, la Moskova, arrose Moscou.

En aval de Kasan, dans une vaste dépression que ses alluvions ont comblée, la puissante Kama lui apporte les eaux humides, les neiges fondues de la région de l'Oural ; dès lors, elle se dirige vers le sud, et comme elle ne reçoit plus aucun grand affluent, qu'elle traverse des contrées sèches et soumises à une active évaporation, le volume de ses eaux n'augmente plus sensiblement jusqu'à son embouchure. A l'orient, se déroulent les steppes plats et secs ; sur sa rive droite au contraire elle longe, elle ronge des escarpements calcaires ou argileux, boisés et pittoresques qui, sur certains points, dépassent 300 mètres. Dans cette partie de son cours, elle arrose Samara et Saratov. A Tsaritsin commence son delta, à 800 kil. de la mer Caspienne ; à partir d'Astrakan, grande ville et marché central de toute la basse Volga, les îles, les bancs de sable deviennent innombrables : des canaux bordés d'herbages et d'arbres circulent en tous sens, mais il en est peu de navigables. La Volga qui aboutit en grande partie la Caspienne sans réussir à en maintenir le niveau, la comble aussi peu à peu. Elle est extraordinairement poissonneuse et fournit ainsi à la nourriture de multitudes d'hommes. Ses crues printanières qui submergent tout le delta atteignent souvent 3 mètres.

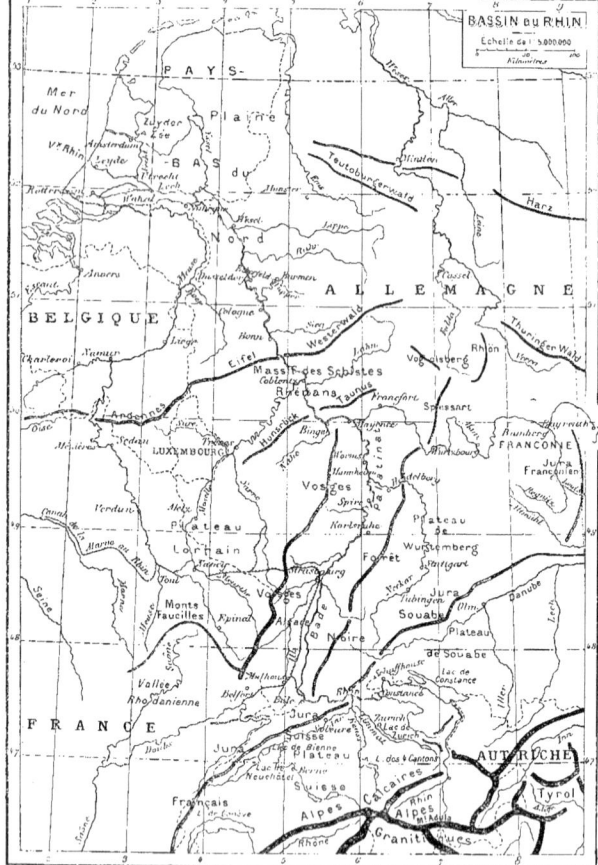

celle de sa capitale, *Paris*; enfin il relie directement par ses affluents les diverses régions naturelles de l'*Allemagne* : c'est pourquoi cette puissance s'est efforcée de nous en écarter le plus possible.

~~~ **Variété du cours du Rhin.** — Peu de fleuves ont *triomphé* de plus d'obstacles naturels pour échapper au *bassin primitif* que lui avait préparé le relief du sol, aucun ne traverse dans un cours plus restreint autant de régions *différentes*.

Né au cœur des *Alpes* au mont Adula, dans le massif du Saint-Gothard, au pied du *glacier de l'Enfer*, il coule d'abord dans une des grandes *vallées longitudinales* des Alpes; puis décrit un *coude brusque* pour s'échapper de la montagne par sa lisière septentrionale.

Il forme le lac de Constance, traverse le plateau de Suisse et de Souabe et franchit le Jura par les célèbres chutes de Schaffouse (20 mètres).

A Bâle s'ouvre, devant le fleuve, une **large route**, dirigée du *Nord* au *Sud*, entre la double muraille des *Vosges* et de la *Forêt-Noire*; il s'y engage et arrose les riches plaines de l'Alsace et du Palatinat; nulle part sa vallée n'est plus largement ouverte.

A Mayence, il se heurte aux hauteurs du *Taunus*, et, forcé de se replier vers l'Ouest pour chercher une issue, il s'est frayé à travers le plateau schisteux, qui est le prolongement oriental des Ardennes, un long et étroit corridor, bordé de roches pittoresques, couronnées de vieux *burgs* féodaux (fig. 74). Il n'en sort qu'à *Bonn*, où sa rive gauche se dégage, tandis que la rive droite est encore dominée par des hauteurs jusqu'à Düsseldorf.

Fig. 74. — Burg féodal.

Il n'a plus alors, pour arriver à la mer, qu'à traverser l'extrémité occidentale de la plaine allemande : l'*inclinaison* du sol est si faible, que ses eaux se divisent près de la mer en d'innombrables bras retenus dans leurs lits par des *digues* : l'Yssel se dirige au Nord vers le Zuyderzée; le *Lech* et le *Wahal* tournent à l'Ouest; le premier confondant ses eaux avec celles de la Meuse; le second envoyant le Vecht à Utrecht et au Zuyderzée, le vieux Rhin à Leyde et aux côtes rectilignes de la Hollande.

CHAPITRE VII

LE RHIN

NOMENCLATURE

Villes principales. — *Suisse* : Coire, Constance (ville badoise), Schaffouse, Bâle.
Allemagne : Spire, Mannheim, Worms, Mayence, Coblenz, Bonn, Cologne, Dusseldorf.
Hollande : Nimègue, Utrecht, Leyde, Rotterdam.

Affluents de droite : 1° *Neckar* (Tubinge, Stuttgart, Heidelberg). — 2° *Main* (Baireuth, Bamberg, Wurtzbourg, Francfort, grossi à gauche de la Regnitz). — 3° *Lahn*. — 4° *Sieg*. — 5° *Wupper* (Barmen et Elberfeld). — 6° *Ruhr*. — 7° *Lippe*.

Affluents de gauche. — 1° *Aar* (Berne et Soleure), grossi à g. des *lacs de Bienne* et de Neuchâtel, à dr. de la *Limmat* (lac de Zurich) de la *Reuss* (lac des Quatre-Cantons). — 2° *Ill* (Mulhouse, Strasbourg). — 3° *Nahe*. — 4° **Moselle** (Épinal, Toul, Metz, Trèves), grossie à droite de la *Meurthe* (Nancy) et de la *Sarre*. — 5° **Meuse**, qui unit ses bouches à celles du Rhin et de l'Escaut (Verdun, Sedan, Mézières, Namur, Liège), grossie à g. de la *Sambre* (Charleroi).

~~~ **Importance politique du Rhin.** — Le Rhin barre du Sud au Nord toute la partie de l'Europe qui s'étend au Nord des Alpes; il a servi autrefois de *frontière* au monde barbare et au monde romain; dans les temps modernes, c'est la *limite naturelle* que la France a tenté de conquérir pour assurer sa sécurité et

Les affluents du Rhin. — Les premiers affluents du Rhin naissent comme lui au cœur des Alpes et ne sont guère que des *torrents* qui ont reçu également le nom de *Rhin*. L'*Aar* lui apporte les eaux de tout le plateau suisse.

Les Vosges et la Forêt-Noire lui envoient par l'*Ill* ou directement les innombrables petites rivières qui descendent les pentes escarpées du versant intérieur, tandis que le *Neckar* et la *Moselle* recueillent pour lui celles des versants extérieurs (Lorraine et Wurtemberg).

Le *Main* traversant de l'Est à l'Ouest toute la moyenne Allemagne, rattache le Rhin aux pays germaniques orientaux et à la Bohême; la *Lahn*, la *Ruhr* lui donnent les eaux de tout le pays élevé qui borde sa rive droite à partir de *Mayence*; avec la *Lippe*, il commence à recevoir les eaux de la plaine; et l'un de ses bras, le *Wahal*, a un débit supérieur à celui de la *Meuse*, qui n'est en réalité que son tributaire.

Le rôle historique du Rhin. — Le Rhin est ainsi la grande artère autour de laquelle se groupent la *Suisse*, par l'*Aar*, le *Wurtemberg* par le Neckar, la *Lorraine* par la Moselle, la *Franconie* par le Main, la *Belgique* par la Meuse, tandis qu'il unit lui-même la plaine d'*Alsace* à celle des *Pays-Bas*. Comme il est le seul fleuve qui se rende *directement* des *Alpes* à la mer du *Nord*, il contribue à *relier* entre eux plusieurs pays allemands.

Par le canal qui le joint au Doubs, il est en communication avec le *Rhône*, par le canal *Louis* avec le *Danube*, par celui de la *Marne au Rhin* avec la *Seine*.

Ainsi s'explique dans l'histoire l'importance des villes que le Rhin traverse ou qu'il approche, *Bâle, Strasbourg, Mayence, Cologne, Nimègue, Utrecht, Amsterdam* et *Rotterdam*; la plupart sont d'anciennes villes épiscopales, jadis avant-gardes du christianisme vers l'orient; car le Rhin a été comme le fossé qui protégeait la base d'opérations des armées de missionnaires et de soldats lancées par les Carolingiens à la conquête de la Germanie païenne: il est aujourd'hui le **front de défense** de l'Allemagne contre un retour offensif de l'Ouest.

Un moment la Révolution nous a donné le Rhin comme frontière; le premier, puis le second Empire nous en ont de plus en plus éloignés, et par la vivacité de nos regrets nous pouvons juger de l'intérêt que portent nos voisins à sa possession exclusive.

CHAPITRE VIII
LE DANUBE

NOMENCLATURE

Villes principales. — *Allemagne*: Ulm, Ingolstadt, *Ratisbonne*, Passau.
Autriche: Linz, Vienne.
Hongrie: Presbourg, Komorn, Gran, Buda-Pest, Peterwardein, Semlin.
Serbie: Belgrade, Orsova.
Bulgarie: Widin, Nicopolis, Sistova, Roustchouk, Silistrie.
Roumanie: Tchernavoda, Braïla, Galatz, Sulina.
Russie: Ismaïl, Kilia.

Affluents de droite. 1° *Iller*; — 2° *Lech* (Augsbourg); — 3° *Isar* (Munich); — 4° Inn (Innsbrück), grossie à dr. de la *Salzach* (Salzbourg); — 5° *Traun*; — 6° *Enns*; — 7° *Leitha*; — 8° *Raab*; — 9° *Drave* (Klagenfurth, Essek) grossie à g. de la *Muhr* (Gratz); — 10° Save (Agram, Mitrovitza), grossie à dr. du *Urbas*, de la *Bosna* (Sérajévo), de la *Drina*; — 11° *Morava*; — 12° *Isker* (Sofia); — 13° *Jantra* (Tirnovo).

Affluents de gauche. 1° *Altmühl* (le canal *Louis* l'unit à la Regnitz et au *Main*); — 2° *March* ou *Morava* (Olmutz); — 3° *Waag*; — 4° *Neutra*; — 5° *Gran*, venus du Tatra; — 6° *Theiss* ou *Tisza* (Szegedin) grossie à g. du *Szamos* (Klausenbourg), du *Körös* (Grosswardein), du *Maros*; — 7° *Aluta*; — 6° *Dombovitza* (Bucarest); — 9° *Jalomitza*; — 10° *Sereth*; — 11° *Pruth*.

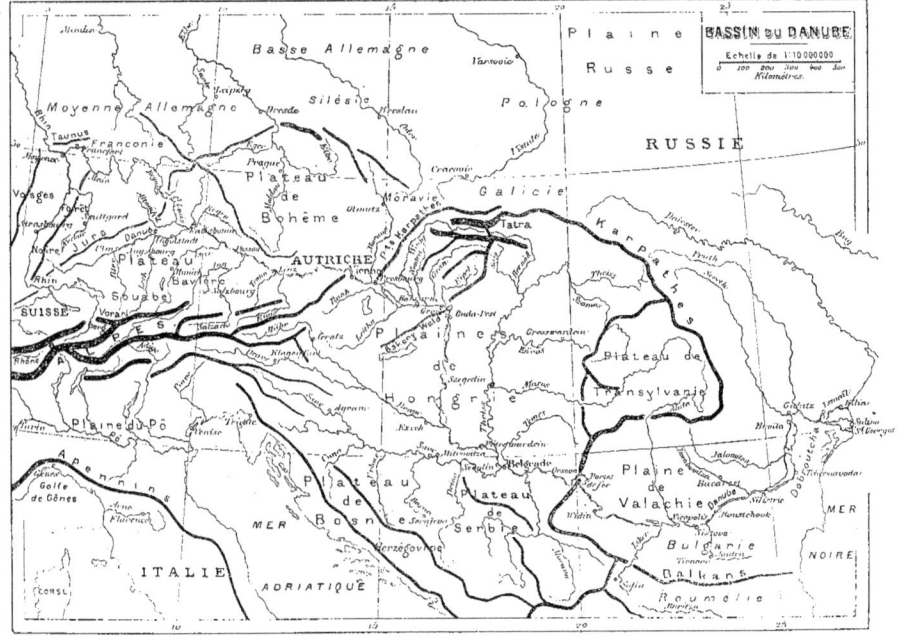

BASSIN DU DANUBE

~~~ **Comparaison du Rhin et du Danube.** — Le Danube et le Rhin se *ressemblent* dans le *détail* de leur cours, ils sont dans leur *ensemble très différents* l'un de l'autre.

Tous deux suivent une direction *indépendante* du relief du sol et percent à plusieurs reprises des remparts montagneux ; mais le Rhin coule du *Sud au Nord*, tandis que le Danube coule de l'*Ouest à l'Est*.

Le premier est surtout un fleuve allemand, le second est un fleuve **européen**. Celui-là est devenu une route allemande, une barrière allemande ; sur les rives de celui-ci, comme de ses affluents, toutes les races se sont suivies, accumulées et fixées : Latins, Germains, Slaves, Hongrois et Turcs.

Rien de ce qui intéresse le Danube n'est *indifférent* à l'Europe ; toutes les grandes puissances sont représentées dans la commission qui surveille la navigation des bouches du grand fleuve.

~~~ **Le cours du Danube.** — Né dans la *Forêt-Noire*, le Danube arrose le grand plateau bavarois, dont il côtoie la limite septentrionale, au pied des Juras allemands jusqu'à *Ratisbonne*. Les hauteurs de la forêt de Bavière le forçant à s'*infléchir* vers le Sud-Est, il s'est ouvert un étroit *défilé* entre la Bohême et l'extrémité des Alpes.

Il pénètre au delà de Vienne dans la première plaine hongroise. Après avoir contourné les petits Karpathes, il se divise en plusieurs branches entourant deux îles appelées Schutt. Puis il franchit le Bakony Wald dans un nouveau *défilé* et s'étale dans la *grande plaine hongroise*, dont il suit la pente générale vers le Sud.

Grossi successivement par la *Drave*, la *Theiss* et la *Save*, dont il accepte tour à tour la direction, il traverse les *Karpathes* par une troisième série de défilés, les fameuses *Portes de fer*.

Longeant la lisière méridionale de la grande plaine *valaque*, il en recueille toutes les eaux, tandis qu'il ronge sur sa rive droite les contreforts des **Balkans**.

Le petit plateau de la *Dobroutcha* le force, à partir de Silistrie, à un détour vers le Nord. A *Galatz* commence le grand **Delta** qui gagne tous les jours sur la mer Noire et qui a transformé en lacs intérieurs les anciens estuaires des petits fleuves devenus affluents de la branche *Kilia*. Les deux autres bras importants du delta sont ceux de *Sulina* et de *Saint-Georges* : le principal pour la navigation est celui de Sulina.

~~~ **Les affluents du Danube.** — La variété des affluents du Danube n'est pas moindre que celle des affluents du Rhin : l'*Iller*, le *Lech*, l'*Isar* et l'*Inn* lui apportent les eaux des Alpes septentrionales ;

la *Leitha*, la *Drave* grossie de la *Mühr*, et la *Save* lui apportent celles des Alpes orientales.

La *March* ou *Morava* coule entre la Bohême et les petites Karpathes, et communique de l'Elbe avec ses hautes vallées de la Vistule et de l'Oder par les *portes silésiennes*; le *Waag* et le *Gran* recueillent les eaux du massif du Tatra; la *Theiss* parcourt la plaine hongroise en recevant les rivières nées dans l'amphithéâtre des grands Karpathes, ou sorties par l'Ouest du plateau transylvanien.

L'*Aluta* est obligée de franchir des défilés pour sortir de Transylvanie et se joindre au Danube, le *Pruth* le grossit des eaux du versant extérieur des Karpathes, tandis que la *Morava*, l'*Isker*, etc., lui apportent celles des Balkans sur sa rive méridionale.

~~~ **Le rôle historique du Danube.** — Le Danube est bien un fleuve international : *Ratisbonne*, un des grands centres de l'Allemagne du moyen âge, la capitale de l'Autriche, **Vienne**, celle de la Hongrie, *Buda-Pest*, celle de la Serbie, *Belgrade*, sont situées sur son cours; *Munich* et *Bukarest* sont baignées par deux de ses affluents.

Il assure la prépondérance sur les États voisins au plus puissant État qu'il arrose, à la *monarchie austro-hongroise*. Il a été le **centre** autour duquel se sont groupés les membres hétérogènes de ce vaste corps : la vallée autrichienne, la Bohême ouverte au Sud-Est, la Moravie, la Transylvanie dont les portes les plus larges sont à l'Ouest, les vallées orientales des Alpes, la Bosnie et l'Herzégovine, se sont réunies autour de la grande plaine hongroise pour former un **tout**.

Malgré tant de diversités et même d'antipathies de races et de religions, ce tout subsiste : à la fin du dix-huitième siècle l'empire austro-hongrois a été sur le point de s'adjoindre la Bavière : l'opposition de l'Allemagne du Nord et de la Prusse l'ont rejeté vers le bas Danube. Après avoir conquis la Bosnie et l'Herzégovine, il exerce une incontestable influence sur les États serbe et roumain, et *barre* ainsi à la Russie la *route de Constantinople*.

Les Portes de fer. — A une époque géologique relativement rapprochée de nous, la plaine hongroise, la *pusztza*, couverte aujourd'hui de champs fertiles et d'herbages n'était qu'un lac immense. L'issue que le Danube s'est frayée à la longue à travers le barrage montagneux qui le retenait, est le fameux défilé des *Portes de fer*. Ce passage dangereux aujourd'hui encore, se compose d'une série de défilés dont la longueur totale atteint 130 kil. Il y a six étranglements principaux du fleuve entre Bazias, en aval des prairies madgyares, et Kladovo au seuil de la plaine valaque. Le principal est celui de la Grande Porte de fer. Le Danube qui a 1.500 m. de large et 14 m. de profondeur à Semlin, près de Belgrade, n'a plus que 112 m. à Orsova, mais sa profondeur est de 60. Tantôt resserré entre d'énormes murailles perpendiculaires de 200 à 300 m. de haut, tantôt subitement élargi comme un cirque alpestre qu'encadrent un chaos de roches nues ou couronnées de sapins, il roule dans un mouvement furieux et se creuse en violents tourbillons.

GÉOGRAPHIE GÉNÉRALE.

CHAPITRE IX
ILES BRITANNIQUES

~~~ **Situation des îles britanniques.** — Les îles Britanniques, par leur isolement au milieu de la mer ont de grands avantages sur d'autres pays. Les Anglais, se trouvant à l'abri des invasions étrangères, ont pu se livrer en paix à l'industrie et au commerce et exploiter les *richesses naturelles* de leur sol, qui leur donne en abondance le fer et la **houille**, les deux nerfs de la vie pour les peuples modernes. La mer, qu'il leur fallait affronter pour communiquer avec les autres peuples, les a forcés en outre à devenir des marins et bientôt les *rouliers de l'univers*, tandis que leur population *exubérante*, familiarisée avec les *voyages*, allait fonder au loin des colonies.

Cependant ces îles ne sont qu'un fragment *détaché* du continent et les marques de leur ancien *rattachement* sont nombreuses et frappantes. La Manche *n'a pas existé* de tout temps; les granits des Cornouailles ont été violemment séparés de ceux de la Bretagne française; les falaises

Fig. 74. — Grotte de Fingall, dans l'île de Staffa (une des Hébrides).

calcaires de Wight et du Sussex *font face* à celles de la Normandie et du Boulonnais, comme les deux parois d'une fente creusée dans une seule pierre.

De même, la plaine anglaise n'est qu'un prolongement de la grande plaine européenne du Nord, et les *Shetland* comme les *Orcades* et le nord de l'*Écosse*, continuation des roches scandinaves, formaient sans doute autrefois une barrière montagneuse ininterrompue, percée aujourd'hui par l'Océan.

~~~ **La Grande-Bretagne.** — Toutes les parties *élevées* de la Grande-Bretagne se trouvent du côté de l'*Ouest*, tandis que l'angle *Sud-Est* est occupé par la *plaine*. Au Nord, l'île est étroite, il n'y a que des montagnes; à mesure qu'elle s'élargit vers le Sud les plaines augmentent en étendue, avec des fleuves de plus en plus importants, **Tyne**, **Trent**, **Tamise**.

Les montagnes forment une série de chaînes *parallèles* disposées du Nord-Est au Sud-Ouest et séparées par des *dépressions* profondes. Telles sont : entre les montagnes du *Ross* et les *Grampians*, la vallée du *loch Ness*, où l'on a pu construire un *canal sans écluses*, le canal Calédonien; entre les Grampians et les *Cheviots*, la *basse Écosse* opposée aux *highlands* (terres hautes) célèbres par leurs lacs et leurs sites pittoresques.

Les montagnes du pays de *Galles* et des *Cornouailles* forment aussi trois séries parallèles, entre lesquelles pénètrent la baie de *Cardigan* et le canal de *Bristol*.

~~~ **L'Irlande.** — L'Irlande est un morceau détaché de cette région montagneuse occidentale de la Grande-Bretagne. Le fossé étroit et profond qui les sépare est comme l'avant-port d'une des premières villes maritimes de l'univers, Liverpool.

Le relief de l'Irlande semble inachevé; le travail des eaux n'y a point encore façonné *complètement* le sol, de manière à y avoir un écoulement rapide et régulier.

Le centre de l'île est *bas*, formé d'une terre argileuse qui retient les pluies en larges lagunes et en *lacs*, et où les cours d'eau, tels que le *Shannon* n'ont presque pas de pente. Le pourtour de l'île, au contraire, est rocheux et montueux.

~~~ **Caractère agricole.** — Enveloppées et pénétrées par l'humidité marine, les Iles Britanniques sont impropres aux cultures des pays plus secs et d'une latitude moins élevée : elles ne donnent ni la *vigne*, ni toutes les *céréales* de France, mais leurs plaines sont couvertes de *riches prairies*, et leurs montagnes de superbes forêts, surtout en Écosse et en Irlande, la *verte Érin* des poètes.

Grâce à l'abondance de leurs pâturages, les Anglais élèvent en quantité de superbes *animaux de boucherie*, qui leur fournissent la viande, leur nourriture de prédilection[1], et la laine qui a alimenté leurs premières filatures.

~~~ **La houille.** — Le développement industriel de l'Angleterre est une conséquence de l'abondance de la houille en ce pays.

Là, *comme partout*, la houille est distribuée au *pied* de toutes les hauteurs formées de *roches primitives* qui ont émergé au-dessus des eaux avant les plaines qui les entourent aujourd'hui.

(*La suite, page* 114.)

---

[1]. Les Anglais ayant beaucoup de viande, en consomment beaucoup; mais ils mangent peu de pain. A défaut de vin, qui ne peut leur venir que du dehors, et dont ils boivent peu, ils absorbent beaucoup de thé, de bière, de liqueurs fortes. Une nourriture très substantielle est d'ailleurs commandée par le climat.

ILES BRITANNIQUES
NOMENCLATURE PHYSIQUE

Principales îles. — Grande-Bretagne et Irlande; Shetland, Orcades, Hébrides, Man, Anglesey, les Sorlingues, Wight, les îles Normandes.

Latitude. — Labrador et Kamtchatka.
Longitude. — Maroc.
Climat. — Maritime, *très humide*, surtout au printemps et à l'automne, et *très doux* l'hiver (bien moins rigoureux qu'en France).

Grande-Bretagne.

Caps. — Wrath et Duncansby (N. de l'Écosse); Land's End, et Foreland (S.-O. et S.-E. de l'Angleterre).

Golfes. — *Mer du Nord:* de Murray, du Forth (Écosse); du Wash et de la Tamise (Angleterre); — *Atlantique et mer d'Irlande:* de Lorn, de la Clyde, de Solway (Écosse), de Morecambe, de Liverpool, de Cardigan, et canal de Bristol (Angleterre).

Montagnes. — Six groupes principaux : Montagnes de Ross (1200 mètres), — Grampians (*Ben-Nevis*, 1330 mètres), — Écosse méridionale (*Cheviots*, 800 mètres), — Angleterre septentrionale (*Cumberland*, 981 mètres), — chaîne Pennine, 900 mètres), — Pays de Galles (*Snowdon*, 1100 mètres), — Cornouailles (620 mètres).

Plaines. — Plaine écossaise de Glasgow, plaine d'York, Fen-District (près du Wash), plaine de Chester (près de Liverpool).

Fleuves. — *Mer du Nord:* Tay (Dundee), Forth (Édimbourg), Tyne (Newcastle), Humber (Hull), Tamise (Oxford, *Londres*); — *Atlantique et mer d'Irlande:* Clyde (*Glasgow*), Mersey (*Liverpool*), Severn (Cardiff).

Canaux. — *En Écosse:* canal Calédonien et canal de la Clyde au Forth; — *En Angleterre:* une centaine de canaux unissant presque toutes les rivières entre elles.

Lacs. — Les nombreux *Loch* de l'Écosse : Loch Lomond, Loch Ness, etc.

Irlande.

Caps. — Malin, au N. — Clear, au S.-O.
Golfes. — De Donegal, de Galway, de Bantry (sur l'océan Atlantique).
Montagnes. — Groupes côtiers du Nord (800 mètres); — groupes côtiers du Sud (1010 mètres).
Plaine. — Au centre de l'île.
Fleuves. — *Mer d'Irlande:* Liffey (*Dublin*); — *Atlantique:* Shannon (Limerick).
Canaux. — Aussi nombreux qu'en Angleterre; — (canal Royal du Shannon à la Liffey).
Lacs (*Lough*). — Très nombreux entre les groupes de montagnes et dans la plaine centrale : Lough Neagh, — Erne, — Corrib, — Derg.

NOMENCLATURE POLITIQUE

Superficie. — 315 000 kil. car. (France : 529 000).
Population. — 35 millions d'hab. (France : 38 millions). (112 hab. par kil. car. — Fr : 71.)
Divisions administratives. — Les îles Britanniques sont divisées en *comtés*.
Budget de l'État. — 2 milliards et demi. (France : 3 milliards et demi).
Dette publique. — 19 milliards. (France : 20 milliards.)
Armée d'Europe. — 250 000 hommes de troupes régulières; 400 000 hommes de milices et de volontaires : en tout, 650 000 hommes. France : 1 800 000).

Marine militaire. — 70 cuirassés (France 70):
Colonies. — 22 millions 1/2 de kil. car. avec 220 millions d'hab.

L'empire colonial de la France a une superficie de plus de 2 millions de kil. car., avec 30 millions d'hab. si l'on y comprend les pays protégés (Cambodge, Annam, Madagascar).

Principales villes. — LONDRES (près de 4 *millions d'hab.*) (en anglais : London, prononcez : *Lonndonn*), sur la *Tamise* (à 18 lieues de la mer), capitale des îles Britanniques; la ville la plus peuplée et le port de commerce le plus important du globe (distance de Paris : 100 lieues); — Liverpool (550) (prononcez : *Liverpoul*), sur la Mersey, le deuxième port du commerce du monde, le grand port d'arrivée des cotons, des laines et des cuirs; — Manchester (520), le grand centre de *l'industrie du coton*; — Glasgow (en Écosse) (510 hab.), sur la Clyde, grand port de commerce, centre manufacturier, construction de navires; — Birmingham (400), centre de l'industrie du *fer*; — Dublin (350), capitale de l'Irlande; — Leeds (310) (prononcez : *Lids*), industrie lainière; — Édimbourg (290), capitale de l'Écosse et son port *Leith*; — Sheffield (285), fabrication de la coutellerie; — Newcastle (prononcez : *Nioucassl*) (210), sur la Tyne, surnommée la « cité du charbon, » le port du globe le plus important pour le chargement de la houille; — Bristol (200), port de commerce important.

Citons encore : *Bradford*, industrie de la laine, — *Belfast* (en Irlande), industrie du lin, — le port de Hull (prononcez : Heul) sur l'Humber, — *Stoke-upon-Trent*, centre de la fabrication des poteries, — *Dundee* (Écosse), — *Portsmouth*, port militaire, — les ports situés sur la Manche sont en relations quotidiennes avec la France : *Douvres* (en anglais : Dover), *Folkestone*, *Newhaven* (prononcez : *Nioubevn*), *Brighton* (prononcez : Braïtonn), *Southampton* (prononcez : Saoucemptonn).

Religions dominantes. — Les Anglais sont protestants *anglicans*, les Écossais protestants *presbytériens*, les Irlandais *catholiques*.

NOMENCLATURE ÉCONOMIQUE.

Extraction de la houille. — 160 millions de tonnes (France 20 millions).
Fabrication de la fonte. — 8 millions de tonnes (France : 2 millions).
Récolte des céréales. — 65 millions d'hectolitres (France : 250 millions).
Industrie du coton. — 41 millions de broches (France : 5 millions).
Commerce extérieur. — 17 milliards de francs (France : 10 milliards).
Commerce avec la France. — 1 milliard et demi.
Mouvement des ports. — 60 millions de tonneaux (France : 20 millions).
Marine marchande. — 10 millions de tonneaux (France : 1 million).
Chemins de fer. — 30 000 kil. (France : 32 000).

Suite du texte de la page 113.

Aux pieds des *Grampians* se trouve le bassin écossais qui a fait de *Glasgow* une ville de plus de 500 000 habitants. Les montagnes Pennines fournissent de houille les ports d'exportation, *Newcastle* et *Sunderland*, ou bien aliment de grandes villes industrielles. *Bradford* et *Leeds* pour les laines, *Sheffield* pour la coutellerie, *Manchester* qui inonde l'univers de ses cotonnades, et dont les environs (tout le comté de Lancastre) comptent plus de 200 habitants par kilomètre carré; *Liverpool* enfin, métropole industrielle et commerçante, dont le port entretient un mouvement qui égale presque la *moitié de celui de tous les ports français réunis.*

Au pied des hauteurs du pays de Galles, le bassin de *Stafford* fournit de combustible *Stoke* et le district des « poteries, » *Birmingham*, et le district des hauts fourneaux; le bassin de *Glamorgan* a donné naissance aux deux grands centres métallurgiques de *Merthyr-Tydvill* et de *Swansea*.

A cette abondance de la houille correspond celle du fer, du plomb, de l'étain, du cuivre. Ainsi s'explique le formidable développement de toutes les industries mécaniques qui alimentent un commerce extérieur de **quinze milliards**. Pour cette production énorme, il a fallu créer partout des *débouchés*.

De là cet immense empire colonial qui enserre toutes les mers ouvertes ou fermées et tous les continents explorés ou à explorer.

L'outillage national. — Au service de leur industrie et de leur commerce, soit à l'intérieur même de leurs îles, soit avec leurs colonies ou les pays étrangers, les Anglais ont mis un admirable *outillage national*.

Nulle part le service des postes et télégraphes n'est mieux fait et plus actif que chez eux. A l'exception de la *Belgique*, aucun pays n'a développé autant qu'eux le réseau de ses voies ferrées, ni celui des canaux qui unissent les petites mais utiles rivières de la plaine, et transportent à bon marché la houille et les minerais. Toutes ces routes diverses aboutissent à plus de 500 ports où sont enregistrés 250 000 navires représentant 10 millions de tonneaux, et où le mouvement total des entrées et des sorties, en y comprenant le cabotage, atteint 140 millions de tonneaux.

Londres. — Pour se faire une idée de la richesse et de l'activité anglaise, il faut voir ses grandes villes industrielles et maritimes, noires de charbon, hérissées de cheminées et de mats de vaisseaux. La plus extraordinaire de toutes est **Londres** avec ses 3 millions d'habitants agglomérés sur un espace toujours grandissant, ses palais, ses docks, ses usines innombrables, nouvelle Babel où se parlent toutes les langues de l'univers, où se tiennent les marchés de tous les objets de commerce les plus importants : or, argent, cuivre, étain, soie, laines, cotons, thé, café, diamants, ivoire, etc.

Caractère politique des Anglais. — Le développement de la puissance britannique ne tient pas seulement à une situation géographique et à des richesses souterraines exceptionnelles, mais encore au génie de

ILES BRITANNIQUES.

ce peuple qui a su merveilleusement profiter des dons de la nature. Les Anglais savent allier à un goût passionné pour la liberté un très grand sens de la vie pratique. Ils durent de bonne heure à leur amour de la liberté un gouvernement parlementaire que les *communes* (bourgeoisie) alliées aux *lords* (aristocratie) arrachèrent à *l'omnipotence royale*. Quant à leur sens de la vie pratique, il explique leur attachement aux choses du passé qui n'est que la haine des utopies, des chimères, des bouleversements violents : de là cette lenteur des progrès de la liberté qui, malgré l'ancienneté de ses débuts, n'est arrivée ni au *suffrage universel* en politique, ni, en philosophie, à la pleine *liberté de penser*.

~~~ **Intensité du libéralisme social en Angleterre.** — Loin de se contrarier, lorsqu'il s'agit du commerce et de l'industrie, ces deux vertus du génie anglais se sont prêté un mutuel appui en développant et en réglant l'esprit d'initiative et de concurrence. Rien ne contraste plus en Angleterre avec le *rigorisme de la vie politique et religieuse* que le *libéralisme de la vie sociale*. Là point de ces monopoles si favorisés par des gouvernements centralisateurs comme celui de la France; partout la lutte entre les forces diverses représentées par l'intelligence, le travail ou le capital : concurrence des compagnies de chemin de fer, de navigation, d'éclairage ; association des ouvriers pour la défense de leurs intérêts, etc. ; sans que jamais la liberté aboutisse au tumulte ou tourne à l'anarchie.

~~~ **Énergie du patriotisme anglais.** — Mais ce qui fait plus encore que ces deux grandes qualités la force du peuple anglais, c'est un *immense orgueil* de son pays, un sens profond de ses *destinées* et de ses *intérêts*. Souvent désagréable dans la forme et taxé d'égoïsme, le patriotisme anglais a toujours su faire cesser les divisions intestines dès que le pavillon national s'est trouvé en jeu sur quelque point du globe ; il a donné à sa politique extérieure un admirable *esprit de suite* sans lequel cet immense empire n'aurait pu s'établir et ne saurait se maintenir.

~~~ **Inconvénients de l'étendue de l'empire anglais.** — Cet esprit de suite est plus nécessaire aujourd'hui que jamais, car *l'étendue* même de l'empire anglais crée pour lui une *cause de faiblesse* : l'Angleterre a des intérêts sur tous les points du globe ; elle peut aussi être menacée partout, et sa défense peut exiger d'elle, à un moment donné, ou des sacrifices au-dessus de ses forces, ou des concessions dangereuses pour l'avenir. C'est ainsi par exemple que la nécessité d'assurer sa prépondérance sur le canal de Suez l'a conduite en Égypte où elle se trouve aujourd'hui aux prises avec de redoutables difficultés, dont la moindre est la *révolte du Soudan*, et qu'à la faveur de ces embarras, la Russie, envahissant de plus en plus l'Asie centrale, se rapproche des Indes sans rencontrer même l'obstacle d'une opposition diplomatique.

~~~ **Le danger Irlandais.** — La situation politique et sociale de l'Irlande n'est pas un danger moins grave pour l'Angleterre. Refuge des *races celtiques* expulsées de la Grande-Bretagne par la *conquête anglo-saxonne*, l'Irlande fut conquise au douzième siècle par les rois normands successeurs de Guillaume le Conquérant ; restée *catholique* elle fut définitivement asservie par Cromwell au dix-septième siècle et les habitants perdirent jusqu'à la propriété de leurs biens dont ils ne furent plus que les *fermiers* au service de lords anglais.

Le patriotisme irlandais ne s'est jamais soumis ; il a acquis une nouvelle force depuis le *réveil des nationalités* qui a fait l'unité de l'Italie et de l'Allemagne et la ruine de la Turquie. Soutenu par les très riches et nombreux irlandais d'Amérique, il a entamé contre l'Angleterre une lutte violente, qui trouble cruellement la sécurité de sa domination.

Dublin. — Dès Kingstown, port de Dublin, le voyageur s'aperçoit qu'il n'est plus en Angleterre. Les physionomies sont expressives et mobiles, les yeux noirs, les cheveux châtains ; on crie, on s'agite ; les gestes, les mouvements n'ont rien de commun avec le flegme et l'automatisme des Anglo-Saxons.

Dublin, belle et grande ville, percée de larges rues, ornée de parcs magnifiques, baignée par la Liffey, n'est pas simplement la capitale de l'Irlande, c'est le foyer d'une nation jeune, ardente, qui a pris conscience d'elle-même, qui a résolu de reconquérir à tout prix son autonomie (*home rule*). Les statues de marbre qu'on trouve à chaque pas sont celles des patriotes qui ont affirmé le plus haut les droits de l'Irlande. Le palais, orné d'une noble colonnade qui se dresse au cœur de la ville, est celui-là même où se réunissait le Parlement d'Irlande, aboli en 1800.

Le drapeau qui flotte au front de la *City hall* ou mairie, est le drapeau vert d'Erin, avec la harpe et les trois tours. Dans les boutiques, les mots de *irish*, de *hibernian* (irlandais) sont les qualificatifs obligés de toutes les marchandises, de tous les comestibles. Au Musée, on ne voit guère que des portraits des héros nationaux.

La domination anglaise est représentée par le *Château*, résidence du Lord-Lieutenant d'Irlande, forteresse encerclée de murs, hérissée de tours, fermée de herses, de ponts-levis et de herseaux de fer, qui enclot et protège le palais royal, les bureaux de l'administration, les casernes. Il n'y a pas dans toute la cité d'autre demeure seigneuriale que ce château. Les propriétaires du sol irlandais, presque tous d'origine anglaise, ne se soucient pas de résider à Dublin ; ils vivent le plus possible à l'étranger, sans profit pour la malheureuse Irlande exténuée par cette déperdition continuelle de capitaux.

Une autre institution purement anglaise est l'Université ou *Trinity College*, l'esprit anglican y règne en maître. Les catholiques forment 87 pour 100 de la population à Dublin, ce qui n'a pas empêché les protestants de s'emparer de la vieille cathédrale de Saint-Patrick pour y installer leur culte.

Il n'y a pas de classe moyenne à Dublin, sauf quelques marchands. La misère du peuple y est effroyable et dépasse toute imagination.

CHAPITRE X

COLONIES ANGLAISES

LISTE OFFICIELLE

Europe. — Helgoland, *Gibraltar*, Malte. — (330 kil. car. — 150000 hab.).
Asie. — Chypre, Inde, Birmanie, Ceylan, Établissement du Détroit (*Singapour*), Hong-Kong, Bornéo septentrional, Labouan, *Aden*, *Périm*. — (2 400 000 kil. car. dont 2270000 pour l'Inde, — 209 000 000 hab. dont 198 000 000 pour *l'Inde*).
Océanie (8 000 000 kil. car. — 3 000 000 hab.).
— **Australie** : Nouvelles-Galles du Sud, Norfolk, Victoria, Queensland, Australie méridionale et septentrionale, Australie occidentale ; — *Autres possessions* : Tasmanie, *Nouvelle-Zélande*, îles Fiji, partie sud de la Nouvelle-Guinée.
Afrique. — *Colonie du Cap et annexes.* — Natal, — Sierra-Leone, Gambie, Côte-d'Or, Lagos, Sainte-Hélène, Ascension, île Maurice, côte des Comalis. (700 000 kil. car. dont 630000 pour le *Cap*, — 2 600 000 hab. dont 1 250 000 pour le *Cap*).
Amérique. — Dominion of Canada, Terre-Neuve, Bermudes, Honduras, îles Bahama, îles de Turc, îles de Caïcos, *Jamaïque*, Leeward et Windward Islands (*Petites Antilles*) Trinité, Guyane, îles Falkland. (8700000 kil. carrés, dont 8 500 000 pour le *Dominion*. — 6 000 000 hab. dont 4 millions et demi pour le *Dominion*).

Les Anglais ont encore les états tributaires de l'Empire indien et *beaucoup d'autres établissements* et stations qui ne sont pas marqués sur leurs listes officielles.

~~~ **Caractère universel de l'empire anglais.** — De tous les peuples européens, celui qui a le plus travaillé à la *conquête* et à la *civilisation du monde*, celui dont l'empire est le plus universel et le caractère le plus cosmopolite, est le peuple anglais.

Les colonies de l'Angleterre occupent : le Continent austral ; la pointe méridionale de l'Afrique ; en Asie, l'Inde, la contrée la plus riche et la plus peuplée après la Chine ; en Amérique, un espace presque aussi vaste que celui des États-Unis. Elle est en outre maîtresse d'un grand nombre de positions situées sur le bord des continents et au milieu des mers, celles-ci destinées à lui *assurer les grandes routes commerciales*, et servant d'entrepôts à ses produits industriels, celles-là ouvrant à son commerce les débouchés de la consommation universelle.

~~~ **Diversité d'origine de ses colonies.** — Cette extension de l'empire colonial anglais est relativement récente : Normands, Hollandais, Portugais, Espagnols, Français ont été des colonisateurs *avant les Anglais* ou en même temps qu'eux. Ce n'est qu'à partir du *dix-huitième siècle* que l'Angleterre, tournant vers la conquête coloniale tout l'effort de sa politique et toute sa puissance militaire, est devenue prépondérante.

COLONIES ANGLAISES.

L'aveugle ambition de *Louis XIV* et de *Napoléon Ier*, la honteuse indifférence de *Louis XV*, qui épuisèrent la France sans résultat dans des *guerres continentales*, ont mieux servi l'Angleterre que sa ténacité, sa richesse ou le génie de tous ses hommes d'État. De 1713 à 1815 elle nous enleva *Terre Neuve*, l'*Acadie* (Nouvelle Écosse), la *baie d'Hudson*, le *Canada*, les *Antilles*, l'*Inde*; elle prit aux Hollandais le *Cap* et *Ceylan*, aux Espagnols, la *Trinité* et *Gibraltar*; *Malte* aux chevaliers hospitaliers. Elle n'a réellement fondé que l'*Australie* au commencement de ce siècle. Ses colonies des rives américaines de l'Atlantique, au sud du Canada, *lui ont échappé* pour former la république indépendante des États-Unis.

Ainsi l'empire colonial anglais est très *disparate* par ses origines, et, sans le développement formidable de la marine britannique, sans l'esprit aventureux des Anglais qui vont s'établir partout où flotte leur drapeau et exercent leur droit jalousement, il n'aurait aucune cohésion.

~~~ **Diversité du caractère de ces colonies.** — Rien de plus varié que les possessions dont elles se composent : les unes sont de simples points *stratégiques* comme *Gibraltar*, *Malte*, Chypre ou *Périm* qui commandent la Méditerranée, Suez et la mer Rouge; d'autres sont des *dépôts de charbon*, comme Labouan sur les côtes de Bornéo, ou des comptoirs commerciaux, comme les ports de la Guinée, Aden et *Hong-Kong*; d'autres sont des *colonies d'exploitation*, comme l'immense *empire des Indes*, où quelques milliers d'Anglais commandent à près de deux cent millions d'indigènes; d'autres enfin sont de *véritables colonies* où les émigrants de la mère patrie vont s'établir définitivement et faire souche d'une race nouvelle comme le Canada, le Cap et l'*Australie;* encore au Cap, les colons hollandais, au Canada, les *colons français* forment ils une grande partie de la population, et, en Australie, les *Chinois* tendent-ils à se multiplier plus que les Anglais eux-mêmes.

La force de l'Angleterre est donc plus apparente que réelle, et ce gigantesque empire, sur le sort duquel la destruction de l'empire espagnol du seizième siècle peut donner à réfléchir, a un caractère plus européen encore qu'anglais.

~~~ **Diversité de leur situation politique et sociale.** — Parmi les colonies anglaises, les unes ont des institutions parlementaires et *se gouvernent elles-mêmes*; l'Angleterre n'y est représentée que par un gouverneur n'exerçant pas d'autres fonctions que celles de la reine dans la métropole, ce sont : le *Dominion du Canada*, les colonies de l'*Australie orientale*, la *Nouvelle-Zélande* et le cap de *Bonne-Espérance*.

Les autres, appelées « établissements de la couronne » (en anglais, *crown settlements*) sont moins indépendantes de la métropole : tantôt elles n'ont que des conseils de gouvernement à moitié électifs, comme l'*Australie occidentale*, les *Indes occidentales* et l'île *Maurice;* tantôt elles sont régies par un gouverneur militaire investi d'un pouvoir absolu, comme *Gibraltar*, *Malte*, les *Bermudes*, *Sainte-Hélène* et l'*Ascension*, *Ceylan*.

Il y a de simples comptoirs commerciaux comme les colonies de la *Gambie* et du *Lagos;* l'*Inde*, enfin, forme un *État à part* vivant de ses propres ressources, ayant son ministère spécial en dehors du ministère des colonies, et un gouverneur général investi d'un pouvoir presque sans contrôle.

~~~ **Colonies d'Amérique.** — **Le Dominion.** — Dans l'Amérique du Nord, le *Haut Canada*, cap. Ottawa, le *Bas Canada*, cap. Québec, le *Nouveau-Brunswick*, la *Nouvelle-Écosse* (Acadie), l'île du prince *Édouard*, la colonie du *Manitoba*, les vastes territoires du Nord-Ouest, la *Colombie anglaise* forment de l'océan Atlantique au Pacifique l'immense État confédéré du *Dominion of Canada*. Maître du Saint-Laurent et de son golfe, riverain des grands lacs, il a construit un chemin de fer transcontinental pour favoriser le commerce des fourrures et l'exploitation des bois, et rattacher les terrains aurifères de la Colombie aux ports du Saint-Laurent.

En dehors du Dominion, *Terre-Neuve*, dont dépend le *Labrador*, est le centre des plus grandes *pêcheries* de morue du monde, grâce au voisinage de son immense banc de sable.

Les plus nombreuses sinon les plus belles des petites Antilles appartiennent à l'Angleterre et forment deux gouvernements, celui des *îles du Vent* (la Barbade, Saint-Vincent, la Grenade, Tabago, Sainte-Lucie), et celui des *îles sous le Vent* (Antigoa, la Barboude, Montserrat, Saint-Christophe, Anguilla, Nevis, la Dominique, les îles des Vierges). La *Jamaïque* avec ses riches plantations de canne à sucre forme un autre gouvernement, comprenant aussi la Trinité, les Lucayes et les Bermudes.

La petite colonie de Bélise, dans le Honduras, exploite les bois précieux.

Dans l'Amérique du Sud, l'Angleterre a une partie de la *Guyane*, et les îles *Falkland* (nos anciennes *îles Malouines*) station importante pour les navires qui doivent franchir le cap Horn.

~~~ **Colonies d'Afrique.** — **Le Cap.** — En Afrique, elle exerce sur l'*Égypte* un protectorat qui a surtout pour objet de mettre le *Canal de Suez* dans sa dépendance. Elle met la main sur les *territoires des Comalis* qui étaient dans la dépendance de l'Égypte et qui, avec *Aden* et *Périm*, la rendent maîtresse du détroit de Bab-el-Mandeb. Une partie du commerce du *Soudan* et presque tout celui de la *Guinée septentrionale* sont assurés à ses colonies de Sierra-Leone, de la Côte-d'Or, du Lagos, et elle domine sur le bas Niger.

Elle dispute à l'influence allemande, *Zanzibar*, devenu, sur l'océan Indien, le centre du commerce de la région des grands lacs. Au sud, le *Cap* et *Natal* forment une colonie indépendante enlevée aux Hollandais qui ont créé plus au Nord les États libres du fleuve *Orange* et du *Transvaal*. La découverte récente de mines abondantes de *diamant* a ajouté à la prospérité de la colonie du Cap, dont le climat et le sol rappellent beaucoup ceux de l'Europe.

Dans l'Atlantique, *Sainte-Hélène* et l'*Ascension* sont des points de relâche.

Près de Madagascar, la meilleure station maritime entre le Cap et l'Inde, l'ancienne *île de France*, *Maurice*, est devenue possession anglaise.

~~~ **Colonies d'Asie.** — **L'Inde.** — L'empire des Indes est peuplé de 250 *millions* d'habitants répartis sur plus de 4 millions de kilomètres carrés. Toute la péninsule de l'Hindoustan en fait partie, et les États hindous qui n'ont pas été supprimés sont réduits au rang de sujets. Aucune contrée n'est plus fertile au monde que la *vallée du Gange* et le haut bassin de l'*Indus;* les forêts de bois précieux s'étagent sur les flancs de l'*Himalaya;* la plaine produit en abondance le riz, le café, le tabac, l'opium, l'indigo; le plateau méridional donne le thé et le coton.

Déjà des chemins de fer sillonnent dans tous les sens la péninsule, réunissant *Lahore*, *Calcutta*, *Bombay* et *Madras;* la découverte de *gisements houillers* dans le bassin du Gange activera encore l'essor industriel du pays.

A l'Hindoustan l'Angleterre a ajouté : la fertile *Ceylan*, ancienne colonie hollandaise; la *Birmanie* et les établissements du *Détroit* comprenant *Malacca* et *Wellesley* sur le continent et les îles de *Singapour* et de *Pinang* qui assurent les libres communications avec les mers de la Chine; la station de *Labouan* près de Bornéo et des comptoirs dans le nord de cette grande île; Aden, en Arabie, et l'îlot de Périm, à l'entrée de la mer Rouge.

A l'entrée de la rivière de Canton, le poste militaire et commerçant de *Hong-Kong* protège les négociants anglais qui viennent vendre en Chine l'opium de l'Inde, et acheter le thé jusque dans le bassin supérieur du fleuve Bleu.

~~~ **Colonies d'Océanie.** — **L'Australie.** — Le continent australien est occupé au centre par un plateau désert ; mais les colonies sont établies sur les terrasses côtières, sur plus de 2 millions de kilomètres carrés, et les colons qui sont venus s'y fixer en ce siècle, attirés dans les mines d'or, dépassent *trois millions;* nulle part ne s'est produit un tel mouvement d'immigration.

Les États actuels *Queensland*, *Nouvelle*

Galles du Sud, Victoria, Australie méridionale, Australie occidentale, ont fait presque complétement disparaître les noirs indigènes; ils doivent leur prospérité croissante plus encore à la production des mines de fer et de houille et à l'élevage des moutons qu'à l'exploitation des mines d'or. Sidney a 230 000 habitants, Melbourne 320 000, Adelaïde 70 000; un télégraphe rejoint à travers le désert intérieur les lignes des Indes et de l'Europe.

Près de l'Australie, se sont formées deux autres colonies, la *Tasmanie* et la *Nouvelle Zélande* où les progrès montent aussi importants et dus aux mêmes causes.

~~~ **Conclusion. — Politique coloniale de l'Angleterre.** — Si l'Angleterre laisse une grande liberté à ses colonies adultes, elle secourt généreusement ses colonies naissantes, elle n'en abandonne jamais aucune dans le danger, elle sait *maintenir l'honneur du nom anglais* partout où il est menacé.

Qu'il s'agisse de combler les déficits du budget de l'Inde causés par une guerre contre l'Afghanistan, de donner à ce grand empire une frontière solide, de délivrer les commerçants du Lagos de la menace des Achantis, ou la colonie du Cap de celle des Zoulous, ce sont là des « *affaires impériales* » que la métropole prend à sa charge.

Cette politique libérale, habile et ferme maintient la suprématie de l'Angleterre. La perte des *colonies américaines*, qui sont d'ailleurs devenues les **États-Unis**, lui a appris quels pourraient être les résultats d'une politique coloniale oppressive, hésitante ou égoïste.

Edimbourg (*Edinburgh*). — Capitale de l'Ecosse, Édimbourg est l'une des villes les plus originales et les plus pittoresques du monde. Située à dix minutes en chemin de fer du large golfe de Forth, où Leith lui sert de port, elle est bâtie sur les montagnes bleues, elle couvre de ses hôtels monumentaux, de ses édifices sévères, de ses jardins, de ses parcs, de ses maisons habitées par plus de 200 000 âmes, plusieurs collines parallèles reliées par des ponts, les unes hardies et légères, les autres solennels. Entre les collines s'ouvrent des vallons également pleins d'édifices et de maisons. Le plus escarpé, le *North-Loch*, qui est le centre du mouvement et des voies ferrées, sépare le nouvel Édimbourg de l'ancien.

Au nord s'étendent *Princess Street* et les quartiers riches avec leurs longues perspectives rectilignes et la flèche aiguë du monument de Walter Scott. Au sud, sur un roc basaltique, se dresse le vieux château, où des *highlanders* montent la garde, coiffés de la toque nationale, plaid sur l'épaule, jambes nues sous leur jupon quadrillé multicolore. On aperçoit à l'est les deux plus beaux édifices d'Édimbourg : *Royal Institution* et *National Gallery* ; à l'ouest, les monuments de Nelson, de Dugald Stewart, le *National Monument*, *Holyrood*, le palais fameux de Marie Stuart.

Édimbourg est une ville superbe; mais combien y sont affreux les quartiers misérables, entassement d'horribles maisons à onze étages, lézardées et infectes, ou amas de *lanes* (ruelles) obscures et de *closes* (impasses) fétides.

Édimbourg n'en est pas moins une ville lettrée, savante, le second centre intellectuel du Royaume-Uni. Si depuis 1707 son Parlement est vide, elle a conservé les allures d'une capitale. Bien qu'unie à l'Angleterre, elle reste distincte par sa religion, sa justice et ses universités nationales.

PAYS SCANDINAVES.

CHAPITRE XI
PAYS SCANDINAVES

~~~ **Ce qu'il faut entendre par pays scandinaves.** — On comprend sous le nom de pays scandinaves le *Danemark*, la *Suède* et la *Norvège*, dont les peuples parlent des langues très semblables, et ont eu des destinées historiques à peu près communes.

Les pays scandinaves sont les deux presqu'îles situées à l'ouest de la Baltique et probablement *réunies* l'une à l'autre avant que les flots de la mer n'eussent creusé les étroits passages des deux *Belt* et du *Sund*.

~~~ **Le plateau norvégien. Les fiords; les lacs suédois.** — La *Norvège* forme un plateau bordant à pic l'Océan, depuis le cap *Nord* jusqu'au *Skager-Rack*; il est percé de golfes ou fiords (fig. 73), parfois profonds de plus de cent kilomètres et larges de moins de cent mètres, sortes de *fissures*, de corridors étroits et sinueux dont les murailles, hautes de

Fig. 73. — Fiord (Norvège).

trois cents mètres, sont couronnées de forêts de sapins et d'énormes *champs de glaces* (*field*). La Norvège doit au Gulf-Stream, qui réchauffe ses côtes, d'être un pays *habitable* et relativement tempéré.

Le plateau scandinave, qui tombe en pentes abruptes sur l'Océan, s'abaisse au contraire en pentes *douces* du côté de la Baltique. Au lieu de fiords, la Suède a des *lacs de montagne*, étroits et profonds, d'ailleurs semblables aux fiords, et d'où s'échappent les cascades qui alimentent les rivières.

Le relief de la contrée est encore fruste, *incomplet*; il est dans l'état où l'a laissé la période glaciaire et l'écoulement des eaux vives ne l'a pas encore assez perfectionné pour que les rivières y soient *navigables*. Toutes sont coupées de cascades.

~~~ **La Gothie, le Jutland et les îles.** — La série des grands lacs Wener, Wetter, Hielmar, Mælar, isole du plateau scandinave la péninsule de la *Gothie*, où se trouvent les pays *Suédois* proprement dits. La Gothie est le fragment septentrional de cette barrière de pays peu élevés qui formaient jadis la Baltique, dont le *Jutland* est le fragment méridional, et dont les îles *Danoises* sont les débris.

Seul de tous les détroits, le *Sund* est accessible à la *grande navigation*; il présente presque l'aspect d'un canal artificiel : il est la *porte de la Baltique*.

~~~ **Aperçu historique.** — Avec son grand port de Copenhague, abrité dans Seeland derrière l'îlot d'*Amager*, le Danemark est le *portier de la Baltique*. Ainsi s'explique sa prépondérance dans le nord, au moyen âge.

Mais il n'avait pas assez de ressources en lui-même pour maintenir sa suprématie, et, à partir du dix-septième siècle, il fut supplanté par la *Suède* qui tenta de dominer sur la Baltique entière : un instant elle eut la *Finlande* et la *Poméranie* menaça la Russie, la Pologne et le Danemark; Stockholm, au carrefour des golfes de Bothnie, de Finlande, de Livonie, et de la Baltique méridionale fut quelque temps la *reine de cette mer*.

Le développement de la *puissance russe* fit tomber au dix-huitième siècle la prépondérance suédoise. La Suède fut rejetée dans sa péninsule, puis *réunie* à la Norvège, qui est une colonie danoise.

La répartition actuelle des États scandinaves, qui fait de chaque péninsule un État à part, paraît naturelle. L'ancienne division, plus rationnelle encore, les avait groupés d'après les mers. La Suède est un État *baltique*; le Danemark est, comme la Norvège, un pays *atlantique*.

~~~ **Suède et Norvège actuelles.** — Aujourd'hui, la Suède, État de *second ordre*, est gouvernée par le *même roi* que la Norvège, mais régie par une *constitution différente*; elle ne vit guère que de ses provinces méridionales, les seules où l'agriculture soit possible. Encore les habitants doivent-ils lutter contre les rigueurs du climat par une consommation d'alcool parfois excessive. Elle a construit des chemins de fer dans ses régions septentrionales pour exploiter les immenses forêts de sapins qui couvrent les montagnes de la péninsule.

Les hardis marins des fiords norvégiens se livrent à la pêche; ils transportent dans toute l'Europe et même en Amérique, sur des navires, dont le nombre s'explique par l'abondance des matériaux de construction, les bois et les fers excellents des deux pays; ils font dans la mer *polaire européenne* une chasse active aux cétacés. Ils notent aussi, et l'observatoire de Christiania centralise toutes les observations propres à accroître nos connaissances sur cette région si difficile à explorer.

(*La suite, page 120*)

DANEMARK

NOMENCLATURE PHYSIQUE

Iles. — *Seeland*, — Fionie, — Laaland, — Falster, — Mœn, — Bornholm, — Iles Far-Œr.
Presqu'île. — Jutland.
Latitude. — Labrador et Kamtchatka.
Longitude. — Tunisie et Gabon.
Climat. — Semblable à celui de l'Angleterre.
I. **Jutland.** — *Cap* Skagen au Nord. — *Lagunes* du Lym-fiord. — *Collines* du Himmelsberg (172 m.).
II. **Iles.** — Lagune de l'Ise-flord (Seeland). — *Points culminants* : 127 m. dans Seeland ; — 128 m. dans Fionie ; — 850 m. dans les Iles Far-Œr.

NOMENCLATURE POLITIQUE

Superficie. — Jutland et îles danoises près de 40 000 kil. car. (France : 529 000.)
Le tiers de la superficie du Danemark se compose de landes, de marais, de terres incultes.
Population. — Près de 2 millions d'hab. (France : 38 millions). (51 hab. par kil. car. — Fr.: 71.)
Budget de l'État. — 70 millions de francs (France : 3 milliards et demi ; — Paris : 440 millions).
Dette publique. — 240 millions. (France : 20 milliards.)
Armée. — 50 000 hommes. (France : 1 million 800 000).
Marine militaire. — 10 cuirassés (France : 70).
Colonies. — *Islande* et *Groenland* (200 000 kil. car. avec 110 000 hab.). — Dans les Antilles, les petites îles de *Saint-Thomas*, Sainte-Croix et Saint-Jean.
Principales villes. — *Copenhague* (270), dans l'île de Seeland, capitale du royaume port militaire et marchand (distance de Paris : 315 lieues), — *Odensee*, ville industrielle dans l'île de Fionie, — *Aarhuus* et *Aalborg*, villes du Jutland.
Religion dominante. — Le luthéranisme.

NOMENCLATURE ÉCONOMIQUE.

Agriculture. — L'élève du bétail est très prospère.
Le nombre des bœufs et des vaches est de 700 par 1 000 hab. (France : 300 bœufs par 1 000 hab.)
Commerce extérieur. — 600 millions (France : 10 milliards).
Commerce avec la France. — 9 millions.
Mouvement des ports. — 3 millions de tonneaux (France : 20 millions).
Tonnage de la marine marchande. — 250 000 tonneaux (France : 1 million).
Chemins de fer. — 1800 kil. (France : 32 000).

SUÈDE ET NORVÈGE

NOMENCLATURE PHYSIQUE

Latitude. — Groenland et détr. de Béring.
Longitude. — Lac Tchad.
Climat. — Très rude dans l'intérieur de la péninsule ; beaucoup plus doux grâce au *gulf-stream* sur les côtes de Norvège.
Caps. — Nord, — Lindesness (Norvège) — Falsterbo (Suède).
Fiords. — Innombrables en Norvège (Varanger, Porsanger, Drontheim, Sogne, Hardanger, Christiania).
Iles. — Grands archipels norvégiens : Tromsoe, Lofoden, Bergen ; — Ilôts innombrables sur toutes les côtes ; — Iles suédoises de Gotland et Œland.
Montagnes. — Monts Kiœlen au Nord (1 883 m.) ; — Dovre field, etc. au Sud (2 560 m.) ;
Fleuves. — Tous dirigés vers le Sud-Est : Tornéa, Luléa, Skellefteå, Dal, Gotha elf, Glommen.
Lacs. — Presque tous les fleuves en traversent dans leur cours supérieur. — Dans la Suède méridionale, lacs Wener, Wetter, Hielmar et Mœlar, réunis par des *canaux*.

NORVÈGE.

NOMENCLATURE POLITIQUE

Superficie. — 325 422 kil. car. (France : 529 000).
Population. — 1 800 000 hab. (France : 38 millions). (5 hab. par kil. car. — Fr.: 71.)
Divisions administratives. — La Norvège est divisée en 20 *préfectures*.
Budget de l'État. — 63 millions de francs. (France : 3 milliards et demi ; — Paris : 440 millions).
Dette publique. — 140 millions. (France : 20 milliards.)
Armée. — 40 000 hommes (France : 1 800 000).
Marine militaire. — 8 cuirassés. (Fr.: 70.)
Principales villes. — *Christiania*, cap. du royaume, port de commerce (80) ; — *Bergen* et *Drontheim*, ports de commerce.
Religion dominante. — Le luthéranisme.

NOMENCLATURE ÉCONOMIQUE

Bois et pêche. — L'exploitation des forêts et la pêche sont les grandes ressources de la Norvège ; elles représentent les 4/5 de la valeur des exportations.
Commerce extérieur — 400 millions de francs (France : 10 milliards).
Commerce avec la France. — 25 millions.
Mouvement des ports. — 4 millions de tonneaux (France : 20 millions).
Tonnage de la marine marchande. — Un peu plus de 1 million et demi de tonneaux (France : 1 million).
Il n'y a que l'Angleterre et les États-Unis qui aient une marine marchande plus considérable. Presque tous les navires norvégiens sont à voiles.
Chemins de fer. — 1 500 kil. (France : 32 000).

SUÈDE.

NOMENCLATURE POLITIQUE

Superficie. — 450 574 kil. car. (France : 529 000).
Population. — 4 millions 1/2 d'hab. (France : 38 millions). (10 hab. par kil. car. — Fr.: 71).
Divisions administratives. — Il y a trois grandes divisions : le *Norrland*, — la *Suède propre*, — la *Gothie*. — Ces grandes divisions sont subdivisées en 25 *préfectures*.
Budget de l'État. — 110 millions de francs. (France : 3 milliards et demi ; — Paris : 440 millions).
Dette publique. — 325 millions. (France : 20 milliards.)
Armée. — 150 000 hommes. (France : 1 million 800 000).
Marine militaire. — 11 cuirassés (France : 70).
Principales villes. — *Stockholm* (300), port militaire et de commerce, capitale du royaume (distance de Paris : 500 lieues) ; — *Gœtheborg* (80), sur le Cattégat, le deuxième port de commerce de la Suède ; — *Malmœ*, port de commerce sur le Sund ; — *Norrkœping*.
Religion dominante. — Le luthéranisme.

NOMENCLATURE ÉCONOMIQUE

Extraction du minerai de fer. — 800 000 tonnes (France : 3 millions).
Presque tout ce fer est tiré des mines de la *Dalécarlie* ; il est réputé un des meilleurs du monde.
Commerce extérieur. — 722 millions de francs (France : 10 milliards),
Commerce avec la France. — 69 millions.
Mouvement des ports. — 5 millions de tonneaux (France : 20 millions).
Tonnage de la marine marchande. — 560 000 tonneaux (France : 1 million).
Chemins de fer. — 6 000 kil. (France : 32 000).

Suite du texte de la p. 119.

C'est un scandinave, l'intrépide capitaine Nordenskiold, qui a parcouru le premier, en 1879, le passage du Nord-Est (p. 45).

252. Danemark actuel. — Quant au Danemark, privé de sa marine en perdant la Norvège, dépouillé par la Prusse, malgré une résistance héroïque, de ses provinces agricoles du *Holstein* et du *Sleswig*, il est réduit au nord du Jutland et à ses îles ; il ne doit de vivre encore qu'à la *rivalité* de l'Allemagne et de la Russie sur la Baltique, et au désir des nations européennes de ne pas abandonner le Sund aux mains d'une puissance redoutable.

Du moins, dans ses étroites limites, donne-t-il au monde le spectacle d'une nation qui sacrifie ses principales ressources à son instruction et au développement de la science. Nulle part la moyenne intellectuelle n'est plus élevée que dans le Danemark, et les établissements scientifiques de Copenhague sont de *véritables modèles* : c'est une gloire qui vaut bien celle des armes et des conquêtes.

253. La culture populaire dans les pays scandinaves. — Cette sollicitude pour les choses de l'intelligence est d'ailleurs partagée par les deux autres États scandinaves. Elle s'explique en partie par le climat qui interdit pendant une grande partie de l'année tout travail au dehors et retient le paysan norvégien ou suédois dans la maison. Le grand développement de l'instruction primaire dans les pays scandinaves y a favorisé l'établissement d'un régime très libéral où la représentation nationale a toujours le dernier mot. Malheureusement les rigueurs du climat ont, en même temps que le goût de l'instruction et de la lecture, développé celui de l'alcool, et il a fallu des lois spéciales pour réagir contre un mal qui allait bientôt devenir un fléau : il paraît aujourd'hui vaincu. Des associations philanthropiques ont obtenu le monopole de la vente de l'eau-de-vie en détail à condition de ne retirer aucun bénéfice de cette vente et d'en verser le produit aux caisses publiques. Loin d'encourager l'ivrognerie, elles s'efforcent de la limiter.

CHAPITRE XII

LA
BELGIQUE ET LA HOLLANDE

HOLLANDE

NOMENCLATURE PHYSIQUE

Latitude. — Labrador mérid. et îles Aléoutiennes.
Longitude. — Bouches du Niger.
Climat. — Humide et rigoureux en hiver.
Cap. — Pointe du Helder.
Presqu'île. — Hollande septentrionale.
Golfes. — *Zuyderzée* et Dollart.
Iles. — Marines : Le Texel, Vlieland, Ter Schelling, Ameland. — Fluviales : Hollande méridionale et Zélande (bouches du *Rhin*, de la Meuse et de l'*Escaut*).
Fleuves. — Bras du Rhin : Yssel, — Vecht, — Vieux Rhin (*Utrecht* et *Leyde*), — Lech (*Rotterdam*), — Wahal (*Nimègue*) ; — Meuse (*Maestricht*) ; — Escaut (*Flessingue*).

La Meuse est en réalité *un affluent du Rhin*.

Canaux. — Très nombreux. — *Canal de la mer du Nord* d'Amsterdam à la mer du Nord.
Marais. — De Bourtange, — de Peel.
Altitudes principales. — *Nimègue*, 9 m., — mer desséchée de Harlem, 4 m.

NOMENCLATURE POLITIQUE

Superficie. — 33 000 kil. car. (France : 529 000).

Sur cette superficie totale, il y a environ 2 000 kil. car., qui ont été reconquis sur la mer au moyen de travaux de desséchement.

Population. — Environ 4 millions d'hab. (France : 38 millions). (123 hab. par kil. car.; France : 71.)
Divisions administratives. — La Hollande est divisée en 11 *provinces*.
Budget de l'État. — 300 millions de francs (France : 3 milliards et demi ; — Paris : 440 millions).
Dette publique. — 2 milliards 200 millions. (France : 20 milliards.)
Armée d'Europe. — 80 000 hommes. (France : 1 800 000.)
Marine militaire. — 20 cuirassés (Fr. : 70].
Colonies. — Indes orientales : *Sumatra*, Java et Madoura, Banca et Biliton, Bornéo méridionale, Célèbes, Moluques, Nouvelle-Guinée occidentale, la moitié de Timor, Bali, Lombok, etc. — Indes occidentales : *Guyane*, îles sous le Vent : Saint-Martin, Saint-Eustache et Saba.

Près de 1 700 000 kil. car. et 25 millions d'habitants.

La France n'a pas un empire colonial plus important, même si l'on y comprend les pays protégés (Cambodge, Annam, Tunisie, Madagascar, etc.).

Principales villes. — Amsterdam (350), port très important, sur un canal qui fait communiquer le golfe du Zuyderzée avec la mer du Nord ; capitale industrielle du royaume (distance de Paris : 135 lieues) ; — *Rotterdam* (160), sur un des bras de la Meuse, le premier port du royaume ; — *La Haye*, (en hollandais : *S'Gravenhage*) (130), près de la mer, capitale politique.

On doit citer encore : *Utrecht*, — *Groningue*, — *Arnheim*, — *Leyde*, — *Harlem*.

Religion dominante. — Deux tiers de la population sont protestants, un tiers catholique.

NOMENCLATURE ÉCONOMIQUE

Commerce extérieur. — Plus de 3 milliards de francs (France : 10 milliards).

C'est le pays d'Europe où la proportion, entre le chiffre du commerce et celui de la population, est la plus considérable ; elle est plus de *trois fois supérieure à celle de la France*.

Commerce avec la France. — 76 millions.
Mouvement des ports. — 8 millions de tonneaux. (France : 20 millions.)
Tonnage de la marine marchande. — 330 000 tonneaux (France : 1 million).
Chemins de fer. — 2 000 kil. (France : 32 000).

BELGIQUE

NOMENCLATURE PHYSIQUE

Plateau. — Ardennes (Hautes Fagnes, 570 m.).
Plaine. — *Bruxelles* est à une altitude de 15 m.
Fleuves. — Meuse (Namur et *Liège*) ; affl. de g. Sambre (Charleroi) ; — *Escaut* (Gand et Anvers), affl. de g. Lys (Courtrai) ; affl. de d. Dender ; — Ruppel formé des deux Nèthes, de la Dyle (Malines), de la Senne (Bruxelles).
Canaux. — Nombreux dans la plaine.

NOMENCLATURE POLITIQUE

Superficie. — Près de 30 000 kil. car. (France : 529 000).
Population. — 5 millions 1/2 d'hab. (France : 38 millions). (181 hab. par kil. car.; Fr.: 71).
Divisions administratives. — La Belgique est divisée en 9 provinces.
Budget de l'État. — 360 millions de francs. (France : 3 milliards et demi ; — Paris : 440 millions).
Dette publique. — 1 milliard et demi. (France : 20 milliards.)
Armée. — 100 000 hommes. (Fr.: 1 800 000.)
Colonies. — La Belgique n'a pas de colonies, mais la roi des Belges a créé et dirige l'*Association internationale africaine*, qui a pour but l'exploitation de l'Afrique centrale. L'État du Congo qu'elle a fondé est aujourd'hui reconnu par les grandes puissances. Son principal agent est l'illustre voyageur *Stanley*: il a beaucoup de Belges sous ses ordres.
Principales villes. — Bruxelles (370), capitale de la Belgique (distance de Paris : 75 lieues) ; — Anvers (190), sur l'un des fleuves qui a créé le *premiers ports de commerce du monde* (après les ports anglais et ceux de New-York, de Hambourg, de Marseille) ; — Gand (140), sur l'Escaut, centre belge de la fabrication des cotonnades et des toiles ; — *Liège* (130), sur la Meuse, fabrication d'armes.

On peut encore citer *Bruges* et *Malines*, industries de la dentelle, — *Verviers*, fabrication de draps, — *Mons*, *Charleroi*, *Namur*, centres houillers, — *Ostende*, station balnéaire, — *Tournai*, *Louvain*.

Religion dominante. — Le catholicisme.
Langue dominante. — Le français.

NOMENCLATURE ÉCONOMIQUE

Extraction de la houille. — 15 millions de tonnes (France : 20 millions).
Fabrication de la fonte. — 600 000 tonnes (France : 2 millions).
Industrie du coton. — 1 million de broches (France : 5 millions).
Commerce extérieur. — Près de 3 milliards (France : 10 milliards).

Après la Hollande, la Belgique est le pays d'Europe où le chiffre du commerce est le plus considérable comparé à celui de la population : ce rapport est *de près de trois fois supérieur à ce qu'il est en France*.

Commerce avec la France. — Plus de 900 millions.
Mouvements des ports. — 8 millions de tonneaux (France 20 millions). Presque tout le mouvement maritime de la Belgique est concentré à Anvers.
Tonnage de la marine marchande. — 80 mille tonneaux (France : 1 million).
Chemins de fer. — 4 000 kil. (France : 32 000).

GRAND-DUCHÉ DE LUXEMBOURG

Le Grand-Duché de Luxembourg est un *État neutre* ayant une constitution et une administration particulières, mais dont le souverain ou grand-duc est le roi de Hollande. — Le Luxembourg est, au point de vue commercial, compris *dans la frontière douanière de l'Empire d'Allemagne*, p. 125.

Superficie. — 2 587 kil. car. (moins que le *département du Rhône*).
Population. — 210 000 hab. (un peu moins que la *ville de Bordeaux*). (81 h. par kil. car.; France 71.)
Ville principale. — *Luxembourg*, cap. du Grand-Duché. (17 000 hab.)
Religion dominante. — Le catholicisme.
Langue dominante. — L'Allemand.
Fabrication de la fonte. — 256 000 tonnes (France : 2 millions).
Chemins de fer. — 360 kilom. (*Les chemins de fer du Luxembourg appartiennent à l'Empire allemand*).

~~~ **Leur situation indépendante.** — La Belgique et la Hollande ont échappé à l'*attraction* des pays germaniques, parce que les vastes marécages de l'*Ems* et du pays de *Bourtange* les en isolaient presque entièrement ; elles ont été soustraites à l'*influence française*, parce que les pays de race française pure cessent au pied des collines de l'Artois et des Ardennes, et que les étendues plates et plantureuses des Flandres marquent un type de pays tout différent. Ajoutons que l'Angleterre n'a un grand intérêt à ce que ni l'Allemagne ni la France ne soient maîtresses des bouches de la Meuse et de l'Escaut d'où elles menaceraient la Tamise et Londres. C'est pour cela qu'après le premier empire, en 1815, elle avait fait constituer le *royaume neutre* des Pays-Bas, comprenant la Belgique et la Hollande.

~~~ **Leur séparation.** — Pourquoi ce royaume formé d'une région si bien délimitée s'est-il coupé en *deux* ? Comment, en 1830, les deux peuples en sont-ils venus à une *séparation violente*, malgré leur commune origine ? C'est qu'il y a entre eux, au point de vue géographique, une *différence essentielle*.

~~~ **La Hollande État commerçant.** — Les pays hollandais ne sont guère qu'une *bordure maritime*, une étroite lisière de terre toujours menacée par les marées et mal protégée par des digues.

Mais la mer, qui est le *péril* de tous les jours, est aussi pour les Hollandais l'élément vital : dans leur *lutte* contre elle, ils se sont formés, aguerris; elle les a faits *ingénieurs* et *marins;* leur sol détrempé et souvent submergé se prêtait mal à l'agriculture : ils sont devenus *commerçants.*

La Hollande a des ports naturels, Amsterdam, Rotterdam (fig. 74), etc., établis

Fig. 74. — Vue de Rotterdam (Hollande).

sur tous les grands bras de la Meuse et du Rhin. Les richesses que ne leur donnait pas leur patrie, les Hollandais sont allés *par mer* les chercher *au loin* : avant les Anglais ils ont colonisé l'Amérique, le *Cap* et l'*Inde*, et jusqu'à la fin du dix-septième siècle ils ont été les *vrais routiers* de l'Europe, assez riches et assez forts pour résister aux attaques même de Louis XIV.

Malgré la suprématie moderne de l'Angleterre qui lui a enlevé ses comptoirs de l'Inde et du Cap, la Hollande n'en a pas moins conservé dans la Malaisie un *empire colonial* qui est le plus *vaste* du monde, si on le compare à l'étendue de la *métropole;* elle n'en est pas moins restée l'un des pays les plus *peuplés*, les plus *commerçants* et les plus *riches* de l'Europe. Elle devient aussi pays *industriel* et *agricole :* elle reprend à la mer ce que la mer lui a pris; déjà la mer de *Harlem* et les marécages de la Hollande ont été desséchés; une grande partie du Zuyderzée sera bientôt conquise aussi et transformée en prairies, en champs de colza et de lin.

~~~ **La Belgique État agricole et industriel.** — La *Belgique* occupe, dans le coin de terre compris entre l'*Ems* et la lisière de l'*Artois* et des *Ardennes*, la seule zone un peu large et abritée contre la mer par des dunes (de *Dunkerque* à l'*Escaut).*

Là, point d'inondations à redouter, point d'estuaires invitant à la navigation et au commerce, mais de vastes plaines extrêmement grasses et propres à tous les produits de l'agriculture : la Belgique est donc avant tout un **pays agricole**.

L'abondance du *chanvre* et du *lin* en ont fait un pays *industriel :* au tissage des *toiles* et des *batistes* de Flandre, célèbres dès le moyen âge, s'est adjoint tout naturellement celui des *draps* et des *tapisseries*.

Ainsi naquirent les puissantes et industrieuses communes de *Gand, Bruges, Bruxelles, Audenarde, Tournai*.

Comme le commerce hollandais a suscité l'industrie hollandaise, l'industrie belge a créé le commerce belge; il lui a fallu d'autres débouchés que ceux du continent : de là l'importance de l'unique port belge, **Anvers**.

~~~ **Les houilles belges.** — La Belgique possède sur la lisière du plateau des Ardennes, entre *Namur* et *Liège*, un des plus *riches* bassins houillers de l'Europe. Sa puissance industrielle en a été décuplée.

La population, déjà si abondante, est devenue plus dense encore : elle atteint parfois jusqu'à plus de 300 habitants par kilomètre carré. *Liège* et *Namur* ont plus que *doublé* d'importance ; *Mons* et *Charleroi* sont sortis de terre, pour ainsi dire ; toutes les industries se sont fixées et développées autour des houillères : le *tissage du coton* s'est ajouté à celui de la laine, du chanvre et du lin ; la construction *des machines* est devenue aussi importante que le tissage.

De là résulte une *activité commerciale* qui se manifeste par l'incroyable développement des *chemins de fer* belges, et l'importance croissante d'*Anvers*, le concurrent redoutable des ports hollandais et français. Muni d'un admirable outillage et situé en face de Londres, le percement du Saint-Gothard en a fait une des étapes les plus importantes du commerce de l'Angleterre avec l'extrême orient.

~~~ **Conclusion.** — Unis d'abord par leur isolement dans une région déterminée, les peuples belge et hollandais ont été bientôt séparés, par la différence même de leurs conditions d'existence.

Le premier, peuple *sédentaire* et paisible, *agriculteur* et *industriel*, attaché à son vieux culte *catholique*, n'est devenu que depuis peu très commerçant.

Le second, *marin* et *commerçant* avant tout, d'humeur aventureuse et d'esprit raisonneur, *protestant* et *républicain* dès le seizième siècle, ne s'est appliqué que tardivement à l'agriculture et à l'industrie.

Tous deux donnent ensemble le modèle des nations qui jouissent paisiblement d'institutions politiques très libérales et où l'attachement du peuple à son souverain s'explique par le respect du souverain pour les volontés de la représentation nationale.

L'Ile de Walcheren. — A l'entrée des deux embouchures de l'Escaut, l'île de Walcheren s'avance comme un éperon au devant des flots. Ses campagnes plantureuses sont ombragées d'arbres fruitiers; autour des villages les potagers s'étalent en un damier verdoyant. Les routes, construites sur des digues élevées et plantées de vieux ormes, dominent la plaine ; les fermes sont propres, les villages coquets. Les jours de kermesse, une animation extraordinaire règne partout; de grands chars à bâche blanche, attelés de belles juments aux harnais étincelants de cuivre, et grandes voitures où des couleurs claires se détachent sur un fond vert, conduisent à la fête les paysans en culotte courte, en veste à taille et petit chapeau ; les paysannes parées de leurs plus beaux atours ; chapeau de paille à rubans bleus flottants, bijoux au front, au cou, aux doigts, jupes rondes et brillants fichus. On peut dire de la Zélande, dont l'île de Walcheren fait partie, c'est une sorte de paradis champêtre.

Middelbourg (bourg du milieu) est le chef-lieu de l'île, et son nom même indique sa situation. C'est une ville paisible, correcte, bien entretenue ; son hôtel de ville, ogival, est un exemplaire exquis de l'architecture du XVe siècle ; à cette époque, elle était l'entrepôt privilégié des vins de France, et sa prospérité était considérable. Le canal monumental, mais solitaire, accessible aux vaisseaux de haut bord, qui partage l'île en deux moitiés inégales, unit Middelbourg à Flessingue.

Flessingue (Vlissinghen), patrie de Ruyter, est l'avant-port de toute la Néerlande, et même de la Belgique. Sa rade est excellente, il est muni de vastes docks, de chantiers, d'écluses gigantesques, de bassins profonds. Sa situation est admirable et l'on a rien épargné pour en faire un grand port de commerce, comme il fut jadis un grand port de guerre. Cependant les quais sont mornes et solitaires. Depuis que l'Escaut est libre, les flottes marchandes passent au large de ses bastions en partie démolis, et continuent dédaigneusement leur route pour Anvers. Mais il pourrait bien un jour ou l'autre acquérir une extrême importance, à moins que la mer, qui l'assiège, ne l'emporte avec toute l'île de Walcheren.

En effet, si de hautes dunes protègent l'île au nord, à l'ouest elle est exposée sans défense à la fureur des flots. Il a fallu construire de ce côté une énorme digue, de trois kilomètres, qui s'élève à dix mètres au-dessus de la basse mer et mesure presque partout cent mètres d'épaisseur. C'est la digue fameuse de Westkapelle, qui ne subsiste que par des réparations constantes. Sans l'abri de ce rempart puissant, « l'île fortunée », comme l'appellent les Zélandais, aurait bientôt disparu.

CHAPITRE XIII

L'EMPIRE D'ALLEMAGNE

NOMENCLATURE PHYSIQUE

Latitude. — Terre Neuve et fleuve Amour.
Longitude. — Gabon.
Climat. — Moins tempéré qu'en France, moins excessif qu'en Russie.
Golfes. — *Mer du Nord :* Jade. — *Mer Baltique:* Baies de Neustadt, de Poméranie, de Dantzig.
Lagunes de la Baltique. — Grand Haff, Frisches Haff, Kurisches Haff.
Ile. — Rugen (Baltique).
Montagnes. — Alpes Bavaroises (maximum 2 900 m.); — Juras de Souabe (Hohenberg, 1 000 m.); de Franconie (max. 680 m.); — Forêt de Bavière (max. 1 216 m.); — *Forêt-Noire* (Feldberg, 1 500 m.) ; — *Vosges* (Ballon de Soultz, 1 430 mètres) ; — Plateaux Rhénans (Eifel, 760 m.; Hunsrück, 810 m.; Taunus, 881 m.). — Groupes de l'Allemagne centrale (forêt de Thuringe, 980 m.; *Harz*, 1 150 m.). — *Massifs Bohémiens* (Sudètes, 1 500 m.; monts des Géants, 1 600 m.; monts Métalliques, 1 200 m.; Fichtel-Gebirge (*mont des Pins*); 1 050 m.; Forêt de Bohême, 1 450 m.).
Fleuves. — Baltique : Niémen (Tilsit); — Pregel (Königsberg); — Vistule (Dantzig). — Oder (Breslau, Francfort, Stettin); — affl. du dr. Wartha (Posen).
Mer du Nord : Elbe (Dresde, Magdebourg, Hambourg); — affl. de dr. Havel grossie de la Sprée (*Berlin*); — affl. de g. Mulde, Saale grossie de l'Elster (Leipzig); — *Wéser* (Minden et Brême); — Ems. — Rhin (voir p.110).
Mer Noire : Danube (voir p.111).
Canaux. — Unissant l'Elbe, l'Oder et la Vistule ; — canal *Louis,* du Main au Danube ; — canal *de l'Eider,* de la Baltique à la mer du Nord.
Lacs. — Lac de Constance ; *lacs Bavarois ;* — Etangs de Mecklembourg, de Poméranie et de Prusse.

NOMENCLATURE POLITIQUE

Superficie. — Allemagne : 540 000 kil. car. (France : 529 000). Royaume de Prusse : 348 000 kil. car.

L'Allemagne a 11 000 kil. car. de plus que la France ; elle est, après la Russie et l'Autriche-Hongrie, la plus vaste Etat de l'Europe.

Population. — Allemagne, 45 millions d'hab. (France : 38 millions). Royaume de Prusse : 27 millions d'hab.

Il y a en Allemagne 84 hab. par kil. car. (en France : 71). La population de l'Allemagne augmente de 600 000 hab. tous les ans ; celle de la France augmente de 100 000 hab. seulement.

États confédérés. — L'Allemagne comprend 26 États, savoir :

Quatre royaumes : Prusse, cap. *Berlin,* — *Bavière,* cap. Munchen (en français : Munich), — *Saxe*, cap. Dresde, — *Wurtemberg*, cap. Stuttgart;

Six Grands-Duchés : *Bade*, cap. Carlsruhe. — *Hesse,* cap. Darmstadt, — *Mecklembourg-Schwerin,* cap. Schwerin, — *Saxe-Weimar,* cap. Weimar, — *Mecklembourg-Strelitz,* cap. Neu-Strelitz, — *Oldenbourg,* cap. Oldenbourg.

Cinq Duchés : *Brunswick,* — *Saxe Meinin*

L'EMPIRE D'ALLEMAGNE.

gen. — *Saxe-Altenbourg.* — *Saxe-Cobourg et Gotha*, — *Anhalt.*

Sept Principautés : *Schwarzbourg-Sondershausen*, — *Schwarzbourg-Rudolstadt*, — *Waldeck-Pyrmont*, — *Reuss, ligne aînée*, — *Reuss, ligne cadette*, — *Schaumbourg-Lippe*, — *Lippe-Detmold.*

Trois villes libres hanséatiques: *Lubeck*, port près de la Baltique, — *Brême*, port sur le Weser, — *Hambourg*, grand port sur l'Elbe.

Une terre d'Empire (*Reichsland*: *Alsace-Lorraine*, cap. *Strasbourg*.

Divisions administratives de la Prusse: Treize provinces: *Prusse orientale*, cap. Kœnigsberg, — *Prusse occidentale*, cap. *Dantzig*, — *Brandebourg*, cap. *Postdam*, — *Poméranie*, cap. *Stettin*, — *Posnanie*, cap. *Posen*, — *Silésie*, cap. *Breslau*, — *Saxe*, cap. *Magdebourg*, — *Sleswig-Holstein*, cap. *Sleswig*, — *Hanovre*, cap. *Hanovre*, — *Westphalie*, cap. *Munster*, — *Hesse*, cap. *Nassau*, — *Prusse Rhénane*, cap. *Coblentz*, — *Principauté de Hohenzollern* (sur le haut Danube), cap. *Sigmaringen*.

Zollverein.—Les divers États de l'Allemagne et le *Grand-Duché de Luxembourg* (État neutre limitrophe du dép. français de Meurthe-et-Moselle) forment une association douanière connue sous le nom de Zollverein. Sont exceptés de cette association les ports francs de Hambourg, sur l'Elbe, de *Brême* sur le Weser, ainsi que quelques autres petites places.

Budget. — *Empire* : 710 millions ; — États particuliers : 1 milliard 960 millions ; — Total 2 milliards 700 millions. (France : 3 milliards et demi.)

Dette.— Empire : 700 millions ; — États particuliers : 4 milliards 800 millions ; — Total 5 milliards et demi ; (France : 20 milliards).

Armée sur le pied de paix. — 450 000 hommes (France : 500 000).

Armée sur le pied de guerre. — 1 million 800 000 soldats. (France : 1 800 000).

Marine militaire. — 20 cuirassés (France : 70).

Colonies. — L'Allemagne s'est contentée longtemps d'envoyer *beaucoup d'émigrants* en Amérique, en Australie, et elle avait d'importants établissements commerciaux dans toutes les parties du monde. Elle vient de planter son pavillon sur différents points des côtes de Guinée et de l'Afrique méridionale (Porto-Seguro, Cameroun, *Angra Pequena*) en Nouvelle-Guinée, et sur plusieurs îles du Pacifique.

Villes ayant plus de 100 000 habitants. — Berlin (1 122) cap. de l'Empire d'Allemagne et du royaume de Prusse (distance de Paris : 265 lieues); — Hambourg (410), sur l'Elbe, le premier port de l'Allemagne et de l'Europe continentale, ville libre; — Brême (120), port sur le Weser, ville libre; — Breslau (273), sur l'Oder, ville industrielle (roy. de Prusse); — Francfort-sur-le-Main (145), (roy. de Prusse); —Cöln (en français Cologne) (152), sur le Rhin, ville commerçante (roy. de Prusse); — Hanovre (131) capitale de l'ancien roy. de Hanovre (actuellement dans le roy. de Prusse); — Kœnigsberg (154), place forte sur la Pregel (roy. de Prusse); — Magdebourg (140), place forte sur l'Elbe (roy. de Prusse); — Dantzig (116), place forte à l'embouchure de la Vistule, le second port du roy. de Prusse; — Munchen (Munich), (236) (cap. du royaume de Bavière); — Dresde, (240), sur l'Elbe, (cap. du roy. de Saxe); — Leipzig (150), grand centre pour le commerce de la librairie (roy. de Saxe); — Stuttgart (120), cap. du roy. de Wurtemberg; — Nuremberg (100), la plus grande ville industrielle de l'Allemagne du Sud.

Parmi les villes ayant de 50 à 100 000 hab. on peut citer le groupe industriel de *Barmen*, *Elberfeld*, *Essen*, près de Cologne; *Altona*, sur l'Elbe, près de Hambourg; *Aix-la-Chapelle* et *Mayence*, sur le Rhin; *Augsbourg*, en Bavière; *Stettin*, port de l'Oder.

Religions dominantes. — Les *deux tiers* des Allemands sont *protestants*; l'autre tiers est catholique. Le catholicisme domine dans l'*Allemagne du Sud*.

NOMENCLATURE ÉCONOMIQUE

Extraction de la houille. — 65 millions de tonnes (France : 20 millions).

Extraction du minerai de fer. — 4 millions et demi de tonnes (France : 3 millions). L'Allemagne est, après l'Angleterre, le pays qui fabrique le plus d'acier.

Récolte du froment. — 25 millions d'hectolitres (France : 100 millions).

Commerce extérieur. — 8 milliards (France : 10 milliards).

Commerce avec la France. — 800 millions de francs.

Mouvement des ports. — 20 millions de tonneaux (France : 20 millions).

Tonnage de la marine marchande. — 1 200 000 tonneaux (France : 1 million).

L'Allemagne a moins de navires à vapeur et plus de navires à voiles que la France.

Chemins de fer. — 37 000 kil. (France : 32 000).

L'Allemagne est le pays d'Europe qui a le plus de chemins de fer.

~~~ **Limites de l'Allemagne.** — Au Sud, comme au Nord, les limites de l'Allemagne sont *naturelles* et *précises* : les *Alpes* et la *Mer du Nord*.

Toute la largeur de l'Europe centrale, comprise entre la *mer du Nord* et les *Alpes*, forme une *seule région géographique*, et cette région est l'Allemagne.

A l'Est et à l'Ouest, au contraire, les frontières de l'Allemagne sont *artificielles* et incertaines.

A l'*Est*, sauf les montagnes bohémiennes qui limitent la Bavière et forment avec les Alpes un défilé que franchit le Danube, il n'y a *aucun obstacle géographique* propre à déterminer une frontière : la plaine s'étend à l'infini.

A l'*Ouest*, les marécages hollandais sont une frontière naturelle; mais le Rhin, de *Wesel* jusqu'à *Bâle*, n'a jamais été une barrière stable, et sur sa rive gauche, les plateaux des Ardennes et de la Lorraine ne sont traversés par aucune *limite réelle*. C'est une région de transition, un terrain de combat entre les peuples *allemand* et *français*.

~~~ **Conséquences historiques de cette configuration.** — L'incertitude des *frontières* de l'Allemagne, à l'Ouest et à l'Est, explique en grande partie les vicissitudes de son *histoire*.

Elle s'est tour à tour resserrée ou étendue dans le sens de sa *longueur*, suivant qu'elle a eu des voisins *forts* ou *faibles*.

Sous la domination romaine, la Gaule et la Germanie ne furent qu'imparfaitement délimitées par le cours du Rhin.

A l'époque de la grande invasion, l'Allemagne, après avoir *débordé* sur la Gaule et l'Espagne, a été arrêtée, puis soumise jusqu'au delà du Rhin par les *Mérovingiens*. Les *Carolingiens* en ont refait et achevé la conquête : Charlemagne lui a donné pour la première fois l'unité et l'a protégée contre les *Slaves* et les *Avares* par les *marches* de l'*Elbe* et du *Danube*.

Lors de la dissolution de son empire, la région de la *rive gauche du Rhin* devint et resta pour longtemps un objet de querelles entre l'*Allemagne* et la *France*; à l'Est, les *Slaves* franchirent l'Elbe, et les *Hongrois* dépassèrent la Bohême.

Les deux marches de *Brandebourg* et d'*Autriche* entreprirent alors la lutte contre les envahisseurs, et les services qu'elles ont rendus ainsi à l'Allemagne expliquent leurs hautes destinées.

L'*Autriche* parut d'abord avoir réussi à constituer sous ses empereurs l'*unité allemande*; mais la scission entre les *protestants* et les *catholiques* détruisit son œuvre et permit à la France d'acquérir l'*Alsace*, les places frontières des *Flandres* et la *Lorraine*.

Depuis la seconde moitié du dix-huitième siècle, la *Prusse*, héritière des margraves de Brandebourg, a repris avec plus de succès le rôle de l'Autriche : elle a reconstitué l'empire à son profit. Garantie à l'Est, contre la Russie, par la possession de la basse *Vistule* et du bas *Niémen*, pays polonais), elle nous a pris, à l'Ouest, l'Alsace et la moitié de la Lorraine, avec *Strasbourg* et *Metz*.

~~~ **Opposition du Nord et du Sud.** — Quoique l'unité soit faite aujourd'hui, et que l'innombrable morcellement féodal ait cessé, ne laissant subsister qu'un nombre restreint d'États grands ou petits, la géographie maintiendra toujours une distinction entre les pays du Nord et les pays du Sud.

C'est la vieille division de la Germanie indiquée par le *relief* du sol : pays *plats* du Nord et pays *élevés* du Sud; *bas Allemands*, riverains de la mer, et *hauts Allemands* dominés par les cimes alpestres.

Après Charlemagne, la Germanie ne se morcela d'abord qu'en quatre grands duchés : *Bavière* et *Souabe*, sur le plateau danubien; *Franconie*, plus au Nord, jusqu'au Main; *Saxe*, dans la plaine; puis chaque duché se subdivisa à l'infini. La réforme fit reparaître l'opposition fondamentale du Nord et du Midi, celui-ci restant *catholique*, celui-là devenant *protestant*.

L'Autriche s'est appuyée sur les catholiques, la Prusse sur les protestants; en 1866, la victoire de *Sadowa* a assuré le triomphe de la *Prusse*, qui a absorbé tout le Nord jusqu'au Main et réduit le Midi à la sujétion. Enfin la guerre de 1870 a donné au roi Guillaume la couronne d'*empereur* et a reconstitué l'*unité germanique*, avec l'Alsace et la Lorraine pour garantie.

~~~ **Rôle capital du Rhin en Allemagne.** — Cette conquête, qui nous a *arraché* des pays français, non seulement de droit, mais de cœur, est capitale pour l'Allemagne.

Elle lui assure la possession complète du cours du *Rhin*, qui seul la traverse entièrement du *Sud* au *Nord*, et peut en relier ensemble toutes les parties.

Jusqu'en 1871, la possession de la rive gauche du fleuve nous permettait de le *traverser* rapidement, comme nous l'avons fait souvent pendant les guerres de la *Révolution* et de l'*Empire*, puis de *conquérir* l'Allemagne du Sud et de prendre à revers l'Allemagne du Nord.

La perte de *Strasbourg* et de *Metz* nous interdit désormais de semblables opérations.

Le Rhin n'est pas seulement en effet la voie commerciale servant à transporter les *bois* et les *blés* de la belle vallée qui s'étend entre les Vosges et la Forêt-Noire, les *houilles* et les *fers* de la Sarre et les *vins* du Rhin; il n'est pas seulement la *grande route* conduisant des *passages alpestres* aux *ports* situés en face de Londres : il est devenu le *rempart militaire* de l'Allemagne, avec ses camps retranchés. *Strasbourg*, *Mayence*, *Coblentz*, *Cologne*, avec son gigantesque bastion avancé, *Metz*, retourné contre la France.

~~~ **Force militaire et gouvernement despotique de l'Allemagne.** — Le caractère dominant de

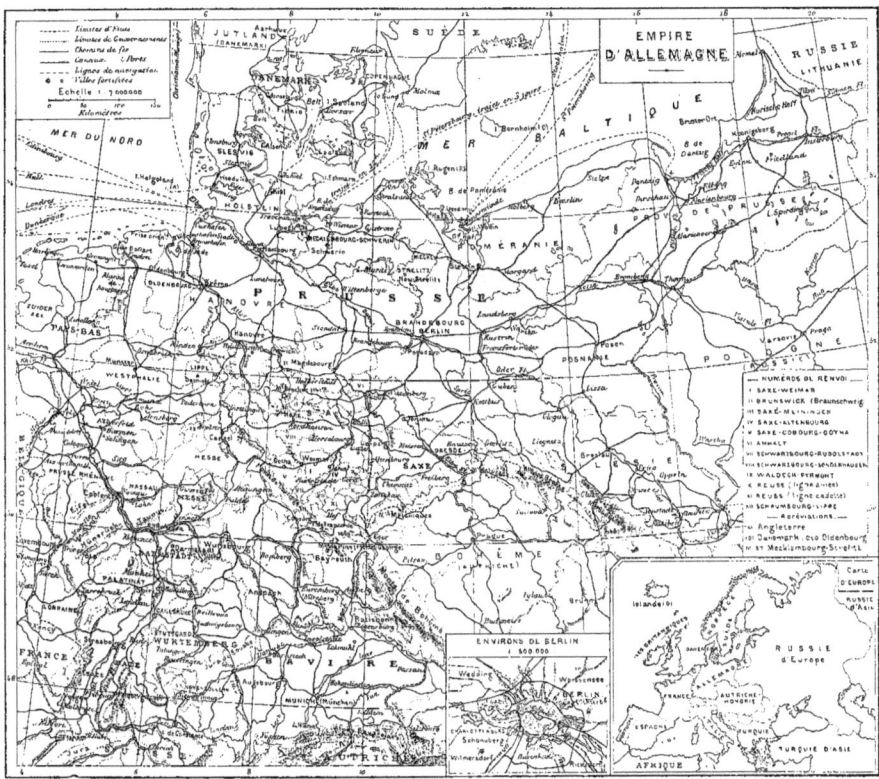

la nouvelle Allemagne est d'être un État essentiellement militaire, organisé sur le modèle de la Prusse qui a fait son unité.

Toute son organisation politique tend à lui donner une force énorme pour l'offensive ou la défensive. L'armée forme, par ses officiers, comme une caste à part et supérieure : elle est entre les mains du chef d'état-major général (*Moltke*) qui ne dépend que de l'empereur. Celui-ci par son chancelier (*Bismark*) est également le maître absolu de la politique extérieure.

Les pouvoirs des représentants du peuple (*Reichstag*) sont très limités et ne sauraient contrebalancer la puissance impériale considérée comme de *droit divin*. Toutes les lois qu'on soumet au vote du Reichstag ont d'ailleurs pour but d'accroître encore les pouvoirs de l'État et du gouvernement.

C'est ainsi que celui-ci est *maître de presque tous les chemins de fer* organisés surtout en vue de la guerre, et qu'il s'immisce de plus en plus dans la vie religieuse et sociale du pays.

~~~ **Le travail et la science allemande.** — Quelque artificiel que paraisse un pareil régime, il tire une grande force du souvenir glorieux des événements qui lui ont donné naissance, et de l'éclat avec lequel l'Allemagne paraît aujourd'hui l'arbitre de la paix européenne. En outre, il s'adapte fort bien au tempérament de la plus grande partie de la nation allemande *très laborieuse* et *très patiente*. Ces qualités ont porté tout d'abord leurs fruits dans le domaine scientifique : à elles sont dues le grand développement de l'instruction primaire et la prospérité des Universités qui donnent l'instruction supérieure. Dans aucun autre pays les diverses sciences ne trouvent un aussi grand nombre de jeunes gens prêts à y consacrer leur vie : aussi l'Allemagne est-elle la première nation du monde par la somme de travail scientifique qu'elle produit.

Cette intensité de *culture intellectuelle* a été une des causes les plus efficaces de sa *grandeur politique*. Non seulement les *écoles* et les *universités* ont préparé l'unité de l'Allemagne en réveillant le patriotisme germanique étouffé autrefois par les rivalités des petits États, mais encore elles lui ont donné de meilleurs *soldats* et de meilleurs *officiers*. Le pays est devenu savant pour être militaire, car la *guerre* se fait de nos jours à force de *science*, et c'est en nous dépassant par le savoir que les Allemands sont arrivés à nous vaincre par les armes.

~~~ **Progrès de l'agriculture allemande.** — Dans les luttes de la *paix* les qualités des Allemands les rendent aussi redoutables pour nous que dans celles de la guerre. Certes, leur sol est pauvre, la grande culture agricole est presque uniquement concentrée chez eux dans les vallées du *Rhin* et du *Main* et

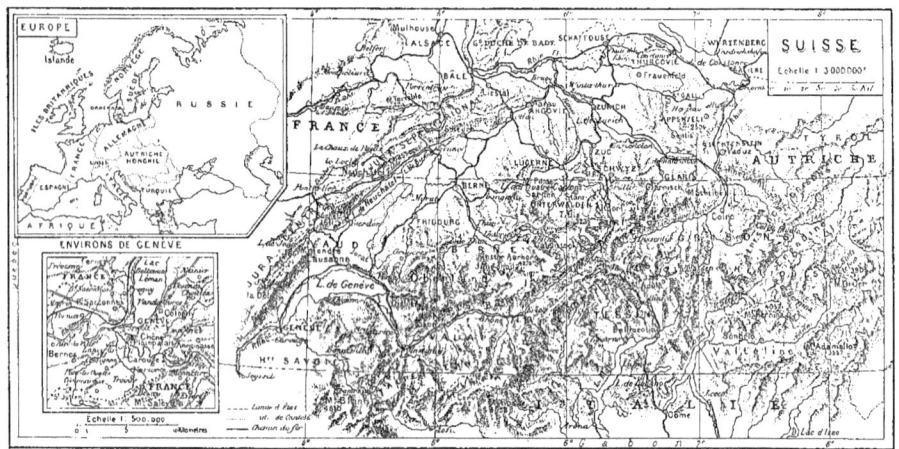

dans la *Silésie* et la *Saxe royale;* les plateaux subalpestres du Sud ne sont guère plus fertiles que les grandes landes du Hanovre, du Brandebourg et de la Poméranie. Néanmoins l'agriculture est de toutes parts l'objet d'un travail énergique et incessant : près de 3000 sociétés et de nombreuses écoles spéciales vulgarisent les moyens de culture perfectionnés et les principes scientifiques de l'amélioration du sol. C'est ainsi qu'en peu d'années l'industrie agricole de la *betterave* a atteint un degré de prospérité tel que nos sucres ne peuvent même plus lutter en France contre les sucres allemands.

Progrès de l'industrie allemande. — La même énergie se déploie dans l'industrie et le commerce. La métallurgie et le tissage des *cotons*, des laines, des *soies* font des progrès constants, non seulement dans les régions riches en minerais et en houille de la *Silésie* et de la **Saxe**, mais encore, grâce au bon marché des transports, dans l'Allemagne tout entière. Les bassins de la **Ruhr** (Essen, Barmen, Solingen, *Dusseldorf* et Cologne), de la **Saxe** (Chemnitz, *Leipzig*), de la Silésie (Breslau, Liegnitz), égalent par leur activité ceux de Saint-Étienne ou de Valenciennes. **Berlin** et *Nuremberg* sont devenus des centres industriels de premier ordre ; leurs produits n'ont pas à craindre sur le marché allemand la concurrence étrangère, à cause des droits très lourds perçus à la frontière de l'empire, dont les différents États ont été réunis par l'association commerciale du *Zollverein*, avant de l'être par des liens politiques. Mais en outre, grâce au *bon marché de la main-d'œuvre*, l'industrie et les produits allemands engagent peu à peu la lutte sur tous les marchés du monde avec les produits similaires de la France et de l'Angleterre. C'est à cette activité croissante du travail allemand qu'est due la prospérité de *Trieste*, de Gênes même, aujourd'hui reliée à l'Allemagne par le tunnel du Saint-Gothard, mais surtout de *Brême* et de **Hambourg**. Ce dernier port est le plus actif du continent ; son mouvement dépasse ceux d'Anvers et de Marseille.

Activité commerciale servie par l'accroissement de la population. — D'ailleurs une des circonstances qui favorisent le plus le commerce allemand, c'est le rapide accroissement de la population. Depuis 1870, elle s'est augmentée de 5 millions, tandis que celle de la France est restée presque stationnaire. Encore ces cinq millions ne représentent pas l'accroissement total : *l'émigration* annuelle est *considérable*. Il y a de nombreuses colonies allemandes en Russie, en France, en Angleterre. Par Brême et Hambourg des centaines de milliers de personnes partent tous les ans pour l'Amérique. L'esprit d'aventure et d'entreprise se développe ainsi à un haut degré chez les Allemands ; leur commerce possède à la fois une multitude d'agents instruits et habiles qui fondent partout des comptoirs et ouvrent des débouchés nouveaux, et, dans nombre de pays, une clientèle d'origine allemande qui consomme et vulgarise ses produits.

Conclusion. — Ainsi, forte par le nombre, par le travail, par le savoir, par les armes, l'Allemagne est la nation la plus *puissante* et la plus *cultivée* de l'Europe ; elle est en train de devenir une des plus *industrieuses* et des plus *commerçantes*. C'est à nous qui connaissons ses sentiments de nous tenir en garde contre ce redoutable voisin et de nous rendre capables de lutter contre lui, qu'il s'agisse des batailles à main armée, ou des luttes non moins ardentes de la science, du commerce et de l'industrie.

Berlin. — En 1648, Berlin n'avait que 6 000 habitants ; en 1860, elle n'avait pas encore atteint 500 000 âmes ; elle a plus que doublé en population depuis cette époque : elle dépasse aujourd'hui 1 200 000 âmes ; elle est plus importante que Vienne et elle grossit toujours. Berlin occupe dans l'Allemagne du Nord une position géographique exceptionnelle. Elle est placée à peu près à égale distance de l'Elbe et de l'Oder, de la mer Baltique et de la mer du Nord.

La campagne qui l'environne est triste et plate : ce ne sont que sables, marécages boueux, prairies humides où les crapauds pullulent, petites dunes, arbres chétifs et broussailles. Le sol qui la porte est en grande partie mou et fluide, et il a fallu le consolider par des pilotis. La Sprée, qui la traverse, est assez large tout d'abord (250 mètres) : baignée par des canaux, elle n'est plus qu'un égout, lorsqu'elle la quitte. Berlin est une grande ville, froide, réglée à l'équerre et au compas, mais importante par sa masse.

Les principaux monuments se tiennent au centre, dans l'île (plus petite que la cité de Paris) qu'enserre la Sprée, et de chaque côté de la belle avenue des Tilleuls (Unter den Linden) qui mène de la place du Château au Jardin zoologique (Thiergarten). Les plus remarquables glorifient les hommes de guerre et les batailles. A l'entrée de l'avenue des Tilleuls, devant le palais impérial, la statue équestre de Frédéric II, entouré des héros de la guerre de Sept ans ; à l'autre extrémité de l'avenue, sur la place de Paris, la porte de Brandebourg avec une victoire de bronze ; sur la place de l'Opéra, les statues de Scharnost, Bulow, Blücher, etc.; sur la grande place Royale, le monument commémoratif de la guerre de 1870 (Siegessaule).

Berlin s'appelle elle-même la « ville de l'intelligence » (Intelligenz Stadt). Par ses musées, ses théâtres, sa bibliothèque, son université, ses établissements scientifiques, ses laboratoires, ses écoles spéciales, ses innombrables journaux et revues, elle est en effet la métropole intellectuelle de l'Allemagne. Les Berlinois sont positifs et froidement réfléchis, et, sans avoir ce que nous appelons de l'esprit, ils ont l'esprit mordant et caustique.

L'industrie de Berlin est très active et presque universelle ; les usines, les fabriques, les ateliers de toute sorte forment autour des quartiers riches une ceinture noire et bourdonnante. Plus de la moitié de la population se compose d'ouvriers et, parmi eux, la misère sévit cruellement.

CHAPITRE XIV
LA SUISSE

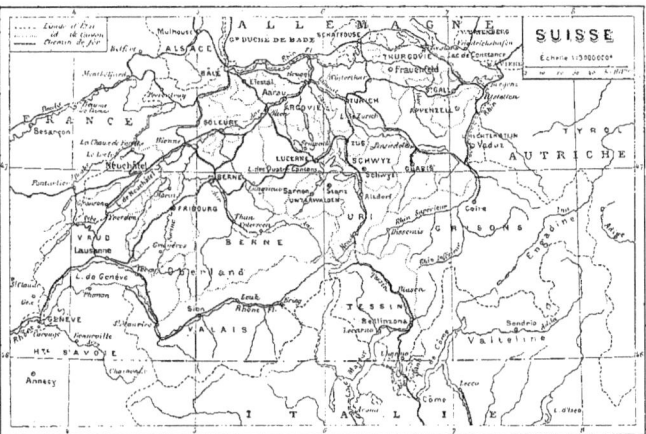

NOMENCLATURE PHYSIQUE

Longitude. — Québec et sud de Sakhalin.
Latitude. — Gabon.
Climat. — Très variable, très froid dans les montagnes, dur encore sur le plateau, très doux dans les vallées bien abritées du Sud.
Montagnes. — I. *Alpes granitiques*: Alpes Pennines (Cervin, 4 500 m.; mont Rosa, 4 638 m.); — Alpes Lépontiennes (Adula, 3 400 m.); Alpes Rhétiques (Bernina, 4 000 m.).
II. *Alpes calcaires*: Alpes Bernoises (Jungfrau, 4 200 m.; Finster Aarhorn, 4 300 m.); — Alpes d'Uri et de Glaris (Titlis, 3 200 m.; Tödi, 3 600 m.).
III. *Alpes de Fribourg, des Quatre-cantons et d'Appenzell* (Pilate, 2 100 m.; Rigi, 1 800 m.; Sentis, 2 500 m.).
IV. *Jura* (Chasseral, 1600 m.; Suchet, 1600 m.; mont Tendre 1 700 m.).
Altitudes du plateau subalpestre. — Lac de Genève, 375 m.; — de Neuchâtel, 435 m.; — confluent de l'Aar et du Rhin, 315 m.; — lac de Constance, 398 m.
Fleuves et lacs. — Rhône. — *Lac de Genève* (Martigny, Lausanne, Genève).
Rhin. — *Lac de Constance* (Coire, Schafouse, Bâle).
Affluents du Rhin à gauche: 1° Thur, 2° Aar, — *lacs de Brienz et de Thun* (Berne, Soleure, Aarau).
L'Aar est grossi à droite: 1° de la Limmat, *lacs de Wallenstadt et Zurich* (Zurich), — 2° de la Reuss, — *lac des Quatre-cantons* (Lucerne); à gauche de la Sarine (Fribourg) et de la Zihl, *lacs de Neuchâtel et de Bienne* (Neuchâtel).
(Le Doubs et le Tessin, — *lac Majeur* (Bellinzona), ont une partie de leur cours en Suisse.)

NOMENCLATURE POLITIQUE

Superficie. — 41 390 kil. car. (France: 529 000).
Les terres habitables ne sont pas évaluées à plus de 26 000 kil. car.
Population. — Près de 3 millions d'hab. (France: 38 millions); 69 hab. par kil. c. (France: 71).
La population de la Suisse est nombreuse si l'on tient compte de ce fait qu'*une grande partie du pays* (glaciers, parties élevées des Alpes, du Jura) *est inhabitable*.
Divisions politiques. — La Suisse comprend 22 cantons confédérés.
Budgets de la Confédération et des cantons réunis. — 60 millions. (France: 3 milliards et demi. — Paris: 440 millions).
Dette. — 60 millions. (France: 20 milliards.)
Armée fédérale. — 200 000 hommes. (Fr.: 1 800 000 hommes.)
Villes importantes. — Zurich (76 hab. avec les faubourgs) sur le lac du même nom, la ville la plus peuplée et *la plus industrielle* de la Suisse (*soieries*, construction de machines); — Genève (70), sur le lac du même nom, ville industrielle (horlogerie, soieries);

— Bâle (60), sur le Rhin, ville industrielle (soie) et commerçante; — Berne (40), capitale de la Confédération.
On peut citer encore: *La Chaux-de-Fonds* (horlogerie), — *Saint-Gall*, — *Lucerne*, — *Neuchâtel* — *Fribourg* (fig. 75).

Fig. 75. — Pont de Fribourg.

Religion dominante. — Les 6/10 de la population appartiennent à la religion protestante, 4/10 à la religion catholique.
Langue dominante. — 2/3 de la population parlent allemand; 1/3 parle surtout le français.

NOMENCLATURE ÉCONOMIQUE

Commerce extérieur. — 1 milliard (France: 10 milliards).
Commerce avec la France. — 350 millions.
Chemins de fer. — 3000 kil. (France: 32000).

Quoique le *commerce de transit* figure pour une bonne part dans le chiffre du commerce de la Suisse, le montant des échanges est relativement très considérable, si l'on considère les difficultés des voies de communication et l'absence de ports. — Le commerce de *l'horlogerie*, des *soieries*, des *fromages* est très important.

Petitesse et importance politique de la Suisse.
— Au milieu de l'Europe, entre la France, l'Italie, l'Autriche et l'Allemagne, un *tout petit*

État, la Suisse, occupe une place importante parmi les nations civilisées.
Adossée aux Alpes, elle se développe dans les vallées supérieures du *Rhône* et du *Rhin* et possède, de l'autre côté des monts, les hautes vallées de l'*Inn* et du *Tessin*. Ses populations appartiennent ainsi aux trois langues *française*, *allemande* et *italienne*, mais elles se trouvent fortement unies par ce fait qu'elles sont maîtresses des *principales routes alpestres*.
Dans ces montagnes, faciles à défendre, les premiers cantons suisses se liguèrent pour assurer leur indépendance. Là se formèrent des *soldats redoutables*, qui, au seizième siècle, vendirent leurs services à tous les princes du voisinage.
En 1815, le *congrès de Vienne* déclara l'existence de la Suisse *nécessaire* pour isoler les uns des autres les principaux États de l'Europe: on en fit un État neutre, et on lui donna de bonnes frontières: le Jura et le Rhin.

Importance commerciale de la Suisse.
— Barrière pendant la guerre, la Suisse est un *trait d'union* pendant la paix.
Les deux points extrêmes à unir sont *l'extrême Orient* et *l'Angleterre*, centre du commerce universel; entre l'Italie, chemin de l'extrême Orient, et les ports français, belges, hollandais et allemands, qui mènent en Angleterre, il n'y a pas de route directe et rapide *qui ne passe à travers la Suisse*. Le percement du Saint-Gothard lui a déjà profité. Celui du Simplon ou du mont Blanc ne lui profitera pas moins. Enfin, depuis que l'Autriche a terminé le chemin de fer de l'*Arlberg*, elle est sur la route directe de Vienne aux ports français de l'Atlantique. Il faut ajouter à cela que ses montagnes (Jungfrau, Rigi, Cervin), ses lacs innombra-

GÉOGRAPHIE GÉNÉRALE. 9

bles, ses profondes vallées (Valais, Engadine, etc.), avec leurs admirables glaciers, y attirent des touristes de tous les coins de l'Europe; elle est, avec l'Italie, le pays *le plus visité du monde*, et c'est pour elle une source de revenus importants.

Développement intérieur de la Suisse. — Le *régime politique* de la Suisse est digne de servir d'exemple à la plupart des peuples. Des vieilles constitutions féodales qui avaient régi au moyen âge les premiers cantons helvétiques, elle a tiré la plus grande somme d'aisance et de liberté possible.

Rien ne gêne dans la confédération actuelle, ni l'indépendance des États, ni celle des individus. Nulle part l'*instruction* à tous ses degrés, qui rend les nations *sages*, n'est plus développée. Nulle part, malgré la diversité des races et des langues (français, allemand, italien), le *patriotisme* n'est plus vivace.

Privée de fer et de houille, réduite à la récolte de quelques céréales et aux pâturages dont elle nourrit ses troupeaux, elle a, par sa persévérance éclairée et grâce au libéralisme de ses tarifs douaniers, créé chez elle des *districts industriels* de premier ordre ; Genève et le Jura sont célèbres pour l'*horlogerie*; Zurich, Bâle et Winterthur construisent des machines et tissent le coton et la soie.

Conclusion. — C'est une merveille économique qu'un pays *sans côtes*, presque tout entier couvert de *montagnes improductives*, peuplé de moins de 3 millions d'habitants, et où aucune ville ne dépasse le chiffre de 80 000 âmes, fasse avec l'étranger un commerce de plus de 1 milliard.

La Suisse est un exemple vivant de la force créatrice que possèdent, dans le commerce et l'industrie, le *libre-échange* et le *travail*; dans la politique intérieure la *liberté* et l'*instruction*; dans la politique extérieure l'*absence du militarisme*, qui pèse d'un poids si lourd sur les grands États [1].

Le passage du Saint-Gothard. — L'idée de percer le Saint-Gothard a pris corps à Berne en 1869. La France demandait la préférence pour le tunnel du Simplon. Après la guerre de 1870, M. de Bismarck s'empara personnellement du projet et le fit aboutir.

Cette nouvelle voie commerciale, qui unit l'Allemagne à l'Italie, le Rhin à la Méditerranée, Hambourg à Gênes, a donc été ouverte malgré nous et contre nous. Elle a été faite en dix ans (1872-1882). La vitesse y est médiocre : elle a des pentes très raides, des rampes de très petits rayons (187-1882). Continuant la voie ferrée qui vient de Zurich, elle part d'Immensee, sur le lac de Zug, le Rigi, contourne à l'est, longe la branche méridionale du lac des Quatre-Cantons, remonte la vallée de la Reuss, franchit le Saint-Gothard par un tunnel de près de 15 kilomètres, entre Goschenen et Airolo, où elle aboutit à la vallée du Tessin, puis par Bellinzona, Lugano, Chiasso (sur la frontière italienne) et Côme, elle atteint Milan. D'Immensee à Chiasso, elle a 272 kilomètres. Elle a coûté 238 millions.

[1] Il y a une *armée helvétique*, mais elle n'est pas permanente. Tous les citoyens valides doivent le service militaire en cas de guerre; en temps de paix, ce service ne dure que quelques jours par an.

CHAPITRE XV
L'AUTRICHE-HONGRIE

NOMENCLATURE PHYSIQUE

Latitude. — Lacs du Canada, Mandchourie.
Longitude. — Tripoli et côtes d'Angola.
Climat. — Pluies d'automne et de printemps dans les vallées méridionales des Alpes, sous l'influence des vents chauds du Sud. Pluies d'été dans le Nord ; *climat continental dans l'Est*, presque tropical en Dalmatie.
Golfes. — De Trieste, de Quarnero, des bouches de Cattaro.
Presqu'île. — Istrie.
Iles. — Archipel d'Illyrie et de Dalmatie.
Montagnes. — *Alpes orientales* (voir Alpes, p.103); — *Petits Karpathes*, (Beskiden 1300 mètres, et *Tatra* 2 700 mètres); — *Grands Karpathes* (Polonia Rowna 1500 m.), et *Plateau Transylvanien* (Pietrosza 2 300 m); — Alpes de Transylvanie, 2 500 m.: — monts Biharia, 1 900 m. ; — *Montagnes de Bohême* (voir Allemagne, p.123); — Plateaux d'Istrie (1400 m.); — de Dalmatie (*Alpes Dinariques*, 1 800 m.); — de Bosnie et d'Herzégovine (2 100 m.).
Plaines. — *Petite-Hongrie*, de Presbourg à Gran; — Grande-Hongrie.
Fleuves. — *Mer du Nord* : 1° *Elbe*, grossi à g. de la Moldau (Prague), et de l'Eger; 2° Sources de l'Oder; — 3° Vistule (Cracovie).
Mer Noire : 1° Dniester; — 2° Danube (voir Danube, p. 65).
Mer Adriatique : Adige (Trente).
Lacs. — *Lac de Constance;* — lacs nombreux dans les Alpes septentrionales; — lac de Garde.
Canal François (du Danube à la Theiss).

NOMENCLATURE POLITIQUE

Superficie. — 625 000 kil. car. (France : 529 000).
Sur cette superficie totale, il y a 300 000 kil. car. pour les pays *autrichiens*, et 325 000 kil. car. pour le pays *hongrois*. — L'Autriche-Hongrie a environ 100 000 kil. car. (ou 1/5) de plus que la France ; c'est après la Russie le plus vaste État de l'Europe.
Population. — 39 millions d'hab. (France : 38 millions d'habitants (58 hab. par kil. car. — France : 71).
Sur cette population totale, il y a 22 millions pour les pays *autrichiens*, 16 millions pour les pays *hongrois*, et 1 million pour la Bosnie et l'Herzégovine.

Grandes divisions politiques de l'Autriche-Hongrie. — L'empire austro-hongrois comprend : l'Autriche proprement dite ou *Cisleithanie* (en deçà de la Leitha et la Monarchie hongroise ou *Transleithanie* (au delà de la Leitha). En outre, l'Autriche-Hongrie occupe militairement et administre une partie de l'Empire turc: *Bosnie*, *Herzégovine* et le *Sandjak de Novibazar*.
Divisions de l'Autriche. — Les principales divisions de l'Autriche sont: l'*archiduché d'Autriche en deçà de l'Enns*, cap. Vienne, et l'*archiduché d'Autriche au delà de l'Enns*, — les duchés de *Salzbourg*, — de *Styrie*, — de *Carinthie*, — de *Carniole*, — de *Silésie*, — de *Bukovine*, — les anciens royaumes de *Bohême*, cap. Prague; — de *Dalmatie*; — de *Galicie*; — d'*Illyrie* avec la ville de Trieste, — le comté princier de *Tyrol* et *Vorarlberg*.

Divisions de la Hongrie. — La Hongrie comprend: le royaume de *Hongrie*, cap. Buda-Pest. — le grand principat de *Transylvanie* — le royaume de *Croatie* et *Esclavonie*, — la ville libre royale de *Fiume*.
Budget. — Pays autrichiens : 1 milliard 200 millions. — Pays hongrois : 800 millions. — Total : 2 milliards. (France : 3 milliards et demi.)
Dette. — 10 milliards. (France : 20 milliards.)
Armée sur le pied de paix. — 250 000 hommes (France : 500 000).
Armée sur le pied de guerre. — 1 million d'hommes (France : 1 800 000).
Marine militaire. — 10 cuirassés (France : 70).
Principales villes. — Vienne (1 200 avec les faubourgs), sur un bras du Danube, capitale de l'empire austro-hongrois (distance de Paris : 345 lieues); — Buda-Pest (370), sur le Danube, cap. de la Hongrie ; — *Prague* (350), cap. de la Bohême, ville industrielle, — Trieste (Illyrie) (130), port très important sur la mer Adriatique; — Lemberg (Galicie) (110), ville commerçante près de la frontière russe.
On peut citer encore : *Gratz* (Styrie), — *Brunn* (Moravie), — *Szegedin* (Hongrie), — *Cracovie* (Galicie), — *Maria-Thérésiopel* (Hongrie), — *Debreczin* (Hongrie).
Nationalités. — La population de l'Autriche-Hongrie est formée de Slaves (44 p. 100), d'*Allemands* (27 p. 100), de Magyars ou Hongrois (17 p. 100), de Roumains (7 p. 100), d'Italiens (2 p. 100). — Les Slaves de l'Empire comprennent des Slovaques (*Bohèmes, Moraves, Esclavons*), des Polonais, des Ruthènes, des Slovènes, des Serbes, des Croates.
Religion dominante. — Le catholicisme.
Principauté de Liechtenstein. — Dans le comté princier de *Tyrol* et *Vorarlberg* (Autriche), se trouve enclavé un petit État indépendant : la principauté de *Liechtenstein*, dont le souverain est un seigneur de la cour d'Autriche. — La capitale est le village de *Vaduz* (1 000 hab.) — Superficie : 157 kil. car. — Population : près de 10 000 hab.

NOMENCLATURE ÉCONOMIQUE

Extraction de la houille. — 15 millions de tonnes (France : 20 millions).
Extraction du minerai de fer. — 1 million et demi de tonnes (France : 3 millions).
Forêts. — 19 millions d'hectares (France : 9 millions).
Récoltes des céréales. — 100 millions d'hectolitres (France : 250 millions).
Commerce extérieur. — 3 milliards et demi (France : 10 milliards).
Commerce avec la France. — 200 millions.
Mouvement des ports. — 12 millions de tonneaux (France : 20 millions).
Tonnage de la marine marchande. — 300 000 tonneaux (France : 1 million)
Chemins de fer. — 20 000 kil. (France : 32 000).

Diversité des nationalités de l'Autriche-Hongrie. — La monarchie austro-hongroise offre, au point de vue *ethnographique*, un curieux tableau. Nulle part il n'y a moins d'unité *nationale*; nulle part tant de races diverses ne sont

L'AUTRICHE-HONGRIE.

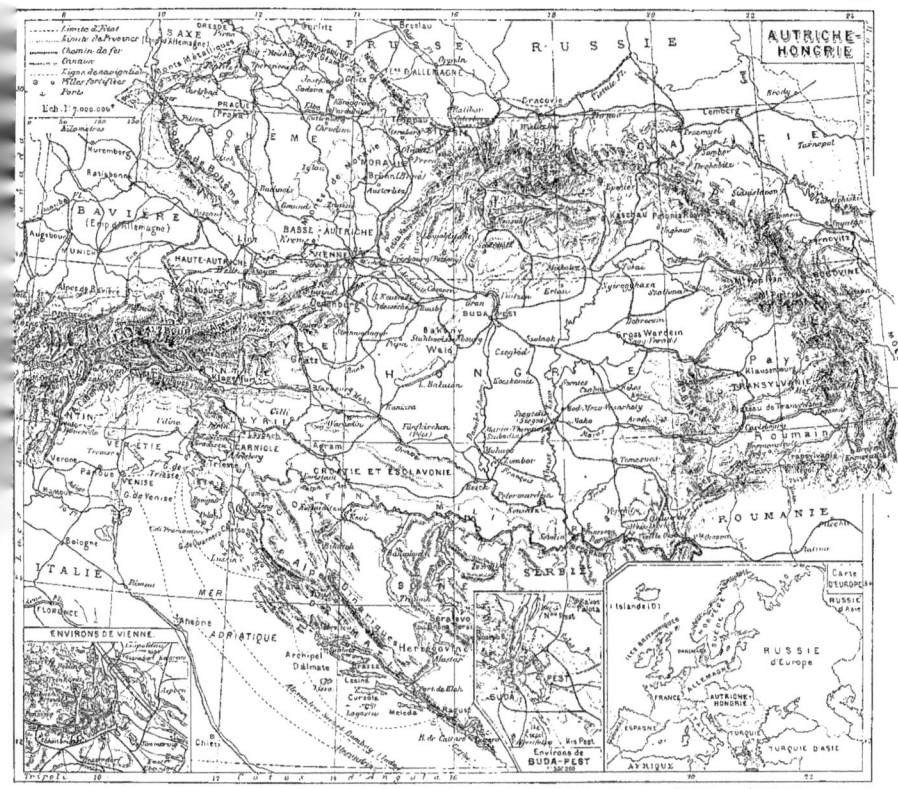

juxtaposées et réunies sous un même sceptre.

Huit millions d'**Allemands** habitent sur les rives du Danube jusqu'à *Presbourg*, dans les vallées alpestres de l'*Inn*, de la *Salza*, de l'*Enns*, de la haute *Drave* et du haut *Adige*, sans compter les véritables colonies qu'ils ont fondées en *Bohême*, en *Hongrie*, en *Transylvanie*, et qui portent leur nombre total à près de 10 millions.

A l'est des Allemands, les **Hongrois** ou **Magyares**, d'origine *finnoise*, au nombre de 6 200 000, remplissent la vaste plaine du moyen *Danube* et de la *Theiss*, et, à l'est des Hongrois, le plateau *transylvanien* est habité par 3 millions de *Roumains*.

Allemands, Hongrois, Roumains sont environnés au Nord et au Sud par des **Slaves** : au Nord, les *Slovaques* de la Bohême (Tchèques), de la Moravie et des petits Karpathes, les *Polonais* de Cracovie et de la haute Vistule, les *Ruthènes* de Galicie et de Bukovine ; au Sud, sur la Drave et la Save, les *Slovènes* de Carniole et de Styrie, les *Croates* et les *Esclavons*, les *Dalmates* de la côte illyrienne, les *Bosniaques* des provinces turques annexées : en tout 17 millions de Slaves isolés en deux tronçons par l'interposition des Allemands, des Hongrois et des Roumains.

En outre, 1 500 000 *Juifs* sont répandus dans toute la monarchie, et 650 000 *Italiens* dans le Trentin, l'Istrie et les anciens ports vénitiens de la Dalmatie.

Unité géographique de la monarchie austro-hongroise. — Pourquoi tant de races séparées par l'origine, le langage et les mœurs, forment-elles un seul empire ? C'est que, situées presque toutes dans l'intérieur des terres, et ayant peu de rapports avec la mer, elles ont trouvé un *lien commun* dans le *Danube*, la grande route de l'Europe centrale.

Si l'on met à part la *Galicie* et le *Tyrol*, avant-postes militaires contre la Russie et l'Italie, l'*Istrie* et la *Dalmatie*, fenêtres ouvertes avec *Trieste* sur la Méditerranée, il n'est pas un *seul* des pays austro-hongrois qui ne se rattache au Danube.

C'est le **Danube** qui transporte les *trains de bois* venus des forêts autrichiennes et alpestres, les *fers* de la Styrie arrivés par la Drave, les *blés* de la Hongrie, les *vins* embarqués d'abord sur la Theiss ; il est pour les voyageurs la grande *route de l'Orient*.

Les deux capitales du Danube, Vienne et Buda-Pest, l'une avec plus de 1 million, la seconde avec 370 000 habitants, sont vraiment les deux capitales de l'Europe centrale, et leur union personnifie celle des divers États de la monarchie austro-hongroise.

Le dualisme politique. — L'empire austro-hongrois n'est pas centralisé. Chaque État y conserve son existence et ses *aspirations propres*.

Il y a, pour toute la monarchie des finances, une armée, une politique étrangère *communes*; mais depuis 1867 la Hongrie et l'Autriche constituent pour l'administration intérieure deux États séparés, et, dans la Hongrie, l'*Illyrie*, la *Croatie* et l'*Esclavonie* forment un royaume *distinct*, avec son administration autonome, sa diète et son budget particuliers.

La multiplicité même des titres que porte l'empereur d'Autriche, prince particulier de chaque État particulier, montre que son empire est un *corps composé d'un grand nombre d'organismes divers* ayant une origine et des antécédents historiques spéciaux.

Une première satisfaction a été déjà accordée aux diverses nationalités de l'empire, lorsque la **Hongrie** a échappé au joug des Allemands d'Autriche, et que les pays *transleithans* ont été séparés, pour tout ce qui ne concerne pas la politique extérieure, des pays *cisleithans*.

Les **Slaves**, à leur tour, répartis entre l'Autriche et la Hongrie, et plus nombreux que les Allemands et les Magyars, tendent à constituer un troisième élément de la monarchie.

Comme la Croatie et l'Esclavonie, les *Roumains* ont en Transleithanie une administration à part. Les *Tchèques* et les *Polonais* des pays cisleithans aspirent à la même autonomie.

~~~ **Progrès économiques de l'Autriche-Hongrie.** — La situation actuelle de la grande fédération monarchique *austro-hongroise* est le résultat de luttes intestines qui n'ont pas encore cessé, mais qui ont perdu beaucoup de leur violence depuis que les nécessités de la vie moderne ont donné l'élan au travail national. Le temps perdu a même été regagné en partie, grâce à la richesse naturelle des pays divers réunis sous le sceptre de François-Joseph.

A côté des immenses plaines *à blé* et à *pâturages* de la Hongrie et de l'Esclavonie, les pentes méridionales du Tatra et des Karpathes sont célèbres par leurs *vignobles*, les Alpes et la Transylvanie sont couvertes de *forêts* comparables à celles de la Norvège et du Canada.

La Styrie donne le *fer* en abondance, la Carinthie fournit un *plomb* renommé, en Carniole sont les fameuses mines de *mercure* d'Idria, en Galicie les énormes gisements de *sel gemme* qui environnent Cracovie (centre d'extraction *Wieliczka*). Le nerf de la grande industrie, la *houille*, ne manque pas non plus aux pays austro-hongrois, et son exploitation fait de rapides progrès. Tous ces produits ont aujourd'hui un débouché direct vers l'Occident, depuis que le percement du tunnel de l'*Arlberg* a réuni Vienne au lac de Constance.

~~~ **Poussée de l'Autriche vers l'Orient.** — **Trieste.** — Mais ce qui favorise le plus le développement remarquable de l'industrie et du commerce de l'Autriche-Hongrie, c'est la politique qu'elle suit depuis son alliance avec l'Allemagne; elle est *irrésistiblement poussée vers l'Orient*: opposée à la Russie dans la péninsule des Balkans, elle a établi sa prépondérance sur la Serbie et la Roumanie qui détiennent le cours inférieur du Danube et dont les chemins de fer ont été reliés aux siens; d'autre part, elle a occupé, d'après les stipulations du *traité de Berlin*, la Bosnie et l'Herzégovine, premier tronçon de la route de Salonique vers lequel elle pousse une autre voie ferrée (carte, p 143).

Salonique est évidemment le but proposé à l'expansion de l'Autriche-Hongrie: le jour où elle possédera ce port, sa marine militaire et commerciale en recevront un singulier accroissement de puissance. Pour le moment cette forte impulsion vers l'Est profite à *Trieste*: ce grand port, débouché de l'Allemagne sur la Méditerranée, a des services de navigation qui desservent tout le Levant, et ses rapports commerciaux avec l'Egypte ont pris une très grande extension.

~~~ **Conclusion.** — En résumé, l'Autriche-Hongrie est formée d'unités ethnographiques diverses, groupées autour du Danube, et que la communauté des intérêts créés par leur longue coexistence retiendra sans doute longtemps réunies.

Poussée vers l'Orient, c'est de ce côté-là surtout qu'elle cherche les débouchés commerciaux nécessaires à son activité industrielle croissante. Confinée aujourd'hui au fond de l'Adriatique, elle deviendra peut-être la première puissance méditerranéenne le jour où elle aura conquis Salonique.

Vienne occupe en Europe une position presque centrale; elle est située en outre à mi-chemin sur la grande route de Paris et de Londres à Constantinople et au point de convergence des voies commerciales qui mènent à la mer du Nord et à la Baltique par Prague ou Breslau et Berlin, à l'Adriatique par la vallée de la Mühr. Elle s'étend au pied des derniers contreforts des Alpes, près de la rive droite du Danube, au confluent du ruisseau de la Wien avec un bras du fleuve, au bord de la grande plaine hongroise, elle regarde l'Orient. Elle a déjà plus d'un million d'habitants et s'accroît avec une merveilleuse rapidité. C'est l'une des plus belles capitales du monde.

Les anciens remparts abattus ont été remplacés par de belles avenues; le lit du Danube a été fixé et rectifié et de vastes quartiers neufs s'élèvent sur ses bords. Des parcs et des jardins magnifiques égayent le regard: l'Augarten, le Prater (bois de Boulogne des Viennois), etc., au sud-est de la ville, Schönbrünn (Versailles de la maison d'Autriche) et le Jardin zoologique (Thiergarten).

Des dômes, des clochers s'élèvent de toutes parts: la cathédrale Saint-Étienne, l'Église votive, le Palais de l'Exposition universelle de 1873, etc.; les monuments sont solennels et grandioses. Le *Graben*, avec ses magasins somptueux est le boulevard des Italiens de Vienne. La population est douce, affable, elle adore les fêtes et les plaisirs. Peu de villes sont aussi animées. Les industries de luxe y sont très estimées, très développées et ses ouvriers sont renommés pour leur dextérité et leur goût. Enfin, Vienne est, par son Université, ses admirables musées, ses riches bibliothèques, ses institutions scientifiques et littéraires, la métropole intellectuelle de l'Allemagne du Sud et la rivale de Berlin.

CHAPITRE XVI

L'EMPIRE DE RUSSIE

NOMENCLATURE PHYSIQUE

Latitude. — Asie occidentale et Afrique orientale.

Longitude. — *Septentrionale* : presqu'île Melville; — *méridionale*: lac Érié et île de Yéso.

Climat. — *Très continental*, sec, très chaud l'été et très rigoureux l'hiver. Dans le Nord, froids polaires, *jours et nuits de six mois*.

Golfes. — *Baltique*: de Bothnie, de Finlande, de Livonie.

Presqu'îles. — de Kanine, de Laponie (*O. glacial*), de Finlande (*Baltique*), de Crimée (*mer Noire*).

Iles. — *Océan glacial*: Nouvelle-Zemble, Vaïgatz, Kalgouev; — *Baltique*: Iles d'Aland, Dago, Œsel.

Montagnes. — *Oural* (mont Iremel, 1 536 mètres); Caucase (monts Elbrouz 5 646 mètres, et Kasbek 5 040 mètres); — ondulations de la plaine (Valdaï, 349 mètres).

Fleuves. — *Océan glacial* et *mer Blanche* : Petchora, — Mézen, — Dvina (Arkangel). — Onéga.

Baltique : Tornéa, — **Néva** (*Saint-Pétersbourg*). — Duna (Riga), — Niémen, — Vistule (Varsovie).

Mers Noire et d'Azov : Danube, — Dniester, — Boug (Nicolaïev), — Dniéper (Kiev et Kerson) grossi à dr. du Pripet; — Don, grossi à dr. du Donetz; — Kouban.

Mer Caspienne : Térek, — **Volga** (Nijni-Novgorod, Kasan, Saratov, Astrakan), grossi : 1° à dr. de l'Oka (Riazan), qui reçoit à g. la *Moskova* (Moscou); 2° à g. de la Kama (Perm). — *Oural* (Orenbourg).

Canaux établissant des communications entre toutes les mers.

Lacs. — Enara, Onéga, Ladoga, Peïpous; — lacs innombrables de Finlande.

NOMENCLATURE POLITIQUE

Superficie. — 5 400 000 kil. car. (France: 529 000).

Population. — 85 millions (France: 38); 16 hab. par kil. c. (Fr.: 71).

Divisions administratives. — La Russie d'Europe comprend trois grandes divisions : l'empire de Russie, *le royaume de Pologne* (ensemble 60 gouvernements), et le *grand-duché de Finlande* qui forme un État *séparé*.

Budget. — 3 milliards (France: 3 milliards et demi).

Dette. — 14 milliards (France: 20 milliards).

Armée sur le pied de paix. — 850 000 hommes (France: 500 000 hommes).

Armée sur le pied de guerre. — 3 millions d'hommes (France: 1 800 000 hommes).

Marine militaire. — Cuirassés : 40 (France: 70).

Possessions hors de l'Europe. — L'empire Russe s'étend *sans interruption*, hors de l'Europe, sur la Sibérie, l'Asie centrale et la Transcaucasie. *En tout plus de* 16 *millions de kilo-*

L'EMPIRE DE RUSSIE.

mètres carrés, *peuplés seulement de 15 millions d'habitants*. L'empire Russe, dans son ensemble, est le plus vaste du globe ; il couvre près de 22 millions de kilomètres carrés, soit *plus de deux fois l'Europe*, ou presque la cinquième partie des continents.

Principales villes. — Saint-Pétersbourg (950), sur la Néva, capitale de l'empire, dé-

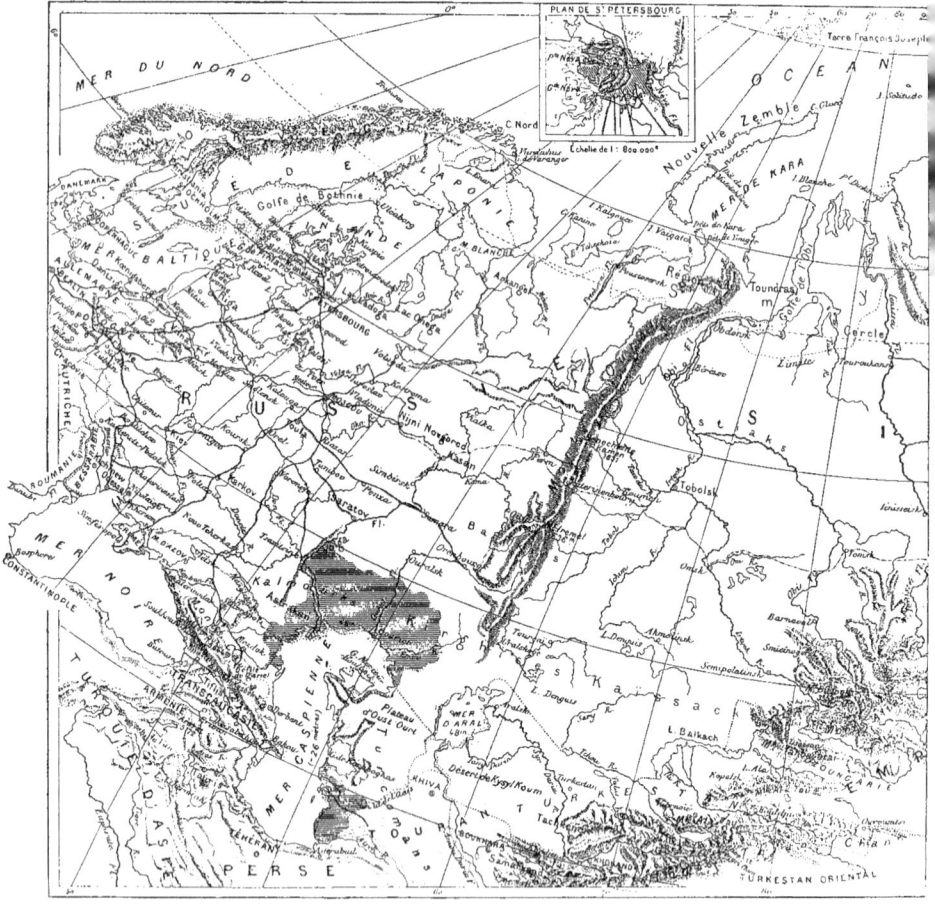

fendue par le port militaire de *Kronstadt*. (Distance de Paris : 680 lieues) ; — **Moscou**, (750) métropole religieuse de la Russie ; — **Varsovie** (100), sur la Vistule, ancienne capitale du royaume de Pologne ; — **Odessa** (220), grand port de commerce sur la mer Noire, *exportation des céréales* ; — *Riga* (170), port de commerce sur la Duna et le golfe de Livonie ; — *Kiev* (130), sur le Dniéper, nombreux établissements d'instruction ; — *Kichinev* (130), la ville la plus commerçante de la Russie méridionale après Odessa ; — *Kasan* (140) ; — *Saratov* (109) ; — *Karkov* (130), dans la vallée du Donetz, foire célèbre. — *Nijni Novgorod* (20), célèbre aussi pour ses foires où se fait un grand commerce avec l'Asie.

Religion dominante. — Le christianisme grec. Le tzar en est le chef suprême.

NOMENCLATURE ÉCONOMIQUE

Céréales. — 550 millions d'hectolitres (France : 250).

Il n'y a que les États-Unis qui produisent plus de céréales que la Russie.

Lin. — La Russie produit à elle seule plus de lin que tous les autres États d'Europe réunis.

Commerce extérieur. — Près de 5 milliards (France : 10 milliards).

Commerce avec la France. — 350 millions.

Mouvement des ports. — 25 000 entrées et sorties de navires (France : 80 000).

Tonnage de la marine marchande. — 600 000 tonneaux (France : 1 million).

Chemins de fer. — En Europe : 26 000 kil. (France : 32 000).

Étendue de la Russie. — La plaine du *Nord* de l'Europe va en s'élargissant vers l'Est, si bien qu'elle finit par remplir tout l'espace immense compris entre la mer *Blanche* et la mer d'*Azov*.

Ainsi, à côté des petits États de l'Europe montagneuse, a pu se constituer un empire *plus vaste qu'eux tous réunis*, prolongé même sur les plaines de l'Asie et couvrant le septième de la superficie totale des continents.

Aucune barrière montagneuse ne l'a

empêché de s'étendre des landes glacées appelées *toundras* qui bordent l'océan Arctique, aux fertiles terres à blé (Tchernosjom) du *Dniéper* et du *Don*, véritable grenier de l'Europe.

A l'Ouest, la Russie a poussé ses limites jusqu'à la *Vistule*, où l'Allemagne seule l'a arrêtée.

Depuis la suppression de la Pologne, ces deux empires, l'un redoutable par son organisation militaire, l'autre soutenu par les masses profondes de ses **85 millions** d'habitants se trouvent en présence dans cette plaine immense où les frontières des États dépendent de leur puissance beaucoup plus que de la nature.

A l'Est, l'*Oural*, qui n'est nulle part très élevé, s'abaisse, non loin de Perm, entre le *Volga* et l'*Obi*; les Russes sont passés par cette *porte* naturelle pour envahir la Sibérie jusqu'à l'*océan Pacifique*.

Maîtres des rives occidentales de la mer Caspienne, ils en ont rapidement fait le tour, et, poussant jusqu'au **gigantesque** rempart montagneux de l'Asie centrale, ils se sont emparés des hautes vallées de l'*Amou-Daria* et du *Syr-Daria*.

Enfin, le **Caucase**, qu'ils pouvaient tourner par la Caspienne ou la mer Noire, ou franchir par les portes de *Dariel*, ne les a pas arrêtés, et ils se sont rendus maîtres d'une grande partie de l'Arménie.

Son importance politique. — La Russie est devenue, *en moins de deux siècles*, une des puissances les plus considérables de l'Europe et du monde : elle est prépondérante dans la Baltique et s'avance comme un coin entre l'Allemagne et l'Autriche. Sur la mer Noire, elle touche au Bas-Danube ; de l'Arménie, elle menace à la fois les rivages septentrionaux de l'Asie Mineure et de la Perse, la vallée du Tigre et de l'Euphrate. La possession du cours inférieur de l'Amou-Daria la met sur le chemin des Indes. Par l'Irtych, le lac Baïkal et l'Amour, elle assiège la Chine. Elle touche à la Corée et au Japon.

Les richesses intérieures.

— En même temps que par ses développements géographiques, la Russie devenait une puissance politique de premier ordre, elle apprenait ou du moins l'élite intelligente et instruite de ses habitants apprenait à tirer parti des richesses du sol : bois du Nord pour les constructions, métaux de l'Oural, or, fer, *platine*, cuivre, naphte de la Caspienne ; les *steppes du Sud* étaient transformées par la culture en d'admirables *terres à blé* qui, par l'intermédiaire d'*Odessa*, alimentent l'Europe occidentale. 26 000 kilomètres de chemins de fer ont été construits ; des tarifs douaniers ont été établis aux frontières pour protéger l'industrie nationale qui commence à se développer, et prendra un grand essor, le jour où les *gisements houillers du Volga* seront mis en exploitation. Le commerce, malgré les distances, est très actif et fait de la Russie l'intermédiaire de ses voisins Européens et Asiatiques, qui se rencontrent dans ses grandes foires, surtout à celle de *Nijni-Novgorod*.

Vices de sa situation et de son organisation sociale.

— Le caractère propre de la Russie est donc d'appartenir à la fois à l'*Europe* et à l'*Asie*; de là deux tendances qui malheureusement ne se font pas équilibre: c'est surtout du côté du monde barbare qu'elle penche et de plus en plus tous les jours; l'Europe la tient à l'écart, dans la Baltique par le *Sund* et dans la mer Noire par le *Bosphore*, tandis que l'alliance austro-allemande forme entre ces deux mers une infranchissable barrière.

Au reste elle est bien plus asiatique qu'européenne par le caractère et les mœurs de ses habitants. Au-dessous d'une aristocratie gouvernementale peu nombreuse, initiée aux connaissances et aux idées, comme aux vices des peuples de l'Occident, vivent des légions de paysans slaves ou kosaks mongols, *races purement orientales*, encore éloignées de toute culture intellectuelle élevée, superstitieuses et barbares, à peine échappées à des siècles de servitude dont elles conserveront longtemps la profonde empreinte, livrées par leur imprévoyance et leur goût intempérant de l'alcool à l'exploitation des usuriers et des cabaretiers israélites.

Même opposition entre ces deux classes de la nation russe qu'entre la capitale nouvelle, Pétersbourg, froide et régulière, avec ses dômes, ses colonnades et ses quais de granit, comme les capitales de l'Occident, et la sainte Moscou, (fig. 76) la vieille métropole religieuse, dont les clochers dorés et peints annoncent déjà le faste de l'architecture orientale. Nul *intermédiaire* entre les gens qui commandent, environnant l'empereur *autocrate politique et religieux*, et ceux qui obéissent en vénérant leurs maîtres, si ce n'est la classe *peu nombreuse* encore de la *bourgeoisie* enrichie et éclairée, dont les fils étudient aux universités : celle-là s'irrite de la servitude qu'elle partage avec les paysans, et dans sa révolte farouche contre la toute-puissance du tzar, elle unit

Fig. 76. — Église Vassili au Kremlin (Moscou).

aux idées de l'Occident, le fanatisme implacable de l'Orient. C'est là que se recrute le parti **nihiliste**, déjà tristement célèbre, moins menaçant peut-être pour ceux qu'il prétend frapper que pour le développement progressif des destinées politiques de la Russie.

Manque d'équilibre entre ses régions.

— La Russie *manque d'équilibre*, d'*harmonie*, d'*unité*. Son immensité n'a pas de centre précis. Ses grands fleuves (Volga, Don, Dniéper, Dvina, Duna), ses lacs nombreux et vastes font un admirable réseau navigable ; malheureusement, ce réseau traverse encore beaucoup de steppes arides qui isolent les unes des autres les régions plus fertiles.

Comme la Russie, à cause de son épaisseur, reçoit *peu de pluie*, et que la température y passe sans transition de l'extrême froid à la chaleur extrême, qu'elle est d'ailleurs très plate, on n'y rencontre point de ces mélanges heureux qui favorisent les pays accidentés et tempérés, mais d'immenses espaces uniformes, où les forêts succèdent aux marécages glacés, les *steppes* aux forêts, les champs infinis de céréales aux herbes ondulantes des steppes.

Conclusion.

— En résumé, la Russie présente un mélange singulier de *force* et de *faiblesse*: elle couvre plus de la moitié de l'Europe, elle a plus de 80 millions d'habitants, elle exerce son influence sur tous les Slaves d'Europe, et menace, en Asie, l'Angleterre et la Chine ; mais l'Europe la tient toujours *bloquée* dans la Baltique et la mer Noire, et elle même est *menacée* à l'intérieur de tous les maux que créent l'étendue trop grande de son sol, l'*absolutisme* de son gouvernement et sa mauvaise organisation *sociale*.

Cependant un mouvement intellectuel prodigieux mais voilé travaille depuis quelque temps la société russe.

CHAPITRE XVII

ESPAGNE ET PORTUGAL

PÉNINSULE IBÉRIQUE

NOMENCLATURE PHYSIQUE

Latitude. — Washington, San-Francisco, Boukhara et Pékin.
Longitude. — Maroc et Tombouctou.
Climat. — Humide et doux dans le Nord et le Nord-Ouest ; *continental*, sec et alternativement très chaud et très froid sur *les plateaux* qui forment la plus grande partie de la péninsule; *africain* dans le Sud.
Caps. — *Atlantique* : Finisterre, da Roca et S.-Vincent. — *Méditerranée* : Ier d'Europe, Caps de Palos, de la Nao et Creuz.
Golfes. — Baies rocheuses très nombreuses des côtes Cantabriques et Galiciennes ; — golfe de Valence.
Iles. — *Baléares* : Minorque, Majorque, Iviça, Formentera.
Montagnes. — *Quatre systèmes parallèles*: 1° Du cap Finisterre au cap Creuz (Cantabres 1950 m., Pyrénées 3 400 m.) (voir la *France*, p. 31); 2° du cap da Roca à l'Èbre (Sierras da Estrella, de Gredos (2 700 m.), de Guadarrama; Montes Universales); 3° du cap Saint-Vincent au cap de la Nao (Sierras de Monchique, de Aracena, et Morena (1 800 m.) ; 4° de Gibraltar au cap Palos : (Sierra Nevada : *Mulhacen*, 3 500 m.).
Plateaux. — Vieille-Castille (*Valladolid* 670 m.); — Nouvelle-Castille (*Madrid* 650 m.).
Plaines. — Aragon, Andalousie.
Fleuves. — *Atlantique* : Minho, — *Douro* (Zamora et Oporto), grossi à dr. de la Pisuerga (Valladolid) ; — **Tage** (Tolède, *Lisbonne*), grossi à dr. du Jarama qui reçoit le *Manzanarès* (Madrid); — Guadiana (Badajoz); — *Guadalquivir* (Cordoue, Séville), grossi à g. du Jénil (Grenade).
Méditerranée : Segura (Murcie), — Jucar, — Guadalaviar (Valence), — Èbre (Saragosse), grossi à g. de l'Aragon et de la Sègre (Lerida), à dr. du Jalon (Calatayud).
Canaux. — de la Vieille-Castille et de l'Aragon.
Lagunes côtières. — d'Aveiro (*Portugal*) et de Valence (*Espagne*).

ESPAGNE

NOMENCLATURE POLITIQUE

Superficie. — 508 000 kil. car. y compris les îles Canaries (France : 529 000). (*Gibraltar appartient aux Anglais*).
Population. — Près de 17 millions d'hab. (France : 38 millions). (33 hab. par kil. car.; France : 71).
Grandes divisions. — *Les anciennes grandes capitaineries* étaient : l'Andalousie, — l'Aragon, — les Asturies, — les îles Baléares, — les provinces Basques, — la Nouvelle-Castille, — la Vieille-Castille, — la Catalogne, — l'Estremadure, — la Galice, — les capitaineries de Léon, — de Murcie, — de Navarre, — de Valence.
Divisions administratives. — Ces anciennes capitaineries ont été divisées en 49 provinces, y compris les îles Canaries qui ne sont pas rangées parmi les colonies.
Budget. — 800 millions (France : 3 milliards et demi).

ESPAGNE ET PORTUGAL.

Maroc, les îles *Fernando-Po*, *Annobon*, *Corisco*, et quelques territoires de *Guinée*. — Les colonies espagnoles ont une superficie de 440 000 kil. car. avec une population de 8 millions d'hab. (France : plus de 2 millions de kil. car. avec 30 millions d'hab. en comprenant les États protégés).

Principales villes. — **Madrid** (400), capitale du royaume, (distance de Paris : 365 lieues) ; — **Barcelone** (250), le port le plus important de l'Espagne et un des premiers de la Méditerranée ; c'est aussi la ville la plus industrielle et la plus commerçante de la péninsule ; — *Valence* (150), port sur la Méditerranée, ville industrielle ; — *Séville* (130), sur le Guadalquivir, beaux monuments construits par les Maures ; — *Malaga* (120) sur la Méditerranée, second port de l'Espagne, célèbre par ses vins.

On peut citer encore : *Saragosse*. — *Grenade* (fig. 77, p. 138). — Les ports de *Carthagène*, de *Cadix*, — de *Palma* (île Majorque, dans les Baléares) — les villes de *Jerès*, — de *Valladolid*, — de *Cordoue* (en espagnol : *Cordoba*).

Religion dominante. — Le catholicisme est la religion officielle de l'État.

NOMENCLATURE ÉCONOMIQUE

Mines. — Le produit annuel des mines (fer, cuivre, plomb, zinc, *mercure*,) s'élève à environ 150 millions de francs.

Vins. — 20 millions d'hectolitres (France : 40 millions).

Commerce extérieur. — 630 millions de francs (France : 10 milliards).

Commerce avec la France. — 500 millions.

Mouvement des ports. — 10 millions de tonneaux (France : 90 millions).

Tonnage de la marine marchande. — (550 000 tonneaux (France : 1 million).

Chemins de fer. — 12 000 kil. (France : 32 000).

Dette. — 6 milliards (France : 20 milliards).

Armée sur le pied de paix. — 125 000 hom. (France : 500 000).

Armée sur le pied de guerre. — 450 000 hommes (France : 1 800 000).

Marine militaire. — Cuirassés : 10 (France : 70).

Colonies. — De son empire colonial, l'Espagne a conservé : — *En Amérique* : l'île fertile de *Cuba*, cap. *la Havane* ; — l'île de *Porto-Rico* ; — *en Océanie* : les îles *Philippines* et leurs dépendances ; — *en Afrique*: les Présides du

ANDORRE (V. page 45)

La république d'Andorre, au sud du département de l'Ariège, et sur le versant espagnol des Pyrénées, est placée sous la suzeraineté de la France et de l'évêque d'Urgel (Espagne).
Superficie. — 452 kil. car.
Population. — 5800 hab.
Capitale de la République. — *Andorra la Vieja*.
Religion dominante. — Le catholicisme.

PORTUGAL

NOMENCLATURE POLITIQUE

Superficie. — Environ 93000 kil. car. y compris les îles Açores et Madère (France : 520 000).
Population. — Un peu plus de 4 millions 1/2 d'hab. (France: 38 millions); 51 hab. par kil. car. (France: 71).
Divisions administratives. — Les anciens gouvernements d'*Alemtajo*, d'*Algarve*, de *Beira*, d'*Estremadure*, d'*Entre-Minho e Douro*, de *Traz-oz-Montes*, sont aujourd'hui divisés en 19 provinces auxquelles il faut ajouter les îles *Açores* et *Madère* qui ne comptent pas parmi les colonies.
Budget. — 200 millions. (France : 3 milliards et demi; — Paris : 440 millions).
Dette. — 2 milliards et demi. (France : 20 milliards).
Armée. — 80 000 hom. (France : 1 800 000.)
Marine militaire. — Cuirassés : 1 (France : 70).
Colonies. — En *Afrique* : les îles du *Cap-Vert*, des comptoirs en *Guinée*, les îles du *Prince* et de *San-Thomé*, les comptoirs côtiers et intérieurs de l'*Angola* et de *Mozambique*; — en *Asie* : *Goa*, *Damao* et *Diu* (carte, p. 161), dans l'Hindoustan, et *Macao*, en Chine (carte, p. 167); — en *Océanie* : une partie de *Timor*. — Superficie : 1 825 000 kil. car. avec une population de 3 385 000 hab. (France : plus de 2 millions de kil. car. avec 30 millions d'habitants en comprenant les États protégés).
Principales villes. — Lisbonne (250), rade admirable et beau port sur l'Atlantique, à l'embouchure du Tage, capitale du royaume (distance de Paris : 560 lieues) ; — Porto (100), sur le Douro, port commerçant, centre du *commerce des vins* dits d'Oporto.
Religion dominante. — Le catholicisme.

NOMENCLATURE ÉCONOMIQUE

Commerce extérieur. — 300 millions environ (France : 10 milliards).
Commerce avec la France. — 40 millions.
Mouvement des ports. — 15 000 entrées et sorties de navires (France : 80 000).
Tonnage de la marine marchande. — 100 000 tonneaux (France : 1 million).
Chemins de fer. — 1700 kil. (France : 32 000).

~~~ **Caractère africain de l'Espagne.** — Tandis que les deux autres péninsules méditerranéennes de l'Europe, l'*Italie* et la *Turquie*, se relient par leur relief à celui de l'Europe, l'Espagne forme un *tout* presque isolé et se rattache plus à l'*Afrique* qu'à l'Europe. Les Pyrénées, en effet, sont séparées du massif central français par les vallées de l'Aude et de la Garonne, et par la trouée de *Naurouse* qui forment une grande *vallée* naturelle entre l'Océan et la Méditerranée. Le canal unissant les deux mers suit cette dépression, qui s'étend de *Narbonne* à *Bordeaux*.

Au contraire, le détroit de *Gibraltar*, est comme le Bosphore ou le Sund, une percée relativement *récente*; et les eaux de la Méditerranée ont été autrefois retenues dans un *bassin fermé* par une barrière qui s'étendait des rochers de *Gibraltar* (Espagne) à la pointe de *Ceuta* (Afrique).

~~~ **C'est un plateau bordé de montagnes de toutes parts.** — L'Espagne est donc une péninsule *africaine* rattachée à l'*Europe*. C'est un vaste **plateau** de 600 mètres au moins en moyenne au-dessus du niveau de la mer, et bordé de toutes parts par des *terrasses montagneuses* parfois très élevées.

L'Espagne, dont les cartes ont donné longtemps une idée fausse, n'est point parcourue par une chaîne ibérique, séparant nettement les versants de la Méditerranée et de l'Océan, avec des ramifications embrassant les bassins du Douro, du Tage, du Guadiana et du Guadalquivir. En réalité, les côtes de la Péninsule (réduction du grand continent africain) sont bordées par des montagnes que chacun de ses fleuves a dû percer avant d'aboutir à la mer. Quelques-uns mêmes y sont engagés tout entiers comme le *Mondego* et le *Minho*.

Tantôt ces montagnes bordent immédiatement la mer (*Cantabre, Galice, Catalogne, Sierra Nevada*); tantôt elles laissent à leurs pieds une plaine étroite (*Murcie, Valence*), ou des plages sablonneuses (*Portugal*); mais elles *enserrent* de toutes parts le plateau ibérique, et la vallée du *Guadalquivir* s'ouvre seule *largement* sur la mer.

~~~ **Les rides montagneuses du plateau.** — La surface du plateau est ridée par des montagnes dont la hauteur absolue est considérable, mais qui paraissent peu élevées, à cause de l'altitude générale du sol.

Entre le Douro et le Tage, une série de *Sierras*, dont la principale est celle de *Guadarrama*, sépare la *Vieille* de la *Nouvelle Castille*. Le principal passage est celui de *Somo Sierra*, que garde l'*Escurial*.

La vallée du Jalon ouvre de même un passage de Madrid à l'Aragon. Le Tage et le Guadiana, au moins dans leur cours supérieur, sur le plateau dénudé de la *Manche*, ne sont pas plus séparés l'un de l'autre que la Seine et la Loire entre Paris et Orléans.

Le Tage va se heurter en Portugal à la Sierra da Estrella ; le Guadiana, rencontrant celle d'Ossa, descend du plateau vers la mer par de sombres défilés.

La Sierra Morena marque la vraie lisière de ce plateau au Sud, et la Sierra Nevada, ou plutôt l'ensemble des petits massifs isolés et parallèles appelé Sierra Nevada, est une *terre africaine* par excellence.

Toute la péninsule, par la pauvreté et le caractère torrentiel de ses fleuves, par ses surfaces désertes ou couvertes seulement d'herbes que le soleil dessèche, a un aspect africain ; la Sierra Nevada semble un *lambeau de l'Atlas* isolé par la mer du reste du massif.

~~~ **Division et unité de l'Espagne.** — Ainsi la péninsule ibérique est divisée comme un *échiquier* en un certain nombre de compartiments isolés, où se sont développés des êtres politiques différents : les *Asturies*, la *Galice*, le royaume de *Léon*, les *deux Castilles*, l'*Aragon*, la *Navarre*, la *Catalogne*, les

Fig. 77. — L'Alhambra de Grenade.

royaumes de *Valence* et de *Murcie*, l'*Andalousie*, les *Baléares*.

Les *Espagnes*, aujourd'hui réunies en un seul royaume, encore distinctes par l'organisation administrative et les dialectes, sont peuplées par une seule et même race, la *race espagnole*.

Sortie de souches multiples, *Ligures, Ibères, Celtes, Phéniciens, Grecs, Romains, Vandales, Wisigoths, Arabes;* façonnée par le climat et les croisements; fière d'un passé héroïque, la race espagnole a un *patriotisme* exalté.

Fig. 78. — Courses de taureaux.

Elle a à un haut degré le goût des aventures, des spectacles brillants (courses de taureaux, fig. 78), le sentiment des arts et la passion de l'honneur.

COLONIES ESPAGNOLES. — Echelle : 1 : 25 000 000.

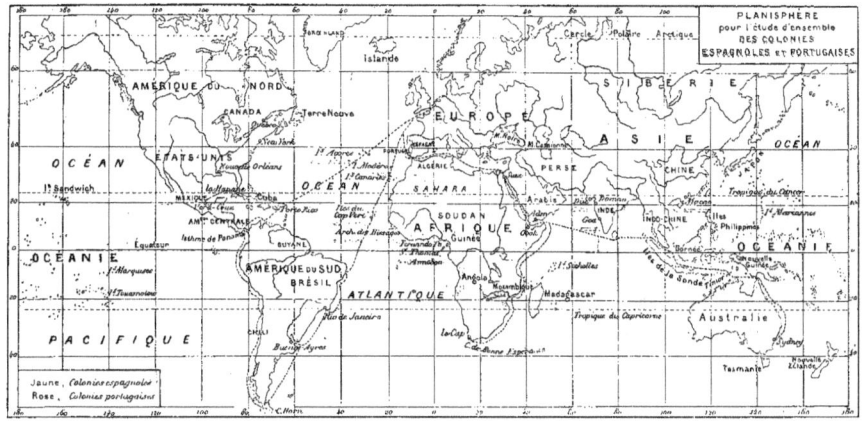

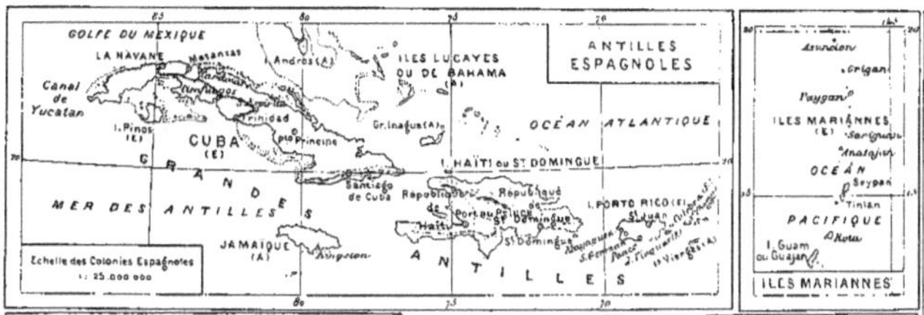

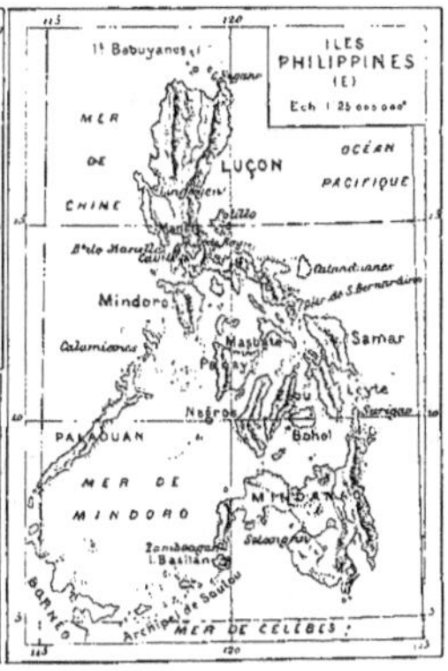

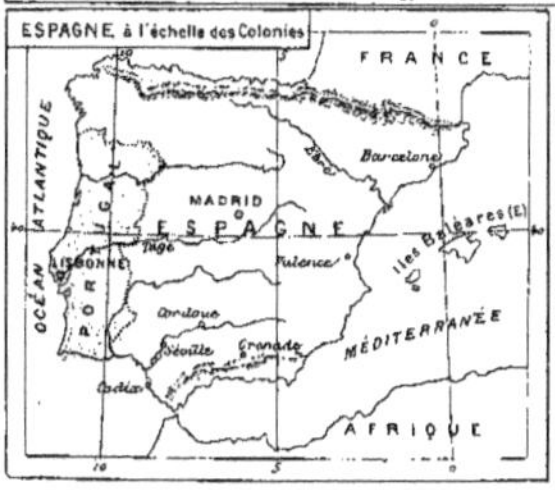

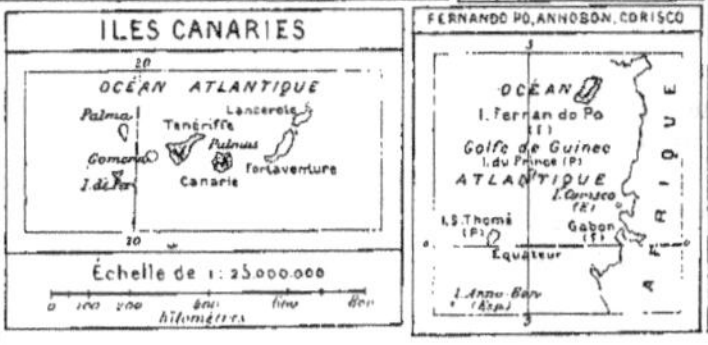

COLONIES PORTUGAISES. — Échelle : 1 : 20 000 000.

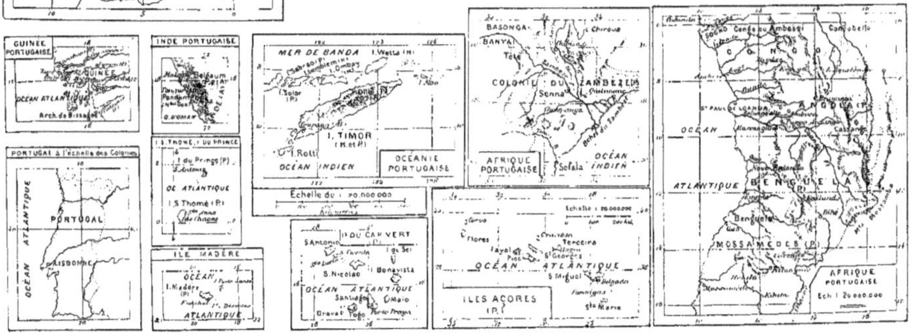

État misérable de l'agriculture en Espagne.

Malheureusement ces qualités sont compensées par des défauts qui font de l'Espagne un des pays *les plus arriérés* de l'Europe. Chez les classes supérieures, la culture intellectuelle est moins développée que dans la plupart des autres contrées protestantes ou catholiques ; la plus *profonde ignorance* règne parmi les masses.

L'abondance des richesses que l'exploitation du *Pérou* et du *Mexique* a apportées en Espagne du seizième au dix-neuvième siècle, a, pendant cette longue période, encouragé l'indolence naturelle des habitants qui est un effet du climat. Ces sources de revenus ont été perdues avec les colonies, et l'agriculture se trouve dans un état bien inférieur à celui où l'avaient laissée les conquérants arabes : il y a même de véritables déserts connus sous le nom de *despoblados*. L'élevage des moutons dont les troupeaux transhumants ont contribué, pour une grande part, à ruiner la culture des céréales, est à son tour tombé dans une profonde décadence, et de tous les pays de l'Europe, l'Espagne est peut-être aujourd'hui celui qui nourrit le moins de *mérinos*.

Les richesses minérales de l'Espagne.

Il en a été de ses richesses minérales comme de ses richesses agricoles. L'Espagne fut dans l'antiquité le Pérou et le Mexique du monde méditerranéen ; Phéniciens, Grecs, Carthaginois, Romains exploitèrent tour à tour son or, son argent, son fer, son cuivre, son plomb, son *mercure*. Si les capitaux français, anglais et allemands ne venaient pas dans la péninsule réveiller l'industrie minière, elle aurait complètement disparu du pays, là même où les traces de l'exploitation des anciens sont les plus apparentes.

L'avenir de l'Espagne.

Cependant sous l'impulsion étrangère, le travail national a repris depuis vingt ans quelque énergie. Les dévastations du phylloxera en France ont aussi favorisé beaucoup les progrès de la viticulture espagnole, quoique le fléau s'y soit aussi attaqué. Mais il faudra encore de longs efforts pour regagner dans tous les sens le terrain perdu depuis trois siècles, et ces efforts ne sauraient aboutir, si le pays ne jouit enfin de la stabilité politique qui lui a manqué plus encore qu'à la France, depuis le commencement de ce siècle.

Quant aux colonies qui restent à l'Espagne, la belle île de *Cuba* et les *Philippines*, si la politique de la métropole continue d'être à leur égard une politique d'exploitation et non de liberté, il est à craindre qu'elles ne cherchent à se rendre indépendantes comme l'ont fait, au commencement du siècle, leurs sœurs d'Amérique. Cuba surtout a déjà été troublée par de nombreuses révoltes et se sent attirée de plus en plus vers le grand centre économique des États-Unis.

Le Portugal.

Seuls les Portugais ont continué à former dans la péninsule ibérique un *peuple à part* : leur isolement tient surtout à une différence de situation et de climat.

Tourné vers l'ouest, soumis aux vents de l'Atlantique qui lui portent la pluie, le Portugal forme une zone particulièrement arrosée et tempérée, où la nonchalance, générale chez les Espagnols, a fait place à l'activité soutenue et à l'équilibre. Avant que les Espagnols n'eussent aidé Colomb à découvrir l'Amérique, les Portugais avaient franchi avec **Gama** le cap de *Bonne-Espérance*, et fondé sur les côtes de l'*Inde* et de l'*Afrique*, un *grand empire colonial*.

En Amérique, le **Brésil**, le seul des États latins que n'aient pas bouleversé les révolutions périodiques, est un État d'origine portugaise.

Il ne reste aujourd'hui au Portugal que des débris de son ancienne puissance. Les plus importants sont ses établissements côtiers de l'Afrique méridionale qui tiennent l'embouchure du *Congo* et du *Zambèze*. Mais dans l'intérieur même du continent, il s'est laissé dépasser par la France, la Belgique et l'Angleterre.

La Sierra Nevada (montagne neigeuse) forme entre Grenade et Almeria, un massif isolé de 80 kilomètres de long sur 40 de large. D'innombrables ruisseaux alimentés par les pluies en hiver et souvent par la fonte des neiges en été, ont modelé ses flancs ; ils entretiennent à ses pieds, sur le versant nord-ouest, dans la *Vega* de Grenade, une fraîcheur et une verdure admirables, qui encadrent la ville *merveilleuse*, comme l'appellent les Espagnols. Ceux qui descendent au nord, ne prenant pas leurs sources dans les hauteurs des neiges persistantes, tarissent au contraire chaque été et laissent alors dépourvu d'eau la morne plaine de Guadix, balayée par un vent glacial en hiver et brûlant en été. De ce côté, la montagne déchirée et raviolée, offre des teintes rougeâtres sombres dans sa nudité désolée. Il semble qu'elle ait inspiré plusieurs des tableaux étranges de Gustave Doré. Au sud, la région fameuse des Alpujarras, est formée par deux bassins en forme de cuvette qui ne communiquent avec la route du pays que par deux cluses étroites aboutissant à la Méditerranée, l'une à Adra et l'autre à Motril. Près de ce dernier défilé s'élève la montagne connue sous le nom de *Suspiro-del-Moro* (soupir du Maure), d'où Boabdil, le dernier roi musulman d'Espagne, put jeter les yeux une dernière fois sur sa ville de Grenade et sur son palais de l'Alhambra, dont il abandonnait pour toujours les frais ombrages, les eaux limpides et murmurantes, les galeries exquises de grâce et de légèreté. Les Alpujarras forment comme une citadelle imprenable : c'est là que les Arabes se défendirent contre les Chrétiens longtemps après la soumission du reste du pays. Les champs sont encore aujourd'hui bien arrosés et les villages nombreux. On y respire en hiver un air toujours tiède.

Pour bien voir la Sierra Nevada, il faut monter au sommet du *Picacho de la Veleta* (3 470ᵐ., inférieur de peu de mètres au pic voisin de *Mulacen* 3 554ᵐ.). Le géant de toutes les chaînes ibériques. Les champs de neige étincelants, les tons d'azur profond se confond avec celui du ciel, les tons violents des rocs calcinés du soleil, les tapis de verdure opposent des taches de blanc par les villages, forment un panorama grandiose et saisissant.

CHAPITRE XVIII

L'ITALIE

NOMENCLATURE PHYSIQUE

Latitude. — Lac Érié, île de Yéso.
Longitude. — Tunis, bouches du Niger.
Climat. — Très chaud sur les côtes et dans la plaine du Pô, tempéré l'été et rigoureux l'hiver sur les hauteurs.
Caps. — Spartivento et Leuca (*Italie*) ; — Teulada (*Sardaigne*) ; — Passaro (*Sicile*).
Golfes. — De Gênes, de Gaëte, de Naples, de Salerne, de Policastro (*mer Tyrrhénienne*), — de Tarente (*mer Ionienne*), — de Manfredonia, de Venise (*Adriatique*).
Presqu'îles. — De Calabre, d'Otrante, du monte Gargano.
Îles. — Archipel Toscan (*Elbe*, Giglio, etc.) ; — archipel Napolitain (*Ischia*, Capri, etc.) ; — Sardaigne ; — Sicile avec les Égades, les îles Lipari ; — Pantellaria.
Montagnes. — 1° *Alpes :* Maritimes, Cottiennes, Grées, Pennines, Lépontiennes, du Bergamasque, du Tyrol méridional (voir *Alpes*, p. 103) ;
2° *Apennins :* septentrional (monte Cimone 2160 m.) ; central ou des Abruzzes (*Gran Sasso* 3 000 m.) ; — méridional ou de la Calabre (Monte Alto 2 000 m.).
3° *Mont Gargano* (1 560 m.).
4° *Montagnes Sardes* (Gennargentu 1 900 m.).
5° *Montagnes Siciliennes* (monte Madonia 2 000 m.) ;
6° *Volcans isolés :* **Vésuve** (1 200 m.) ; Stromboli (îles Lipari) 840 m ; Etna (Sicile) 3 300 m.
Plateau Toscan. — Lacs Trasimène (258 m.), Bolsena (305 m.), Bracciano (164 m.).
Plaine. — Piémont, Milanais et Lombardie arrosés par le Pô et ses affluents.
Fleuves. — *Mer Tyrrhénienne :* 1° Arno (Florence et Pise) ; — 2° Tibre (Pérouse et Rome) ; — 3° Volturno (Bénévent et Capoue.
Adriatique : 1° Pô (Turin, Plaisance, Crémone et Ferrare) ; grossi à dr. du Tanaro (Alexandrie), du Taro, de la Secchia (Modène) ; à g. des Doires (*Doria Riparia, Doria Baltea*), du Tessin (Pavie, *lac Majeur*), de l'Adda (*lac de Côme*), de l'Oglio (*lac d'Iseo*), du Mincio (Mantoue, *lac de Garde*), de l'Adige (Vérone) ;
— 2° Brenta ; — 3° Piave ; — 4° Tagliamento.
Canaux. — 1° Nombreux dans la plaine du Pô ; — canal d'*Arezzo* à Orvieto, entre l'Arno et le Tibre.
Lacs. — *Alpestres* (Majeur, de Côme, Iseo, de Garde) ; — *Toscans* (Trasimène, Bolsena, Bracciano).

NOMENCLATURE POLITIQUE

Superficie. — 296 000 kil. car. y compris la Sicile et la Sardaigne (France : 529 000).
Population. — 28 millions 1/2 d'hab. (France : 38 millions ; 96 hab. par kil. car. (France : 71).
Divisions administratives. — Les anciennes *divisions historiques* de l'Italie étaient : — les Abruzzes, — la Basilicate, — la Calabre, — la Campanie, — l'Émilie, — le Latium, — la Ligurie. — la Lombardie, — les Marches, — l'Ombrie, — le Piémont, — la Pouille, — la Sardaigne, — la Sicile, — la Toscane, — la Vénétie. — Ces anciennes divisions sont aujourd'hui remplacées par 60 *provinces*.
Budget. — 2 milliards (France : 3 milliards et demi).
Dette. — 10 milliards et demi (France : 20 milliards).

L'ITALIE.

Armée sur le pied de guerre. — 1 000 000 d'hommes (France : 1 800 000).
Marine militaire. — Cuirassés : 20 (France : 70).
Colonies. — La baie d'Assab sur la mer Rouge (630 kil. car. et 1 200 hab.).
Principales villes. — Naples (500), sur la mer Tyrrhénienne, au pied du mont Vésuve, grand port de commerce ; — Milan (320), dans la vallée du Pô, la ville la plus industrielle du royaume ; — ROME (300), sur le Tibre, capitale du royaume et résidence du Pape, ville fameuse par ses monuments et ses souvenirs historiques ; — Palerme (250), port de la Sicile ; — Gênes (180), sur le golfe de même nom, le premier port de commerce de l'Italie ; — Florence (170), sur l'Arno, ancienne capitale de la Toscane ; — Venise (130), port sur le golfe de même nom ; — Messine (130), le principal port de la Sicile, sur le détroit de même nom ; — Bologne (120), ville industrielle ; — Catane (100), port important en Sicile ; — Livourne (100), port de l'Arno.
Religion dominante. — Le catholicisme.

NOMENCLATURE ÉCONOMIQUE

Soie grège. — 2 500 000 kilogrammes (France : 600 000).
L'Italie est le pays qui fournit le plus de soie grège ; elle en exporte chaque année pour plus de 400 millions de francs.
Vins. — 20 millions d'hectolitres (France : 40 millions en moyenne).
Commerce extérieur. — 2 milliards 350 millions (France : 10 milliards).
Commerce avec la France. — 600 millions.

Mouvement des ports. — 35 millions de tonneaux (France : 20 millions).
Tonnage de la marine marchande. — 1 million de tonneaux (France : idem).
Chemins de fer. — 9000 kil. (France : 32 000).

PETITS ÉTATS ITALIENS

SAN MARINO

La petite république de San Marino (Saint-Marin) est enclavée dans les *Marches*.
Superficie. — 85 kil. car.
Population. — 7800 hab.
Capitale. — San Marino (Saint-Marin).

MONACO

La petite principauté italienne de Monaco est enclavée dans le département français des *Alpes Maritimes*.
Superficie. — 21 kil. car.
Population. — 10 000 hab. (480 hab. par kil. car.).
Capitale. — Monaco.

La plaine et la montagne.

— L'Italie se divise en *deux* parties distinctes : la *grande plaine du Nord*, environnée comme d'un amphithéâtre par les cimes des Alpes et des Apennins, et s'abaissant en pente insensible vers l'Adriatique ; la *péninsule* proprement dite, dont le corps presque entier est formé par l'Apennin.

Le Pô.

— La plaine du Nord est arrosée par l'*Adige*, née dans la partie la plus épaisse des Alpes, et par le Pô. Le Pô reçoit toutes les eaux qui s'échappent par le sud du *massif alpestre* et toutes les rivières qui descendent de l'*Apennin septentrional* ; aussi ne cesse-t-il de s'accroître jusqu'à son embouchure.

L'abondance des eaux du Pô a permis de faire de la Lombardie le pays le mieux *irrigué* de l'Europe ; la masse accumulée des *alluvions* du fleuve a exhaussé peu à peu son *lit* et comble lentement le fond de l'*Adriatique*.

L'Apennin.

— L'Italie *péninsulaire* a pour ossature l'Apennin, dont la *ligne de faîte* ne concorde pas avec la *ligne de partage des eaux*. Celle-ci peut être tracée à peu près *au milieu* de la péninsule ; tandis que les hauts sommets de l'Apennin serrent de très près l'Adriatique et envoient à cette mer des pentes très régulières et très rapides.

Ils dominent à l'Ouest un plateau jurassique, à chaînons et à vallées parallèles, orientées dans le sens de la péninsule, bouleversé en maint endroit par des éruptions volcaniques dont témoignent les cratères éteints occupés aujourd'hui par des *lacs*.

Les rivières du versant occidental (*Arno*, *Tibre*) coulent d'abord, soit du Sud-Est au Nord-Ouest, soit du Nord-Ouest au Sud-Est, avant de s'infléchir pour arriver à la mer *Tyrrhénienne* ; les autres traversent, pour aller à l'*Adriatique*, les régions les plus élevées de l'Apennin, où elles marquent les passages naturels entre les deux côtés de l'Italie (vallées de l'*Esino*, de la *Pescara* suivies par deux des principaux chemins de fer transversaux de l'Italie centrale).

La Calabre et l'Apulie.

— L'Apennin proprement dit se termine au nord du *Volturno*. La vallée de cette rivière coupe l'Italie en *deux*. De là l'importance de la principauté de *Bénévent*, qui, au moyen âge, commandait le principal passage de l'Est à l'Ouest de l'Italie.

Au Sud, l'Apennin se prolonge par les massifs bouleversés de la *Calabre*, qui aboutissent à l'île *volcanique* de la *Sicile*; le mont *Gargano* forme sur la côte Adriatique un petit massif isolé, au sud duquel s'étendent les pays plats de la presqu'île d'Otrante.

Le morcellement italien.

— Cette configuration de la péninsule italienne explique en grande partie pourquoi elle est restée si longtemps *morcelée*. Il avait fallu la conquête romaine pour lui donner une première fois l'unité ; il a fallu le grand mouvement des nationalités au dix-neuvième siècle pour la lui rendre une seconde fois.

Dans le *Nord*, des hommes *actifs*, *intelligents*, *laborieux*, tirent merveilleusement parti des richesses naturelles de leur sol : ils furent les citoyens des républiques lombardes dont la plus illustre fut Milan

Fig. 79. — Cathédrale de Milan.

(fig. 79) ; de Venise (fig. 80), la reine de la Méditerranée pendant tout le moyen âge.

Dans la région montagneuse, à mesure que le pays devient plus agreste et plus dur, les types d'hommes sont de moins en moins élevés ; à l'actif Génois, au Toscan industrieux et artiste, succèdent le paysan à demi-sauvage des Abruzzes et les Napolitains indolents.

Ces différences ne sont pas des variétés d'une même espèce, comme les types des provinces de France ; elles sont plus profondes. Longtemps la *haine* a séparé les Italiens du Nord et du Sud, les plus sanglantes discordes ont déchiré la péninsule pendant tout le *moyen âge* ; ces souvenirs ne sont pas encore éteints aujourd'hui.

L'unité de l'Italie actuelle

— L'Italie n'en est pas moins aujourd'hui un royaume *unique* sous la maison de Savoie. Dernière venue parmi les grandes puissances, elle a déjà pris un rang important au milieu d'elles, grâce à son excellente position géographique.

La plaine du Pô est le carrefour où aboutissent toutes les routes qui traversent les Alpes en venant de France, de Suisse, d'Allemagne ou d'Autriche.

Tournée comme une jetée vers le canal de Suez, la péninsule partage avec Malte la position *centrale* de la Méditerranée. Son port de *Brindisi* est l'escale la plus proche d'*Alexandrie* ; ceux de *Gênes* et de *Venise* sont au contraire très rapprochés de l'Europe centrale.

Fig. 80. — Place Saint-Marc à Venise.

Dotée de plus de côtes qu'aucun autre des pays continentaux, sauf la Grèce, munie de ports nombreux et excellents, *Gênes*, *Livourne*, *Naples*, *Ancône*, *Tarente*, pleine des souvenirs de l'antiquité romaine et de la Renaissance, l'Italie aspire à jouer un rôle de *premier ordre*; à être la Prusse et l'Angleterre des nations méditerranéennes.

Dans ses livres classiques, elle va jusqu'à réclamer *Nice* et la *Savoie*, le *Tessin* et le *Tyrol*, *Trieste* et la *Corse*, toute terre où se parle l'italien, l'*Albanie* même (p. 14), où elle compte exploiter, lors de la chute définitive des Turcs, les vieux souvenirs vénitiens.

Faiblesse de l'Italie.

— Cependant l'Italie n'a encore que peu d'*industrie*, la *houille* lui manque ; son *agriculture* est dans un état *médiocre*, excepté dans les riches plaines lombardes où prospèrent les céréales, le riz et les mûriers. Beaucoup de ses côtes sont fiévreuses, beaucoup de ses montagnes arides : ses habitants sont forcés d'*émigrer* en grand nombre.

Les uns, paysans du *Piémont*, vont chercher en France et en Autriche de rudes travaux ; les autres se répandent dans tous les ports de la Méditerranée, prennent la route de l'Amérique du Sud (*La Plata*) et des États-Unis.

Naturellement pauvre comme l'Allemagne, malgré *l'importance de sa marine marchande* et les progrès récent de son industrie, l'Italie n'a point eu, comme cette grande puissance, une longue préparation scientifique et militaire qui la rendu redoutable dans les luttes de la paix ou de la guerre.

La présence du Pape à Rome, la constance de ses revendications contre la spoliation dont il a été l'objet en 1870, ses rapports diplomatiques avec les grandes puissances catholiques et même protestantes, son influence morale en Europe, sont une cause de faiblesse pour le jeune royaume ; l'Italie est sans doute un facteur important dans la politique européenne, mais elle ne saurait jouer que les rôles de second plan.

La Bulgarie et les Bulgares. — Les Bulgares paraissent se rattacher aux peuplades ouraliennes et finnoises par les origines de leur race, mais ils parlent une langue slave et à ce titre on doit les considérer comme des Slaves. A la fin du VIIe siècle, ils franchirent le Danube, s'établirent dans l'ancienne Thrace et furent la terreur de Constantinople. Au IXe, ils se convertirent au christianisme. Au XIIe, leur empire avait atteint son apogée ; il allait du Danube à Constantinople et de la mer Noire à l'Adriatique ; il avait *Tirnova* pour capitale. A la fin du XIVe arrivèrent les Turcs : les Bulgares vaincus, bientôt oubliés, réduits à la condition de serfs, courbés sous le sabre de l'aristocratie ottomane, s'attachèrent à la culture du sol, accrurent de génération en génération l'importance numérique de leur race, débordèrent de vallée en vallée dans la plus grande partie de la péninsule des Balkans. Cette revanche patiente et silencieuse a préparé l'autre.

Tout d'un coup, en 1876, le nom des Bulgares retentit de nouveau en Europe. Ce peuple opprimé depuis près de cinq siècles n'avait jamais perdu le souvenir de son ancienne indépendance et de son ancienne grandeur ; des traditions, des chants populaires entretenaient chez lui le culte national ; il reprit définitivement conscience de lui-même, il s'insurgea. Les Turcs réprimèrent les insurrections par d'odieux massacres. La Russie, aussi intéressée, intervint. Ce fut la guerre de 1877, marquée par la victoire sanglante des Russes à Plewna et terminée par le traité de San-Stefano (mars 1878), qui créait une grande Bulgarie allant du Danube à la mer Égée. Mais le congrès de Berlin s'inquiéta de l'étendue de ce nouvel État : il la restreignit, la divisa, érigea en principauté de Bulgarie tout le pays situé entre le Danube et le Balkan, maintint dans la condition de province ottomane, bien qu'autonome, la région comprise entre le haut bassin de la Maritza, entre le Balkan et le Rodope ; ce fut la Roumélie orientale, chef-lieu *Philippopoli* (Plowdiv).

Le 22 février 1879, à Tirnova, l'assemblée des notables bulgares vote une constitution. Le 29 avril, une Assemblée spéciale choisit comme souverain du jeune prince de Battenberg, parent allemand de la famille impériale de Russie qui a pris le nom d'*Alexandre Ier*. Des fonctionnaires russes organisèrent le nouvel État ; des officiers russes instruisirent son armée : sa capitale, admirablement choisie, fut *Sofia*, placée à l'extrémité sud-ouest de la principauté, mais qui occupe, dans la péninsule et dans les pays de langue bulgare, une situation centrale, à mi-chemin, sur la grande route naturelle du Danube à Constantinople.

Cependant, la Roumélie orientale n'a pu endurer longtemps son isolement. Tout à coup, en 1885, elle s'est insurgée et a proclamé son union avec la Bulgarie. Cette révolution, survenue sans le consentement préalable de la Russie, a mécontenté cette puissance presque autant que l'Autriche. De leur côté, les Serbes, jaloux de l'agrandissement des Bulgares les ont attaqués, mais ils se sont fait battre. La Turquie n'a protesté que pour la forme. L'union de la Roumélie orientale à la Bulgarie est aujourd'hui un fait accompli. Un mouvement inévitable groupera tôt ou tard autour de Sofia, le reste des Bulgares de Thrace et de Macédoine.

LA PÉNINSULE DES BALKANS.

CHAPITRE XIX

LA PÉNINSULE DES BALKANS

NOMENCLATURE PHYSIQUE

Latitude. — Lac Érié, île de Yéso.

Longitude. — Plateau de Barca, — coude septentrional du Congo, — plateau du Cap.

Climat. — Africain sur les côtes et les plaines du Sud, continental dans les montagnes et la plaine valaque (alternative de grands froids et de fortes chaleurs).

Caps. — Matapan, Malée, mont Athos.

Golfes. — D'Arta, de Corinthe (*mer Ionienne*), de Coron, de Marathonisi, de Nauplie, d'Egine, de Volo, de Salonique, de Chalcidique, de Saros (*Méditerranée et Archipel*), de Bourgas (*mer Noire*).

Presqu'îles. — De Morée, de Chalcidique, de Gallipoli.

Iles. — 1º *Mer Ionienne* : Iles Ioniennes (Corfou, Sainte-Maure, Théaki, *Céphalonie*, Zante) ; — 2º *Archipel* : Cérigo, — *Candie*, — les *Cyclades* (Andro, Tino, Syra, Paro, Naxia, Milo, Santorin), — Eubée. — Skyra, — les *Sporades*, — Lemno, — Imbro, — Thaso, — Samothrace.

Montagnes. — 1º Karpathes (voir l'*Autriche*, p. 131 ; — 2º plateau Bosniaque (*id.*) ; — 3º Balkans 2800 m.) ; — 4º Despoto Dagh (Vitocha 2500 m., et Rilo 2700) ; — 5º Massifs du *Monténégro* et de l'*Albanie* (Kom, 2400 m., et Char-Dagh 2500 m.) ; — 6º Massifs du Pinde et de la Grèce septentrionale (*Parnasse* 2500 m.) ; — 7º Massifs de Macédoine et de Thessalie (Nidjé 2700 m., Olympe 2900 m., Ossa 1900) ; — 8º Massifs du *Péloponèse* (Taygète 2500 m.).

Plaines. — Moldo-Valachie ; — Thessalie.

Fleuves. — Danube (voir *Danube*, p. 111), — *Maritza* (Philippopoli et Andrinople) ; — Strouma ; — Vardar ; — Alphée ; — Aspro Potamo ; — Drin ; — Narenta (Mostar).

Lacs. — D'Albanie et de Macédoine (Scutari, Okhrida, etc.) ; — Copaïs (Grèce).

EMPIRE TURC

NOMENCLATURE POLITIQUE ET ÉCONOMIQUE

N. B. — Quoiqu'il n'y ait qu'*une faible partie de l'empire turc dans la péninsule des Balkans*, on donne ici, pour plus de clarté, la nomenclature politique et économique de *cet empire tout entier*.

Constitution territoriale de l'empire turc. — L'empire turc comprend : des possessions *immédiates* et des *pays plus ou moins dépendants*.

Les possessions immédiates sont : la Turquie d'Europe, la Turquie d'Asie, et les côtes occidentales de l'Arabie.

Les pays plus ou moins dépendants sont : les territoires occupés par les *Autrichiens* (Bosnie et Herzégovine, sandjak de Novi-Bazar), par les *Anglais* (île de Chypre) ; — la principauté tributaire de Bulgarie ; — la principauté tributaire de Samos ; — la principauté d'Égypte ; — le *vilayet* de Tripoli.

Superficie totale de l'empire turc. — Près de 6 250 000 kil. car. (France avec ses colonies et les pays protégés : près de 2 millions de kil. car.).

Sur la superficie totale de l'empire turc, il n'y a que 3 millions environ de kil. car. pour les possessions immédiates ; *une moitié de l'empire échappe donc en réalité à l'autorité du sultan.*

Population totale de l'empire turc. — Environ 43 millions d'hab. (France avec ses colonies et les pays placés sous son protectorat : 65 millions).

Sur la population totale de l'empire turc, il n'y a que 24 millions d'hab. pour les possessions immédiates.

POSSESSIONS DIRECTES

Superficie. — 2 090 000 kil. car. (dont 200 000 en Europe).

Population. — 21 millions 1/2 d'hab. (dont 5 millions 1/2 en Europe).

Grandes divisions. — Les possessions directes sont partagées en 26 *Vilayets* (départements), subdivisées en *Sandjaks* (arrondissements).

Budget de l'empire. — 400 millions (France : 3 milliards et demi).

Dette. — 2 milliards et demi (France : 20 milliards).

Armée sur le pied de paix. — 150 000 h. (France : 500 000).

Armée sur le pied de guerre. — 600 000 hommes (France : 1 million 800 000 hommes).

Principales villes de la Turquie d'Europe. — Constantinople (en turc : *Stamboul*) (fig. 81) (ancienne Byzance), capitale de l'empire turc (de 6 à 700 000 hab.). (Distance de Paris : 750 lieues) ; — Salonique (en turc : *Salaniki*) (70), port de commerce sur le golfe du même nom ; — *Andrinople* (en turc : *Edirné*) (50), sur la Maritza, grand centre agricole.

Principales villes de la Turquie d'Asie. — Smyrne (en turc : *Ismir*) (150), grand port de commerce ; — Damas (en arabe : *Chamı-Cherif* (150), cap. de la Syrie ; — La Mecque (22), ville sainte des mahométans.

On peut citer encore : *Alep, Beyrouth, Brousse, Erzeroum, Kaïsarieh, Jérusalem.*

Religion dominante. — L'islamisme.

Commerce extérieur. — Un peu plus de 1 milliard de francs (France : 10 milliards).

Commerce avec la France. — 200 millions.

Tonnage de la marine marchande. — 53 000 tonneaux (France : 1 million).

Chemins de fer. — 1 400 kil. (France : 32 000).

PAYS PLUS OU MOINS DÉPENDANTS

1º Territoires occupés par les Autrichiens. — Vilayet de Bosnie, cap. Sérajévo et sandjak de Novi-Bazar.

Superficie : 61 065 kil. car ; — Population : 1 326 000 hab. ; — Nationalité : Serbes (slaves).

2º Territoire occupé par les Anglais. — Ile de Chypre, cap. Leucosia.

Superficie : 9 600 kil. car. ; — Population 186 000 hab.

3º Principauté tributaire de Samos. — Superficie : 468 kil. carr. ; — Population :

39 000 hab.; — Commerce extérieur : 75 millions; — Nationalité : Grecs.

4° **Principauté tributaire de Bulgarie**, cap. *Sofia*. — Superficie : près de 100 000 kil. car.; — Population : plus de 2 millions 800 000 hab.; en y comprenant la Roumélie orientale que le traité de Berlin avait constituée en province ottomane autonome, mais qui s'est réunie à la principauté. — Nationalité : Bulgares (*Slaves*). — Principales villes : *Sofia*, cap. de la Bulgarie, *Philippopoli*, cap. de la Roumélie orientale, Routchouk, Choumla, Tirnova.

5° **Vice royauté d'Égypte** (administrée par les Anglais).

Superficie : 2 987 000 kil. car.

Population : environ 15 millions d'hab.

Grandes divisions. — L'Égypte propre (El Masr), — la Nubie, — le Soudan égyptien. L'Égypte est divisée en *Basse Égypte*, cap. le Caire, — *Moyenne Égypte*, cap. Beni-Souef, — *Haute Égypte*, cap. Siout.

Principales villes. — *Le Caire* (350), près du Nil, cap. de l'Égypte; — *Alexandrie* (200), grand port de commerce sur la Méditerranée.

On peut citer encore : *Tantah, Sagazig, Damiette, Siout, Damanhour, Rosette, Mansourah, Suez*.

Principaux produits. — Céréales, coton.

Commerce extérieur : 500 millions de francs (France : 10 milliards).

Mouvement des ports. — 6 millions de tonneaux (France : 20 millions).

Tonnage de la marine marchande : 20 000 tonneaux.

Chemins de fer : 1 518 kil.

Canal de Suez. — Le canal de Suez a été percé sous la direction d'un *français* : M. de Lesseps. Ce canal s'étend de Port-Saïd à Suez; il mesure environ 160 kil. de longueur sur 80 mètres de largeur et 8 mètres de profondeur; son percement a coûté 500 millions de francs. — *La distance entre Marseille et un port de l'Hindoustan qui était de 6 000 lieues par le cap de Bonne-Espérance n'est plus que de 3 000 lieues par le canal de Suez.*

6° **Vilayet de Tripoli**. — Superficie : 1 million de kilomètres carrés ; — Population : 1 million d'habitants.

PETITS ÉTATS DE LA PÉNINSULE DES BALKANS

ROYAUME DE ROUMANIE

NOMENCLATURE POLITIQUE

Superficie. — Environ 130 000 kil. car. (France : 529 000).

Population. — Un peu plus de 5 millions d'hab. (France : 38 millions). (41 hab. par kil. car.; France : 71).

Divisions administratives. — La Roumanie est partagée en 3 grandes provinces : la *Valachie*, cap. Bukarest, — la *Moldavie*, cap. Jassy, — la *Dobroutcha*, cap. Toultcha. — Ces trois provinces sont divisées en un certain nombre de *districts*.

Budget. — 125 millions (France : 3 milliards et demi).

Dette. — 600 millions (France : 20 milliards).

Armée. — 150 000 hommes (France : 1 million 800 000 hommes).

Principales villes. — Bucarest (220), capitale du royaume; — *Jassy* (90), près du Pruth, commerce important avec la Russie; — *Galatz* (80), grand port fluvial sur le Danube.

On peut citer encore : *Botochani, Ploiesti, Bratia*.

Religion dominante. — Christianisme grec.

NOMENCLATURE ÉCONOMIQUE

Céréales. — La Roumanie (province de *Valachie*) produit des céréales en abondance, elle en exporte pour plus de 150 millions de francs chaque année.

Commerce extérieur. — Près de 600 millions de francs (France : 10 milliards).

Commerce avec la France. — 40 millions.

Mouvement des ports. — 7 millions de tonneaux (France : 90 millions).

Tonnage de la marine marchande. — 1 500 tonneaux (France : 1 million).

Chemins de fer. — 1500 kil. (France : 32 000).

ROYAUME DE SERBIE

NOMENCLATURE POLITIQUE ET ÉCONOMIQUE

Superficie. — 48 590 kil. car. (France : 529 000).

Population. — 1 900 000 hab. (moins que Paris). (36 hab. par kil. car.; (France : 71).

Divisions administratives. — La Serbie est divisée en un certain nombre d'arrondissements.

Budget. — 40 millions (France : 3 milliards et demi).

Dette. — 100 millions (France : 20 milliards).

Armée. — 200 000 hommes (France : 1 million 800 000).

Principales villes. — Belgrade (40), sur le Danube, cap. du royaume; — *Nich*.

Commerce extérieur. — 90 millions de francs (France : 10 milliards).

Religion. — Christianisme grec.

ROYAUME DE GRÈCE

NOMENCLATURE POLITIQUE.

Superficie. — 64 688 kil. car. (France : 529 000).

Population. — Près de 2 millions d'hab. (moins que Paris), (31 hab. par kil. car.), (France : 71).

Divisions administratives. — La Grèce est divisée en 14 *nomarchies*.

Budget. — 90 millions (France : 3 milliards et demi).

Dette. — Près de 1 milliard (France : 20 milliards).

Armée. — 100 000 hommes (France : 1 million 800 000).

Marine militaire. — Cuirassés : 2 (France : 70).

Principales villes. — Athènes 81) (fig. 82), capitale du royaume, riche en monuments, souvenirs historiques; — *Patras*, ville commerçante dans le Nord de la presqu'île de Morée; — *Hermopolis* ou *Syra*, port important dans l'archipel des Cyclades ; — le *Pirée*, port d'Athènes, à 12 kil. de cette capitale, à laquelle il est réuni par un ch. de fer.

Religion. — Christianisme grec.

NOMENCLATURE ÉCONOMIQUE

Commerce extérieur. — Près de 200 millions de francs (France : 9 milliards).

Commerce avec la France. — 40 millions.

Principal produit. — Raisins secs.

Mouvement des ports. — 4 millions de tonneaux (France : 90 millions).

Tonnage de la marine marchande. — 3 000 000 tonneaux (France : 1 million).

Le tonnage de la marine grecque est très considérable pour un si petit État.

Chemins de fer. — 310 kil. (France : 32 000).

PRINCIPAUTÉ DE MONTÉNÉGRO

Superficie. — 9 030 kil. car.

Population. — Près de 250 000 hab.

Budget. — 1 250 000 francs (France : 3 milliards et demi).

Dette. — 2 500 000 francs (France : 20 milliards).

Armée. — Pas d'armée permanente. Tout Monténégrin valide prend les armes en cas de guerre.

Ville principale. — *Cettigne* (2 000 hab.), capitale de la principauté.

Ports. — Un seul, *Antivari*, qui a été donné au Monténégro en 1878, par le traité de Berlin.

Religion dominante. — Christianisme grec.

~~~ **Incertitude de l'orographie de cette région**. — Rattachée aux Alpes par les hauteurs médiocres du *Karst* Illyrien (Carte, p. 131) et aux *Karpathes* par les roches que le Danube a percées près d'*Orsova*, la péninsule des Balkans est en même temps séparée du

Fig. 81. — Vue de Constantinople.

reste de l'Europe (comme la plupart des péninsules) par une *vaste plaine*, celle de la *Valachie*, où coule le Danube inférieur.

Le relief de cette presqu'île est d'ailleurs des *plus troublés* et des *moins bien connus* qui existent.

Tout ce qu'on sait provient des expéditions des Français en Grèce, des Russes en Bulgarie, des Autrichiens en Bosnie. Les relations et les travaux de quelques voyageurs isolés, n'ont permis de s'en former qu'une *idée générale* sujette à bien des erreurs de détail.

~~~ **La grande route de Constantinople**. — Tandis que les Balkans sont orientés de l'Ouest à l'Est et parallèles

au Danube, le relief occidental de la péninsule a une direction générale du Nord-Ouest au Sud-Est.

La séparation entre les deux massifs montagneux est marquée par la *vallée de la Maritza* qui aboutit à l'archipel dans la direction de **Constantinople** (fig. 82), par le cours supérieur de l'*Isker* qui rejoint le Danube en forçant l'obstacle des Balkans, et par la vallée de la *Morava serbe* qui se rend au Danube vers le Nord-Ouest.

Cette grande dépression est le vrai chemin de Constantinople à la Hongrie, et *Sofia*, la capitale de la *Bulgarie*, garde aujourd'hui, sur l'Isker, le nœud stratégique autrefois défendu par les *portes Trajanes*.

Une voie ferrée suit déjà la Maritza jusqu'aux portes Trajanes, atteint *Sofia* et doit rejoindre la ligne de *Nich* à *Belgrade* qui se poursuit sur *Pest* et *Vienne*.

La route de Salonique. — Un autre chemin de fer remontant le *Vardar*, traverse les défilés du *Char-Dagh*, atteint déjà *Mitrovitza* au milieu de la plaine de *Kossov*, la clef de la *Serbie* et de la *Bosnie*, le champ de bataille où succomba au quinzième siècle, sous les coups des Turcs, l'indépendance des Slaves du moyen Danube.

L'Autriche, aujourd'hui maîtresse de la Bosnie, se propose de rattacher cette ligne à la Save, par la vallée de la Bosna et par Novi-Bazar et de s'ouvrir ainsi la route de Salonique qui la rapprochera de l'Égypte, de l'Inde et de l'extrême Orient.

Multiplicité des races. — Un très grand nombre de *races diverses* habitent la péninsule Turko-Hellénique.

Les *Albanais* descendent probablement des anciens Pélages.

Les *Grecs* qui avaient colonisé les côtes de l'Archipel y sont restés, et les Romains qui s'étaient établis sous Trajan dans la *Mœsie* et dans la *Dacie*, ont été, dans la vallée inférieure du Danube, la souche d'une race latine très vigoureuse, les *Roumains*.

Les anciens Thraces ont disparu et ont fait place aux populations **Slaves** : Serbes, Albanais et Bulgares.

La race *Turque*, très peu nombreuse, après avoir subjugué toute la péninsule, au quinzième siècle, s'est énervée peu à peu, et les anciens peuples soumis ont recouvré en partie leur indépendance (Roumanie, Serbie, Grèce, Monténégro). Les Bulgares, soulevés en 1876, et d'abord partagés entre une principauté vassale, la *Bulgarie*, et une province autonome, la *Roumélie orientale*, sont maintenant unis.

Les Slaves de la Bosnie et de l'Herzégovine ont été rattachés par le *traité de Berlin* à ceux de l'Autriche.

La question d'Orient. — La décadence de l'empire turc causée surtout par le despotisme et les vices d'une administration sans contrôle, éveille depuis longtemps l'inquiétude ou l'ambition des États européens.

La Russie, tenue naguère en respect par la France et l'Angleterre, voudrait s'ouvrir par la conquête de Constantinople, les portes de la Méditerranée ; la Roumanie, la Bulgarie et la Roumélie l'en séparent actuellement, et sont placées par le traité de Berlin sous l'influence d'une nouvelle *grande puissance orientale*, l'Autriche, maîtresse de la route de Salonique.

Mais la Turquie n'est pas menacée seulement par ses puissants voisins. Les populations albanaises, slaves ou grecques, encore sujettes (Macédoine, Thrace, Albanie), supportent impatiemment le joug du Sultan et de ses pachas.

Les petits États slaves des Balkans. — Quant aux petits États formés des débris de l'empire turc, les convoitises et les rivalités des grands empires voisins ne leur promettent pas un développement bien régulier ni bien paisible. Serbes et Monténégrins resteront longtemps encore en majeure partie

Fig. 82. — Vue d'Athènes.

des peuples de pasteurs armés, que l'Autriche empêchera de s'unir, malgré la communauté de leur sang. En 1885, la Russie et l'Autriche ont fort mal accueilli la révolution inopinée qui a annexé la Roumélie orientale à la Bulgarie indépendante et les Bulgares unis n'ont pas eu de pires adversaires que leurs voisins et frères, les Serbes.

La Roumanie. — La Roumanie n'a pas été plus favorisée : non seulement elle ne peut espérer que d'un bouleversement improbable d'Europe, l'acquisition des pays transylvaniens peuplés en majorité par les Roumains, mais encore, après avoir été l'alliée de la Russie contre les Turcs en 1876, elle a dû leur céder la riche Bessarabie peuplée de Roumains, en échange de la Dobroutcha stérile et peuplée de Turcs. Ainsi triomphe ou succombe le principe des nationalités selon qu'il est invoqué par des forts ou par des faibles.

D'autre part la possession du cours inférieur du Danube met la Roumanie dans une dépendance étroite de l'Autriche. Pourtant la richesse qu'elle tire de ses céréales, la cohésion de sa race, son degré de culture la rendent plus respectable que les États slaves, encore réduits à l'état demi-barbare.

La Grèce. — De tous les petits États des Balkans le plus puissant, celui dont l'avenir paraît le plus assuré est la Grèce. D'abord sa situation à l'extrémité méridionale de la péninsule l'affranchit de la servitude des grandes puissances. Son sol n'est point fertile en céréales, mais il se prête très bien à la culture de la vigne et de l'olivier ; ses richesses minérales (marbre, plomb, etc), seront exploitées le jour où des chemins de fer traverseront les grands massifs montagneux. Mais ce qui fait surtout de la Grèce un pays d'avenir, c'est le grand développement de sa *marine marchande*. Comme les républiques de la Grèce ancienne elle est avant tout un État maritime ; de tous c'est le plus voisin de l'Orient ; elle est aux portes de Suez ; quand l'*isthme de Corinthe* sera percé, le Pirée sera une escale de la route d'Alexandrie à Brindisi et pourra détourner par là une partie du transit sur lequel l'Autriche compte pour Salonique, s'il ne supplante pas à la fois Salonique et Brindisi.

Et cette puissance maritime n'est pas fondée seulement sur les Grecs de la Grèce ; elle tient aussi et surtout aux nombreuses *colonies* de Grecs disséminés dans tous les grands ports de l'archipel, à Alexandrie, à Trieste, à Marseille, à Constantinople. Toutes sont étroitement unies avec la mère patrie, et leurs relations entre elles forment un des éléments les plus importants du commerce méditerranéen.

L'empire turc. — Les mêmes raisons qui s'opposent à l'expansion des Slaves et des Roumains, militent en faveur de l'empire vermoulu des Ottomans. *Accablé de dettes*, privé de la Bosnie qu'occupe l'Autriche, de la Roumélie orientale unie à la Bulgarie, maître à demi de la Crête qui est presque autonome, il se trouve acculé peu à peu aux rives de la mer de Marmara. Les rivalités des États européens font en réalité de sa capitale Constantinople une sorte de terrain neutre. En Afrique, son vassal l'*Égypte* est occupée par les Anglais ; il a en vain revendiqué la suprématie de *Tunis* ; *Tripoli* seul lui rend encore hommage. En Asie, *Chypre* est occupée par les Anglais qui ont aussi reçu le protectorat virtuel de l'Asie Mineure ; les Arabes de Syrie et d'Arabie s'agitent pour secouer la domination religieuse et politique des Turcs. Tout cet assemblage de pièces disparates et usées ne subsiste que parce que les grandes puissances reculent devant les guerres dont leur disjonction et leur partage donneraient certainement le signal. Si les Turcs sont rejetés en Asie, les États du Danube et des Balkans unis à la Grèce pourraient s'organiser en confédération, mais il est à craindre qu'ils ne puissent s'entendre.

L'EMPIRE OTTOMAN.

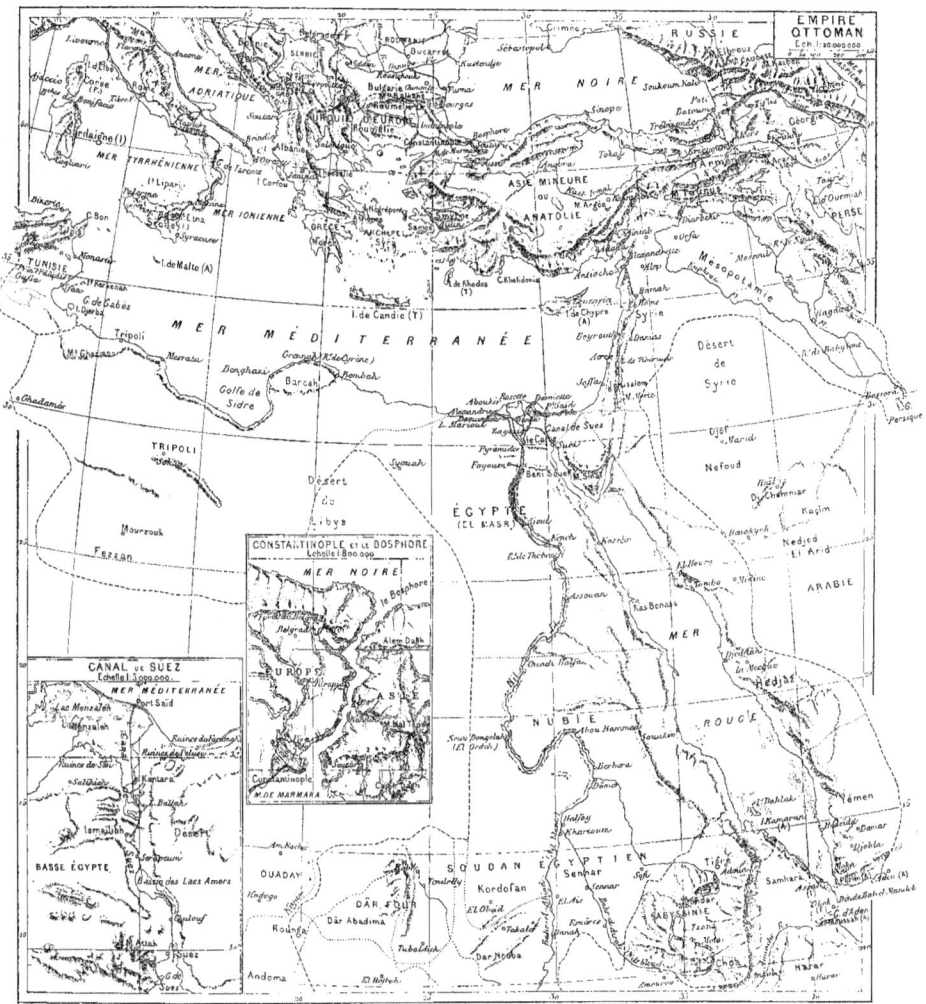

Constantinople. — Capitale des Romains, puis des Byzantins, aujourd'hui des Turcs, demain peut-être des Russes, rendez-vous de toutes les races, Constantinople est la clé de la mer Noire, la vraie porte de l'Europe sur l'Orient. Elle s'étend sur la côte occidentale du Bosphore, au débouché de ce fleuve maritime dans la mer de Marmara.

Sa masse principale, l'ancienne Byzance, que les Turcs appellent *Stamboul*, occupe la presqu'île triangulaire détachée du continent par l'estuaire de la *Corne d'or*. Elle est bâtie en amphithéâtre sur sept collines et elle a 12 kilomètres de tour. A la pointe extrême, en face de la côte asiatique et du soleil levant, se dresse le *Sérail*, résidence du Sultan et l'église byzantine de *Ste-Sophie* qui est aujourd'hui une mosquée. Derrière ce premier plan merveilleux les sept collines que la grande cité couvre de ses maisons pittoresques, les minarets, flèches élancées, les coupoles, les massifs de verdure, la forêt des mâts de navires qui peuplent le port, le profil lointain des montagnes, l'éclat des eaux et des cieux forment un tableau enchanteur.

Au nord de la presqu'île sont les palais des vieilles familles grecques groupées autour du *Phanar*, sanctuaire et université centrale du monde hellénique. Au sud s'étend le quartier des Arméniens qui sont plus de 200 000. De l'autre côté du port, les « Francs » ou Européens occupent le quartier de *Péra*. Sur la rive asiatique s'élève une autre ville, *Scutari* « la ville d'or », (ancienne Chrysopolis), avec son cimetière ombragé d'admirables cyprès. De chaque côté de la mer de Marmara, en Europe au delà des Sept-Tours, en Asie au delà de *Kadi-Keui* (ancienne Chalcédoine), vers le golfe de Nicomédie dont les charmantes *Iles des Princes* marquent l'entrée, s'étendent des faubourgs industriels, conquête et création de l'activité occidentale. Au nord enfin sur une longueur de 30 kilomètres, le *Bosphore* n'est qu'une grande avenue bordée de palais, de parcs et de villas. Les résidences d'été des Ambassades sont groupées à *Térapia* (France, Italie, Angleterre) et à *Buyuk Déré* (Allemagne, Grèce, Russie).

Fig. 83. **Types français.**

1. Pêcheur. 2, 3. Normands. 4, 5. Bretons. 6, 7. Alsaciens. 8. Paysan 9, 10. Maconnaises. 12. Béarnais. 14. Hussard. 16. Cuirassier. 19. Génie. du Centre. 11. Bourbonnaise. 13. Marin. 15. Dragon. 17. Infanterie. 20. Artillerie. 18. Zouave. 21. Gendarme

Les races de l'Europe.

Les races disparues. — Parmi les anciennes races historiques de l'Europe, les *Phéniciens*, les *Ibères*, les *Ligures*, dont nous parlent les auteurs anciens semblent avoir disparu[1], noyés parmi des envahisseurs plus récents. Les *Celtes*, dont on retrouve les traces en Asie Mineure et le long du Danube, et qui ont peuplé la *Gaule*, ont été refoulés dans l'extrême Occident, l'*Ecosse*, l'*Irlande*, le pays de *Galles*, la *Bretagne* française, où ils ont réussi à conserver leurs traits propres, leur costume et leurs langues. Une autre race, dont on ne connaît ni le berceau ni la parenté, la race *Basque*, se trouve isolée au milieu des Pyrénées, dans les pays Navarrais; elle ne compte pas plus de 600 000 personnes.

INDO-EUROPÉENS. — Les races qui dominent aujourd'hui dans l'Europe sont les races *indo-européennes*. Elles parlent des langues dont la communauté d'origine est démontrée.

Les *Grecs* ont couvert de leurs colonies toutes les rives et les îles de l'*Archipel* : leur population très dense a subsisté malgré les invasions et les vicissitudes politiques, et compte aujourd'hui plus de 2 millions de représentants : le *plus grand nombre* habite le royaume de *Grèce* indépendant depuis plus de 50 ans ; le reste est *disséminé* dans les îles et sur les côtes de l'empire ottoman.

Les *Latins*. — Rome, après avoir conquis l'Italie, *italianisa* la *Gaule* et l'*Espagne*, et les *modifia* si profondément que, malgré les invasions germaniques et arabes, les peuples *Portugais, Français, Italien* et *Espagnol* sont de *race latine*, par la parenté de la langue, la

[1]. A moins que les Basques ne soient les descendants des Ibères.

communauté des tendances politiques vers la démocratie, l'unité de religion et une *tournure d'esprit* particulière.

Les peuples de race latine, auxquels il faut joindre les *Roumains* (issus de colonies romaines en Dacie), comptent près de 98 *millions* d'individus.

Les Germains. — Envahisseurs de l'empire romain au cinquième siècle, les Germains furent organisés par Charlemagne; ils ont peuplé en partie l'Angleterre et les pays scandinaves.

Aujourd'hui, leur masse principale s'étend du *Rhin* à la *Vistule* et de la mer du *Nord* à la *Saxe*. Ennemis à la fois des races latines qui sont leurs voisines de l'Ouest et des Slaves qu'ils ont fait rétrograder à l'Est, ils ont, après de longues divisions, réussi à se réunir presque tous en un *seul empire* militaire où la Prusse (d'origine slave) est prépondérante.

L'ensemble des Germains, y compris les Anglo-Saxons des Iles Britanniques, et les peuples scandinaves, très différents des Allemands proprement dits, se compose d'environ 90 *millions* d'individus, dont 52 dans l'empire d'Allemagne et 37 dans l'Autriche allemande.

Les Slaves. — La race *slave* occupe tout l'orient européen : — Les Russes se sont répandus dans la vaste plaine moscovite; — Les *Polonais* ont été en lutte avec les Germains, sur l'Elbe et l'Oder; — Les *Tchèques* ont pénétré dans le quadrilatère Bohémien ouvert du côté du Sud ; — Les *Slovènes* (Croates, Illyriens) se sont enfoncés dans les grandes vallées alpestres de la Muhr, de la Drave et de la Save; — Les *Serbes* et les *Bulgares* ont peuplé presque toute la péninsule des Balkans.

A l'Est d'une ligne qui irait de *Königsberg* à *Trieste*, il n'y a guère dans l'Europe que des Slaves, les uns disséminés dans l'empire Austro-Hongrois, les autres groupés autour du grand empire Russe. Eux aussi atteignent près de 90 *millions*.

MONGOLS. Les Magyars. — Au milieu des peuples d'origine *indo-germanique*, se trouve isolé en Europe un groupe de populations *mongoles* ou *touraniennes* parentes de celles qui habitent l'Asie orientale. Les *Huns*, qui au cinquième siècle ont ravagé l'Europe, les *Avares*, châtiés plus tard par Charlemagne, mais surtout les *Magyars* ont formé le peuple *Hongrois*, qui compte 6 millions d'âmes. Solidement établi dans la grande plaine de la Theiss, il a conservé son indépendance, sa langue, sa conscience historique et il a absorbé peu à peu les populations qui l'environnent.

D'autres peuples *Mongoliques* sont les Lapons en Suède et Norvège, et les Finlandais en Russie, enfin les *Turcs*.

Les Turcs. — Venus d'Asie au quinzième siècle, les *Turcs* ont conquis, sans le peupler réellement, toute la péninsule des Balkans : ils ne sont pas plus de 2 à 3 millions, et leur empire leur échappe tous les jours par lambeaux.

SÉMITES. Les Juifs. — Parmi les masses compactes indo-européennes et mongoles, se trouvent disséminés des représentants de la race sémitique à laquelle appartiennent les Arabes. Ce sont les *Juifs*. Dispersés depuis la ruine de leur temple par *Titus*, persécutés partout pendant le moyen âge, ils ont, à force d'énergie et de persévérance, réussi à sauvegarder leur race, et ont même concentré entre leurs mains une grande partie de la *richesse mobilière* du monde. Ils sont au nombre de 4 millions environ. En France, la Révolution les a assimilés au reste des citoyens; en Angleterre, quelques-uns se sont élevés aux situations les plus hautes; ils sont tenus à l'écart par les catholiques d'Espagne et d'Italie, persécutés en Allemagne et en Russie. Ce mouvement d'hostilité dirigé contre les Juifs se nomme l'*anti-sémitisme*. Il a été particulièrement violent en Roumanie.

QUATRIÈME PARTIE. — ASIE

CHAPITRE PREMIER
CONFIGURATION GÉNÉRALE DE L'ASIE

Étendue de l'Asie. — L'Asie est la plus considérable de toutes les masses continentales : aucune ne présente de pareilles dimensions ni en épaisseur ni en élévation. Sa superficie dépasse celle des deux Amériques, et peut s'en faut qu'elle n'*égale* celle de l'Europe, de l'Afrique et de l'Océanie réunies.

Situation de l'Asie. — Comme par sa forme et par son étendue, elle a par sa situation dans le monde, une *importance capitale*.

Elle se confond avec l'Europe septentrionale par les vastes plaines sibériennes et la dépression où la Caspienne occupe le fond ; l'étroite fissure du Bosphore (carte, p. 145) la sépare à peine de l'Europe méridionale ; l'Afrique n'y tient pas seulement par l'isthme de Suez, mais par la frappante *similitude* des deux rives de la mer Rouge. L'Asie est donc la *partie maîtresse de l'ancien Continent.*

D'autre part, elle touche au *nouveau Continent* : le détroit de Béring n'a pas de profondeur, et la mer de Béring n'est elle même qu'une mer côtière dont la bordure méridionale formée par les îles Aléoutiennes relie les volcans du Kamtchatka à ceux de l'Alaska (carte, p. 203).

Enfin le monde insulaire de la Malaisie et de l'Australie se rattache à l'Asie du Sud-Est de la même façon que l'Amérique à l'Asie du Nord-Est, et la géologie a montré qu'il doit en être considéré comme une *dépendance* immédiate, au même titre que l'archipel britannique à l'égard de l'Europe.

Caractère particulier de la distribution des hautes et des basses terres. — Si nous passons à l'étude du relief général, nous voyons que la distribution des hautes et des basses terres caractérise l'Asie d'une façon plus intéressante encore que l'énorme élévation des montagnes.

L'Afrique et l'Australie sont de *vastes plateaux* compacts, déprimés dans leur partie centrale, et bordés par de hauts systèmes montagneux. L'Europe au contraire, surtout l'Europe du Sud, offre un assemblage compliqué de *péninsules* élevées entre lesquelles la mer couvre la plupart des dépressions, et où il ne reste de place que pour des plaines et des plateaux restreints.

Entre ces deux types opposés l'Asie tient le *milieu*. Sa charpente est formée par des *plateaux considérables* dont le principal égale au moins l'Australie en étendue, et la dépasse de beaucoup par l'élévation. Ces plateaux sont reliés entre eux par des articulations montagneuses relativement fines, le *Pamir* entre le Tibet et l'Iran, l'*Arménie* entre l'Iran et l'Asie Mineure.

A l'exception des trois côtés de l'Asie Mineure et du revers méridional de l'Iran, ces plateaux ne sont pas immédiatement bordés par la mer. De vastes plaines comme le *Turkestan Russe*, la *Mésopotamie*, le *Pendjab*, le *Bengale* pénètrent entre eux ou les séparent d'autres plateaux qui se trouvent ainsi presque isolés des hautes terres de l'intérieur. C'est le cas de l'*Arabie* et du *Dékan*.

Ces plaines offrent aux *fleuves*, nés pour la plupart dans l'intérieur des plateaux, de vastes espaces où se développe largement leur cours inférieur : ils n'ont point comme ceux de l'Afrique, de barrières à franchir immédiatement avant leur embouchure, et, navigables sur une grande partie de leur étendue, ils donnent accès au cœur même du continent.

Bordure insulaire de l'Asie. — A ces traits caractéristiques du relief asiatique, s'ajoute, pour en compléter la physionomie, une longue *bordure insulaire* d'origine *volcanique*, qui ferme entre la côte continentale et le Grand Océan une série de mers fermées et peu profondes ; la plus septentrionale de ces mers relie l'Asie à l'Amérique et la plus méridionale l'Asie à la Malaisie. *Celle-ci n'est à proprement parler qu'un archipel asiatique.*

L'Asie forme en réalité plusieurs mondes distincts. — Cette disposition particulière du relief de l'Asie en a fait un assemblage de *mondes distincts* où des civilisations et des religions diverses ont grandi isolément, sans qu'aucune migration ni aucune conquête arrivât à les réunir.

La *Mésopotamie*, l'**Inde**, la **Chine** ont vécu chacune de leur vie propre depuis l'antiquité et n'ont guère eu plus de rapports entre elles qu'avec le monde Européen ou le monde Africain. Chaque race, chaque religion se trouve *cantonnée* chez elle : l'Ouest est au *Mahométisme*, l'Inde au *Brahmanisme*, la Chine au *Bouddhisme*.

Quelle différence avec l'Europe ou l'Afrique ! Celle-ci forme un tout si *compact* que le Mahométisme s'y propage d'un bout à l'autre avec une rapidité effrayante et en absorbera bientôt toutes les populations indigènes. Dans celle-là, les unités politiques, quoique très distinctes, sont si rapprochées les unes des autres qu'elles sont devenues les membres solidaires d'une civilisation commune, et en quelque sorte d'une même grande famille.

Il n'y a rien de semblable en Asie, et c'est précisément ce qui assure aux Européens la domination des énormes agglomérations d'hommes groupées autour du grand plateau central.

NOMENCLATURE

Grandes mers. — Océan Arctique, — grand Océan, — Océan Indien, — Méditerranée.

Mers côtières de l'Est. — Mer de Béring ; — Mer d'Okhotsk ; — Mer du Japon ; — Mer Jaune ; — Mer de Chine, orientale et méridionale.

Golfes. — De l'Obi (océan *Glacial*) ; — d'Anadyr (mer de *Béring*) ; — de Penjinsk (mer d'*Okhotsk*) ; — de Tartarie (mer du *Japon*) ; — de Pé-tchi-li (mer *Jaune*) ; — de *Tonkin* et de Siam (mer de *Chine*) ; — de Martaban, du Bengale, d'Oman, Persique, mer Rouge (océan *Indien*).

Presqu'îles. — Kamtchatka, Corée, Indo-Chine, Malacca, Hindoustan, Guzerate (Hindoustan), Arabie, Asie Mineure.

Caps. — Tchéliouskine (N. de la Sibérie) ; —

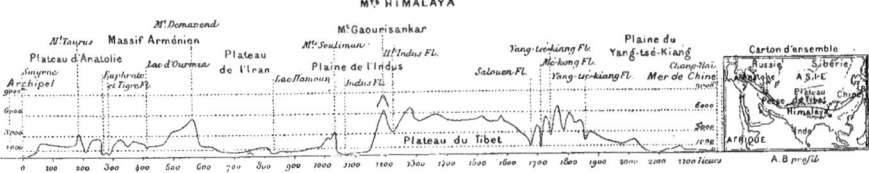

PROFIL DE L'ASIE, DE L'OUEST A L'EST
Les hauteurs sont exagérées 95 fois

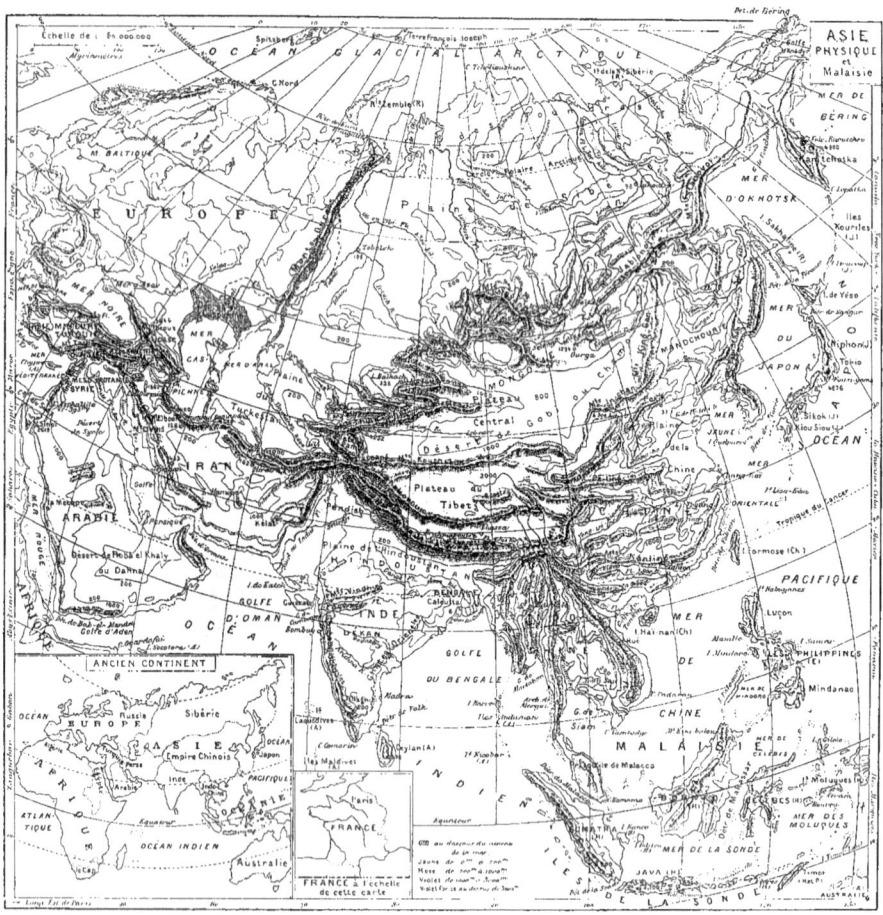

Oriental (*N.-E. de la Sibérie*); — Lopatka (*S. du Kamtchatka*); — Cambodge (*S. de la Cochinchine*); — Romania (*S. de l'Indo-Chine*), — Comorin (*S. de l'Hindoustan*).

Iles. — Nouvelle-Sibérie (*océan Glacial*); — Kouriles, Sakhaline, archipel Japonais, îles Liou-Kiou, Formose (*grand Océan*); — archipel Malais (voir *Océanie*, p. 174); — Iles Nicobar, les Andaman, Ceylan, Maldives, Laquedives (*océan Indien*).

Détroits. — De Béring, de La Pérouse, de Sangar, de Corée, de Formose, de Malacca, de Palk, d'Ormuz, de Bab-el-Mandeb, des Dardanelles (p. 115 du Bosphore (p. 115).

Montagnes. — Montagnes du plateau central (monts Jablonoï, Sayansk, Altaï, Thian-Chan, Indou-Kouch, Himalaya, Karakoroum, Kouen-Lun); — *Montagnes de l'Iran* (monts Elbourz, Soliman, Elvend); — *Montagnes de l'Arménie* (Ararat); — **Caucase**; — *Montagnes de l'Asie Mineure* (Taurus); — *Montagnes de Sibérie* (monts Ourals, massif de la Sibérie orientale); — *Montagnes de Syrie* (Liban et Anti-Liban); — *Montagnes d'Arabie*; — *Montagnes de l'Hindoustan* (monts Windhya et Ghâts); — *Groupes côtiers du grand Océan* (monts du Kamtchatka, de Corée, du Japon, de la Chine méridionale, de l'Indo-Chine).

Plateaux. — Plateau central (*Gobi et Tibet*); — *Iran*; — Asie Mineure; — Arabie; — *Dekan*.

Plaines basses. — Sibérie occidentale; — Turkestan russe (dépression Caspienne); — Mésopotamie; — Plaines de l'Indus et du Gange (*Pendjab, Bengale*); — Plaine de la Chine septentrionale.

Dépressions au-dessous du niveau de la mer. — Caspienne et pays circonvoisins; — Vallée du Jourdain.

Déserts. — de l'Arabie; — du Turkestan russe; — de Gobi; — steppes de l'Asie Mineure, de l'Iran, de la Mandchourie.

Lacs. — *Lacs de montagnes*: Baïkal (Sibérie), lacs du Tibet, lacs de l'Arménie, mer Morte; — *Lacs de plaines*: mer Caspienne, lac d'Aral, Lob-nor (*plateau central*), lac Hamoun (*Iran*), lagunes de l'Asie Mineure.

Fleuves. — *Océan Glacial*: Obi, Iénisséï, Léna.

Grand Océan: Amour, Hoang-ho, Yang-tsé-Kiang, Mé-Kong ou Cambodge, Ménam;

Océan Indien: Salouen, Iraouaddy, Brahmapoutre, Gange, Godavery, Kichna, Nerboudda, Indus, Chat-el-Arab (Tigre et Euphrate).

CONFIGURATION GÉNÉRALE DE L'ASIE.

Mer Noire : Kysyl-Irmak ;
Mer Caspienne : Koura, Ourai ;
Lac d'Aral : Syr-Daria, Amou-Daria ;
Lac Lob-Noor : Tarim ;
Lac Hamoun : Helmend ;
Mer Morte : **Jourdain**.

ASIE POLITIQUE

Superficie totale : 45 millions de kil. car.
Possessions européennes : (en tout, 21 millions 1,2 kil. car.).
A la *Russie* : Sibérie, Transcaucasie, Arménie, Turkestan, 16 millions 1/2 kil. car.
A l'*Angleterre* : Inde et partie de l'Indo-Chine, 4 millions kil. car.
A la *France* : Cochinchine, Tonkin, etc., 5-0 000 kil. car.
Possessions turques : Asie Mineure, etc., 2 millions kil. car.
Empire Chinois : 12 millions de kilomètres carrés.
Autres États indépendants : 18 millions 1/2 kil. car.

CHAPITRE II

PLATEAU CENTRAL DE L'ASIE

NOMENCLATURE PHYSIQUE

Latitude. — Europe méridionale, — États-Unis.

Climat. — Les hautes montagnes qui l'environnent et arrêtent les vents de la mer rendent le *climat très sec*. Chaleurs et froids extrêmes excepté dans le Tibet où l'été est assez tempéré. Partout ailleurs steppes et déserts du Gobi et de la Mongolie.

Montagnes du pourtour. — I. Au Nord, *Massifs du Baïkal* : monts Sayansk (3 500 m.) et Jablonoï (2 500 m.).

II. Au Nord-Ouest et à l'Ouest : *Massifs parallèles* de l'Altaï (3 300 m.) ; de la Dzoungarie ou monts Tarbagataï (3 000 m.) et de l'Ala-Tau (4 000 m.) ; — des Thian-Chan ou monts Célestes (Pic Kaufmann 6 500 m., *Khan-Tengri* 7 300 m.) ; — de l'Indou-Kouch.

Entre les Thian-Chan et l'Indou-Kouch, plateau de Pamir avec le lac *Kara-Koul* (5 050 m.).

III. Au Sud-Ouest et au Sud : **Massifs de l'Himalaya** : *Dhawalagiri* (8 176 m.), Gaourisankar (8 840 m.), *Kitchindjinga* (8 582 m.).

IV. A l'Est, *Massifs du fleuve Bleu* (monts Yun-Ling, 5 800 m.) ; — *Massifs du fleuve Jaune* (In-Chan, etc., 3 500 m.) ; — *Monts de Mandchourie* ou monts King-Gan (1 900 m.).

Montagnes intérieures : *Monts Karakoroum* et montagne du *Cachemire* (Dapsang, 8 623 m.) ; Monts Kouen-Lun (hauteur moyenne supérieure à celle de l'Himalaya) ; — *Montagnes Tibétaines* (hauteur moyenne 4 500 m.).

Fleuve intérieur du plateau : Tarim.

Lacs intérieurs du plateau : Lob-noor (670 m.), Koukou-noor (3 200 m.), Dalaï-noor (600 m.), Tengri-noor (4 690 m.).

Fleuves qui s'échappent du plateau : Brahmapoutre, — Mé-Kong ou Cambodge, — Yang-tsé-Kiang — Kérouloun (Amour supérieur), — Selenga (affl. de l'Iénisseï), — Irtych (affl. de l'Obi), — Indus.

Cotes d'altitude des principales villes du plateau : *Tibet* : Lhassa, 3 630 m. ; — *Turkestan oriental* : Yarkand, 1 197 m., Kachgar, 1 232 m., Khamil, 856 m. ; — *Mongolie* : Barkoul, 1 550 m., Ourga, 1 200 m.

NOMENCLATURE POLITIQUE

Voir la Chine, p. 165.

Ceinture montagneuse de l'Asie centrale. — Le centre de l'Asie forme un ensemble de terres élevées, dont la masse domine toutes les autres aspérités de la surface du globe ; elle occupe en étendue une *superficie presque aussi vaste que celle de l'Europe*.

C'est véritablement le **dôme** autour et au-dessous duquel se groupent toutes les autres régions de cette partie du monde, la Chine, l'Indo-Chine, l'Inde, l'Iran, les plaines du Turkestan et de la Sibérie.

De toutes parts, des massifs montagneux l'environnent, auprès desquels nos Alpes mêmes sembleraient médiocres.

Au Sud, l'Himalaya, « le *séjour des neiges*, » presque aussi long que la Méditerranée, étage ses gigantesques murailles de la plaine de l'Indus et du Gange aux sommets du Gaourisankar ou du Dhawalaghiri, qui atteignent près de 9 000 m.

A l'Est, les *montagnes chinoises*, pressées les unes contre les autres, vont rejoindre le Nord-Est, en Sibérie, les monts de Stanovoï (p. 150).

Au Nord-Ouest se succèdent trois groupes de chaînes parallèles : — les *Tian-Chan* et l'*Ala Tau* qui s'élèvent jusqu'à 4 et 6 000 mètres ; — au delà de la dépression de la *Dzoungarie*, où passe l'Irtych, et qui est la porte occidentale du plateau, l'*Altaï* qui atteint 3 500 mètres ; — enfin les *Jablonoï* dont la direction est marquée par le *Baïkal*, une de leurs vallées submergées, le plus vaste lac de montagnes du monde.

La rencontre des Thian-Chan avec l'Himalaya forme, à la pointe occidentale du grand plateau, le *Pamir*, région relativement basse, d'une élévation moyenne de 2 500 mètres.

Le Tibet. — Le plateau central asiatique est partagé en deux étages très différents par les monts *Kouen-Lun*, qui le traversent de l'*Est* à *l'Ouest*, du Pamir au fleuve Hoang-ho.

Entre l'Himalaya et les Kouen-Lun, le plateau du Tibet, dont le relief tourmenté est sillonné par les plissements parallèles des *Karakoroum* a une *élévation moyenne* égale à celle du *mont Blanc*. Les pluies abondantes qu'il reçoit du golfe du Bengale et surtout de la mer d'Oman, ruissellent dans ses lacs toujours pleins, comme le *Tengri-noor*, dans ses fleuves qui comptent parmi les plus grands du monde : l'*Indus*, le *Brahmapoutre*, le *Salouen*, le *Me-Kong*, le *Yang-tsé-Kiang*, le *Hoang-ho*.

Mais son altitude arrête au passage toute l'humidité des vents marins. Tandis que, sur le flanc méridional du Tibet, dans l'Himalaya, de colossales *forêts* côtoient les neiges éternelles, que les glaciers, les chutes d'eau déchirent, percent la montagne, y pratiquent les routes naturelles ; au Nord, les *Kouen-Lun*, au contraire, sont demeurés une muraille massive, nue, et quoique moins haute, *moins accessible* que l'Himalaya.

Les steppes et les déserts au Nord des monts Kouen-Lun. — Au Nord du Kouen-Lun, une *immense dépression*, sorte de Méditerranée desséchée, est partagée en *deux bassins* par le rapprochement de l'éperon oriental des Thian-Chan et des monts Kouen-Lun. C'est le désert de Gobi.

Sa partie occidentale ou turke s'appelle le désert de *Takla Makan* : c'est un steppe plutôt qu'un désert.

Les eaux qui descendent des pentes intérieures des Thian-Chan et du revers oriental du Pamir, se réunissent dans le lit du *Tarim* qui les perd par évaporation et n'en porte qu'une faible partie à la lagune du *Lob-noor*, dépression située à 670 mètres seulement au-dessus du niveau de la mer.

La partie orientale du Gobi est le *Gobi* proprement dit ; la pluie et la végétation y sont rares : c'est le véritable *désert*.

Ainsi dans l'Asie centrale, la vie se développe avec l'humidité. Elle atteint toute son intensité sur le haut Indus, dans la région agricole et industrielle de *Cachemire*, sur le haut Brahmapoutre où *Lhassa* est le centre religieux du Tibet et de tout le monde bouddhiste.

Rôle historique de l'Asie centrale. — Le plateau central de l'Asie a exercé une influence considérable sur l'histoire de l'humanité.

Il a isolé par une *grande muraille* naturelle la Chine de l'Inde et du monde gréco-romain.

Ce n'est que fort tard que les Chinois, protégés au Nord par leur *grande muraille* artificielle contre les incursions des nomades du désert, purent conquérir la *région agricole du Tarim* où ils trouvèrent l'industrie de la soie, et franchissant le passage de la *Dzoungarie*, arrivèrent à l'Inde, en tournant l'extrémité occidentale du plateau central.

PROFIL DE L'ASIE DU NORD AU SUD

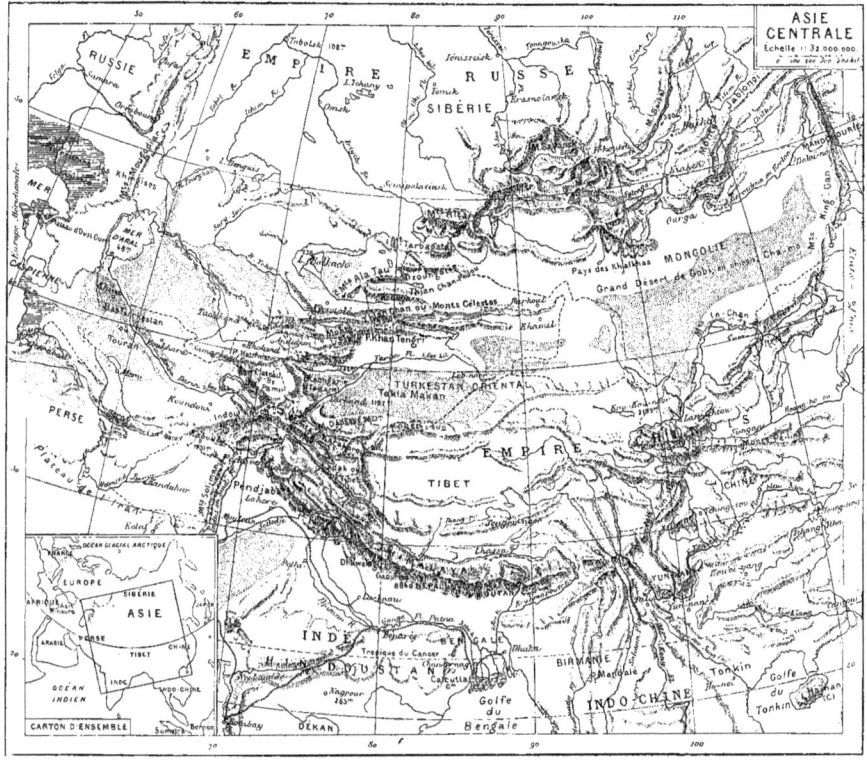

PLATEAU CENTRAL DE L'ASIE.

L'absence de routes naturelles interdit encore aujourd'hui aux Chinois l'accès direct du golfe du Bengale, et empêche les Anglais d'attirer à Calcutta le commerce des régions fécondes de la Chine méridionale.

Ce même plateau central contribue au contraire à établir des relations commerciales régulières entre l'Inde et l'Afrique. Fortement chauffé pendant l'été de l'hémisphère Nord, il aspire, comme un foyer d'appel, les vents de la mer des Indes: ensuite, le plateau de l'Afrique situé dans l'hémisphère Sud jouit à son tour de l'été et renverse la direction du vent. De là cette double *mousson* qui porte alternativement les navigateurs de l'Inde à l'Afrique et de l'Afrique à l'Inde. De là l'établissement sur toutes ces côtes et dès le moyen âge de commerçants arabes, dont les sultans de *Mascate* et de *Zanzibar* sont les derniers souverains. Déchus aujourd'hui, ils tinrent entre leurs mains tout le trafic de la mer des Indes, jusqu'au jour où les Portugais, doublant le cap de **Bonne-Espérance**, ouvrirent à l'Europe la *route de l'Inde*, qui passe maintenant par Suez, et dont les *Anglais* s'efforcent de rester les maîtres.

L'exploration du Tibet. — Le Tibet est encore aujourd'hui l'un des pays les moins connus de la terre. Nous ne savons pas quelles sont les sources du Mé-kong, du Salouen et de l'Irraouady, comment le Dzang-Po va rejoindre le Brahmapoutre, quelle est la configuration de l'immense plateau qui s'étend du cours du Dzang-Po à la chaîne du Kouen-Lun, quelle est la direction précise, quelle est l'altitude de cette chaîne. L'organisation sociale et politique du pays n'est guère moins obscure pour nous. On pourrait écrire un gros livre sur tout ce que nous ignorons des choses du Tibet. Cette ignorance n'est pourtant pas volontaire : de grands efforts ont été tentés pour explorer ce mystérieux pays; mais les Chinois, ses suzerains, gardent ses frontières avec une vigilance de plus en plus jalouse et en écartent brutalement les indiscrets, quels qu'ils soient, négociants, explorateurs ou savants.

La Chine, heureusement, n'a pas toujours été aussi ombrageuse et, à plusieurs reprises, dans les siècles précédents, des missionnaires ont pu parcourir le pays : au XIV° siècle, un moine italien ; au XVII°, un missionnaire portugais, puis des jésuites au XVIII°, d'autres encore. Les capucins avaient même fondé une mission à Lhassa. Les cartes actuelles de la majeure partie du Tibet ne sont que la reproduction de celle qu'avaient dressée deux lamas élevés des Jésuites. Nos connaissances générales sur le pays datent également du siècle dernier. En 1774, peu s'en fallut que l'anglais Boyle, envoyé par Warren Hastings, ne parvint à nouer des relations commerciales avec l'empire du Grand Lama. Il mourut avant d'avoir réussi. De nos jours, c'est au prix des plus grandes difficultés que les frères Schlagintweit ont franchi l'extrémité occidentale du Kouen-Lun, que le russe Prjévalski a visité la frontière du nord-est, que l'abbé Desgodins et les missionnaires français ont parcouru la région sud-orientale, que des *pandits* ou explorateurs indigènes envoyés secrètement par le service géographique de l'Inde anglaise ont traversé à maintes reprises les vallées voisines de l'Himalaya. Le cœur du Tibet, la majeure partie de cet étrange royaume théocratique nous reste toujours inconnue.

CHAPITRE III
PLATEAU DE L'IRAN

NOMENCLATURE PHYSIQUE

Latitude. — Méditerranée orientale, Algérie, États-Unis du Sud.

Climat. — Les pluies ne tombent que sur les montagnes du pourtour. C'est là que la vie s'est concentrée; l'intérieur du plateau est occupé par des *steppes*.

Ceinture montagneuse. — *Au Nord* : monts Elbourz (Demavend, 5670); monts du Korassan (4000), monts de Hérat et Indou-Kouch (1000 m.); — à l'*Est* : Monts Soliman (3900 m.); — au *Sud* : Monts du Mekran et du Baloutchistan; — à l'*Ouest* : Massifs parallèles de la frontière persane ou monts Elvend (3270 m.).

Montagnes intérieures : Massifs de Kandahar, massifs de la Perse centrale (4200 m.).

Lac intérieur : Lac Hamoun (400 m.)

Fleuve intérieur : Helmend (affl. du Hamoun).

Rivières qui s'échappent du plateau : Affluents de gauche du Tigre; — petits fleuves tributaires du golfe Persique; — *Kaboul* et affluents de droite de l'Indus; — rivière de Merv ou *Mourghab*; — riv. de Hérat ou *Héri-Roud*.

Cotes d'altitude des principales villes. — *Afghanistan* : Kaboul, 1950 m.; Kandahar, 1100; Hérat, 800 m.; — *Baloutchistan* : Kélat, 2000 m.; — *Perse* : Téhéran, 1160 mètres; Hamadan, 2000 m.; Ispahan, 1500 m.; Tauris, 1700 m.

NOMENCLATURE POLITIQUE ET ÉCONOMIQUE

1º PERSE.

Superficie. — Environ 1647000 kil. car. (France : 529000).

Population. — 7650000 hab. (France : 38 millions).

Sur cette population, il y a environ 2 millions d'habitants *nomades*.

Grandes divisions. — La Perse est divisée en douze *provinces*.

Budget. — 40 millions (France : 3 milliards et demi).

Armée. — 100000 hommes (France : 1 million 800000 hommes).

Villes principales. — Téhéran, (200) capitale du royaume; — *Tauris* (100), ville commerçante; — *Ispahan* (60), ancienne capitale, — *Meched*, ville sainte; — *Bouchir*, port.

Religion dominante. — L'islamisme (secte chiite).

Commerce extérieur. — 45 millions de francs (France : 10 milliards).

2º AFGHANISTAN.

Superficie. — 721000 kil. car. environ (France : 529000).

Population. — 4 millions d'hab. musulmans (France : 38 millions).

Principales villes. — Hérat (100), grand bazar et clef de la route de l'Inde; *Kaboul* (75), dans une fertile vallée, capitale de l'État; *Kandahar*, place forte et ville commerçante.

3º KAFIRISTAN.

Superficie : 51680 kil. car.

Population : 500000 hab. non musulmans.

4º BALOUTCHISTAN.

Superficie : environ 275000 kil. car.

Population : 350000 hab.

Ville principale. — *Kélat*, résidence du khan dont les diverses tribus baloutchis reconnaissent la suzeraineté.

Situation de l'Iran. — La charpente de l'Asie orientée de l'Est à l'Ouest, est composée d'une suite de plateaux, l'*Asie centrale*, l'*Iran* et l'*Asie Mineure*, qui vont diminuant d'étendue de la mer de Chine à la Méditerranée. Le second, l'Iran, a été dans l'antiquité le siège d'empires qui ont exercé une grande influence sur le développement de la civilisation grecque avant d'être absorbés par elle; ils ont ainsi présidé aux origines mêmes de la civilisation européenne.

Rattaché à l'Asie centrale par le plateau de Pamir, l'Iran occupe le vaste espace compris entre la plaine de l'*Indus* à l'Est, celle du *Tigre* et de l'*Euphrate* à l'Ouest, la dépression de la *Caspienne* et de l'*Oxus* au Nord, le golfe *Persique* et le golfe d'*Oman* au Sud.

Il s'enfonce comme un coin entre les possessions anglaises de l'Inde et les possessions russes du *Turkestan* ou Touran : c'est l'un des principaux *théâtres de lutte* entre ces deux puissances rivales.

Bordure montagneuse de l'Iran. Côté Est. — Ses bords sont formés de chaînes parallèles diversement situées.

La bordure orientale, qui s'étend le long de l'*Indus*, du Sud au Nord, est composée d'une série de crêtes dirigées du Nord-Est au Sud-Ouest et dont la traversée est très difficile : les passes de *Kaïber* et de *Kettah*, menant l'une à *Kaboul* et l'autre à *Kandahar*, sont des gorges très étroites.

Côté Nord. — Au Nord, en partant du Pamir, la bordure d'abord formée par les crêtes parallèles de l'Indou-Kouch, toutes de 3 à 4000 mètres, et qui sont le prolongement des *Thian-Chan*. Deux d'entre elles enferment la vallée du Kaboul qui s'ouvre sur l'Indus, après l'étranglement des défilés de Kaïber.

Au delà de Kaboul, des chaînes moins élevées et orientées du Sud-Est au Nord-Ouest ménagent entre leurs flancs les vallées de *Meched*, de *Hérat* et de la rivière de *Merv* qui forment autant de *routes* vers l'intérieur.

La plus méridionale serre la Caspienne de près avec la haute muraille volcanique de l'*Elbourz* ouverte par un seul passage, celui des *Portes Caspiennes*, non loin du pic *Demavend* (plus de 5060 mètres.); elle se confond à l'Ouest avec les hauteurs volcaniques de l'Arménie et de l'Ararat (lacs Van et Ourmia).

Côtés Sud-Ouest et Sud. — Le côté Sud-Ouest de l'Iran est formé par une zone *de gradins successifs* qui longent le Tigre et le golfe Persique jusqu'au détroit d'Ormuz, dont les vallées parallèles sont arrosées par les rivières qui vont alimenter le Tigre, en perçant chacune sa trouée dans le dernier chaînon. Ce massif Sud-Ouest, dit des monts Elvend (3270 mètres), rejoint au Sud le massif oriental par les hauteurs médiocres du Mekran et du *Baloutchistan*.

Relief intérieur de l'Iran. — L'Afghanistan, haut en moyenne de 2500 mètres avec des sommets de 4000 occupe toute la *partie haute* du plateau intérieur. L'*Helmend* en recueille les eaux avant de se perdre dans une lagune qui devient au temps des pluies un lac long de 200 kilomètres, le lac *Hamoun*.

À l'Ouest est la vaste dépression des *steppes* et des déserts *persans*, très difficilement franchissables.

La vie sur l'Iran. — La rareté des pluies n'a permis l'établissement de populations sédentaires que sur les frontières montagneuses de l'Iran.

À l'intérieur, les déserts de la Perse sont tout à fait *inhabités*.

Dans l'Afghanistan et le Baloutchistan, des *tribus* errantes promènent leurs troupeaux à travers des steppes montagneux; il n'y a de villes qu'*Hérat*, *Kaboul*, *Kandahar* et *Kélat* à l'entrée des défilés.

Importance politique des montagnes qui bordent l'Iran. — La vie s'est concentrée au Sud de la Caspienne, et le long du Tigre et du golfe *Persique*; la capitale actuelle de la Perse, *Téhéran*, est dans l'ancienne *Médie*; *Hamadan* qui servait encore naguère de résidence d'été au Schah, est sur l'emplacement de l'ancienne *Ecbatane*.

Les riches provinces du *Khouzistan* et du *Farsistan* avec les villes importantes d'*Ispahan* et de *Chiraz* s'appelaient dans l'antiquité la *Susiane* et la *Perse*.

La *route* terrestre du Caucase à l'Inde a pour tête de ligne la grande ville de *Tauris* (près du lac Ourmia), qui compte plus de 100000 habitants. Elle se dirige vers le golfe d'Oman par les vallées longitudinales des massifs qui séparent le plateau de la plaine du Tigre. Toutes les régions montagneuses et arrosées dont est environné l'Iran sont d'ailleurs des *routes* vers l'Inde. Aussi sont-elles le théâtre de la rivalité des Anglais qui la possèdent et des Russes qui la convoitent.

Ainsi les Anglais ont dû faire la guerre pour soustraire l'Afghanistan à l'influence russe, et s'assurer la possession des passages de montagne qui conduisent du plateau de l'Iran dans la plaine de l'*Indus*.

Les Russes ont répliqué par la conquête de *Merv* dont la rivière, le *Mourghab*, est un chemin vers *Hérat*, et ils convoitent *Meched* qui les y conduirait plus sûrement encore.

Cette lutte n'est pas près de finir : elle se rattache à la *question d'Orient* et donne

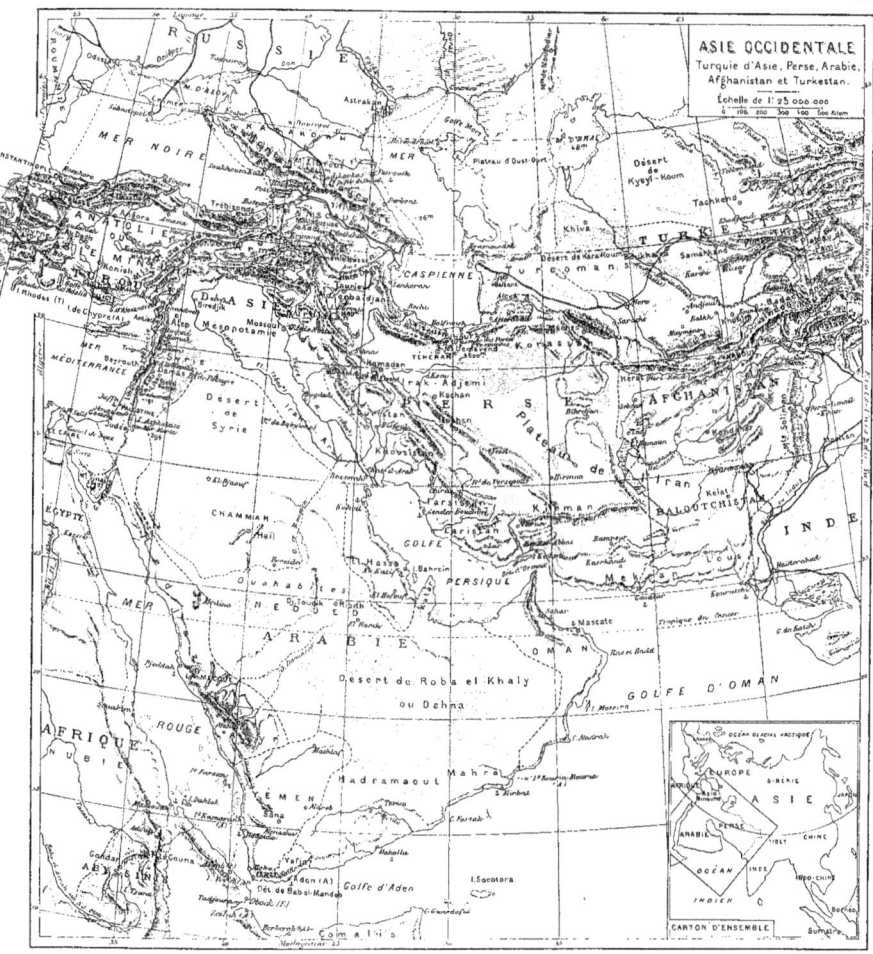

une grande importance politique au plateau de l'Iran, aux Etats de la Perse et de l'Afghanistan.

Le chemin de fer transcaspien. — En 1880, le général russe Skobelef, lors de son expédition contre les Turcomènes Tekkés, construisit un petit chemin de fer long de 260 kil. qui allait de la baie de Mikhaïlovski, en face de Bakou sur la mer d'Aral à Kisil-Arvat, près de la frontière ennemie. Ce fut un bataillon de chemin de fer qui fut chargé des travaux. En 1881, lorsque l'armée russe victorieuse fut rentrée à Merv, on décida de prolonger la voie ferrée de Kisil-Arvat à Merv, Boukhara et Samarkand. On institua un second bataillon de chemin de fer, on construisit des wagons spéciaux, aménagés de manière à pouvoir servir de cuisines et de dortoirs pour les soldats de salles de réunions et de chambres pour les officiers, de magasins, d'ateliers, d'hôpital, etc. Cette ville militaire mobile poussée par les locomotives avançait à mesure que les rails étaient posés.

La ligne actuellement terminée longe, à partir de Kisil-Arvat, la frontière de Perse, parallèlement aux montagnes, passe près de Ghéok-Tépé dont l'assaut est resté célèbre, arrive à Askhabad, petite ville florissante qui déjà a des relations commerciales avec le nord du Khorassan. Alors commence le pays de l'Atlek, dont les villages, autrefois détruits et abandonnés, se sont repeuplés depuis l'annexion russe et forment des nids de verdure entourés de champs cultivés. Ensuite le chemin de fer après avoir traversé l'Héri-Roud et un vaste désert, aboutit à l'oasis de Merv.

Quand on a quitté les champs et les jardins de Merv, on entre dans un désert de sable, c'est la partie la plus difficile du parcours. Enfin la ligne atteint les bords de l'Amou-Daria ; elle a plus de mille kilomètres de développement. Déjà par l'Héri-Roud elle menace Hérat, c'est-à-dire l'Inde. Bientôt prolongée par Boukhara jusqu'à Samarkand, elle assiègera les défilés des Thian-Chan et le seuil de la Chine. Elle n'est pas moins importante au point de vue commercial qu'au point de vue stratégique. Elle fera d'Astrakhan le grand marché des produits de l'Inde et de l'Asie centrale.

CHAPITRE IV
LE CAUCASE ET L'ARMÉNIE

NOMENCLATURE PHYSIQUE

Latitude. — Italie, Pyrénées, lac Érié.
Longitude. — Madagascar.
Caucase. — Mont *Elbrouz* (5660 m.); mont Kasbek (5040); défilé de *Dariel* (2390 m.).
Massifs Arméniens. — Mont *Ararat* (5165 m.), mont Alagueuss (4100 m.), lac Gotkcha (1900 m.), lac d'Ourmia (1700 m.), lac de Van (1600 m.), ville de *Kars* (1808 m.), ville d'Erzeroum (1700 m.).
Côtes principales de la dépression intermédiaire : Koutaïs, 200 m.; Tiflis, 460 m.
Fleuves. — I. *Versant septentrional du Caucase* : Kouban, Térek.
II. *Dépression intermédiaire* : vers la mer Noire, Rion (Poti); vers la Caspienne, la Koura (Tiflis).
III. *Massifs arméniens* : Aras, affl. de la Koura; *Euphrate supérieur* (Erzeroum).
Lacs. — Gotkcha, Van et Ourmia.

NOMENCLATURE POLITIQUE ET ÉCONOMIQUE

1° CAUCASE

Les pays du Caucase forment une *lieutenance générale russe*, à la fois européenne et asiatique.
Superficie. — 480 000 kil. car. (France : 529 000).
Population. — 6 millions d'hab. (Fr. : 38); 13 hab. par kil. car. (France : 71.)
Divisions administratives. — Caucase septentrional ou d'Europe, Transcaucasie, Arménie russe, le tout formant 14 *gouvernements*.
Villes principales. — *Tiflis* (100), capitale du Caucase; Stavropol (35), dans la Russie d'Europe; *Bakou*, au centre de la région du pétrole.
Produits principaux. — Bois du Caucase, pétrole de Bakou.
Principaux ports. — Poti et Batoum, sur la mer Noire; *Bakou*, sur la mer Caspienne.
Chemin de fer. — De Poti à Bakou par Tiflis.

N.-B. — Les récentes conquêtes des Russes sur l'autre rive de la Caspienne forment le *Territoire transcaspien*, dépendant politiquement de la lieutenance générale du Caucase et non de celle de l'Asie centrale. (Voir *Dépression caspienne*, p. 159.)

2° ARMÉNIE

I. *Arménie russe.* — Province de la lieutenance générale du Caucase. (Voir ci-dessus.)
II. *Arménie turque.* — Vilayet d'Erzeroum.
Superficie. — 200 000 kil. car.
Population. — 2 millions d'hab.
Ville principale. — *Erzeroum* (60), au croisement des routes qui mènent de la mer Noire à la Méditerranée et au golfe Persique. Grand commerce.
III. *Arménie persane.* — Province d'Aderbaïdjan.
Superficie. — 2000 kil. car.
Population. — 1500000 hab.
Ville principale. — *Tauris* (100), près du lac Ourmia, un des plus grands entrepôts commerciaux de l'Orient.
IV. *Religion arménienne.* — Au point de vue religieux, les Arméniens forment une secte chrétienne, dont le chef suprême, le *Catholicos*, réside au couvent d'*Echmiadzin*, dans l'Arménie russe.

Importance de la région comprise entre la mer Noire et la mer Caspienne. —
La région du Caucase et de l'Arménie forme une sorte d'isthme entre la *mer Noire* et la *mer Caspienne*.

Par sa situation, cet isthme a une grande importance. Le **Caucase** marque la *limite* entre les *steppes européens* du Nord, et les *plateaux asiatiques* du Sud. L'Arménie relie le plateau de l'*Iran* à celui de l'*Asie Mineure*.

L'isthme entier, traversé par la route terrestre de la Caspienne à la mer Noire, domine en outre la partie de l'Asie qui est le *carrefour* où convergent cinq golfes étroits et profonds, *routes naturelles* offertes aux hommes : la mer *Noire*, la Méditerranée, la mer *Rouge*, le golfe *Persique* et la *Caspienne*, rapprochant ainsi l'extrême Orient et l'extrême Occident, les steppes russes et sibériens de l'Inde et de l'Afrique.

Des routes terrestres prolongeant les voies maritimes se sont établies entre ces golfes, comme entre les divers bassins d'un même port, et presque toutes ces routes *se croisent dans l'Arménie*.

Relief de l'Arménie. — La
région arménienne est remarquable par l'irrégularité de son relief : elle a été remaniée et bouleversée par des volcans dont l'Ararat est le point culminant, et dont témoignent aussi les lacs volcaniques de Van et Gotkcha.

Elle renferme des *plaines élevées* et bien arrosées, comme celles d'*Erzeroum*, près des sources de l'*Euphrate*, et d'*Erivan* sur l'Aras.

Les hautes vallées dont les rivières divergent vers les mers environnantes rendent l'Arménie facilement pénétrable.

D'une manière générale, il y a une *élévation croissante* depuis les chaînes qui bordent immédiatement la plaine de la Mésopotamie et le cours du Tigre jusqu'aux massifs riches en lacs que limite au Nord la Koura, et où l'*Alagueuss* dépasse 4000 m.

Région intermédiaire entre l'Arménie et le Caucase. —
Entre les pentes méridionales du Caucase et le revers septentrional de l'Arménie, s'étend *de la mer Noire à la Caspienne* une grande route naturelle dont le seuil le plus élevé n'atteint pas 800 mètres. Toutes proportions gardées, la dépression occupée entre les deux massifs par la verdoyante vallée du Rion et par les steppes de la Koura, ne paraît pas moins continue que celle de la Garonne et de l'Aude entre les Pyrénées et le Massif central français.

Le Caucase. — Le Caucase
forme une barrière ininterrompue entre les steppes européens et l'ossature montagneuse de l'Asie. C'est une autre chaîne des Pyrénées deux fois plus longue et beaucoup plus haute.

De la presqu'île de *Taman* sur la mer d'Azov à celle d'*Apchéron* ou de *Bakou* sur la Caspienne, il n'y a véritablement qu'un passage, l'étroit défilé de *Dariel*, que franchit la route de *Vladikavkas* à *Tiflis*.

Comme les Pyrénées, le Caucase s'abaisse lentement vers l'*Ouest*, tout en serrant de très près le rivage inondé de pluie de l'antique *Colchide*, et il présente à l'*Est* un vaste *épanouissement* qui ne laisse qu'un étroit passage le long de la Caspienne ; comme elles, il porte ses *neiges* et ses *glaciers* presque inaccessibles dans sa partie centrale la plus voisine de l'Ouest ; comme elles, il est accompagné de *chaînons parallèles* parfois plus élevés que la crête principale, si bien que l'*Elbrouz* (5560) et le *Kasbek* (5040) ne sont pas plus sur la ligne de faîte que le Pic du Midi ou la Maladetta ; comme elles enfin, il s'*abaisse* brusquement vers le *Sud*, tandis qu'au Nord il se prolonge par les croupes montueuses de la *Kabarda*.

Importance des possessions russes du Caucase. — Le
Caucase se dresse comme une barrière entre les tribus *nomades* des *steppes* européens et les *montagnes* habitables de l'Asie, où des empires *stables* se fixèrent dès la plus haute antiquité.

En occupant le massif du Caucase la *Russie* est devenue une puissance *asiatique* bien plus encore qu'en s'étendant en Sibérie.

La possession de la dépression de Bakou à Poti, lui assure l'un des chemins les plus anciens qui aient uni l'extrême Orient aux pays méditerranéens. La conquête récente de *Batoum* sur la mer Noire l'a rapprochée de la voie qui mène du golfe Persique à la mer Noire, de *Bassorah* à *Trébizonde*, en passant par *Diarbékir* et *Erzeroum*.

En occupant l'Arménie au Nord de l'Aras, elle menace la route de *Tauris* au golfe d'*Oman*, et même celle d'*Alexandrette* à *Bassorah*; elle se rapproche de l'Inde.

C'est ainsi que de Tiflis elle se mêle forcément à toutes les questions politiques et commerciales de l'Asie occidentale.

La route de Tiflis à Vladikavkas (défilé de *Dariel*). — La route de Tiflis à Vladikavkas traverse le Caucase. Elle a 237 kilomètres partagés en treize *stantias*, stations de poste ou d'hôtelleries. Le voyage dure deux jours.

En partant de Tiflis, après avoir franchi la Koura, on commence à gravir le massif par de belles vallées, au milieu des bois, des pâturages, des rauds villages, des rocs pittoresques couronnés d'*aouls* (petits forts). Le milieu de la route est à *Mlet*, coquettement campé au bord d'un torrent dans un cirque de murailles verticales. On monte alors en zigzag à *Toulaour* sur un plateau couvert de rhododendrons violets, puis dans les pâturages aux camomilles blanches, aux gentianes jaunes, jusqu'au faîte ou et désolé haut de 7677 pieds que la route franchit à son point culminant. La descente est vertigineuse. Au-dessus des roches sombres et perpendiculaires, le Kasbek élève sa cime éblouissante de neige à 16546 pieds. Le Terek gronde au fond de son lit tortueux, qui forme bientôt l'étroit défilé de *Dariel*. Il a fallu tailler dans le roc vif presque toute cette partie de la route. Le site est effrayant et colossal. Enfin, la vallée s'ouvre, les montagnes s'écartent, on arrive en pays plat, à Vladikavkas.

CHAPITRE V
L'ASIE MINEURE

NOMENCLATURE PHYSIQUE

Latitude. — Corée et Japon, Espagne, États-Unis septentrionaux.
Longitude. — Laponie, grands lacs africains.
Climat. — Humide sur les côtes, très sec dans l'intérieur du plateau.
Golfes. — De Smyrne, d'Adalia, d'*Alexandrette*.
Iles. — Métellin, *Chios*, Samos, Cos, *Rhodes*, *Chypre*.
Ceinture montagneuse. — I. *Massifs côtiers de la mer Noire* : Kolat-Dagh (au S. de Trébizonde), 3400 m.; — Ilkas-Dagh (au S. de Kastamouni), 2200m.
II. *Massifs occidentaux* : Ak-Dagh (près de Koutahieh), 2400 m.
III. *Massifs du Taurus* : Geik-Dagh (Lydie), 3200 m; Moldèsis (Cilicie), 3400 m.; mont *Argée* (près de Kaïsarieh), 3800 m.
Intérieur du plateau. — Angora (1080 m.), Koniah (1187 m.), Kaïsarich (1095 m.), *Lagune centrale* (850 m.).
Fleuves. — *Mer Noire*: Kysyl-Irmak; — *Archipel* : Méandres; Seïhoun (Adana).

NOMENCLATURE POLITIQUE ET ÉCONOMIQUE
(Voir Péninsule des Balkans, Empire turc, p.143.)

Divisions politiques. — L'Asie Mineure forme dans l'empire turc la province d'*Anatolie*, divisée en 10 *vilayets*.
Parmi les îles qui en dépendent, *Chypre* est occupée par les Anglais, *Samos* forme une principauté vassale de la Turquie.
Superficie. — 510000 k. car. (France : 529).
Population. — 6 millions d'hab. (France : 38).
Villes principales. — Smyrne (150) un des plus grands ports du Levant); — *Scutari* (75) véritable faubourg de Constantinople; — Kaïsarich (60) principale étape du plateau intérieur vers le golfe d'Alexandrette et la Syrie; — Brousse (57) fabriques de tapis.
Principaux ports. — *Mer Noire* : Trébizonde (30); — *Mer de Marmara* : Scutari; — *Archipel* : Smyrne; — *Méditerranée* : Adalia.
Chemins de fer. — 274 kilomètres.

Ceinture montagneuse de l'Asie Mineure. — L'*Asie Mineure* est la péninsule comprise entre la mer Noire, la mer de Marmara, l'Archipel et l'extrémité orientale de la Méditerranée; c'est le plus occidental *des grands plateaux asiatiques*. De toutes parts elle est environnée par de hautes montagnes. Au Sud le *Taurus* de Lydie et de Cilicie dépasse 3000 mètres et domine de ses escarpements couverts de verdure les côtes de la Méditerranée, en y projetant deux presqu'îles très massives que sépare le golfe d'*Adalia*.
L'*Anti-Taurus* qui n'est qu'une des crêtes du Taurus atteint jusqu'à 3850 mètres.
A l'Est la bordure montagneuse de l'Asie Mineure rejoint les massifs arméniens qui l'unissent aux montagnes du Kurdistan, c'est-à-dire au plateau de l'Iran.
La mer est remplacée au Sud de ces hautes terres par les plaines immenses de la *Mésopotamie* et de la *Syrie*.
Au Nord, l'Asie Mineure borde la mer Noire de murailles à pic, hautes de 2800 m. en moyenne, arrosées par des pluies abondantes, et sièges autrefois, grâce à leur fécondité, du puissant royaume de *Pont*, puis de l'empire de *Trébizonde*.
A l'Ouest, l'Asie Mineure est moins nettement délimitée; la zone montagneuse très large, descend vers la mer Égée (*Archipel*) en pentes bouleversées par des mouvements volcaniques et des tremblements de terre; elle est découpée en échancrures profondes, en presqu'îles compliquées, et bordée d'un *chapelet ininterrompu d'îles rocheuses, Lesbos* (Métellin), *Chios, Samos, Rhodes*.

Sa structure intérieure. — A l'intérieur, l'Asie Mineure a quelque analogie avec les plateaux de l'Iran ou l'Asie centrale. Plus étroite, bordée de montagnes relativement plus hautes, environnée par la mer de trois côtés, elle est mieux arrosée, elle a une dépression intérieure moins profonde (850 mètres), et des *steppes*, qui ne sont point de véritables déserts.
Cependant Alexandre dut les tourner par le Nord, lorsqu'il voulut éviter la région facile à défendre du Taurus cilicien et, plus tard, beaucoup de *Croisés* périrent en les traversant.

Ses fleuves. — Les fleuves de l'Asie Mineure ont un cours heurté et *tourmenté*. Ils naissent généralement dans l'intérieur et s'échappent par des issues qu'ils se *sont creusées eux-mêmes* à travers les bordures des montagnes : le *Kysyl-Irmak*, avant d'aboutir à la mer Noire, — le *Seïhoun* et le *Djihoun*, avant d'arriver au golfe d'Alexandrette.
Les rivières qui se jettent dans l'Archipel ont moins d'obstacles à vaincre; cependant l'une d'elles le *Méandre* (Mendérès), est célèbre par ses innombrables détours.
Dans leurs efforts pour se frayer une route vers la mer, ces cours d'eau entraînent une grande quantité d'alluvions qu'ils déposent à leurs embouchures, formant ainsi les seules plaines côtières de l'Asie Mineure. Le *Kysyl-Irmak* a un delta, l'ancien *Hermus* (Gedis), ferme peu à peu le golfe de *Smyrne*; au fond du golfe d'Alexandrette, le *Seïhoun* et le *Djihoun* ont formé ensemble la *plaine d'Adana*, clef du passage de l'Asie Mineure à la Syrie. C'est là qu'Alexandre a livré la bataille d'*Issus*.

Ses destinées politiques. — Étroitement liée à l'Europe dont ne la sépare qu'une fente accidentelle, le Bosphore, l'Asie Mineure est une sorte d'*Asie européenne*. Il en résulte que son histoire a été beaucoup plus agitée et plus vivante que celle de l'Iran ou de l'Asie centrale. Dès l'antiquité, elle fut le siège de puissants empires, comme ceux de *Troie* et de la *Lydie* qui contribuèrent à l'*éducation artistique et religieuse de la Grèce*.
Les Grecs s'établirent si bien sur ses côtes, à *Smyrne* (aujourd'hui encore peuplée de 130000 habitants), à *Milet, Sinope, Trébizonde*, que ces colonies formèrent de bonne heure une Grèce asiatique. Attaquées par les Perses, elles firent appel à leur métropole, et telle fut la cause des *guerres médiques* où triompha le génie européen, que représentaient les Grecs.
Avec **Alexandre** l'Asie Mineure tomba tout entière au pouvoir des Grecs, qui y fondèrent les royaumes de *Pont*, de *Bithynie*, de *Paphlagonie*, de *Phrygie*, de *Cappadoce*. Au deuxième siècle avant l'ère chrétienne, elle devint la proie des *Romains*.
Les **Turcs** l'enlevèrent à l'empire *byzantin* et s'y établirent avant de conquérir Constantinople (1453). Ils y ont laissé dans l'intérieur une population compacte.
A l'est, les *Arméniens* sont restés par leur langue, leur religion, leur commerce, un peuple européen.
Ainsi, toute l'histoire de l'Asie Mineure la rattache au monde européen : elle a été conquérie avec les Perses et les Turcs, elle a été conquise avec les Grecs et les Romains. La politique moderne devra compter avec cette étroite cohésion des deux rives de la mer de Marmara, si jamais elle est appelée à régler le sort des peuples que détient l'empire ottoman.

Koutahieh et les plaines de l'Anatolie. — Le contraste est grand entre les hautes plateresques, les montagnes désordonnées, les vallées riantes qui bordent l'Asie Mineure et les hautes plaines monotones de l'intérieur. En approchant de Koutahieh par la route qui vient de Broussa, les bois et la verdure disparaissent, les collines s'abaissent, une herbe chétive couvre mal le sol argileux. On traverse ensuite une zone pierreuse et rocheuse puis les villages; les maisons de pierre ou des toits plats où les habitants amassent leur maigre provision de fourrage. Au delà, le calcaire paraît, avec des tons gris comme en Champagne, puis il se colore de rouge, de violet et de vert. Enfin on arrive à Koutahieh ville sombre, silencieuse, comme la plupart des villes turques. Le bazar même a l'air morne, triste et circulé bariolée, nombreuse, mais calme et contemplative. Les couleurs crues des galeries ont un cachet bien oriental. Dans une chapelle qui ressemble aux Koubbas algériennes repose un saint, (un marabout, comme on dit en Afrique); les barreaux de fer sont emmaillotés de loques : ce sont des ex-voto. Le palais du gouverneur, le *Konak* est une ancienne maison de bois à deux étages, blanchie à la chaux. On fabrique encore aujourd'hui à Koutahieh des faïences grossières, de teintes pâles où le bleu-clair domine. Cette industrie est en décadence. L'une des trois mosquées, la seule intéressante, est une ancienne basilique. La citadelle est en ruines; mais elle offre de beaux débris d'architecture hellénique et byzantine. Au delà de Koutahieh on retombe dans le désert; du haut des roches schisteuses on aperçoit jusqu'à six plans de collines dont la base nage dans une atmosphère bleuâtre qui s'étend à l'infini.

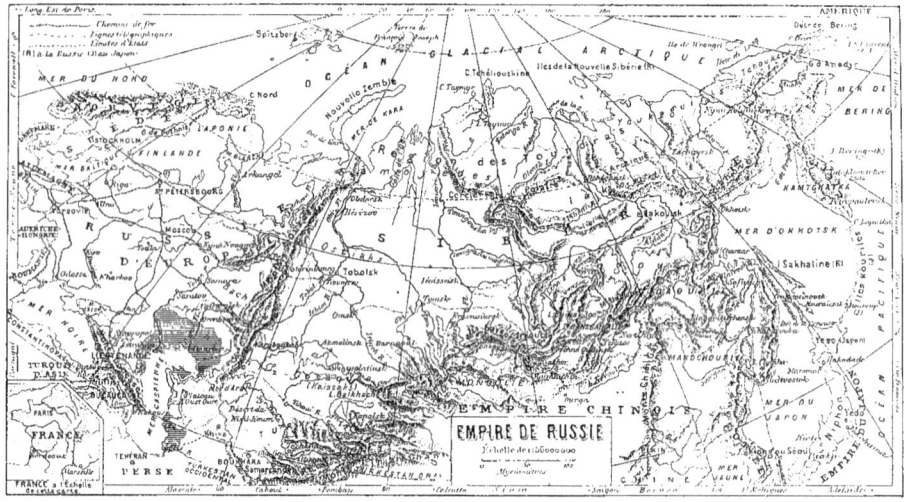

CHAPITRE VI
LA SIBÉRIE

NOMENCLATURE PHYSIQUE

Latitude. — N. de la France et de l'Autriche.
Longitude. — Dominion du Canada.
Climat. — Très rigoureux. Nuits polaires.
Caps. — Taymyr, Tchéliouskine, Oriental, Lopatka.
Golfes. — De l'Obi, d'Anadyr, de Penjinsk.
Iles. — Nouvelle-Sibérie, Ile de Wrangel, Sakhaline.
Montagnes. — I. Massifs septentrionaux du plateau central (voir *plateau central*, p. 152); — II. Oural (voir *Russie d'Europe*, p.133); — III. Collines entre l'Iénisseï et la Léna (600 m.); — IV. Montagnes de la *Sibérie orientale* (monts Stanovoï 1970 m.); — V. Montagnes de la *côte Mandchoue*; — VI. Montagnes du *Kamtchatka* (volcan Klioutchev 4800 m.).
Fleuves. — 1° *Obi* (Obdorsk), grossi à dr. de la Tom (Tomsk); à g. de l'Irtych (Sémipolatinsk, Omsk, Tobolsk), qui reçoit lui-même l'Ichim et le Tobol; — 2° *Iénisseï* (Krasnoïarsk), grossi à dr. de l'Angara (*Irkoutsk*) et des Toungouska; — 3° *Léna* (Iakoutsk), grossie à dr. de l'Aldan; — 4° *Kolyma* (Nijnï-Kolymsk); — 5° *Amour* (Blagoviechtchensk, Nicolaïevsk).
Lacs. — *Baïkal* (traversé par l'Angara, 390 m. d'altitude).

NOMENCLATURE POLITIQUE

Superficie. — 12500000 kil. car. (France : 529000 kil. car.)
Population. — 4000000 d'hab. (France : 38 millions). (0,3 hab. par k. c.; France : 71.)
Divisions politiques. — 8 *gouvernements*.
Villes principales. — *Irkoutsk* (33) grand commerce avec la Chine; — *Tomsk* (33) centre de l'exploitation de l'or; — Omsk (30) marché important.
Produits principaux. — L'*or*, les *bois*, les *fourrures*.

~~~ **La Sibérie n'est pas tout entière un désert de glace.** — Le plateau de l'Asie centrale est séparé des mers polaires par la zone épaisse des *terres sibériennes* sur lesquelles la Russie a étendu sa domination jusqu'à l'océan Pacifique.

Le seul nom de **Sibérie** éveille l'idée d'un pays *désert*, couvert de *glaces* et de *neiges* (fig. 84).

En effet, la majeure partie de la Sibérie est inhabitable; et à partir du 65° degré

Fig. 84. — Traîneau sibérien.

de latitude environ, la végétation arborescente cesse; la *Toundra* glacée ne verdit que pendant quelques semaines d'été. Mais la Sibérie renferme de *gigantesques forêts* tout à fait semblables à celles de l'Amérique du Nord et des *régions cultivables*, fécondes en *céréales*, qui rappellent la Russie méridionale.

~~~ **Hautes montagnes du Sud.** — Au Sud, une *région montagneuse*, dépendance de l'Altaï et des monts Jablonoï, borde le plateau de la Mongolie. Là se trouvent les sources qui alimentent les grands fleuves sibériens : l'*Obi*, l'*Iénisseï*, la *Léna*, l'*Amour*. Le plus important des quatre est l'*Iénisseï* auquel son affluent l'*Angara* apporte les eaux du lac *Baïkal*, 60 fois grand comme le lac de Genève, et parfois profond de 1300 mètres.

~~~ **Montagnes à l'Est de l'Iénisseï.** — Au nord de ce talus septentrional de l'Asie centrale et à l'Est de l'Iénisseï jusqu'au détroit de *Béring*, le pays mal connu d'ailleurs, est très montagneux.

L'*Angara* dans son cours inférieur, la *Léna* jusqu'au coude d'Iakoutsk occupent, de l'Ouest à l'Est, une grande vallée qui sépare la région des steppes et des toundras de celle des forêts.

~~~ **Plaines entre l'Iénisseï et l'Oural.** — L'Iénisseï est bordé, à l'Ouest, par la grande *plaine* que parcourent l'Obi et ses affluents, le *Tobol* et l'*Irtych*; il divise en deux parties à peu près égales tout le *Nord de l'ancien continent* : à l'Est les hautes terres, à l'Ouest les basses.

La plaine sibérienne est séparée mais non isolée des plaines russe et allemande, par le soulèvement de l'*Oural*.

Ces montagnes n'atteignent nulle part 2000 mètres; dans leur région centrale, où les *richesses minérales*, l'or surtout, abondent, et où les affluents du Volga sont le plus proches de ceux du Tobol, une large *trouée* facilite les communications : le chemin de fer de *Perm* à *Ekatérinbourg* n'a pas à y franchir un seuil supérieur à 600 mètres.

~~ **La conquête russe.** — C'est par cette porte que, dès la fin du seizième siècle, le cosaque *Yermak* pénétra dans les steppes sibériens. Les Russes fondèrent *Tobolsk* en 1587, *Tomsk*, puis *Iénisséisk* et *Krasnotarsk*. Arrivés sur les bords du lac Baïkal, ils descendirent la Léna, s'établirent à *Iakoutsk* en 1632, et atteignirent en 1639 les rivages de la mer d'Okhotsk.

Les peuplades finnoises ne les avaient pas arrêtés longtemps. Les Mongols et les Chinois leur opposèrent plus de résistance. Cependant en 1661, *Irkoutsk* s'éleva sur l'*Angara*, près du Baïkal. Trente mille déportés environ et un certain nombre de colons contribuèrent chaque année à accroître la population russe. Semblable à un fleuve, la colonisation gagne peu à peu vers l'Est, large d'abord dans les plaines de l'Obi, et dans les pays métallurgiques de l'Altaï et de la Daourie, puis divisé en bras plus minces qui courent le long de l'Iénisséi jusqu'à l'océan Glacial, le long de la Léna et de l'Amour, dans la direction du Pacifique, où les ports d'*Okhotsk*, de *Nicolaievsk* et de *Vladivostok* menacent la *Corée* et la Chine.

~~ **Importance actuelle de la Sibérie.** — Champ d'exploitation presque inépuisable, la Sibérie a d'immenses *forêts* dont les arbres pourrissent sur pied faute de routes commodes, des terres noires en partie cultivées, déjà aussi fertiles que *celles du Don*.

La Sibérie occidentale est ainsi un des greniers de l'Europe, elle renferme une population relativement assez dense : *Krasnotarsk*, récemment incendiée, à 15000 habitants ; *Tioumen*, centre industriel récent, *Tobolsk*, demi-déchue, depuis que la route l'a abandonnée, en ont près de 20000 ; *Tomsk*, 30 000 environ.

La Sibérie orientale, où la population est très clairsemée, est en relations avec la Chine, à qui elle vend des fourrages en échange de son thé. *Irkoutsk*, le centre du commerce ainsi que de l'exploitation des mines d'or, avait 33 000 habitants avant qu'un terrible incendie ne l'eût à demi-détruite, en 1879.

Une ligne télégraphique traverse déjà toute la Sibérie. Des bateaux à vapeur naviguent en été sur les fleuves. Des écoles, des collèges existent partout dans les villes. Lorsque la Sibérie aura une population plus dense, une administration plus libérale, lorsqu'elle sera reliée dans toute sa longueur à l'Europe par une voie ferrée, elle pourra prendre rang parmi les régions civilisées du globe. Elle sera peut être traversée, au moins dans sa partie occidentale, par une des grandes routes conduisant en Chine et au Japon.

CHAPITRE VII
LA DÉPRESSION CASPIENNE

NOMENCLATURE PHYSIQUE

Limites. — *Nord* : Plaines russe et sibérienne.
Est : Montagnes de la Dzoungarie, *Thian-Chan*, Pamir (voir *Asie Centrale*, p. 153).
Sud : *Indou-Kouch* ; montagnes de l'Afghanistan et du Khorassan ; monts *Elbourz* (voir *Asie occidentale*, p. 157).
Ouest : **Caucase** et isthme Ponto-Caspien (voir *Russie d'Europe* et *Caucase*, p. 133, p. 150).
Latitude. — Japon septentrional, lacs Canadiens, Adriatique.
Longitude. — Nouvelle-Zemble.
Climat. — Très continental, excepté pour le pourtour montagneux où la pluie est abondante. Dans tout le centre, sécheresse excessive.
Déserts. — Kysyl-Koum et Kara-Koum.
Altitudes. — Plateau d'Oust-Ourt (150 m.) ; mer d'Aral (48 m.) ; mer Caspienne (—26 m.) ; lac Balkach (238 m.).
Rivières. — 1° *Mer Caspienne* : Volga, Oural, Emba, Atrek ; — 2° *Mer d'Aral* : Syr-Daria (Khodjend), Amou-Daria (Khiva) ; 3° *Lac Balkach* : Ili ; — 4° *Zérafchan* (Boukhara, Samarkand), *Mourghab* (Merv) ; ces deux rivières se perdent dans les sables.

NOMENCLATURE POLITIQUE

A l'exception d'une étroite lisière qui appartient à l'*Afghanistan*, la dépression Caspienne est tout entière *sous la dépendance de la Russie*.

POSSESSIONS DIRECTES DES RUSSES
Superficie. — 3 600 000 kil. car. (France : 529 000 kil. car.)
Population. — 5 600 000 hab. (France : 38 millions).
Divisions politiques. — *Lieutenance générale de l'Asie centrale*, partagée en 11 gouvernements ; — *Territoire transcaspien* dépendant de la lieutenance générale du Caucase.
Villes principales. — *Tachkend* (100), capitale de l'Asie centrale ; — *Samarkand* (10), très ancien marché pour le commerce avec la Chine, ville sacrée des Musulmans ; — *Andidjan* (43) et *Kokand* (35), dans la riche vallée de Fergana (Syr-Daria supérieur).
Religion dominante. — Mahométisme.

ÉTATS MUSULMANS VASSAUX DE LA RUSSIE
1° *Khanat de Khiva*.
Superficie. — 60 000 kil. car.
Population. — 700 000 hab.
Ville principale. — *Khiva* (20) dans une belle oasis de l'Amou-Daria ; grandes écoles musulmanes.
2° *Khanat de Boukhara*.
Superficie. — 240 000 kil. car.
Population. — 2 200 000 hab.
Ville principale. — *Boukhara* (80), grande étape des caravanes de l'Inde, ville savante et sacrée.

~~ **La Caspienne et la région improprement nommée Asie centrale.** — On appelle généralement, mais à tort, *Asie centrale* la dépression située au sud de l'Oural et de la Sibérie.

Le fond en est occupé par la mer **Caspienne**, dont les eaux sont à 26 mètres au-dessous du niveau de la mer Noire, et du niveau général des mers.

A 48 mètres, au contraire, *au-dessus* de ce niveau, la mer d'*Aral* s'étend à l'Est de la Caspienne dont elle est séparée par le plateau de l'*Oust-Ourt*.

Elle était probablement autrefois réunie à la partie septentrionale de la Caspienne. Alors aussi, sans doute, celle-ci était beaucoup plus profonde et se trouvait séparée de son propre bassin méridional par un prolongement du Caucase entre la presqu'île de *Bakou* et celle de *Krasnovodsk*, tandis que ce bassin lui-même n'était point encore isolé de la mer Noire par le soulèvement des montagnes volcaniques de l'Arménie.

~~ **Assèchement graduel de la région.** — Le niveau actuel de la Caspienne s'explique par l'assèchement graduel de la région qui l'environne. L'affluent européen de la Caspienne, le Volga, lui apporte une quantité d'eau considérable et constante. Du côté de l'Asie, au contraire, la sécheresse est si intense, que le régime des eaux *s'appauvrit*, *s'atrophie* ; leur volume diminue peu à peu.

Les pluies de la bordure septentrionale de l'Iran, les neiges des monts Thian-Chan, les cours d'eau, les lacs qu'elles alimentent ne suffisent pas à compenser les pertes qu'une évaporation intense fait subir à toute cette région. Le grand lac *Balkach* (carte Asie centrale, p. 153), diminue rapidement, et l'*Ili* n'y arrive plus qu'à travers des marécages.

L'abaissement du niveau de la mer d'Aral est peu sensible à l'Ouest où sont les grandes profondeurs et la bordure élevée de l'*Oust-Ourt*, mais très visible à l'Est, où la pente du rivage est très faible.

Le *Syr-Daria* et l'*Amou-Daria* n'ont cessé de se rendre à la Caspienne. Ils s'arrêtent à la mer d'Aral. L'ancien lit du Syr n'est plus marqué que par une série de lagunes au Nord de l'Oust-Ourt ; celui de l'Amou, au Sud du même plateau, par une vallée encore humide et verdoyante. Le *Zérafchan* n'arrive plus jusqu'à l'Amou-Daria. Tous ces cours d'eau défaillants *se perdent* dans des *lagunes* terminales où sont établies des *oasis*.

~~ **Les déserts.** — Au nord de la Caspienne et de la mer d'Aral, le pays est absolument *désert*, et il sera très difficile d'y construire la *voie ferrée* du fleuve Oural à l'Amou-Daria.

Entre le lac Balkach et la montagne, s'étend un *désert*, un autre sur la rive droite du Syr ; ce fleuve est lui-même séparé de l'Amou-Daria par les steppes du *Kysyl-Koum*, et l'Amou est séparé de l'Iran par du ceux *Kara-Koum*.

~~ **Les oasis fluviales et la**

conquête russe. — Les seules régions productives et habitables sont la

Fig. 85. — Caravane dans le Turkestan.

lisière élevée du Sud-Est et les *oasis* arrosées par les canaux dérivés des fleuves. Aussi, malgré l'absence de montagnes, la Russie a-t-elle mis bien plus longtemps à conquérir ce pays que les immenses espaces sibériens. Il lui a fallu traverser des déserts, et borner ses opérations aux vallées fluviales pour atteindre les bordures de la Mongolie, du Tibet et de l'Iran.

Elle a conquis le cours inférieur de l'*Ili*, aujourd'hui province de *Semiriétchensk*; le long du *Syr*, elle a soumis les Khanats de *Tachkend* et de *Kokand*, aujourd'hui province de *Fergana*.

Sur le *Zérafchan* elle s'est approprié *Samarkand*, d'où elle tient à sa merci *Boukhara*, située dans la lagune terminale et qu'elle peut par conséquent priver d'eau. Pour atteindre *Khiva*, il lui a fallu traverser le désert au prix de fatigues infinies.

Le long de la bordure extérieure de l'*Iran*, elle a construit un chemin de fer à travers le pays des *Tekkés*, et s'est emparée de *Merv* qui est à la fois sur la route de Hérat (Afghanistan), c'est-à-dire de l'intérieur même de l'Iran, et sur la route de *Balkh* et de *Faizabad*, c'est-à-dire des revers septentrionaux de l'Indou-Kouch (voir p. 155, chemin de fer transcaspien).

Ainsi, la Russie est désormais la maîtresse de ce grand pays qui fut autrefois le berceau des Turcs et le chemin des grandes invasions venues de l'Asie; c'est elle qui menace à son tour les deux premières puissances de l'Asie : l'*Angleterre* par Merv et l'Amou-Daria, la *Chine* par le Syr-Daria et l'Ili.

Le Saksaoul. — La végétation des steppes du Turkestan est extrêmement pauvre, mais elle est fort originale. Les plantes du sud y refoulent peu à peu les plantes du nord, à mesure que la région devient plus désertique, et elle s'adapte peu à peu à ce milieu dont la sécheresse est le caractère distinctif. Ainsi le *Saksaoul* (Anabasis ammodendron), originaire de Perse, est complètement dépourvu de feuilles, bien qu'il produise des fleurs et des fruits ; on dirait un fagot verdoyant. Autour de ses fruits s'appliquent chaque année des bourrelets de bois neuf. La graine est d'une extrême dureté, le bois très lentement ; le bois est plus lourd que l'eau et sous la hache il jette des étincelles.

CHAPITRE VIII
SYRIE ET MÉSOPOTAMIE

NOMENCLATURE PHYSIQUE

Latitude. — Algérie et Maroc, États-Unis du Sud.
Longitude. — Moscou, mer Blanche.
Climat. — Le *Liban* interposé entre la Syrie et la mer absorbe toute l'humidité ; derrière lui le *désert* et les *steppes* s'étendent jusqu'à la lisière du plateau de l'Iran.
Massifs phéniciens. — *Liban* (3 000 m.) ; Anti-Liban (2750 m.).
Plateau de Palestine. — *Jérusalem* (750 mètres).
Dépression du Jourdain. — Lac de Génézareth (—191 m.); *mer Morte* (—394 m.).
Fleuves de la Mésopotamie. — *Tigre* (Diarbékir, Mossoul, Bagdad); — *Euphrate*.
Tous deux réunis forment le **Chat-el-Arab** (Bassorah).

NOMENCLATURE POLITIQUE ET ÉCONOMIQUE

La Syrie et la Mésopotamie sont comprises dans les *possessions turques de l'Asie*.
Superficie. — 900 000 k. c. (Fr. : 529 000).
Population. — 6 millions d'hab. (Fr. : 38).
Divisions politiques. — Vilayets turcs de Diarbékir, d'Alep, de Syrie, de Bagdad, de Bassorah.
Villes principales. — *Damas* (150), capitale de la Syrie, point de départ des caravanes qui traversent le désert, grande ville religieuse ; — *Alep* (70), tête de ligne de la route du Tigre ; — *Beyrouth* (70), le principal port des Échelles du Levant ; — *Bagdad* (60) et *Mossoul* (10), villes industrieuses du Tigre ; — *Jérusalem* (28), grand centre de pèlerinages chrétiens, israélites et musulmans.
Ports principaux. — *Sur la Méditerranée* : les Échelles (Alexandrette, Lattaquié, Tripoli, Beyrouth, Jaffa) ; — *Sur le golfe Persique* : Bassorah dans le delta du Chat-el-Arab.

Leur situation et leurs grands souvenirs. — L'espace triangulaire compris entre la côte rectiligne qui borde l'extrémité orientale de la Méditerranée et la lisière occidentale de l'Arménie et de l'Iran se partage en trois régions distinctes : la plaine de *Mésopota-*

Fig. 86. — Jérusalem.

mie arrosée par les deux *fleuves jumeaux* le Tigre et l'Euphrate, — les steppes et le désert de *Syrie*, — l'étroite bordure de montagnes qui longent la Méditerranée depuis *Alexandrette* jusqu'à la péninsule du *Sinaï*, en passant par la Palestine.

Là s'élevèrent les grands empires d'Assyrie et de Babylonie ; ici le commerce de tout le monde méditerranéen se concentra entre les mains des Phéniciens ; et, dans la *Judée*, *Jérusalem* (fig. 86) rappelle l'histoire du peuple juif et la vie du *Christ*.

Tous ces grands souvenirs ne sont plus attestés aujourd'hui que par des ruines.

Le Tigre et l'Euphrate. — L'Euphrate naît au cœur de l'Arménie qu'il traverse en formant de nombreux détours et plus de 300 rapides. Il semble vouloir d'abord aboutir au golfe d'*Alexandrette*, mais, arrivé à 170 kilomètres de la Méditerranée, il se détourne brusquement vers le golfe Persique.

Le Tigre sort des dernières pentes de l'Arménie à une très faible distance de l'Euphrate ; il longe ensuite la bordure occidentale de l'Iran, dont il recueille toutes les eaux, et ne cesse de grossir jusqu'à son confluent avec l'Euphrate, tandis que celui-ci, au sortir des steppes et des déserts, est déjà appauvri par l'évaporation.

Les deux fleuves, après s'être rapprochés une première fois aux environs de *Bagdad*, ne se réunissent de nouveau qu'assez près de la mer, sous le nom de *Chat-el-Arab*. Ils ont comblé de leur *delta* le fond du golfe Persique, à partir de *Bassorah*, autrefois port maritime, aujourd'hui port fluvial.

Les grands établissements historiques, *Ninive* (aujourd'hui *Mossoul*), *Séleucie* et *Ctésiphon* (aujourd'hui *Bagdad*), ont été fondés sur le Tigre.

Babylone se trouvait sur l'Euphrate, mais après sa première réunion avec le Tigre, qui par des canaux artificiels lui envoyait une partie de ses eaux.

Le Tigre et l'Euphrate sont le grand chemin du commerce terrestre entre la Méditerranée et le golfe Persique ; la route principale par *Birédjik*, le remonte jusqu'au point de son cours le plus rapproché du Tigre qu'elle rejoint à *Diarbékir* pour ne plus le quitter ; elle passe à *Mossoul* et Bagdad. Elle traverse les pays *riches et fertiles* (la rive *gauche* du Tigre et la Babylonie) où se concentre la vie de toute la région.

Aussi les Anglais ont-ils projeté un chemin de fer d'*Alexandrette* à *Bassorah*, qui compléterait le service maritime de *Bassorah* à *Bombay* (Inde).

Les steppes et le désert de Syrie. — A l'Ouest de l'Euphrate, des steppes et des déserts s'étendent jusqu'à la bordure montagneuse de la Méditerranée, qui arrête au passage les nuages venus de cette mer.

C'est une vaste plaine qui s'élève et devient de plus en plus stérile vers le Sud, dans la direction de l'*Arabie*.

L'Euphrate n'y reçoit que quelques

gouttes d'eau par des *ouadis* temporaires, semblables à ceux du Sahara ou de l'Arabie; les oasis qui se trouvaient dans la partie septentrionale, la plus étroite, ont peu à peu disparu avec les canaux d'irrigation qui les entretenaient.

La plus célèbre de ces oasis fut celle de *Palmyre*, création artificielle qui n'a duré qu'un moment, et dont il ne reste que des ruines.

Seules les oasis de *Damas* et du volcanique *Djebel-Hauran* subsistent encore à cause de leur proximité de la mer.

~~~ **Hauteurs de la Phénicie et de la Palestine** — Cette bordure montagneuse est formée de deux soulèvements distincts. L'un, plus récent et plus élevé est au Nord : c'est le Liban, doublé de l'*Anti-Liban*, avec l'étroite plaine intermédiaire de la Syrie creuse ou *Cœlé-Syrie* (vallée de l'*Oronte*s et du *Leontès*).

L'autre, au Sud, orienté de même et double aussi, se compose des croupes moins élevées et en partie volcaniques de la Palestine; elles se relient au Sud au massif imposant du *Sinaï*. La vallée intermédiaire, fort étroite, s'abaisse jusqu'à 400 mètres *au-dessous du niveau de la mer*, le fond en est occupé par la **mer Morte**, qui reçoit le *Jourdain*.

Cette dépression se termine enfin au Sud par la vallée de *Ghor* qu'un seuil de 2 à 300 mètres seulement sépare de celle de l'*Ouadi Arabat* et de son prolongement marin le golfe d'*Akabah*.

~~~ **Les pays du Liban.** — Le Liban phénicien, paré de sites riants, couronné de bois d'où le *cèdre* a malheureusement disparu, dominait jadis nombre de villes maritimes prospères et populeuses dont les survivantes comptent encore parmi les *échelles* du Levant. La plus grande est Beyrouth, peuplée maintenant de 70 000 habitants.

L'Anti-Liban a toujours été nu et désolé; il s'abaisse par endroits, et laisse plusieurs passages libres dans la riche plaine de la Cœlé-Syrie, où s'éleva autrefois la fastueuse *Héliopolis* (Balbeck), et les oasis de *Damas*, d'*Alep*, sorte de ports établis pour les caravanes sur la lisière du désert. Tout ce commerce aboutissait dans l'antiquité à *Antioche*, située sur l'Oronte, à l'endroit où il perce l'*Amanus*, prolongement septentrional du Liban, ce fut une des métropoles de l'Orient, et elle compta près d'un million d'habitants. Un tremblement de terre, en 1872, a achevé sa ruine, elle est supplantée par les ports de *Lattaquié* et de *Aïas*.

Depuis les *croisades*, la langue française, très répandue dans le Levant, est parlée surtout chez les *Maronites*, peuples du Liban protégés de la France.

~~~ **La Judée.** — La vallée du *Jourdain* (la terre promise) contraste par sa verdure avec le reste de la *Palestine*, région désolée, sans arbres et presque sans végétation. Sans l'importance politique et militaire que le voisinage de l'Egypte lui a donnée de tout temps et donne encore aux ports de *Jaffa* et de *Gazzah*, sans les pèlerinages chrétiens aux lieux saints, sans le passage des pèlerins musulmans qui se rendent à la ville sainte de la Mecque, la Judée serait entièrement délaissée.

Bagdad. — Quand on arrive de Bassorah en remontant le Tigre, par le bateau à vapeur. Bagdad s'annonce de loin par ses nombreux palmiers, ses jardins verdoyants; puis on distingue ses sveltes minarets revêtus de briques émaillées ses coupoles massives qui se détachent sur l'azur verdâtre. Le fleuve décrit des courbes nombreuses au milieu des îlots boisés. Sur les rives le mouvement de la circulation qui ne cesse de s'accroître, indique d'avance une grande et populeuse cité.

Bagdad fut bâtie au XIIIe siècle par le calife Mostancer. Elle forme un vaste rectangle environné d'une muraille crénelée, et elle est percée de quatre portes orientées à peu près suivant les points cardinaux. Un pont de bateaux la relie sur la rive droite au faubourg de Karak. On aperçoit de ce côté la belle mosquée des Chiites de Kâzemein avec ses coupoles dorées, et au milieu des sables de la campagne aride le monument élevé par Haroun-al-Raschid à la sultane Zobéïde.

La rive gauche sur laquelle s'étend la ville est bordée de jardins, de villas, d'habitations européennes, de cafés. On y remarque pêle-mêle, une tannerie, le beau domaine du nabab d'Oude, souveraïo ou consul général britannique et celle du consul de France, la douane et près du pont le mouillage des bateaux de la compagnie fluviale.

La ville proprement dite est un fouillis de maisons à terrasses auxiliers desquelles serpentent les rues et dominent de loin en loin un palmier ou un jujubier isolé, hôtes de quelque cour intérieure. Une voie principale, de cinq à six mètres de large, sépare du reste de la ville les maisons du bord de l'eau. Elle conduit aux bazars, le neuf et le vieux et au quartier juif peuplé à lui seul de près de 20 000 âmes. À côté se trouvent : un vieux caravansérail qui fut autrefois une école célèbre, et divers édifices, qui n'ont d'ailleurs rien de remarquable : le sérail ou hôtel de ville, les tribunaux, etc., l'école une et sorte de parc d'artillerie qui sert de *forteresse*. C'est le quartier neuf : on y montre une imprimerie et une machine à fabriquer la glace. L'école militaire est voisine du sérail ; c'est un bâtiment de construction récente, avec une vaste cour, un kiosque pour la musique, une gymnastique, une tour carrée ornée d'une horloge. Le bazar, interrompu devant l'école militaire et le sérail, reprend plus loin et se termine devant la forteresse, à la grande mosquée de Daoud-pacha dont le dôme est peint de diverses couleurs. Près de la mosquée est la place du Meidan, la seule de la ville : elle sert de marché aux provisions pour le quartier turc que traverse une rue montante toujours très encombrée par la foule et bordée de nombreux cafés. Entre le quartier turc et le bazar s'étend le quartier juif. Il y a tout à côté une communauté de 5 à 6 000 chrétiens avec des écoles très florissantes où la langue française est enseignée à de nombreux enfants de toute race et de tout culte. Le clocher de l'Église arménien est surmonté d'une croix ; quand le drapeau tricolore y flotte et les musulmans permettent qu'on y sonne la cloche. Les rites chaldéen, syrien, grec et arménien ont aussi leurs églises et leurs écoles d'importance un peu moindre.

Derrière le quartier juif commencent des terrains vagues, encombrés de ruines amoncelées, qui couvrent au nord-ouest un bon tiers de la ville, rappelant les terribles effets de la peste et de l'inondation. Vers le nord, près de la porte du milieu est la mosquée d'Omar Sahraouardi, un santon dont le tombeau est surmonté d'un cône en forme de pomme de pin. À l'est, confinant aux jardins, s'élève la mosquée d'Abd-el-Kader Gilani, dont les restes sont visités par les croyants du monde musulman tout entier ; un de ses dômes, le plus grand, est recouvert de faïence vernie.

CHAPITRE IX

L'ARABIE

NOMENCLATURE PHYSIQUE

Latitude. — Sahara et Mexique.
Longitude. — Volga et Madagascar.
Climat. — Semblable à celui du Sahara, extrêmement sec et alternativement très chaud et très froid. *Déserts très étendus.*
Altitudes principales. — Sinaï (2600 m.); — Montagnes de l'Hedjaz (1800 m.); — Montagnes d'Oman (3000 m.); — Montagnes centrales, (Haïl, 1000 m.).

NOMENCLATURE POLITIQUE

I. POSSESSIONS TURQUES

La côte occidentale.
Superficie. — 570 000 kil. c. (Fr. : 529 000).
Population. — 1 100 000 hab. (Fr. : 38 millions).
Divisions politiques. — Vilayets de l'Hedjaz et de l'Yémen.
Villes principales. — La Mecque (50), ville sacrée des musulmans. Tout Musulman doit au moins une fois dans sa vie venir y prier dans la *Kaba*; — *Médine* (20), autre ville sainte des mahométans, elle renferme *le tombeau de* Mahomet ; — *Djeddah*, port de la mer Rouge.

II. ARABIE INDÉPENDANTE

Superficie. — 2 500 000 kil. car. (France : 529 000).
Population. — Environ 4 millions d'hab.
Divisions politiques. — Dans l'intérieur, les populations nomades ou fixées dans des oasis forment les États de *Chamar* et des *Ouahabites*; à l'entrée du golfe Persique se trouve le *Sultanat d'Oman* établi dans la partie la plus fertile de l'Arabie.
Ville principale. — Mascate (20), port de commerce important qui commande l'accès du golfe Persique.

III. ARABIE ANGLAISE

Colonie d'Aden et ses dépendances.
Superficie. — 250 kil. car.
Population. — 35 000 hab.
Ville principale. — *Aden* (34), port fortifié gardant l'entrée de la mer Rouge, place de commerce très importante sur la route de l'Inde; exportation du *café moka*.
Dépendance principale. — Îlot fortifié de *Périm* dans le détroit même de Bab-el-Mandeb. Les anglais essayent aujourd'hui de s'établir en face d'Aden sur la côte des *Çomalis*.

~~~ **Situation et caractère africain de l'Arabie.** — Le plateau d'Arabie bien qu'appartenant à l'Asie semble une *dépendance de l'Afrique*.

Sa côte Sud-Est, presque rectiligne, est dans le prolongement des côtes *africaines* plus méridionales; celle de la mer Rouge correspond aux rivages *égyptiens* qui lui font face, et les touche presque au détroit de *Bab-el-Mandeb*; cette mer étroite n'est elle-même qu'une *rupture récente* entre l'Asie et l'Afrique.

L'Arabie *tout entière*, et non pas seulement l'*isthme de Suez*, est le véritable trait d'union de ces deux parties du monde : ce qui les sépare en réalité, ce n'est pas le fossé étroit de la mer Rouge, c'est une des plus grandes plaines du monde, celle où coulent l'Euphrate et le Tigre et qui se prolonge vers le Sud-Est par le golfe Persique.

L'Arabie tient donc autant à l'Afrique qu'à l'Asie, elle sert de transition entre les deux.

~~~ **Similitude de son aspect intérieur avec le Sahara.** — Son aspect est tout à fait semblable à celui du Sahara africain. A l'intérieur, un *plateau* ondulé, en grande partie *désert*, et semé d'*oasis* dans les fonds abrités, s'élève du Nord au Sud ; il présente dans sa partie culminante des montagnes qui traversent obliquement la péninsule sous la latitude du tropique, et marquent la limite entre les pays du Nord extrêmement *secs*, et ceux du Sud qui se couvrent de quelque *végétation* pendant la saison des pluies (décembre et janvier), et renferment des *ouadi* identiques à ceux du Sahara.

La faune et la flore de l'Arabie ressemblent aussi à celles du Sahara ; le palmier dattier est l'arbre des oasis, la gazelle, l'hyène et le chacal parcourent les solitudes des steppes et rôdent autour des tentes errantes des tribus.

~~~ **Côtes analogues à celles du Sahara.** — Il n'y a que les *montagnes côtières* entre le détroit de Bab-el-Mandeb et celui d'Ormuz qui reçoivent, comme l'Atlas et le massif éthiopien, des *pluies* assez considérables pour entretenir une végétation perpétuelle ; les deux moussons de l'océan Indien y déposent en les longeant une partie de leur humidité.

C'est là l'*Arabie heureuse*, l'antique royaume de Saba, célèbre autrefois par ses richesses minérales, aujourd'hui par son *café*, et où les Anglais ont pris pied en s'établissant à *Aden*.

Là aussi fut fondé au moyen âge le sultanat d'*Oman*, où *Mascate* était la métropole du grand empire maritime arabe qui s'étendait des côtes de *Malabar* (Hindoustan) à celle de *Mozambique* (Afrique orientale).

Les autres côtes qui s'étagent en terrasses autour de l'Arabie, laissant parfois le long de la mer une étroite zone de plages sablonneuses, sont presque aussi pauvres en humidité que l'intérieur du plateau : la mer Rouge et le golfe Persique donnent trop peu de vapeurs pour créer autour d'eux un climat maritime.

La Mecque, la ville sainte des musulmans, est située dans une vallée sablonneuse et aride, et elle n'a jamais eu d'importance que comme rendez-vous de pèlerins ; avant *Mahomet*, la Kaba était le lieu de réunion des tribus nomades de l'Arabie ; elle reçoit aujourd'hui les fidèles musulmans venus de l'Europe, de l'Asie et de l'Afrique.

~~~ **Similitude de l'état politique du Sahara et de l'Arabie.** — De toutes les conquêtes des Arabes, la seule qui leur soit restée des côtes de l'Atlantique aux rives de l'Indus est le *désert africain*. Ils y ont trouvé des conditions d'existence semblables à celles que leur offrait leur patrie ; incapables de fonder des États stables, ils ont été vaincus partout où ils avaient dû abandonner la *vie nomade* et ne sont restés leurs maîtres que dans les pays où ils ont pu la conserver.

Aujourd'hui cette *similitude* est plus frappante que jamais entre le *Sahara* et l'*Arabie*. Ici et là, les côtes seules appartiennent à de véritables États ; le centre inaccessible échappe à toute domination et les *Ouahabites* du *Nedjed* sont encore moins soumis aux gouverneurs turcs de *Médine*, de la *Mecque* et à l'iman de *Mascate*, que les tribus sahariennes au sultan de Maroc ou à la France.

La presqu'île du Sinaï. Pour visiter le Sinaï, on part de Suez, et on contourne l'extrémité septentrionale du golfe. La première étape est *Aïn-Mouça*, les Sources de Moïse ; ce sont cinq fontaines qu'ombragent des bouquets d'arbres et de gracieux palmiers. Dans sa configuration générale la presqu'île est formée de chaînes de montagnes presque parallèles qui se nouent en un énorme faisceau à son extrémité méridionale. Entre les montagnes s'ouvrent des vallées étroites ou *ouadis* absolument desséchées en été.

Les roches granitiques prennent des colorations les plus étranges et les plus vives : des veines de teinte orange, jaune d'ocre, jaune citron, bleues ou vertes marbrent les flancs rougeâtres de la montagne. A ses pieds s'étend la mer transparente bordée de magnifiques coquilles roses. Dans le *Ouadi-el-Amdrah*, on rencontre des sources d'eaux amères et corrosives. Sur les flancs du *Ouadi Mokattch*, (vallée écrite) soigneusement polis, s'étalent pendant trois kilomètres des inscriptions en caractères dits sinaïtiques. La montagne imposante du Sinaï, moins élevée que le Djebel-Catherine qui la précède, est voisine du mont Horeb.

Sur le flanc du Sinaï s'accroche un couvent d'origine Byzantine, dont les murailles énormes flanquées de tours ont un aspect tout militaire. Pendant longtemps, pour se prémunir contre toute attaque, les moines ne communiquaient avec le dehors que par une fenêtre élevée et au moyen d'une corde manœuvrée par un cabestan. Aujourd'hui on pénètre dans le couvent par une vraie porte, on gravit des marches élevées, on suit des couloirs obscurs, on monte à tâtons et on arrive à une vaste cour ornée de trois magnifiques cyprès et centre des habitations. Le jardin dont la terre a été patiemment apportée à dos de chameau est un vrai charme de verdure et de fleurs. Les moines donnent l'hospitalité aux pèlerins. Ils s'adonnent aussi à l'étude. Leur bibliothèque est très riche en vieux manuscrits. Ils montrent dans leur église byzantine et romane, mais d'ornementation très-disparate, la chapelle du Buisson ardent, les reliques de sainte Catherine et des bijoux d'une grande valeur ; près du couvent, au pied du mont Horeb, la roche miraculeuse que Moïse fit jaillir l'eau vive, d'un coup de baguette. L'ascension du Sinaï est pénible mais n'offre aucune difficulté sérieuse ; sur le sommet qui est plat, on indique la place où Dieu apparut à Moïse pour lui donner les tables de la loi. Le panorama est admirable et se perd au loin dans le brouillard argenté qui se confond avec la mer. Sur les flancs de la montagne, pousse en abondance une plante qui produit la manne.

CHAPITRE X
L'INDE

NOMENCLATURE PHYSIQUE

Latitude. — Antilles, Sahara et Soudan.
Longitude. — Golfe de l'Obi.
Climat. — Tout à fait tropical : grandes chaleurs et pluies abondantes.

Montagnes. — I. Himalaya ; — II. Monts Aravalli (1 700 m.) ; — III. Monts *Vindhya* (700 m.) ; — IV. Ghates orientales (1 300 m.) ; — V. *Ghates occidentales* (Nilaghiri, 2 400 m.) ; — VI. Montagnes de Ceylan (Pic d'Adam, 2 250 m.).

Altitudes du plateau. — 1° *Pl. de Maloua*: Dhar (600 m.) ; — 2° Pl. du Dekan : Nagpour (200 m.), Haïderabad (600 m.), Bengalore (1 000 m.).

Fleuves. — *G. du Bengale* : Gange (Bénarès, Patna, Chandernagor et *Calcutta*), grossi à dr. de la Djamna (*Delhi*, Agrah, Allahabad) ; — Brahmapoutre ; — Mahanady ; — Godavery (Yanaon) ; — Krichna ; — Cavery (Mysore).

G. d'Oman : Tapty (Surate) ; — Nerboudan (Baratch) ; — Indus (Leh, Dera-Ismaïl, Chikarpour, Haïderabad), grossi des cinq rivières (Pendjab) dont la principale est la *Setledje*. (*Lahore* est sur la Ravi).

Iles. — Ceylan, îles Laquedives et Maldives.

1° INDES ANGLAISES
NOMENCLATURE POLITIQUE

Les Indes anglaises comprennent : 1° des possessions directes et des États vassaux dans l'*Hindoustan* ; 2° les îles de Ceylan, d'Andaman, de Nicobar, et la Birmanie britannique, dans l'*Indo-Chine*.

Superficie. — 4 millions de kil. car. (en y comprenant la Birmanie (France : 529 000 kil. car.)

Population. — 250 millions d'hab. (France : 38 millions) ; 66 hab. par kil. car. (France 71).

Divisions politiques. — *Possessions directes de l'Angleterre* : Présidences du Bengale (6 provinces). de Madras et de Bombay ; — pays administrés par le vice-roi de l'Inde (Adjmir, Dérar et Mysore) ; — Ile de Ceylan et dépendances : (2 2700 000 kil. car. ; 198 millions d'hab.)

États vassaux. — Agence des Radjpoutanah et Inde centrale (150 petits États) ; — États de Baroda, du Nyzam, de Manipour et de Cachemire : (1 530 000 kil. car. ; 52 millions d'hab.)

Budget. — 2 milliards. (France : 3 milliards et demi.)

Dette. — 4 milliards (France : 20 milliards).

Armée indigène. — 120 000 hommes de troupes impériales, et 200 000 hommes de police militaire.

Villes principales. — Calcutta (790), résidence du vice-roi, port sur l'Hougly, bras du Gange, centre de commerce avec la Chine ; — Bombay (770), *le principal port de l'Inde*, centre de commerce avec l'Europe ; — *Madras* (400), mauvais port, centre des pêcheries et du commerce des pierres précieuses ; — Haïderabad (360), capitale de l'État du Nizam ; — Bénarès (200), ville sacrée des Indous sur le Gange ; — *Lahore* (150) et *Amritsir* (150), centres du commerce avec l'Afghanistan, le Turkestan et le plateau central.

On peut encore citer *Lukhnau* (260), Delhi

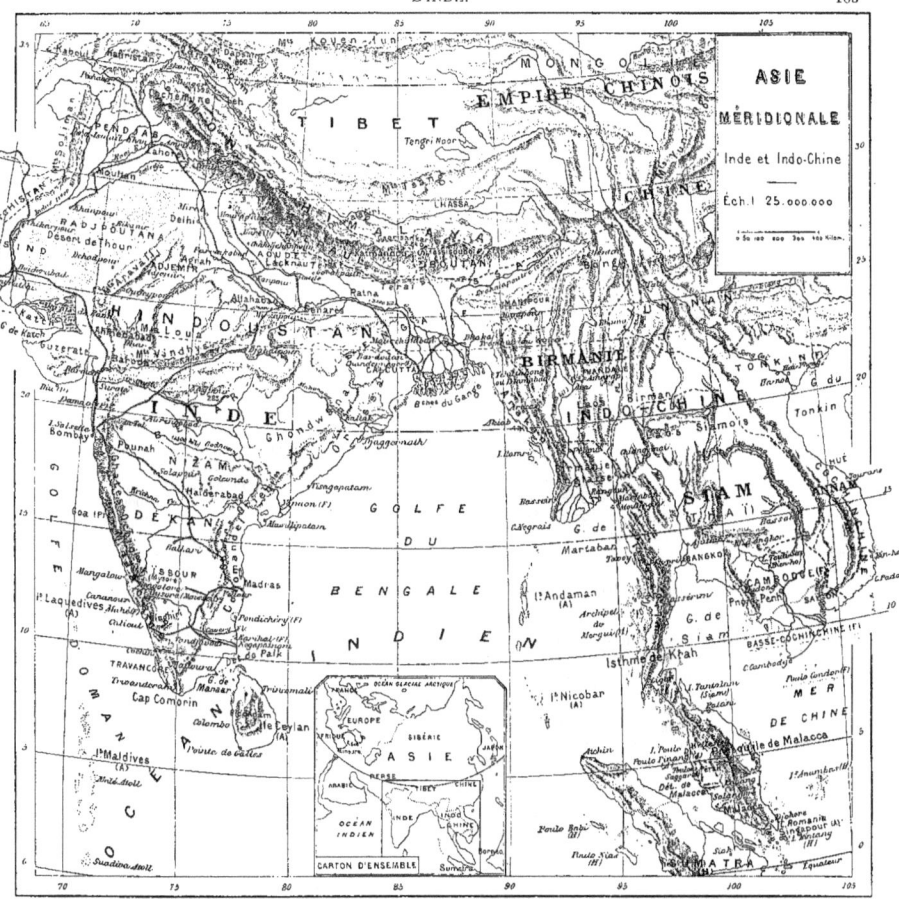

(170), *Patna* (160), *Allahabad* (150), *Bengalore* (150), *Agrah* (160), *Kampour* (150).

Religions. — 190 millions de brahmanistes, 50 millions de *mahométans*. Il n'y a que 120 000 *Européens chrétiens*, dont les deux tiers Anglais.

NOMENCLATURE ÉCONOMIQUE

Coton. — L'Hindoustan est le pays qui produit le plus de coton *après les États-Unis*; des fabriques le travaillent sur place. Le nombre des broches est d'environ 1 200 000 (France: 5 millions).

Blé. — La culture du blé augmente tous les jours et tend à se substituer à celle du coton. Grand commerce avec les pays méditerranéens; concurrence de plus en plus redoutable pour les États-Unis.

Opium. — L'opium du Bengale fournit toute la Chine.

Riz. — Excessivement abondant dans les deltas des rivières.

Thé. — Réussit très bien sur les pentes des montagnes.

Houille. — 20 millions de tonnes (France: 20 millions).

Le bassin houiller de l'Hindoustan occupe une superficie de 100 000 kil. car. (4 fois plus qu'en Angleterre).

Commerce extérieur. — Plus de 3 milliards et demi (France : 10 milliards).

Commerce avec la France. — 250 millions, dont 210 millions *pour l'exportation* en France.

Mouvement des ports. — 7 millions de tonneaux (France : 20 millions).

Tonnage de la marine marchande. — 200 000 tonneaux (France : 1 million).

Chemins de fer. — 16 000 kilomètres (France : 29 000).

2° ÉTATS INDÉPENDANTS DE L'HIMALAYA

Népaul. — *Superficie :* 147 000 kil. car.; — *Population :* 3 millions d'hab. — *Capitale :* Katmandou (50).

Boutan. — *Superficie :* 35 200 kil. car.; — *Population :* 200 000 hab. — *Capitale :* Tassisoudon.

3° POSSESSIONS FRANÇAISES DE L'INDE

De toutes nos possessions dans l'Inde, il ne nous reste plus depuis 1763 que *cinq villes* et quelques-uns des villages qui les entourent.

Ces cinq villes sont : Pondichéry (40), chef-lieu de nos établissements dans l'Inde, sur la côte de Coromandel. — *Yanaon*, sur la côte d'Orissa, — *Chandernagor*, près de Calcutta, — *Karikal*, sur la côte de Coromandel, — *Mahé*, sur la côte de Malabar.
Superficie totale. — 508 kil. car.
Population totale. — 275 000 hab.
Commerce extérieur. — 30 millions de francs dont 10 avec la France.

4° POSSESSIONS PORTUGAISES DE L'INDE

Ces possessions situées sur la côte occidentale, sont les territoires de Goa, de *Damao*, les îles de *Salsette*, près de Bombay, et de *Diu*, sur la côte de Guzerate. C'est tout ce qui reste aux Portugais des colonies qu'ils fondèrent aux Indes avant tous les autres Européens, et cela la fin du quinzième siècle.
Superficie totale. — 3 355 kil. car.
Population totale. — 445 000 hab.
Capitale. — *Goa* (20).

Isolement de l'Inde. — L'Inde forme en Asie un *tout distinct et isolé*.

Au Nord se dresse l'Himalaya, barrière infranchissable. Au Nord-Est, des *montagnes* inextricables interdisent l'accès des pays chinois et indo-chinois ; à l'Ouest, le revers oriental de l'*Iran* constitue, selon l'expression anglaise, une frontière « scientifique, » que l'Iran lui-même, avec ses *steppes*, ses *déserts*, isole de la Mésopotamie, et plus encore, du monde méditerranéen.

La plaine de l'Indus et du Gange. — Tandis que le relief de la Chine, celui de l'Indo-Chine et celui de l'Iran se rattachent au plateau central asiatique, les montagnes de l'Inde forment un tout indépendant. Elles sont une sorte de continent *juxtaposé* au grand continent. Au pied de l'Himalaya, dans une *plaine immense*, de 300 mètres d'altitude au plus, l'Indus et le Gange se développent côte à côte sans autre ligne de partage que d'insensibles ondulations.

Si la mer s'élevait de 300 mètres, l'Himalaya serait séparé du plateau de *Dékan* par un large bras de mer, par une Manche énorme.

Le Dékan. — Du plateau de *Maloua* et des bords du *Gange*, le Dékan s'élève et se rétrécit progressivement vers le Sud, jusqu'à son *extrémité* méridionale, le *Nilaghiri*, qui est en même temps son sommet culminant (2 396 mètres).

Des deux côtés, le Dékan est bordé par des *terrasses montagneuses* qui portent le nom de *Ghates*. Celles de l'Occident, plus élevées, bordent de très près la mer ; celles de l'Orient, moins hautes, sont traversées par les grandes rivières de l'intérieur, qui ont étalé à leurs pieds, sur le golfe du *Bengale*, une lisière de plaines deltaïques, où elles s'épanchent en d'innombrables canaux.

Travancore et Ceylan. — Au sud du Dékan, un second Dékan en miniature est le massif de *Travancore*.

L'île de *Ceylan* prolonge elle-même l'Inde car le détroit de *Palk* est peu profond et il est traversé par une sorte *d'isthme à demi détruit d'îles basses*, qui portent le nom significatif de *Pont d'Adam*, et où un seul chenal étroit laisse passer les petits navires.

Fleuves du Dékan. — S'avançant en triangle dans l'Océan, l'Inde reçoit *beaucoup de pluies*.

L'*alizé du Nord-Est* qui domine sur le golfe du Bengale passe au-dessus de la péninsule, et vient arroser largement le versant oriental des Ghates occidentales : là naissent le *Godavéry*, la *Krichna*, le *Cavéry*, etc. Une partie des eaux s'accumule en nombreux *lacs* sur une grande partie de la surface de la péninsule, formée d'un sol imperméable.

La *mousson du Sud-Ouest*, qui souffle pendant l'été sur la côte occidentale ou de *Malabar*, n'y alimente que de courts torrents et porte la plus grande quantité de ses vapeurs à l'Himalaya.

L'Indus et le Gange. — Les pluies hymalayennes sont si abondantes, que tout le pied montagneux en est inondé et forme une zone marécageuse appelée le *Teraï*, derrière laquelle le *Népaul* et *Boutan* ont pu s'abriter pour conserver leur indépendance.

Elles gonflent en même temps les fleuves frères le Gange et le *Brahmapoutre*, l'Indus et son affluent, le *Setledje* : nés dans le Tibet, ils ont eu assez de force pour percer l'énorme barrière montagneuse qui les séparait de l'océan Indien.

Le Gange, longeant la montagne, en recueille toutes les eaux : de là son *gigantesque delta*.

L'Indus, au contraire, une fois sorti du *Pendjab*, n'est plus grossi par aucun affluent, s'évapore dans le désert de Thour et arrive à la mer *fort diminué*.

Conditions politiques de l'Inde. — Sous le climat humide et brûlant, sur le sol riche et fertile de l'Inde, s'est développée une race de près de 200 *millions* d'habitants, dont l'antique civilisation avait créé de puissants empires.

Fig. 87. — Ruines hindoues.

Amollis par une prospérité excessive, affaiblis par leurs divisions en castes, les Hindous ont subi le joug des Arabes, puis des Mongols, des Portugais, des Hollandais, des Français, des Anglais.

Ceux-ci, restés les maîtres au dix-huitième siècle, ne nous ont laissé que quelques établissements côtiers. Ils ont créé dans l'Inde un gigantesque empire colonial dont ils tirent le *riz* et le *coton* pour l'Europe, l'*opium* pour la Chine, et où ils écoulent les produits de leurs filatures et de leurs usines métallurgiques. Calcutta, Madras, Bombay, ports du commerce européen et étapes vers l'extrême Orient, ont supplanté les grandes cités hindoues de l'Inde, du Gange et du Dékan, *Lahore*, *Dehli*, *Agrah*, *Bénarès*, *Haïderabad* ; Bombay surtout a pris une importance capitale, depuis que le percement du canal de Suez en a fait la tête de ligne de navigation vers la Méditerranée.

Pour assurer la défense de l'Inde et y affermir leur domination, les Anglais ont construit des lignes ferrées qui relient Bombay à Lahore, à Madras, à Calcutta, et le Bengale au Pendjab. La ligne de l'Indus a même un embranchement vers Hérat (p. 156) pour faciliter la défense des passes de Kettah.

La Russie, de son côté, convoite l'Inde afin de s'y créer un débouché comme ceux qu'elle possède sur le grand Océan ; mais elle se borne pour le moment à en *menacer la route* par ses possessions de l'Arménie et du Turkestan.

Voir : *Les colonies anglaises*, p. 116.

Résumé historique — A une époque très reculée, les *Aryas*, arrivant des bords de l'Oxus par l'Indou-Kouch, s'établirent dans le bassin de l'Indus. Ils étaient pasteurs et agriculteurs. Leurs chants sacrés sont les *Vedas*. Ils conquirent ensuite la vallée du Gange et furent gouvernés par les Brahmanes ou prêtres de *Brahma*, qui organisèrent en corps de doctrines la vieille religion indoue, le *Brahmanisme*. Les populations primitives furent domptées ou refoulées. Vers le Ve siècle avant l'ère chrétienne, *Cakia Mouni* prêcha une réforme religieuse, le Bouddhisme, qui abolissait la hiérarchie formaliste des castes.

La campagne d'Alexandre sur l'Indus (327-325) commence pour ainsi dire l'histoire de l'Inde. Il y eut dès lors des relations suivies entre l'Occident et l'Orient. Elles continuèrent pendant la période romaine. L'empereur Claude reçut même une ambassade du rajah de Ceylan.

Au début du VIIIe siècle après J.-C., paraissent les musulmans (khalifes Ommiades, puis Abbassides) ; au XIe siècle, Ghaznévides, au XIIe siècle, Gourides). L'Inde entière était au XIIIe siècle soumise au mahométisme.

Au XIVe siècle, surviennent les Mogols ou Mongols, avec Gengis-Khan, puis Tamerlan. En 1525, Babour, descendant de Tamerlan, fut le premier des Grands Mogols qui régnèrent à Delhi. Sa dynastie fut à son apogée sous Aureng-Zeb (1658-1707) ; mais la décadence commença aussitôt après. L'Inde se morcela en états indépendants.

Déjà les Portugais étaient arrivés à Calicut, en 1498, sous Vasco de Gama, et avaient fondé quelques établissements sur les côtes. Leur exemple fut suivi au XVIIe siècle par les Danois, les Français et les Anglais (1599). La guerre de sept ans et le traité de Paris de 1763, consacrèrent la prépondérance de l'Angleterre.

L'Inde gouvernée, d'abord par une association commerciale, la célèbre *Compagnie des Indes*, est aujourd'hui pour impératrice la reine d'Angleterre.

CHAPITRE XI
CHINE ET INDO-CHINE

NOMENCLATURE PHYSIQUE

Latitude. — Corée et *Pékin* : Asie Mineure, Espagne, Californie ; — *Chine méridionale* : Arabie, Sahara, Mexique ; — *Indo-Chine* : Soudan, Sénégambie, mer des Antilles.

Climat. — A part la Chine septentrionale (Pékin) où le climat est *continental*, alternativement très froid et très chaud, la Chine et l'Indo-Chine jouissent, *grâce aux moussons*, d'un climat *tropical très régulier* où la saison sèche alterne avec la saison des pluies qui alimentent les énormes fleuves de cette région.

Golfes. — De Broughton, de Corée, de Pé-tchi-li, de Tonkin, de Siam.

Iles. — Ile Quelpart et îlots coréens ; — îles Tchou-san et îlots des côtes de la Chine méridionale ; — *Formose* ; — *Haï-nan* ; — Iles Poulo-Condor ; — Iles de *Singapour*.

Montagnes. — I. Massifs coréens (Pépi-Chan 2500 m.) ; — II. Massifs chinois du Hoang-ho au Peï-ho ; — III. Massifs chinois du Hoang-ho au Yang-tsé-Kiang (*Tsing-ling*) ; — IV. Massifs chinois au sud du Yang-tsé-Kiang (*Nan-ling* et *Ta-ju-ling*) ; — V. Massifs parallèles de la *Birmanie* (2400 m.) ; — VI. *Plateau siamois* (1000 m.) ; — VII. Montagnes de *Malacca* (1100 m.).

Fleuves. — Peï-ho (Tien-tsin), — Hoang-ho (Lan-tchéou, Kaï-foung, Tsi-nan), — Yang-tsé-Kiang (Vou-tchang, Han-Kéou, Nan-King, Chang-haï), — Si-Kiang (Canton), — Song-Coï (*Hanoï*), — Don-naï (*Saïgon*), — Mé-Kong (Pnom-Penh), — Mé-nam (Bangkok), — Salouen (Moulmein), — Iraouady (Mandalay et *Rangoun*).

Lacs. — Du Yang-tsé-Kiang (*Chine*) ; — Bien-ho (*Cambodge*).

EMPIRE CHINOIS.

NOMENCLATURE POLITIQUE

L'Empire chinois comprend la Chine proprement dite et des dépendances (Mandchourie, Mongolie, Tibet, Dzoungarie (p. 133), Turkestan oriental).

Superficie totale de l'Empire chinois. — Près de 12 millions de kil. car. (Europe : 10 millions).

L'Empire chinois est le plus vaste du monde *après l'empire britannique* (22 800 000 kil. car.), *et l'empire russe* (21 800 000 kil. car.).

Population de l'Empire chinois. — 400 millions d'hab. (Europe : 300 millions).

L'Empire chinois est l'État *le plus peuplé du globe*.

Chine proprement dite. — Superficie : 4 millions de kil. car. ; — Population : 3°0 millions (95 par k. c.) ; — Divisions administratives : 18 vice-royautés.

Budget. — Les revenus de l'État sont évalués à plus de 500 millions, dont 100 produits par les douanes.

Dette. — 250 millions (France : 20 milliards).

Armée. — 300 000 hommes, la plupart très mal organisés (France : 1 800 000).

Villes principales : 46 villes ont plus de 100 000 habitants. Pékin (500), capitale de l'empire ; — Canton (1 500), un des plus grands ports de l'empire ; — Tien-tsin (950), port de Pékin ; — Fou-Tchéou (630), grand arsenal maritime ; — Han-Kéou (600), centre du commerce du thé sur le *Fleuve bleu* ; — Chang-Haï (350), le port où les Européens sont le plus puissants, près de l'embouchure du *Fleuve bleu*, etc.

Religion dominante. — La religion la plus répandue est celle de Confucius. Il y a beaucoup de *bouddhistes* et de *mahométans*, et un peu plus de 1 million de chrétiens.

Macao et Hong-Kong. — *Macao* est un petit port près de Canton qui appartient aux *Portugais* ; — Hong-Kong, cap. *Victoria*, est une petite île située près de Canton et occupée par les *Anglais* ; son commerce s'élève à 300 millions de francs.

NOMENCLATURE ÉCONOMIQUE

Thé. — La Chine produit les trois quarts du thé consommé dans le monde.

Soie. — La Chine est le pays qui produit *le plus de soie*. Après elle vient l'Italie.

Houille. — La houille n'est pas encore exploitée en grand dans l'Empire chinois, mais elle y est plus abondante qu'en aucun autre pays du monde.

Les bassins houillers couvrent une superficie 20 fois plus grande que celle des bassins anglais.

Commerce extérieur. — Plus d'un milliard de francs (France : 9 milliards).

La presque totalité du commerce extérieur de la Chine se fait avec l'*Angleterre* et ses colonies.

Commerce avec la France. — 100 millions.

Mouvement des ports. — 31 millions de tonneaux (France : 20). *Ces chiffres ne concernent que les 19 ports ouverts aux Européens.*

Tonnage de la marine marchande. — 22 000 tonneaux sans compter les jonques (France : 1 million).

EMPIRE FRANÇAIS DE L'INDO-CHINE.

Il comprend la colonie de Cochinchine, le *royaume du Cambodge* administré par cette colonie, et l'empire protégé d'*Annam* dont nous administrons directement la partie la plus riche, le Tonkin.

Superficie totale. — 580 000 kil. c. (France : 529).

Population totale. — 20 millions d'habit. (France : 38).

1° COCHINCHINE FRANÇAISE.

Superficie. — 60 000 kil. car. (France : 529 000).

Population. — 1 600 000 hab. (France : 38 millions).

Ville principale. — Saïgon (25), capitale de la colonie, près de l'embouchure du Mé-Kong. (Distance de Marseille : 35 jours).

Production principale. — Le riz.

Commerce extérieur. — 117 millions de francs.

Les revenus que la Cochinchine tire de son commerce sont assez importants pour lui permettre de subvenir à toutes ses dépenses, ce qui n'est le cas pour aucune de nos autres colonies.

Mouvement de la navigation. — 1 million de tonneaux (France : 20 millions).

2° ROYAUME DE CAMBODGE.

Superficie. — 80 000 kil. car. (France : 529 000).

Population. — 1 million d'hab. (France : 38 millions).

Production principale. — Le riz.

Ville principale. — Pnom-Penh, capitale du royaume.

3° EMPIRE D'ANNAM.

La partie la plus importante de l'Annam est le Tonkin.

Superficie. — 440 500 kil. car. (France : 529 000).

Population. — 21 millions d'hab. dont 15 millions dans le Tonkin.

Villes principales. — Hué (50), cap. de l'Empire ; — Ha-noï (120), cap. du Tonkin ; — Haï-Phong, principal port du Tonkin.

Production principale. — La soie, le riz.

Commerce de *Haï-Phong.* — Environ 15 millions.

INDO-CHINE INDÉPENDANTE

1° ROYAUME DE SIAM.

Superficie. — 730 000 kil. car. (France : 529 000).

Population. — 5 750 000 hab. (France : 38 millions).

Ville principale. — *Bangkok* (600), capitale du royaume, grande exportation de riz (30 millions de francs).

2° ÉTATS INDÉPENDANTS DE LA PRESQU'ILE DE MALACCA.

A la Birmanie et au royaume de Siam, il faut ajouter les petits *sultanats malais et musulmans* de la presqu'île de Malacca.

Superficie. — 80 000 kil. car.

Population. — 300 000 hab. ; le principal de ces États est celui de *Pérak*.

INDO-CHINE ANGLAISE

1° BIRMANIE BRITANNIQUE (annexée).

La *Birmanie britannique* avec les îles *Andaman* (colonie pénitentiaire) forme une province de la présidence de Bengale.

Superficie. — 226 000 kil. car. (France : 529 000).

Population. — 3 700 000 hab. (France : 38 millions).

Villes principales. — Rangoun (130), à l'embouchure de l'Iraouady ; Moulmein (50), à l'embouchure de la Salouen.

Production principale. — Le riz, dont les deux ports ci-dessus font un très grand commerce.

2° EMPIRE DE BIRMANIE (protégé).

Superficie. — 457 000 kil. car. (France : 529 000).

Population. — 4 millions d'hab. (France : 38 millions).

Commerce. — 3 375 000 francs avec les Indes anglaises.

Villes principales. — Mandalé, capitale de l'empire Birman ; *Bhamo*, place de commerce importante, sur l'Iraouady.

3° COLONIES DU DÉTROIT.

(en anglais : *Strait's Settlements*)

Les Anglais désignent sous ce nom les divers établissements qu'ils possèdent dans la presqu'île Malaise et sur le détroit de Malacca. Ce sont les îles de *Poulo-Pinang*, de Singapour et les territoires de *Wellesley*, de *Toulou-Saggar* et de *Malacca*.

Superficie totale. — 3 712 kil. car.

Population totale. — 350 000 hab.

Singapour (140). — La ville de *Singapour*, dans l'île de même nom, est un port de relâche très important pour les navires qui se rendent en Chine, au Japon et en Malaisie. C'est aussi un des grands entrepôts de l'extrême Orient; son commerce dépasse 500 *millions de francs*.

Rapports de la Chine et de l'Indo-Chine avec le plateau central de l'Asie. —
Les deux *péninsules* de la Chine et de l'Indo-Chine sont étroitement rattachées au Plateau central de l'Asie. Elles sont une dépendance orographique des montagnes qui bordent à l'Est le Tibet et ferment le *désert de Gobi*.

Au Nord-Ouest de la plaine de *Pékin*, s'étendent les chaînes parallèles de la Mongolie traversée par le *Hoang-ho*. Dans la région du *Yang-tsé-Kiang* semble s'épanouir le prolongement oriental des monts *Kouen-Lun*.

L'Indo-Chine est parcourue du *Nord* au *Sud* par les plissements qui font suite à l'*Himalaya*, et qui, sur une largeur de 200 kilomètres renferment les vallées supérieures de quatre grands fleuves venus du Tibet : l'*Iraouady*, la *Salouen*, le *Mé-Kong* et le *Yang-tsé-Kiang*.

Les fleuves Chinois. —
Le *Hoang-ho* et le *Yang-tsé-Kiang* sont les deux artères vitales de la Chine, et ils peuvent compter parmi les plus grands fleuves du monde. Par leurs percées à travers les montagnes ils ont ouvert aux Chinois l'accès des plateaux intérieurs, les portes du *Tibet*, et, au delà des déserts, la vallée du *Tarim* et la *Dzoungarie* (p. 153). Ils ont favorisé l'invasion politique et militaire des *Mongols* qui ont régné à Pékin du treizième au quatorzième siècle, et l'invasion religieuse du *Bouddhisme* apporté du Tibet au premier siècle de notre ère.

Par leurs *dépôts énormes d'alluvions* ils ont augmenté considérablement l'aire des champs fertiles. Ainsi la péninsule montagneuse de *Chan-Toung* a été autrefois une île que le Hoang-ho a *reliée* au continent en l'enveloppant dans ses deux deltas, le plus ancien donnant sur la mer Jaune, le plus récent comblant peu à peu le golfe de Pé-tchi-li. Quant à la province de *Kiang-Sou*, elle n'est que la gigantesque et féconde *Camargue* du Yang-tsé-Kiang.

Les fleuves indo-chinois. —
Le travail accompli par les fleuves indo-chinois est moins considérable. Presque aucun n'est encore arrivé à régulariser complètement son cours; ils sont coupés de *cataractes* qui les empêchent de servir de voies commerciales utiles entre la mer et les riches provinces chinoises du *Yun-nan* et du *Kouang-Si* qu'ils traversent dans leur cours supérieur.

Seul le *Song-Coï*, le fleuve du Tonkin est une *artère à peu près navigable*. Mais tous ont créé à leurs embouchures de vastes territoires de culture, où ils circulent en canaux nombreux, et qui sont semblables aux deltas des fleuves hindous et chinois.

C'est là, à l'embouchure du *Cambodge* où la France a conquis *Saïgon*, à celle du Song-Coï que nos soldats viennent d'enlever aux pirates chinois, à celle du *Ménam*, où est établi le royaume de Siam, à celles de la *Salouen* et de l'*Iraouady* que l'Angleterre a enlevées aux Birmans, au milieu des émanations malsaines des marécages, dans un climat funeste aux européens, que le *riz croît sur d'immenses espaces*, les pieds dans l'eau, et la tête dans le feu du soleil.

La Corée et Malacca. —
Deux presqu'îles plus petites sont annexées, l'une à la Chine, l'autre à l'Indo-Chine.

La première est la *Corée*, extrémité méridionale du soulèvement côtier qui s'étend entre la vallée de l'*Amour* et la mer du *Japon*.

La seconde est la péninsule de *Malacca*, qui *est, en réalité, la première des îles de la Sonde*, et ne tient à l'Indo-Chine que par l'isthme bas et facilement submersible de *Krah*.

État de la Chine. —
La Chine et l'Indo-Chine, peuplées par des nations de même race ont eu des destinées historiques très *différentes*.

En Chine, où le climat était plus tempéré, et les voies naturelles plus parfaites, un seul peuple s'est formé de plus de 300 millions d'habitants, qui s'est élevé, dès une antiquité très reculée, à une haute culture intellectuelle et à une grande habileté industrielle.

Par la fidélité aux traditions nationales, par la force du nombre, il oppose une *résistance invincible aux conquêtes européennes*; il n'accepte qu'avec défiance leur civilisation.

Dix-neuf ports seulement, les uns sur la mer, comme *Chang-haï*, *Fou-tchéou* et *Canton* (fig. 88), les autres sur le fleuve Bleu, comme *Tching-Kiang* et *Han-Kéou*, sont ouverts aux transactions commerciales.

Fig. 88. — Une rue de Canton.

Il n'y a que 350 établissements européens avec 3000 individus établis dans toute la Chine; encore plus du tiers sont-ils dans l'île anglaise de *Hong-Kong*, devant Canton.

Un chemin de fer de 16 kilomètres avait été ouvert en 1876 entre Chang-haï et Vousong; le gouvernement l'a fait détruire en 1877. Il n'y avait encore, en 1884, d'autres télégraphes que les câbles côtiers immergés par des compagnies étrangères.

La Chine se refuse à la conquête intellectuelle de l'Occident; elle consent à lui prêter ses travailleurs (les *coolies*), à lui vendre ses soies, son thé et ses *métaux*, à acheter les *cotonnades* et les lainages anglais ou l'opium de l'Inde; mais elle ne veut pas de locomotives chez elle, elle interdit même la recherche de la houille, et tout ce qu'elle accepte de nous n'est que pour affermir sa résistance : des *bateaux à vapeur* pour expédier ses produits sans intermédiaires, des *canons* et des *fusils* pour repousser l'invasion armée.

État de l'Indo-Chine. —
Dans l'Indo-Chine, beaucoup plus accessible, les royaumes de *Birmanie*, *Siam*, *Cambodge* et *Annam* n'ont échappé à la domination chinoise que pour tomber sous l'influence des Occidentaux. Les deux derniers sont aujourd'hui soumis au protectorat de la France. La Birmanie est annexée à l'empire des Indes.

La péninsule tout entière présente un immense champ d'exploitation à l'activité européenne, et déjà les établissements anglais de l'Iraouady et ceux de la France sur le Mé-Kong rivalisent de prospérité. *Saïgon est la seule de nos colonies qui ne coûte rien et rapporte à la métropole*.

Outre ses ressources propres, l'Indo-Chine est très importante au point de vue du commerce universel : *Malacca* commande l'entrée de la Malaisie et des mers chinoises et les Anglais s'y sont postés; le *Tonkin* occupé par la France est le véritable débouché des provinces métallurgiques et carbonifères du haut Yang-tsé-Kiang.

L'histoire des Annamites. — Les Annamites se nommaient autrefois les *Giao-Ki*; ils sont originaires de la Chine et leur premier souverain (2500 avant J.-C.) descendait de la famille impériale du Céleste-Empire. Ayant envahi le Tonkin, ils en refoulèrent les habitants primitifs à l'ouest, et s'avancèrent peu à peu vers le sud, dans l'Annam actuel. En 111 avant Jésus-Christ, la Chine s'empara de l'Annam pendant dix siècles, au bout desquels les Annamites parvinrent à chasser l'étranger. Alors s'ouvrit pour l'Annam une période de cinq siècles de luttes sanglantes (du IXe au XVIe siècle) contre les états voisins et contre les Mongols. Après une nouvelle domination chinoise de courte durée, l'Annam reprit son indépendance. Vers 1600, le Tonkin à demi-chinois et l'Annam peuplé d'Annamites presque purs se séparèrent et obéirent pendant deux siècles (XVIIe et XVIIIe) à deux dynasties différentes. C'est alors que les Annamites enlevèrent au royaume de *Kmer*, la Basse Cochinchine et établirent même leur protectorat sur le Cambodge. Au début du XIXe siècle, *Gia-long*, conseillé par des officiers français réunit toute la péninsule et fonda l'empire d'Annam, protégea le christianisme introduit en 1627 et favorisa les relations avec les Européens. Une réaction violente éclata sous son successeur et, continuée sous l'empereur Tu-Duc, amena en 1858-1860, la conquête de la Basse Cochinchine par la France, en 1873, notre première intervention au Tonkin.

CHAPITRE XII
BORDURE INSULAIRE DE L'ASIE

NOMENCLATURE PHYSIQUE

Latitude du Japon. — Sicile, Andalousie, Washington, San-Francisco.
Longitude. — Adélaïde.
Climat. — Essentiellement maritime.
Principales îles. — *Iles Kouriles :* la principale est Itouroup; — *Archipel japonais :* Yéso, Niphon, Sikok, Kiou-Siou; — *Iles Liou-Kiou :* Oho-Sima, Oki-Naoua; — *Formose;* — *Archipel malais : Philippines, Moluques, Bornéo* et *Célèbes, îles de la Sonde* (voir *Océanie*, p. 195).
Principales altitudes. — Dans Yéso (3 000 mètres); — dans Niphon, le *Fousi-Yama* (4 300 mètres); — dans Formose (3 900 m.); — (pour la Malaisie, voir p. 172).

Baies. — Dans *Yéso*, baie Volcan; — dans *Niphon*, baies de Yokohama et d'Osaka; — dans *Kiou-Siou*, baie de Nagasaki.

EMPIRE DU JAPON.

NOMENCLATURE POLITIQUE

L'empire du Japon comprend : le *Japon proprement dit* (îles Niphon, Kiou-Siou, Sikok) et des *dépendances* (îles Yéso et Kouriles, îles Liou-Kiou, îles Bonin).
Superficie. — 380 000 kil. car. (France : 529 000).
Population. — 36 millions d'hab. (France : 38 millions).

Il n'y a que 500 000 hab. dans les dépendances; le reste de la population appartient au Japon proprement dit, qui possède ainsi 125 hab. par kil. car. (France : 71).

Budget. — 400 millions. (France : 3 milliards et demi).
Dette. — 1 milliard et demi. (France : 20 milliards).

Armée. — 120 000 hommes. (Fr. : 1 800 000).
Marine militaire. — Cuirassés : 7. (Fr. : 70).
Principales villes. — Tokio (820), dans l'île de Niphon; — Osaka (300), port de commerce ouvert aux étrangers; — *Kioto* et *Nagoya*, dans l'île de Niphon; — Yokohama, le principal port pour le commerce européen; — *Kagosima*, dans l'île de Kiou-Siou.

On peut citer encore : *Nagasaki, Hakodadé.*

Religion dominante. — Bouddhisme.

NOMENCLATURE ÉCONOMIQUE

Principaux produits. — Soie, thé, riz, cuivre, objets d'art.
Commerce extérieur. — 300 millions (Fr. : 10 milliards).
Commerce avec la France. — 40 millions.
Mouvement des ports. — 2 millions de tonneaux. (France : 20 millions).
Tonnage de la marine marchande. — 500 000 tonneaux (France : 1 million).
Chemins de fer. — 300 kilomètres.

ILES MALAISES (voir *Océanie*, p. 172).

Les failles volcaniques.

Les principales montagnes volcaniques du globe sont presque toujours disposées suivant des *lignes légèrement courbes* qui portent le nom de failles volcaniques. Les volcans *éteints* de l'Auvergne en sont chez nous un exemple.

Bordure volcanique de l'Asie orientale.

Le grand *réservoir d'eau* du globe, l'océan Pacifique est environné de failles volcaniques qui lui font comme une *ceinture de feu*.

En *Amérique*, ces failles sont la plupart du temps situées dans *l'intérieur* même du continent; en *Asie*, les éruptions volcaniques forment autour du continent, une série *d'archipels* et de *presqu'îles* arrondies en demi-cercles réguliers.

Cette *bordure insulaire* marque réellement la *limite* orientale de l'ancien continent, et sépare les grandes *profondeurs* du Pacifique, des *faibles dépressions* occupées par les mers intérieures de Béring, d'Okhotsk, du Japon, par la mer Jaune, par celle de la Chine, et par celles de la Malaisie.

Depuis la péninsule d'*Alaska* (Amérique du Nord), jusqu'à celle de Malacca (Indo-Chine), le *chapelet d'îlots volcaniques n'est pas interrompu un seul instant*. Il comprend : les îles *Aléoutiennes*, la presqu'île du Kamtchatka, les îles *Kouriles*, l'archipel du Japon, les îles *Liou-Kiou*, l'île Formose. Il est continué par les *Philippines*, les *Moluques*, *Célèbes*, *Bornéo* et les îles de la *Sonde* qui constituent le *plus grand archipel volcanique* du monde, **véritable dépendance de l'Asie** au même titre que le Japon et les îles Kouriles.

La presqu'île de *Malacca* elle-même, n'est que la dernière des îles de la Sonde, reliée au continent par l'isthme très bas et très étroit de *Krah*, qui sera prochainement coupé par un canal.

Japon ; son caractère.

Le Japon, composé des quatre îles de *Yéso*, *Niphon*, *Kiou-Siou* et *Sikok*, est montueux, pittoresque et boisé, il est sauvage dans la partie septentrionale de Niphon et dans Yéso, où vivent des peuplades barbares; ses côtes ont été profondément déchirées par la mer qui s'est même taillé une sorte de petite Méditerranée japonaise entre l'extrémité occidentale de Niphon, et les îles de Sikok et de Kiou-Siou.

Climat et latitude y sont à peu près ceux de la France. Il y a des neiges en hiver sur les montagnes, mais une température très chaude dans ses parties méridionales.

La *densité* de la population y est plus forte qu'en *France* : les Japonais sont *actifs*, *laborieux*, *intelligents*, très habiles à tous les travaux délicats qu'ils exécutent avec une dextérité et un goût surprenants.

Sollicités par la mer qui les environne de tous côtés, ils fournissent une race nombreuse de hardis pêcheurs.

Sa transformation.

Le Japon est un pays curieux et attrayant avec ses gracieux paysages, ses jonques bariolées, ses femmes vêtues d'étoffes éclatantes, ses lanternes de papier, ses maisons de bambous et ses volcans parfois en miniature. Mais le peuple japonais a un mérite plus sérieux ; il est le premier des peuples orientaux qui ait *accepté et développé chez lui la civilisation occidentale*.

Avant la Chine, il avait ouvert ses ports aux Hollandais ; tandis que le Céleste Empire fidèle à ses antiques traditions, ne s'ouvre qu'avec prudence aux étrangers, le Japon a emprunté d'un seul coup à l'Occident l'organisation savante de ses États et de ses armées, ses découvertes scientifiques et tous ses progrès.

Après la chute de l'aristocratie féodale des *Daïmios* et de leur chef, le *Taïcoun*, on a vu le représentant de l'ancienne dynastie royale et religieuse, le *Mikado*, ressaisir le pouvoir et entreprendre résolument la transformation de son peuple et de son État.

De jeunes Japonais sont allés s'instruire dans les écoles et dans les armées de l'Angleterre, de la France et de l'Allemagne ; des Français et des Anglais ont été appelés au Japon pour y donner l'enseignement, y organiser la justice, y former des ingénieurs.

Aujourd'hui le Japon fabrique lui-même ses armes et ses machines, il a des steamers, des chemins de fer, des télégraphes, des usines ; il est en relations directes, diplomatiques ou commerciales avec tous les grands États civilisés.

L'archipel Malais.

(Voir le chapitre *La Malaisie*, p. 172). — Les îles de la Malaisie, dont la race molle et énervée subit le joug des espagnols et des hollandais, offre un contraste complet avec le Japon.

Les *Philippines* sont pour l'Espagne, les îles *Moluques*, *Célèbes* et de la *Sonde* sont pour les Hollandais ce qu'est l'Hindoustan pour l'Angleterre, ce que peut devenir pour nous l'Indo-Chine, — des colonies d'exploitation.

Les cités de *Manille* (îles Philippines) et de *Batavia* (île de Java) ne sont guère que de vastes *comptoirs* où le travailleur indigène vient apporter régulièrement la dîme prélevée sur son travail.

Sauf l'exploitation des mines (*étain* de Banca et de Biliton), que dirigent des Européens, les produits de toutes ces îles admirables ne sont recueillis que par les indigènes. Eux seuls récoltent le poivre, la cannelle, le clou de girofle, le riz, le café, la canne à sucre, le tabac. Les Hollandais et les Espagnols se contentent de prélever dans leurs comptoirs côtiers, la part de la métropole ou des compagnies commerciales qui ont affermé l'exploitation des épices.

Vingt millions au moins de Malais et de Chinois obéissent ainsi à moins de *deux cent mille* Européens.

Monuments, institutions et fabriques de Tokio. — Au cœur de la ville se dresse un monticule couronné de fortifications cyclopéennes, entouré d'un double fossé, c'est le château ou *Siro* qui renferme le palais du mikado, les bureaux de l'administration, des baraquements pour la garde impériale et un vaste parc verdoyant. Les autres jardins de la ville sont le jardin d'été du mikado, l'*Hamatogen*, situé sur le bord de la mer, et un jardin d'acclimatation créé en 1872. Près de ce dernier est le *Ri Kiu* ou « palais du plaisir » autre résidence du mikado et de l'impératrice mère. De l'autre côté de la rue est un grand cimetière, d'où l'on découvre une vue admirable sur l'immense ville et sur la baie d'Yedo, il a été fondé en 1874, depuis qu'il est défendu d'enterrer les morts dans les temples.

Il y a un grand nombre d'institutions utiles à Tokio : une université célèbre et populeuse; un collège d'ingénieurs ; un musée d'artillerie fort intéressant ; une Société de géographie qui publie un Bulletin trimestriel et possède des ouvrages et des cartes de toutes les langues ; plusieurs bibliothèques dont la principale installée dans un ancien temple richement décoré, a près de cent mille volumes ; une société pour la propagation de la langue française; plusieurs théâtres ; beaucoup de bains publics, etc.

On fabrique à Tokio d'excellent papier japonais. On a installé dans ces dernières années des papeteries mues par la vapeur. La manufacture de papier-monnaie qui occupe plus de mille ouvriers comprend une imprimerie, des ateliers pour les instruments, les produits chimiques, la gravure, la photographie. Tokio est aussi le centre le plus répandus de soieries, de faïences, de porcelaines, d'émaux. De tous les produits nombreux et variés de l'industrieuse cité, la laque est l'un des plus estimés. Ses ouvriers excellent aussi à faire les moindres articles d'Europe.

Races de l'Asie.

L'Asie est le berceau de la civilisation européenne. — La découverte des vestiges de populations préhistoriques d'une très haute antiquité a reculé, sans le résoudre, le problème de l'origine des peuples humains. Il est très probable cependant que les plus récents d'entre eux *sont originaires de l'Asie*.

L'Asie, qui est pour nous l'Orient, est certainement la mère de la *civilisation occidentale*.

L'étude des langues nous apprend qu'à une époque relativement récente, un grand mouvement de *migration vers l'Ouest*, a amené d'Asie en Europe deux séries de *peuples distincts* ; d'abord, des *Aryas* ou *Aryens* appelés aussi peuples *Indo-Européens*: Celtes, Grecs, Latins, Germains, Slaves ; plus tard des peuples divers rangés sous la dénomination générale de *peuples mongoliques*: Finnois, Hongrois, Mongols, Turcs.

Aucune de ces races n'a d'ailleurs absolument déserté le sol de l'Asie : sans doute une partie de leurs représentants se sont répandus successivement en Europe, où grâce à des conditions particulières d'existence ils ont atteint un haut degré de civilisation ; mais un grand nombre aussi sont restés dans leur patrie d'origine ou n'ont pas dépassé les contrées circonvoisines ; leurs destinées ont été moins brillantes que celles de leurs frères d'Europe.

Les Hindous. — On suppose que les *Aryas* primitifs habitèrent à l'origine le pays du haut *Oxus* et de l'*Hindou-Kouch*. Tandis qu'une partie d'entre eux se dirigeaient vers

RACES DE L'ASIE.

Fig. 89. — 1, 2. Sibériens. 3. Turcoman. 4, 5. Turcs. 6. Persan. 7, 8, 9. Indous. 10, 11, 12. Chinois. 13, 14, 15. Japonais. 16. Cochinchinois Laotien.

l'Ouest, d'autres franchirent les frontières montagneuses qui les bornaient au Sud-Est et séjournèrent quelque temps dans le Pendjab, c'est-à-dire sur les rives des cinq fleuves qui forment l'Indus, puis ils se répandirent dans toute la vallée du Gange : ce sont les Hindous.

Ils atteignirent assez vite une civilisation avancée, subjuguèrent un grand nombre des populations primitives de l'Inde, et se mêlèrent à elles, malgré une division rigoureuse en castes superposées ; ils leur imposèrent leur religion, le *brahmanisme ;* leur langue, le *sanscrit,* qui forma bientôt le parler vulgaire appelé *pracrit,* est le père de presque tous les dialectes parlés aujourd'hui dans l'Hindoustan.

Les Iraniens. — D'autres Aryas, les *Iraniens,* s'arrêtèrent sur le plateau de l'Iran, dans les montagnes de l'Arménie et de l'Asie Mineure. Les *Bactriens,* les *Perses* furent leurs principaux représentants dans l'antiquité ; les derniers ont laissé les traces d'une civilisation puissante.

Les *Perses* d'aujourd'hui ou *Tadjiks,* les *Kurdes,* les *Afghans,* les *Baloutchis,* les *Ossètes* du Caucase, les *Arméniens* sont des Iraniens.

Leur parenté, linguistique tout au moins, est démontrée par les nombreux rapports de leurs diverses langues avec le *Zend,* qui est celle des livres sacrés de la religion de *Zoroastre.* Mais cette religion même a disparu presque totalement : le mahométisme et le christianisme l'ont remplacée.

Les peuples mongoliques. — On désigne sous ce nom un groupe linguistique formé des divers peuples qui habitent l'Asie septentrionale et centrale : les *Tongouses,* pêcheurs et chasseurs des bords de l'Iénisseï, fétichistes, mais intelligents et hospitaliers ; — les *Mandchous* qui envahirent la Chine au dix-septième siècle, lui imposèrent une dynastie de leur sang, et tout en conservant leur caractère belliqueux, reçurent la civilisation des vaincus ; — les *Mongols* nomades pasteurs, presque uniquement cantonnés aujourd'hui sur le grand plateau de l'Asie centrale, au Nord du Tibet, qui conquirent l'Asie presque entière au treizième siècle, sous la conduite de *Gengis-Khan,* menacèrent même l'Europe, puis fondèrent dans l'Inde l'État du *Grand-Mogol* de Delhi, en furent chassés au dix-huitième siècle par les Européens, mais ont conservé leur passage dans l'Inde, la religion de Bouddha ou *Bouddhisme ;* — les *Tatars* de Tobolsk et de Tomsk, frères des Turcs de Constantinople ; les *Yacouts,* sur les rives de la Léna ; les *Samoyèdes,* les *Ostiaks,* sur celles de l'Obi et de l'Iénisseï, qui s'étendent à travers les pays forestiers de la Sibérie, jusqu'aux côtes de l'océan Glacial ; les *Kirghizes* qui errent dans les steppes environnant la Caspienne et la mer d'Aral, et ne sont devenus sédentaires que dans l'oasis de l'Iaxarte (Syr-Daria) ; les *Turcomans* qui exercent leurs pillages au sud de la mer d'Aral et de l'Oxus, sur les confins de la Perse.

Ces derniers peuples, les uns à demi-christianisés, les autres devenus musulmans, sont aujourd'hui sujets de la Russie.

Les autres représentants de la race mongolique sont : dans l'Empire ottoman, en Asie Mineure d'une part, en Turquie d'Europe d'autre part, les *Turcs osmanlis ;* en Russie, les *Lopons,* les *Finnois* ou *Finlandais ;* en Hongrie, les *Magyars.*

Les Arabes. — De même qu'elle a peuplé l'Europe, l'Asie a aussi débordé sur l'Afrique : au septième et au huitième siècle de notre ère, les conquérants *Arabes* de race sémitique et frères des Hébreux, ont peuplé l'Afrique septentrionale, se superposant aux Égyptiens, aux Libyens, aux Berbères, et portant partout avec eux la religion de Mahomet.

Mais l'Arabie n'est point restée déserte, elle a conservé ainsi que la Syrie et la Palestine ses tribus *nomades* ou *sédentaires de Sémites,* dont la religion et la langue s'étendent aujourd'hui du Maroc à la Chine et à la Malaisie et du Caucase à l'Afrique centrale.

Les Malais. — L'Asie a encore donné naissance à la race *malaise,* originaire de la péninsule de *Malacca,* répandue sur toutes les îles de l'océan Indien.

Marins hardis, les Malais surent les premiers profiter des moussons pour commercer avec les côtes de l'Afrique orientale, de la Chine, et avec Formose et les îles Philippines.

Les Hollandais ont détruit leur empire de *Java,* mais sans pouvoir dompter entièrement les États malais indépendants qui subsistent à *Sumatra.*

Les Dravidiens. — Lorsque les Aryas arrivèrent dans la vallée du Gange, ils la trouvèrent occupée par la race *dravidienne* qu'ils refoulèrent dans le plateau du Dékan, où les principaux représentants sont aujourd'hui les *Tamouls* au Sud-Est, et les *Malabars* à l'Ouest.

Les Dravidiens eux-mêmes avaient subjugué les habitants primitifs de l'Inde, représentés par les tribus noires qui subsistent encore dans les monts *Vindhyas.*

Les Chinois. — Les *Chinois* proprement dits, cantonnés dans les deltas des *fleuves Bleu* et *Jaune* ont étendu peu à peu leur empire sur des populations très diverses, encore mal connues. Toutes n'ont pas le teint jaune, les pommettes saillantes, les yeux bridés, la barbe rare, la chevelure tressée en une longue natte, la taille courte et épaisse.

Il y a un très grand nombre de Chinois qui n'ont rien de commun avec ce type connu, mais tous se *ressemblent par leurs mœurs et leur civilisation ;* patients, économes, laborieux, privés d'imagination, amoureux et conservateurs du passé, très fiers de leur civilisation, ils ne deviennent intolérants que si l'on attaque leurs lois et leurs mœurs.

Arrivés de très bonne heure à une culture fort avancée, ils sont demeurés stationnaires, et ce n'est qu'aujourd'hui qu'ils commencent à sentir l'impulsion de la civilisation occidentale. Ils ont exercé leur influence en même temps que les Hindous, sur les peuples voisins du Tibet et de l'Indo-Chine.

Les Japonais. — On ignore l'origine des *Japonais ;* venus du Sud six cents ans avant notre ère, ils ont refoulé vers le Nord la population primitive des *Aïnos,* aujourd'hui confinée dans l'île de Yéso.

Disciples de la civilisation chinoise, les *Japonais* ont poussé loin l'adoptant un caractère original ; leur imagination vive, la poésie et la vérité qu'ils mettent dans la reproduction de la nature, n'appartiennent qu'à eux. De tous les peuples asiatiques, *c'est le moins asiatique* par l'esprit et le tempérament comme par l'origine, et celui qui se prête le mieux à la culture européenne.

Conclusion. — En résumé, l'Asie renferme des *Mongols* et des *Aryas,* parents des Mongols et des Aryas européens, des *Sémites,* parents des Sémites africains, des *Malais,* parents des Malais du Pacifique.

Elle a en propre les races de l'Hindoustan méridional, de la Chine et des pays groupés autour de la Chine. Les *Japonais* enfin y représentent un élément envahisseur arrivé à une époque tout à fait récente.

La découverte de l'Asie.

Connaissances des Grecs sur l'Asie. — Les côtes occidentales de l'*Asie Mineure* furent dès les temps historiques le siège d'importantes *colonies grecques*. Mais il est peu probable que l'intérieur du pays fut connu des Grecs.

Les *guerres médiques* mirent pour la première fois le monde *grec* aux prises avec le puissant *Empire perse* qui avait succédé en en Mésopotamie aux empires *Mède* et *Assyrien*.

Vainqueurs, les Grecs pénétrèrent d'abord pacifiquement chez les vaincus. *Thémistocle* devint un satrape du grand roi, *Hérodote* poussa ses voyages jusqu'à Babylone. Puis, avec *Alexandre le Grand*, la Grèce prit l'offensive; les armées Macédoniennes atteignirent le Pendjab et la dépression Caspienne, tandis qu'une flotte côtoyait le revers méridional du plateau de l'*Iran*, jusqu'aux bouches de l'Indus.

Parmi les successeurs d'Alexandre, les *Séleucides*, souverains du plateau de l'Iran, et les *Ptolémées*, maîtres de l'Egypte, multiplièrent les rapports commerciaux du monde Méditerranéen avec l'Inde.

Rapports des Romains avec l'Asie. — La puissance *Romaine* s'étendit à son tour jusqu'aux rives du Tigre. Ses guerres avec les *Parthes* accrurent encore les connaissances géographiques. *Marc-Aurèle* envoya par mer une ambassade en Chine (105 ans après Jésus-Christ), et, sous *Justinien*, des chrétiens nestoriens qui commençaient à établir des missions sur le Plateau central, rapportèrent de Chine la graine de vers à soie.

Voyages du moyen âge. — La domination *Arabe* remplaça à son tour les derniers héritiers de l'empire romain dans toute l'Asie antérieure.

Les progrès des connaissances européennes s'arrêtèrent jusqu'au moment où les *Croisades* renouèrent les relations politiques et commerciales entre l'Orient et l'Occident.

En 1253, *saint Louis* envoya le moine *Rubruquis* à la recherche d'un souverain chrétien que l'on croyait établi sur le Plateau central, et connu sous le nom de *Prêtre Jean*. Rubruquis entra en relations avec le *Khan des Mongols*, alors maître de presque toute l'Asie. Vint ensuite le grand voyage du vénitien Marco-Polo (1271-1295), l'événement géographique *le plus important* de tout le Moyen âge. Marco-Polo, reçu à la cour du Khan mongol qui régnait à Pékin, remplit des fonctions importantes, et visita à loisir le Turkestan, la Mongolie, la Chine, le Bengale. Au quatorzième siècle les voyages d'Européens et d'Arabes en *Chine* se multiplièrent encore.

Mais l'*Inde* était le but principal que l'on se proposait d'atteindre. Au quinzième siècle, le Vénitien *Niccolo Conti* parti par Damas et le Tigre, parcourut les côtes de l'Hindoustan, le Dékan, le Bengale, la Birmanie, Malacca, Sumatra, Ceylan, et revint en Europe par Socotora, Aden et la mer Rouge. Il avait ainsi visité les pays des épices et suivi les routes principales adoptées alors par le commerce arabe et vénitien.

La conquête de l'Inde. — *Vasco de Gama* doublant en 1498 le cap de Bonne-Espérance, trouva une route qui permit de se passer de l'intermédiaire des Arabes et des Vénitiens. Grâce à lui les *Portugais* établirent de nombreux comptoirs dans l'Inde, et l'Europe eut sur toute l'Asie méridionale des connaissances géographiques de plus en plus précises. Hollandais, Anglais, Français, créèrent à l'envi des Compagnies pour l'exploitation des richesses des *Indes orientales*. Un moment Dupleix réussit à établir sur les royaumes indigènes la suprématie de la France; mais les guerres malheureuses soutenues en Europe par Louis XV, ne permirent pas de continuer son œuvre : les *Anglais* l'emportèrent (1763), et c'est sur les débris de notre domination qu'ils ont fondé leur *grand empire colonial actuel*.

Conquête de la Sibérie. — Au Nord, les *Cosaques Russes* avaient franchi l'Oural en 1580, sous la conduite d'*Yermak*; dès 1639 ils poussèrent jusqu'à l'océan Pacifique : jamais domination ne s'est étendue plus rapidement sur un plus vaste pays que celle de la Russie sur la *Sibérie*: elle déborde aujourd'hui sur la dépression Caspienne, que la conquête de *Merv* lui livre entièrement.

Les Jésuites en Chine — En Chine et dans le Tibet, les missions des *Jésuites* rendirent à la géographie des services signalés pendant le dix-septième et le dix-huitième siècle. Les cartes qu'ils ont dressées des provinces chinoises font encore autorité.

État politique actuel de l'Asie. — Aujourd'hui l'Asie peut être considérée comme une *dépendance politique de l'Europe*: le tzar de *Russie* est maître de tout le Nord; au Sud la reine d'*Angleterre* est impératrice des Indes; son protectorat s'étend virtuellement sur l'*Asie Mineure*. Anglais et Russes rivalisent pour faire prévaloir leur *influence* sur les États de l'Iran, Perse et *Afghanistan*.

La *France* tient l'Indo-Chine par la *Cochinchine*; elle menace par le *Tonkin* la Chine, que la *Russie* assiège au Nord par les provinces de l'*Amour* et par la Dzoungarie.

Principaux voyages contemporains. — Tout cela crée un ensemble d'intérêts politiques et commerciaux de premier ordre qui favorisent singulièrement les *progrès de la géographie*.

C'est aux massifs montagneux, aux plateaux déserts que s'attaquent maintenant les voyageurs. Les voyages de *Kiepert* et surtout de *Tchihatcheff* (1848-1863) en Asie Mineure, celui de *Palgrave* en Arabie (1862-1863), du *Major Goldsmith* (1870-1872) sur les frontières de la Perse et de l'Afghanistan, ont dissipé une foule d'erreurs de détail.

En 1857, les frères *Schlaginweit* ont pénétré les premiers par le Sud dans l'Asie centrale, frayant ainsi la voie aux explorateurs anglais et hindous qui s'efforcent d'établir une *route commerciale* entre la Chine méridionale et le golfe du Bengale.

Des *explorateurs français* ont essayé de pénétrer de même dans le midi de la Chine, les uns par le Mé-Kong comme *Lagrée* et *Garnier*, les autres par le Tonkin, comme *Dupuis*.

Par l'Est, le savant allemand *Richthofen*, et le *missionnaire français David* (1872-1874) ont atteint la Mongolie, après avoir traversé la Chine.

Par le Nord et le Nord-Ouest, ce sont les voyageurs *russes* qui travaillent à fixer la géographie de l'Asie centrale. Le plus illustre est *Prjevalsky* qui a traversé à plusieurs reprises la Mongolie, la Dzoungarie, le désert de Gobi et le Tibet.

Il faut citer enfin la célèbre navigation de *Nordenskiöld* de la mer de Kara au détroit de Béring (voir le chapitre sur le Pôle Nord, p. 222), qui a permis de dresser la carte définitive des côtes septentrionales de l'Asie.

On pourra désormais préciser les détails de la géographie de l'Asie, reconnaître par exemple le relief du Tibet et l'altitude des chaînes de montagnes qui le parcourent, relever le cours supérieur des fleuves qui arrosent l'Indo-Chine; mais il n'y a plus, dans la masse énorme des terres asiatiques, de grandes découvertes à faire.

CINQUIÈME PARTIE. — OCÉANIE

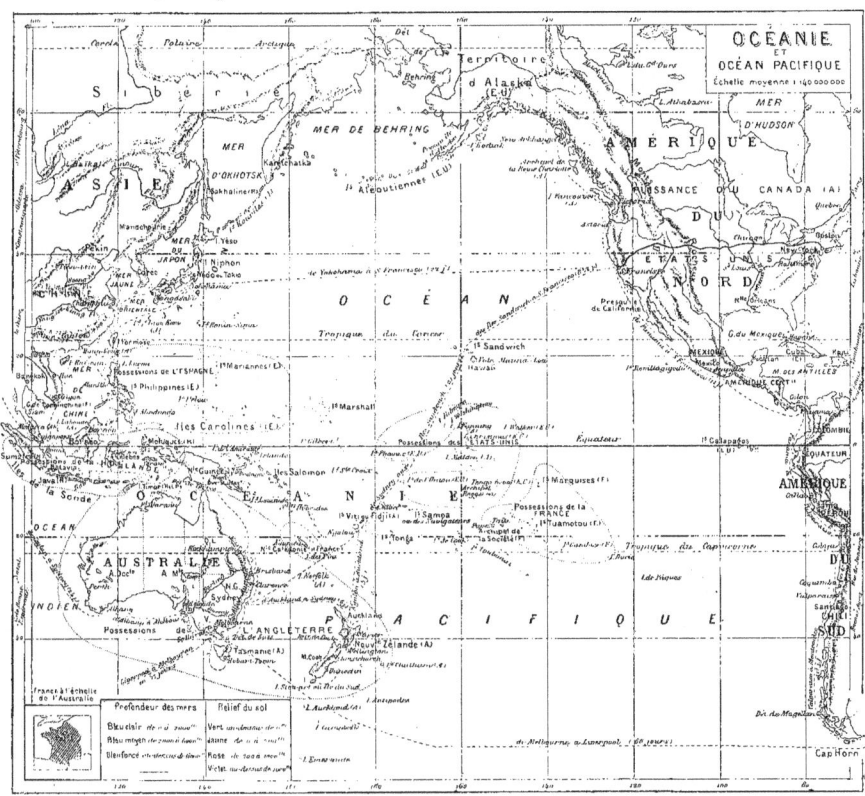

CHAPITRE PREMIER

DISTRIBUTION GÉNÉRALE DES TERRES OCÉANIENNES

~~ **Grandes divisions de l'Océanie.** — Les îles répandues dans l'océan Pacifique sont en si grand nombre qu'on les considère comme une cinquième partie du monde, l'Océanie.

Les plus *vastes* sont situées à l'*Ouest*, dans le voisinage de l'Asie; en avançant vers l'Est, elles diminuent à la fois en nombre et en étendue.

De là deux grandes divisions dans l'Océanie: l'une, l'*Océanie continentale*, constituée par l'**Australie** dont l'étendue égale presque celle de l'Europe; l'autre, l'*Océanie insulaire*, composée des îles innombrables disséminées autour de l'Australie, et presque toutes situées dans la zone torride.

~~ **L'archipel Malais.** — L'Océanie continentale est reliée à l'Asie par l'*archipel Malais*.

Cet archipel se compose lui-même de deux parties disticles :

1° Les *Philippines*, les grandes îles de la Sonde et *Bornéo* ne sont qu'une suite du Japon et des îles Liou-Kiou, et forment la *lisière du relief sous-marin de l'Asie*.

2° *Célèbes*, les *Moluques*, les petites îles de la *Sonde*, isolées des précédentes par un canal très profond qui marque à l'Est la limite de la terrasse sous marine dont est bordée l'Asie, sont des terres *purement océaniennes*.

A part cette différence, que rien ne révèle extérieurement, les îles de l'archipel malais forment un tout, et ce tout est le trait d'union entre l'*Asie* et l'*Australie*[1].

~~ **Bordure insulaire de l'Australie.** — Les mers qui bordent la côte orientale de l'Australie sont des mers *peu profondes*, de véritables Méditerranées fermées par un ressaut de terres émergées, au delà desquelles seulement commence le **véritable Océan**.

Ces archipels forment la ceinture orien-

---
1. L'Australie est étudiée à part, p. 175 à 178.

tale de l'Australie, comme le Japon et la majeure partie de la Malaisie forment celle de l'Asie.

Ils renferment les plus grandes îles de l'Océanie, îles *montagneuses*, pleines de *cimes volcaniques*, reliées à l'archipel Malais dont elles rappellent les dispositions de détail.

Elles s'appuient, aux deux extrémités sur deux terres considérables, la **Nouvelle-Guinée** et la **Nouvelle-Zélande**.

Entre les deux, s'échelonnent l'archipel de la *Nouvelle-Bretagne*, les *Louisiades*, les îles *Salomon*, l'archipel *Santa Cruz* (Sainte-Croix), les *Nouvelles-Hébrides*, la *Nouvelle-Calédonie*; c'est ce que l'on appelle la *Mélanésie*.

~~~ **L'Océanie insulaire.** — Au delà de cette bordure commence l'Océanie insulaire proprement dite, répartie en *trois groupes distincts*, mais également remarquables par un caractère commun : l'extrême *petitesse* des îles.

Le premier groupe, dirigé vers l'Est à partir de l'archipel Malais, comprend les îles *Pelew*, les *Mariannes*, et les *Carolines*; c'est ce qu'on appelle ordinairement la *Micronésie*, à cause de l'extrême petitesse de ces îles.

Le groupe du milieu, dirigé du Nord au Sud, est composé des îles *Marshall*, *Gilbert* et *Fidji*.

Dans le troisième, orienté **au Sud-Est**, sont : les îles *Samoa* ou des *Navigateurs*, l'archipel *Tonga*, le grand archipel clairsemé de *Cook*, les îles de la *Société* ou *Taïti*, l'archipel *Toubouai* et les îles *Marquises*.

Au Nord de ce dernier groupe, les îles *Christmas*, Malden, Walker, etc., forment les **Sporades océaniques**, perdues dans l'immensité du Pacifique; et, plus au Nord encore, le massif volcanique important des îles *Sandwich* est situé sur la même faille volcanique que les îles *Revillagigedo* et les cratères mexicains.

Toutes ces îles forment ce qu'on appelle la *Polynésie*.

~~~ **Le travail des coraux.** — Une bonne partie des îles de l'Océanie doivent leur origine au travail des *polypes* qui produisent le corail. Les polypes, ces « faiseurs de mondes, » ne construisent leurs coraux que dans les *mers de la zone torride*. Aussi ne sont-ils nulle part plus nombreux et plus actifs que dans l'océan Pacifique, qui présente sous cette zone un développement bien plus considérable que l'Atlantique et l'océan Indien.

Partout où le *fond* de la mer n'est pas à plus de 30 *mètres au-dessous de la surface*, ces animaux microscopiques commencent leurs constructions. Le sol sous-marin est-il soumis à un mouvement de lent exhaussement, leurs édifices atteignent la surface; sur la crête du mur qu'ils ont construit, qu'il soit longitudinal, ou circulaire (comme dans les atolls, fig. 90) la vague amasse des débris qui émergent bientôt : il s'y forme une mince couche de terre végétale sur laquelle germent les graines de plantes apportées par le vent.

Le *cocotier* dont les racines s'accommodent de l'eau salée y apparaît le premier, ses débris augmentent l'épaisseur de la terre, ses feuilles et ses racines attirent et reçoivent les eaux douces, et l'île devient *habitable* pour les oiseaux et pour les hommes. Les grandes îles de corail du Pacifique sont au nombre de 290, et leur superficie totale dépasse 50 000 *kilomètres carrés*. Quant aux petites, elles sont innombrables, et l'on n'a même pas essayé de les compter.

Fig. 90. — Atoll (île de corail).

Entre la Nouvelle-Guinée et l'Australie, les coraux ont déjà construit une ligne de *récifs* de 1 500 kilomètres de longueur, dont les passes sont d'un abord difficile pour les navires; ils combleront fatalement *le détroit de Torrès*.

~~~ **Conclusion.** — S'il est vrai que dans les flots du Pacifique dorme un continent ancien qui se serait affaissé, l'Australie en marquerait le principal plateau; sa ceinture orientale d'archipels serait la bordure de ce plateau, et, grâce au travail des polypes, une partie du continent submergé serait peut-être destinée à reparaître un jour.

Le **Polype du Corail**. — Qui ne connaît ces êtres en forme de fleurs qu'on appelle vulgairement *anémones de mer* ? Le corps de l'animal est un sac charnu de forme plus ou moins cylindrique : ce sac est fermé à une de ses extrémités formant la base au moyen du laquelle l'anémone s'attache à tout objet solide. A l'extrémité opposée se trouve une bouche environnée d'un grand nombre de tentacules disposées en une série de cercles concentriques ayant l'aspect d'une fleur. L'anémone de mer peut donner une idée du *polype du Corail*, elle est d'ailleurs elle-même au nombre des *polypes*, dont le nom signifie qu'ils ont un grand nombre de pieds ou tentacules. Cependant il y a cette différence entre l'anémone de mer et le polype du corail que celui-ci possède une charpente très dure. Cette charpente étant formée par la solidification de la base et des parois latérales du corps, affecte nécessairement la forme d'un calice. Ce durcissement est l'œuvre du carbonate de chaux qui se dépose dans la substance même de l'animal et est extrait de l'eau de mer dans laquelle celui-ci vit et se développe. Tôt ou tard le polype de corail meurt; alors ses tentacules et toutes les parties molles du haut du corps se dissolvent; la charpente subsiste, et ce sont toutes ces charpentes de polypes morts superposées les unes aux autres qui constituent le corail.

CHAPITRE II
LA MALAISIE

NOMENCLATURE PHYSIQUE

Latitude (*Équateur*). — Congo et Amazone.

Longitude. — Chine proprement dite.

Climat. — Equatorial, humide et chaud, *très malsain pour les Européens*. L'archipel tout entier est soumis au régime de la *mousson*[*] : dans le Nord elle souffle alternativement du Nord-Est et du Sud-Ouest : sur les îles de la Sonde, elle souffle alternativement du Nord-Ouest et du Sud-Est.

Mers intérieures. — De Java, de Soulou, de Célèbes, des Moluques.

Détroits. — De Malacca, de la Sonde, de *Lombok*, de Makassar.

Groupes insulaires : 1° *Philippines* (Luçon, Samar, Mindanao, Palaouan, îles Soulou); 2° *Moluques* (Gilolo, Ternate, Amboine, Céram, Bourou); — 3° *Iles de la Sonde* (Sumatra, Banca, Biliton, Java, Madoura, Bali, Lombok, Sumbava, Sumba, Florès, Timor).

Altitudes principales. — Mont Kinibalou (*Bornéo*), 4 200 m.; — Rindjani (*Lombok*), 4 200 m.; — Korintji (*Sumatra*), 3700 m.; — Volcan Apo (*Mindanao*), 2 700 m.

NOMENCLATURE POLITIQUE ET ÉCONOMIQUE

I. POSSESSIONS HOLLANDAISES

Ces possessions comprennent : 1° les îles de Java et de Madoura; 2° les îles de Sumatra, de Banca, de Biliton, de Bali, de Lombock, Célèbes, les Moluques (Ternate, Amboine), la moitié de Timor, la partie occidentale de la Nouvelle-Guinée, une grande partie de Bornéo.

Superficie. — 1 700 000 kil. car. (France 529 000).

Les possessions hollandaises sont 50 fois plus grandes que la Hollande.

Population. — Environ 25 millions d'hab. (France : 38 millions).

Principales villes de Java. — Batavia (92), cap. des Indes néerlandaises. — *Sourabaya* (120). — *Samarang* (60), port de commerce, dans Java.

Budget. — 300 millions (France : 3 milliards et demi).

Armée. — 30 000 hommes (moitié Européens), recrutés par engagements volontaires.

Principaux produits. — *Café*, *sucre*, *tabac*, étain, indigo, girofle et muscades.

Java est le pays qui produit le plus de café après le Brésil, et le plus de sucre après Cuba.

Commerce extérieur. — 800 millions de francs (France : 10 milliards).

Mouvement des ports. — 3 millions et demi de tonneaux (France : 20 millions).

Tonnage de la marine. — 150 000 tonneaux (France : 1 million).

Chemins de fer de Java.— 1 000 kil. (France : 32 000).

II. POSSESSIONS ESPAGNOLES.

Les colonies espagnoles en Malaisie comprennent les îles Philippines (Philippines, îles Palaouan, îles Soulou). Les îles *Carolines*, les îles *Mariannes*, les îles *Pelew* en dépendent.

Superficie totale. — Près de 300 000 kil car. (France : 529 000).

Population. — 5 600 000 hab. (France : 38 millions).

Ville principale. — Manille, dans Luçon (160), grand port, capitale des Philippines.
Principaux produits. — *Chanvre, sucre, tabac, café.*
Commerce extérieur. — 200 millions de francs (France : 10 milliards).
Mouvement de la navigation. — 1 million et demi de tonneaux. (France : 20).
Tonnage de la marine marchande. — 40 000 tonneaux.

III. POSSESSIONS ANGLAISES

L'Angleterre vient de s'annexer l'extrémité septentrionale de Bornéo.
Superficie. — 60 000 kil. car.
Population — 150 000 hab.
Elle possède depuis 1846 Labouan.
La petite île de *Labouan* est située près de la côte Nord-Ouest de Bornéo. Elle tire son importance de ses *gisements de houille* qui approvisionnent les navires naviguant dans les mers de Chine.
Superficie : 78 kil. car. — **Population :** 6 998 hab. — **Commerce extérieur :** 8 millions.

IV. POSSESSIONS PORTUGAISES

Les Portugais possèdent la partie orientale de *Timor* ; la partie occidentale appartient aux Hollandais.
Superficie de la partie portugaise. — 16 300 kil. car.
Population de la partie portugaise. — 300 000 hab.

V. ÉTATS INDIGÈNES (*sultanats malais et mahométans.*)

Dans les Philippines, sultanat de *Soulou*, maître d'une partie de Mindanao et vassal des Espagnols.
Dans Bornéo, l'anglais *Brook* a fondé le sultanat de *Saraouak*, dont l'Angleterre héritera, si sa famille vient à s'éteindre. Au nord de cet état se trouvent les débris du sultanat de *Bornéo*.
Dans Sumatra, sultanat d'*Atchin* à l'extrémité septentrionale.

Les deux Malaisies.

Les îles hollandaises de la Malaisie appartiennent à l'archipel le plus vaste et le plus riche qui soit au monde.

Situé à l'extrémité Sud-Est de la bordure volcanique de l'Asie, cet archipel sert de *transition* entre deux mondes : le continent asiatique et le continent austral.

Il offre une même *unité géographique* par l'aspect général, le climat et la race : c'est la Malaisie.

Pourtant, cette Malaisie est *double* ; elle est composée de deux parties dont l'*origine géologique*, la *flore*, la *faune* paraissent distinctes.

Les grandes îles de la Sonde reposent sur *le même socle fondamental* que l'Asie ; elles n'en sont séparées que par une mer peu profonde, une sorte de méditerranée indo-chinoise.

Au contraire, *Célèbes*, les *Moluques*, les petites îles de la *Sonde* n'appartiennent plus à la même terrasse sous-marine, mais bien à celle de l'Australie ; et ces deux mondes sont séparés l'un de l'autre par un *chenal profond* composé des détroits de *Bali* et de *Macassar* et de la mer de *Célèbes*.

Les volcans de la Malaisie.

— Parmi les caractères *communs* de ces deux Malaisies, le plus remarquable est l'action à peu près *uniforme* qu'y exercent les volcans. Ils remanient peu à peu toute la région.

Les *Philippines*, les *Moluques*, tout le chapelet des îles de la *Sonde* constituent une immense ceinture de volcans qui embrasse, dans un seul cercle, les îles australiennes comme les îles asiatiques.

Un grand nombre sont encore en activité, et nulle part deux cratères ne sont distants l'un de l'autre de plus de 150 kilomètres. Sumatra en compte cinq, Java vingt, les petites îles de la *Sonde* sept, les *Moluques* à peu près autant, la péninsule de *Menado* (Célèbes) et les îles qui en dépendent cinq, les *Philippines* plus d'une douzaine.

Des éruptions considérables ont bouleversé Java ; la dernière, celle du volcan de l'île Krakatoa, dans le détroit de la Sonde, a bouleversé les rives de cet important passage et fait périr dans les parties voisines de Sumatra et de Java plus de 30 000 personnes (1883).

Par une exception singulière, il n'y a absolument aucune trace de volcans dans les terres qu'enveloppe ce cercle de feu : on ne trouve de cratères actifs ou éteints ni dans *Bornéo*, ni dans les trois péninsules méridionales de *Célèbes*.

De hautes montagnes granitiques, des roches primitives, dont le point culminant, le *Kinibalou* (Bornéo), atteint 4 175 mètres, dominent tout l'archipel. Elles enveloppent des plaines de l'époque tertiaire qu'un lent abaissement a parfois submergées, comme à *Célèbes*.

Uniformité du climat de la Malaisie.

— Le climat contribue également à effacer les dissemblances des deux Malaisies.

Tout l'Archipel est traversé par l'Équateur ; il est compris en entier dans la zone de *chaleurs égales* et de *pluies abondantes* où se trouvent en Afrique le Soudan, et en Amérique les Guyanes. Comme ces deux pays, il est partout recouvert d'une épaisse et luxuriante végétation qui rappelle les rives de l'Amazone ou du Congo.

Aussi la *faune* et la *flore* originaires d'Asie et d'Australie tendent-elles à se confondre dans chaque région de l'archipel : à côté des espèces particulières à l'une d'elles, il y en a de *communes* à toutes les deux.

Seules les petites îles de la *Sonde* jouissent d'un *climat particulier* dû au voisinage du continent australien. D'avril à octobre la mousson du Sud-Est y apporte si peu de pluie, qu'à la fin de cette saison beaucoup de rivières sont *desséchées* et la plupart des arbres perdent leurs feuilles ; les forêts sont d'ailleurs très *rares ;* on n'en trouve que dans les vallées et sur les pentes les plus humides des montagnes.

Colonies hollandaises.

— La plus grande partie de cet archipel est aux mains des Hollandais[1], et constitue pour eux un empire colonial dont l'importance ne le cède qu'à celle des Indes Britanniques, (25 millions d'habitants, de l'or, des diamants, des perles, de la houille ; le thé, le café, le riz, le tabac, l'indigo, le camphre, les épices). Tout y est régulièrement et pacifiquement exploité, les habitants comme les produits du sol.

L'ensemble du commerce des Indes néerlandaises s'élève à près de 230 millions, dont 200 millions environ avec la métropole.

La plupart des anciens *sultans* indigènes ont été maintenus avec leur indépendance nominale, même à *Java* ; mais ils sont dans la main des résidents hollandais, et ils forcent leurs sujets à travailler pour le compte du gouvernement de *Batavia*.

Dans l'armée coloniale même, il n'y a guère que les officiers qui soient hollandais : la grande majorité des troupes est *malaise*. Le riz, l'indigo et le café sont encore des monopoles du gouvernement ; le café seul fournit un revenu annuel de plus de 100 millions.

L'accroissement de la population est rapide. Dans *Madoura* elle a presque doublé de 1856 à 1874 ; elle s'est élevée de 400 000 à 700 000 habitants. — Batavia (fig. 91), la capitale, en a 92 000.

Fig. 91. — Une rue de Batavia

Colonies espagnoles.

— Les Espagnols possèdent en Malaisie le grand et beau groupe des *Philippines* qu'ils ont conquis de longues luttes sur des sultans musulmans.

Le régime est à peu près le même que dans les colonies hollandaises : l'influence du clergé a établi une égalité presque complète entre les Européens très peu

---

[1]. Philippe II, roi d'Espagne, s'étant emparé du Portugal, avait acquis également les colonies portugaises, et notamment les îles de la Sonde. Les Hollandais, lorsqu'ils se furent affranchis du joug espagnol, occupèrent ces îles au XVII siècle. (Voir la découverte de l'Océanie, p. 181.)

OCÉANIE

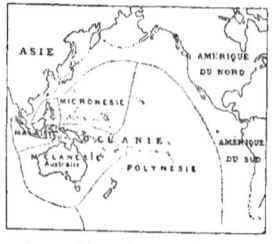

nombreux et les indigènes qui sont environ 8 millions.

Le monopole du *tabac* forme le meilleur revenu du gouvernement (exportation de 25 millions). Le *sucre* et le *chanvre de Manille* sont les deux principaux objets du commerce des particuliers (exportation 50 millions). La capitale *Manille*, 180 000 hab., a le caractère d'une ville européenne.

Établissements anglais. — Les Anglais se sont établis à *Labouan* petite île voisine de la côte de Bornéo ; et ils y ont créé pour leurs vaisseaux qui vont en Chine un dépôt de *houille* alimenté par le pays lui-même.

À côté de cette colonie de la reine, ils possèdent dans *Bornéo* toute la partie septentrionale qu'un sultan indigène a cédée en 1881 à une compagnie privée, malgré les protestations des Espagnols, et, depuis 1840 une partie de la côte Nord-Ouest est sous la domination d'un *rajah* anglais, James Brooke d'abord, aujourd'hui Charles Johnson Brooke.

La prospérité de ce petit État prouve jusqu'à quel point les peuples demi-barbares de la Malaisie sont accessibles à l'influence de la civilisation européenne.

Sumatra. — Cette grande île est coupée par l'Équateur en deux parties presque égales. Des milliers d'îlots l'entourent. Le nord, l'ancien sultanat d'Atchin, soumis depuis quelques années, est encore peu connu ; des peuples barbares confinés au centre n'ont été que très imparfaitement étudiés par quelques voyageurs, au prix de sérieux dangers. Les côtes, sauf la partie comprise à l'ouest entre Singkel et la pointe d'Atchin, sont assez fréquentées, mais la côte orientale est de beaucoup la plus visitée, la plus commerçante, car les rapports journaliers se sont établis depuis longtemps déjà entre Singapour et Batavia.

L'aspect de l'île varie suivant la côte sur laquelle on se trouve. Le massif qui la parcourt se rapproche à l'ouest à partir de l'Équateur et donne à la côte occidentale un aspect imposant et grandiose. Sur les flancs des montagnes dont les sommets se perdent souvent dans les nuages, s'étale une végétation d'une vigueur et d'une exubérance dont on a peine à se faire une idée. Parfois, la mer baigne le pied d'immenses collines qui se dressent inaccessibles avec leurs arbres gigantesques penchés sur l'abîme ; parfois à travers une gorge, l'on aperçoit le versant des contreforts qui s'échelonnent parallèlement et semblent monter les uns sur les autres. La côte orientale est plus plate et plus massive.

CHAPITRE III
LE RELIEF DU SOL
ET LES
COURS D'EAU D'AUSTRALIE

NOMENCLATURE PHYSIQUE

Latitude. — Afrique du Sud, Brésil méridional.
Longitude. — Japon, Mandchourie, Léna.
Climat. — *Intérieur* : Sécheresse extrême.— *Côtes* : au Nord, température tropicale, tempérée par les moussons du N.-O. et du S.-E. ; au Sud, climat européen.
Caps. — York, Leeuwin et Sud (*Tasmanie*).
Détroits. — De Torrès et de Bass.
Iles dépendantes. — Tasmanie, I. des Kangourous, Melville.
Golfes. — De Carpentarie, de Spencer.
Montagnes. — *Alpes Australiennes* (mont Kosciusko, 2100 m.); — Montagnes du Queensland ; — Montagnes de l'Australie occidentale.
Fleuves. — 1° *Murray*, grossi à droite du Murrumbidje et du Darling ; — 2° Warburton (lac Eyre) ; — 3° Flinders ; — 4° Gascoyne ; — 5° Murchison ; — 6° R. des Cygnes (Perth).
Lacs. — Eyre, Torrens, Austin.

NOMENCLATURE POLITIQUE ET ÉCONOMIQUE

(Voir le chapitre suivant : *Les colonies australiennes*).

~~~ **Superficie et forme de l'Australie.** — Semblable à l'Afrique et à l'Amérique du Sud, l'Australie a des formes très massives.

De l'Ouest à l'Est, elle a 3750 kilomètres de longueur; du Nord au Sud, elle a au maximum 3000 kilomètres et au minimum 1750 kilomètres, soit en moyenne 2300 kilomètres. C'est un *rectangle* irrégulier.

Sa superficie totale est de 7 700 000 kilomètres carrés. Elle est égale aux 6/7 de l'Europe, et cependant elle a *vingt fois* moins de côtes que cette partie du monde.

Malgré ses formes épaisses, elle présente des rudiments d'*articulations* que n'ont ni l'Afrique, ni l'Amérique du Sud : au Nord, les presqu'îles de *Carpentarie* et d'*York* séparées par un vaste golfe; au Sud, elle a la *Tasmanie*, débris isolé de son extrémité méridionale, et deux golfes allongés comme des *fiords*, le *Saint-Vincent* et le *Spencer*.

~~~ **Caractère général du relief.** — Avec des contours moins raides, moins uniformes que ceux de l'Amérique du Sud et de l'Afrique, l'Australie a un relief beaucoup plus élémentaire, beaucoup plus pauvre en formations géologiques : tout entière de formation *ancienne*, elle ne possède nulle part de roches *récentes*.

Elle a été submergée en partie, mais nulle part on n'y voit de terres réapparues à la lumière après avoir été ensevelies des siècles sous les flots. Elle est à la fois *très ancienne* et presque *intacte* dans sa vétusté. Un léger exhaussement se fait, il est vrai, sentir sur les côtes du Sud-Ouest, mais il n'atteint pas 0,20 par siècle

~~~ **La ceinture montagneuse.** — L'Australie est un immense plateau bordé de toutes parts par des *montagnes* dont les plus hautes et les plus connues sont à l'*Est* et au *Sud-Est*.

Ce sont les montagnes de la *Nouvelle-Galles du Sud*, prolongées par celles de la *Nouvelle-Angleterre* et de *Liverpool* qui dépassent parfois 2000 mètres. Puis vient la crête plus massive des *montagnes Bleues* s'élevant peu à peu jusqu'aux *Alpes australiennes* couvertes de neige presque toute l'année (le *Kosciusko* qui domine tout le continent a 2100 m.).

Ces hauteurs se prolongent au Nord du détroit de *Bass* par le promontoire *Wilson*, et, au delà de l'embouchure du *Murray*, par les monts *Flinders*.

~~~ **Le plateau intérieur.** — Tout le reste de l'Australie, mal connu à l'Ouest, n'est qu'une *plaine* légèrement ondulée, vers laquelle s'inclinent les pentes intérieures des montagnes côtières. La roche primitive y est presque partout à nu ; mais par endroits les fleuves en ont rongé la surface, et déposé les débris en glaise rougeâtre, aride et fendillée pendant les sécheresses, bourbeuse et marécageuse pendant la saison des pluies.

~~~ **Caractère général de l'hydrographie.** — Le sol étant *imperméable*, l'eau s'écoule aussitôt tombée, et ne s'amasse nulle part en réserves souterraines capables d'alimenter des sources perpétuelles.

Dans leur cours supérieur, les fleuves ressemblent à des chapelets d'*étangs*. Arrivés en plaine, pris de vallée : un lit intermittent, coupé par d'immenses marécages.

Cependant, d'avril à août, pendant la saison des pluies, *des crues* de 10 à 20 mètres amènent au loin l'inondation. La pluie terminée, les petits cours d'eau tarissent, les grands s'*atrophient* presque totalement. Maint voyageur revenant dans un pays où il avait été émerveillé par l'abondance des eaux et le luxe de la végétation, a été cruellement déçu en n'y retrouvant plus que sécheresse et nudité.

~~~ **Fleuves à brèches.** — Les grands fleuves australiens ont leur source sur le versant *intérieur* des montagnes, et se sont ouvert par une *brèche* un passage vers la mer.

Le plus important est le **Murray** qui a 2250 kilomètres de longueur. Il naît sur le versant occidental des Alpes australiennes. Ses principaux affluents sont le *Murrumbidje* et le *Darling*.

Dans la montagne, il a des rives pittoresques, puis il traverse une plaine déserte, enfin sa vallée inférieure est *fertile*, mais souvent couverte par d'énormes inondations. Il aboutit à une lagune intérieure semblable au *haff* de la Vistule, et séparée de la mer par une longue flèche de sable, le *Coorong*.

Comme lui, le *Murrumbidje* a des eaux en tout temps, quoique leur hauteur soit extrêmement variable. Le *Darling*, au contraire, est très souvent à sec, et son principal tributaire, le *Macquarie*, se perd fréquemment dans des marécages avant d'atteindre le confluent.

Malgré son étendue et le nombre de ses bras, le *réseau fluvial du Murray* est l'un des plus *imparfaits* du globe.

Les autres fleuves à brèche principaux de l'Australie sont : sur la côte orientale, le *Brisbane* ; sur la côte occidentale, le *Gascoyne*, la rivière des Cygnes, tous fort peu navigables ; — sur la côte septentrionale, les *Flinders*, le *Roper*, le *Victoria* ; ces derniers situés sous la zone tropicale, sont beaucoup plus abondants et accessibles aux navires.

Quant aux *rivières côtières*, qui naissent et coulent sur le revers extérieur des montagnes, elles sont courtes et leur embouchure est envasée.

~~~ **Lacs et lagunes.** — Les lacs *Eyre* et *Torrens* qui occupent la partie la plus basse du continent, et ne sont qu'à 23 mètres au-dessus de la mer, forment de vastes nappes d'eau salée peu profondes, plus semblables à des *chotts* qu'à de véritables lacs, et les *creeks* qui y aboutissent, tels que le *Warburton* et le *Cooper*, sont plutôt des *ouadi* que des rivières.

Les autres lacs qui sont nombreux, et les lagunes de l'Australie occidentale, offrent comme les cours d'eau, le même caractère d'imperfection et d'*atrophie*.

~~~ **Conclusion.** — En résumé, malgré son ancienneté, l'Australie paraît être de tous les continents celui que le *travail des forces naturelles* a le moins *approprié* au séjour de la race humaine et au développement de la civilisation. Il n'y a que le revers extérieur de ses montagnes qui ait pu recevoir des colonies européennes; une faible partie seulement du plateau intérieur se prête à une exploitation agricole intermittente.

Fertilité des régions sud-est de l'Australie. — Bien que la majeure partie du continent Australien soit occupée par des déserts, il possède, au sud-est surtout, des régions agricoles d'une admirable fécondité et qui pourront offrir des terres à bien des générations de colons. La recherche de l'or ne tente plus guère qu'un certain nombre de Chinois et d'aventuriers et elle n'est plus désordonnée comme en 1851. Tout l'effort des colons Anglo-Saxons se porte aujourd'hui vers l'agriculture. Un voyageur très compétent, M. Fronde a visité récemment aux environs de Melbourne et de Sydney de grands domaines aussi beaux, aussi soignés et pourvus d'habitations aussi somptueuses que dans les meilleurs comtés d'Angleterre. Il a vu des vignobles comparables à ceux de Bourgogne ou du Médoc, et des terres où le blé cultivé depuis vingt ans sans engrais fournit le rendement extraordinaire de 200 pour 1. Sur ce sol vierge, les plantes européennes s'acclimatent merveilleusement.

CHAPITRE IV
COLONIES AUSTRALIENNES

NOMENCLATURE POLITIQUE

Grandes divisions. — Les colonies anglaises de l'Australie forment 6 États distincts :
1° **Nouvelle-Galles du Sud**, cap. Sydney;
2° *Victoria*, cap. Melbourne;
3° *Queensland*, cap. Brisbane;
4° *Australie méridionale*, cap. Adélaïde;
5° *Australie occidentale*, cap. Perth;
6° *Tasmanie*, cap. Hobart-Town.
(L'*Australie septentrionale* forme un district administré provisoirement par l'Australie méridionale).
Superficie totale. — 7 700 000 kil. car. (France : 529 000).
¹ **Population totale.** — 2 500 000 hab. (France : 38 millions).
Budgets réunis. — 400 millions. (France : 3 milliards et demi).
Dettes réunies. — 1 milliard et demi. (France : 20 milliards).
Villes principales. — Melbourne (300), **Sydney** (225), les deux premiers ports de l'Australie; — *Adélaïde* (40), port à blé; — *Ballarat* (40), centre du district aurifère (Victoria); — *Brisbane* (30), port à charbon.

NOMENCLATURE ÉCONOMIQUE

Principaux produits. — *Or, laine.*
L'Australie a produit jusqu'en 1875 environ 6 *milliards et demi d'or*; c'est le pays qui fournit le plus de laine du monde (de 150 à 200 millions de kilog).
Commerce extérieur. — 2 milliards (Fr. : 10 milliards).
Mouvement des ports. — 10 millions de tonnes (France : 20 millions).
Chemins de fer. — 10 000 kil. (France : 32 000).
Télégraphes. — La ligne télégraphique la plus importante *traverse l'Australie du sud au nord*, d'Adélaïde à Port-Darwin, *à travers le désert central*.

Les indigènes. — Jusqu'en 1788, le continent austral fut exclusivement peuplé par des *indigènes* (voir p. 184).
Leur nombre n'a jamais été considérable, et l'arrivée des Européens l'a fait diminuer encore : les uns, surtout dans le *Queensland*, ont été traqués comme des bêtes fauves; les autres, principalement sur les *côtes*, ont succombé au trouble jeté dans leur existence par l'irruption de la civilisation.
Les efforts qu'on a tentés pour les policer ont échoué. Les missionnaires des diverses sectes protestantes qui ont entrepris de les convertir, n'ont réussi nulle part. Ces malheureux sauvages, cruels, anthropophages dans l'indépendance, sont dans la servitude insouciants et inertes. Il en reste environ 20 000.

Histoire des colonies. — Vers la fin du siècle dernier, le gouvernement anglais résolut d'établir dans la baie de la *Botanique* (Botany-Bay), découverte par Cook, une colonie pénitentiaire.
Le premier convoi composé de onze vaisseaux portant 850 criminels (dont 230 femmes), sous la garde de 200 soldats et de sir *Arthur Philipp* aborda à *Botany-Bay* en janvier 1788.
Telle fut l'origine des illustres colonies anglaises de l'Australie.
L'emplacement fut jugé moins heureux qu'il n'avait paru à Cook, et *Philipp* s'établit plus au Nord, dans la baie profonde et découpée de *Port-Jackson*; il y fonda *Sydney*, et donna au pays environnant le nom de **Nouvelle-Galles du Sud.**
Quarante ans après la *Nouvelle-Galles* ne comptait encore que 37 000 habitants, lorsque le capitaine *Stirling* fonda (1829) une nouvelle colonie à l'autre extrémité du continent, sur la rivière des Cygnes, l'**Australie occidentale.**
Entre les deux, la *South Australian Company* créa la colonie de l'**Australie méridionale** qui ne devait se développer qu'après la découverte du cuivre en 1842, et surtout en 1847.
Cependant la *Nouvelle-Galles* s'étendait peu à peu : en 1836 elle s'annexa le Sud-Est du continent, connu alors sous le nom d'*Australia Felix*, et y fonda l'établissement de *Port-Philipp*, qui est aujourd'hui la grande cité de Melbourne.
La découverte de l'or, en 1851, amena une première dislocation de la Nouvelle-Galles, et l'Australia Felix devint la colonie de Victoria. Un second démembrement en détacha au Nord, en 1859, la *terre de Cook*, qui prit le nom de **Queensland**, avec Brisbane (fondée en 1834) pour capitale.
Enfin les établissements de l'*Australie septentrionale*, créés en 1824, ont été abandonnés en 1863 à l'Australie méridionale par le gouvernement de la métropole. En 1865, ils ont été divisés en *Alexandra Land* et *Northern Territory* (territoire du Nord). Le seul point important est *Port-Darwin*.

La Tasmanie. — Lorsque l'accroissement de la *Nouvelle-Galles* eut rendu nécessaire un autre lieu de déportation, on le chercha d'abord dans la grande île voisine de Tasmanie. Il fut établi en 1803 à *Hobart-Town*, la capitale actuelle. Lorsque, en 1841, on cessa d'envoyer des convicts à *Sydney*, la *Tasmanie* devint le grand centre de la déportation, mais on lui adjoignit les îles *Norfolk*.
A partir de 1853, elle fut à son tour délivrée de cette plaie; depuis 1824, elle était colonie indépendante.

Population et constitutions. — Ces diverses colonies réunissent aujourd'hui une population totale de près de 2 500 000 *habitants* : 900 000 pour Victoria, 800 000 pour la Nouvelle-Galles, 300 000 pour l'Australie méridionale, 220 000 pour Queensland, 120 000 pour la Tasmanie, 30 000 pour l'Australie occidentale.
L'Angleterre *habile* et *libérale* a donné à chacune de ses colonies australiennes une constitution analogue à celle de la mère patrie. Toutes, sauf l'*Australie occidentale*, encore trop faible, se gouvernent et s'administrent elles-mêmes sous le contrôle des représentants de la Reine et avec la réserve expresse de l'approbation de leurs décisions par la métropole.
Au-dessous de chaque gouverneur, un conseil des ministres, une Chambre haute et une Chambre basse, sont les véritables agents actifs de la politique coloniale. Les constitutions ne se ressemblent pas d'ailleurs exactement et reflètent à peu près l'état de chaque colonie, qui n'ont pas toutes un esprit également démocratique.

Caractères divers des colonies. — Suivant que les grands propriétaires (*squatters*) dominent ou non, la forme du gouvernement est plus ou moins aristocratique. Or la prédominance du squatter dépend de celle des *pâturages* et par suite de la *nature du sol*.
La situation *politique* des colonies dépend donc de leur situation *physique*. Leur répartition même et leurs démembrements ont eu pour origine des différences dans la nature du sol et du climat: Queensland et Victoria ont été séparées de la Nouvelle-Galles parce que Sydney jalousait leur enrichissement par la *laine* et par

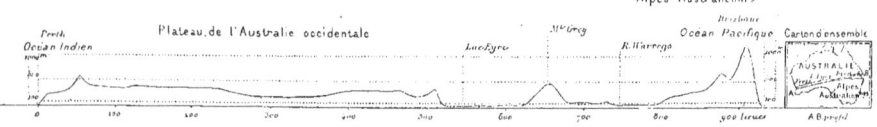

PROFIL DE L'AUSTRALIE DE L'OUEST A L'EST

l'or, et qu'elle l'eût entravé si ces deux pays étaient restés sous sa dépendance.

Cette rivalité n'est pas éteinte ; des *lignes douanières* séparent les six États ; dans l'intérieur même de chaque colonie l'harmonie est loin de régner entre les divers territoires, et de nouvelles séparations sont probables.

~~~ **Activité et puissance générales.** — Malgré ces dissentiments, les États australiens se ressemblent par des caractères *communs* : — par leur *fidélité* envers l'Angleterre (*loyalisme*) — par leur esprit *actif* et *entreprenant*, — par la *hardiesse* du colon à s'emparer du sol et à l'exploiter partout. En outre, la crainte de voir la France ou l'Allemagne mettre la main sur les archipels circonvoisins, fait actuellement taire les inimitiés réciproques ; c'est aux frais communs des six États que le pavillon anglais a été planté sur les côtes Sud-Est de la Nouvelle-Guinée, et ils ne tarderont pas à former une *confédération* pour empêcher dans le Pacifique toute nouvelle conquête européenne.

L'Australie possède aujourd'hui plus de 8 000 kil. de voies ferrées et 40 000 kilomètres de télégraphes, y compris la grande ligne transcontinentale, longue de 3 379 kilomètres qui complète entre l'Angleterre et Adélaïde une ligne télégraphique de plus de 20 000 kilomètres.

La valeur totale du commerce a été, en 1884, de 2 milliards 200 millions de francs, dont plus de la moitié pour l'exportation.

Déjà s'élèvent des villes qui s'intitulent les reines du Sud. **Melbourne** a 300 000 habitants, *Sydney* 225 000, *Adélaïde*, 40 000.

En même temps que les agriculteurs, les pasteurs, les mineurs se disséminent sur les vastes surfaces de l'intérieur.

Secondée par l'importation de *travailleurs chinois*, et surtout par l'*émigration allemande* devenue considérable dans les colonies du Sud, la race anglo-saxonne a fondé aux antipodes un empire nouveau qui témoigne à la fois de son génie et de sa vitalité.

Originalité de la flore et de la faune australiennes. — On retrouve dans ces contrées dont les plantes et les animaux forment une sorte de règne à part, quelques espèces analogues à celles du monde ancien et du nouveau monde ; mais beaucoup y sont entièrement inédites. Si la plupart de nos acacias ressemblent aux nôtres, l'*Eucalyptus* est purement australien. Un des caractères les plus singuliers de cet étrange pays, c'est qu'avant l'arrivée des Européens, tous les animaux supérieurs y manquaient ; il a fallu y introduire le cheval, l'âne, le bœuf, le mouton, la chèvre, le chien, etc., qui, du reste, s'y sont propagés à merveille. Mais l'Australie possède en propre le *kangourou* qui porte ses petits vivants dans une poche, sous le ventre, le *dasyurus* carnivore, ou chat indigène, l'*oï* ou *paresseux* qui ressemble au singe, mais est fort loin d'en avoir l'agilité, le *casoar*, sorte d'*autruche*, l'*ornithorhynque* qui a quatre pattes et un bec de canard. Les perroquets différents de ceux d'Amérique ou d'Afrique y sont très nombreux et remplissent certaines forêts de cris assourdissants.

Les minéraux de l'Australie.

~~~ Importance de l'or dans le développement des colonies australiennes. — C'est l'or qui a fait la fortune de l'Australie, moins en l'enrichissant qu'en la faisant connaître et en y attirant à flots les émigrants.

L'exploitation aurifère, bien que très productive encore, a cessé d'être la principale industrie du pays ; elle est aujourd'hui reléguée au second rang par les industries agricoles, surtout l'élevage des bestiaux ; mais c'est elle qui a suscité toutes les autres, et donné ainsi l'essor au plus jeune des empires coloniaux de l'Angleterre.

~~~ Production de l'or. — En 1851, un certain *Hargraves* découvrit le long d'un affluent du *Macquarie* un gisement aurifère large de 160 kilomètres et en proposa l'achat au gouvernement.

Bientôt après, on trouva à *Bathurst* deux pépites de 800 livres contenant 160 livres d'or pur. A la fin de l'année 50 000 chercheurs d'or étaient à l'œuvre : l'émigration se porta en masse vers le pays de *Victoria*, cette nouvelle Californie, et dans le seul mois de décembre 1852, 152 vaisseaux amenèrent à *Port-Phillip* 12 000 passagers.

Cette année-là on exporta pour 400 millions d'or. La production se développa encore l'année suivante par la découverte de gisements nouveaux : elle fut de 500 millions.

Mais deux causes la firent bientôt diminuer : d'une part les alluvions fluviales où la recherche se fait facilement et à peu de frais s'épuisaient ; d'autre part, l'abandon de tout autre travail produisait une telle augmentation dans le prix des vivres, qu'un grand nombre quittèrent peu à peu les mines pour revenir à l'agriculture et au commerce ordinaire.

Dans la *Nouvelle-Galles* et *Victoria*, la valeur de l'or produit en vingt-sept ans, de 1851 à 1878, a été de 5 618 750 000 dont 4 806 250 000 pour Victoria seulement, qui possède les riches mines de Ballarat.

Dans *Queensland* où l'or fut découvert en 1857, et dont les mines de *Gympie*, trouvées en 1867, sont comparables à celle de Ballarat, la production de l'or a été de 135 millions en quinze ans (1860-1875). Depuis, en une seule année (1878), elle s'est élevée à 30 millions, et il est probable qu'elle se développera encore.

~~~ Exploitation de l'or. — On rencontre l'or en Australie, tantôt à la *surface* du sol, tantôt dans des *alluvions* peu profondes ; mais le plus souvent il faut l'extraire des masses rocheuses du *quartz*.

Les *premiers* chercheurs d'or, travaillant isolément ou réunis en petites associations semblables à celles de la Californie, eurent bientôt récolté tout l'or facile et épuisé les alluvions par le *lavage*. Il fallut alors attaquer la roche : cette nouvelle exploitation, entraînant des frais considérables, fit passer la recherche de l'or entre les mains de *compagnies puissantes* qui s'en occupent seules aujourd'hui, même dans les pays comme Queensland où le quartz est à peine entamé.

Conduite avec méthode et dirigée par des procédés scientifiques, la recherche de l'or n'excite plus la fièvre des premiers jours et n'attire plus la foule des aventuriers ; elle n'en donne pas moins des résultats presque aussi satisfaisants qu'aux premiers jours.

En 1866, il y avait 2 029 filons d'or exploités dans le quartz, et ils occupaient une superficie de 2 030 kilomètres carrés. Ces filons sont plus ou moins riches : généralement leur rendement baisse d'année en année, mais, comme leur nombre s'élève, la production atteint toujours des chiffres considérables : diminuant dans Victoria, elle augmente dans la Nouvelle-Galles et dans Queensland, et n'est pas près de cesser.

~~~ Le cuivre et l'étain. — L'Australie du Sud est fort riche en cuivre. Les mines exploitées sont dans le voisinage du golfe de *Saint-Vincent* (Burra-Burra, Wallaroo, etc.) ; d'autres, plus au Nord, forment la réserve de l'avenir.

L'exportation de cuivre, métal et minerai a été en 1874 de près de 20 millions de francs. L'*étain* est exploité dans *Queensland* et dans la *Tasmanie*. Queensland en a exporté en 1878 pour plus de 2 millions, et la Tasmanie, en 1876, pour 2 500 000 fr.

~~~ La houille. — Un des plus puissants éléments de prospérité de l'Australie, et dont l'exploitation survivra certainement à celle de l'or, c'est la houille.

On n'a commencé à l'exploiter dans la Nouvelle-Galles qu'en 1863, et depuis, sa production s'est considérablement développée. En 1878, 28 mines ont produit 1 500 000 tonnes valant 29 millions. Ces deux tiers en ont été exportés dans la Nouvelle Zélande, dans les autres colonies australiennes, dans la Malaisie et jusqu'à Chang-haï (Chine).

Tant que les gisements chinois et ceux de Bornéo ne seront pas exploités sérieusement, il est certain que *Newcastle* d'Australie sera le grand marché houiller de l'extrême Orient et du Pacifique.

Les explorations australiennes.

~~~ Caractère particulier de ces explorations. — Située presque aux antipodes, la jeune **Australie** ne pouvait exercer sur les Européens la même attraction que notre vieille voisine l'Afrique. Son exploration, commencée en ce siècle même, fut presque exclusivement l'œuvre de voyageurs que leurs choix ou leur naissance avaient faits *Australiens*.

Qu'y avait-il derrière les côtes bordées de montagnes de ces premières colonies ? L'intérieur était-il peuplé ? Offrait-il à l'agriculture des terres nouvelles, au commerce, à l'industrie, des débouchés ou des *aliments* nouveaux ? Ces problèmes australiens n'ont tenté que les fils de l'Australie. Ceux-ci ont d'ailleurs travaillé à les résoudre avec opiniâtreté, et, bien que l'intérêt ait eu plus de part que la science dans leurs entreprises, ce n'en est pas moins un beau spectacle que cette lutte de *quatre-vingts ans* contre l'inconnu austral qui a dû livrer à la longue et un à un tous ses secrets importants.

~~~ Le Murray et ses affluents. — *Sydney*, premier établissement de la colonie (1788), fut naturellement le point de départ des premiers voyageurs ; les officiers qui accompagnaient le capitaine *Phillipp* firent des levés topographiques dans la basse vallée de la rivière *Hawkesbury* ; mais on s'en tint là pendant longtemps : les difficultés de la haute vallée et l'étrangeté de la nature australienne

empêchèrent les explorateurs de franchir les montagnes Bleues.

En 1813, *Wentworth* et *Lawson* s'y hasardèrent; les premiers ils reconnurent deux des rivières qui appartiennent au grand réseau fluvial du Murray : le *Lachlan* et le *Macquarie*.

Quatre ans après, en 1817 et 1818, *Oxley* descendait ces deux cours d'eau jusqu'aux marécages qui les entravent; de nombreux voyageurs, suivis bientôt par des colons, parcoururent le revers occidental des terrasses côtières, et découvrirent les merveilleux pays de pâturages où vivent aujourd'hui des millions de moutons, les Darling-Downs, et la Liverpool-Plaine.

En 1827, on avait poussé au Sud jusqu'aux *Alpes australiennes* où s'élève la cime culminante du *Kosciusko*, et découvert les deux grands affluents du Murray, le *Darling* et le *Murrumbidjee*.

Dès lors commencèrent les voyages qui firent connaître les rapports des rivières dont on n'avait encore vu que le cours supérieur et l'unité géographique du seul grand réseau fluvial que possède l'Australie. (Voyages de *Stuart* sur le Macquarie et le Lachlan, 1828-29; — du major *Mitchell* sur le Murray, 1831-36; — de *Strzelecki* dans les Alpes australiennes, 1841).

~~~ **L'Australie occidentale**. — La seconde colonie fondée en Australie avait été celle de la rivière des *Cygnes*, (*Perth*), et de la baie du roi *Georges* (*Albany*), à l'angle sud-ouest du continent (1829).

Comme à Sydney, on explora d'abord les montagnes auxquelles s'étaient adossés les nouveaux établissements, les *Darling-Range* et les *Stirling-Range*. Puis on s'avança vers le Nord le long de la côte occidentale; dès 1829 on connaissait la rivière *Gascoyne* et l'on était arrivé au fleuve *Victoria* et au plateau de l'Australie septentrionale.

Bientôt commencèrent les premiers voyages dans l'intérieur : de *Fr. Gregory* et *Roe* dans la région orientale des steppes et des lacs salés (1846-48); d'*Austin Drummond* (1864) et *Fr. Gregory* (1858) dans les hauts bassins du Murchison et du Gascoyne.

Enfin on s'engagea plus résolument encore dans l'Est. Divers explorateurs, partis tous de Perth, se dépassèrent successivement : le dernier, *Alexander Forrest*, atteignit le 122ᵉ degré de longitude orientale (1871).

~~~ **L'Australie méridionale**. — A son tour, *l'Australie méridionale*, fondée en 1836, devint un centre d'explorations actives. Les environs des golfes *Saint-Vincent* et *Spencer* furent d'abord reconnus par les voyageurs partis d'*Adélaïde*.

Dès 1839 *Eyre* avait découvert le lac *Torrens*. En 1840, il s'avança plus au Nord à travers un pays affreusement désert, découvrit une autre lagune immense qu'il prit pour un prolongement septentrional du Torrens, le lac *Eyre*, puis se dirigeant vers l'Ouest relia les Australies méridionale et occidentale.

Ses rapports sur la région voisine du Torrens ne décourgèrent pas les voyageurs, qui poussèrent encore plus au Nord et explorèrent le pays connu sous le nom de *district des lacs*. *Stuart* dépassa même le 25ᵉ degré de latitude Sud et approcha du Tropique (1815).

~~~ **La traversée dans le sens des Méridiens**. — Les explorations parties de l'Australie méridionale furent une préparation à la traversée du continent dans le sens des Méridiens.

Le golfe *Spencer* au Sud et celui de *Carpentarie* au Nord semblent s'avancer l'un vers l'autre et indiquer la route la plus naturelle pour la traversée de l'Australie du Nord au Sud ou du Sud au Nord.

Mac Donald Stuart qui s'était déjà, dans un précédent voyage, avancé au Nord du lac Eyre, en 1860, pénétra dans le désert jusqu'au 17ᵉ degré de latitude, mais fut contraint par le manque d'eau de revenir sur ses pas.

Burke accomplit avant lui la grande traversée : envoyé de Melbourne en 1860, il reconnut le cours moyen du *Cooper-Creek*, et se dirigea vers le golfe de *Carpentarie*. Ayant atteint la rivière *Flinders* qui se jette dans ce golfe, il revint vers Melbourne par la route qu'il avait déjà suivie, mais mourut en route d'épuisement.

Avant que sa mort fût connue, trois expéditions parties du golfe de Carpentarie, de Brisbane, d'Adélaïde s'étaient mises à sa recherche. Les deux premières firent la traversée du *Queensland*; la troisième avec Mac Kinlay atteignit le golfe de *Carpentarie*, mais par un chemin plus oriental que celui de Burke.

En 1862, alors qu'on rapportait à Melbourne les ossements de Burke, *Stuart* réussissait à son tour, et parti d'*Adélaïde*, arrivait au golfe de *Van Diémen*. Enfin, en 1861, *Mac Intyre* fit la traversée du lac *Eyre* au golfe de Carpentarie.

Le couronnement de toutes ces expéditions a été, de 1870 à 1872 la construction d'une *ligne télégraphique* entre Adélaïde et Port-Darwin : non seulement elle a rapproché Melbourne des Indes et de l'Europe, mais encore elle a fourni une base solide aux expéditions qui ont tenté la traversée de l'Australie dans le sens de l'Equateur.

~~~ **Les traversées dans le sens de l'Equateur**. — Les traversées dans le sens de l'Equateur qui ont précédé l'établissement du télégraphe ont eu presque toutes pour théâtre, l'*Australie orientale*, où les tributaires du golfe de Carpentarie, ceux des lacs, et ceux du Murray indiquaient les routes naturelles, et elles ont été dirigées de l'Est à l'Ouest.

En 1847, *Leichardt* qui avait déjà été trois ans auparavant de Brisbane au *Carpentarie* et à *Port-Essington*, essaya le premier la grande traversée directe de l'Est à l'Ouest, il ne reparut jamais.

En 1858, *Aug. Gregory* parcourut tout le haut bassin du Darling, en allant de la baie de *Moreton* au lac *Torrens*. Il y eut aussi quelques expéditions côtières de peu d'importance.

Les véritables traversées sont postérieures à la construction du *télégraphe* et elles ont eu lieu de l'Est à l'Ouest.

Dès 1872 *Giles* atteint la lagune *Amadeus*. En 1874, *Warburton* réussit le premier à atteindre la côte occidentale à travers un pays de steppes, de buissons et de déserts, situé en moyenne sous le 20ᵉ degré de latitude.

En 1875, *Giles* parti du lac *Torrens* arrive à Perth en ayant à peu près suivi le 30ᵉ degré, et, de là, rivière *Murchison*, il revient au lac *Amadeus* et au télégraphe.

Toutes ces expéditions ont démontré que l'Australie occidentale est essentiellement impropre à la colonisation : mais en 1879 le voyage d'*Alexander Forrest*, de la rivière Fitz-Roi à Port-Darwin, et celui de *Barclay*, de Port-Darwin à Brisbane, ont abouti à la découverte d'une large zone de culture et de pâturages qui assure l'avenir de l'Australie septentrionale.

CHAPITRE V
PETITES ILES DE L'OCÉANIE

NOMENCLATURE PHYSIQUE

Groupes principaux. — (Voir *Distribution générale des terres océaniennes*, (p. 172.)

Altitudes principales. — *Nouvelle-Guinée* : Mont Owen Stanley, 4 400 m.; — *Nouvelle-Zélande* : Mont Cook, 4 400 m.; — *Iles Havaï* : Mauna Loa, 4 200 m.

NOMENCLATURE POLITIQUE ET ÉCONOMIQUE

I. COLONIES ANGLAISES

1º **Nouvelle-Guinée**. — Les colonies anglaises de l'Australie ont, en 1884, pris possession du rivage Sud-Est de cette grande île.

2º **Iles Viti ou Fidji**, cap. Levouka. — *Superficie* : 20 800 kil. car. (France : 529 000). — *Population* : 198 000 hab., dont 2 000 Européens (France : 38 millions). — *Principal produit* : noix de coco.

3º **Nouvelle-Zélande**. cap. Wellington. — *Superficie* : 265 000 kil. car. (France : 529 000). — *Population* : 534 000 hab. (France : 38 millions).

Villes principales. — *Dunedin* (43), *Auckland* (40), *Christchurch* (30), *Wellington* (20), villes commerçantes.

Principaux produits. — *Laine*, blé, or, bois.

Commerce extérieur. — 40 millions (France : 10 milliards).

Mouvement des ports. — 1 million de tonnes (France : 20 millions).

Chemins de fer. — 2 300 kil. (France : 32 000).

II. COLONIES FRANÇAISES

Les colonies françaises de l'Océanie sont : la *Nouvelle-Calédonie et ses dépendances*. — les îles *Taïti*, *Toubouaï*, *Marquises*, *Touamotou* et *Gambier*.

Superficie totale. — 29 338 kil. car. (France : 529 000), dont 20 000 pour la *Nouvelle-Calédonie*.

Population totale. — 110 000 hab. (France : 38 millions), dont 70 000 pour la *Nouvelle-Calédonie*.

Villes principales. — *Nouméa* (Nouvelle-Calédonie), *Papéiti* (Taïti).

Principaux produits. — Le nickel (en Nouvelle-Calédonie).

Commerce extérieur. — 16 millions 1/2 de francs (France : 10 milliards), dont 10 millions pour la Nouvelle-Calédonie.

III. COLONIES ALLEMANDES

L'empire d'Allemagne a pris officiellement possession des côtes Nord-Est de la Nouvelle-Guinée, de l'archipel Bismark (anc. Nouv. Bretagne) et des plus importantes des îles Salomon. Il cherche à établir son protectorat dans les îles Samoa. Les maisons de commerce allemandes sont nombreuses dans le Pacifique.

IV. COLONIES DES ÉTATS-UNIS

Les principales îles occupées par les *États-Unis* sont :

1º Les îles de *Brook* et quelques autres îlots à l'ouest des îles Sandwich;

2º Sous l'équateur, quelques-unes des îles *Gilbert*, les îles *Phénix*, et les îlots *Christmas, Walker* etc.;

3º Au Nord-Ouest de l'archipel français de Taïti, les îles *Tonga-Reva*.

V. ILES SANDVICH
(Royaume indépendant de Havaï)

Superficie. — 16946 kil. car. (France : 529 000).
Population. — 80000 hab. (France : 38 millions).
Ville principale. — *Honolulu*, capitale du royaume.
Principal produit. — Le sucre.
Commerce extérieur. — 60 millions de francs (France : 10 milliards).
Tonnage de la marine. — 10 000 tonneaux (France : 1 million).
Chemins de fer. — 51 kil. (France : 32 000).

Voir le chapitre sur la *Distribution générale des terres océaniennes* (p. 171 et 172).

Nouvelle-Guinée et archipels voisins.
— Les terres qui forment à l'Australie une *bordure insulaire* analogue à celle des côtes orientales de l'Asie sont généralement très *élevées*, et, si l'on en excepte la Nouvelle-Zélande située à peu près aux antipodes de l'Espagne, c'est-à-dire dans une région tempérée, elles présentent un aspect *tropical* très prononcé.

La plus vaste de ces terres est la **Nouvelle-Guinée** ; c'est là que se trouvent les hautes montagnes dont la principale cime, le mont *Owen Stanley*, dépasse 4000 mètres. Puis viennent des îles assez vastes et allongées en chapelet vers le Sud-Est : *Nouvelle-Bretagne* ou archipel *Bismark*, archipel *Salomon* et *Nouvelles-Hébrides*.

L'une des Salomon renferme un *volcan* qui a 3000 mètres. Toutes sont couvertes d'une admirable végétation et renferment probablement de grandes richesses minérales ; mais elles sont peuplées d'*anthropophages* : les Allemands ont pris possession des trois plus grandes.

Les Hollandais, les Anglais et les Allemands se sont établis à l'Ouest, à l'Est et au Nord-Est de la **Nouvelle-Guinée**.

Les **Nouvelles-Hébrides** sont convoitées à la fois par les *colons anglais de l'Australie* et par les *Français* établis dans la grande île voisine de la *Nouvelle-Calédonie*. Ceux-ci y dominent actuellement, bien qu'un traité conclu avec l'Angleterre n'en permette pas l'annexion.

Nouvelle-Calédonie.
— La Nouvelle-Calédonie n'est guère connue que comme colonie pénitentiaire française ; on sait que les forçats y sont déportés en grand nombre dans la presqu'île *Nou* et surtout dans l'île des *Pins*.

Ce qu'on connaît moins ce sont les grandes espérances qui s'attachent à cette colonie, grâce à la fécondité et à la *richesse minérale* de son sol, grâce surtout à l'initiative hardie des colons qui l'habitent au nombre de 7000. Le port de *Nouméa* est déjà très actif, les principaux objets d'exportation sont le *cuivre* et le *nickel*.

Nouvelle-Zélande.
— La borne méridionale de la ceinture insulaire de l'Australie est formée par la Nouvelle-Zélande, colonie anglaise depuis 1840.

Cette colonie a eu un *développement plus rapide* encore que celles de l'Australie. Il y a déjà plus de 500 000 habitants d'origine européenne, et les *Maoris* indigènes ne tarderont pas à disparaître comme les Australiens, bien qu'ils appartiennent à une race plus élevée. La ville principale, *Dunedin*, a 43 000 habitants.

Plusieurs causes contribuent à la prospérité extraordinaire de cette jeune colonie. Comme l'Australie, elle recèle beaucoup d'or ; comme elle et mieux qu'elle même, elle offre pour l'*élevage des moutons* et des *bêtes à cornes* de vastes pâturages, que son climat insulaire n'expose jamais à de désastreuses sécheresses.

Enfin et surtout, elle se prête beaucoup mieux à la culture des *céréales* et elle est destinée à jouer à l'égard des villes australiennes de *Sydney* et de *Melbourne* le même rôle que les Etats-Unis et l'Hindoustan à l'égard de l'Europe : elle les approvisionne déjà de blé.

Archipels dispersés.
— Au delà de cette bordure de grandes îles que leur disposition géographique rattache directement au continent australien, les *petites îles dispersées dans le Pacifique* sont destinées surtout à servir de *stations* aux navires qui les traversent.

Les plus importantes pour le moment sont le groupe volcanique des îles *Havaï*, étape de la route de San-Francisco au Japon. Leur indépendance nominale, sous un roi constitutionnel, ne les empêche pas de subir l'influence prépondérante des *Etats-Unis*.

Ceux-ci ont aussi planté leur pavillon sur un certain nombre des archipels plus méridionaux qui sont sur la route de San-Francisco et de Panama à l'Australie, à la Nouvelle-Calédonie et à la Nouvelle-Zélande.

Mais, de ce côté, les plus importantes stations sont les îles *Samoa* où les Allemands tentent de s'établir officiellement, les îles anglaises de *Viti* et les ports français des *Marquises* et de *Taïti*. L'excellence du port de Taïti en fera peut-être l'étape la plus importante du Pacifique, lorsque le *Canal de Panama* aura été creusé.

La faune de la Nouvelle-Guinée. — Cette grande île a beaucoup d'analogies avec l'Australie, à laquelle elle semble se rattacher par sa constitution géologique. Comme en Australie les groupes les plus élevés des mammifères y font complètement défaut. Cependant on y trouve le cochon, mais il a dû être importé des grandes îles de l'archipel Malais. Parmi les kangourous néo-guinéens une espèce présente cette particularité qu'elle s'est modifiée à la longue pour vivre dans les arbres. Les perroquets sont nombreux. L'animal le plus remarquable et tout à fait particulier à l'île est l'*oiseau du Paradis* : aucun n'a de plus riches couleurs, et par contraste singulier il ne vit que dans les solitudes les plus élevées et les plus sauvages des monts Arfak.

Races de l'Océanie.

Les Malais. — Le plus élevé des types océaniens est le type *malais*.

La langue des Malais s'est répandue au loin et ses dialectes prédominent de *Madagascar* aux îles de *Pâques*; mais la race malaise ne dépasse guère les limites de l'archipel qui en a reçu le nom de *Malaisie*.

Elle se partage en deux branches distinctes quoique rapprochées par des croisements.

La première est la branche *malaise proprement dite* originaire de la presqu'île de *Malacca* (Asie) ; elle a peuplé les *côtes* des îles de la Sonde ; la seconde est celle des *Indonésiens* qui occupent *l'intérieur* de Sumatra, Bornéo, Célèbes, les Moluques.

Les uns et les autres ont été profondément modifiés par l'influence du *brahmanisme*, du *bouddhisme*, du *mahométisme*, envoyés successivement de l'Inde. Les Indonésiens, les moins avancés en civilisation, comme les *Battaks* de Sumatra ou les *Dayaks* de Bornéo, sont aussi restés de race plus pure.

Ce sont à la fois des civilisés et des barbares ; agriculteurs, groupés en tribus autonomes et en familles bien constituées, ils sont pourtant à peine vêtus, et le *cannibalisme* n'est pas toujours le défaut des plus sauvages.

Les Polynésiens. — Partis des Moluques aux temps préhistoriques, les *Polynésiens* se sont répandus dans les îles *Samoa*, *Tonga* et *Fidji*, et, de là dans les archipels orientaux jusqu'aux îles de *Pâques* et dans la Nouvelle-Zélande, où ils ne sont établis que depuis le quinzième siècle.

Plus clairs de peau que les Indonésiens et surtout que les Mélanésiens, ils ont poussé au dernier degré l'art du *tatouage* . Guerriers et *cannibales* avec passion, ils n'en sont pas moins relativement avancés en civilisation.

Ils ont une aristocratie et une religion fondée sur le *polythéisme* ; navigateurs de premier ordre, c'est grâce à leurs embarcations capables de porter cent ou deux cents personnes qu'ils ont pu entreprendre des voyages au long cours, et s'étendre sur une aire immense. Ils ignorent l'art de travailler les métaux et l'argile.

Les Mélanésiens. — Au-dessous des Polynésiens viennent les *nègres Océaniens* ou *Mélanésiens*. On les divise en *Négritos* et en *Papous*. Il y a des Negritos à *Sumatra*, à *Timor*, à *Bornéo*, à *Gilolo*, aux *Philippines*.

Les indigènes des îles *Andaman* ont conservé le type presque pur ; ceux qui s'en rapprochent le plus sont les *Ætas* des Philippines. Ce sont des êtres gais et hospitaliers, qui ne connaissent ni la polygamie, ni l'anthropophagie ; et vivent de chasse ou de pêche. La tribu est chez eux à peine constituée et leurs habitations ne sont que des huttes de branchages.

Les *Papous* répandus dans la *Nouvelle-Guinée* et dans la première ceinture d'îles qui environne l'Australie, leur sont, suivant les régions, inférieurs ou supérieurs.

Ont-ils subi l'influence des Malais et des Polynésiens, ils en ont accepté les mœurs et appris les arts ; sont-ils demeurés abandonnés à eux-mêmes, ils n'ont pas dépassé l'âge de pierre. Ce sont des anthropophages féroces. Comme les Négritos ils sont absolu-

LA DÉCOUVERTE DE L'OCÉANIE.

Fig. 92. 1. Malais. 2. Colon. 3, 4. Australiens. 5. Papou. 6, 7. Néo-Calédoniens. 8, 9. Néo-Zélandais. 10, 11. Taïtiens. 12. Officier de marine.

ment noirs et leur prognathisme est plus prononcé encore que celui des nègres africains.

Les Australiens. — Au dernier degré végétent les *Australiens*. Tous ne ressemblent pas cependant aux misérables créatures que les Anglais ont trouvées sur les côtes et que le contact d'une civilisation trop forte a presque tous fait disparaître.

Les *Australiens* de l'*intérieur* sont grands et forts, ils savent se fabriquer quelques vêtements et même se tatouer; au lieu de trous dans le sable, de grottes ou de huttes en branchages, ils habitent des tentes d'écorces; ils ont inventé le célèbre *boumerang*, instrument tranchant qui revient à celui qui l'a lancé après avoir atteint son but; ils construisent des pirogues et pêchent, tandis que les Australiens des côtes se contentent des cadavres rejetés sur les plages.

Enfin, c'est là surtout la différence capitale, ceux des côtes ne connaissent même pas la famille; ceux de l'intérieur au contraire vivent en *tribus* dont les territoires sont bien limités, et ils ont pu quelquefois opposer de sérieux obstacles aux explorations des Européens.

La découverte de l'Océanie.

La Malaisie : Portugais, Espagnols, Hollandais. — Les premières terres océaniennes qui aient été suffisamment connues des Occidentaux sont les *plus proches de l'Asie*, celles du grand archipel *malais*, vestibule du monde australien.

Les *moussons* qui avaient mis de bonne heure en rapport les côtes de l'Inde et de l'Afrique orientale, favorisèrent aussi les relations des îles malaises avec la Chine et l'Inde. Les Arabes, ayant pris pied aux îles de la *Sonde*, y apportèrent le mahométisme, et recueillirent les précieuses *épices*, poivre, cannelle, clou de girofle, muscade, etc. Les Portugais n'y arrivèrent qu'à leur suite.

Albuquerque y parvint en 1510, tandis que ses lieutenants visitaient les *Moluques*. Peu de temps après, grâce à la découverte de l'Amérique, la Malaisie fut abordée par l'Est : en 1521, *Magellan*, après avoir traversé tout le Pacifique, débarqua aux *Philippines*, et, dans le même siècle, tandis que les *Portugais* continuaient à multiplier leurs comptoirs, et à découvrir de terres nouvelles (*Célèbes* en 1525, *Bornéo* en 1526), les *Espagnols* partis de la côte occidentale du Mexique, s'établirent sur l'autre rive du grand Océan, dans les *Philippines*, en 1568.

La conquête *hollandaise* commença à dégager la carte de la Malaisie du vague où l'avaient volontairement laissée les Portugais. Toutefois la compagnie hollandaise des Indes orientales fit peu pour la géographie; lorsqu'elle eut été dissoute en 1798, et que le traité de 1824 avec l'Angleterre eut assuré à l'État hollandais la possession de la Malaisie, la véritable conquête politique commença, et, avec elle la conquête géographique. D'innombrables voyageurs y ont pris part; la plupart sont des *Hollandais*.

L'Australie : Tasman, Cook, Flinders. — Avant que l'Afrique eut été doublée on se figurait qu'elle *rejoignait* au Sud une terre immense étendue sur l'hémisphère austral ; lorsque le doute sur ce point ne fut plus possible on donna encore à la terre australe inconnue des dimensions gigantesques, car on s'imaginait que l'*équilibre* du globe ne pouvait exister si les continents du Nord n'avaient au Sud un *contre poids*.

Dans la première moitié du seizième siècle beaucoup de navigateurs prétendirent avoir aperçu les côtes mystérieuses. Le premier qui y ait abordé est le portugais *Godinho de Eredia*, qui, en 1601, toucha au cap *Van Diemen*.

Grâce au voisinage de la *Malaisie*, la côte septentrionale de l'Australie resta moins longtemps inconnue que les autres. Le contour en était à peu près déterminé lorsqu'en 1506 l'espagnol *Torrès* trouva le détroit qui porte son nom.

En 1644, *Abel Tasman* après avoir découvert la *Tasmanie*, extrémité méridionale de l'Australie, relia, au retour, par un périple complet toutes les découvertes partielles faites avant lui.

Un siècle après, *Cook* rendit à la géographie le même service pour la côte orientale (1770). Tasman et lui ont eu l'honneur de déterminer dans ses grands traits le profil des rivages australasiens.

Le plus illustre de leurs successeurs est l'anglais *Flinders*. En 1798, il montra que la terre de Van Diemen (Tasmanie) était isolée; en 1802, il reconnut qu'il n'y avait pas, comme on l'avait supposé de communication maritime entre les golfes du *Sud* et celui de *Carpentarie*, et que l'Australie n'était bien qu'*une seule masse continentale*. (Pour l'exploration de l'intérieur de l'Australie, voir (p. 178).

Les îles du Pacifique : Cook. — Dès 1513, *Balboa* avait, le premier de tous les Européens, contemplé des côtes de Panama l'immensité du Pacifique; *Magellan* y avait lancé bientôt après son navire et y avait rencontré l'archipel des *Mariannes*.

Beaucoup d'autres y avaient suivi, venus soit de l'Ouest soit de l'Est ; on s'était d'abord préoccupé de la *route* entre les Philippines et le Mexique, et l'exploration de l'hémisphère nord n'avait fourni que de rares découvertes.

Puis vint le tour de l'hémisphère sud beaucoup plus riche en îles, et, vers le milieu du dix-septième siècle, après le voyage de *Tasman* à la *Nouvelle-Zélande*, sauf les îles *Sandwich*, celles des *Navigateurs*, l'archipel *Viti* et la *Nouvelle-Calédonie*, il n'était guère de terre océanienne qui n'eût été vue et nommée. Mais leur place n'avait pas été déterminée scientifiquement; il fallut là découverte de nouveau. *Cook* y contribua plus que personne par ses trois voyages.

Dans le premier (1768-71), il visita l'île de *Taïti* et l'archipel de la *Société*, fit le périple de la *Nouvelle-Zélande*, vit le *détroit* qui en sépare les deux grandes îles et poussa jusqu'à l'*Australie*.

Dans le second (1773-74), il redécouvrit les *Marquises*, les îles *Tonga* et les *Nouvelles-Hébrides*, et le premier aperçut les îles *Hervey* et la *Nouvelle-Calédonie*.

Dans le troisième (1777-78) il pénétra au delà du détroit de *Béring*, dans l'océan Glacial, et il explora plus complètement les îles *Tonga*, et aborda aux îles *Sandwich*, où il fut assassiné.

Les voyageurs du dix-huitième siècle, *Lapérouse*, *D'Entrecasteaux*, et *Vancouver*, du dix-neuvième comme *Duperrey* et *Dumont d'Urville* n'ont eu qu'à suivre l'exemple de Cook, car le grand navigateur était aussi un savant : il n'avait pas seulement fixé la carte de ses découvertes, il avait toujours su joindre à ses observations nautiques l'étude de l'*ethnographie* et de l'*histoire naturelle*.

L'œuvre des géographes est en grande partie terminée; leur tâche consiste surtout aujourd'hui à surveiller le travail des coraux ou les mouvements volcaniques. Celle des naturalistes et des anthropologistes continue, elle a valu une part de leur illustration à des hommes comme l'Anglais *Darwin* et l'Autrichien *Hochstetter*. Que de précieuses révélations la faune, la flore, les races indigènes de l'Océanie réservent encore à la science!

SIXIÈME PARTIE. — AFRIQUE

CHAPITRE PREMIER
CONFIGURATION GÉNÉRALE DU SOL AFRICAIN

NOMENCLATURE PHYSIQUE

Mers. — Méditerranée orientale et occidentale ; — Océan Atlantique ; — Océan Indien ; — mer Rouge.

Golfes. — De la Sidre, de Gabès (*Méditerranée*), de Guinée (*Atlantique*), d'Aden (*océan Indien*), de Suez (*mer Rouge*).

Caps. — Bon (*Méditerranée*), Blanc, Vert, des Palmes, Lopez, de Bonne-Espérance, (*Atlantique*), Guardafui, d'Ambre et Sainte-Marie, ces deux derniers dans *Madagascar* (*océan Indien*).

Iles. — Madère, Canaries, du *Cap-Vert*, Fernando-Po, Saint-Thomas, Annobon, de l'Ascension, Sainte-Hélène (*Atlantique*), Madagascar, de la *Réunion*, Maurice, Rodrigue, Comores, Amirantes, Séchelles, Socotora (*océan Indien*).

Détroits. — De Gibraltar, de Bab-el-Mandeb, canal de Mozambique.

Montagnes. — 1° Groupes de l'Atlas ; — 2° Groupes du *Sahara* ; — 3° Groupes du Soudan (*Fouta-Djalon*, monts de Kong) ; 4° Massif de l'Abyssinie ; — 5° Groupes côtiers de l'*Afrique méridionale* (massif des Grands lacs, montagnes du *Cap*, montagnes de la Guinée méridionale).

Plateaux. — Plateaux de l'*Atlas*, du *Sahara*, de l'Égypte et de la Nubie, du *Cap*.

Plaine basse. — Delta du Nil.

Dépressions au-dessous du niveau de la mer. — *Chott Melrir* ; oasis d'*Audjila* et de Siouah.

Déserts. — De l'Égypte, de la Nubie et du Sahara ; — de *Kalahari* ; — du plateau du Cap.

Lacs. — *Lacs de montagne* : lac Tsana (Abyssinie), lacs Oukéréoué ou Victoria Nyanza, Louta N'sigé ou Mvoutan, Mouta-N sigué, Tanganyika, Nyassa, Bangouéolo, Moéro ; — *Lacs de plaine* : lac Tchad, Chotts tunisiens ; — *Lacs de plateaux* : Chotts algériens, lac Ngami.

Fleuves. — *Méditerranée* : Nil, Chéliff ; — *Océan atlantique* : Sénégal, Gambie Niger, Ogôoué, Congo, Counéné, Orange ; — *Océan indien* : Limpopo, Zambèze, Rovouma.

~~~ **L'Afrique est un plateau bordé de côtes montagneuses.** — Malgré le mystère qui enveloppe encore certaines parties du sol africain, la géographie générale de cette immense presqu'île est désormais fixée dans ses traits essentiels. Grâce aux renseignements précis fournis par les explorateurs contemporains, on sait aujourd'hui qu'*aucune autre partie du monde*, excepté l'Australie, ne présente au même degré le caractère d'un plateau.

Il était d'ailleurs possible de le présumer à la seule inspection des côtes depuis longtemps connues par les voyages des navigateurs. Nulle part ne s'ouvrent sur les rivages de plaines larges et profondes dont le sol s'incline doucement et se confonde avec le sol sous-marin, comme on le constate pour l'Allemagne, la Russie ou la Sibérie.

A la vérité, les côtes de Guinée, à l'ouest du *Niger*, le *delta* de ce fleuve, celui du *Nil* et les côtes de *Mozambique* sont *basses* et *humides*, mais ce ne sont que d'étroites bordures, comme en France le Languedoc : derrière les marécages de la Guinée se dressent aussitôt les monts de *Kong* ; les dunes du désert bordent le delta égyptien, et les cimes du *Kénia* et du Kilimandjaro dominent les comptoirs de Zanzibar.

Partout ailleurs s'étendent, soit des plateaux pierreux et des *dunes* de sable, comme en *Tripolitaine* et le long du *Sahara occidental*, soit de hautes terres qui plongent immédiatement dans la mer, comme les trois grandes masses de l'*Atlas*, du cap de Bonne-Espérance et du cap *Guardafui*.

~~~ **Le plateau africain est double.** — Ce continent massif de l'Afrique forme un énorme plateau ; mais ce plateau est double : il se divise en deux parties inégalement élevées et qui correspondent aux deux grandes divisions marquées par la configuration des côtes, l'*Afrique septentrionale* allongée de l'*Est* à l'*Ouest*, l'*Afrique australe*, orientée du nord au sud.

C'est l'Afrique australe qui est *la plus élevée*. De même, le *Cotentin*, le *Dékan* (Inde) et beaucoup d'autres presqu'îles s'élèvent à mesure qu'on s'éloigne de leur plus large base.

~~~ **L'Afrique septentrionale.** — La masse de l'Afrique septentrionale est formée par le plateau du *Sahara* qui se prolonge à l'Est par ceux de l'*Égypte*, de la *Nubie*, et même de l'*Arabie* (voir p. 155).

La vallée du Nil n'est qu'une *faille étroite* qui ne rompt qu'en apparence l'unité des hautes terres.

L'ensemble des plateaux sahariens est *bombé* vers sa partie *centrale* où il dépasse 2 000 mètres dans le massif du *Ahaggar* : il *s'abaisse* vers la mer Rouge à l'*Est*, (340 mètres dans le désert de *Libye*) et vers l'Atlantique à l'*Ouest* (250 mètres en moyenne dans le Sahara occidental).

Il se termine sur la côte océanienne par des rangées de *dunes* orientées du Nord-Est au Sud-Ouest et qui se prolongent au large du cap Blanc par un vaste *banc de sable sous-marin*.

Au Nord il est plutôt dominé que borné par le plateau de *Barka* (1000 mètres) et par les massifs berbères de l'*Atlas* (3 500 mètres dans le Maroc), car il en est séparé par une longue *dépression* qui s'allonge de l'Est à l'Ouest, du Nil aux chotts algériens, et qui, en plusieurs endroits, notamment en Algérie et en Tunisie, s'abaisse au-dessous du niveau de la mer.

Au centre du plateau se creusent *deux dépressions profondes*, le bassin de Tombouctou ou du haut Niger, et celui du lac Tchad (244 mètres au-dessus de la mer).

Au Sud, l'Afrique septentrionale est limitée par les massifs de *Kong*, au nord de la

---

PLATEAU DE L'AFRIQUE   PLATEAU DE L'AFRIQUE   Carton d'ensemble
ATLAS   DU NORD   DU SUD   Plateaux du Cap   Sahara
     Hauts Plateaux   Massif du Ahaggar   AFRIQUE
Alger   Sahara Algérien   Sahara central   Désert de Kalahari   Ile du Cap
Mer Méditerranée   Bassin d'Isken   Lac Ngami   Fl. Orange
                  Lac Tchad   Congo Fl.   Lac Dilolo   Océan Atlantique

PROFIL DE L'AFRIQUE DU NORD AU SUD

CONFIGURATION GÉNÉRALE DU SOL AFRICAIN.

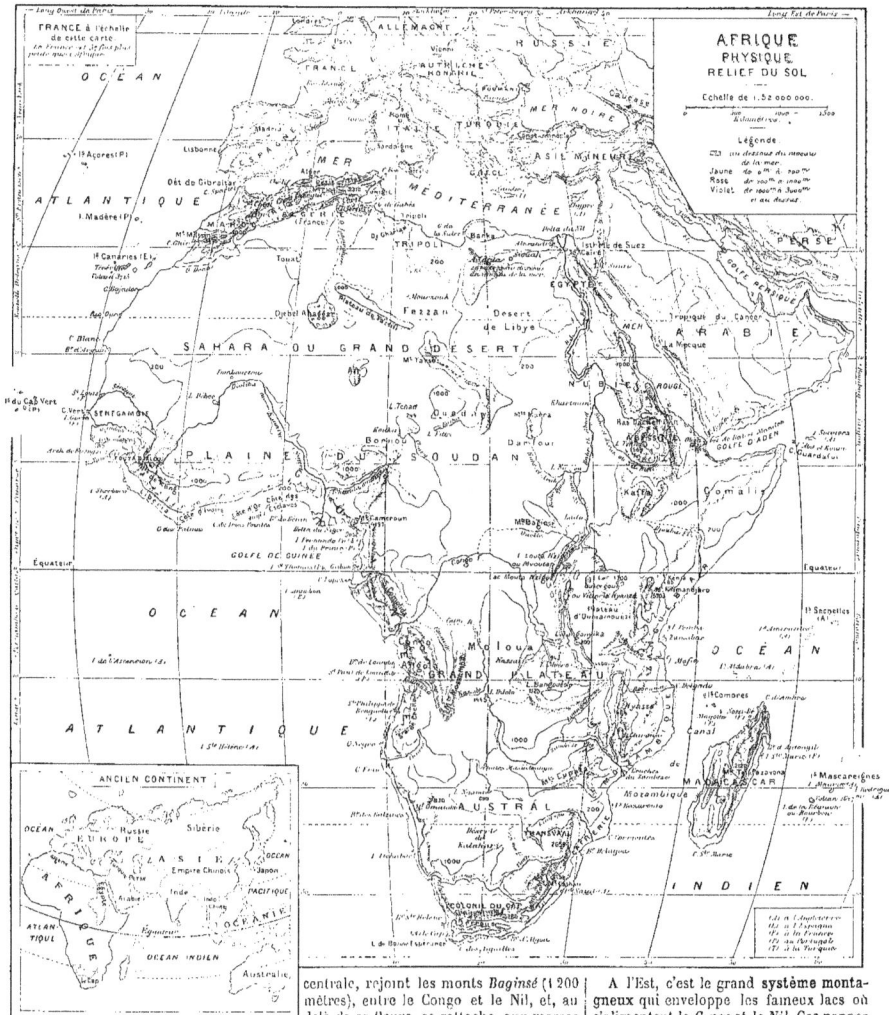

côte deltaïque de *Guinée*, et à l'intérieur par une **haute région**, la moins connue de tout ce continent, qui sépare la dépression du **Tchad** du bassin du **Congo** ; sur le bord du golfe de Guinée, ce bourrelet montagneux dépasse 4 000 mètres avec le volcan *Cameroun*.

Il s'abaisse sans doute dans sa partie centrale, rejoint les monts *Baginsé* (1 200 mètres), entre le Congo et le Nil, et, au delà de ce fleuve, se rattache aux masses volcaniques du plateau d'*Abyssinie* dont la hauteur moyenne est de plus de 2 000 mètres.

~~~ **L'Afrique australe.** — L'Afrique australe, *plus élevée*, est bordée à l'*Est* et à l'*Ouest* par des massifs considérables qui *se rejoignent* au Sud, dans le plateau du **Cap**.

A l'Est, c'est le grand **système montagneux** qui enveloppe les fameux lacs où s'alimentent le *Congo* et le *Nil*. Ces nappes d'eau sont à une hauteur moyenne de 1 000 mètres au-dessus du niveau de la mer, et les cimes qui les dominent, le **Kenia**, le **Kilimandjaro**, dépassent 5 000 mètres.

A l'Ouest, les hauteurs sont moins importantes et ne dépassent guère 1 600 mètres, mais elles forment une bordure de plateau très nette qui se *poursuit sans interruption* jusqu'au cap de Bonne-Espérance où elle se relève et atteint 3 150 mètres avec le pic **Cathkin**.

Vers le 12e degré de latitude Sud, l'intérieur du plateau est divisé en deux par un *renflement* qui sépare le bassin du Congo (350 mètres en moyenne), des pays plus élevés où coulent le *Zambèze* et l'*Orange*, et où le lac *Ngami*, qui occupe le fond de la dépression méridionale, se trouve encore à près de 900 mètres.

~~ **Conclusion et conséquences.** — Tels sont les caractères généraux du relief de l'Afrique. Cette partie du monde forme un plateau, ou plutôt une *série de plateaux qui vont en s'amincissant et en s'élevant vers le Sud*.

Il résulte de cette configuration que les *fleuves de l'intérieur ne peuvent atteindre la mer qu'en se frayant un chemin à travers les montagnes côtières*; tous sont interrompus par une ou plusieurs *cataractes*; Nil, Niger, Congo, Zambèze, tous obéissent à cette loi commune.

Les grandes voies de communication en Afrique. — La création de comptoirs ou de colonies européennes sur tout le pourtour de l'Afrique, a donné naissance à des courants commerciaux de quelque importance partant de l'intérieur pour aboutir à la mer, mais qui n'ont pas modifié sensiblement l'immobilité de cette presqu'île inerte et massive. Nous assistons en ce moment à des efforts décisifs tentés par les peuples civilisés pour ouvrir en Afrique de grandes voies de communication. La configuration du sol permet de prévoir approximativement quelle sera la direction de ces routes nouvelles.

Une double ou triple voie ferrée suppléant les anciennes caravanes mènera, tôt ou tard, par la ligne la plus courte, d'Oran à Tombouctou, du golfe de Gabès à Sokoto ou au lac Tchad dans le Soudan. Il faudra plus tard prolonger celle du lac Tchad au Congo. Ce sera le grand chemin de l'Europe vers l'Afrique centrale. — Déjà la route est tracée entre Dakar, près de l'embouchure du Sénégal, et le haut Niger. — Le bas Niger aboutira de même par un chemin de fer, à la côte de Guinée; et l'immense Congo d'une part à quelque port de l'Ouest africain français, de l'autre à Zanzibar par la région des grands lacs. — Le Zambèze qui s'écoule déjà vers la côte de Mozambique sera relié vers l'Ouest à la côte de Benguela, vers le Sud à la colonie du Cap par le Limpopo et le Vaal, vers le Nord au cours supérieur du Congo. — Le bassin du Nil dont le débouché méditerranéen est Alexandrie, sera rattaché au Niger et au Soudan par le lac Tchad, au Congo, à la côte de l'Océan Indien, à la mer Rouge. Des chemins côtiers compléteront ce réseau général qui changera la face de l'Afrique. Les anciens itinéraires parcourus au prix de mille fatigues par les grands explorateurs, Barth, Livingstone, Stanley, Brazza, seront sillonnés par des locomotives et des wagons.

AFRIQUE.

CHAPITRE II
LES PAYS BARBARESQUES

NOMENCLATURE PHYSIQUE

Latitude. — Perse, Tibet, Louisiane.
Longitude. — France, Espagne.
Climat. — Très salubre dans les montagnes et humide malgré les coups de vent du Sud; très sec sur les plateaux. *La pluie augmente en abondance de l'Ouest à l'Est.*

Montagnes. — *Atlas côtier* (Djurjura, 2 308 mètres); *Atlas saharien* (Miltsin, 3 500 m.; Ayaschin, 4 000 m.; djebel Aurès, 2 312 m.).

Plateaux algériens. — Hauteur moyenne, 1 100 m. couverts de *steppes d'alfa*.)

Fleuves. — *Mer Méditerranée*: oued Moulouïa, oued Chéliff, oued Medjerda; — *Atlantique*: oued Sebou, oued Draa.

Chotts des plateaux. — Tigri, Gharbi, Chergui, el Hodna (voir carte Algérie, p. 79).

NOMENCLATURE POLITIQUE ET ÉCONOMIQUE

I. ALGÉRIE
Voir le chapitre: Algérie, p. 79.

II. RÉGENCE DE TUNISIE
Voir le chapitre: Tunisie, p. 81.

III. EMPIRE DU MAROC

Superficie. — Environ 812 300 kil. car. (de moitié plus grand que la France).

Sur cette superficie totale, il n'y a que 200 000 kil. dans *le Tell*, où sont les terres cultivables; le reste appartient au *Sahara* et aux *steppes*.

Population. — Environ 6 140 000 hab. (France: 38 millions).

Sur cette population totale, il y a 77 000 habitants dans les *oasis* du Figuig, du Tafilet, du Gourara, du Touat, du Tidikelt.

Principales villes. — Fez (100), capitale de l'Empire; — *Maroc* (50); — *Rabat*; — *Mékinez*, *Tétouan*, **Tanger**, le principal port du Maroc.

Commerce extérieur. — Environ 55 millions de francs (moitié avec l'*Angleterre*).

Mouvement de la navigation. — 740 000 tonneaux.

IV. COLONIES ESPAGNOLES

Les Espagnols possèdent sous le nom de *présides* quelques territoires sur le littoral du Maroc. Le principal est **Ceuta**, situé en face de Gibraltar.

~~ **Isolement des pays barbaresques.** — Au Nord-Ouest de l'Afrique est une sorte d'*Afrique mineure*, comparable à l'Asie Mineure dans le continent asiatique. Elle est formée par un soulèvement montagneux **indépendant** des deux grands *plateaux* africains. Son histoire, comme celle de l'Asie Mineure, a d'étroits rapports avec l'histoire de l'Europe, tandis que les autres régions de l'Asie et de l'Afrique ont échappé pour la plupart à l'action du grand centre méditerranéen.

Ce soulèvement est celui de l'Atlas, bordé à l'Ouest par l'Atlantique, au Nord par la Méditerranée occidentale, à l'Est par la Méditerranée orientale, et au Sud par le Sahara. Il en est séparé, dans le voisinage de la petite *Syrte*, par une *dépression* inférieure au niveau de la mer qui est occupée par des chotts, et où celle-ci pourrait pénétrer si l'on perçait le seuil de *Gabès*, comme le proposait le commandant *Roudaire*.

~~ **Leur unité.** — Les caractères distinctifs du relief de l'Atlas algérien conviennent au soulèvement de l'Atlas tout entier: sur le bord de la mer, un *ensemble de massifs telliens* profondément creusés par les eaux, mais généralement orientés de l'*Est* à l'*Ouest*; le long du *Sahara*, un autre système de massifs, plus compact, moins compliqué, interrompu seulement par de larges issues vers le désert; entre les deux, de *hauts plateaux* dont les chotts, remplis d'eau dans la saison des pluies, ne conservent dans la saison sèche que de la boue sous une couche de sel.

Tel est l'Atlas dans la *Tunisie* et dans le *Maroc* aussi bien qu'en Algérie: les limites entre les trois pays sont purement *artificielles*.

~~ **Ressemblance de la Tunisie et de l'Algérie.** — En Tunisie, les montagnes de la *Kroumirie* au Nord de la *Medjerda*, et du *Kef* au Sud de cette rivière, ne sont que le prolongement de celles de la région de Bone, et laissent le long de la côte, derrière *Tabarca* et *Bizerte* des plaines avec des lacs semblables à ceux de Bone et de *La Calle*.

Le plateau tunisien, plus ondulé, mieux arrosé et plus boisé que le plateau algérien, se poursuit jusqu'à la mer, où le golfe de Sousse en marque la dépression.

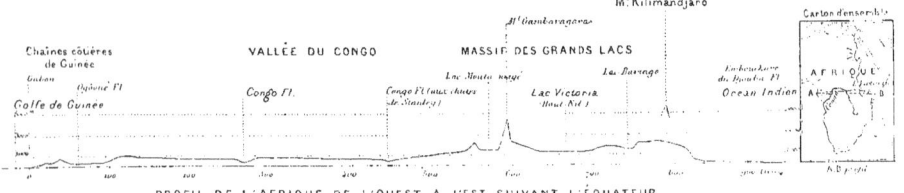

PROFIL DE L'AFRIQUE, DE L'OUEST A L'EST SUIVANT L'ÉQUATEUR

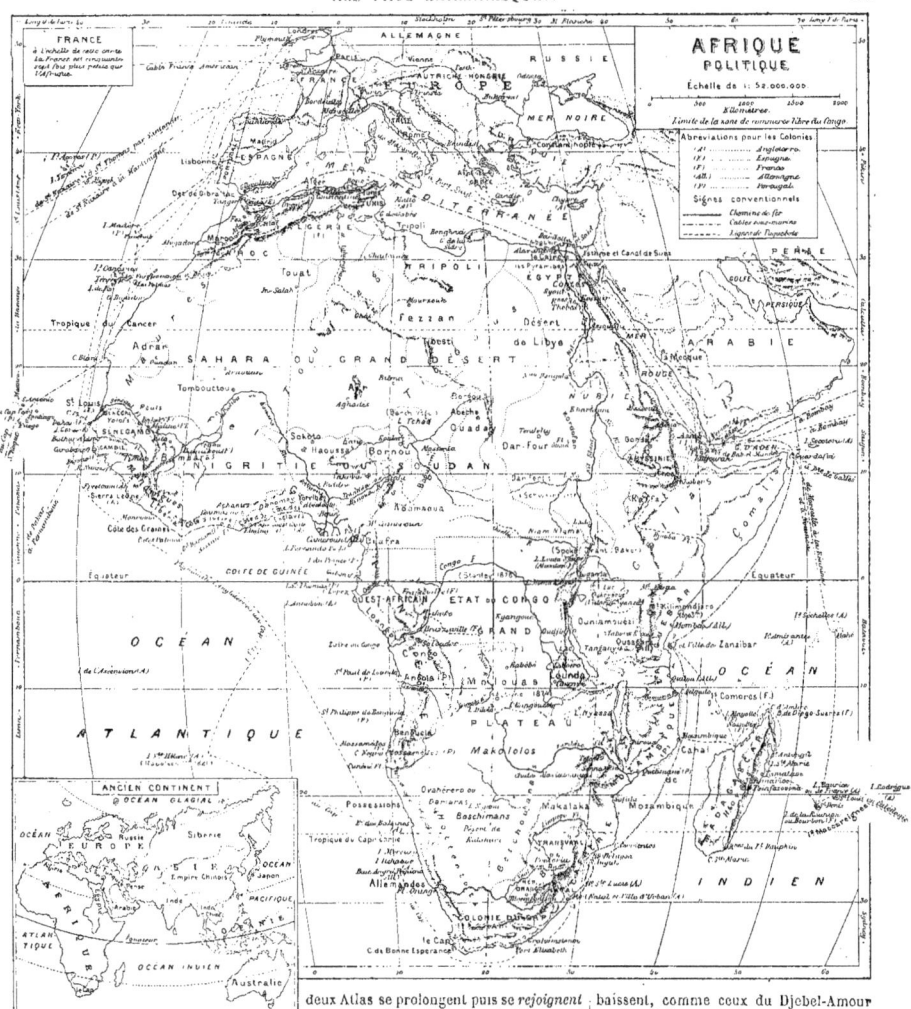

Les *montagnes du Sud* qui forment sur la côte un grand renflement entre les golfes de Sousse et de Gabès et se prolongent même jusque dans les îles Kerkennah, sont la continuation du massif algérien de l'Aurès.

~~~ **Ressemblance du Maroc et de l'Algérie.** — Dans le Maroc, les deux Atlas se prolongent puis se *rejoignent* avant d'atteindre les côtes de l'Océan et forment un massif alpestre considérable dont les cimes neigeuses alimentent les rivières tributaires de l'Atlantique et dominent **Maroc** et **Fez** les deux capitales de l'empire.

Au Nord, le long de la Méditerranée, les montagnes du Rif rappellent le Djurjura. Au Sud, les talus de l'Atlas marocain s'abaissent, comme ceux du Djebel-Amour sur les plaines sahariennes. Ainsi d'une extrémité à l'autre se maintient l'unité de la grande région que des géographes arabes appelaient expressivement l'*île de l'Ouest* ou du *Maghreb*.

~~~ **Unité de climat et de race.** — Situé au Nord du tropique du *Cancer*, le massif de l'Atlas échappe à l'action des vents alizés, et, tandis que dans la zone

tropicale, *la saison la plus chaude est celle des plus grandes pluies*, c'est en *hiver* qu'il reçoit la plus grande quantité d'eau.

Les vents du Nord-Ouest et de l'Ouest y amènent de l'Océan des pluies intermittentes, mais souvent abondantes de *septembre à avril*. Tunis, qui reçoit en outre les pluies d'Est de la Méditerranée, est plus arrosé que le *Maroc*.

En résumé, tout l'*Atlas est soumis, comme les pays européens, au régime des pluies d'hiver, tandis que le Sahara est à peu près privé de pluie, et que le Soudan reçoit ses pluies en été.*

A l'unité de climat se joint l'unité de race. Dans tout l'Atlas, on retrouve les débris d'une population ancienne que les Romains appelaient *Mauritaniens*: ce sont les *Berbères*, qui dans le Djurjura portent le nom de Kabyles et ont débordé sous le nom de Touareg jusque dans le Sahara. Aussi l'Afrique mineure peut-elle se nommer la *Berbérie*[1] : les *Arabes* ne sont que des envahisseurs récents (7ᵉ siècle).

~~~ **Rapports étroits avec l'Europe**. — La Berbérie a toujours été mêlée à toutes les vicissitudes de l'histoire méditerranéenne. Exploitée tour à tour par les *Phéniciens* et par les *Romains* dont elle fut un grenier à blé, au moyen âge elle devint la proie des *Arabes* et plus tard celle de leurs héritiers politiques les *Turcs*.

Les *Espagnols* y avaient fondé plusieurs établissements, et ils exercent encore au Maroc une influence balancée par le voisinage des *Anglais* à Gibraltar et de la France en Algérie.

L'établissement du protectorat de la France en *Tunisie* est un nouveau progrès de la civilisation européenne dans la région de l'Atlas. (Pour l'Algérie, v. p. 79.)

Diversité des races en Berbérie. — Les descendants des anciens Berbères, refoulés par des invasions successives, se trouvent aujourd'hui cantonnés surtout dans les montagnes et dans les oasis des déserts de la Berbérie. Les Romains distinguaient parmi eux les *Maures* ou Maurétaniens, c'est-à-dire les montagnards, et les *Numides* ou Nomades, habitant la plaine. Il y eut donc aussi des Berbères dans les vallées et les plaines de la Berbérie, ils y ont plus fortement subi le mélange de sang étranger que ceux des régions élevées de l'Atlas. Les premières invasions ayant eu lieu par l'Orient, c'est en Tunisie que le mélange est le plus complet : Phéniciens, Romains, Grecs de Byzance, Arabes du VIIᵉ et du XIIᵉ siècle y ont modifié plus profondément qu'ailleurs la race primitive, elle y est devenue plus douce et plus malléable. En Algérie et surtout au Maroc, il est plus aisé de retrouver presque intact le rude type Berbère, — par exemple dans le Djurjura, dans l'Aurès, dans le Rif ; les tribus de race arabe à peu près pure y sont également plus nombreuses, — notamment dans le Sud Oranais. Quant à l'importation d'esclaves noirs du Soudan elle est plus sensible dans l'Ouest et le Sud, c'est-à-dire au Maroc où la traite existe toujours et dans les oasis Sahariennes. Dans les temps modernes, c'est par le Nord, c'est-à-dire par le littoral que sont venues les races nouvelles : Turcs, Français, Italiens, Espagnols.

[1] *Barbaresque* signifie d'ailleurs *peuplé par des Berbères* et non des *barbares*.

AFRIQUE.
CHAPITRE III
LE SAHARA

NOMENCLATURE PHYSIQUE

Latitude. — Bengale, Tonkin, golfe du Mexique, grandes Antilles.

Longitude. — Europe centrale et occidentale.

Climat. — *Grande sécheresse*. Chaleur extrême le jour, nuits parfois très froides.

Montagnes. — Plateaux du *Ahaggar* et de Tassili ; — monts Tummo et Tarso.

Dépressions au-dessous du niveau de la mer. — Chott Melrir, 60 m., oasis d'Adjila, 52 m.; de Siouah 29.

Rivières desséchées. — Oued Draa, *oued Rhig* formé de l'*oued Miah* et de l'*oued Igharghar*.

Oasis. — *Adrar*, Tafilet, Figuig, l'*oued Rhig*, le Mzab, Ghadamès, Ghat, Mourzouk, Koufra.

NOMENCLATURE POLITIQUE

Superficie. — Toute la région physique à laquelle s'applique le nom de *Sahara* a une superficie d'environ 9160000 kil. car. (Europe : 10 millions).

Divisions politiques. — 1° Les côtes au Sahara sur la Méditerranée forment le *vilayet turc de Tripoli*. — *Capitale* : Tripoli (30), port important, centralisant le commerce des caravanes.

2° La partie septentrionale du Sahara dépend de l'*Égypte* (oasis de Siouah) ; — de *Tripoli* (oasis d'Audjila, de Koufra, de Mourzouk, de Ghadamès) ; — de l'Algérie (oasis de l'Oued Rhig, du Mzab) ; — du *Maroc* (oasis d'Aïn-Salah et du Tafilet).

3° Le centre est peuplé par des tribus mahométanes indépendantes, pour la plupart nomades : les *Tibbous*, dans les oasis des monts Tarso et de Bilma ; — les Touaregs, dans l'oasis de Ghat et de l'Aïr ; — les *Maures*, dans l'oasis d'Adrar.

Population totale du Sahara. — Environ 3 millions d'habitants.

Commerce. — Le commerce se fait par caravanes, qui vont du Soudan à la Méditerranée, ou *vice versa*, en traversant le Sahara ; les principales étapes sont celles d'*In-Salah* et du Tafilet, par où l'on va au Maroc et en *Algérie* ; de Ghat, de *Ghadamès* et de Mourzouk, par où l'on va à Tripoli.

~~~ **Zone des déserts de l'ancien continent**. — Les déserts de l'ancien continent s'étendent *transversalement* depuis l'océan Atlantique jusqu'au golfe de Petchili.

Le Sahara, l'*Arabie*, l'*Iran*, l'*Asie centrale* forment, au Nord des péninsules méridionales de l'ancien continent, une *zone stérile* que n'arrosent ni les pluies périodiques des régions équatoriales, ni les pluies intermittentes des régions tempérées. L'absence de pluies a déterminé la formation du plus vaste désert qui existe à la surface du globe, le Sahara.

~~~ **La vérité sur le Sahara**. — Le Sahara n'est pas, comme on l'a cru longtemps, le fond d'une *ancienne mer* desséchée. Les *dunes* de sable ne couvrent guère que les régions les plus voisines du massif de l'Atlas, c'est-à-dire la *dixième partie* environ du Sahara tout entier.

Le soleil, la gelée nocturne, la rosée désagrègent les roches ; leurs débris emportés par le vent s'accumulent en dunes ; mais sous ce sable on retrouve un *terrain solide*.

Enfin le désert n'est pas absolument dépourvu de toute autre végétation que celle des *oasis*[*] (fig. 93), et c'est le *sable*, qui, dans le Sahara, comme dans nos landes de Gascogne, *conserve le plus longtemps l'humidité et nourrit la végétation la moins rare*.

Fig. 93. — Une oasis dans le Sahara algérien.

~~~ **Le relief du Sahara**. — Toutes les erreurs accréditées autrefois sur le Sahara ont été dissipées grâce aux nombreuses explorations qu'a suscitées la conquête de l'Algérie.

Le Sahara est, au point de vue du relief, un pays comme un autre ; il a ses *montagnes*, ses *plateaux*, ses *vallées*, et même ses *rivières*, bien que le lit en soit le plus souvent à sec.

Nulle part son niveau n'est *inférieur* au niveau de la mer ; on avait cru à l'existence d'une dépression entre le cap Bojador et Tombouctou, le voyageur autrichien *Oscar Lenz* (1880) a détruit cette hypothèse.

Le Sahara forme un vaste plateau d'une hauteur moyenne de 300 mètres. Relié par de hautes terres aux *massifs berbères*, vers la frontière du Maroc et de l'Algérie, il est séparé de ces massifs à l'Ouest, par la vallée de l'*Oued-Draa*, à l'Est, par la dépression des *chotts* algériens et tunisiens, dont le fond est au-dessous du niveau de la Méditerranée.

Il s'étend tout d'une masse, — vers l'Ouest où il s'avance dans l'Atlantique, avec les dunes du cap *Blanc*, — vers le Nord, où il ne laisse sur la côte de *Tripolitaine* qu'une étroite lisière d'oasis, — vers l'Est, où il est coupé par la vallée abrupte du *Nil* et par la faille plus large mais tout aussi brusque de la mer Rouge.

Le centre du plateau est le massif granitique du Ahaggar qui a des cimes de 2000 à 3000 mètres, quelquefois couvertes de *neige* tout l'hiver : ce massif se prolonge vers le Sud-Est, dans la direction de l'Abyssinie, par les monts Tibesti (2000 m.).

~~~ **Les eaux du Sahara.** — Si cette immense surface de près de 10 millions de kilomètres carrés, égale à celle de l'Europe, est un désert, cela ne tient pas à la nature propre du sol, mais à la **sécheresse de l'atmosphère**. Avec des pluies plus fréquentes et plus régulières, le Sahara serait aussi fécond que la plupart des pays tempérés.

Autrefois, avant les déboisements qui l'ont dénudé, il pleuvait abondamment dans le Sahara et les eaux alimentaient des fleuves dont il ne reste plus aujourd'hui que les *lits desséchés*, comme celui de l'oued Igharghar, affluent des chotts *algériens*.

Encore ces fleuves ne sont-ils pas tout à fait indignes de leur nom : sous les sables que les vents roulent en dunes vers le Sud-Ouest, l'eau circule en nappes abondantes.

Les indigènes savent depuis longtemps creuser des puits dont les eaux jaillissantes viennent donner la vie aux *palmiers-dattiers* des oasis.

Depuis la conquête de l'Algérie par la France, le forage de ces puits se fait mieux et plus rapidement : l'ancien lit de l'oued Rhig s'est *couvert d'oasis* nouvelles : les taches noires des îlots de palmiers et de jardins tigrent comme une peau de panthère la surface fauve du Sahara algérien.

~~~ **La végétation du Sahara.** — La végétation des oasis n'est pas la seule qui verdoie dans le désert : il y a, il est vrai, beaucoup de *hamadas*, plateaux pierreux absolument nus, et personne n'a pu traverser les mornes solitudes du désert de *Lybie*; mais l'*Erg*, région des dunes présente souvent l'aspect d'un *steppe* plutôt que celui d'un désert.

Non seulement les orages accidentels font naître une flore éphémère qui fleurit et fructifie en quelques jours, attendant qu'une pluie nouvelle vienne féconder ses graines, mais l'*alfa* couvre les hauts plateaux, le *driss*, sorte de chiendent, fixe la surface mobile des sables, le *jujubier épineux* pousse dans les vallées, et ses buissons protègent la croissance du *pistachier sauvage*, seul arbre du désert.

Le Sahara enfin est, en bien des endroits, un lieu de pâturage où les *gazelles*, les *moutons* et les *chameaux* trouvent une nourriture suffisante.

~~~ **Populations et commerce du Sahara.** — Aussi le Sahara n'est-il pas seulement une arène ouverte aux *Touareg nomades*, mais sur les 3 millions d'habitants environ qui y vivent un grand nombre sont *sédentaires*.

Tandis que les Touareg sont les pirates du désert que traversent tous les ans d'innombrables caravanes, reliant les marchés du Soudan aux pays méditerranéens, les *Mzabites*, au contraire, descendant peut-être des habitants primitifs, sont répandus dans presque toutes les oasis ; ils centralisent entre leurs mains et dirigent le commerce de transit.

De *Tombouctou* et du lac *Tchad*, les caravanes se dirigent vers *Ghat* et *Mourzouk* et de là vers *Ghadamès*, *Tunis* et surtout *Tripoli* ; ou bien par *In-Salah*, au pied du Ahaggar, elles vont au *Tafilet* et au *Maroc*.

La conquête de l'*Algérie* et l'interdiction de la *traite des nègres* les ont écartées en grande partie d'*El Golea* et de *Ouargla*, routes d'Alger autrefois très fréquentées. La France essaye aujourd'hui de réagir contre cet éloignement du commerce, elle a même songé à la construction d'un chemin de fer transsaharien, mais le massacre de la mission *Flatters* ne peut plus laisser de doute sur les dispositions hostiles des Touareg, et a éloigné pour longtemps la réalisation de cette idée.

~~~ **Conclusion.** — En résumé, le Sahara n'est pas une plaine sablonneuse, il est possible en mainte région d'y faire revenir l'eau à la surface du sol, et il y pousse d'autres plantes que les dattiers des oasis. Le plus grand obstacle à la traversée du *désert*, et moins son aridité qu'on a souvent exagérée, que la barbarie et les habitudes de pillage de quelques milliers de nomades.

Les Touareg (au singulier : Targui). — Les Touareg, désormais fameux par le massacre de la mission Flatters, sont les maîtres du Sahara. Ils surveillent le désert, toujours prêts à rançonner les caravanes, ou à les détrousser si elles résistent, fermement décidés à écarter toute influence étrangère qui ruinerait leur industrie et troublerait leur indépendance farouche. Il y a chez eux plusieurs classes : les marabouts, personnages sacrés descendants de quelque saint ou du prophète lui-même, les nobles ou guerriers, les tributaires, les serfs, les esclaves. La vraie profession du Targui est la guerre. Il est monté sur un dromadaire de course ou méhari, assis à californchon près du cou, il est vêtu de colonnade bleu foncé ; un voile noir couvre sa figure, ne laissant voir que ses yeux étincelants ; il est armé d'un sabre, d'un poignard, d'une lance et d'un bouclier de bois recouvert d'une peau d'antilope.

En dehors de leurs occupations militaires, les Touareg sont des politiques habiles et même des négociants avisés. Ils courent sans cesse le désert pour surveiller leur nombreuse clientèle, et ils font valoir leurs troupeaux de chameaux en les employant à des transports de marchandises. La femme noble a chez eux une certaine influence ; elle s'occupe de l'éducation des enfants, reçoit elle-même quelque instruction et connaît la musique. A l'occasion elle donne son avis dans les cas difficiles. La France sera tôt ou tard obligée d'entrer en rapports avec les Touareg ; ils auraient tout intérêt à devenir sous notre suzeraineté les gardiens de la paix publique du Sahara ; mais ils ne se laisseront persuader que par la force et jusqu'ici c'est leur duplicité féroce qui l'a toujours emporté.

CHAPITRE IV

LE SOUDAN

~~~ **Passage du Sahara au Soudan.** — A partir des montagnes de l'*Azben*, situées sous le 17ᵉ degré de latitude nord, les *pluies tropicales* commencent à exercer leur influence sur le sol africain ; le pays se couvre progressivement de *steppes* herbeux au milieu desquels l'*Air* et *Aghadès* conservent avec leurs palmiers l'aspect d'une oasis.

Bientôt les mimosées, arbres qui se contentent d'une quantité d'eau médiocre, forment vers le 15ᵉ degré de latitude une large bande de forêts.

Au delà, se déploie la *végétation équatoriale* avec ses formes bizarres et gigantesques, ses plantes aquatiques monstrueuses, ses baobabs dont dix hommes n'entoureraient pas le tronc.

Ainsi, la limite septentrionale entre le Sahara et le Soudan est marquée, non par le relief, mais par le climat : le Sahara s'arrête et le Soudan commence à la zone extrême où atteignent vers le nord les *pluies tropicales*.

~~~ **Bordure montagneuse méridionale du Soudan.** — Au Sud, le Soudan qui ne comprend pas toute la région intertropicale, est limité vers le 5ᵉ degré de latitude nord par une *bordure de montagnes*. Celle-ci commence au Sud du *Sénégal* et de la *Gambie* avec les massifs élevés du *Fouta-Djallon* (1300 et 1500ᵐ), se prolonge vers l'Est, en diminuant d'élévation, par les monts de *Kong* qui dominent au Nord la côte de Guinée. Elle paraît se relever au delà de l'embouchure du Niger, et va peut-être, à travers les parties inexplorées de l'Afrique, rejoindre le *plateau des grands lacs*.

~~~ **Bassin du Niger.** — Le Soudan, dont l'élévation moyenne (500 à 600 mètres) est à peu près la même que celle du Sahara, est divisé par un *renflement* d'à peine 1800 mètres en deux bassins : celui du Niger et celui du lac Tchad.

Le Niger, né dans le *Fouta-Djallon*, se jette dans le golfe de *Guinée* après avoir formé un grand coude, dont le point le plus septentrional, *Tombouctou*, est à la limite des grandes pluies équatoriales. Grâce à ce circuit de 4000 kilomètres, le *Niger* recueille toujours en quelque partie de son cours les *pluies* que le déplacement des saisons promène du Sud au Nord et du Nord au Sud dans la zone équatoriale. Il draine ainsi les trois quarts du Soudan.

Il sort, très abondant dès son origine, d'une région marécageuse où s'alimente également le Sénégal, et où il serait peut-être facile d'établir un *canal de jonc-*

La suite page 188.

NOMENCLATURE PHYSIQUE

Latitude. — Hindoustan méridional, Indo-chine, Philippines, mer des Antilles.
Longitude. — Europe centrale et occidentale.
Climat. — (Voir le chapitre même du Soudan).
Montagnes. — *Fouta Djalon*; — Montagnes de la Guinée septentrionale ou **monts de Kong** (*Mont Cameroun*, 4 200 m.); — Montagnes du Darfour (1 000 m.).
Fleuves. — *Sénégal* (Médine, Bakel, *Saint-Louis*); — Gambie (Bathurst); Casamance; — Rio Grande; — Assinie; — **Niger** (*Bamakou*, Tombouctou), grossi à g. du Binoué; — *Chari* affluent du lac Tchad.
Lac. — *Tchad* : altitude : 244 mètres.

NOMENCLATURE POLITIQUE ET ÉCONOMIQUE

I. COLONIE FRANÇAISE DU SÉNÉGAL

Elle se compose de postes établis sur le *Sénégal* et jusque sur le *Niger* (Bamakou), ainsi que sur les moindres rivières au Sud de la Gambie : *Casamance*, Rio Grande, Rio Nunez, Rio Pongo et Mellacorée.

Plusieurs petits *États nègres* nous sont soumis.

Superficie. — Environ 200 000 kil. car. (France : 529 000).
Population. — Près de 200 000 hab. (France: 38 millions).

Principaux centres. — Saint-Louis (18), capitale de la colonie, port situé sur une île à l'embouchure du fleuve Sénégal; — *Gorée-Dakar*, port commercial mieux situé que Saint-Louis et de plus en plus actif, *Rufisque*.

On peut encore citer : le petit port de *Joal*, les comptoirs fortifiés de *Dagana*, *Podor*, *Bakel*, *Médine*, sur le Sénégal, de *Bamakou*, sur le Niger, le port de *Sedhiou*, sur la Casamance.

Commerce extérieur. — 40 millions de francs, dont 26 avec la France.
Mouvement des ports. — Environ 800 entrées de navires par an dans les ports de Saint-Louis et de Dakar.
Chemins de fer. — 260 kil. On a construit une ligne de Saint-Louis à Dakar, on a commencé à peine celle du haut Sénégal au Niger.

Outre les établissements de la Sénégambie, la France possède sur les côtes de Guinée, surtout sur celle des *Esclaves* un grand nombre d'établissements, débris des fondations des *Dieppois* qui, au quatorzième siècle, précédèrent les Portugais dans ces parages.

Ces établissements dépendent politiquement du *Gabon*.

II. COLONIES ANGLAISES DE L'AFRIQUE OCCIDENTALE.

Les colonies anglaises de l'Afrique occidentale sont les établissements de *Sierra Leone* (600 000 hab.), cap. Freetown, — de la *Gambie* (14 000 hab.), cap. Bathurst, — de la Côte-d'Or (408 000 hab.), cap. Cape Coast Castle, — du *Lagos* (75 000 hab.), cap. Lagos.

Tous ces établissements font avec l'Angleterre un commerce total de 70 millions de francs.

III. COLONIES PORTUGAISES DE SÉNÉGAMBIE.

Ces colonies comprennent les îles *Bissagos* et les établissements de *Cacheo*, *Zeguichor*, *Bolama*, *Farim*, *Geba*.

Population totale. — 9 300 hab.

IV. COLONIES ALLEMANDES DE GUINÉE.

L'Allemagne a pris officiellement possession en 1884 des comptoirs fondés par ses nationaux sur la *côte des Esclaves* (*Togo*), et dans la baie de Camerones.

V. RÉPUBLIQUE NÈGRE DE LIBÉRIA.

Cette république a été fondée en 1822 par des *nègres des États-Unis* qui avaient été affranchis.

Superficie. — 37 200 kil. car.
Population. — Environ 1 million d'hab.
Capitale. — *Monrovia*.

VI. ROYAUMES INDIGÈNES DE LA GUINÉE SEPTENTRIONALE.

1° *Achantis*.
Population. — 1 million d'hab.
Ville principale. — *Coumassie* (100), capitale.

2° *Dahomey*.
Population. — 180 000 hab.
Principaux centres. — Abomey (60) et Whydah.

3° *Yorriba*.
Population. — 3 millions d'hab.
Principaux centres. — *Abéokouta* (100), Ibadan, Ilorin.

VII. ROYAUMES MAHOMÉTANS ET ROYAUMES NÈGRES DE L'INTÉRIEUR DU SOUDAN.

1° Les *royaumes mahométans* du Soudan central sont ceux de Ouadaï, — de *Baguirmi*, — du *Bornou* et de Kanem, — de Sokoto, — d'Adamaoua, — de Gouandou, — de Massina, — de Segou.

Population totale. — Environ 32 millions d'hab.

Principales villes. — Jakoba (150 000 hab.), Kano, Sokoto, dans le Sokoto, — Kouka, dans le Bornou, — Bida, dans le Gouandou, — Tombouctou, ville sacrée et commerçante sur le Niger, dans le Massina.

2° Les *royaumes nègres* du Soudan sont ceux de *Tombo*, de *Mossi*, de *Gourma*, peuplés d'environ 3 millions d'hab.

Suite du Soudan

tion entre les deux fleuves. Il perd ensuite peu à peu de sa force, atteint à Tombouctou son plus bas étiage, et dans sa course vers le Sud, n'est pas assez puissant pour débarrasser son lit des écueils qui l'encombrent.

Mais bientôt, grossi par de nombreux affluents et surtout par le *Binoué*, il franchit sans obstacles sérieux la bordure des montagnes de Kong et forme alors un des *deltas* les plus *vastes* et les plus *malsains* du globe, relié à une longue suite de marécages sur la côte de Guinée septentrionale.

Bassin du lac Tchad. — Le bassin du lac Tchad occupe le dernier quart du Soudan : situé à 244 mètres au-dessus de la mer, il a pour principal affluent, le *Chari*, encore mal connu, dont le delta s'agrandit sans cesse en repoussant le lac vers le Nord. Quand les eaux atteignent leur maximum de crue, elles se déversent par le chenal du Bahr-el-Ghazal dans une autre dépression située au Nord-Est, à 200 mètres seulement d'élévation, le *Bodélé*.

Produits du Soudan. — Le Soudan est *sept ou huit fois* grand comme la France, ses couches épaisses d'*alluvions* inondées périodiquement par de nombreux cours d'eau sont aussi *fertiles* que celles de l'Inde ou de l'Égypte.

Le *riz*, le *coton*, l'*indigo* y croissent à l'état sauvage; les graines et les fruits oléagineux, les *arachides* et les *sésames* y sont cultivés en abondance. La *canne à sucre* et le *café* y réussiraient admirablement. Des végétaux spéciaux et précieux comme *l'arbre à beurre* y couvrent des espaces immenses.

Le Soudan produit encore entre autres richesses : l'or en paillettes et en filons, l'ivoire fourni par les défenses des éléphants, par les dents des hippopotames, les *plumes* d'autruche, les *peaux* de gazelle, etc.

Peuples du Soudan. — Le Soudan est peuplé d'environ 40 *millions* d'habitants; la plupart sont des nègres qui exportent à l'état brut les produits de leur pays.

La barbarie décroît de l'Est à l'Ouest : aux véritables sauvages de l'*Ouadaï*, succèdent, près du lac Tchad, les peuples du *Baguirmi* et du *Bornou* qui, dès le seizième siècle, étaient arrivés à une civilisation relative. Puis, sur le Niger, s'échelonnent les États où se fait sentir l'influence de la domination des *Pouls* ou *Peuhls* et d'un mahométisme déjà quelque peu éclairé.

Mais les noirs de l'*Achantis* et du *Dahomey* près des embouchures du Niger ne sont guère plus avancés que ceux de l'Ouadaï.

Colonies européennes. — Les caravanes qui apportent le sel, les dattes et les tissus du Sahara, remportent de la gomme, de la poudre d'or, des plumes d'autruche, des peaux tannées ou brutes et de l'indigo; mais la grande *exportation se fait par les côtes* et elle est entre les mains des Européens.

Les Anglais se sont emparés du monopole du commerce sur le bas Niger, ils le surveillent par leurs comptoirs du *Lagos* et de la *côte d'Or*, et les districts populeux d'*Abéokouta* et de *Coumassie* sont un débouché pour leurs produits. Ils ont soumis les Achantis à leur suprématie politique. Ils ont enfin des établissements sur la côte de *Sierra Leone* et sur la *Gambie*. Les Américains ont envoyé leurs esclaves affranchis fonder sur les côtes de Guinée l'État déjà prospère de *Libéria*. Voici qu'à leur tour les Allemands s'établissent au fond du golfe de Guinée, sur les flancs du mont Cameroun.

Importance de notre établissement du Sénégal. — C'est à la France et à ses établissements dans la région du *Sénégal* que paraît surtout réservée la domination politique et commerciale du bassin du Niger.

Nous avons déjà construit un chemin de fer qui relie le port excellent de Dakar à Saint-Louis, et commencé la ligne de Médine à *Bafoulabé* qui longera la partie du Sénégal coupée par des chutes et des

rapides; notre pavillon a été planté à Bamakou **sur le point du Niger le plus voisin du haut Sénégal.** Les deux fleuves sont reliés par des forts et une route à peu près carrossable.

Saint-Louis est le siège d'une exportation considérable fournie par la seule colonie du Sénégal : il est destiné à devenir *l'entrepôt du Soudan occidental* et le grand débouché de l'industrie française en Afrique. La fièvre jaune est notre seul **ennemi sérieux dans ces contrées.**

~~~ **Conclusion**. — En résumé, le Soudan ne *diffère* du Sahara que par ses conditions *climatériques* : c'est une des régions les plus *riches* du globe, mais que ses populations sont incapables d'exploiter. Ses produits sont exportés à l'état brut surtout par les comptoirs européens des côtes de Sénégambie et de Guinée, et notre *situation au Sénégal nous assure une part considérable* dans ce trafic.

Notre politique n'est pas d'annexer des États barbares difficilement gouvernables mais de nouer avec eux des relations commerciales; d'encourager les plantations, de répandre l'usage de notre langue, et en même temps de réprimer sévèrement toute entreprise contre la sécurité de la grande route du Sénégal au Niger.

CHAPITRE V

LE NIL ET LES PAYS ÉGYPTIENS

NOMENCLATURE PHYSIQUE

Latitude. — Sahara et Soudan.
Longitude. — Turquie d'Asie, Russie.
Climat. — Au nord, méditerranéen, — au centre, saharien, — au sud, équatorial.
Montagnes. — *Massif Abyssin* (Ras Dachen, 4 620 m.; *lac Tzana*, 1 800 m.).
Plateaux. — De Nubie et d'Egypte (hauteur moyenne, 500 m.).
Nil. — *Principaux points :* Lac Oukéréoué ou *Victoria Nyanza* (1 300 m. d'alt.); — *Khartoum* (430 m.); — Berber; — Dongola; — Assouan; — Siout (45 m.); — le Caire.
Affluents : A droite : *Bahr-el-Asrak* (lac Tsana, Khartoum); — Atbara; — à gauche : Bahr-el-Ghazal, grossi du Bahr-el-Arab, etc.
Delta : Bouches de Rosette et de Damiette; — lacs Menzaleh, Bourlos et *Mariout*.

NOMENCLATURE POLITIQUE ET ÉCONOMIQUE

I. ÉGYPTE.

Voir le chapitre : Péninsule des Balkans, p. 143.

II. ROYAUME D'ABYSSINIE.

Superficie (avec le *Choa*). — 330 000 kil. car. (France : 529 000).
Population. — 3 millions d'hab.
Grandes divisions. — Le *Tigré*, — l'*Amhara*, — le *Choa*.
Principaux centres. — *Adoua*, — *Gondar*, — *Ankober*.
Religion. — Les Abyssins appartiennent à la très ancienne secte chrétienne des *Monophysites*.

Les monophysites ne reconnaissent en Jésus-Christ qu'une seule nature : la nature humaine.

III. COLONIES EUROPÉENNES.

L'Angleterre vient d'occuper Berbera et la côte des Comalis.

La France possède la baie d'Adulis et la baie de *Tadjoura*, où Obok est un port de relâche, avec *dépôt de charbon* pour la marine.

L'Italie possède son unique colonie à *Assab*, à l'extrémité méridionale de la mer Rouge.

~~~ **L'Égypte et la crue du Nil.** — L'antiquité a représenté le Nil sous les traits d'un vieillard couché et entouré d'innombrables enfants. C'est qu'en effet, le Nil est le père de l'Égypte : elle est contenue tout entière dans une *étroite vallée* d'alluvions, entre deux hautes falaises parallèles, et se termine près de la mer par un large delta. Vallée, alluvions, delta, sont l'œuvre du Nil et de ses crues.

Vers le 20 juin, l'eau du fleuve se colore en vert et commence à croître. La crue monte peu à peu, les eaux blanchissent; vers le 20 juillet, elles sont rougies, puis brunies par le limon qu'elles charrient. Dans les premiers jours d'août, le Nil atteint la *moitié* de sa hauteur, 17 coudées au nilomètre du Caire; on coupe alors, au milieu des réjouissances, la *digue* qui retenait les eaux. Arrivée à son maximum, vers le 25 septembre, la crue se maintient jusqu'au 20 octobre ou aux premiers jours de novembre.

Alors la *décroissance* commence, fort rapide jusqu'en janvier, plus lente après, et ne *finissant qu'en juin*. Les eaux se *purifient* à mesure qu'elles baissent, en *déposant* peu à peu les limons et les sables qu'elles transportent.

~~~ **Le régime et le cours du Nil.** — La régularité et la bienfaisance de ces crues frappaient d'autant plus les anciens qu'ils en ignoraient les causes. Les sources du Nil étaient inconnues.

Les Égyptiens dominèrent la *Nubie*, où leurs monuments sont nombreux; mais ils ne dépassèrent jamais les marécages et les forêts de roseaux du Bahr-el-Ghazal.

Il était réservé au dix-neuvième siècle de percer le mystère qui environnait les sources du Nil. Cette découverte appartient à l'Anglais *Speke*, qui arriva le premier, le 30 juillet 1858, au bord du lac Oukéréoué ou Victoria Nyanza (1 300 mètres au-dessus du niveau de la mer). Le *Chimeyou* et le *Kaguera*, qui sont les affluents les plus méridionaux de ce lac, peuvent être considérés comme les sources du Nil, qui aurait ainsi une longueur totale de 6400 *kilomètres* (distance du *Caire* à *Arkangel*).

Tandis que la plupart des grands fleuves, tels que l'*Amazone* ou le *Congo*, parcourent une seule zone, et ne cessent de s'accroître jusqu'à leur embouchure, le Nil, orienté du Sud au Nord, traverse successivement plusieurs zones, et, grossi dès sa naissance par les pluies équatoriales, il coule, à partir de *Berber*, sans recevoir aucun affluent pendant 2 800 kilomètres, dans une région sans pluies, où l'évaporation l'appauvrit.

Son cours se divise ainsi en *trois parties* :

1° Dans la zone *des pluies*, sous l'équateur, il sert d'écoulement aux lacs *Oukéréoué* et *Louta N'sigé*, et, sous le nom de *Bahr el Abiad* (Nil blanc), il draine ses plus grandes masses d'eaux dans l'immense région spongieuse du Bahr-el-Ghazal, où le lac *No* devient à chaque saison de pluies un gigantesque marécage;

2° Dans une zone intermédiaire, il reçoit à *Khartoum* le *Bahr-el-Asrak* (Nil bleu), et à Berber l'*Atbara*, nés tous deux dans le massif alpestre de l'*Abyssinie*;

3° Dans la zone *sèche*, il ne reçoit plus que des torrents intermittents, et son cours est coupé par près de 20 *cataractes*.

Le commencement de sa crue, vers le 20 juin, est déterminé par l'*Atbara*, que gonflent les premières pluies; le *Bahr-el-Ghazal* et les débris végétaux qu'il entraîne colorent ensuite ses eaux en vert; il devient enfin *rouge*, puis *brun*, par l'afflux du *Bahr el Asrak*, tout chargé des débris arrachés au sol volcanique de l'Abyssinie.

Les *cataractes* et les *rapides*, qui entravent la navigation, ont du moins l'avantage de retenir, de retarder les eaux, et

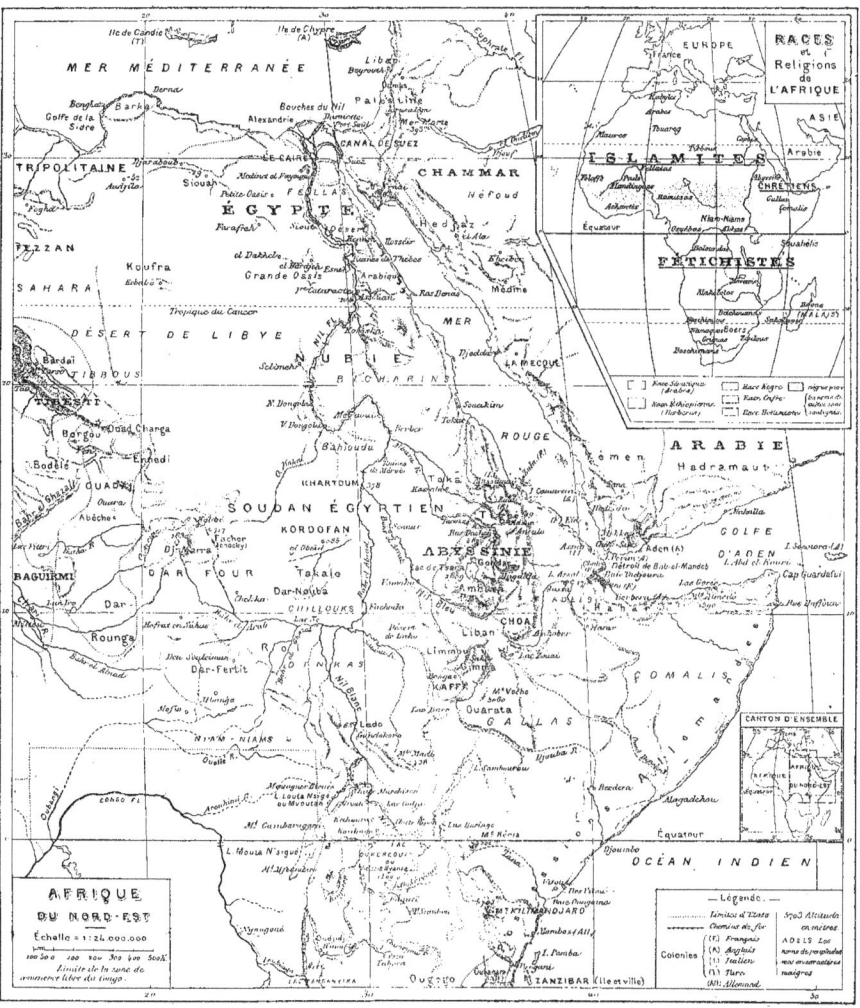

par conséquent de *modérer* et de prolonger la crue en favorisant le dépôt des limons fertilisants.

~~~ **Les points importants du cours du Nil.** — Les points les plus importants de la moyenne vallée du Nil, sont ceux qui sont *les plus rapprochés* de la mer *Rouge*, et qui le mettent en communication avec la grande artère commerciale unissant la Méditerranée à l'océan Indien par le canal de Suez.

De *Khartoum*, au confluent des deux Nils, à *Kenneh*, non loin des ruines de l'ancienne Thèbes, le fleuve décrit un grand S qui oblige les caravanes à traverser en voie directe le désert *Nubien*. *Berber* et *Kenneh*, sont reliés par des routes, à travers le désert, aux ports de *Souakim* et de *Kosséir*.

Dans la région basse, le **Caire** et **Alexandrie** tiennent la première place. L'une est située à la naissance du delta et non loin de *Suez* ; l'autre, débouché de toute la vallée, concentre dans son port tout le commerce de la Méditerranée, une partie du *transit* avec le Soudan par le Nil, et les relations avec la mer des Indes et l'extrême Orient par le canal de Suez.

Un *chemin de fer* les relie avec l'isthme et le canal de Suez et avec la *haute Égypte*.

~~~ **La domination mahométane et anglaise sur le Nil.** — Maîtres du cours inférieur du Nil, les Égyptiens *arabisés* au septième siècle se sont efforcés d'en dominer le cours supérieur. Seule l'*Abyssinie* guerrière et chrétienne leur a victorieusement résisté. Dès 1823, secondés par des instructeurs militaires *français*, ils avaient fondé Khartoum; en 1841 ils s'avancèrent jusqu'à Gondokoro. Dans ces vingt dernières années, deux Anglais, *Baker* et *Gordon-Pacha*, ont conquis, au profit du vice-roi, les pays du Soudan situés le long du haut Nil, jusqu'aux grands lacs.

Les progrès de la religion musulmane parmi les *nègres* de ces régions n'ont pas été moins rapides.

Dans le même temps, la prédominance de la *France* et de l'*Angleterre* parvenait à soustraire presque entièrement l'Égypte à la suzeraineté du sultan, et en faisait en apparence un pays *européen*. Mais une recrudescence du fanatisme musulman, s'y est manifestée en 1882 par les massacres d'Alexandrie.

L'Angleterre, profitant de notre inertie, s'est alors implantée *seule* en Égypte, et ce pays plein des souvenirs de la croisade de *saint Louis*, de l'expédition de *Bonaparte*, de notre longue alliance avec Méhémet-Ali, transformé par l'ouverture du canal de Suez, œuvre de *M. de Lesseps*, habité par un grand nombre de nos nationaux, habitué déjà à notre *langue*, ouvert à notre commerce et à nos idées, menace d'échapper complètement à notre influence. La révolte du Soudan contre le vice-roi soumis au *protectorat anglais* complique encore cette grave situation.

Le canal de Suez. — Le roi d'Égypte Néhos avait entrepris d'établir une communication entre le Nil et la mer Rouge. Ce canal continué par Darius, achevé par Ptolémée II, fut abandonné avant l'arrivée des Romains, puis rouvert, au temps des Arabes, par Amrou, mais bientôt comblé.

Lors de l'expédition d'Égypte, Bonaparte projeta de nouveau l'union des deux mers, mais par un canal à écluses, entre Alexandrie et Suez. L'idée fut reprise par des ingénieurs français vers le milieu de ce siècle et enfin par M. de Lesseps en 1854. Une commission internationale d'ingénieurs se prononça pour l'établissement d'un canal sans écluses joignant directement Suez à la Méditerranée. Le vice-roi Mohammed-Saïd concéda le terrain en 1856. Une Compagnie formée surtout de capitalistes français fut fondée en 1858. Malgré l'opposition aveugle et jalouse de l'Angleterre, le canal a été exécuté en dix ans (1859-69). Il rapproche Marseille de Bombay de plus de 3 000 lieues.

Il a son embouchure sur la Méditerranée à Port-Saïd, ville improvisée dans le désert et dont le port est protégé par deux immenses jetées dont le développement total dépasse quatre kilomètres. Il se dirige droit au Sud, traverse les lacs Amers, franchit le seuil de Serapeum, le lac Timsah, le seuil d'El-Guisr, le lac Brallah, le lac Menzaleh et aboutit à Suez. Au milieu se trouve la ville d'Ismaïliah alimentée par un canal d'eau douce. Des travaux sont entrepris pour l'élargir et l'améliorer.

Après l'avoir passionnément combattu, l'Angleterre depuis 1883 s'efforce de l'accaparer.

AFRIQUE.

CHAPITRE VI

LES

GRANDS LACS AFRICAINS

NOMENCLATURE PHYSIQUE

Latitude. — Brésil septentrional, Pérou, Nouvelle-Guinée.
Longitude. — Turquie d'Asie, Russie.
Climat. — Équatorial.
Montagnes — Groupes côtiers : (Kilimandjaro, 5 700 m., *Kenia*, 5 500 m., *Milandchi*, 2400 m.); — massifs des lacs (Mt *Gambaragara*, 4 600 m.; mont Oufoumbiro, 3 500 m.)
Altitude des lacs. — Oukéréoué ou Victoria-Nyanza, 1 300 m.; — *Bangouéolo*, 1 100 m.; — *Moëro*, 900 m.; — *Tanganyika*, 800 m.; — Louta N'sigé, 700 m.; — *Nyassa*, 500 m. — (*Altitude moyenne du plateau*, 1 100 m.).
Fleuves issus des lacs. — Nil, Congo.
Fleuves côtiers. — Roufidji, Rovouma.

NOMENCLATURE POLITIQUE ET ÉCONOMIQUE

I. SULTANAT DE ZANZIBAR.

La *région des grands lacs* est occupée par un grand nombre de royaumes nègres et mahométans. Les missions catholiques et protestantes, et l'*Association internationale africaine* y ont de nombreuses stations.

Sur la côte de l'océan Indien se trouve dans une île le Sultanat de Zanzibar, ancienne dépendance du sultanat de *Mascate* (v. Arabie), soumis à l'influence allemande.

Population. — 200 000 hab.
Revenus du sultan. — 2 300 000 francs.
Armée. — 1 400 hommes.
Principales villes. — Zanzibar (80), dans l'île; et, sur la côte : *Mombase* et *Quiloa*. Des maisons de commerce européennes sont établies dans ces villes.
Principaux articles d'exportation. — Ivoire, girofle, graines oléagineuses, épices, caoutchouc.
Commerce extérieur. — 40 millions.
Mouvement du port de Zanzibar. — 150 000 tonneaux.

II. COLONIE PORTUGAISE DE MOZAMBIQUE.

De la Rovouma au *Zambèze* s'étend la partie septentrionale de cette colonie côtière (voir *Région du Zambèze au fleuve Orange*, p. 195).

~~~ **Vue d'ensemble.** — Il y a cinquante ans, personne n'eût soupçonné que le continent africain pût receler, sous l'Équateur même, un système de lacs comparable à celui de l'Amérique du Nord. Les découvertes des explorateurs contemporains et la connaissance du *régime des pluies* en Afrique rendent aujourd'hui parfaitement intelligible ce phénomène géographique.

L'*Afrique méridionale* tout entière (voir p. 148) est un plateau orienté vers le *Sud* et bordé de tous côtés par de *hautes terrasses montagneuses* qui se rattachent vers le Nord-Est aux massifs *Abyssins*.

Les cimes du Kénia et du Kilimandjaro hautes de plus de 5 000 mètres, les pentes de l'*Ougogo* et du *Mozambique* ne sont que le dernier rempart d'un épais massif de roches primitives et volcaniques dont la hauteur moyenne est d'environ 2 000 mètres.

L'*abondance et la continuité des pluies* y remplacent les neiges de nos Alpes; elles ont transformé en lacs les principales *dépressions* du sol ; elles alimentent le Nil, le Congo et le Zambèze.

A une distance moyenne de 1 000 kilomètres de la côte orientale, une *fente* longue et étroite, probablement d'origine volcanique, *s'étend du haut Nil au bas Zambèze*: elle renferme le lac Louta N'sigé ou Mvoutan, tributaire du Nil, le *Mouta-N'sigé*, *le Tanganyika*, tributaire du Congo, le *Nyassa*, tributaire du Zambèze.

Le *Tanganyika* qui occupe le centre de cette profonde crevasse est à 800 mètres d'altitude, tandis que le *Louta N'sigé* au Nord et le *Nyassa* au Sud, ne sont qu'à 700 et 500 mètres.

Tous les trois se *ressemblent* par leur forme étroite et allongée; bien que séparés, ils appartiennent en réalité au même bassin.

Au Nord-Est et au Sud-Ouest deux *cuvettes* plus *vastes* et plus élevées les dominent : le lac Oukéréoué ou *Victoria-Nyanza* d'où sort le Nil, le lac Bangouéolo d'où sort le Congo, à 1 300, l'autre à plus de 1 100 mètres d'élévation.

~~~ **Le Tanganyika.** — De ces lacs le Tanganyika est le premier qu'un voyageur européen ait découvert (1858).

Partis de *Bagamoyo* en face de Zanzibar, les anglais *Burton* et *Speke*, après avoir traversé le plateau de l'*Ounyamouézi*, arrivèrent à *Oudjidji* d'où leur regard s'étendit sur un lac large à peine de 50 kilomètres, bordé de rives escarpées où la végétation tropicale était toutes les splendeurs, et qui s'allongeait à perte de vue au Nord-Ouest et au Sud-Est : c'était le Tanganyika.

Il s'étend sur une longueur égale à la distance de Paris aux Pyrénées.

L'écossais *Cameron* le premier, en 1874, soupçonna ses rapports avec le Congo ; il découvrit la rivière *Loukouga* qui semblait s'échapper de la rive occidentale du lac ; un chef indigène lui affirma que ce cours d'eau aboutissait au *grand fleuve Louapoula* (haut Congo), mais une épaisse barrière de plantes aquatiques l'empêcha de vérifier cette assertion qui a été confirmée en 1876 par Stanley.

~~~ **Le Mouta N'sigué et le Louta N'sigé ou Mvoutan.** — Au Nord du Tanganyika, le Mouta N'sigué et le Louta N'sigé ou lac Mvoutan occupent l'extrémité septentrionale de la série lacustre. Le Louta a été découvert, en mars 1864, par *Samuel Baker*, colonel anglais au service de l'Égypte, qui remontait le Nil.

Un autre Européen au service de l'Egypte, *Romolo Gessi* fit en 1876 la circumnavigation du lac, qui aurait 60 kilomètres de largeur sur 240 de longueur et serait bordé d'élévations moyennes ne descendant nulle part à pic sur ses eaux.

En 1876, le *Mouta N'sigué* a été découvert par Stanley qui ne put en apercevoir qu'une baie à laquelle il donna le nom de baie *Béatrice*. En 1877 il a été vu également par un autre voyageur, l'Anglais Mason.

~~~ **Les lacs Nyassa et Chiroua.** — Le Nyassa a été découvert par Livingstone en décembre 1859. Il ressemble au Tanganyika ; mais il est plus large.

Il est bordé de tout côtés par des montagnes qui au Nord-Est dépassent 3000 mètres, et ne sont jamais inférieures à 1200. Ses affluents sont des chutes d'eau. Sa profondeur dépasse par endroits 250 mètres.

Le *Chiré* s'échappe du lac par l'extrémité méridionale et, à travers une étroite vallée, barrée de cataractes dont la principale est la chute *Murchison* (360 mètres), il se rend au Zambèze.

A l'Est du Chiré, *Livingstone* avait découvert en 1859 un lac entouré de hautes falaises, le *Chiroua*, qu'il croyait isolé.

Des explorations récentes et notamment celles de l'anglais Johnson ont démontré que le Chiroua communique avec le fleuve *Rovouma*, affluent de l'océan Indien.

~~~ **Le lac Oukéréoué ou Victoria-Nyanza.** — Au Nord-Est de la grande crevasse lacustre qui s'allonge du lac Louta au lac Nyassa, le lac Oukéréoué ou Victoria-Nyanza occupe un espace comparable à celui de la Bavière tout entière, et il est plus élevé qu'aucun des lacs alpestres de la Suisse.

Speke le découvrit le 30 juillet 1858 et y vit tout de suite le réservoir du Nil. Il y fit un second voyage de 1860 à 1863 avec le capitaine *Grant*, mais ne put le visiter complétement.

La circumnavigation accomplie par *Stanley* en 1875 a pleinement confirmé les rapports du premier investigateur.

Le lac Oukéréoué se déverse au Nord dans le Nil qu'il alimente, et dont les eaux forment les chutes *Ripon* ; au Sud il reçoit le *Chimeyou* ; à l'Ouest il se grossit de l'abondante *Kaguera*. Il est parsemé d'îles nombreuses.

~~~ **Les lacs Bangouéolo et Moéro.** — Au Sud-Ouest, les lacs *Bangouéolo* et *Moéro* font pendant au lac Oukéréoué. Ils furent découverts le premier en 1868, le second en 1867 par *Livingstone*.

Le Bangouéolo (1100 mètres d'altitude), a 240 kilomètres de longueur sur 120 de largeur. Il est formé par le *Chambézi* rivière origine du Congo. Il communique avec le *Moéro* (900 mètres) par une vallée étroite et tortueuse où le **Congo** porte le nom de *Louapoula*.

La région est très humide et malsaine. Livingstone est mort à *Tchitambo* sur la rive méridionale du Bangouéolo (1er mai 1873).

~~~ **Rapports de cette région avec la côte orientale.** — La région des lacs africains occupe un espace *rectangulaire* compris entre le 26e et le 34e degrés de longitude Est d'une part, le 3e de latitude Nord et le 16e de latitude Sud, d'autre part. Ses dimensions sont comparables à celles de l'*Hindoustan tout entier*.

Le sol y est élevé, les eaux y sont très abondantes ; l'exubérance de la végétation est telle qu'elle constitue le principal obstacle aux voyages. Ses riches produits, dont les principaux sont l'ivoire, le cuivre, l'or, l'indigo, le riz, le sésame, l'huile de palme, ont été de longue date l'objet d'un commerce important qui, avant les Européens, avait attiré les Arabes.

Zanzibar est aujourd'hui le seul reste d'un empire arabe qui s'étendait aux côtes de l'Arabie et de l'Inde : c'est l'*entrepôt* des marchandises que les caravanes apportent à *Bagamoyo*. L'influence allemande y est aujourd'hui fort prépondérante.

Le *mahométisme* s'est répandu de là parmi les populations nègres, groupées en États autocratiques puissants et ennemis les uns des autres.

Des missionnaires et des commerçants belges, allemands, français et surtout anglais ont établi de nombreuses stations sur le *Roufidji* et la *Rovouma*, et dans tout le pays compris entre les lacs et la côte. Ils s'efforcent de nouer des relations commerciales avec les indigènes, de les convertir et de supprimer parmi eux l'esclavage et la traite.

Progrès de l'Allemagne sur la côte orientale. — L'Allemagne n'a pas seulement pris dans ces derniers temps une influence prépondérante à Zanzibar. L'Association allemande de l'Afrique orientale a acquis en certains points (1884-85) de véritables possessions qui s'étendent du cap Guardafui au cap Delgado, sur toute la région du littoral libre au nord du fleuve Djouba.

Ce sont : 1° Au nord de Zanzibar, le pays des Comalis compris entre le cap Guardafui et le petit village de Warschaein, près de Magadoxo ; — 2° le Witou, entre les fleuves Djouba et Tana ; — 3° au nord-ouest, toute la région du Killimandjaro, ce géant des neiges équatoriales comprenant l'Ousembara, le Paré, le Djaga et l'Arousoha, c'est-à-dire les territoires compris entre les fleuves Tana et Pengani ; — 4° à l'ouest, l'Ousagara, le Nguoro et l'Oukami, arrosés par le fleuve Wam et ses affluents ; — 5° l'Oukhoutou, au sud des précédents ; — 6° l'Onzaramo, près de la côte, au sud de Bagamoyo ; — 7° au sud-ouest, l'Oubena, la Mahengé, le Wanginde, c'est-à-dire toute l'immense région comprise entre la côte et le lac Nyassa, entre les fleuves Roufidji et Rovouma ; — 8° l'Ouhéhé, aux sources du Roufidji. Il ne reste plus au sultan de Zanzibar que Monbaz, Pangani, Saadani, Bagamoyo et Quiloa.

Ces possessions représentent une superficie de plus d'un million de kilomètres carrés (trois fois le royaume de Prusse).

CHAPITRE VII
LE CONGO

~~~ **Le Congo inférieur.** — L'embouchure du Congo fut découverte en 1484 par le Portugais *Diego Cam* qui construisit sur sa rive méridionale un de ces *piliers* (padrãos) par lesquels les Portugais indiquaient les progrès de leurs découvertes. Le fleuve en prit le nom de *Rio do Padrão*, bien que les indigènes l'appelassent *Zaïre*.

La largeur de l'embouchure est de près de 10 kilomètres, et au milieu la profondeur est de 270 mètres. La marée, le volume des eaux et la force du courant *empêchent* à la fois la *formation d'une barre et celle d'un delta*. Pendant plusieurs kilomètres en mer, l'eau du fleuve reste douce, comme celle de l'Amazone. A 100 kilomètres en amont de l'embouchure, il faut encore une demi-heure pour passer d'une rive à l'autre ; à 150 kilomètres la profondeur est de 90 mètres.

Le *Congo* serait donc une magnifique voie de navigation, s'il n'avait à traverser avant d'arriver à la mer la barrière montagneuse qui enserre l'Afrique ; à 225 kilomètres de son embouchure commencent les *cataractes Livingstone* ou de *Yellala*, et pendant 60 kilomètres les eaux, encaissées au fond d'une gorge étroite, se précipitent en *rapides* qu'il est absolument impossible de remonter en bateau.

En 1816, un Anglais, le capitaine *Tuckey*, pénétra plus loin et constata qu'au delà des chutes la rivière redevenait large de 8 à 10 kilomètres. Pendant plus de 60 ans on ne sut rien de plus sur les relations du Congo avec l'intérieur de l'Afrique.

~~~ **Le Congo supérieur.** — De même que celles du Nil, c'est *directement que les sources du Congo ont été atteintes*.

En 1798 *Francisco de Lacerda* venu de Mozambique avait atteint *Cazembé*, la capitale et le grand marché du haut Congo ; après lui, en 1800, deux *pombeiros* ou négociants portugais indigènes de *Benguela* y étaient venus de l'Ouest, et là avaient gagné *Zanzibar* ; enfin, en 1831, *Monteiro* et *Gamitto* partis de *Tété* sur le Zambèze ont renouvelé le voyage de Lacerda ; mais c'est Livingstone qui de 1863 à 1873 a dressé la carte de la contrée.

Le premier il vit le *Louapoula* (haut Congo) sortir du lac *Moéro* par des gorges majestueuses mais il ne put descendre le fleuve et ne le rejoignit qu'au grand marché de *Nyangoué*, tête de ligne des caravanes arabes de Zanzibar. Il crut avoir trouvé là le cours supérieur du Nil.

En 1874 *Cameron*, qui venait de reconnaître le *Loukouga*, atteignit également le Congo près de *Nyangoué* mais ne le remonta pas : il fut contraint de se diriger immédiatement vers le Sud-Ouest.

(*La suite page* 195.)

AFRIQUE.

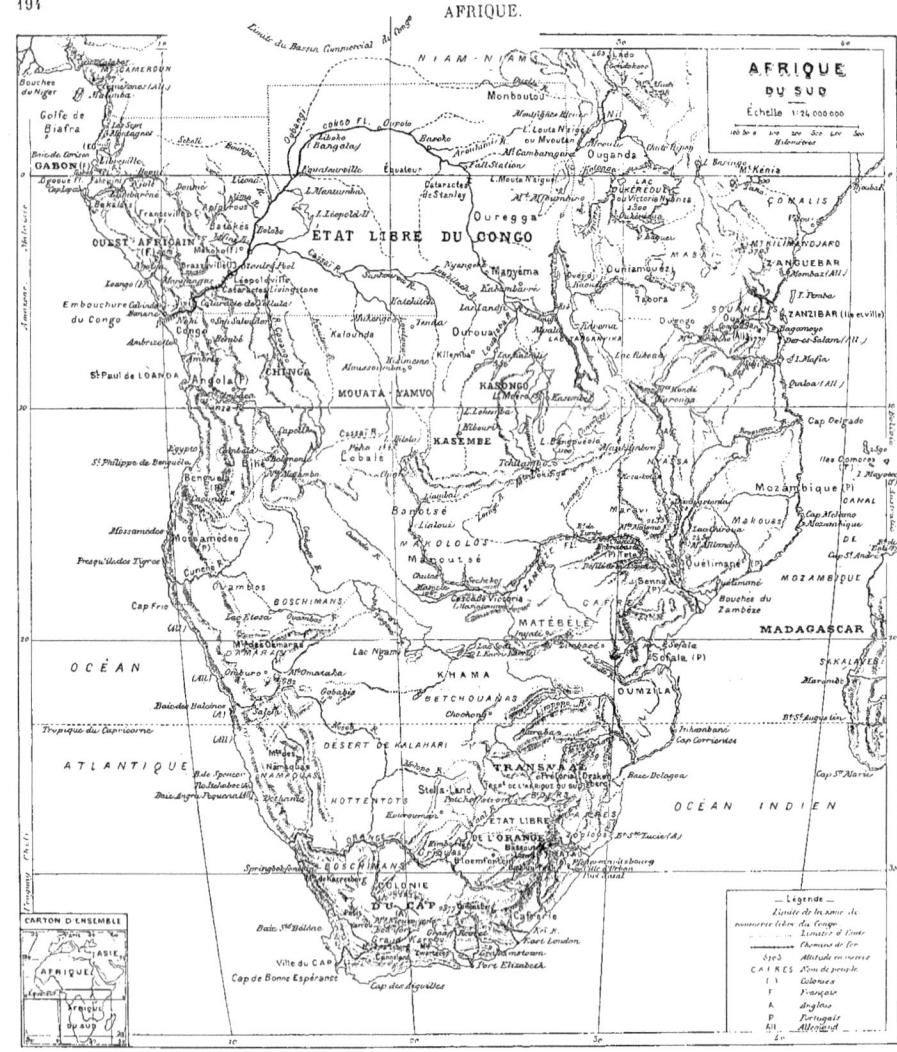

NOMENCLATURE PHYSIQUE
Latitude. — Amazone, Malaisie.
Longitude. — Baltique.
Climat. — Equatorial.
Montagnes. — Au Nord du Congo : *Sierra Complida*; — au Sud : *monts de l'Angola* et du *Benguela*.
Fleuves côtiers. — Au Nord : *Ogôoué*; — au Sud : Couanza, Counéné.
Affluents du Congo : A droite, *Alima*; — à gauche, Ikélemba (Cassaï), Couango.

NOMENCLATURE POLITIQUE ET ÉCONOMIQUE

I. L'OUEST AFRICAIN FRANÇAIS

Il comprend les vastes territoires soumis pacifiquement à la France par Savorgnan de Brazza. L'ancienne colonie du Gabon est devenue une simple annexe de l'Ouest africain.
Superficie. — Plus de 600 000 kil. car. (France : 529 000).

Population. — Environ 2 millions d'hab. (France : 38 millions).
Villes principales. — *Libreville*, au Gabon; *Loango*, sur la côte; *Brazzaville*, sur le Congo; *Franceville*, sur Ogôoué.

II. COLONIES PORTUGAISES DE LA GUINÉE.

Ces colonies comprennent les territoires

de *Cabinda*, — d'*Ambriz*, — d'*Angola*, — de *Benguela*, — de *Mossamédès*.
Superficie totale. — 800 000 kil. car.
Population totale. — 2 millions d'hab.
Principales villes. — *Saint-Paul de Loanda*, — *Benguela*, — *Mossamédès*.

III. ÉTAT LIBRE DU CONGO

Les immenses régions traversées pour la première fois par Stanley, puis explorées par l'*Association internationale africaine* forment depuis la convention de Berlin (1885), l'État libre du Congo, dont le souverain est le roi des Belges.
Stations. — *Boma*, *Vivi*, *Léopoldville*, etc., sur le bas Congo. Chemin de fer projeté.

IV. ÉTATS INDIGÈNES DE LA RÉGION DU CONGO

Les principaux États de cette partie de l'Afrique sont les royaumes de Mtésa (près de 3 millions d'hab.), — de *Mouata Yamvo* (1 million d'hab.), — de *Kasongo* (4 millions d'hab.).
Principaux objets d'exportation. — *Ivoire*, huile de palme, coton.

(Suite du Congo)

Il constata cependant qu'à Nyangoué, à 300 kilomètres environ du Tanganyika le cours du fleuve est rapide et large déjà de près de 2 kilomètres. Il reconnaît en outre que l'altitude de Nyangoué est de 420 mètres et *détruisit ainsi l'hypothèse par laquelle Livingstone supposait que le Louapoula rejoignait le Nil*, car à *Gondokoro*, le Nil est encore à 350 mètres d'élévation. Enfin il devina que le Louapoula devait être le cours supérieur du Congo.

Le Congo moyen. Stanley, (1876-77). — Stanley, lors de son second voyage, fut plus heureux que Cameron. Après avoir établi que le Loukouga se déverse réellement dans le Louapoula, il quitta *Nyangoué* le 5 novembre 1876; la rivière était réellement l'unique chemin praticable à cause de l'épaisseur des forêts qui la bordent et que hantent des hordes de cannibales. Sous l'équateur même, il manqua de périr dans une série de rapides qu'il a appelés *cataractes Livingstone*.

Arrivé au 2e degré de latitude Nord, il vit que le fleuve, après avoir coulé vers le Nord-Ouest, tournait au Sud-Ouest et le 8 août 1877 il atteignait le poste portugais d'*Emboma* au-dessous des chutes de *Yellala*, ayant parcouru 2 250 kilomètres, et reconnu sur la rive gauche particulièrement, l'embouchure d'un grand nombre d'affluents considérables dont Cameron avait découvert les sources.

Il reste à explorer leurs cours moyen : grâce aux expéditions allemandes de *Pogge et Lux* (1875-76), de *Schutt* (1877-79), de *Buchner* (1879-81), de *Von Melchow* (1879-80), de *Pogge* et *Wissmans* (1880-81), l'exploration portugaise de *Capello* et *Ivens* (1878-79), les montagnes côtières au sud du Congo, le bassin du Couango, de la Cassaï, affluents méridionaux du Congo, sont mieux connus, mais la géographie de la région comprise entre le fleuve et le 6e degré de latitude sud reste encore fort obscure.

La côte de Guinée. — Le Congo inférieur. — Les Portugais sont établis depuis longtemps au sud du Congo, à *Saint-Paul de Loanda*, à *Benguela*, à *Mossamédès*, au Nord à *Cabinda*, et ils se sont réservé le droit d'exercer leur influence dans les régions intérieures qui séparent l'Angola de la côte de Mozambique. La France qui possédait déjà le Gabon et le cours de l'Ogôoué, a pris pied dans le bassin inférieur du Congo en occupant avec Savorgnan de Brazza l'Ouest africain. La dernière venue en Afrique, l'*Association internationale africaine* dont l'agent naguère encore était *Stanley*, s'est transformée en État libre, et elle a obtenu de la diplomatie européenne la possession presque complète du bassin du Congo. Elle a créé des stations par le bas du fleuve et elle s'efforce de son côté de frayer une route entre la côte et cette gigantesque artère commerciale.

Pour la France, la position de l'*Ogôoué* est une excellente base d'opérations : les voyages entrepris par *du Chaillu* en 1856 et 1865, par le *marquis de Compiègne* en 1874, par *Oscar Lenz* en 1876, par *Marche*, *Ballay* et *Savorgnan de Brazza* de 1875 à 1878, permettaient, il est vrai, d'espérer que des cataractes n'empêcheraient point les navires de remonter l'Ogôoué, et qu'on pourrait ainsi arriver aux affluents septentrionaux du Congo, en évitant les rapides de *Yellala*.

Si cette espérance a été en partie déçue, et si dans un second voyage (1880-1882), Savorgnan de Brazza a constaté que l'Ogôoué n'échappe pas plus que les autres fleuves africains à la loi des cataractes, du moins il a reconnu la *Licona* et l'*Alima*, affluents septentrionaux du Congo, il a noué des relations avec les indigènes, il a planté notre drapeau au bord du grand fleuve. En 1883-83 il a étudié la route du Niari-Quillou. Il ne désespère pas d'ouvrir au commerce français une voie de pénétration dans le riche bassin de cette mer fluviale, en tournant son embouchure qui restera longtemps et peut-être toujours impraticable.

Le bassin du Congo et l'État libre. — Le bassin géographique du Congo est encore imparfaitement connu. Aussi les diplomates de Berlin se sont-ils abstenus de déterminer ses limites. Mais ils ont tracé sur la carte du Continent noir les frontières de ce qu'ils ont appelé le *Bassin commercial du Congo*. Il a été convenu que dans cet immense périmètre qui englobe une part des possessions françaises, portugaises, etc., le commerce serait libre et ne pourrait être entravé par aucune barrière politique. On s'est efforcé aussi de régler la question des limites de *l'État libre*; réglement tout provisoire, qui a déjà donné lieu à des contestations avec la France au sujet du cours de l'Oubangi. Jusqu'ici la création de l'État libre a moins profité aux Belges qu'aux négociants Anglais ou Allemands. Une clause intéressante de la convention porte que dans le cas où l'État libre viendrait à se dissoudre, la France aurait droit de priorité pour en faire l'acquisition.

CHAPITRE VIII

DU ZAMBÈZE AU FLEUVE ORANGE

NOMENCLATURE PHYSIQUE

Latitude. — Bolivie, Australie septentrionale.
Longitude. — Turquie d'Europe, Pologne, Finlande.
Climat. — Tropical sur les côtes; sécheresse extrême dans l'intérieur.
Montagnes. — Côtes de l'Est : *monts du Sofala*, (1 220 m.); côtes de l'Ouest : *monts des Damaras et des Namaquas* (2 600).
Fleuves. — 1° *Zambèze* grossi à gauche du *Chiré* (*lac Nyassa*); — 2° *Sabi*; — 3° *Limpopo* (affluents de l'océan Indien); — il n'aboutit à l'Atlantique que des rivières desséchées, des *ouadis*.
Lac. — *N'gami*.
Désert. — *Kalahari*.

NOMENCLATURE POLITIQUE ET ÉCONOMIQUE

I. COLONIE PORTUGAISE DE MOZAMBIQUE.

Elle s'étend du *Zambèze* au *Limpopo*, et au nord du *Zambèze*, atteint la *Rovouma*. (Voir *Région des grands lacs*, p. 192.)
Superficie. — 1 million de kil. car.
Population. — 350 000 hab.
Principales stations. — 1° Sur l'océan Indien, *Mozambique*, *Quétimané*, à l'embouchure du *Zambèze*, *Sofala*, *Inhambané*; 2° sur le Zambèze, *Senna*, l'été.

II. RÉPUBLIQUE DE L'AFRIQUE DU SUD.
(*Transvaal*).

Fondée par des Hollandais émigrés du Cap après la conquête anglaise, *sous la protection officieuse de l'Allemagne*.
Superficie. — Environ 285 300 kil. car. (un peu plus de la moitié de la France).
Population. — 815 000 hab. dont 775 000 noirs).
Capitale. — *Prétoria*.
Budget. — 8 millions.
Dette. — 14 millions.
Armée. — Tous les citoyens valides.
Commerce extérieur. — 20 millions.
Principaux produits. — Laine, *plumes d'autruche*, ivoire, or.

III. COLONIE ALLEMANDE D'ANGRA PEQUENA.

L'empire allemand a planté son drapeau sur cette côte désolée de l'Atlantique, d'où il espère étendre son commerce dans la région du Zambèze, mais qui est mal située, car elle est adossée au désert de Kalahari.

IV. ÉTATS NÈGRES INDÉPENDANTS

Les principaux sont ceux du *Makololo*, de *Maroutsé* (900 000 hab.) et de *Matébélé* (12 millions d'hab.), sur le cours du Zambèze.

Unité du relief de cette région. — De même que dans l'ensemble de l'Afrique le plateau austral est plus élevé que le plateau septentrional, dans le plateau austral lui-même, la région méridionale forme un *gradin supérieur*, et ce gradin supporte un bassin dont l'altitude dépasse celle du bassin du Congo.

Le lac *Ngami* qui en occupe la partie la plus déprimée est encore à 870 mètres au-dessus du niveau de la mer; le désert de *Kalahari*, qui en couvre la plus grande superficie est à plus de 1 200 mètres de hauteur moyenne, et si les montagnes de la côte de Sofala à l'Est ne dépassent guère 1 600 mètres, celles qui sont voisines de l'Atlantique à l'Ouest ont des pics de 2 700 mètres, comme l'*Omataka*.

Au Sud enfin, et au *Sud-Est*, cette terrasse extrême et culminante de l'Afrique est terminée par les **énormes masses montagneuses du Cap et de la Cafrerie**.

~~~ **Le Zambèze**. — Cette région se trouve dans des *conditions climatériques spéciales* entre le pays des pluies tropicales qui alimentent les grands lacs et le Congo, et celui du Cap qui appartient à la zone tempérée.

Le versant méridional des montagnes qui limitent au Sud le bassin des grands lacs est longé par un grand fleuve auquel il envoie ses eaux, le **Zambèze**. Celui-ci prend sa source au lac *Dilolo*, ou plutôt dans une *haute région inondée* semblable à celle où naissent ensemble le Sénégal et le Niger. Son origine se confond avec celle des grands affluents de gauche du Congo.

Le Zambèze, très abondant dès son cours supérieur, traverse dans son cours moyen une *zone de pluies* importante, reçoit dans son cours inférieur celles qu'apporte sur toute la côte orientale l'*Alizé du Nord-Est*, et se grossit enfin par la *Chiré* du trop plein du lac *Nyassa*. Par une bizarrerie observée en 1881 par le français *Guyot*, il envoie à son affluent le Chiré un canal tributaire du Ziozio.

Bien qu'il longe au Sud la lisière septentrionale de la *région sèche*, c'est le plus puissant des tributaires africains de l'océan Indien. Le Zambèze a été exploré en entier par le grand **Livingstone** qui, en novembre 1855, découvrit les gigantesques **chutes Victoria**, appelées par les indigènes **Mosi-sa-Tounya**, c'est-à-dire de la fumée tonnante, où le fleuve, large de plus d'un kilomètre, se précipite avec un terrible fracas dans une *fissure volcanique profonde*, d'où son écume rejaillit en colonnes nuageuses de près de 100 mètres.

Le Zambèze franchit à *Kebrabasa*, par des rapides, la ceinture des montagnes côtières, s'ouvre à la navigation maritime au poste portugais de *Tété*, et forme au Sud de *Quélimané* un vaste delta.

~~~ **La côte orientale et le Limpopo**. — La zone côtière comprise entre l'embouchure du Zambèze et Natal est très large: c'est la zone des pluies et de l'agriculture: un grand fleuve, le **Limpopo**, en recueille les eaux.

Il arrose dans son cours inférieur une vaste et *fertile plaine* d'alluvions, mais son embouchure est obstruée par une barre sous-marine dangereuse pour la navigation.

~~~ **Le désert de Kalahari**. — Sur le revers occidental des montagnes côtières, s'étend la zone des pâturages élevés, analogue à la région de l'alfa en Algérie; la pluie devient moins abondante, la végétation *plus rare*. Le vent d'Est, qui vient de l'océan Indien, perd peu à peu de son humidité.

Il arrive absolument sec au désert de Kalahari, situé sous le tropique du Capricorne, par conséquent à la même latitude que les déserts de l'Australie et de l'Amérique du Sud.

Correspondant au Sahara mais beaucoup moins étendu, le *Kalahari* a un climat moins torride, mais très chaud le jour et très froid la nuit. Il est parsemé de *chotts salés* et arrosé par des *ouadi* qui s'étendent en nappes d'eau sous la surface du sol. Aussi se couvre-t-il souvent, malgré son aridité, d'herbes épaisses.

Ces eaux lui viennent surtout du Nord; le *Coubango* forme le lac *Ngami* et se déverse au Sud-Est dans le lac *Macaricari*, traversé par le major portugais *Serpa Pinto* dans son beau voyage de 1877-79. Le *Cuméné* dont le cours très curieux a été observé en 1880 par le P. Parquet, n'envoie qu'un de ses bras à l'Atlantique; l'autre alimente le lac *Etosa* et se perd dans l'intérieur.

Une **haute rangée montagneuse**, où la pluie fait défaut, limite le Kalahari à l'Ouest. Au pied de ces montagnes, le long de l'Atlantique, s'étend un rivage désolé, analogue au désert d'Atacama (à l'Ouest des Andes) et où l'on trouve aussi des dépôts de guano.

~~~ **Les indigènes et les Européens**. — Autrefois peuplé par les *Bassoutos* ou *Betchouanas*, le pays fertile situé entre les bas Zambèze et le Limpopo a été conquis par les **Cafres** établis auparavant sur la côte, au Sud du Limpopo.

Ils ont fondé les royaumes de *Matébélé*, entre le Limpopo et le Zambèze, de *Makololos*, sur le Zambèze moyen; ils ont même pénétré jusque dans la région des grands lacs. Leur invasion a porté un coup terrible aux Portugais qui avaient depuis le quinzième siècle établi des comptoirs sur la côte de *Mozambique* et de *Sofala*.

Les établissements portugais de cap *Delgado*, de *Mozambique*, d'*Angoza*, de *Sofala*, d'*Inhambané*, de la baie de *Delagoa*, sur la côte, ceux de *Quélimané*, de *Senna*, et de *Tété*, sur le Zambèze, subsistent mais sont peu florissants. Celui de *Zumbo*, à 800 kilomètres de l'embouchure du fleuve, a dû être abandonné, quoiqu'il fût le mieux placé pour centraliser les produits du pays, les huiles, l'indigo, l'or, les dents d'éléphants et d'hippopotames, le café, le sucre brut.

Le commerce est passé en grande pa[rtie] aux mains des chefs indigènes. Le[s] Portugais font de grands efforts pour r[e]conquérir leur ancienne prépondéranc[e] dans l'Afrique australe; mais ils en so[nt] réduits trop souvent à tolérer le commerc[e] des esclaves.

Les Anglais déjà puissants à *Zanziba[r]* et fortement établis dans leurs coloni[e] du Cap, tendent à supplanter les Portu[gais] gais auxquels ils disputaient naguère l[a] baie de Delagoa, tandis que sur la côt[e] occidentale, ils centralisent le commerc[e] dans leurs comptoirs de la baie de *Baleines*.

A leur tour, les Allemands ont réussi s'installer sur la côte d'*Angra Pequena*, e[t] par leur entente avec la république ho[l]landaise du Transvaal, ils se disposent entraver énergiquement le développemen[t] et l'influence de la colonie anglaise d[u] Cap dans la région du Zambèze.

D'autre part, ils commencent à sup[planter] planter les Anglais à Zanzibar, ils on[t] acquis des possessions qui s'étendent ju[s]qu'au cap Delgado et par la Rovouma il peuvent se frayer une route vers le la[c] Nyassa et le cours moyen du Zambèze.

Un récent voyage dans le bassin du Zambèze. — Depuis le temps de Livingstone les voyages d'Afrique australe, entrepris même avec le secours de chariots d'une solidité particulière, ne sont devenus ni moins pénibles, ni moins dangereux. Un anglais, M. Montagu Kerr, partit du Cap, à la fin de 1883; dès qu'il eût quitté les pays semi-civilisés, ses tribulations commencèrent. C'est sous une pluie torrentielle de plusieurs semaines qu'il atteignit la ville de Khama, ou roi nominal des Betchouanas. Cette ville a été longtemps le centre d'un grand commerce de peaux de girafes, de léopards et de lions. Il visita les mines d'or de Tapi, après avoir traversé de nombreuses collines d'où descendent plusieurs affluents du Limpopo.

Puis il atteignit les monts Matoppo, hautes montagnes presque désertes, dont la route qui s'élève à environ 4,500 pieds au-dessus de la mer il atteint le plateau des Matébélés. Les villages sont nombreux et le pays qui produit beaucoup de maïs parait plus habité. La réside Jo Bengoula, le plus grand monarque de l'Afrique australe. Une foule de Matébélés se rassemblèrent autour des voitures, offrant leurs produits et du tabac en échange d'étoffes.

M. Kerr reprit sa route au nord-est, le long des monts Matoppo, traversant les rivières que les pluies avaient gonflées et il atteignit le pays des Mashona, qui ont bâti leurs villages sur les parties les plus inaccessibles des rochers. Ils sont armés d'arcs, de flèches, de haches, de zagaies. Ils ne liment les dents de devant, se nourrissent de maïs et de noix broyés. Ils se rapprochent du type nègre.

S'étant remis en marche, M. Kerr ne tarda pas à être abandonné de ses porteurs; il put cependant les remplacer et arriva chez le chef Chouzon qui essaya de l'assassiner. Echappé à la faveur de la nuit, il fut de nouveau abandonné par ses porteurs, sauf trois, et parvint à Inyati. Après diverses aventures dans les forêts qui avoisinent le Zambèze, il arriva à Tété, dans le plus complet dénûment. Il traversa le Zambèze, remonta la Revoué, reconnut des mines de charbon, de fer, de cuivre; mais abandonné une troisième fois de ses porteurs, retenu prisonnier par le roi des Angoni, il ne fut sauvé que par la sœur du roi et un chasseur d'éléphant, M. Da Costa.

Parvenu enfin à la station de Livingstonia, alors déserte, il aurait péri sans secours, si notre compatriote, M. Giraud, et un des missionnaires du lac Nyassa, M. Harkis, n'étaient survenus à temps.

CHAPITRE IX
ÉTATS EUROPÉENS DE L'AFRIQUE AUSTRALE

NOMENCLATURE PHYSIQUE

Latitude. — Uruguay, Chili, Nouvelles-Galles.
Longitude. — Turquie d'Europe, Finlande.
Climat. — Comparable à celui de l'Algérie.
Montagnes. — Zwarteberg (2 000 m.); — *Nieuweweld* (2 600 m.); — Drakenberg (3 200 mètres); — Karreeberg.
Plateaux. — Terrasses étagées du Sud au Nord : *steppes de Karrow* du Zwarteberg au Nieuweweld; — *steppes du Nieuweweld*, du Nieuweweld au Karreeberg.
Fleuve. — Orange, grossi à droite du *Vaal*; — petits fleuves côtiers.

NOMENCLATURE POLITIQUE ET ÉCONOMIQUE

I. COLONIES ANGLAISES DU CAP

Ces colonies comprennent la colonie du Cap proprement dite dont la superficie égale presque celle de la France, — le *Basouto-Land*, — le *Tronskei* (anc. Cafrerie indépendante), — le *Griqua-Land*, — la *Cafrerie*, la colonie de Natal (un vaste territoire au nord a été annexé en 1886).
Superficie. — 1 million de kil. car. (France : 529 000).
Population. — 1 700 000 hab. (France : 38 millions).
Budget. — 160 millions (France : 3 milliards et demi).
Dette. — 400 millions (France : 20 milliards).
Armée. — 4 000 hommes.
Villes principales. — Le Cap (en ang. : *Cape Town*) (4e), grand port de commerce et de relâche, capitale de la colonie; — *Pietermaritzbourg*, capitale du Natal; — Port-Elizabeth.
Principaux produits. — Céréales, vins, laine, coton, diamants, plumes d'Autruche.
Commerce extérieur. — 400 millions.
Mouvement de la navigation. — 650 000 tonneaux (France : 20 millions).
Chemins de fer. — 2 000 kil. (France : 32 000 kil.).

II. ÉTAT LIBRE DU FLEUVE ORANGE

Formé entre l'Orange et le Vaal par les Hollandais du Cap (*Boërs*) fuyant devant la conquête anglaise.
Superficie. — 107 000 kil. car. (France : 529 000).
Population. — 130 000 hab., dont 70 000 indigènes et 60 000 blancs.
Budget. — 5 millions.
Armée. — Tous les citoyens valides.
Capitale. — *Bloemfontein* (5), marché central de l'État.
Principaux produits. — Laine, plumes d'autruche.
Commerce extérieur. — 16 millions (se fait par l'intermédiaire des ports anglais de *Port-Elizabeth* et de *Port-Natal*).
Chemins de fer. — 700 kilomètres.

III. RÉPUBLIQUE DE L'AFRIQUE DU SUD
(*Transvaal*)

Voir la nomenclature du chapitre précédent.

~~~ **Le Cap.** — Au delà du fleuve *Orange*, au lit souvent desséché, et du Limpopo qui roule ses eaux rapides au milieu d'une fertile plaine, se dresse l'éperon méridional de l'Afrique, orienté du Nord-Est au Sud-Ouest.

Tout ce massif montagneux qui domine les plateaux africains au Sud, comme les chaînes atlantiques les dominent au Nord, forme à proprement parler le **Cap**. Le Cap, ce n'est pas seulement la pointe de *Bonne-Espérance*, aussi isolée que le rocher de Gibraltar entre l'Océan et sa baie, c'est la masse à la fois effilée et compacte qui marque la borne entre l'Atlantique et l'océan Indien, la rencontre de leurs courants, et dont la véritable extrémité est au *cap des Aiguilles*.

~~~ **Les trois terrasses du Cap.** — L'ensemble de ces montagnes est formé de *trois terrasses* semi-circulaires adossées l'une à l'autre, *s'élevant graduellement des rives de la mer à l'intérieur du plateau africain*, et bordées chacune par une balustrade de montagnes.

1° La *première bordure montagneuse* se dresse derrière une zone côtière étroite, très arrosée et très fertile; elle s'étend du fleuve *Orange* à la baie *Delagoa*, où elle atteint avec le *Zwart-Cop* sa plus grande hauteur, 2 000 mètres. Elle forme le parapet d'une terrasse couverte de pâturages et moins bien arrosée que la côte. C'est le *Cannaland* et le *Petit-Karrou*.

2° La *deuxième rangée montagneuse* beaucoup plus élevée que la première, le *Zwarteberg*, a une hauteur moyenne de 1 500 mètres; elle borde une large terrasse de steppes, le *Grand-Karrou*.

3° La *troisième muraille de montagnes* dont la hauteur considérable s'accroît de l'Ouest à l'Est: elle s'élève à 2 000 m. dans les monts *Nieuweweld*, atteint 2 700 mètres avec le *Compass-Berg* et dans le *Drakenberg* dépasse 3 000 mètres avec le Cathkin-Peak.

Elle soutient une *troisième terrasse* qui n'est autre que le plateau africain lui-même, qui s'abaisse doucement vers le fleuve *Orange*.

~~~ **Hydrographie.** — Ces terrasses ne communiquent entre elles que par des passages étroits, ou *Kloofs*, creusés par l'écoulement des eaux.

Les rivières, peu importantes, descendent sinueusement d'étage en étage, en recueillant sur leur passage des affluents que la disposition des montagnes fait couler parallèlement à la côte.

Elles ne sont abondantes que dans la zone côtière, surtout au pied du *Drakenberg*. Ce massif, puissant condensateur de pluies, alimente le haut Orange et son affluent supérieur, le *Vaal*.

Mais le fleuve qui en reçoit ensuite que des ouadis intermittents ou desséchés, *diminue* par l'évaporation à mesure qu'il approche de la mer.

~~~ **Histoire de cette région.** — Cette extrémité méridionale de l'Afrique fut probablement visitée au VIIe siècle avant J.-C. par les *Phéniciens*.

Mais leur voyage était depuis longtemps oublié, lorsque, plus de 2 000 ans après, les Portugais la découvrirent de nouveau.

Le premier qui doubla l'extrémité de l'Afrique, n'est pas *Vasco de Gama*, mais *Barthélemy Diaz* qui aborda en 1486 à la baie *Delagoa*.

Vasco qui en fit autant en 1497, vit en outre le cap des *Tempêtes* (cap de Bonne-Espérance), et, après avoir touché aux côtes de *Natal*, fit voile vers l'Inde. Désormais la baie du cap de Bonne-Espérance fut *un point de relâche* pour tous les navires qui suivirent le même chemin. Mais on n'y établit véritablement de colonie européenne qu'en 1652 : l'honneur en revint à la *Compagnie hollandaise des Indes orientales*.

La révocation de l'*édit de Nantes* y fit affluer un grand nombre de *protestants français* qui se mêlèrent aux premiers colons hollandais et allemands et apportèrent la vigne dans le pays.

Opprimée par la métropole, la colonie se souleva et proclama la *République* en 1793. L'Angleterre intervint sous prétexte de défendre les droits du prince d'*Orange*, et s'empara du pays pour son propre compte en 1796. La possession lui en fut confirmée en 1815.

La colonie du Cap prit alors un développement rapide, grâce à l'arrivée d'un grand nombre de colons anglais. Mais l'abolition de l'esclavage et de la traite des nègres, en rendant impossible les grandes exploitations agricoles, obligea les *Boërs*, colons hollandais de l'intérieur, à émigrer vers le Nord.

En 1835, ils envahirent l'État formé au Nord-Est, autour des monts *Drakenberg*, par les *Cafres*, depuis le commencement du siècle, et formèrent la république du fleuve Orange dont se sépara en 1848 celle du Transvaal.

~~~ **La colonie du Cap.** — Le plus important des trois États européens qui se partagent l'Afrique australe est la colonie du Cap, deux fois plus grande comme la Grande-Bretagne.

Devenue maîtresse d'elle-même, depuis 1853, elle a reçu un gouvernement représentatif, elle s'est étendue de tous côtés.

Elle s'est annexé en 1868 le pays des *Bassoutos*, au Nord-Est; de 1876 à 1879 les pays *Cafres* situés à l'est de la rivière Kei; en 1880, le territoire des *Damaras* et des *Namaquas*, sur la côte occidentale, entre l'Orange et les possessions portugaises de l'Atlantique, ainsi que le territoire des *Griquas* situé au Nord de l'Orange et où de riches mines de diamant ont été découvertes.

La colonie de *Natal* conquise sur les Zoulous par les Boërs en 1837, puis sur les Boërs par les Anglais du Cap en 1840, forme un État séparé.

La prospérité de l'Afrique australe anglaise a été quelque peu ébranlée dans ces dernières années par deux sanglantes guerres, l'une contre les cafres Zoulous, l'autre contre la république de Transvaal.

Fig. 94. — Le lavage des diamants.

La première s'est terminée par la défaite de *Cettiwayo*, en 1879, l'autre par la victoire des *Boërs* du Transvaal, qui, en 1881, se sont affranchis de l'État du Cap, tout en reconnaissant pour la forme la suzeraineté de la couronne anglaise.

Les possessions anglaises du Cap comptent plus de 1 600 000 habitants, dont 31 000 Européens seulement. Elles se sont accrues en 1886 d'un vaste territoire comprenant tout le pays des Betchouana et presque toute le Kalahari.

La capitale en a plus de 40 000. Le commerce d'exportation, qui comprend par ordre d'importance, les diamants (fig. 94), la laine, les poissons salés, les peaux et poils, les plumes d'autruches, le vin, l'ivoire, le cuivre, a atteint en 1880 le chiffre de 200 millions, et il suit une marche ascendante rapide.

Les républiques hollandaises. — Les deux républiques indépendantes des Boërs occupent les *terres élevées* du haut Orange. *Potchefstroom*, la seconde ville du Transvaal, est à 1 317 m., et *Bloemfontein*, capitale du fleuve Orange, à 1 600 m. au-dessus du niveau de la mer.

Chacun des deux États a une population de 300 000 habitants environ, dont un dixième seulement d'origine européenne. Les Boërs s'adonnent à la chasse et à la grande culture. De riches *mines d'or* ont été trouvées dans le Transvaal, et des gisements de *diamants* dans la république d'Orange.

Un grand avenir semble réservé à ces contrées, qui jouissent d'un *climat analogue à celui de l'Europe méridionale.*

Le Transvaal aujourd'hui la République de l'Afrique du Sud est parvenu à secouer complètement la domination de la colonie du Cap. Les Boërs continuent à s'étendre. Ils ont fondé en 1884 dans le pays des Zoulous un troisième état, la **Nouvelle République**, avec *Vrijheid* pour capitale.

AFRIQUE.
CHAPITRE X
LES ILES AFRICAINES

NOMENCLATURE PHYSIQUE

Groupes. — 1° *Océan Atlantique du Nord* : Iles Açores (*Terceira, San Miguel*), au Portugal. — Ile Madère, au Portugal, — Iles Canaries (*Canarie, Ténériffe, Fuerteventura*), à l'Espagne, — Iles du Cap-Vert (*Saint-Vincent, S. Antonio, S. Iago*), au Portugal.

2° *Océan Atlantique du Sud* : Iles du golfe de Guinée (*Fernando Po* et *Annobon*, à l'Espagne, — *S. Thomé* et *ile du Prince*, au Portugal) ; — l'Ascension et *Sainte-Hélène*, à l'Angleterre.

3° *Océan Indien* : Madagascar, placé sous le protectorat de la France (avec *Nossi-Bé* et *Sainte-Marie*, à la France). — les Mascareignes (*Maurice* et *Rodrigue*, à l'Angleterre, — la Réunion, à la France), — (*Mayotte* à la France), le reste des Comores placé sous le protectorat de la France, — les Amirantes, les Seychelles et Socotora, à l'Angleterre.

Altitudes principales. — Pic de Ténériffe (*Canaries*), 3 700 m. ; — Ile Fuego (*Cap-Vert*), 3 000 m. ; — Pic Clarence (*Fernando Po*), 3 100 m. ; — Tsiafazavona (*Madagascar*), 2 700 m.

Madagascar. — *Latitude* : Bolivie, Australie septentrionale. — *Longitude* : Caspienne.

NOMENCLATURE POLITIQUE ET ÉCONOMIQUE
I. *Iles françaises*
1° MADAGASCAR
Carte, p. 85.

Grande île placée depuis 1886 sous le protectorat de la France. Elle est gouvernée par la reine des *Hovas* (Malais venus du dehors) ; mais il s'y trouve un grand nombre de petits royaumes indigènes (Sakalaves, etc.), presque indépendants. La baie de Diego Suarez appartient à la France.

Superficie. — 591 000 kil. car. (France : 529 000).
Population. — 3 millions et demi d'hab. (France : 38 millions).

Plus de la moitié des habitants sont des Hovas, d'origine malaise. Les Hovas sont chrétiens et pour la plupart *protestants méthodistes.*

Villes principales. — *Tananarive* (70), cap. du royaume de Madagascar, — *Tamatave*, le principal port de l'île, occupé jusqu'à nouvel ordre par les Français.

Principaux produits. — Bestiaux, peaux.
Commerce extérieur. — 10 millions de francs. La plus grande partie de ce commerce est aux mains des négociants français de la Réunion.

2° ILES FRANÇAISES VOISINES DE MADAGASCAR
Mayotte et les Comores ; Nossi-bé ; Sainte-Marie.
Superficie totale. — 3 000 kil. car.
Population totale. — 9 000 hab.
Commerce extérieur. — 6 millions.

3° LA RÉUNION
Superficie. — 2 511 kil. car. (pas tout à fait le département du Rhône.)
Population. — 193 000 hab.

La Réunion a 77 hab. par kil. car. (France : 71).
Principales villes. — *Saint-Denis* (40), chef-lieu, — *Saint-Pierre*, — *Saint-Paul* (carte, p. 85).

Principale production. — Le sucre.
Commerce extérieur. — 53 millions de francs.
Commerce avec la France. — 30 millions.
Mouvement des ports. — 600 entrées et sorties de navires.
Chemins de fer. — 120 kil. De Saint-Pierre à Saint-Benoît.

II. *Iles anglaises*
1° SOCOTORA
Occupée par un sultan qui a reconnu le protectorat anglais.
Superficie. — 3 600 kil. car.
Population. — 4 000 hab. mahométans.
Principal produit. — L'aloès.

2° MAURICE ET DÉPENDANCES
L'île Maurice s'appelait autrefois *Ile de France* et appartenait à la France. Les dépendances de Maurice sont l'île de Rodrigue, les Amirantes, les Seychelles.
Superficie totale. — 2 371 kil. car.
Population totale. — 390 000 hab., dont 377 000 pour Maurice.
Ville principale. — *Port-Louis* (70) cap. de Maurice.
Production principale de Maurice. — Le sucre.
Commerce extérieur. — 150 millions.
Mouvement des ports. — 550 000 tonneaux.
Chemins de fer. — 150 kil. (dans l'île Maurice).

3° SAINTE-HÉLÈNE
Superficie. — 123 kil. car.
Population. — 5 000 hab.

4° L'ASCENSION
Superficie. — 88 kil. car.
Population. — 300 hab.

Sainte-Hélène est célèbre par la captivité de Napoléon Ier (1815-1821). Ces deux îles ne sont guère que des points de relâche.

III. *Iles Portugaises*
1° ILES DU GOLFE DE GUINÉE
Ce sont les îles de *San Thomé* et du Prince.
Superficie totale. — 1 000 kil. car. (Il faut y rattacher un comptoir côtier : *Ajuda* (Dahomey).
Population totale. — 25 000 hab.

2° ILES DU CAP VERT
Superficie. — 3 800 kil. car.
Population. — 100 000 hab.
Principaux produits. — Vin, sucre.

3° MADÈRE
Madère n'est pas une colonie, mais fait partie du royaume même.
Superficie. — 815 kil. car.
Population. — 130 000 hab.
Capitale. — *Funchal* (20).
Principaux produits. — Vin, sucre.

4° ILES AÇORES
Les Açores font aussi partie du royaume.
Superficie. — 2 400 kil. car.
Population. — 270 000 hab.
Principal produit. — Vin.

IV. *Iles espagnoles*
1° ILES CANARIES
Elles font directement partie du royaume d'Espagne.

Superficie. — 7300 kil. car.
Population. — 290 000 hab.
Capitale. — *Las Palmas* (70).
Principal produit. — Vin.

2° ILES DU GOLFE DE GUINÉE
Fernando-Po et *Annobon*.
Superficie. — 2 000 kil. car.
Population. — 35 000 hab.

~~~ **Archipels volcaniques du Nord-Ouest.** — Non loin de la côte Nord-Ouest du continent africain sont dispersés des *archipels* d'origine *volcanique*, qui n'y sont point étroitement rattachés. Ce sont les *Açores, Madère, Canaries,* et du *cap Vert*.

~~~ **Les Açores.** — Les *Açores* (possession portugaise), *appartiennent* en réalité à l'*Europe*, car elles sont à la même *latitude* que Lisbonne.

Elles se composent de neuf îles peuplées de près de 300 000 habitants, descendant des premiers colons Espagnols et Portugais. La capitale est *Angra* (carte, p.139) dans l'île de *Terceira*, mais la ville la plus importante est *Ponta-Delgada* dans celle de *San Miguel* (20 000 hab.)

Le climat est doux, humide et *sain*, le *sol fertile*. Une grande partie de la population émigre au Brésil.

~~~ **Madère.** — Le groupe de *Madère* (possession portugaise), est voisin du *Maroc*. Il se compose de *Madère* (carte, p.139) et de la petite île de *Porto-Santo* (120 000 hab.) célèbre par son climat qui favorise à la fois les productions des tropiques et celles de l'Europe méridionale. Un grand nombre d'Européens y vont chercher la santé. *Funchal*, capitale de Madère (20 000 hab.) est une ville toute portugaise.

~~~ **Les Canaries.** — Les *Canaries,* (possession espagnole) sont très près de la côte saharienne. Aussi les anciens en connurent-ils l'existence, et en rapportèrent-ils un souvenir si enchanteur, qu'ils les appelèrent les îles *Fortunées*.

Elles se partagent en deux groupes volcaniques. Dans le golfe de l'Ouest sont : l'*île de Fer* (carte, p.139), dont le méridien fut l'un des *méridiens origines* les plus usités en géographie, et *Ténériffe* dont le *volcan* s'élève à 3 700 mètres, portant depuis ses pieds que baigne l'Océan, jusqu'à sa cime, la plus grande variété de plantes qu'il soit possible d'imaginer.

La population est de 290 000 habitants, presque tous cultivateurs, issus du mélange des Espagnols et des habitants primitifs (*Guanches*).

~~~ **L'archipel du cap Vert.** — L'archipel du *cap Vert* (possession portugaise) sous la latitude du Sénégal, comprend deux îles principales : *San Iago*, la plus grande, la plus fertile, la plus peuplée, et *Saint-Vincent* dont le *port* excellent sert de relâche aux navires et où touche le *câble transatlantique* du Portugal au Brésil, la population est de 100 000 habitants, la plupart nègres.

~~~ **Îlots du Sud-Ouest.** — A l'Ouest de l'Afrique méridionale ne se trouvent que des îlots isolés. Le plus important est *Fernando-Po*, au fond du golfe de Guinée, situé en face du volcan *Cameroun* et où le pic *Clarence* atteint 3 100 mètres. Il appartient à l'Espagne.

Les îles du *Prince*, de *San-Thomé* et d'*Annobon*, les deux premières au Portugal, la dernière à l'Espagne, sont sur le même alignement volcanique.

Perdues au milieu de l'Océan, les îles anglaises de l'*Ascension* et de *Sainte-Hélène*, sont des points de relâche. Sainte-Hélène est célèbre par la captivité et la mort de Napoléon Ier (1815-1821). Le *déboisement* y avait fait *cesser la pluie* ; le *reboisement* la lui a *rendue*.

~~~ **Madagascar.** — Dans l'océan Indien, on peut rattacher à l'Afrique, outre l'île de *Socotora*, un ensemble d'îles reposant sur un vaste plateau sous-marin, séparé du continent par les profondeurs du *canal de Mozambique*. Toutes sont groupées autour de Madagascar.

Madagascar, plus vaste que la France, est un massif montagneux long de 1 600 kilomètres, large de 600.

Il se compose d'une série de chaînes granitiques et de soulèvements volcaniques dont la direction générale va du *Nord* au *Sud*. Les sommets plus *élevés* sont au Nord où ils dépassent 2 000 mètres ; ils serrent de très près la côte *orientale*.

C'est cette *côte étroite et abrupte* qui est la plus *fertile* et la plus *populeuse*, grâce aux nombreux torrents qu'y alimente le *vent d'Est*. Malheureusement le climat y est mauvais pour les Européens. Mais l'intérieur est sain. Le Sud est sec et peu productif.

Des Malais, les *Hovas*, établis au cœur de l'île, à Tananarive, et à demi-convertis au christianisme, s'efforcent de dominer tout le pays. Mais la France a, depuis Richelieu, des droits de souveraineté sur Madagascar ; elle a rétabli récemment son antique protectorat sur l'île entière ; elle possède sur les côtes la baie de *Diego Suarez*, les îles de *Sainte-Marie* et *Nossi-Bé*.

Les richesses de ce petit continent sont considérables, mais encore mal connues.

~~~ **Les Comores.** — Entre la pointe septentrionale de Madagascar et la côte de Mozambique, se trouve l'archipel volcanique des îles *Comores*; l'une d'elles, *Mayotte*, est colonie française. Le reste de l'archipel est placé sous le protectorat de la France. Elles font un commerce assez actif avec *Zanzibar*.

~~~ **Les Seychelles et les Mascareignes.** — Au Nord-Est les *Amirantes* et les *Seychelles*, îlots de corail, sont d'anciennes possessions françaises, aujourd'hui britanniques. Les îles Mascareignes, situées à l'Est de Madagascar, sont : la *Réunion* ou Bourbon, *Maurice* ou l'île de France, et la petite, mais fertile *Rodriguez*. Bourbon, qui est la plus grande, appartient à la France ; les deux autres à l'Angleterre.

Bourbon a près de 200 000 habitants, sa capitale *Saint-Denis* en a 40 000, *Saint-Pierre* en a 30 000 et *Saint-Paul* 25 000 (carte, p. 83). Beaucoup de Coolies Chinois et Hindous y sont venus chercher du travail.

Toute cette population est condensée sur l'étroite lisière de terres fertiles qui bordent le massif volcanique encore actif du centre, la *Fournaise*. Elle s'y trouve à l'étroit et désire ardemment la conquête de Madagascar, qui serait pour elle un admirable champ d'exploitation.

Maurice est plus peuplée encore : elle a 377 000 habitants, sa capitale *Port-Louis* en a 70 000. Elle nous a été enlevée en 1814.

Bourbon et Maurice produisent surtout du *sucre* et du *café* ; elles sont souvent victimes de *cyclones* et de tremblements de terre.

Établissement du protectorat français aux Comores. — L'archipel des Comores, admirablement situé à l'entrée du canal de Mozambique, occupe une situation stratégique et commerciale des plus importantes. Il comprend un grand nombre d'îlots et quatre îles principales : la grande Comore, Mohéli, Anjouan et Mayotte. La France possède Mayotte depuis 1841 ; elle a établi son protectorat sur le reste de l'archipel en 1886.

La grande Comore est la plus importante ; elle est à elle seule aussi étendue et plus peuplée que les trois autres ensemble. Elle a pour principal souverain un sultan d'origine arabe et de religion musulmane, Saïd-Ali. Jeune encore, il fut chassé de son trône et obligé de se réfugier à Mayotte, sur terre française. C'est là qu'il a appris à parler et à écrire notre langue, qu'il est devenu un homme instruit et éclairé.

Il n'y a pas longtemps qu'il avait réussi à reconquérir le pouvoir lorsqu'il reçut la visite d'un naturaliste explorateur, M. Humblot, qui seconda de son mieux dans ses explorations. Émerveillé des richesses naturelles d'une île qu'on avait cru jusque-là stérile, M. Humblot proposa au sultan de lui concéder l'exploitation des produits du sol (gingembre, muscade, poivre, vanille, café, etc.) à des conditions avantageuses pour tous deux, et lui conseilla en même temps d'abolir l'esclavage et la traite et de ne placer ses états sous la protection d'une puissance étrangère qu'après avoir au préalable consulté la France. Saïd-Ali accepta.

Des relations amicales s'établirent bientôt, par l'entremise de M. Humblot, entre Saïd-Ali et le gouvernement français. Mais les autres chefs de l'île voyaient de mauvais œil l'importance que prenait peu à peu l'ami de la France ; ils se liguèrent contre lui et l'assiégèrent dans sa capitale de Mourouni (janvier 1886). Sur ces entrefaites l'aviso de *La Bourdonnais*, monté par le commandant de Mayotte et par M. Humblot, mouillait dans les eaux de la grande Comore. Sur les instances de Saïd-Ali, la compagnie de débarquement dirigée par le commandant de Beausset est mise à terre. Un combat meurtrier s'engage. Les troupes de Saïd-Ali restent d'abord défiantes, immobiles, devant le secours que leur prêtent les Français. Enfin elles s'élancent ; les assiégeants sont repoussés, dispersés. Mourouni célèbre sa délivrance par de grandes fêtes.

Peu après, Saïd-Ali, devenu le seul sultan incontesté de l'île, réclamait de lui-même et obtenait le protectorat de la France. Les sultans des îles Mohéli et Anjouan n'ont pas tardé à imiter l'exemple donné par le sultan de la grande Comore et tout l'archipel peut être aujourd'hui considéré comme français. Des résidents français ont été installés dans les centres les plus importants.

Fig. 95. — 1. Marocain. 2. Arabe. 3, 4. Kabyles. 5. Algérien. 6, 7. Égyptiens. 8. Abyssinien. 9. Touareg. 10. Nègres. 11. Cafre. 12, 13. Boers.

Les races de l'Afrique.

Diversité des races africaines. — L'Afrique tout entière n'est pas peuplée de cette race *nègre*, restée inférieure, qui a si longtemps fait l'objet du commerce immoral des peuples civilisés.

Il y a parmi les indigènes africains, une grande *variété ethnographique*. Sans parler des envahisseurs modernes, comme les *Arabes* qui ne sont venus qu'au septième siècle, les *Égyptiens*, les *Berbères*, les *Maures* sont très différents des nègres et leur sont supérieurs.

Les Boschimans. — Bien au-dessous des nègres sont les *Boschimans* (dont le nom signifie en hollandais : *homme des buissons*), la race la plus *grossière* de l'Afrique.

Ils sont errants entre les montagnes du Cap et le Zambèze, et vivent du produit de leur chasse. Presque nus, ils ne savent pas se construire d'habitations, et leur organisation sociale ne s'est même pas élevée jusqu'à la *tribu* composée de familles. Ils sont adonnés à un *fétichisme* grossier et ne conçoivent pas la supériorité de l'homme sur les animaux ; les voyageurs prétendent même qu'ils ne connaissent pas les sentiments de l'affection paternelle.

Petits et *plus laids que des singes*, auxquels ils ressemblent par leurs manières, ils sont *moins foncés* que les nègres, et ne possèdent point une chevelure aussi épaisse.

Les Boschimans représentent la race la plus primitive de l'Afrique, avec les *Akkas* qui vivent dans les forêts encore inexplorées du centre du continent.

Les Hottentots. — A un degré supérieur sont les *Hottentots* qui vivent dans la même région. Le Hottentot est petit, mais n'est pas un nain comme le Boschiman. Il est aussi laid, mais de couleur plus claire. Il est essentiellement *pasteur*, il a su dresser le bœuf et le cheval, il compose des boissons qui fermentent, il prépare le cuir pour s'en fabriquer des vêtements sommaires, il se construit des huttes groupées en village et dont les matériaux, quelque rudimentaires qu'ils soient, sont pourtant agencés de manière à le défendre de la fraîcheur l'été et de la chaleur l'hiver.

Au fétichisme des Boschimans, il joint *l'adoration des astres* et il a atteint au point de vue social le degré marqué par l'organisation de la *tribu*.

Les nègres. — Au-dessus des Hottentots sont les *nègres*, divisés eux-mêmes en un très grand nombre de familles, encore très difficiles à démêler.

Haute taille, jambes arquées, pieds plats, cou puissant, visage aplati et proéminent par le bas, peau noire et luisante, plus claire à la plante des pieds et à la paume des mains, chevelure laineuse ; — vanité, légèreté, gaieté, paresse, facilité à endurer l'esclavage, superstition, tel est le type nègre. Ajoutons le courage assez fréquent, chez les *Yoloffs* du Sénégal par exemple, qui nous fournissent d'excellents soldats.

Les nègres n'ont point dépassé un degré inférieur de la civilisation, celui de la *vie agricole* : ils n'ont jamais su mettre en œuvre les innombrables richesses de leurs pays, et n'apportent aux comptoirs Européens que des matières premières.

L'hérédité suit chez eux la *ligne féminine*, de sorte que le défunt laisse ses biens ou son pouvoir au fils de sa sœur.

Les familles réunies forment des tribus, et dans la région du Niger, il s'est même formé d'importantes monarchies, avec des villes ou plutôt de grands villages qui ont de 50 à 100 000 habitants : *Coumassie*, *Abomey*, *Kouka*, *Abéokouta* (carte, p. 189).

Les Bantous. — Les *Bantous* ou *Cafres*, que l'on a confondus à tort avec les nègres, habitent la majeure partie de l'Afrique méridionale et orientale. Ce sont des *pasteurs* et des *guerriers* pleins de courage qui ont subjugué les Hottentots, et contre lesquels les Hollandais et les Anglais du Cap ont eu de rudes luttes à soutenir. Les Zoulous sont des Cafres.

Les Cafres ont le front plus élevé que les nègres, les allures plus élégantes, la peau brune et même jaunâtre plutôt que noire, la mâchoire moins avancée. Ils sont plus sobres, plus sérieux, plus laborieux. La polygamie existe chez eux comme chez tous les Africains, mais l'hérédité en *ligne masculine* et l'autorité paternelle sont le fondement de leur société.

Les Pouls. — Une race au teint *rouge* et à *cheveux lisses*, la race *poul*, s'étend sur la limite du Soudan et du Sahara, de la mer Rouge au Sénégal. Elle est représentée sur le Nil par les Nubiens.

Elle forme la classe prépondérante dans les États nègres du Niger et du Sénégal ; convertie vers le seizième siècle à la religion musulmane, elle la propage rapidement dans le centre africain.

Nomades d'abord et pasteurs, les Pouls sont devenus *sédentaires* et *agriculteurs* en se mêlant aux nègres, puis *industriels* ; seuls en Afrique, ils travaillent fort bien le fer et fabriquent des tissus.

Incapables de supporter l'esclavage, ils sont d'une honnêteté remarquable, et, chose unique en Afrique, ils ont reçu avec la religion, les costumes et les habitudes des Arabes, un goût de *l'instruction* assez vif pour qu'ils aient de nombreuses écoles.

C'est bien certainement, quoi qu'il n'y ait plus aujourd'hui un seul *poul* de sang pur, la *race africaine la plus intelligente* : c'est à elle que nous avons affaire dans la région du haut Sénégal.

La découverte de l'Afrique.

La découverte de l'Afrique date du dix-neuvième siècle. — Dans l'antiquité, les *Égyptiens* et les *Phéniciens* firent sans doute le périple de l'Afrique, et les *Carthaginois* s'aventurèrent jusqu'aux rivages du Sénégal.

Au XVᵉ siècle, *Vasco de Gama* détermina la véritable forme du continent et les *Portugais* s'aventurèrent de bonne heure dans l'intérieur des terres, soit au Congo, soit dans l'Abyssinie.

Mais la véritable découverte de l'Afrique est l'œuvre du *dix-neuvième siècle*. Sauf l'Australie, il y a pas une seule partie du monde qui soit restée aussi longtemps inconnue.

Exploration du Sahara et du Soudan. — La première base d'opération fut la *côte méditerranéenne* que les *Phéniciens* et les *Romains* avaient successivement colonisée et où la *France* devait rapporter, en 1830, la civilisation détruite par l'invasion arabe.

C'est de là que partaient, c'est là qu'aboutissaient les caravanes dont le commerce enrichit autrefois les ports phéniciens des deux Syrtes. Ce fut de là que partirent à leur tour les premières expéditions modernes. En 1822, l'expédition anglaise de *Denham* et de *Clapperton* alla de Tripoli au lac Tchad, à travers le *Sahara*, et apprit que le *Djoliba* était le même fleuve que *Mungo Park* avait remonté fort loin à la fin du dix-huitième siècle, et que l'on connaissait sous le nom de *Niger*.

La découverte du Soudan fit un grand pas avec le docteur *Barth*. Parti de Tripoli, en 1850, avec l'anglais *Richardson* et l'allemand *Overweg*, mais bientôt privé par la mort de ses deux compagnons, le docteur *Barth* découvrit en plein Sahara l'oasis montagneuse de *l'Air*, et explora le *Soudan* occidental. Il entra dans *Tombouctou* que l'anglais *Laing* n'avait pu voir en 1826, mais où le français *Caillé* avait réussi à pénétrer en 1828.

Avec un nouveau compagnon, le docteur *Vogel*, il explora le lac *Tchad* et détermina son altitude; puis il revint en Europe en 1856, et *Vogel* demeuré seul, périt en essayant de pénétrer dans le Soudan oriental. Le voyage de cinq ans accompli par *Barth*, est le fondement de nos connaissances sur le Soudan.

Le Sahara a été connu plus complètement avec ses oasis, ses montagnes, ses peuplades errantes des *Touaregs*, grâce à l'allemand *Rohlfs* et aux nombreux voyageurs français suscités par la conquête de l'Algérie. Les allemands *Rohlfs* et *Nachtigal*, les français *Duveyrier* et *Largeau*, etc., y ont exécuté depuis d'importants voyages ; l'autrichien *Lenz* a réussi il y a deux ans à pénétrer dans Tombouctou.

Les sources du Nil. — La première tentative pour découvrir les sources du Nil a été celle de *centurions* envoyés par *Néron*; ils furent arrêtés par les végétations fluviales qui entravent la navigation dans le pays du *Bahr-el-Ghazal* (carte, p. 191). C'est par le Sud et en les abordant directement que les sources du Nil ont été reconnues.

De 1857 à 1859, les anglais *Burton* et *Speke* vérifièrent les récits des marchands de Zanzibar et même la tradition de l'antiquité et du moyen âge, en allant de *Zanzibar* au lac *Tanganyika*; *Speke* seul vit le lac *Oukéréoué*, et sa découverte ayant été contestée par son compagnon dont il avait été séparé à ce moment, il recommença son voyage avec *Grant*: cette fois, non seulement il vit le lac *Oukéréoué*, mais encore il le contourna, et, suivant le fleuve qui s'en échappait, revint ainsi en Europe par le Caire. *Les sources du Nil étaient découvertes* (1863).

On s'obstina dès lors à *remonter* le fleuve parce qu'on savait où l'on allait désormais : *Samuel Baker*, aussitôt après avoir rencontré *Speke* à *Gondokoro*, poussa jusqu'au lac *Louta N'sigé* ou *Mrooutan* établissant la domination égyptienne au cœur même de l'Afrique ; le docteur *Schweinfürth* (1867-71) reconnut le grand bassin du *Bahr-el-Ghazal*, les monts *Boginsé* et les sources de la rivière *Ouellé* (carte, p. 191) affluent de droite du *Congo*.

Le Congo. — Au commencement du XIXe siècle, des marchands portugais avaient remonté le fleuve fort loin, mais c'est par son cours supérieur que les grands voyageurs l'ont atteint. Livingstone (fig. 96) visita les lacs *Tanganyika* et *Bangouéolo*, en 1867.

Fig. 96. — Livingstone.

L'Ecossais *Cameron* (1873-74), découvrit les relations du lac *Tanganyika*, avec le *Congo*.

Ce fut le premier Européen qui traversa l'Afrique méridionale de l'océan Indien à l'Atlantique. Stanley renouvela cet exploit de 1871 à 1877. Habitué à l'Afrique par le voyage qu'il avait entrepris, en 1871, à la recherche de Livingstone, il voulut connaître non seulement les sources, mais aussi le *cours du Congo*, et il y réussit en s'ouvrant violemment passage à travers les tribus hostiles.

Le Zambèze et l'Afrique méridionale. — Le *Zambèze* avait été, avant le Congo et les lacs le théâtre des exploits pacifiques du bon *Livingstone*. Parti du cap de *Bonne-Espérance*, il traversa le désert de *Kalahari*, vit le lac *N'gami* et atteignit le cours supérieur du fleuve qu'il descendit en reconnaissant que le *Nyassa* était son tributaire. Ce fut le résultat des deux expéditions de 1856 et de 1858-64.

Depuis, le Portugais *Serpa Pinto* a encore traversé l'Afrique d'une mer à l'autre, mais plus au Sud, et exploré le désert de *Kalahari*.

Les expéditions actuelles. — Tous les grands peuples européens ont intérêt à pénétrer dans le continent africain pour y ouvrir des débouchés aux produits de leur industrie et y exploiter les richesses naturelles des tropiques.

L'intérêt, en même temps que la science, suscite à chaque instant de nouveaux voyageurs.

Les *Français*, solidement établis dans l'Afrique du Nord, pénètrent souvent dans le Sahara ou sur le haut Niger. Ils explorent avec de *Brazza* les affluents de la rive droite du Congo inférieur, tandis que dans l'*Etat libre* les successeurs de Stanley remontent le fleuve et ses affluents de gauche sur des canonnières à vapeur et dressent peu à peu la carte de cet immense domaine fluvial.

Les *Anglais* sont encore prépondérants dans l'*Afrique méridionale* et en *Guinée* d'où ils dirigent des expéditions commerciales vers le Zambèze et le Niger.

Commerçants, missionnaires, géographes, travaillent de tous côtés au grand œuvre de la découverte. Mais la révolte du Soudan a momentanément intercepté la route du haut Nil par laquelle ils avaient remonté jusqu'au lac *Oukéréoué*, et les explorateurs britanniques ont maintenant pour rivaux les *Allemands*, nouvellement établis sur la côte ouest de l'Afrique méridionale et sur celle de Zanzibar. Les seules régions qu'ils ne nous aient pas encore complètement révélées sont le *pays* compris entre le lac *Tchad* et le *Congo*, et celui qui s'étend dans le *coude du Congo*, entre la route de Stanley et celle de Cameron.

SEPTIÈME PARTIE — AMÉRIQUE

CHAPITRE PREMIER
CARACTÈRES GÉNÉRAUX DU CONTINENT AMÉRICAIN

NOMENCLATURE PHYSIQUE

Caps. — *Océan Glacial:* Barrow; — *Pacifique:* San Lucas, — Parina, — Horn; — *Atlantique:* San Roque, — Race, — Charles, — Farewell.

Presqu'îles. — *Pacifique:* Alaska, Californie; — *Atlantique:* Yucatan, Floride, Nouvelle-Ecosse, Labrador.

Iles. — *Pacifique:* Aléoutiennes, — archipels du Prince de Galles et de la Reine Charlotte, — île Vancouver, — îles Revillagigedo, — îles Galapagos, — île Chiloë et archipel Patagon, — Terre de Feu ; — *Atlantique:* îles Falkland, — petites et grandes Antilles, — Lucayes, Bermudes, — *Terre Neuve* et îles du Saint-Laurent ; — *Océan Glacial:* archipel polaire (voir *Pôle Nord*, p. 225).

Golfes. — *Atlantique:* Baie d'Hudson, — mer de Baffin, — golfe du Saint-Laurent, — baie de Chesapeake, — golfe du Mexique et mer des Antilles, — golfe de Honduras.
Pacifique: golfe de Californie (mer Vermeille).

Détroits. — De Béring, — de Magellan, — canal de la Floride, — détroits d'Hudson, de Davis, — passage du Nord-Ouest.

Montagnes, — Fleuves, — Lacs. — Voir les chapitres suivants.

Disposition longitudinale.

— Tandis que l'ancien continent est orienté généralement dans le *sens de l'équateur*, l'Amérique s'étend d'un *pôle à l'autre* à peu près dans le sens d'un méridien. L'un est beaucoup plus large que long ; l'autre plus long que large.

La pointe méridionale de l'Afrique et de l'Australie pourraient disparaître sans que l'ensemble de l'ancien continent en fût gravement modifié.

L'extrémité méridionale de l'Amérique au contraire n'est pas une simple annexe : elle est la *prolongation naturelle* du nouveau continent dont l'ossature s'y termine et qui semblerait tronqué, si ces *dernières vertèbres* lui faisaient défaut.

Enfin, l'Afrique atteint à peine au Sud le 34e de latitude, et l'Australie ne dépasse guère le 43e, tandis que l'Amérique se prolonge vers le pôle austral jusqu'au 56°.

Résultats de cette disposition pour le climat.

— A ces différences de structure générale des deux continents correspondent des différences notables de climat.

La majeure partie de l'Asie et une grande partie de l'Afrique ont un climat *continental* appelé aussi oriental qui a transformé en steppes et en déserts d'immenses superficies, coupées çà et là de vallées fluviales. Autour de ce *centre climatérique* sont disposées d'autres zones de climats très divers.

L'Amérique au contraire, présente symétriquement disposée au Sud et au Nord de l'Équateur, comme une *échelle* de toutes les *variétés* de climats concordant avec la *latitude*.

Après les glaces du pôle Nord, vient l'immense région tempérée des États-Unis, puis la zone tropicale du Mexique et de l'Amérique centrale, puis la zone équatoriale de l'Amazone ; on entre ensuite dans une nouvelle région tropicale, et enfin dans la zone tempérée du Sud, celle de la Plata et du Chili méridional. Il ne manque au continent américain que les glaces du *pôle Sud*.

Opposition de la Méditerranée et de la mer des Antilles.

— Dans l'ancien continent les mers intérieures occupent de longues et étroites *fissures* dont les directions convergent vers l'*Asie Mineure* comme vers un carrefour commun. Les deux Amériques sont au contraire séparées par une grande masse d'eau. Partagée en deux bassins par la chaîne des grandes Antilles, cette énorme *cuve marine* occupe à peu près toute la largeur du continent, qu'elle réduit du côté du Pacifique à des isthmes resserrés.

Nul rapport entre les formes *effilées* et tortueuses de la Méditerranée et de la mer Rouge, et les *amples rondeurs* de la mer des Antilles et du golfe du Mexique.

Ici, comme dans un *double bassin* ouvert par cent portes, sorte de cœur atlantique aux battements continus, un double mouvement de va-et-vient emprunte au *grand courant équatorial* et lui renvoie une partie de ses eaux.

Notre Méditerranée, ne communiquant avec l'Océan que par *une seule porte*, lui est redevable d'un *tribut constant* mais relativement maigre, destiné à compenser l'eau qu'elle perd par évaporation ; elle n'est qu'un grand canal maritime.

Disposition des hautes et des basses terres.

— Dans l'ancien continent les *hautes terres* forment, comme le climat continental, un noyau central, autour duquel les plaines sont disposées circulairement comme les zones climatériques (Europe du Nord, Chine, Bengale).

En Amérique, l'équilibre est tout autre ; la grande ossature des montagnes longeant la *côte* occidentale et plongeant directement le pied dans les vagues de l'océan Pacifique, fait une sorte de contrepoids à l'épaisseur des plaines qui s'étendent à l'Orient. Ces plaines sont elles-mêmes séparées de l'Atlantique par les régions montagneuses relativement peu élevées des Alleghanys, de la Guyane et du Brésil. Le continent est ainsi formé de trois zones longitudinales parallèles : deux de *terres* inégalement *élevées* le long de chaque Océan, une de *plaines* intermédiaires, celle-ci coupée en deux par les eaux du golfe du Mexique et de la mer des Antilles.

Disposition des zones d'altitude.

— Dans l'ancien continent les massifs montagneux sont isolés par des mers, des déserts ou des plaines et les zones d'altitude y sont de même coupées en tronçons relativement peu étendus (Pyrénées, Alpes, Caucase, Himalaya, etc.).

En Amérique les montagnes forment au contraire une masse continue et nulle part on ne peut s'élever avec plus de régularité des rivages torrides aux terres tempérées et de celles-ci à des plateaux froids et à la région des neiges éternelles. Les termes de *tierras calientes, templadas* et *frias* sont même usuels au Mexique et dans toute l'étendue du massif des Andes. Il y a là entre les plaines brûlantes et les cimes glacées, une longue série de contrées admirables, saines et fertiles, patrie de nations nouvelles dont l'avenir est incalculable.

Carton d'ensemble
AMÉRIQUE DU NORD
Amérique Centrale
AMÉRIQUE DU SUD

| MONTAGNES ROCHEUSES | PLATEAU MEXICAIN | VOLCANS DE L'AMÉRIQUE CENTRALE | ANDES COLOMBIENNES VALLÉE DE L'AMAZONE | HAUTEURS BRÉSILIENNES |

Sierra Nevada
Plateau du Colorado
Andes Colombiennes
Pic d'Orizaba — Volcan du Feu
Lac de Nicaragua
Isthme de Panama
El Amazone
Océan Pacifique — Cañon du Colorado — Mexico — Isthme de Tehuantepec — Río Negro — Océan Atlantique

PROFIL DE L'AMÉRIQUE, ENTRE SAN FRANCISCO ET BAHIA

CARACTÈRES GÉNÉRAUX DU CONTINENT AMÉRICAIN.

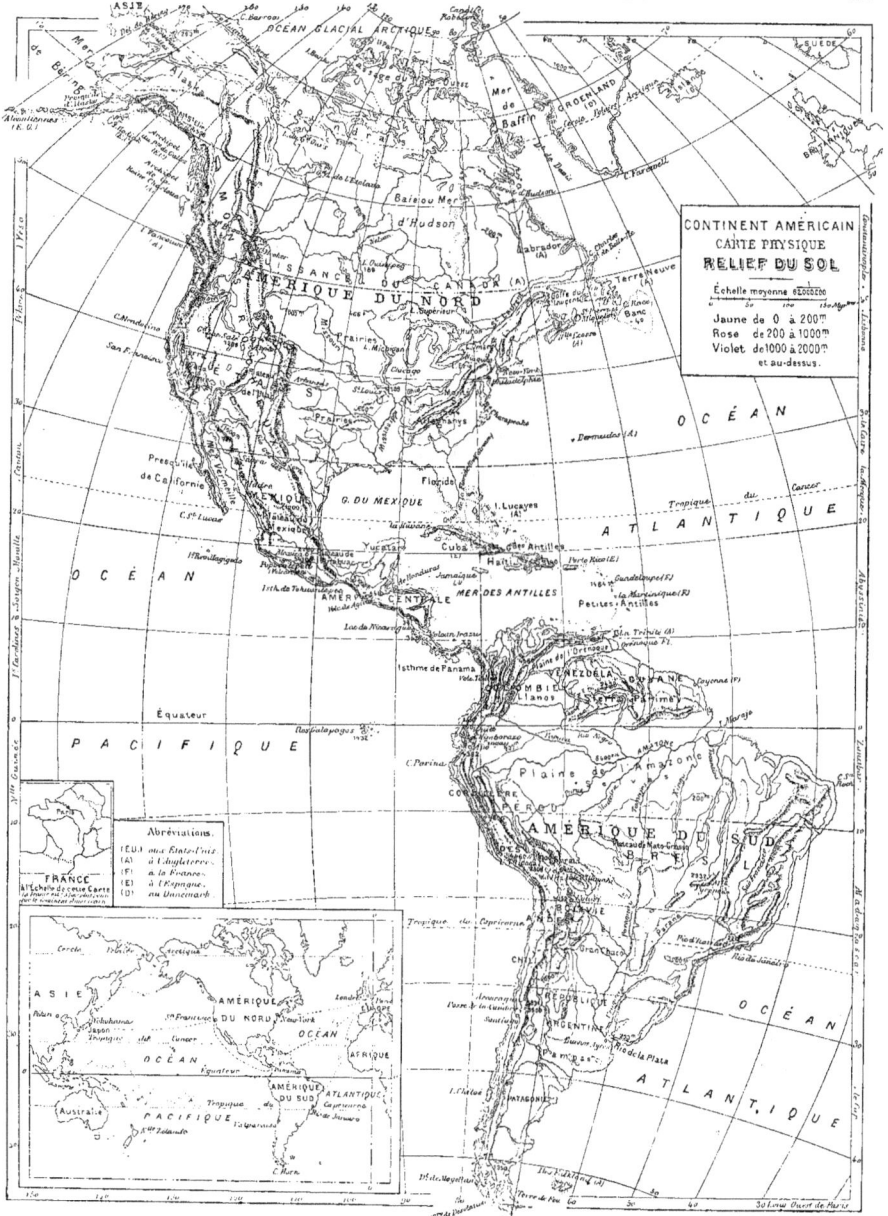

CHAPITRE II
L'AMÉRIQUE DU NORD

NOMENCLATURE PHYSIQUE

Montagnes. — 1° Massifs occidentaux ou Montagnes Rocheuses. Ce dernier nom ne s'applique en réalité qu'aux montagnes qui bordent la grande plaine centrale (pic Lincoln, 4300 m.); — 2° *Le long de la côte du Pacifique :* Montagnes d'Alaska (*Saint-Elie*, 4600 m.), — de Colombie ou des Cascades (*mont Raynier*, 4000 m.), — Sierra Nevada (4500 m.), — Sierra Madre et volcans Mexicains (*Popocatepetl*, 5400 m.); — 3° *Entre les deux systèmes :* Plateau de l'Utah (lac Salé, 1300 m.), plateau du Colorado, plateau du Mexique (Mexico, 2500 m.). — 4° *Massifs orientaux* comprennent le plateau granitique du *Labrador*, et les Alleghanys, entre le golfe du Saint-Laurent et celui du Mexique (*Black Dome*, 2000 m.).

Fleuves —*Océan Glacial :* Mackensie ; — Nelson ; — *Atlantique :* Saint-Laurent (*Montréal et Québec*) ; — Hudson (*New-York*) ; — Golfe du Mexique : Mississipi (*Saint-Louis, Nouvelle-Orléans*), grossi à dr. du Missouri, de l'Arkansas, de la rivière Rouge, — *à gauche* de l'Ohio (*Pittsbourg, Cincinnati*) ; — Rio Grande del Norte ; — *Pacifique :* Rio Colorado ; — Rio Sacramento ; — Orégon.

Lacs. — Du Grand Ours, de l'Esclave, Athabasca (*tributaires du fl. Mackensie*) ; — Ouinipeg, Manitoba (tr. du *Nelson*) ; — Supérieur, Michigan, Huron, Érié, Ontario (tr. du *Saint-Laurent*) ; — Grand Lac Salé de l'*Utah*.

Les trois Amériques.

L'Amérique comprend en réalité *trois parties :* les deux grandes masses continentales du Nord et du Sud, et la région centrale et maritime qui les sépare.

482. Dissemblances entre l'Amérique du Nord et celle du Sud. — L'Amérique du Nord et celle du Sud se ressemblent par leurs caractères généraux ; mais elles sont très différentes dans leurs détails. L'Amérique du Sud forme entre l'isthme de Panama, le cap Horn et le cap San-Roch un triangle rectangle presque parfait dont l'hypoténuse serait la côte du Pacifique. Au contraire la forme triangulaire de l'Amérique du *Nord* n'est qu'apparente.

Elle ne se termine pas véritablement par une seule pointe, mais par une brusque suppression du sol au Sud du 30° de latitude Nord et par deux pointes : l'une est la *Floride*, l'autre est le *plateau mexicain*. Ce plateau s'arrête exactement à l'isthme de Téhuantépec, seuil de 200 mètres seulement d'élévation, qui sépare l'Amérique du Nord de l'Amérique centrale.

D'autre part les limites de l'Amérique méridionale sont très nettes au Nord. Celles de l'Amérique septentrionale ne le sont point. Les îles de la région polaire en effet sont très *semblables* aux *terres glacées* du Dominion. Depuis les grands lacs jusqu'au Groenland septentrional il n'y a en réalité qu'une *seule et même masse* de terres *granitiques* coupées *d'étroites fissures* marines.

De ce côté l'Amérique du Nord est donc largement *soudée* à des régions plus boréales qu'américaines. Aucune union du même genre ne se retrouve dans le nord de l'Amérique du Sud.

La région polaire boréale.

— Le centre de la région polaire américaine est la grande baie d'Hudson. Doublement barrée à son issue septentrionale par les terres de *Southampton* et de *Baffin*, qui ne laissent que d'étroits passages vers le Nord et l'Est, elle forme comme une cuvette centrale autour de laquelle le *Labrador* et le *Territoire* du Nord-Ouest sont disposés en une sorte d'amphithéâtre environné lui-même par un *chapelet circulaire* de *lacs* très étendus. Tels sont : le *Grand ours*, l'*Esclave*, l'*Athabasca*, dont le Mackensie emporte les eaux à l'océan Polaire, le *Ouinipeg* relié à la fois à la baie d'*Hudson* et aux grands lacs dont le plus élevé, le *Supérieur*, à 182 mètres d'altitude et se déverse ainsi que le *Michigan*, l'*Huron*, l'*Erié* et l'*Ontario* dans l'artère du Saint-Laurent.

Ce fleuve est ainsi, à proprement parler, un fleuve *polaire*.

Les Montagnes Rocheuses et leurs dépendances.

— C'est seulement au Sud et au Sud-Ouest de cette région lacustre que commencent les terres réellement *Américaines*.

La grande région *montagneuse* qui la borde du côté du Pacifique est exactement dirigée du Nord-Ouest au Sud-Est depuis le détroit de Béring, jusqu'à l'isthme de Téhuantépec.

Sur une ligne directe sont situées les hauteurs les plus considérables et les masses les plus compactes, les Montagnes Rocheuses proprement dites, avec leurs larges plateaux couverts de steppes et profondément ravinés par le Fraser, la Columbia, le Colorado et le *Rio Grande del Norte*.

Du côté oriental elles offrent des pentes rapides dominées par des pics de 4000 à 4500 mètres, et aboutissant à la plaine centrale du Missouri et du Mississipi, ou bien au golfe du Mexique.

Du côté occidental le Pacifique borde directement le plateau de la *Colombie Britannique* au Nord, et celui du *Mexique* au Sud : l'un touche aux volcans des îles *Aléoutiennes*, l'autre à ceux de l'Amérique centrale, et le Saint-Elie, presque sous les mètres de moins que le *Popocatepetl* et l'*Orizaba* (5400 mètres), sous le chaud soleil du tropique.

Dans leur partie intermédiaire, entre la Colombie britannique et le Mexique, les hauts plateaux des Montagnes Rocheuses sont séparés du Pacifique par des terrasses successives qui donnent à la masse montagneuse tout entière, sous le 40° de latitude Nord, les 2/3 de la largeur totale du continent.

C'est d'abord le large plateau presque désert du *Grand lac Salé*, puis, au delà des montagnes des *Cascades* et de la *Sierra Nevada*, la riche vallée et le golfe de Californie séparés de l'Océan par d'étroites chaînes côtières.

Les Alleghanys.

— Du côté de l'Atlantique les montagnes qui forment la bordure orientale de la plaine sont les *Alleghanys*.

A l'Est du *Mississipi* et de l'*Ohio* ils ont tout à fait le caractère de montagnes jurassiques : ils sont coupés d'étroites vallées parallèles et hauts parfois de plus de 2000 mètres.

Les montagnes de la *Nouvelle-Angleterre* et du *Nouveau-Brunswick* qui les prolongent au Nord-Est entre le Saint-Laurent et la côte, ont un aspect analogue, mais moins original.

La plaine du Mississipi.

— Entre les deux systèmes montagneux inégaux de l'Est et de l'Ouest s'étend une des plus vastes et des plus riches plaines du monde, avec sa gigantesque artère centrale le *Mississipi*, qui pousse tous les jours plus avant dans le golfe du Mexique ses masses d'alluvions et ses bouches limoneuses.

Le Missouri, l'Arkansas, la *Rivière Rouge*, qui sont eux-mêmes de très grands fleuves, lui apportent toutes les eaux qui coulent sur le flanc oriental des Montagnes Rocheuses entre le 35° et le 50° de latitude Nord. L'Ohio, recueille pour lui celles des Alleghanys.

Les terres, les arbres emportés par les eaux sur une aussi vaste superficie forment dans le Mississipi des *îles flottantes* et ses embouchures des *digues* qui s'allongent sans cesse comme des jetées.

Lorsque surviennent des crues, les *inondations* sont terribles : elles submergent des villes entières et laissent derrière elles des lacs, des marécages permanents, des bras de fleuve à demi-vides, mais qui se remplissent à la première occasion et deviennent ou cessent d'être tour à tour le principal lit.

Malgré ces révoltes d'un fleuve sauvage encore et que sa dimension rend indisciplinable, le Mississipi offre d'admirables avantages à la navigation qui y prend tout à fait l'allure de la navigation maritime ; des bateaux immenses transportent des milliers de voyageurs ou amènent à la Nouvelle-Orléans les blés abondants des États du Nord.

Le Mississipi est pour ainsi dire la *Méditerranée des États-Unis*, réduction de la vaste mer qui s'étendait jadis des Alleghanis aux Montagnes Rocheuses.

Les voies navigables aux États-Unis. — Il n'y a guère de pays où la navigation sur les lacs et les cours d'eau offre plus de facilités qu'aux États-Unis. Pour s'en rendre compte, il faut se rappeler que le lac Supérieur dont la rive méridionale et l'extrémité orientale appartiennent à l'Union mesure à lui seul une longueur de 678 kilomètres (deux fois la distance de Paris à Poitiers), que le lac Michigan, entièrement américain est long de 559 kilomètres, que le lac Huron, la rivière et le lac Saint-Clair, la rivière Détroit, le lac Érié forment ensuite, jusqu'à la chute du Niagara, une ligne navigable de plus de 900 kilomètres à vol d'oiseau. Au-dessous de cette chute, le lac Ontario s'étend sur une longueur de 290 kilomètres. Le lac Champlain est long de 150. Tout cela n'est rien à côté des dimensions des fleuves. L'Hudson dont l'embouchure est à New-York est navigable pour les grands navires à vapeur jusqu'à Albany, sur un parcours de 240 kilomètres (à peu près la distance de Bordeaux à Toulouse). Une douzaine d'autres fleuves sont dans le même cas. Le seul, Mississipi est long de 3 620 kilomètres (dix fois au moins la distance de Paris à Nancy). La longueur de ses affluents navigables dépasse 32 000 kilomètres. Ajoutez enfin que les États-Unis possèdent plus de 7 000 kilomètres de canaux.

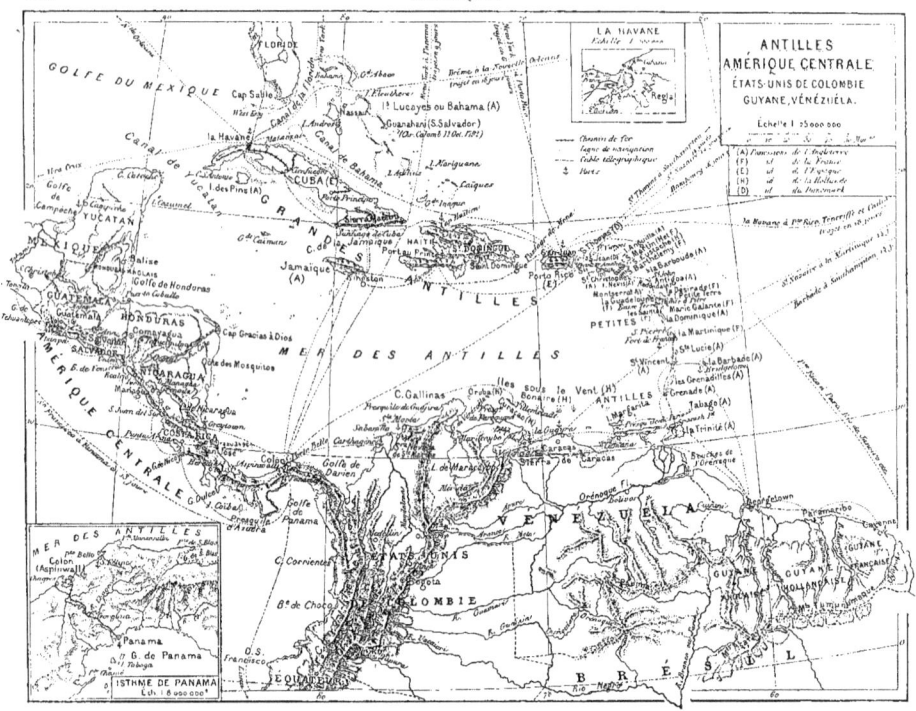

CHAPITRE III

L'AMÉRIQUE CENTRALE

NOMENCLATURE PHYSIQUE

I. *Iles Lucayes :* Andros, San Salvador, etc.
II. *Grandes Antilles :* Cuba et île des Pins, Saint-Domingue, la Jamaïque, Porto-Rico.
III. *Petites Antilles :* Saint-Thomas, Saint-Jean, Sainte-Croix, Saint-Christophe, Saint-Martin (la moitié à la France), Saint-Barthélemy (F.), La Barbonde, Antigoa, la Guadeloupe (F.), la Dominique, la Martinique (F.), Sainte-Lucie, Saint-Vincent, la Barbade, la Grenade, Tabago, la Trinité.
IV. *Iles sous le vent :* Curaçao, Margarita, Bonaire, Oruba.
V. *Amérique centrale continentale.*
Isthmes. — De Téhuantépec, de Honduras, de Costa-Rica, de *Panama*, de Darien.
Golfes. — G. du *Mexique* ; de Campêche. — Mer des Antilles : de Honduras, de Darien, de Maracaybo ; — *Pacifique :* de Panama.
Caps. — Catoche, Gracias à Dios, Gallinas, tous dans la mer des Antilles.
Presqu'îles. — *Mer des Antilles :* du Yucatan, Guajira, Paria. — *Pacifique :* Azuera.
Montagnes. — *Volcans du Guatémala* (Fuego, 4300 m.) ; — Montagnes du Vénézuéla (4000 m.).

Fleuves. — San Juan (lacs *Managua et Nicaragua*), Atrato, Magdalena (Sabanilla), affluents de la mer des Antilles.
Lacs. — Managua, Nicaragua (fleuve San Juan).

Orientation équatoriale de l'Amérique centrale. — Entre les deux Amériques du Nord et du Sud dont le puissant relief a une orientation *méridienne*, s'interpose une région très différente, l'Amérique centrale, qui leur sert de trait d'union et dont le relief est dirigé dans le sens de l'*équateur*.

Le 15° de latitude Nord forme l'axe de cette région *maritime*, entre la côte méridionale des grandes Antilles, et celles du Vénézuéla et de la Colombie.

Les montagnes du Vénézuéla. — L'Amérique centrale *continentale* se compose de deux parties : — la série d'isthmes comprise entre ceux de *Téhuantépec* et de *Darien* ; — les massifs montagneux du Vénézuéla orientés de l'Est à l'Ouest, bordant la mer des Antilles et dominant au Nord la vallée de l'Orénoque.

Ces deux parties sont séparées l'une de l'autre par les vallées du rio *Magdalena* et de son affluent le *rio Cauca* établies entre les ramifications septentrionales des Andes qui se prolongent du Sud au Nord, jusqu'à la mer des Antilles.

Les montagnes du Vénézuéla, dont la direction contraste avec celle des Andes Colombiennes, sont très élevées (sierra de *Caracas*, près de 3 000 mètres ; pic de *Sainte-Marthe*, dans la sierra Nevada (plus de 5 000). Elles se continuent sous les flots jusqu'à l'île de la Trinité.

Les deux systèmes opposés se rencontrent autour de la grande lagune de *Maracaybo*, environnée de toutes parts par des cimes très hautes.

Les isthmes américains. — A leur extrémité occidentale les montagnes du Vénézuéla sont rejointes par les Andes et se soudent ainsi à l'ossature générale de l'Amérique du Sud. Le système orographique des isthmes en est beaucoup plus nettement isolé par la longue vallée de l'*Atrato*, qui abaisse le relief jusqu'à moins de cent mètres d'altitude.

Les isthmes comprennent trois **massifs montagneux et volcaniques** distincts, dont l'orientation moyenne est de l'O.-N.-O. à l'E.-S.-E.

1° Celui de *Darien* s'étend de l'Atrato à l'isthme de *Panama* (80 mètres d'altitude), que traverse le chemin de fer et où passera le canal interocéanique.

2° Celui de *Panama* et de *Costa-Rica*, dominé par le volcan Irazu (3 500 m.) est borné au Nord-Ouest par la dépression des lacs de *Nicaragua* et de *Managua*, entre la baie de *Fonseca* et l'embouchure du *san Juan*.

3° Les plateaux du *Honduras* et du *Guatémala* auxquels se soude la péninsule basse du *Yucatan*, sont séparés vers la mer des Antilles par le golfe de *Honduras* et la vallée du *rio Motagua*; ils sont reliés du côté du Pacifique par une longue série de volcans, la plupart en activité.

La dépression de *Téhuantépec* (200 mètres) qui relie l'Amérique centrale au plateau mexicain marque l'extrémité occidentale du système des isthmes.

~~~ **Les Antilles.** — La série des grandes Antilles se rattache aux montagnes Vénézuéliennes par le double chapelet volcanique des *petites Antilles*, à la péninsule de la Floride par les îles plates de *Bahama*, à celle du Yucatan par l'extrémité occidentale de Cuba.

Le relief des grandes Antilles se compose de chaînes *parallèles* qui ne se trouvent réunies que dans *Haïti*, où l'on en compte jusqu'à cinq; l'une d'elles se prolonge à l'Est par *Porto-Rico* et les îles *Vierges*, à l'Ouest, par la *Sierra Maestra* extrémité orientale de Cuba ; une autre a son complément dans la *Jamaïque*.

La plus grande partie de Cuba et l'archipel de Bahama semblent les débris d'une vaste masse calcaire détachée par le Gulf-Stream du Yucatan et de la Floride.

~~~ **Le Gulf-Stream.** — Le grand *courant équatorial* déjà dévié au Nord Ouest par les côtes de l'Amérique méridionale s'infléchit plus nettement dans cette direction lorsqu'il rencontre la muraille des petites Antilles. Une faible partie de ses eaux seulement franchissant les brèches de cette muraille, *visite* la mer des Antilles; l'un de ses **bras** y entre par le canal qui sépare la Trinité du Vénézuéla, un ressort par le passage de Mona, entre Saint-Domingue et Porto-Rico; un autre bras s'engage entre Haïti et Cuba, puis par le canal du Yucatan, pénètre dans le golfe du Mexique, dont les eaux denses et généralement froides le rejettent à l'Est : c'est le **Gulf-Stream**.

En sortant du golfe du Mexique par le canal de la Floride, les eaux du Gulf-Stream viennent **se joindre** à toute la masse du **grand courant équatorial**, qui n'a cessé de se diriger vers le Nord-Ouest au large des Antilles. C'est ce grand courant équatorial qui longe la côte des États-Unis, traverse tout l'Atlantique et vient réchauffer les côtes de l'Europe. Il est le grand chemin de ces cyclones dont le télégraphe nous annonce fréquemment l'approche.

CHAPITRE IV
L'AMÉRIQUE DU SUD

~~~ **Parallélisme des Andes.** — Les **Cordillères des Andes**, gigantesque épine dorsale de l'Amérique du Sud, sont volcaniques d'une extrémité à l'autre. Leurs nombreux massifs *parallèles* sont parfois très rapprochés, parfois très éloignés les uns des autres, de manière à envelopper de hauts plateaux assez larges.

Nulle part les Andes ne forment véritablement des *nœuds* (*Quito*, *Cuzco*), nulle part leur jonction n'est complète : là même où elles sont les plus resserrées, entre les crêtes de leurs énormes sillons, subsistent toujours une ou deux vallées longitudinales très profondes.

~~~ **Andes de Patagonie, du Chili, de Bolivie.** — Dans la *Patagonie* les îles de la côte occidentale ne sont elles-mêmes qu'un *massif parallèle* à celui du continent, mais à demi-*détruit* par l'action des eaux.

C'est au Nord de la Patagonie, dans le *Chili*, que les Andes atteignent leur plus grande élévation, avec le volcan de l'*Aconcagua* (6 830 mètres). Plus au Nord encore, dans le *Pérou* et la *Bolivie*, elles offrent leur plus grande largeur, et étalent sous le tropique les arides plateaux du *Despoblado* (carte p. 217).

Puis les deux murailles, hautes de plus de 6 000 mètres, se rapprochent : au *Sajama* (6 415) font face l'*Illimani* (6 410) et le *Sorata* (6 350) dominant de leurs cimes neigeuses la haute vallée intérieure où les lacs *Aullagas* et *Titicaca* unis par le *Desaguadero* forment un bassin fermé à près de 4 000 mètres au-dessus du niveau de la mer.

~~~ **Andes du Pérou, de l'Équateur, de Colombie.** — Dans le Pérou proprement dit et dans la région des pluies équatoriales, les Andes sont sillonnées d'innombrables *vallées parallèles* orientées du Nord au Sud et dont les eaux s'échappent le plus à l'Est et à l'Ouest par d'étroits passages d'érosion.

Mais du côté de l'Ouest, il ne sort que de très courtes rivières, tandis que les cluses transversales de l'Est livrent passage à l'Amazone et aux affluents de son cours supérieur.

Sous l'Équateur, autour du plateau de *Quito* (2 850 mètres), se dressent quelques-uns des volcans les plus formidables du monde, le *Pichincha*, l'*Antisana*, le *Cotopaxi*, le *Chimborazo* (6 510 mètres).

Enfin dans la Colombie, les masses septentrionales des Andes, où se trouve le volcan de *Tolima* (5 400 mètres), renferment les vallées fertiles et profondes du *Cauca* et du *Magdalena*, et s'unissent autour de la lagune de Maracaïbo aux massifs *latitudinaux* de l'Amérique centrale.

~~~ **La Guyane et le Brésil.** — Les montagnes qui bordent l'Amérique du Sud du côté de l'Atlantique sont beaucoup *plus considérables* que celles de l'Amérique du Nord.

Elles se divisent en deux grands plateaux inégaux et mal connus, celui de la *Guyane* et celui du *Brésil* qui couvre à lui seul un sixième du continent, — sorte d'îles énormes environnées de tous côtés par des eaux marines ou fluviales.

Ils semblent correspondre l'un au Labrador, l'autre au massif des Alleghanys.

De même que l'Orénoque et l'Amazone sont unis par le *Cassiquiare* et le *Rio Negro*, de même les affluents du *Madeira* et du *Paraguay* mêlent les eaux de leur cours supérieur à l'époque des pluies, et communiquent encore par de grandes lagunes marécageuses pendant la saison sèche.

Dans la Guyane, les hauteurs les plus élevées se trouvent dans l'*intérieur* (Sierra de Parime, 2 500 mètres); au Brésil, les plus importantes *longent* la côte de l'Atlantique (Sierra de Mantequeira, 2 700 mètr.).

~~~ **La plaine et les grands fleuves.** — La plaine centrale de l'Amérique du Sud s'étend sur une superficie **plus énorme** encore que celle de l'Amérique du Nord.

Trois grands fleuves s'y ramifient et communiquent les uns avec les autres ; leur ensemble forme le plus vaste réseau navigable du monde, et l'un d'eux, l'Amazone, dépasse en longueur tous les autres fleuves terrestres; seul le *Congo* africain, situé également sous l'Équateur, peut rivaliser avec lui pour l'abondance des eaux.

L'Amazone paraît correspondre au Saint-Laurent, le *Paraguay* et le *Parana* font pendant au Mississipi et au Missouri. Ils sont orientés de même.

Enveloppés d'immenses forêts, ces cours d'eau gigantesques n'ont point encore acquis la même importance *économique* que le Mississipi.

Ils se prêteront moins facilement à l'établissement de ports riverains, car leurs marécages sont plus vastes encore et leurs *inondations* plus redoutables.

Mais, lorsque la civilisation aura pénétré plus avant dans l'intérieur du continent et défriché une partie des épaisses *selvas*, ces *bras de mer* intérieurs, accessibles aux plus *grands navires*, seront d'*admirables routes navigables* conduisant du pied des Andes à l'océan Atlantique et de la mer des Antilles à l'estuaire de La Plata.

NOMENCLATURE PHYSIQUE

Montagnes. — I. Cordillères des Andes : — *Colombie* : Tolima (5 400 m.); — *Équateur* : Chimborazo (6 510 m.); — *Pérou* : Sajama (6 415 mètres), Illimani (6 410 m.); — *Chili* : Aconcagua (6 830 m.). — *Plateau bolivien* : lac Titicaca (3 800 m.); lac Aullagas.

II. *Massif des Guyanes*: Parime (2500 m.).
III. *Montagnes du Brésil*: Itatiaya (2700 mètres).

Fleuves. — Orénoque; — Amazone, *grossi à dr.* de l'Ucayali, du Madeira, du Tapajoz, du Xingu; — *à g.* du Yapura et du Rio Negro (Cassiquiare); — Tocantins (*Belem*); — Parnahyba; — San Francisco; — **La Plata** (*Buenos-Ayres et Montevideo*), formé de l'Uruguay et du Parana grossi à dr. du Paraguay (*Assomption*), qui reçoit lui-même le Pilcomayo; — Colorado. — Par suite de la disposition des Cordillères qui bordent immédiatement le Pacifique, *tous ces fleuves se jettent dans l'Atlantique*.

Les volcans des Andes. — Il n'existe nulle part au monde une ligne de volcans comparable à celle des Andes. Cette grande muraille de l'est (*Ante*, dans les vieilles langues du Pérou signifierait *Orient*). Elle a été surtout visitée et décrite par Humboldt au commencement de ce siècle. Dans la Colombie, on en compte six qui dépassent 4 000 mètres; atteignant ainsi à peu près la hauteur de notre mont Blanc, et deux qui dépassent 5 000 mètres. Le plus important est celui de *Tolima*. Dans l'Équateur se dressent les géants célèbres du *Chimborazo* ou montagne neigeuse (6 700m), du *Cotopaxi*, de l'Antisana et du *Corazon*, dont M. Whymper a fait l'ascension en 1880, et bien d'autres. Seize de ces volcans sont surmontés d'un panache de fumée et plusieurs, comme le Cotopaxi, vomissent de la boue. Les volcans du Pérou sont moins importants. Mais ceux de la Bolivie sont nombreux et superbes : le *Sorata* a 6 458 mètres; l'*Illimani* 6 474. Un explorateur français M. Wiener a tenté avec succès l'escalade de l'Illimani et a donné le nom de pic de Paris à l'une de ses cimes. Enfin dans les Andes méridionales, sur la frontière du Chili et de la république Argentine, s'élève le faîte volcanique le plus élevé de toute l'Amérique, celui de l'*Acouncagua* qui a 6 834 mètres. Le Chili seul possède trente-deux autres grands volcans, dont plusieurs en activité.

CHAPITRE V
L'AMÉRIQUE ANGLAISE

I. DOMINION OF CANADA.

NOMENCLATURE PHYSIQUE.

Latitude. — Ancien continent au Nord du parallèle qui va de la Manche à l'île de Sakhaline.

Longitude *du Canada proprement dit.* — Amérique centrale et Colombie.

Climat. — Bien plus rigoureux dans le Canada que dans les régions de l'Europe qui se trouvent à la même latitude; semblable à celui des provinces sibériennes de l'Amour. Hivers longs et très froids, étés courts et très chauds. Sur les côtes du Pacifique, climat plus doux et plus égal.

Caps. — Charles, Race.

Golfes. — De Boothia, — *baie d'Hudson,* — *golfe du Saint-Laurent,* — baie de Fundy.

Presqu'îles. — Boothia, — Labrador, — *Nouvelle-Écosse.*

Iles. — Archipel polaire (voir *Pôle Nord,* p.225), île Southampton, — *Terre-Neuve,* — Anticosti, —Iles du Prince-Édouard et du Cap-Breton, — archipel de la Reine-Charlotte, — île Vancouver.

Détroits. — De Lancastre (passage du Nord-Ouest), — de Fox, — d'Hudson, — de Belle-Ile.

Montagnes. — Massif de la Colombie (mont *Brown,* mont *Hooker*) ; — plateaux rocheux du Labrador.

Fleuves et lacs. — Mackenzie (lacs Athabasca, de l'Esclave, du Grand Ours); — rivière Churchill; — Saskatchaoan et Nelson (lac Ouinipeg); — Albany; — Saint-Laurent (lacs Supérieur, Huron, Érié, Ontario), grossi de la rivière d'Ottawa. (Entre l'Érié et l'Ontario se trouve la fameuse chute du *Niagara*).

NOMENCLATURE POLITIQUE

Le *Dominion* ou puissance du Canada est une colonie anglaise, qui a appartenu en partie à la France, jusqu'en 1763. Elle se gouverne elle-même.

Superficie. — 8 801 500 kil. car. (France : 529 000).

Population. — 4 325 000 hab. (France : 38 millions).

Il y a au Canada moins d'un hab. par kil. car. (France : 71). *L'élément français représente 1/3 de la population totale.*

Divisions politiques. — Le Canada est divisé en 8 provinces subdivisées elles-mêmes en un certain nombre de districts. Les 8 provinces sont celles d'Ontario, — de Québec, du Nouveau Brunswick, — de la Nouvelle-Écosse, — de Manitoba, — l'île du *Prince-Édouard,* — la Colombie britannique, — les *territoires du Nord-Ouest.*

Budget. — 300 millions (France : 3 milliards et demi).

Dette. — 500 millions (France : 20 milliards).

Armée. — 30 000 hommes de milice, et 600 mille hommes de réserve (France : 1 800 000 h.).

Villes importantes. — Montréal (144) et Québec (prov. de Québec) (62), sur le Saint-Laurent, villes très commerçantes, peuplées en majorité par des hab. *d'origine française,* — Toronto (prov. d'Ontario) (90), sur le lac Ontario, — Halifax, (Nouvelle-Écosse, grand port militaire.

On peut citer encore : *Hamilton,* — **Ottawa,** capitale du Dominion, — *Saint-John.*

Religion. — La population est moitié protestante, moitié catholique.

NOMENCLATURE ÉCONOMIQUE

Principaux produits. — Blé, peaux, fourrures, or de la Colombie, pêche du golfe du Saint-Laurent.

Commerce extérieur. — Plus d'un milliard de francs (France : 10 milliards).

Mouvement des ports. — 8 millions de tonneaux (France : 20 millions).

Tonnage de la marine marchande. — 1 323 000 tonnes (France : 1 million).

La marine canadienne vient au 4e rang parmi celles du monde entier : tout de suite après la Norvège, les États-Unis et l'Angleterre, et avant l'Allemagne, l'Italie et la France.

Chemins de fer. — 16 000 kil. environ (France : 32 000).

II. TERRE-NEUVE.

Au Dominion, il faut rattacher la colonie séparée de *Terre-Neuve.*

L'île de *Terre-Neuve* est une colonie anglaise qui a appartenu à la France jusqu'en 1763; la population de l'île se livre à la *pêche de la Morue* sur le banc de Terre-Neuve (plateau sous-marin situé à l'Est de l'île).

Superficie. — 110 670 kil. car. (France : 529 000).

Population. — 200 000 hab.

Commerce extérieur. — 60 millions de francs.

Capitale. — *Saint-John* (26).

III. SAINT-PIERRE ET MIQUELON.

De ses anciennes possessions du Canada, la France n'a gardé depuis 1763 que le droit de pêcher sur le banc de Terre-Neuve et les îlots de Saint-Pierre et Miquelon.

Superficie. — 235 kil. car. (la moitié du dép. de la Seine).

Population. — 4 200 hab.

La population s'accroît de 10 000 personnes au moment de la pêche.

Commerce extérieur. — 30 millions de francs.

Capitale. — *Saint-Pierre.*

IV. ILES BERMUDES.

Au Sud du Canada, l'Angleterre possède les Iles Bermudes.

Ces îles situées en face des États-Unis servent de *dépôt à charbon* pour la flotte militaire britannique.

Superficie. — 50 kil. car. (répartis sur 300 îlots).

Population. — 14 000 hab. (répartis sur 16 îlots habités).

Commerce extérieur. — 8 millions et demi.

Capitale. — *Hamilton.*

Aperçu historique. — Les terres américaines situées au Nord des grands lacs et du 49e degré de latitude nord, moins la péninsule d'Alaska, se sont groupées autour du Canada pour former l'État sujet de l'Angleterre, connu sous le nom de *Dominion.*

Le Canada est une ancienne colonie française.

Découvert en 1497 par *Sébastien Cabot,* occupé par *Jacques Cartier* en 1525, au nom du roi François 1er, le Canada reçut des colons français, surtout de Normandie et du Poitou. *Québec* devint sa capitale en 1608, et il fut bientôt le rival des colonies anglaises de la Nouvelle-Angleterre.

Dès les guerres du règne de Louis XIV, l'Angleterre essaya de nous le prendre. Par le traité d'*Utrecht* (1713) elle acquit l'*Acadie* (aujourd'hui Nouvelle-Écosse) et Terre-Neuve.

Par le traité de *Paris* (1763) elle nous enleva le *Canada* proprement dit et la *Nouvelle-France* (nouveau Brunswick).

Déjà, depuis 1670, ses agents de la *compagnie de la baie d'Hudson* chassaient et commerçaient avec les Indiens dans les vastes territoires du Nord.

Cette compagnie a cessé d'exister en 1868.

L'île Vancouver, la Colombie et les territoires du Nord-Ouest joints aux anciennes possessions françaises ont formé peu à peu l'immense empire ou *Dominion* qui, en se groupant autour de l'ancien *Canada,* en a conservé le nom. *Terre-Neuve* seule forme, avec la côte de Labrador, une colonie séparée.

Le Dominion est un État constitutionnel et autonome, mais il reçoit un gouverneur de la métropole et ne peut engager d'action diplomatique que par son entremise.

A côté de la langue anglaise, la langue française s'y est perpétuée et un million et demi de Canadiens français, bien que très attachés à leurs institutions, y ont conservé le culte de leur ancienne patrie.

Les cultures et les forêts.
Le Dominion est surtout, un pays agricole et forestier.

Malgré la rigueur du climat beaucoup plus *froid* en Amérique qu'il ne l'est en Europe à la même latitude, les *céréales* sont cultivées en grand dans la zone méridionale, principalement dans la presqu'île qu'environnent les lacs *Huron, Saint-Clair, Érié* et *Ontario;* grâce à la facilité des transports l'exportation en est considérable.

L'élevage des bestiaux est pour le Canada une source de richesse plus importante encore. Dans tous les pays qui, depuis le *Manitoba,* jusqu'au *Saint-Laurent,* bordent au Nord les grands lacs et la rive gauche du fleuve, la grande forêt américaine a été en partie défrichée et dans les *prairies* paissent plusieurs millions de *bêtes à cornes,* de moutons et de porcs; beaucoup sont envoyés vivants en Europe.

La forêt qui couvre encore les trois quarts du Dominion fournit un revenu supérieur à celui de l'élevage lui-même.

Aucun pays sauf la *Norvège,* ne fait un aussi grand commerce de bois (fig. 97).

La pêche. — Le Canada ressemble encore à la Norvège par l'importance de ses *pêcheries*.

Tous les ans plus de cent mille Français, Anglais et Américains vont pêcher la morue sur les bancs de Terre-Neuve. Les îlots de *Saint-Pierre* et de *Miquelon* qui servent à la salaison et à l'emmagasinage, sont les derniers débris de nos possessions canadiennes.

Fig. 97. — Exploitation d'une forêt.

Le golfe de l'embouchure du *Saint-Laurent* est aussi très fréquenté par les pêcheurs et la pêche du poisson de rivière est partout très active.

Richesses minières. — L'extraction des richesses minérales est appelée à un grand développement; les *houillères* de la Nouvelle-Écosse et les *mines* d'or de la Colombie britannique sont en pleine activité. Longtemps inaccessibles, le charbon des côtes du Pacifique, et le fer répandu partout peuvent être dès aujourd'hui sérieusement exploités grâce à l'achèvement du chemin de fer *transcontinental*.

Industrie et commerce. — La colonie s'efforce de multiplier les établissements industriels, afin de s'affranchir du tribut qu'elle paye à l'Europe et aux États-Unis.

Elle imite l'exemple de ces derniers en s'entourant de *barrières douanières* qui la forcent elle-même à fabriquer tout ce qui lui est nécessaire.

Nous avons d'autant plus d'intérêt à développer notre commerce avec le Canada que la population d'*origine française* cherche à renouer ou à resserrer tous les jours les liens qui l'unissent à l'ancienne mère patrie.

La population. Les Français canadiens. — Il importe de diriger une partie de l'*émigration* française vers le Canada; car il est de notre intérêt national que notre langue, nos mœurs, notre nom s'y perpétuent.

Depuis 1763 les Anglais, les Écossais, les Irlandais sont venus en grand nombre s'établir à côté des premiers colons français. *Québec* est restée en grande majorité française, elle n'est que la troisième ville du Dominion (60 000 h.); Montréal (140 000) est plus qu'à moitié française, *Toron o* (86 000), est purement anglaise.

Tous les jours, des États-Unis ou de l'Angleterre il arrive de *nouveaux Anglo-Saxons*, et la place est vaste pour les recevoir, puisque nulle part la densité de la population n'atteint pas même dix habitants au kilomètre carré.

Il y a d'autre part 500 000 Canadiens français aux États-Unis.

La population franco-canadienne est douée d'une admirable fécondité ; cependant, si l'émigration française n'y portait remède, l'élément *anglais* finirait par l'emporter en nombre et en influence politique dans le Canada qui est le cœur du Dominion, et où l'élément français est encore le plus fort.

Quoique nous ayons perdu le Canada par notre faute au dix-huitième siècle, nous y gardons, par le seul fait de l'origine et de la langue communes, une influence littéraire et morale qui peut avoir un jour son prix en politique. Il faut veiller à la conserver.

Le chemin de fer transcontinental (Voir carte, p. 213). — Le projet de relier par un chemin de fer allant de l'Atlantique au Pacifique toutes les provinces de l'Amérique anglaise date de l'établissement de la Confédération canadienne elle-même. Déjà l'ancien Canada, préludant à cette entreprise colossale avait construit le chemin de fer *intercolonial* et était entré ainsi en communication directe avec les provinces littorales de la Nouvelle Écosse et du Nouveau Brunswick. C'est en 1870 que le projet du chemin de fer transcontinental prit une forme définitive. Les provinces unies en 1867 venaient de constituer au nord-ouest la province du Manitoba. Elles négociaient d'une part à l'est, l'entrée de l'île du Prince-Édouard dans la Confédération et s'efforçaient d'autre part à l'extrême ouest de persuader la Colombie; elles cherchaient à entraîner en quelque sorte un Océan vers l'autre. La Colombie consentit à l'union, mais à la condition que dans dix ans le chemin de fer transcontinental serait construit.

Il y eut d'abord des difficultés. Mais en 1879 se forma un syndicat canadien qui se chargea de l'entreprise et poussa les travaux avec une extrême vigueur. Ils ont été terminés en 1886. La ligne entière est longue de 4 650 kilomètres. Le trajet de Liverpool à Vancouver sur le Pacifique par Montréal et le transcontinental canadien se trouve plus court de 1 234 kilomètres que par New-York et San-Francisco. Le voyage du Japon est raccourci de 1 722 kilomètres. Ainsi se trouve réalisé le rêve de Jacques Cartier qui, en abordant au Canada cherchait la route de la Chine.

On peut se rendre de Paris à Québec en neuf jours, dont trois jours de navigation sur le Saint-Laurent. De Québec un train transcontinental conduit au Pacifique en quatre-vingt-huit heures.

On remonte d'abord la rive droite de l'Ottawa, on longe la côte nord du lac supérieur, on traverse le Manitoba semé d'innombrables petits lacs, on passe au sud du grand lac Winnipeg, on coupe l'Assiniboine puis la Saskatchewan. Après les prairies interminables, les immenses plaines vierges, se dresse abrupte comme un mur la chaîne dentelée des montagnes Rocheuses, toujours couvertes de neige. Cet obstacle formidable est franchi près du mont Hooker (4 706m) et par les gorges étroites où mugit le Fraser resserré entre la chaîne des Cascades et celle des montagnes Rocheuses, on pénètre dans une contrée au climat tiède, aux forêts superbes, aux sites variés, c'est la Colombie dont la côte se découpe en une foule de ports naturels excellents. C'est là, sur le Pacifique, à New-Westminster et au port Moody qu'aboutit le transcontinental canadien.

CHAPITRE IV

ÉTATS-UNIS DE L'AMÉRIQUE DU NORD

La formation historique. — La grande *confédération* d'États séparés qui occupe toute la largeur de l'Amérique entre le 49e degré de latitude Nord et le golfe du Mexique, et couvre ainsi une superficie près de quinze fois égale à celle de la France, n'a pas encore un siècle d'existence.

C'est à la fin du quinzième siècle que *Cabot* explora pour la première fois les côtes septentrionales des États-Unis sur l'Atlantique, mais les premiers essais sérieux de colonisation n'eurent lieu qu'un siècle plus tard.

En 1585 *Walter Raleigh* fonda les établissements anglais de *Virginie*. Au commencement du dix-septième siècle, *Jacques I*er accorda des privilèges à deux compagnies qui colonisèrent toute la côte au Nord de la Virginie, jusqu'au 45e degré de latitude Nord.

Cependant les Hollandais s'étaient installés à l'embouchure de l'*Hudson* (New-York), et les Suédois à celle du *Delaware*; ils furent bientôt absorbés par leurs voisins, et, quand, en 1700, la colonie de *Géorgie* eut été fondée, l'ensemble des territoires anglais, de la Floride à la baie de Fundy (carte, p. 205), forma les *treize colonies*.

Dans le même temps, les Français, qui du Canada avaient gagné le Mississipi, fondaient la *Louisiane* et sa capitale, la *Nouvelle-Orléans* (1717). Après la guerre de Sept Ans, la Louisiane passa aux Espagnols, qui cédèrent la *Floride* aux Anglais (1763).

L'Angleterre ne devait pas rester longtemps maîtresse de cet empire : les colons se révoltèrent dix ans après contre la métropole, qui leur refusait le droit de citoyens, et, *grâce à l'alliance française*, ils conquirent leur liberté, alors, en 1780, que se sont immortalisés les français *Rochambeau* et *La Fayette* et surtout l'américain *Washington*.

Le traité de *Versailles* reconnut l'indépendance des États-Unis en 1783. Washington, leur premier président, réussit à consolider leur union, qui s'est maintenue depuis, malgré les adjonctions successives de la Louisiane et des côtes mexicaines du Pacifique.

Une guerre civile horrible entre les États du Nord, qui prétendaient abolir l'*esclavage*, et ceux du Sud, qui voulaient le maintenir, a révélé de nos jours quelles divergences d'intérêts séparaient les diverses parties de ce vaste empire ; la confédération n'en a pas moins survécu.

~~ **La population des États-Unis.** — Les *Indiens* (fig. 40) qui peuplaient les forêts primitives de la Nouvelle-Angleterre, de l'*Ohio* et du *Mississipi*, n'étaient pas très nombreux. Malgré la guerre, la disette, il en reste environ *soixante-dix mille*, et beaucoup d'autres se sont fondus dans le reste de la population.

50 millions de blancs cultivent la terre, exploitent les mines, travaillent dans des usines, font le commerce dans des villes énormes, là où il y a deux siècles quelques centaines de *Sioux* ou d'*Apaches* chassaient les fauves dans les bois ou se poursuivaient les uns les autres sur le « sentier de guerre. »

Pour les aider dans la culture des régions du Sud, où la chaleur rend le tra-

Fig. 98. — Indiens des prairies.

vail pénible, les blancs ont fait venir d'Afrique des *nègres* aujourd'hui affranchis de l'esclavage et dont les descendants sont au nombre de plus de sept millions.

A son tour, l'Asie envoie ses colons, et, malgré les lois prohibitives, malgré les persécutions, plus de cent mille *coolies* chinois sont déjà installés aux États-Unis, principalement dans les États de l'Ouest.

C'est un des spectacles les plus extraordinaires de l'histoire que cet afflux immense de colons.

En 1750, les treize colonies anglaises comptaient un peu plus de 1 000 000 d'habitants; en 1790, il y en avait à peine 4 millions; en 1820, 10 millions; en 1840, 17 millions; en 1860, 31 millions. On a calculé que, de 1820 à 1880, 10 500 000 émigrants sont arrivés aux États-Unis. En 1881 et 1882, l'immigration a atteint les chiffres énormes de 720 et 730 000.

Parmi ces nouveaux venus, les Allemands dépassent aujourd'hui en nombre les Anglais purs et forment à eux seuls le tiers du chiffre total.

La population n'est pas répandue également sur toute la surface de l'Union. La densité moyenne, dans les États qui bordent l'Atlantique entre le Canada et les Carolines est de 50 habitants au kilomètre carré, et la moyenne générale n'est que de 5,4. Cependant parmi les 49 divisions des États-Unis[1], il n'y en a plus que 10 où le nombre des hommes de 23 ans ne dépasse pas 60 000 et qui soient des territoires au lieu d'être des États se gouvernant eux-mêmes.

~~ **Fécondité du sol.** — Ce n'est qu'au prix d'un immense travail que ce pays sauvage a été adapté aux usages de la civilisation. Mais nulle part la nature n'a mieux secondé l'effort de l'homme.

Sauf dans quelques contrées, telles que les déserts du haut plateau californien, les steppes sans pluie des *Mauvaises terres* ou du *Llano Estacado*, à l'Est des Montagnes Rocheuses, le sol est d'une richesse, d'une fertilité admirable.

Dans le *Nord* et le *Centre*, les forêts séculaires qui sont tombées sous la hache des immigrants ont laissé d'épaisses couches d'*humus* qui sont de merveilleuses terres à blé.

Dans le *Sud*, un climat pluvieux et une température tropicale font mûrir plus des deux tiers du *coton* qui s'emploie sur le globe; en Californie, la *vigne*, le *mûrier*, l'*olivier*, se sont acclimatés rapidement; dans les steppes même, une mer d'herbages nourrit d'innombrables bestiaux.

~~ **L'agriculture.** — Les céréales occupent une superficie de 50 millions d'hectares : c'est presque la France entière.

La plaine du *Mississipi* est le plus riche grenier du monde. En 1881, la récolte

Fig. 99. — Récolte du coton.

des céréales a donné aux États-Unis près de 800 millions d'hectolitres, dont 512 de maïs et 160 de froment; la valeur totale de cette récolte a été de plus de 6 milliards, dont plus de 3 pour le maïs et 2 et demi pour le froment.

Le coton est cultivé sur toute la côte marécageuse de l'Atlantique (fig. 99), depuis le cap Hatteras jusqu'au *Mississipi*; les dernières récoltes dépassent 600 millions de kilogrammes valant plus de 1 milliard.

La canne à sucre dans la Floride, le *tabac* dans le Maryland et les États voisins, le *riz* dans les Carolines, donnent également des produits excellents et abondants.

La culture du *chanvre* et du *lin* se déve-

[1]. Une partie du *Dacota* a été érigée en État sous le nom de *Lincoln* (carte p. 213).

loppe dans les États de la Nouvelle-Angleterre; on essaye d'acclimater le *café* dans le Texas et la Floride; la *vigne* prospère en Californie, et des millions de *mûriers* y sont plantés.

La plupart des terres cultivables sont aujourd'hui en rapport : les immenses surfaces encore vacantes qui s'étendent entre les terres à blé du Mississipi et les massifs forestiers des Montagnes Rocheuses, ne sont propres qu'aux pâturages.

C'est la zone des *runs*, comme en Australie, la prairie consacrée à l'élevage en grand du bétail. Dans aucun pays du monde, excepté l'Australie, la *proportion* du nombre des bestiaux à celui des habitants n'est plus *forte* qu'aux États-Unis.

On a calculé que pour 1 000 habitants, il y a environ 650 bœufs, 760 moutons et 700 porcs. En Europe, la moyenne des bœufs est de 300, celle des moutons 680, et celle des porcs 160 par 1 000 habitants.

~~ **Les richesses minérales.** Le sous-sol recèle à la fois l'or et l'argent qui représentent la richesse, la houille et le fer, ces instruments nécessaires de l'industrie moderne.

L'or exploité d'abord dans les *Alleghanys*, fut découvert dans la *Californie* en 1848; ensuite l'argent dans le *Nevada*. Le premier a fourni pour près de 7 milliards, l'autre pour plus de 1 milliard de francs; actuellement la production de l'or diminue, celle de l'argent augmente tous les jours.

Le fer le meilleur provient des États de la *Nouvelle-Angleterre* et de la *Pensylvanie*, puis du *Minnesota* et du *Wisconsin*.

Des bassins houillers répandus dans les *Alleghanys*, le long du Missouri et du Mississipi, près du lac *Michigan*, dans la Pensylvanie et la Nouvelle-Angleterre, occupent une superficie six fois égale à ceux de toute l'Europe réunis. Les nappes souterraines de pétrole de la Pensylvanie sont d'une extrême richesse.

Le *cuivre*, le *plomb*, l'*étain*, le *zinc* se trouvent en abondance dans divers pays; le *mercure*, à la *Nouvelle-Almaden* (Californie).

~~ **L'industrie.** — Le développement de l'industrie a été, dans ces derniers temps, artificiellement encouragé aux États-Unis, par un régime de *douanes* qui surcharge de droits les produits manufacturés venus de l'étranger.

Les Américains de l'Union tissent eux-mêmes une partie de leur coton, et pour cette industrie, viennent immédiatement après l'Angleterre. Les 100 millions de kilogrammes de laine que leur fournissent plus de 40 millions de moutons sont manufacturés presque entièrement chez eux.

Une grande partie de leur blé est réduite en farine dans leurs ports d'exportation. La préparation de leurs viandes est à elle seule une très grande industrie. Leur métallurgie a pris, dans les États de la Nouvelle-Angleterre, grâce à l'abon-

La suite page 212.

NOMENCLATURE PHYSIQUE

Latitude. — Latitude moyenne de la Méditerranée et du plateau central asiatique.

Longitude. — La longitude des côtes orientales correspond à celle des côtes occidentales de l'Amérique du Sud.

Climat. — Très variable : — analogue à celui de l'Europe méridionale en Californie ; — très rigoureux dans les États du Nord-Est ; — tropical sur les bords du golfe du Mexique.

Caps. — Hatteras, Cod ; — Mendocino.

Golfes. — Baies Delaware et Chesapeake, — *golfe du Mexique*, — baie de San-Francisco.

Iles. — Long-Island ; — flèches côtières de la Caroline, de la Floride et du Texas.

Presqu'île. — Floride.

Montagnes. — Montagnes Rocheuses et Alleghanys (voir *Amérique du Nord*, p. 204).

Fleuves. — *Atlantique :* Connecticut ; — Hudson (**New-York**) ; — Delaware (*Philadelphie*) ; — Susquehannah (*Baltimore*) ; — Potomac (*Washington*) ; — James (*Richmond*) ; — Savannah.

Golfe du Mexique : Chattahoche ; — Alabama ; — Mississipi (Saint-Paul, *Saint-Louis*, Cairo, Memphis, *Nouvelle-Orléans*) ;

Affluents de droite du Mississipi : Minnesota, Iowa, Missouri, grossi du Yellowstone et du Nebraska, Arkansas, Rivière Rouge ; — *Affluents de gauche :* Wisconsin, Illinois, Ohio (Pittsburg, Cincinnati, Louisville) grossi à g. du Kentucky et du Tennessee.

Rio Brazos ; — Rio Colorado (*Austin*) ; — Rio Grande del Norte.

Pacifique : Rio Colorado ; — San Joaquin et Sacramento ; — Columbia ou Orégon.

Lacs. — Dépendent du Saint-Laurent : les lacs Supérieur, Michigan (*Chicago*), Huron, Saint-Clair (*Détroit*), Erié et Ontario que le fleuve traverse, et le lac *Champlain* qui lui envoie ses eaux.

Sur le plateau de l'*Utah* se trouve le *Grand lac Salé* (1300 m.).

NOMENCLATURE POLITIQUE

Superficie. — 9 331 360 kil. car. (France : 529 000).

Population. — 56 millions d'hab. (France : 38 millions).

Le nombre des habitants n'était que de 4 millions, il y a moins d'un siècle (1790) ; l'immigration allemande, anglaise et irlandaise est surtout cause de l'accroissement rapide de la population. — Le nombre des Indiens indigènes n'est plus que de 70 000.

Divisions politiques. — Les États-Unis sont composés de 39 États, — d'un *district fédéral* qui comprend la capitale de l'Union (Washington), — de 8 *territoires* fédéraux, — du *territoire indien* (entre le Kansas et le Texas), — du *territoire d'Alaska*, au Nord-Ouest de l'Amérique.

Budget de la Confédération. — 2 milliards. (France : 3 milliards et demi).

Dette de la Confédération. — 8 milliards et demi ; — des États : 1 milliard et demi ; — total : 10 milliards. (France : 20 milliards.)

Armée. — *Réguliers :* 26 000 hommes ; — Miliciens organisés dans les États : 120 000 hommes ; — Citoyens aptes à faire partie de la milice en temps de guerre : 6 600 000. (France : 1 800 000).

Marine militaire. — Cuirassés : 24. France : 70).

Colonies. — Les États-Unis ont planté leur drapeau sur un grand nombre de petites îles de l'Océanie. (Voir *Petites îles de l'Océanie*, p. 179.)

Villes importantes. — New-York (1 200), dans une île, à l'embouchure de l'Hudson, à 12 jours du Havre, le 3ᵉ port de commerce du monde (après Liverpool et Londres). Près de New-York se trouvent des cités populeuses (Now-Jersey, Brooklyn, Hoboken, Long Island City) qui en sont comme les faubourgs. — Philadelphie (900), grand port de commerce, — Chicago (500), sur le lac Michigan, grand commerce de céréales et de porc salé, — Boston (360), grand port, — Saint-Louis (350), sur le Mississipi, fondé par les Français, grand entrepôt de commerce, — Baltimore (330), port important, industrie métallurgique très active, — Cincinnati (280), sur l'Ohio, centre industriel et commercial, grand commerce de porc salé, — San Francisco (230), grand port sur le Pacifique, — La Nouvelle-Orléans (216), sur le Mississippi, non loin de son embouchure, grand port, entrepôt du sucre, du coton et du café, — Pittsburg (230), industrie métallurgique,

On peut citer encore : *Cleveland*, — *Buffalo*, près du Niagara, — **Washington** (160), capitale des États-Unis. — *Newark*, — *Louisville*, — *Détroit*, — *Milwaukee*, — *Providence*.

Religions. — Il y a 6 millions de catholiques. Le reste de la population se partage entre une infinité de sectes protestantes.

NOMENCLATURE ÉCONOMIQUE

Houille. — 80 millions de tonnes par an (France : 20 millions).

Après l'Angleterre (150 millions de tonnes), aucun pays ne produit plus de houille que les États-Unis.

Minerai de fer. — 5 millions et demi de tonnes par an (France : 3 millions).

Après l'Angleterre (15 millions de tonnes), aucun pays ne fournit plus de fer et d'acier que les États-Unis.

Extraction de l'argent et de l'or. — Pour 415 millions de francs chaque année.

Céréales. — 750 millions d'hectolitres par an. (France : 250 millions).

Coton. — Valeur de la récolte annuelle : 1 milliard 200 millions de francs.

Les États-Unis produisent à eux seuls plus des 3/4 du coton du globe. — Le nombre des broches qui tissent le coton est de 11 millions (France : 5 millions).

Tabac. — Exportation annuelle : valeur 150 millions de francs.

Les États-Unis sont le pays qui produit le plus de tabac.

Commerce extérieur. — 8 milliards (France : 10 milliards).

Commerce avec la France. — 700 millions.

Mouvement des ports. — 35 millions de tonneaux (France : 20 millions).

Tonnage de la marine marchande. — 2 millions 1/2 tonneaux (France : 1 million).

Chemins de fer. — 200 000 kil. (un peu plus que tous les États d'Europe réunis).

Suite des États-Unis

dance de la houille, une importance que l'Angleterre seule dépasse.

L'étendue de leur réseau ferré est immense : trois grandes lignes joignent New-York et la Nouvelle-Orléans à San-Francisco, les lacs aux côtes de l'Orégon. Il y a, pour une population six fois moindre, un peu plus de kilomètres de voies ferrées qu'en *Europe*.

Le réseau des rivières, des lacs et des canaux, seconde l'activité des chemins de fer dont on n'a pas craint de lancer les locomotives dans des régions à demi-désertes.

Le commerce. — Le commerce des États-Unis n'est pas loin d'atteindre 10 milliards pour l'importation et l'exportation réunies ; ils possèdent une marine marchande de 4 millions de tonneaux, et qui occupe le premier rang après celle de l'Angleterre.

La *supériorité* de leurs exportations sur leurs importations est due en grande partie à leur système douanier *prohibitif*, rendu possible lui-même par une situation indépendante et une richesse naturelle exceptionnelles.

Seules les denrées coloniales et les matières premières entrent en franchise, les premières parce qu'on ne saurait s'en passer, les secondes parce que le pays en produit assez pour défier toute concurrence.

Des objets fabriqués ils achètent seulement ceux qu'ils ne produisent pas encore ou qu'ils produisent en trop petites quantités pour leur consommation, les confections, par exemple. Tel est leur genre d'importation.

A l'exportation, au contraire, ils ne se contentent pas de jeter sur le marché européen les énormes approvisionnements de *blé*, de *viande* et de *coton* nécessaires à la vieille Europe, ils y joignent déjà les produits de leur industrie, qui, grâce à la perfection de l'outillage et à l'abondance des matières premières, peuvent lutter avec avantage contre nos propres produits, sur nos propres marchés (*machines à coudre*).

Les grandes villes. — Leurs grandes villes sont toutes de grands marchés ; un grand nombre, celles de l'intérieur surtout, sont fort récentes. *Milwaukee* (115 000 hab.), *Détroit* (116 000 hab.), *Buffalo* (150 000 hab.), Saint-Louis (350 000 hab.), Chicago (500 000 hab.), sont les étapes du commerce du blé.

Fig. 100 — New-York.

San-Francisco (230 000 hab.) doit son existence à l'or et sa prospérité à l'agriculture californienne, Cincinnati (280 000 hab.) au commerce des porcs ; la Nouvelle-Orléans (216 000 hab.) est le grand port du coton.

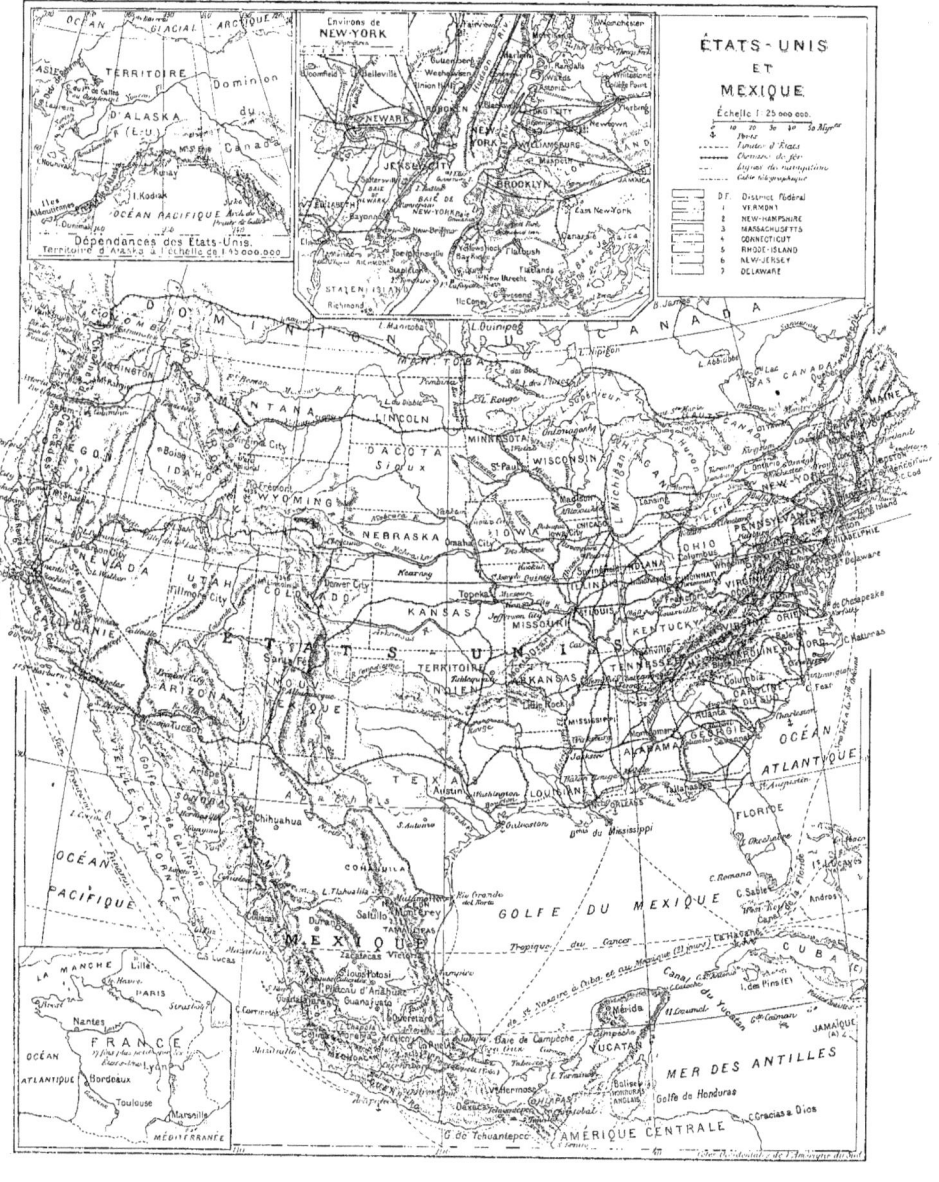

C'est surtout l'industrie qui a créé les grandes villes de la Nouvelle-Angleterre : *Washington* (160000 hab.), *Pittsburg* (230000 hab.), *Cleveland* (160000 hab.), *Baltimore* (330000 hab.), *Boston* (300000 hab.), *Philadelphie* (900000 hab.), *New-York* (fig.100) qui forme avec ses annexes une agglomération de près de 2 millions d'âmes.

~~~ **Causes de la prospérité matérielle des États-Unis.** — L'étonnante prospérité matérielle des États-Unis s'explique par la salubrité du climat, par l'immense étendue et la fécondité des terres disponibles, par le caractère énergique et entreprenant des immigrants de toute race qui sont venus y chercher une nouvelle patrie, par la liberté religieuse et politique, par les institutions **démocratiques** qui, à côté de maux sérieux tels que l'égoïsme individuel et la corruption administrative, ont produit les plus grands bienfaits, par le développement de l'*instruction populaire* et *professionnelle*, enfin par l'*esprit de travail*, d'*ordre* et de *hardiesse* tout à la fois, qui est le propre de la **nation anglaise** mère de la nation américaine.

Les Chinois aux États-Unis. — Les Chinois sont d'une rare sobriété et se contentent de salaires très minimes; ils font ainsi une rude concurrence aux ouvriers américains, et c'est là surtout ce qui, avec leurs vices, explique la haine et le mépris dont ils sont l'objet aux États-Unis. Vainement le gouvernement fédéral a interdit l'entrée du territoire de l'Union à tout Chinois dépourvu de moyens d'existence : les rusés fils du Ciel débarquent dans la Colombie britannique et franchissent clandestinement la frontière assez mal gardée de ce côté.

Six grandes compagnies ont d'ailleurs organisé leur immigration. Ils sont surtout nombreux à San-Francisco où ils se sont entassés au nombre de 25 000 dans un quartier à part qui forme comme une ville dans la ville et que l'on nomme Chinatown. Ils y font une grande consommation de riz, d'œufs de canard importés de Chine, de viande de porc dont ils ont monopolisé le commerce, de légumes particuliers qu'ils cultivent eux-mêmes dans des jardins proches de la ville. Ils boivent de l'eau-de-vie de riz. Ils vendent dans leurs boutiques très propres toutes sortes de marchandises, mais surtout du thé et des mouchoirs de soie. Ils sont employés comme ouvriers dans une foule d'industries et s'occupent des travaux de ménage dans la plupart des familles. Ils n'en sont pas moins détestés du reste des habitants.

Ils sont mieux accueillis à New-York où ils se trouvent déjà au nombre de 5 000, dont un millier sont blanchisseurs ou ouvriers cigariers.

Partout où ils s'établissent ils restent Chinois exclusivement ; jamais ils ne se mêlent au reste de la population ; ils forment un État dans l'État et obéissent à des sociétés secrètes ; leur unique but est de gagner de l'argent pour retourner dans leur patrie ; ils ne veulent pas mourir sur le sol étranger. Même lorsqu'ils y sont surpris par la mort, ils prennent d'avance leurs précautions pour y être enfin ensevelis Leurs cercueils sont soigneusement rapportés en Chine ; vivants ou morts, ils sont toujours rapatriés.

Ils ont importé avec eux en Amérique deux vices nationaux : l'opium et le jeu. Il y a maintenant des fumoirs d'opium dans toutes les villes importantes des États-Unis et les blancs y sont plus nombreux que les Chinois ; les femmes blanches mêmes n'y sont point rares. La police a essayé vainement de prohiber l'importation de l'opium. Elle n'a pas réussi davantage à interdire le jeu de loto, le jeu favori des Chinois, pire que le baccarat chez nous.

AMÉRIQUE.

CHAPITRE VII

INDES OCCIDENTALES

NOMENCLATURE PHYSIQUE

Latitude. — Sahara et Soudan, Indo-Chine.
Longitude. — Labrador, détroit de Smith.
Climat. — Tropical, malsain pour les Européens.
Cap. — San Antonio (Cuba).
Détroits. — Canaux du Yucatan, de la Floride, de Bahama, de la Jamaïque, passage de Mona.
Montagnes. — Sierra de Cuba (2800 m.) ; montagnes de Haïti ; (3100 m.) ; — montagnes de la Guyane (Parima, 2508 m.).
Fleuves de la Guyane. — Essequibo, Surinam (P*aramaribo*), Oyapoc, Maroni.

NOMENCLATURE POLITIQUE ET ÉCONOMIQUE

I. ANTILLES ESPAGNOLES.

Les Antilles espagnoles comprennent les îles de Cuba et de *Porto-Rico*.
Superficie totale. — 128 000 kil. car.
Population totale. — 2 276 000 hab.
Produits. — Le *sucre* et le *tabac*.
Villes. — La Havane (250), capitale de Cuba, grand port, — *San Juan de Porto-Rico*, cap. de Porto-Rico.

La valeur du sucre exporté chaque année de Cuba atteint 300 millions de francs ; celle du tabac atteint 70 millions de francs.

Commerce extérieur total. — 900 millions de francs (Espagne : 1 milliard 200 millions ; France : 9 milliards).
Mouvement de la navigation. — 1 000 000 de tonneaux (Espagne : 10 millions ; France : 20 millions).
Chemins de fer de Cuba. — 1 700 kilom.

II. ANTILLES ANGLAISES.

L'Angleterre possède la Jamaïque, les îles *Bahama*, et un grand nombre des *petites Antilles* : les Vierges, St-Christophe, Anguilla, Nevis, Redonda, Antigoa, la Barboude, Montserrat, la Dominique, qui forment les îles sous le Vent (*Leeward Islands*) ; — Ste-Lucie, St-Vincent, la Barbade, la Grenade, les Grenadilles et Tabago, qui forment les îles contre le Vent (*Windward Islands*) ; — enfin la *Trinité*.

On peut y joindre le *Honduras britannique* dans l'Amérique centrale.
Superficie totale. — 53 000 kil. car. (France : 599 000).
Population totale. — 1 240 000 hab. (France : 38 millions).
Budgets réunis. — 40 millions.
Dettes réunies. — 40 millions.
Commerce extérieur. — 312 millions (France : 10 milliards).
Mouvement des ports. — 4 millions de tonneaux (France : 20 millions).

1° *Honduras britannique*.

Principaux produits. — Bois de campêche et caoutchouc.
Capitale. — *Belize* (7).

2° *Ile de la Jamaïque*.

Principal produit. — Le sucre.
Ville principale. — *Kingston* (38).

3° *Iles Bahama*.

Ces îles sont partagées en 3 groupes : les îles Bahama proprement dites, — les îles Lucayes, — les îles du Passage.
Principal produit. — Les ananas.
Ville principale. — *Nassau* (dans les Lucayes).

4° *Iles sous le Vent*.

Principal produit. — Le sucre.
Principale ville. — *Saint-John* (20), dans Antigoa.

5° *Iles contre le Vent et Trinité*.

Principal produit. — Le sucre.
Principales villes. — *Bridgetown* (20), dans la Barbade, et *Spanish Port* (24), dans la Trinité.

III. ANTILLES FRANÇAISES.

Les Antilles françaises comprennent la Guadeloupe et ses dépendances, — la Martinique.

1° *Guadeloupe et dépendances*.

Les dépendances de la Guadeloupe sont les îles de *Marie-Galante*, de la *Désirade*, de la *Petite-Terre*, des *Saintes*, l'île *Saint-Martin* (partie française), l'île *Saint-Barthélemy*.
Superficie totale. — 1 866 kil. car. (1 fois le département de la Seine).
Population totale. — 200 000 hab.
Principales villes. — *La Basse-Terre* (10), capitale de la Guadeloupe, — *La Pointe-à-Pitre* (17).
Principal produit. — Le *sucre*.
Commerce extérieur. — 50 millions de francs (dont 30 millions pour l'exportation du sucre).
Commerce avec la France. — 35 millions.

2° *La Martinique*.

Superficie. — 988 kil. car. (2 fois le dép. de la Seine).
Population. — 170 000 hab.
Principales villes. — *Fort-de-France* (15), capitale de la Martinique, — *St-Pierre* (21).
Principal produit. — Le *sucre*.
Commerce extérieur. — 70 millions de francs (dont 20 millions pour l'exportation du sucre).
Commerce avec la France. — 35 millions.

IV. ANTILLES DANOISES.

Les Antilles danoises comprennent les îles *Sainte-Croix*, — de *Saint-Thomas*, — de *Saint-Jean*.
Superficie totale. — 358 kil. car.
Population totale. — 30 763 hab.
Capitale. — *Charlotte-Amalia*, grand port, dans Saint-Thomas.

V. COLONIES HOLLANDAISES DES INDES OCCIDENTALES.

Ces possessions que les Hollandais désignent sous le nom de colonie de Curaçao comprennent plusieurs des îles sous le Vent (*Oruba*, *Curaçao* et *Bonaire*), plusieurs îles des Antilles (*Saint-Eustache*, partie de *Saint-Martin*, Saba).
Superficie totale. — 1 100 kil. car.
Population totale. — 42 000 hab.
Commerce extérieur. — 16 millions de fr.
Capitale. — *Willemstadt*, dans l'île de Curaçao.

VI. ILE D'HAITI.

L'île d'Haïti comprend deux États : la république d'Haïti (à l'Ouest) et la république dominicaine (à l'Est).

Superficie totale. 77254 kil. car. (France : 529 000).
Population totale. — 850 000 hab. (France : 38 millions), en majeure partie *nègres* et *mulâtres*.

1° *République d'Haïti.*
Population. — 550 000 hab.
Budget. — 30 millions.
Dette. — 60 millions.
Armée. — 7 000 hommes.
Principal produit. — Le café.
Capitale. — *Port-au-Prince* (35).
Langue dominante. — Le français.
Commerce extérieur. — 80 millions de francs (dont 50 millions pour l'exportation du café).

2° *République Dominicaine.*
Population. — 300 000 hab.
Budget. — 35 millions.
Dette. — 27 millions.
Principal produit. — Le tabac.
Capitale. — *Saint Domingue* (16).
Langue dominante. — L'espagnol.
Commerce extérieur. — 25 millions de fr.

VII. GUYANES EUROPÉENNES.

1° *Guyane anglaise.*
Superficie. — 221 000 kil. car. (France : 529 000).
Population. — 250 000 hab.
Capitale. — *Georgetown* (40).
Commerce extérieur. — 100 millions.
Chemins de fer. — 34 kil.

2° *Guyane française.*
Superficie. — 121 000 kil. car. (France : 529 000).
Population. — 27 000 hab. (France : 38 millions).

La Guyane est un lieu de déportation.

Capitale. — *Cayenne.*
Commerce extérieur. — 8 millions (France : 10 milliards).

3° *Guyane Hollandaise ou Colonie de Surinam.*
Superficie. — 120 000 kil. car. (France : 529 000).
Population. — 70 000 hab. (France : 38 millions).
Capitale. — *Paramaribo* (27).

~~~ **Ce qu'on entend par Indes occidentales.** — Lorsque Christophe Colomb, en 1492, se dirigeait vers l'Ouest, c'est aux Indes qu'il pensait aller et c'est au Japon qu'il crut avoir débarqué, lorsqu'il toucha aux rivages de *Cuba*. Son illusion était partagée par tous ses contemporains, et même lorsqu'elle fut dissipée, on conserva le nom d'*Indes occidentales* à la région insulaire de l'Amérique centrale.

Ces îles sont d'ailleurs aussi riches que les Indes de l'Orient, et leur population est considérable.

Bien que leur ancienne population, les *Caraïbes*, ait été détruite, les Grandes Antilles sont relativement plus peuplées que les autres régions de l'Amérique, et les Petites Antilles dépassent par la densité de leurs habitants tous les pays de l'Europe. Malgré un climat malsain, des tremblements de terre et des cyclones fréquents, Espagnols, Français, Anglais, Hollandais, nègres affranchis ou esclaves, se pressent entre leurs rives resserrées, et les *coolies* ou travailleurs chinois, commencent à arriver en grand nombre.

~~~ **Partage politique.** (Pour le détail, voir la nomenclature). — Sauf *Haïti* et quelques îlots vénézuéliens, toutes les Antilles appartiennent à des États européens.

1° L'Espagne, jadis unique souveraine des Indes américaines a conservé **Cuba** et *Porto-Rico* qui égalent en superficie le cinquième de la France et ont plus de 2 *millions* d'habitants, près de la moitié de la population de toutes les Antilles.

2° L'Angleterre s'est emparée pendant les guerres du dix-huitième siècle et celles de la Révolution et de l'Empire, de la plupart des petites îles et de la *Jamaïque*. Ses possessions sont quatre fois moins étendues que celles de l'Espagne, mais relativement plus peuplées (1 200 000 hab.).

3° La France, maîtresse autrefois de presque toutes les petites Antilles, en a conservé deux des plus belles, la *Guadeloupe* et la *Martinique*, et quelques îlots (370 000 h.).

4° La Hollande possède principalement le long de la côte de Vénézuéla, l'île de *Curaçao* et ses annexes (42 000 hab.).

5° Enfin le Danemark a, près de Porto-Rico, *Saint-Thomas* et deux autres îles (33 000 hab.).

~~~ **Diversité de régime.** — Suivant la nation à laquelle elles appartiennent, ces îles ont un régime différent.

Deux des grandes îles espagnoles ont conservé l'*esclavage* des nègres et ne l'abolissent que par degrés, tandis qu'il a été supprimé d'un seul coup dans les autres Antilles.

La grande culture de la canne à sucre, du café et du tabac y a évité ainsi une crise économique qui a sévi partout ailleurs et qui a rendu nécessaire l'appel de travailleurs chinois.

Elles subissent d'autre part des *droits* tellement élevés sur l'importation et même sur l'exportation (reste de l'ancien système du monopole métropolitain), que le commerce en est gravement entravé et que des tendances séparatistes se sont manifestées par de sanglantes révoltes.

Les autres îles, au contraire, développent librement leur prospérité, et les colonies anglaises, en particulier, s'administrent presque entièrement elles-mêmes.

~~~ **Les cultures.** — Les Indes occidentales sont avant tout des *colonies agricoles*; leurs richesses minérales n'ont jamais eu d'importance. Leurs forêts ont presque entièrement disparu, si ce n'est à la Jamaïque.

De grands propriétaires continuent à y cultiver la canne à sucre, le tabac et le café. La canne à sucre qui subit aujourd'hui la concurrence du sucre de betterave sur les marchés européens, a été en partie délaissée, sauf à *Cuba* qui reste pour cette production le *premier* pays du monde, comme elle est le *second* pour celle du tabac. La culture du café qui est en progrès, donne dans l'ensemble des Antilles une récolte au moins égale à celle du Brésil et de Java.

~~~ **Importance commerciale.** — Sucre de canne, tabac, café, alimentent principalement le commerce des Antilles.

Malgré les entraves douanières, Cuba exporte annuellement pour 300 *millions de francs de* sucre et 70 millions de *tabac*; Porto-Rico, pour 112 millions de sucre, de café et de tabac.

Les colonies anglaises exportent environ 100 millions de sucre. La Martinique et la Guadeloupe réunies font annuellement un commerce d'exportation, surtout en sucre et café, qui atteint 50 millions, et ne le cède à celui d'aucune autre colonie française, si l'on excepte l'Algérie.

L'importance commerciale des Antilles ne tient pas seulement à leur richesse agricole, mais encore à leur *situation géographique*: elles occupent les avenues de toutes les côtes intérieures de l'Amérique centrale et *commandent* les débouchés maritimes de la grande vallée du Mississippi.

Il a suffi aux Danois de déclarer port franc la petite ville de *Charlotte-Amalia*, dans l'île de Saint-Thomas, pour qu'elle devint point de relâche de tous les navires qui font le service de l'Amérique centrale et de la Nouvelle-Orléans.

La Havane, mieux située encore, à l'extrémité occidentale de Cuba, qui s'allonge entre la Floride et le Yucatan, est la *clef* de tout le golfe.

Ni la guerre civile, ni la dureté du système douanier espagnol, n'ont pu diminuer son importance. Elle a 205 000 habitants, le mouvement de son port dépasse 1 million de tonneaux et le chiffre de son commerce 700 millions. C'est une des *grandes places* du globe.

~~~ **Importance politique.** — Les Antilles doivent aussi à leur situation géographique une importance *politique* qui s'accroîtra encore lorsque le *canal de Panama* sera terminé.

Bien que la doctrine, dite de *Monroë*, professée par les Américains du Nord, exclue du Nouveau-Monde toute influence européenne, la seule possession des Antilles (dont la superficie totale n'égale pas la moitié de la France), confère aux États d'Europe des intérêts et des moyens d'action considérables en Amérique.

En cas de guerre avec les États-Unis ils pourraient *bloquer* la Nouvelle-Orléans, ou quand le canal sera ouvert, empêcher toute communication maritime rapide entre San Francisco et New-York.

~~~ **Guyanes.** — Les *Guyanes* an-

glaise, française et hollandaise sont loin d'avoir la même importance que les Antilles, bien qu'elles soient plus étendues et que leur climat (contrairement à un préjugé trop répandu) ne soit pas plus insalubre.

L'exploitation de l'or, l'introduction de *coolies*, l'élevage du bétail, pourront les rendre prospères. L'exportation des *bois* y est l'objet d'un commerce important. Notre port de *Cayenne* est malheureusement moins actif que *Paramaribo* (Guyane hollandaise) et surtout que *Georgetown* (Guyane anglaise).

La Guyane et le problème pénitentiaire, d'après M. Léveillé. — La Guyane est plus malheureuse qu'elle ne le mérite et elle vaut mieux que sa réputation. La zone littorale, large de 20 à 40 kilomètres, inondée par les pluies de l'hivernage, sèche en été, est très fertile et pourrait devenir très productive, si elle était aménagée par un vaste système de canalisation. Les terres hautes qui s'étagent dans l'intérieur jusqu'aux monts de Tumuc-Humac, à 1000 ou 1200 mètres d'altitude sont couvertes d'arbres de toute sorte. Le territoire contesté, qu'il serait aisé de partager une fois pour toutes avec le Brésil renferme aussi de vastes prairies et d'immenses forêts. Le climat n'est pas irrémédiablement malsain : des quarantaines rigoureuses pourraient empêcher l'invasion périodique de la fièvre jaune ; l'eau du ciel reçue dans des citernes et servant d'eau potable ne causerait pas de dyssenteries ; un régime substantiel et l'abstention de tout excès préserveraient de l'anémie ; enfin les fièvres paludéennes seraient combattues par des précautions hygiéniques prises lors des défrichements. Ce qui manque le plus à la Guyane ce sont des bras.

L'émancipation brusque des esclaves a supprimé le travail des noirs ; personne ne s'occupe d'approvisionner les Indiens ; l'introduction de coolies indous a été interdite : les Chinois qui ne s'attachent jamais au sol sont plus nuisibles qu'utiles ; depuis la découverte de l'or ce qui restait de travailleurs agricoles est allé aux mines. Les lois pénitentiaires fourniront-elles du moins à la Guyane la main d'œuvre qui lui manque?

1° La loi de 1850 a institué la *déportation* politique; elle n'a pas profité à la colonie, car les condamnés politiques ne peuvent être astreints à aucun travail, et ne gardent jamais l'espoir de revenir en France.

2° La loi de 1854, en vidant les bagnes de France, a ordonné la *transportation* des criminels de droit commun ; elles les astreint à une discipline militaire et permet à l'administration de les employer aux plus rudes corvées; s'ils se conduisent bien, ils peuvent obtenir des concessions de terre et la permission de se marier. On peut à la rigueur coloniser avec des forçats.

Le dépôt de la transportation et des ateliers pour la confection des vêtements sont installés aux Îles du Salut. Des forçats, logés dans une grande caserne, assurent à Cayenne le service de la rade et du port, en même temps que la propreté de la ville.

Il y a quelques champs de culture et un parc à bestiaux à Kourou. Enfin le véritable centre pénitentiaire est à Saint-Laurent. C'est une sorte de cité ouvrière administrative où les forçats apparemment un métier ou l'agriculture coloniale. Mais le régime est trop doux et la plupart des criminels préfèrent l'inaction du bagne aux fatigues de la vie libre. D'ailleurs, depuis 1867 on ne transporte plus à la Guyane que des Arabes et des noirs travailleurs inhabiles et inutiles.

3° La loi de 1885 a introduit dans notre législation le système de la *relégation* des récidivistes. Elle n'a pas encore été appliquée à la Guyane et ne produira de résultats que si elle est exécutée avec vigueur et unité de vues. On sera amené par la force des choses à n'expulser que les récidivistes incorrigibles et à les assimiler aux transportés ordinaires. Peut-être alors fournira-t-elle à la Guyane la main-d'œuvre que réclame la colonie.

AMÉRIQUE.
CHAPITRE VIII
RÉPUBLIQUES ESPAGNOLES

I. PETITES RÉPUBLIQUES DE L'AMÉRIQUE CENTRALE.

NOMENCLATURE PHYSIQUE

Latitude : Sénégal, Saïgon, Philippines. — *Longitude* : Baie d'Hudson. — *Climat* très chaud ; tempéré seulement sur les hauteurs. — *Montagnes*. (Voir *Amérique Centrale*, p. 204) — *Fleuves*: Rio Coco, Rio San Juan (lacs de Managua et de Nicaragua). — *Cap* : Gracias à Dios. — *Golfe* de Honduras, golfe Dulce, golfe de Nicoya, baie de Fonseca.

NOMENCLATURE POLITIQUE ET ÉCONOMIQUE

Superficie. — *Costa-Rica* : 51760 kil. car.
Guatémala : 121140 kil. car.
Honduras : 120480 kil. car.
Nicaragua : 133800 kil. car.
Salvador : 18720 kil. car.
Total : 415000 kil. car. (France : 529000).
Population. — *Costa-Rica* : 210000 hab.
Guatémala : 1284000 hab.
Honduras : 350000 hab.
Nicaragua : 300000 hab.
Salvador : 610000 hab.
Total : 2754000 h. (France : 38 millions).
Budgets réunis. — 50 millions.
Dettes réunies. — 100 millions.
Armées réunies. — 50000 miliciens.
Villes principales. — Costa-Rica : *San José*, capitale. — *Punta Arenas*, port sur le Pacifique, et *Limon*, port sur la mer des Antilles; — Guatémala : *Guatémala* (60), capitale et port sur le Pacifique ; — Honduras : *Tegucigalpa*, capitale; — Nicaragua : *Managua*, capitale, — *Léon* (30) près du Pacifique; — Salvador : *San Salvador*, capitale, — Santa Anna.
Religion. — Catholicisme.
Produits. — Le café, surtout dans Costa-Rica ; — *les métaux précieux*, surtout dans Honduras.
Commerce extérieur. — *Total* : 140 millions (France : 10 milliards).
Tonnage des marines marchandes. — 150000 tonneaux (France : 1 million).
Chemins de fer. — 170 kil. dans *Costa-Rica* (France : 32 000).

II. BOLIVIE.

Carte : États occidentaux de l'Amérique du Sud, p. 217.

NOMENCLATURE PHYSIQUE

Latitude : Madagascar, Australie septentrionale. — *Longitude* : Nouvelle-Écosse, Patagonie. — *Climat* très pluvieux et très chaud sur les pentes orientales des Andes ; plus modéré sur le plateau. — *Montagnes* : Andes boliviennes (Sorata, Illimani, Sajama). — *Fleuves*: Madeira, Paraguay. — *Lacs* : Titicaca et Aullagas.

NOMENCLATURE POLITIQUE ET ÉCONOMIQUE

Superficie. — 1920000 kil. car. (France : 529000).
Population. — 2300000 hab. (France : 38 millions).
Divisions administratives. — 9 départements.
Budget. — 25 millions (France : 3 milliards et demi).

Dette. — 110 millions (France: 20 milliards).
Armée. — 3000 hommes.
Principales villes. — *Sucre* (12), capitale. — la *Paz* (27), — *Cochabamba*, — *Potosi*, situé à plus de 4000 mètres d'altitude.
Religion. — Catholicisme.
Produits. — *Argent*, nitrate de soude.

La Bolivie est, après le Mexique, le pays qui a produit le plus d'argent; l'exportation annuelle de ce métal atteint 30 millions de fr. — Le *nitrate* de soude est tiré du désert d'Atacama, actuellement aux mains des Chiliens.

Commerce extérieur. — Dépassait 70 millions de francs avant la guerre avec le Chili.
Chemins de fer. — 50 kil.

III. CHILI.

Carte : États occidentaux de l'Amérique du Sud, p. 217.

NOMENCLATURE PHYSIQUE

Latitude : Le Cap, Victoria et Nouvelle-Galles du Sud. — *Longitude* : Haïti, détroit de Smith. — *Climat* tempéré, voisin de celui de l'Europe. — *Îles* : Juan Fernandez (carte p. 208), Chiloë et archipel Patagon. — *Montagnes* : Andes chiliennes (Aconcagua).

NOMENCLATURE POLITIQUE ET ÉCONOMIQUE

Superficie. — 730000 kil. car. (France : 529000).

Par le traité de paix de 1883, le Chili a enlevé à la Bolivie, le désert d'*Atacama*. En outre, il occupe provisoirement les provinces péruviennes de *Tacna* et *Arica*.

Population. — 2250000 hab. (France : 38 millions).
Divisions administratives. — Le Chili est divisé en 21 provinces.
Budget. — 150 millions.
Dette. — 400 millions.
Armée. — 14000 réguliers et 50000 gardes nationaux.
Marine militaire. — Cuirassés : 9.
Villes principales. — *Santiago* (200), capitale du Chili, — *Valparaiso* (100), grand port de commerce, — *Valdivia* et Chillan.
Religion. — Catholicisme.
Produits. — Le *cuivre* et le nitrate de soude; le guano ; le blé.

Ces produits figurent pour les 2/3 dans le montant de l'exportation.

Commerce extérieur. — 800 millions de francs (France : 10 milliards).
Commerce avec la France. — 50 millions.
Mouvement des ports. — 11 millions de tonneaux (France : 10 millions).
Tonnage de la marine marchande. — 50000 tonneaux (France : 1 million).
Chemins de fer. — 2300 kil. (France : 32 000).

IV. COLOMBIE (ÉTATS-UNIS DE)

Carte : Amérique centrale, p. 206.

NOMENCLATURE PHYSIQUE

Longitude : États-Unis du Nord-Est. — *Latitude* : Gabon, Malacca. — *Climat*: équatorial; tempéré seulement sur les montagnes. — *Cap Gallinas*. — *Presqu'île* d'Azuero. — *Golfes* de Darien et de Panama. — *Montagnes* : Andes septentrionales, sierra Nevada et Sainte-Marthe. — *Fleuves* : Atrato, Rio Magdalena (*Carthagène*), grossi du Rio Cauca ; affluents de l'Orénoque et de l'Amazone.

NOMENCLATURE POLITIQUE ET ÉCONOMIQUE

Superficie. — 830700 kil. car. (France : 529000).

Population. — 3 millions d'hab. (France : 38 millions).
Grandes divisions. — Les États-Unis de Colombie comprennent 9 *États confédérés* dont un s'étend sur l'isthme de Panama.
Budget de la Confédération. — 30 millions.
Dette de la Confédération. — 120 millions.
Armée de guerre. — 30 000 hommes.
Principales villes. — *Bogota* (25), capitale, — *Panama*, sur le Pacifique, — *Aspinwall* ou *Colon* sur la mer des Antilles, — *Médellin* (20).
Principaux produits. — Quinquina, café, tabac et peaux.
Commerce extérieur. — 100 millions de francs (France : 10 milliards).
Mouvement des ports. — 1 500 000 tonneaux (France : 20 millions).
Tonnage de la marine marchande. — 16 000 tonneaux (France : 1 million).
Chemins de fer. — 225 kil., dont 75 dans l'*isthme de Panama* (France : 32 000).

V. ÉQUATEUR.

Carte : États occidentaux de l'Amérique du Sud, p. 217.

NOMENCLATURE PHYSIQUE

Longitude : États-Unis du Nord-Est. — *Latitude :* lac Victoria, île Célèbes. — *Climat :* Supportable seulement dans la montagne. — *Golfe :* de Guayaquil. — *Iles :* Gallapagos. — *Montagnes :* Andes de Quito (Cotopaxi, Chimborazo). — *Rivières :* affluents de l'Amazone.

NOMENCLATURE POLITIQUE ET ÉCONOMIQUE

Superficie. — 613 295 kil. car. (France : 529 000).
Population. — 946 000 hab.
Budget. — 25 millions.
Dette. — 80 millions.
Armée. — 5 000 hommes.
Divisions administratives. — 12 *provinces.*

Les îles Gallapagos (carte p. 208), situées en face de l'Équateur, dépendent de cette république.

Villes principales. — *Quito* (80), capitale, bâtie à 3 000 mètres au-dessus du niveau de la mer. — *Guayaquil*, port important, — Cuenca (30).
Principal produit. — Cacao.
Commerce extérieur. — 60 millions (France : 10 milliards).
Chemins de fer. — 150 kil. (France : 32 000).

VI. LA PLATA (Rép. Argentine).

Carte : Paraguay, Uruguay, etc., p. 208.

NOMENCLATURE PHYSIQUE

Latitude : Le Cap, Victoria, Nouvelle-Galles. — *Longitude :* Golfe du Saint-Laurent. — *Climat* tempéré sur la côte ; pluvieux et chaud dans la plaine septentrionale ; très sec, au contraire, dans la plaine méridionale. — *Montagnes :* Andes chiliennes et boliviennes. — *Fleuves :* 1° La Plata (*Buenos-Ayres*), formé de l'Uruguay et du Parana, grossi à dr. du Salado et du Paraguay, qui reçoit le Vermejo et le Pilcomayo ; 2° Rio Colorado; 3° Rio Negro. — *Lagunes* des Pampas.

NOMENCLATURE POLITIQUE ET ÉCONOMIQUE

Superficie. — 2 835 070 kil. car. (France : 529 000).

Les territoires patagoniens sont compris dans cette superficie.

Population. — 2 910 000 hab. (France : 38 millions).

AMÉRIQUE.

Budget fédéral. — 220 millions.
Dette fédérale. — 600 millions.
Armée. — 6 000 réguliers, 300 000 gardes nationaux.
Grandes divisions. — La République Argentine comprend 14 *États* et 9 *territoires fédérés.*
Villes principales. — Buenos-Ayres (350) *capitale fédérale*, grand port sur l'estuaire du Rio de la Plata, — *Cordova*, — *Tucuman*, — *Rosario*, port du Parana.
Laine. — L'exportation des laines s'élève à 160 millions de francs.
Commerce extérieur. — 800 millions de francs (France : 10 milliards).
Commerce avec la France. — 300 millions.
Mouvement des ports. — 3 millions de tonneaux (France : 20 millions).
Tonnage de la marine marchande. — 140 000 tonneaux (France : 1 million).
Chemins de fer. — 4 500 kil. (France : 32 000).

En face des côtes patagoniennes de la République argentine se trouve la *colonie anglaise* des îles Falkland.

Iles Falkland.
Carte : Amérique du Sud, p. 206.

Superficie. — 12 532 kil. car. (3 fois le dép. de la Seine).
Population. — 1 553 hab.
Chef-lieu. — *Port Stanley* (dépôt de charbon).
Moutons. — L'élevage des *moutons* et l'exportation de la *laine* y prennent une grande importance.
Commerce extérieur. — 3 millions de francs.

VII. MEXIQUE.
Carte : États-Unis et Mexique, p. 213.

NOMENCLATURE PHYSIQUE

Longitude : archipel Polaire. — *Latitude* : Sahara, Arabie, Bengale, Tonkin. — *Climat* : très chaud sur les côtes ; tempéré sur les pentes du plateau ; très sec sur le plateau. — *Caps* : San Lucas, Corrientes, Catoche. — *Presqu'îles* : Californie et Yucatan. — *Golfes* : de Californie et de Téhuantepec, baie de Campêche. — *Iles* : Revillagigedo (carte p. 205). — *Montagnes* : voir *Amérique du Nord*, p. 204. — *Fleuves* : Rio Grande del Norte (*Matamoros*). — *Lacs* : de Tlahualila, de Chapala, de Mexico lagunes entières du golfe du Mexique.

NOMENCLATURE POLITIQUE ET ÉCONOMIQUE

Superficie. — 1 945 000 kil. car. (France : 529 000).
Population. — 10 500 000 hab. (France : 38 millions).
Budget fédéral. — 200 millions.
Dette fédérale. — 800 millions.
Armée. — 20 000 hommes.
Divisions politiques. — La république mexicaine est une confédération composée de 27 *États*, — d'un *district fédéral* et d'un *territoire*.
Villes importantes. — Mexico (250 000 hab.), capitale de la République, — *Guadalajara* (80), université. — *Puebla* (65), place forte, — *Guanajuato*, Vera-Cruz et *Tampico*, ports sur le golfe du Mexique, — *Acapulco*, port sur le Pacifique.
Métaux précieux. — C'est la grande richesse du pays.

De 1521 à 1875, le Mexique a produit pour plus de 900 millions d'or et pour 16 milliards d'argent.

Commerce extérieur. — 310 millions de francs (France : 10 milliards).
Commerce avec la France. — 25 millions.
Mouvement des ports. — 2 millions de tonneaux (France : 20 millions).
Tonnage de la marine marchande. — 20 000 tonneaux (France : 1 million).
Chemins de fer. — 6 000 kil. (France : 32 000).

VIII. PARAGUAY.
Carte : Paraguay, Uruguay, etc., p. 220.

NOMENCLATURE PHYSIQUE

Latitude : Transvaal et Queensland. — *Longitude* : Terre-Neuve. — *Climat* : pluvieux et chaud. — *Fleuves* : Parana et Paraguay (*Assomption*).

NOMENCLATURE POLITIQUE ET ÉCONOMIQUE

Superficie. — 238 280 kil. car. (la moitié de la France).
Population. — 291 000 hab. (France : 38 millions).
Budget. — 5 millions.
Dette. — 80 millions.
Ville principale. — *Assomption* (ou *Asuncion*), capitale de la République.
Produits. — L'*herbe maté* (ou thé du Paraguay), le café et le tabac.
Commerce extérieur. — 15 millions (Fr. : 10 milliards).
Chemins de fer. — 72 kil. (France : 32 000).

IX. PÉROU.
Carte : États occidentaux de l'Amérique du Sud, p. 217.

NOMENCLATURE PHYSIQUE

Latitude : Congo, îles de la Sonde. — *Longitude* : États-Unis du Nord-Est. — *Climat* très chaud et excessivement sec sur la côte. — *Montagnes* : Andes péruviennes. — *Fleuves* : Amazone et ses affluents supérieurs. — *Lac* : Titicaca.

NOMENCLATURE POLITIQUE ET ÉCONOMIQUE

Superficie. — 1 000 000 kil. car. (France : 529 000).
Population. — 3 millions d'hab. (France : 38 millions).
Budget. — *Avant la guerre avec le Chili* 300 millions.
Dette. — *Avant la guerre*, 1 milliard.
Armée. — *Avant la guerre*, 16 000 hommes.
Marine. — 1 cuirassé, au lieu de 6 avant la guerre.
Divisions administratives. — Le Pérou est divisé en 21 *départements*.
Principales villes. — Lima (100 000 hab.), capitale du Pérou, — *Callao*, grand port sur le Pacifique, — *Arequipa*.
Principaux produits. — Guano, *salpêtre*, argent, sucre.

L'exportation annuelle du guano atteignait avant la guerre une valeur de 40 millions de francs. — De 1833 à 1875 le Pérou a fourni pour plus de 7 milliards d'argent.

Commerce extérieur. — *Avant la guerre*, 350 millions de francs (France : 10 milliards).
Commerce avec la France. — 30 millions.
Tonnage de la marine marchande. — 50 000 tonneaux (France : 1 million).
Chemins de fer. — 2 500 kil. (France : 32 000).

X. URUGUAY.
Carte : Paraguay, Uruguay, p. 220.

NOMENCLATURE PHYSIQUE

Latitude : Le Cap, Nouvelles-Galles du Sud.

— *Longitude* : Terre-Neuve. — *Climat* du Sud de l'Europe. — *Montagnes* : extrémité méridionale des hauteurs Brésiliennes. — *Fleuves* : La Plata (*Montevideo*) et Uruguay.

NOMENCLATURE POLITIQUE ET ÉCONOMIQUE

Superficie. — 186 920 kil. car. (France : 529 000).
Population. — 438 245 hab. (France : 38 millions).
Principale ville. — Montevideo (100), capitale et grand port sur l'estuaire du *Rio de la Plata*.
Budget. — 50 millions.
Dette. — 300 millions.
Armée. — 5000 réguliers et 20 000 gardes nationaux.
Bestiaux. — Les bestiaux et leurs produits forment la presque totalité de l'exportation.
Commerce extérieur. — 210 millions de francs (France : 10 milliards).
Commerce avec la France. — 50 millions.
Mouvement des ports. — 3 millions de tonneaux.
Tonnage de la marine marchande. — 3 000 tonneaux (France : 1 million).
Chemins de fer. — 420 kil. (France : 32 000).

XI. VENEZUELA (États-Unis de).
Carte : Amérique centrale, p. 206.

NOMENCLATURE PHYSIQUE

Latitude : Gabon, Malacca. — *Longitude* : Nouvelle-Écosse, Patagonie. — *Climat* très chaud et malsain pour les Européens. Pluies et chaleurs équatoriales. — *Presqu'îles* de Guajira, de Paraguana et de Paria. — *Golfe* de Vénézuéla. — *Lagune* de Maracaybo. — *Ile* Margarita. — *Montagnes* du Vénézuéla et de la Guyane. — *Fleuves* : Orénoque, — affluents de Rio Negro (*Amazones*).

NOMENCLATURE POLITIQUE ET ÉCONOMIQUE

Superficie. — 1 138 000 kil. car. (France : 529 000).
Population. — 2 075 415 hab. (France : 38 millions).
Budget fédéral. — 25 millions.
Dette fédérale. — 100 millions.
Grandes divisions. — Le Vénézuéla est une confédération de 8 *États*, 5 *territoires* et une *colonie*.
Villes principales. — *Caracas* (55), capitale fédérale, — *Valencia*, — *La Guayra*, port de commerce.
Principaux produits. — Café, cacao, quinquina et peaux.
Commerce extérieur. — 160 millions de francs (France : 10 milliards).
Chemins de fer. — 150 kil.

L'ancien empire espagnol.

Au début de ce siècle, toute l'Amérique du Sud, moins la Patagonie, le Brésil et les Guyanes appartenait à l'Espagne. Avec l'Amérique centrale et le Mexique, cet empire colonial couvrait une superficie de 12 millions de kilomètres carrés.

Il était divisé en vice-royautés de la *Nouvelle-Espagne* (Mexique), de la *Nouvelle-Grenade*, du *Pérou*, de la *Plata*, et en capitaineries générales de la *Havane*, de *Guatemala*, de *Caracas* et du *Chili*.

venturiers (*Fernand Cortez, Pizarre*, etc.) pour conquérir d'antiques empires établis sur les plateaux du Mexique, de Bogota et du Pérou. Les malheureux indigènes ne firent que changer de maîtres. Le despotisme espagnol remplaça celui de leurs Caciques et de leurs Incas. Bien que convertis au catholicisme, ils continuèrent à être exploités comme un vil bétail.

Jamais la métropole ne songea à créer dans ses États d'outre-mer de véritables colonies. Elle en tirait tous les ans des monceaux d'or et d'argent ; maîtresse absolue de leur commerce, elle leur interdisait toute industrie et les obligeait à n'acheter que ses produits. Les Espagnols américanisés, les *créoles*, qui méprisaient les indigènes, étaient à leur tour méprisés par leurs compatriotes d'Europe envoyés pour les gouverner ou les exploiter. A l'*oppression générale* se joignaient ainsi de terribles haines de race. Cependant l'invasion de l'Espagne par Napoléon Ier, donna le signal de la *révolution* qui, inspirée par les idées françaises, émancipa les colonies d'Amérique. Son chef principal, le Vénézuélien *Simon Bolivar* a mérité d'être surnommé le *Libérateur*.

~~~ **Les républiques actuelles.** — Les colonies affranchies se partagèrent en un certain nombre de Républiques. Mais comme elles étaient peuplées en grande majorité d'indiens à demi-sauvages, et qu'elles n'avaient reçu auparavant aucune éducation politique, livrées tout à coup à elles-mêmes, elles ont dû faire un pénible apprentissage de la *liberté*.

D'incessantes *révolutions* les ont bouleversées ; les guerres d'État à État comme les luttes des partis y ont été envenimées par des rivalités de race. (Luttes de La Plata contre le Paraguay, du Chili contre le Pérou). Partout les partisans d'un pouvoir *unitaire* et ceux de la forme *fédérative* se sont disputé la prépondérance. Actuellement sur **dix-sept** républiques, quatre ont, après bien des vicissitudes, adopté la forme *fédérative* ; ce sont les États-Unis du *Mexique*, de *Colombie*, de *Vénézuéla* et de *la Plata*. Les États centralistes sont : les républiques de l'Amérique centrale, *Guatémala, Honduras, Costa-Rica, Salvador, Nicaragua*, les deux républiques d'*Haïti* et de *Saint-Domingue* (v. p. 215) ; l'*Équateur*, le *Pérou*, la *Bolivie*, le *Paraguay*, l'*Uruguay* et le *Chili*. Dans les premières dominent les rivalités entre provinces, dans les autres, les rivalités des partis politiques et de couleur.

~~~ **Population ; grandes villes.** — La superficie totale des dix-sept républiques réunies est de 11 150 000 kilomètres carrés, et leur population ne s'élève pas à 30 *millions* d'habitants, c'est-à-dire, que pour une superficie près de 20 fois égale à celle de la France, elles ne réunissent pas autant d'habitants qu'elle.

La moyenne générale est de 26 habitants environ par 10 kilomètres carrés (710 en France).

De vastes espaces tels que la Patagonie, le grand Chaco, les plateaux glacés et les forêts des Andes, les *Llanos* ou steppes de l'Orénoque, la presqu'île de Californie et la Sierra Madre au Mexique, sont parcourus seulement par quelques Indiens *bravos*, c'est-à-dire sauvages.

Aussi les grandes *villes* sont-elles rares : cinq dépassent 100 000 habitants. La plus considérable est **Buenos Ayres** (350 000 h.) capitale et district *fédéral* de la confédération argentine.

Mexico, capitale du Mexique, a environ 250 000 habitants et se développe rapidement, depuis que le sentiment national surexcité par l'expédition néfaste de Napoléon III a affermi les institutions républicaines et resserré l'union des provinces.

Le **Chili** qui a été moins troublé que les autres républiques espagnoles a pour capitale Santiago, peuplée de 200 000 âmes, et son grand port Valparaiso, en a plus de 100 000. Avant la guerre du Chili, la capitale du Pérou, **Lima**, dépassait aussi 100 000 âmes.

Six autres villes ont plus de 50 000 habitants : *Montevideo* (100 000) la rivale commerciale de Buenos Ayres ; trois grandes villes mexicaines, *Guadalajara* (80 000), *Puebla* (65 000) et *Guanajuato* (56 000) : *Guatémala*, et *Caracas* capitale du Vénézuéla (55 000 habitants).

Tous ces pays sont neufs ; c'est à peine s'ils ont fixé leurs limites et ébauché leur organisation politique. Mais la race blanche y absorbe peu à peu l'élément indien ; la majeure partie de la population est aujourd'hui composée de *métis* et elle est d'une fécondité remarquable. Un grand avenir est réservé à ces *néo-latins* d'Amérique, élevés à l'école intellectuelle de la France, lorsqu'ils seront assez nombreux pour tirer réellement parti des richesses naturelles de leur patrie.

~~~ **Richesse et exploitation minérales.** — L'abondance des métaux précieux dans l'Amérique espagnole est proverbiale. Depuis sa découverte jusqu'en 1875, le **Mexique** a fourni pour plus de 16 milliards d'argent et le *Pérou* réuni à la *Bolivie*, autant. Le Mexique et la Bolivie en produisent encore de grandes quantités.

La *Colombie* et le *Vénézuéla* ont été de grands producteurs d'or : c'étaient les pays de l'*Eldorado*. Aujourd'hui l'or y est devenu rare.

On exploite beaucoup de **cuivre** au Chili, des dépôts de **salpêtre** sur les hauts plateaux peu arrosés du Mexique et surtout sur les côtes arides du Pérou, de la Bolivie et du Chili.

Il y a du **mercure** au Pérou et dans l'Amérique centrale : les régions volcaniques du Mexique, du Guatémala, du Pérou abondent en *huiles minérales ;* on a trouvé de la *houille* dans le Salvador et dans le Chili qui en exporte déjà.

Enfin dans les îles côtières et sur les rivages du Pérou et du Chili où le sol ne reçoit jamais une goutte d'eau, les excréments d'oiseaux marins, accumulés, forment des couches épaisses d'une matière très dure qui est le plus puissant des engrais, le *guano*. C'est avec le salpêtre la grande richesse du Pérou.

Le travail des mines est confié à des Indiens, l'extraction du guano à des Chinois.

~~~ **Richesses végétales et agriculture.** — Les forêts, dont est couverte une partie des montagnes, sont pleines d'essences qui se prêtent aux usages les plus variés.

A côté du *quinquina* dont l'écorce est un puissant tonique, se dressent les arbres propres aux constructions comme le *teck* ou le bois de fer, ceux dont la coloration donne de fortes teintures, ou qui servent à la fabrication des meubles comme l'*acajou* et le *bois de rose*.

D'autres distillent les *gommes* et le *caoutchouc*. Une liane très répandue produit la *vanille*. Le *maté* du Paraguay fournit une boisson analogue au thé.

Les plantes médicinales abondent : la *coca* du Pérou, la *salsepareille*, l'*ipécacuanha* du Mexique.

Les divers étages des montagnes, les *tierras frias, templadas* et *caldas* (terres froides, tempérées et chaudes) offrent tous les climats et se prêtent à toutes les cultures. Sur les pentes et les plateaux tempérés poussent le *maïs* et le *blé* ; dans les terres basses et plus chaudes, le *café*, l'*indigo*, la *canne à sucre*, le *coton*, le *cacao*, le *tabac* réussissent admirablement.

Les pays les plus riches en blé sont le *Chili* et la *Plata* dont le climat général est assez doux pour que des agriculteurs de race blanche puissent cultiver le sol.

Le café est cultivé surtout dans les pays qui entourent l'*isthme de Panama*. Saint-Domingue, l'*Équateur*, le *Vénézuéla* et le *Paraguay* produisent de grandes quantités de tabac ; le cacao est cultivé en grand dans le *Honduras*, la canne à sucre surtout au *Mexique* et à *Saint-Domingue*. La plupart de ces plantations emploient des nègres issus des anciens esclaves d'origine africaine.

~~~ **L'élevage des bestiaux.** — Peu de pays au monde sont comparables aux républiques espagnoles, pour le nombre des bestiaux.

Sur les hauts plateaux mexicains et sur le revers oriental des Andes, dans les *llanos* et les *pampas* (analogues aux steppes d'Australie), les bestiaux européens se sont acclimatés et multipliés à l'état demi-sauvage dans des proportions inouïes. Dans les *haciendas* du Mexique septentrional, et surtout dans les *estancias* de la Plata, du Paraguay et de l'Uruguay, c'est par millions que l'on compte les bœufs, les moutons et les chevaux. Le vieux monde s'y approvisionne de bêtes sur pied, et de laine, de peaux, de viandes *séchées* ou *salées*, que préparent les *saladeros*.

Le commerce, les chemins de fer, les ports. — L'industrie est encore *dans l'enfance*. Le broyage de la canne, la fabrication des cigares et celle des chapeaux de paille (Amérique centrale) sont les seules industries de quelque importance.

Le commerce *importe* d'Europe et des États-Unis les produits industriels, les machines, tissus, etc., que les républiques ne fabriquent pas elles-mêmes ; *il exporte* leurs produits naturels, leurs matières premières.

L'exportation serait plus active si les moyens de communication étaient moins *rares* et permettaient d'exploiter toutes les ressources du pays. Le Mexique, le Chili et surtout la Plata ont donné pourtant quelque développement à leur réseau ferré.

On construit un chemin de fer *transandin* entre Buenos-Ayres et Valparaiso ; un autre réunira à travers le Mexique, la Vera-Cruz et Acapulco ; il y a aussi quelques tronçons de voie ferrée unissant les dépôts de salpêtre aux ports du Pacifique sur les côtes péruviennes.

Le chemin de fer de *Colon à Panama*, ligne d'intérêt universel sert peu aux Colombiens. Le **canal de Panama** rapprochera d'Europe toutes les côtes du Pacifique et donnera une grande importance aux ports de *Colon* et de *Panama*.

Les seuls grands ports sont actuellement Buenos Ayres, Montevideo et Valparaiso ; la *Vera-Cruz* au Mexique, le *Callao* au Pérou sont des ports de second ordre.

Mais il y a un très grand nombre de *petits ports* desservant pour l'exportation comme pour l'importation leurs environs immédiats ; et c'est là une conséquence forcée de l'insuffisance des grandes voies de communication (voir la carte p. 208 et la nomenclature).

L'émigration. — L'émigration européenne vers les républiques espagnoles, presque nulle jadis, *augmente* de jour en jour.

Déjà beaucoup de grandes maisons de commerce sont dirigées par des négociants français, anglais, allemands, italiens, ou américains du Nord.

Chaque jour un sang nouveau vient s'infuser au vieux sang créole : les *États-Unis* envoient un grand nombre de leurs citoyens au Mexique ou dans les petites républiques de l'Amérique centrale qui menacent de devenir des annexes économiques de la grande fédération.

Les pays de la Plata reçoivent des émigrants *italiens*, *espagnols* et *franco-basques* ; le *Vénézuéla* est un rendez-vous important d'émigrants *allemands*.

Avec ces nouveaux citoyens, l'*esprit d'entreprise pacifique* et *d'ordre* s'alliant à la *fougue*, à la *fierté espagnole*, à la *ténacité*, à la *prudence indienne* contribuera à créer dans l'Amérique latine des nations originales, qui pourront un jour réaliser la pensée du grand Bolivar, en formant quelque union puissante, comparable à celles des États-Unis du Nord.

Causes de rivalité entre les États de l'Amérique du Sud. — Les grands et petits États qui se partagent l'Amérique du Sud sont à peine ébauchés, et il est à craindre qu'ils ne parviennent à trouver leur équilibre qu'à la suite de nouvelles luttes.

A mesure que la population s'accroît par l'immigration ou par l'excédent des naissances, à mesure que de nouvelles terres vierges sont défrichées, les questions de limites acquièrent de l'importance, envenimées d'ailleurs par les querelles de race et de forme politique.

Ainsi le Chili où la population blanche est déjà nombreuse et prépondérante, dont l'unité politique est déjà solide, se trouve à l'étroit dans le long couloir des Andes et du Pacifique et il croit pouvoir s'attaquer sans scrupule à ses voisins du Nord presque exclusivement indiens.

État maritime, pourvu d'une excellente marine, il aspire à devenir continental. Il a déjà conquis une partie du bas Pérou ; il convoite le reste et menace la Bolivie ; il se sent entraîné vers les terres équatoriales et voudrait sans doute faire sa percée vers l'Amazone.

D'autre part la Bolivie, enfermée derrière les Andes a besoin d'un port sur le Pacifique et ne peut se résigner à rester exclusivement continentale.

Dans le bassin de la Plata, mêmes rivalités. L'empire du Brésil, qui par sa race et ses institutions, est en opposition totale avec les républiques espagnoles, a d'autres motifs d'étendre ses frontières à leurs dépens. Presque entièrement tropical, il est à la recherche de terres tempérées. Le Paraguay lui barre le chemin de la Plata et peu s'en faut qu'il n'ait naguère anéanti le Paraguay.

Les possessions argentines des anciennes missions qui s'avancent entre l'Uruguay et le Parana menacent de couper ses communications avec la riche province du Rio Grande do Sul. De là conflit entre les deux États. Mais le Brésil convoite surtout Montevideo qui lui assurerait à la fois le débouché de la Plata et une seconde capitale en pays salubre où l'émigration européenne se déverse à flots.

Et plus tard le Brésil ne voudra-t-il pas lui aussi avoir jour sur le Pacifique ?

Auparavant, l'ouverture de l'isthme de Panama ne permettra-t-elle pas le rétablissement intégral de l'ancienne Colombie de Bolivar avec ses deux annexes aujourd'hui séparées du Venezuela et de l'Équateur ?

Autant de causes possibles de guerres qu'il faut malheureusement prévoir.

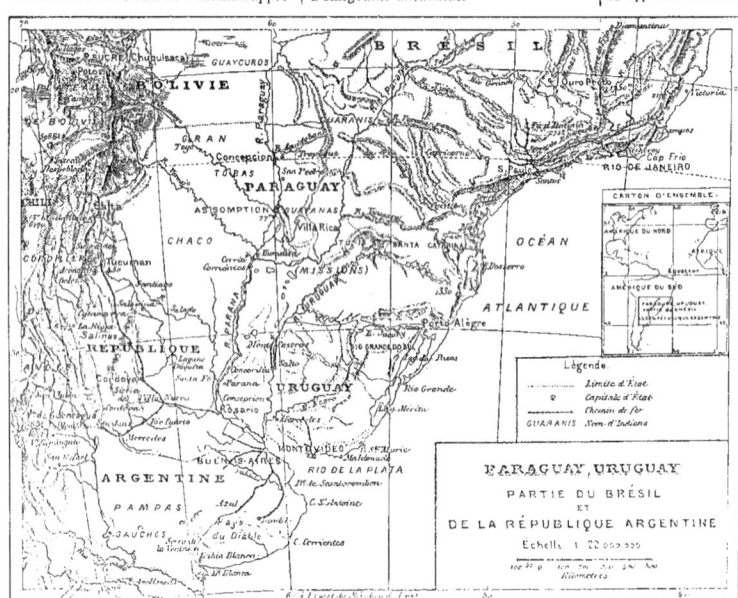

PARAGUAY, URUGUAY
PARTIE DU BRÉSIL
ET
DE LA RÉPUBLIQUE ARGENTINE

CHAPITRE IX
LE BRÉSIL

NOMENCLATURE PHYSIQUE

Latitude. — Afrique, du Congo à l'Orange; — îles de la Sonde et Australie centrale.

Longitude. — Détroit de Davis et Groenland.

Climat. — Tout à fait *équatorial* dans le Nord; plus *modéré*, mais encore très chaud sur les côtes du Sud; *tempéré* vers les hauteurs.

Cap. — San Roque.

Baies. — De San Salvador (*Bahia*) et de *Rio de Janeiro*.

Montagnes. — De la Guyane et du Brésil (*Itatiaya* 2700 m.).

Fleuves. — Amazone (voir *Amérique du Sud*, p. 208), Tocantins, Parnahyba, San Francisco, *Paraguay*, *Parana*, Uruguay.

Lagunes. — Sur les côtes du Sud.

NOMENCLATURE POLITIQUE

Superficie. — 8 337 000 kil. car. (16 fois la France).

Population. — 12 millions d'hab. (France : 38 millions).

Il n'y a au Brésil que 14 hab. par 10 kil. car. (Fr. : 71 par kil. car.). — La population est composée de 4 millions 1/2 d'hab. de race blanche, de 2 millions de race africaine, de 500 000 hab. de race américaine et 5 millions de mulâtres et de métis.

Divisions administratives. — Le Brésil est divisé en 20 *provinces*.

Budget. — 400 millions (France : 3 milliards et demi).

Dette. — 2 milliards 300 millions (France : 20 milliards).

Armée. — 30 000 hommes (France : 1 800 000 hommes).

Marine militaire. — Cuirassés : 7.

Principales villes. — Rio de Janeiro (350), capitale de l'Empire du Brésil, excellent port sur l'Atlantique, la plus grande ville de l'Amérique du Sud, — *Bahia* ou San Salvador (140), grand port de commerce, — *Recife* ou Pernambouc (130), ville maritime.

On peut citer encore : *Belem*, *Maranhao* (ou San-Luiz). — *San-Paulo*. — *Porto-Allègre*.

Religion. — Catholicisme.

NOMENCLATURE ÉCONOMIQUE

Principaux produits. — La culture du *café* est la principale source de richesse du Brésil. Nul pays au monde n'en produit autant. Il faut citer aussi le *coton* et le *sucre*.

Commerce extérieur. — 1 milliard (France : 10 milliards).

Le Brésil exporte pour 300 millions de fr. de *café*.

Commerce avec la France. — 130 millions.

Mouvement des ports. — 8 millions de tonneaux (France : 20 millions).

Tonnage de la marine marchande. — 250 000 tonneaux (France : 1 million).

Chemins de fer. — 6 000 kilom. (France : 32 000).

~~~ **L'empire portugais du Brésil.** — Un *seul* État de l'Amérique du Sud n'est point une république : c'est l'ancienne colonie portugaise, aujourd'hui l'empire du Brésil.

La même année, en 1500, **Pinson**, un ancien compagnon de Christophe Colomb, et le portugais **Cabral**, abordèrent au Brésil, chacun par un point différent, et en prirent possession, l'un au nom de l'Espagne, l'autre au nom du Portugal.

Comme on n'y trouvait point d'or, on fit d'abord du Brésil un lieu de *déportation;* les Jésuites entreprirent les premiers de le coloniser; les Français, puis les Hollandais essayèrent à plusieurs reprises d'y prendre pied. Les Portugais seuls s'y établirent. La découverte de mines d'or, au dix-septième siècle, celle de diamants au dix-huitième, donna de rapides développements aux anciennes colonies agricoles où la culture du *café* et de la *canne à sucre* par des nègres africains avait déjà beaucoup d'importance.

Lorsque Napoléon eut chassé de Lisbonne la maison de Bragance, c'est à *Rio de Janeiro* qu'elle se réfugia. Mais, lors de la rentrée de la Cour en Portugal, le Brésil ne put se résigner au rôle dépendant d'une colonie, il se sépara et proclama empereur (1822), l'aîné des princes royaux, *don Pedro I*er. Il est resté un empire *constitutionnel* où l'aristocratie des grands propriétaires a la prépondérance.

~~~ **Étendue et population.** — Le Brésil ne s'étend pas seulement sur le plateau montagneux qui porte son nom : il comprend aussi une partie de la *Guyane*, une grande partie des bassins de l'*Amazone* et du *Parana*.

Sa superficie n'est inférieure que d'un dixième à celle de l'Europe, mais les régions qui bordent la mer sont *seules peuplées*. Partout ailleurs il n'y a guère que des villages indiens très rares ou des tribus nomades mal connues.

Le nombre des habitants est d'environ 10 millions, (12 habitants par 10 kilomètres carrés).

Rio de Janeiro, la capitale, compte avec ses faubourgs 275 000 âmes, presque autant que Buenos-Ayres. Bahia ou San Salvador en a 130 000 et *Pernambouc* près de 120 000.

~~~ **Richesses minérales.** — Les richesses minérales du Brésil sont énormes, et leur exploitation est à peine commencée.

On recueille des diamants et de l'or dans les gisements des provinces de San-Paulo et de Minas-Geraes (haut bassin du Parana et du San-Francisco), dont la fécondité commence à s'épuiser. L'entrepôt général est *Ouro-Preto* (20 000 habitants).

L'or et le diamant des provinces de *Goyaz* et de *Matto Grosso* sont trop loin dans l'intérieur pour être exploités comme il conviendrait.

D'autres métaux attendent encore les ouvriers qui les mettront au jour; le Brésil demande à l'étranger du cuivre, du fer, du zinc et de l'étain, alors qu'il, devrait lui en fournir. Grâce à des compagnies anglaises, les *houilles* des provinces méridionales, Santa-Catarina et Rio Grande do Sul, commencent à alimenter le marché local.

~~~ **Richesses végétales.** — Aucun pays au monde sauf la région du Congo, ne possède des forêts comparables à celles qui croissent dans le bassin de l'Amazone ; bien que la plupart soient vierges encore de tout défrichement, les *bois* de teinture et de construction, les plantes *médicinales*, le *caoutchouc* et les *gommes* sont déjà l'objet d'un commerce considérable.

L'empire s'étend sous des zones diverses, qui pourraient fournir les productions les plus *variées*. Cependant il n'y a qu'un *petit nombre* de cultures.

La plus ancienne et la principale est celle du *café* que cultivent des milliers de nègres encore *esclaves :* cette odieuse institution de l'esclavage ne disparaîtra complètement du Brésil que vers la fin du siècle.

La moitié environ du café qui se consomme sur la terre provient du Brésil : il en exporte annuellement pour plus de *trois cents millions*.

La culture de la *canne à sucre*, très florissante au dernier siècle, a beaucoup perdu depuis la découverte du sucre de betterave. Celle du *maté* prend chaque jour de l'importance.

Dans les provinces méridionales, dont le climat se rapproche du nôtre, l'*élevage des bestiaux* prend aussi un grand développement; parmi les viandes sèches et salées que Montevideo expédie en Europe une partie provient du Brésil.

~~~ **Commerce, voies de communication, immigration.** — L'industrie est *nulle*. La plus grande partie du *commerce* est entre les mains de *maisons étrangères*, qui possèdent des entrepôts dans les ports, y reçoivent les produits fabriqués et en expédient le café et le sucre.

Rio de Janeiro fait la moitié du commerce total. Para, Parahyba, Pernambouc, Bahia et Santos se partagent le reste.

Le réseau fluvial naturel du Brésil est merveilleux, et des **services à vapeur** desservent déjà l'Amazone, le Tocantins, le San Francisco et le Parana.

Rio Janeiro est en relations avec ses environs par des *voies ferrées* qui seront prolongées jusqu'à l'Uruguay, à la Bolivie et aux côtes septentrionales de l'empire.

Lorsqu'elles seront achevées, les *immigrants* arriveront en grand nombre.

Plus de 50 000 Allemands y sont déjà établis, surtout dans la province de Rio Grande do Sul ; ils forment de nombreuses *colonies agricoles* et jusqu'ici ne se laissent pas absorber par le type national comme aux États-Unis. Mais cette situation exceptionnelle paraît due surtout à leur isolement et ils se fondront tôt ou tard dans la masse de la population brésilienne.

Fig. 101 — 1, 2. Guaranis (sur l'Orénoque, Brésil). 3. Brésilien. 4. Nègre. 5. Péruvien. 6. Péruvienne. 7, 8. Sauvages du Pérou. 9. Gaucho de la Plata. 10. Patagon.

Les races de l'Amérique.

Origine et variété des races. — Parmi les 100 *millions* d'habitants de l'Amérique, il y en a 25 environ qui proviennent de races américaines pures ou de leur mélange avec les Européens colonisateurs.

La question des origines des peuples de l'Amérique ne recevra probablement jamais de solution satisfaisante.

Un seul fait est certain, c'est que, tout en présentant un grand *nombre de variétés*, qui expliquent assez la grande étendue du continent et la disparité de ses climats, les peuples américains *se distinguent*, par des caractères communs, de tous les autres habitants du globe.

Bien qu'ils parlent plus de 1 200 idiomes différents, que leurs crânes affectent des formes très diverses, que leur *taille*, gigantesque chez les *Patagons*, élevée encore chez les *Indiens* de l'Amérique du Nord, soit très *petite* chez les *Péruviens* et dans certaines tribus de la *Colombie anglaise*, les Américains ont tous cependant un air de famille, une physionomie propre. Tous ont des *cheveux abondants* et *point de barbe*; tous ont le *nez* très fort et aquilin; tous, malgré des nuances diverses, sont une *peau de couleur bistrée*.

Fuégiens, Peaux-Rouges. — Au dernier degré de l'échelle humaine, sont les habitants de la Terre-de-Feu, les misérables *Fuégiens*, reste d'une race ancienne en partie détruite par d'autres peuples venus du Nord. Habiles par nécessité dans la navigation et la pêche, les Fuégiens ne savent même *pas se protéger* contre le froid, et sont très maladroits à se procurer du feu.

Au-dessus d'eux viennent les *Peaux-Rouges* du Dominion et les Indiens *Charruas* ou *Puelches* des Pampas. Sauvages et cruels, ils ignorent encore l'art de travailler le fer, et leurs principales armes sont en *pierre*. Ils forment *des tribus errantes* et vivent du produit de leur chasse. L'introduction des animaux européens en a fait des cavaliers, mais ils se bornent à prendre les chevaux et à les dompter, ils ne savent pas les élever.

Les Esquimaux et les Caraïbes. — Au troisième rang sont les *Esquimaux* de la région polaire, pêcheurs et chasseurs habiles.

On peut ranger auprès d'eux les survivants de l'ancienne race *Caraïbe* qui a disparu des Antilles, mais s'est conservée dans le bassin de l'Amazone et de la Plata. Les Caraïbes étaient et sont encore *sédentaires* et *cultivateurs*. Féroces contre leurs ennemis, ils sont doux, dociles, faciles à persuader pour qui vient à eux en ami. Les Jésuites avaient réussi très facilement à discipliner les *Guaranis* du Paraguay.

Les plus *avancées* des races américaines étaient celles qui habitaient les *plateaux* du Mexique, de l'Amérique centrale, de l'Équateur et du Pérou.

Celles-là cultivaient le maïs, avaient des animaux domestiques (*lamas*), construisaient des routes et des monuments en pierres dont les restes décèlent un art plein de grandeur. Le gouvernement qui appartenait aux castes supérieures avait une action étendue et des ressorts compliqués. Mais la religion était un assemblage de superstitions grossières et de rites parfois sanguinaires.

Beaucoup de ces races ont été détruites. Le reste s'est modifié au contact des blancs.

Les Européens en Amérique. — Les Européens qui ont colonisé l'Amérique se composent des *Espagnols* répandus du Mexique au Pérou, des *Portugais* du Brésil, des *Français* du Canada et de la Louisiane et des *Anglais* des États-Unis.

De nos jours, beaucoup d'*Italiens* et de *Franco-Basques* émigrent à la Plata; beaucoup d'*Allemands* vont aux États-Unis, où ils se fondent dans le type anglo-saxon; d'autres se rendent dans le Vénézuéla et le Brésil.

Trop faibles pour travailler sous le climat tropical, les Européens ont introduit en Amérique un grand nombre d'Africains nègres. Ceux-ci sont environ 9 millions, la plupart libres aujourd'hui.

L'esclavage en Amérique. — Il n'y a plus d'esclaves qu'au Brésil et dans les Antilles espagnoles, encore le nombre en diminue-t-il graduellement par suite de lois spéciales. Beaucoup de *nègres* immigrent encore aujourd'hui en Amérique comme travailleurs libres.

Les Coolies. — L'Asie commence seulement à envoyer ses *coolies* chinois, qui semblent destinés à jouer un rôle important dans le peuplement définitif de l'Amérique. Leur labeur opiniâtre et leur esprit d'épargne en font des concurrents redoutables pour les Européens.

Enfin, de toutes ces races rapprochées sont résultés beaucoup de *mélanges* très divers, et comme *races nouvelles* dont les haines et les jalousies se mêlent à toutes les questions politiques de l'Amérique.

La découverte de l'Amérique.

L'Atlantis des anciens. — Dès l'antiquité la plus reculée, on avait eu le soupçon qu'en naviguant à l'Ouest, au sortir des colonnes d'*Hercule* (détroit de Gibraltar), on devait trouver une *terre* baignée, elle aussi, par l'Atlantique, et cette terre inconnue, mais devinée, on la nommait l'*Atlantis*. Solon en avait emprunté la tradition aux prêtres égyptiens, et il est possible qu'au moment de la prospérité commerciale des *Phéniciens* et des *Carthaginois*, quelqu'un de leurs navires ait été entraîné par les courants vers les rivages américains.

Quelques savants estiment au contraire qu'il y a eu à l'époque préhistorique un *groupe de terres situées entre l'Europe et l'Amérique*, et disparues depuis. D'autres, il est vrai, pensent enfin que l'Atlantis serait tout simplement la Berbérie actuelle.

Les Normands en Amérique. — Pour le moyen âge, les relations de l'Europe avec l'Amérique ne peuvent faire de doute.

L'*Islande*, découverte par les Normands (Norvégiens) au neuvième siècle, devint, dès le dixième, le point de départ de nombreux voyages vers l'Ouest et le Sud-Ouest.

Ceux-ci se répandirent sur les *rivages américains* de l'Atlantique, qui appartiennent aujourd'hui au Dominion du Canada ou aux États de la Nouvelle-Angleterre.

Ils y ont laissé des *traces* matérielles nombreuses : on a trouvé notamment, près du *Potomac* (carte p. 213) le tombeau d'une Islandaise, dont l'inscription portait la date de 1051.

Peut-être, du côté occidental, les *Chinois* aussi ont-ils abordé en Amérique.

Christophe Colomb. — Les précurseurs de Christophe Colomb n'enlèvent rien à la gloire de ce grand homme, car son voyage n'en reste pas moins le véritable point de départ des relations entre les deux mondes. Comme *Vasco de Gama*, comme tous les grands navigateurs du quinzième siècle qui cherchaient la route des Indes, *c'est dans l'espoir d'aborder aux Indes que Colomb se dirigea vers l'Ouest*.

Né vers le milieu du XVe siècle, il avait déjà navigué dans l'Atlantique, depuis l'Islande jusqu'à la Guinée, lorsque l'étude de *Ptolémée* le convainquit qu'en allant à l'*Ouest* on rencontrerait forcément, sur la surface sphérique de

LA DÉCOUVERTE DE L'AMÉRIQUE.

Fig.102. — 1, 2. Esquimaux. 3, 4, 5. Indiens, Peaux-Rouges. 6. Canadiens. 7, 8. Américains du Nord. 9, 10, 11. Mexicains. 12. Américain du Sud. 13. Nègres.

la terre, les côtes *orientales de l'Asie* : il espérait atteindre ainsi le *Cipangu* (Japon), où *Marco Polo* était allé par le continent asiatique deux cents ans auparavant.

Ses idées, qui n'avaient point plu au roi de Portugal Jean II, reçurent l'appui de la reine *Isabelle* de Castille, séduite par l'espoir de convertir à la foi les habitants des terres nouvelles.

Le 3 août 1492, *Colomb* partit avec trois caravelles du petit port andalou de *Palos*, et, le 12 octobre, il aborda à l'île de *Guanahani*, qu'il appela *San Salvador*. Il découvrit ensuite *Cuba*, où il crut toucher le sol du continent asiatique, puis *Haïti*, et rentra à Palos le 15 mars 1493.

Le 4 mai suivant, le pape *Alexandre VI* attribua solennellement à l'Espagne la possession de toutes les terres que l'on découvrirait au delà d'un *méridien* situé à 100 milles marins des Açores, tandis que le Portugal bénéficierait des découvertes faites en deçà.

Dans un second voyage entrepris la même année, Colomb découvrit les îles *Caraïbes* (petites Antilles), *Porto-Rico* et la *Jamaïque*, et, en 1498, dans une troisième expédition, il toucha terre sur le continent près des bouches de l'*Orénoque*.

Déjà, en 1494 et en 1497, les frères vénitiens *Cabot*, au service de l'Angleterre, avaient mis le pied sur le continent américain, dans les parages de Terre-Neuve.

En 1499, le florentin *Vespucci* aborda en Guyane, et en 1500, *Cabral* fut poussé par la tempête vers les côtes du Brésil, dont il prit possession au nom du roi de Portugal.

Deux ans après, Colomb accomplissait son *quatrième et dernier voyage* : il découvrait les côtes orientales de *Honduras* et de *Costa-Rica*; mais jalousé et méconnu, il était bientôt ramené enchaîné en Espagne, où il *mourut misérablement* (20 mai 1506), après avoir éprouvé l'ingratitude du roi auquel il avait conquis un monde.

Les successeurs de Colomb. — Cependant l'élan était donné. *Pinson* découvrit le Yucatan en 1508; *Ponce de Léon*, la Floride, en 1512. *Balboa*, en 1513, traversa le premier l'isthme de Panama et vit le grand Océan. En 1516, Pinson et *de Solis* abordèrent aux rives de la Plata.

Enfin, en 1520, Magellan traversa le détroit auquel il laissa son nom, pour cingler vers les Philippines, où il mourut, après avoir accompli le *premier* la *circumnavigation* du globe. Il prouvait ainsi définitivement que les terres découvertes par Colomb et ses successeurs formaient un monde *distinct* de l'ancien et *interposé* du nord au sud, entre les côtes de l'Europe et celles de l'Asie.

Colonies espagnoles, françaises et anglaises. — L'Espagne prit possession de la plus grande partie de ce monde nouveau. *Cortez* faisait pour elle la conquête du Mexique sur les *Aztèques*, au moment où Magellan doublait la Patagonie. Bientôt *Pizarre* vainquit les *Incas* du Pérou (fondation de Lima, 1535), tandis que *Quesada* s'établissait sur le plateau de Bogota, et que *Pedro de Mendoza* et *Juan de Ayalas* fondaient les premières colonies de la Plata et du Paraguay.

Tels furent les brillants débuts de cet immense empire d'où l'Espagne devait tirer tant d'or et d'argent.

Sur les côtes atlantiques de l'Amérique du Nord, dédaignées parce qu'on n'y avait point trouvé de métaux, naissaient plus modestement, vers la même époque, la *Nouvelle-France*, avec Jacques Cartier (1533), la *Nouvelle-Angleterre*, avec Walter Raleigh, fondateur de la Virginie (1585). Mais l'une était le berceau du Canada, l'autre celui des États-Unis.

De l'une et de l'autre partirent au dix-septième siècle de nombreux voyageurs pour explorer l'intérieur du continent. Le plus célèbre est le Français *La Salle* qui descendit le Mississipi jusqu'à son embouchure (1682).

L'activité était moins grande dans les colonies espagnoles écrasées sous le joug de la métropole. Au seizième siècle, *Orelland* avait descendu le cours de l'Amazone. L'exploration du bassin ne fut reprise que par le Français *La Condamine* (1736-44), chargé de mesurer un *degré de méridien* sous l'équateur.

Le commencement du dix-neuvième siècle fut marqué par le fameux voyage de l'Allemand *Alexandre de Humboldt* dans la Colombie et le Mexique.

Depuis, les explorations de détail se sont multipliées à l'infini dans l'Amérique du Nord ; il n'en est pas de même pour celle du Sud : il faudra bien du temps encore pour qu'on fasse le *relevé exact* de tous les grands affluents de la Plata ou de l'Amazone, et plus d'un voyageur peut-être payera encore son héroïsme de sa vie, comme l'infortuné *Crevaux*, massacré en 1881 par les Indiens *Tobas*, sur les bords du *Pilcomayo*.

Le docteur Crevaux. — Le docteur Jules Crevaux était Lorrain; il devint, très jeune encore, médecin de la marine française et fut chargé par le Ministère de l'instruction publique d'une mission scientifique dans la Guyane.

En 1877 il remonta le Maroni, en 1878 l'Oyapock, explora le premier les monts Tumuc-Humac, et pénétra sur le versant de la Guyane brésilienne; il sut se concilier la bienveillance des tribus indiennes, et accompagné de son fidèle nègre Apatou, il franchit les terribles chutes du Yari et rejoignit l'Amazone. Il avait parcouru plus de huit degrés de latitude dans des contrées inconnues et sous un climat des plus dangereux. Aussi avait-il pendant plusieurs mois souffert de la fièvre. Cependant arrivé à Para, au lieu de rentrer en France, il remonte l'Amazone à la recherche d'une voie de communication entre l'Équateur et le Brésil. Sur le Putumayo le manque de ressources l'arrête; il revient à Para, puis il repart. Cette fois il s'avance jusqu'aux sources du Putumayo et découvre le chemin qu'il cherchait. De là il se rend à la tête du Yapura, et ne pouvant rien obtenir des habitants effrayés de son audace, accepte les services de l'aventurier Santa-Cruz, le pirate des Andes. Il descend le fleuve avec ce dangereux pilote et rentre à Para en juillet 1879, avec un tracé de 1 500 lieues et de riches collections.

En 1882, chargé d'une nouvelle mission, il se proposait d'explorer le Pilcomayo, affluent du Parana, d'ouvrir ainsi une route entre la Bolivie et la République Argentine. Il avait reçu à Buenos-Ayres et en Bolivie le meilleur accueil. Malheureusement il ne put empêcher une expédition scientifique de le devancer chez les Indiens Tobas à qui elle tua une dizaine d'hommes et fit plusieurs enfants prisonniers. Lorsqu'il parvint à son tour chez les sauvages, il fut payé de terribles représailles et fut massacré le 27 avril, avec presque tous ses compagnons. — Un autre de nos compatriotes M. Thouar a retrouvé en 1883 les restes de la mission du docteur Crevaux et repris en 1885 ses projets d'exploration du Pilcomayo.

CHAPITRE X

POLE NORD

NOMENCLATURE PHYSIQUE

Terres au nord du cercle polaire. — Ile Jan-Mayen; — *Spitzberg*; — Terres de François-Joseph; — Nouvelle-Zemble; — Nouvelle-Sibérie; — Ile de Wrangell; — *Archipel du Dominion*; — Terre de Baffin; — *Groenland*.

Mers polaires. — Mer du Groenland; — mer de Barents; — mer de Kara; — bassin de Melville; — mer de Baffin.

Fleuves tributaires des mers polaires. — Dwina; — Petchora; — *Obi*; — Iénisseï; — Léna; — Mackensie.

NOMENCLATURE POLITIQUE

GROENLAND.

La grande terre glacée du Groenland est une *possession danoise*; la côte occidentale est seule habitée.

Superficie. — 2170000 kil. car.; — Partie danoise : 90000 kil. car. (France : 529000).
Population. — 10000 hab.

La population est formée d'*Esquimaux*; il n'y a que 250 Européens.

Centres de population. — *Julianshaab* et *Christianshaab*.

~~~ **La zone polaire.** — Les côtes septentrionales de l'ancien et du nouveau continent forment autour du Pôle Nord une sorte de *couronne*, à peine coupée du côté de l'océan Pacifique par le détroit de Béring, entre l'Asie et l'Amérique, mais *largement ouverte* du côté de l'Atlantique, entre l'Amérique et l'Europe. La latitude moyenne de cette couronne est de 68°.

L'espace compris entre ces côtes continentales est occupé par les *mers et les archipels polaires*, dont les parties les plus méridionales nous sont seules connues, car les glaces en interdisent le libre et facile accès.

~~~ **Le Groenland.** — Entre l'Amérique et l'Europe s'avance l'énorme masse du Groenland, dont les montagnes, hautes de 2000 mètres, sont revêtues de *glaciers* qui *descendent* parfois jusqu'à la mer sur des longueurs de plus de 100 kilomètres, dans des *fiords* étroits et profonds.

~~~ **Les terres polaires de l'ancien continent.** — A l'Est, l'ancien continent projette au-nord du cercle polaire, le pays des *Lapons* et une longue zone de *terres russes et sibériennes*, qui va de l'entrée de la mer Blanche à celle du Pacifique, atteignant le 78° degré avec le cap Tchéliouskine.

Les terres insulaires actuellement connues sont : — l'*Islande*, à l'entrée même de la mer polaire; le *Spitzberg*, au nord de la Laponie; — la *Nouvelle Zemble* et la terre François-Joseph, au nord de l'Oural, l'une par 75°, l'autre par 82° de latitude moyenne; — les îles *Liakov* et l'île de *Wrangell*, au nord de la Sibérie orientale.

~~~ **Les terres polaires du nouveau continent.** — A l'ouest du Groenland, l'*Amérique* dépasse le cercle polaire par une *zone étroite* qui va de l'entrée de la mer d'Hudson au détroit de Béring, et, près de celui-ci, dépasse le 1er degré de latitude avec le cap *Barrow*.

Depuis le *Labrador* jusqu'au milieu de la côte, le continent est bordé de très près par une série de grandes îles (terres de Baffin, du roi Guillaume, du prince de Galles, du prince Albert, de Banks) que les détroits de *Lancaster* et du *Prince de Galles* séparent de l'archipel *Parry*.

Cet ensemble d'îles polaires est lui-même isolé du Groenland par le large espace marin connu sous le nom de détroit de *Davis* et de mer de *Baffin*.

Au fond de cette mer, les étroits canaux de *Smith* et de *Robeson* ouvrent un passage vers une mer plus ouverte qui se développe au nord du Groenland.

~~~ **Les explorations.** — Bien que la terre la plus septentrionale atteinte jusqu'à ce jour (l'archipel François-Joseph), soit encore à une *latitude* de 82° et demi, il a fallu une dépense extraordinaire d'énergie, d'héroïsme même, pour acquérir les connaissances que nous possédons sur la région boréale.

La *pêche* lucrative des phoques, des morses et des baleines repoussées peu à peu vers les solitudes du pôle, n'est point le seul mobile de cette pénible conquête.

L'homme **veut connaître** tout son domaine, et la passion géographique a suscité d'innombrables expéditions scientifiques, dont le but le plus important a toujours été d'atteindre le détroit de *Béring*, soit par le *Nord-Ouest*, soit par le *Nord-Est*, en venant de l'Atlantique.

~~~ **Le passage du Nord-Ouest.** — Les Norvégiens avaient atteint de bonne heure l'Islande, le Groenland et le Labrador. En 1497, le Vénitien Sébastien Cabot, recherchant le passage du Nord-Ouest, pénétra dans le détroit de Davis, jusqu'au delà du cercle polaire. Au seizième siècle, les frères *Cortereal* disparurent après avoir découvert l'entrée de la mer d'Hudson, *Davis* explora le détroit qui a gardé son nom (1585-1587). Au dix-septième siècle, les *Danois* s'établirent sur les côtes du Groenland, *Hudson* découvrit la mer d'Hudson et *Baffin* les entrées de Lancaster et de Smith, qui s'ouvrent à l'extrémité de la mer à laquelle il a laissé son nom : il s'était avancé jusqu'au 78° degré (1616).

En 1742, une récompense de 20000 liv. sterling avait été promise à qui découvrirait le passage du Nord-Ouest : alors s'illustrèrent *Parry*, *Ross* et John Franklin, qui mourut en 1845, dans la terre du roi Guillaume. Les nombreuses expéditions envoyées à sa recherche par sa veuve et par les gouvernements anglais et américain nous ont valu la connaissance des archipels situés à l'ouest de la mer de Baffin.

En 1853, Mac-Clure et Kellet découvrirent à travers ce labyrinthe de terres glacées le passage du Nord-Ouest.

Après eux s'élancèrent directement vers le pôle, *Inglefield* (1852), *Kane* (1853-1855), *Hayes* (1860-1861), *Hall* (1871-1872) et *Nares* (1875-1876) : ils ont fini par forcer l'entrée de la mer qui baigne au Nord le Groenland.

~~~ **Le passage du Nord-Est.** — Sébastien Cabot, le premier explorateur du Nord-Ouest, devenu, en 1553, grand pilote du royaume d'Angleterre, eut aussi le premier la pensée de rechercher le passage du Nord-Est; envoyé par lui, *Willoughby* périt après avoir vu la Nouvelle-Zemble; *Chancellor* lui survécut et fonda la compagnie moscovite qui envoya *Burrough* dans les mêmes parages.

Les Hollandais, attirés par l'abondance des cétacés, devinrent bientôt les émules des Anglais : *Barents*, le plus illustre d'entre eux, vit le Spitzberg et atteignit la Nouvelle-Zemble (1596).

Trois siècles plus tard seulement, la géographie polaire européenne a été complétée par l'expédition autrichienne de *Payer* et *Weyprecht* (1872-1874), qui découvrirent la terre François-Joseph.

Les côtes de la Sibérie, à l'est et à l'ouest du cap Tchéliouskine, et les îles de Wrangell et de Liakov avaient été l'objet d'expéditions russes depuis le dix-septième siècle; mais personne n'avait fait la circumnavigation de l'Asie par le nord, comme Mac-Clure avait fait celle de l'Amérique, lorsque le Suédois Nordenskiold la tenta et l'accomplit en 1878-1879.

Mais Nordenskiold avait été favorisé par une température exceptionnelle, et déjà on a vu périr des navires qui ne voulaient suivre la route jusqu'à l'Iénissei.

~~~ **Les routes du pôle.** — Reste à atteindre le pôle même : trois routes s'offrent, celle du détroit de Béring, préconisée naguère par le Français *Gustave Lambert*, — celle du Gulf-Stream, dans la direction de la terre François-Joseph, recommandée par le géographe allemand *Petermann*, — enfin celle que suivent les expéditions américaines (Greeley 1884-84) et anglaises, par les détroits de Smith et de Robeson.

La banquise serre de très près le détroit de Béring, celle de l'expédition américaine de la *Jeannette* y a fini misérablement (1882).

A l'est et à l'ouest du Groenland, au contraire, *Parry*, en 1827, et *Markham*, en 1876 (expédition Nares) ont atteint les latitudes maritimes les plus élevées : 82°45' et 83°20'.

~~~ **La vie au pôle Nord.** — Dans la région boréale les rayons du soleil rasant obliquement le sol ne lui envoient que *peu de chaleur*; la durée

des nuits augmente à mesure qu'on approche du pôle, où l'année est partagée entre une *obscurité de six mois* et une *lumière de six mois*, du 21 mars au 23 septembre.

Le froid descend jusqu'à — 50°. L'été dure à peine deux mois. Pendant tout le reste de l'année, la terre et la mer sont couvertes de glace. Des *mousses*, des *herbes courtes* qui se hâtent de fleurir sur les terres les plus basses, lorsque les neiges sont fondues, telle est la seule végétation de cette zone désolée.

Cependant, en vertu d'une loi partout observée et qui s'applique à l'Océan aussi bien qu'à la terre, le règne animal qui se plie plus facilement aux circonstances extérieures a un développement plus étendu que le règne végétal, et dans les mers polaires on rencontre encore des animaux alors même que toute trace de végétation a disparu.

Ce sont les *baleines* et autres cétacés, les *phoques*, les *poissons*, des innombrables tribus *d'oiseaux pêcheurs* et aussi les *ours blancs* et les *rennes*. Mais ces derniers animaux si utiles font défaut en maint endroit, et les rares peuplades *d'Esquimaux* répandus sur le pourtour de la mer polaire n'ont souvent que des attelages de chiens.

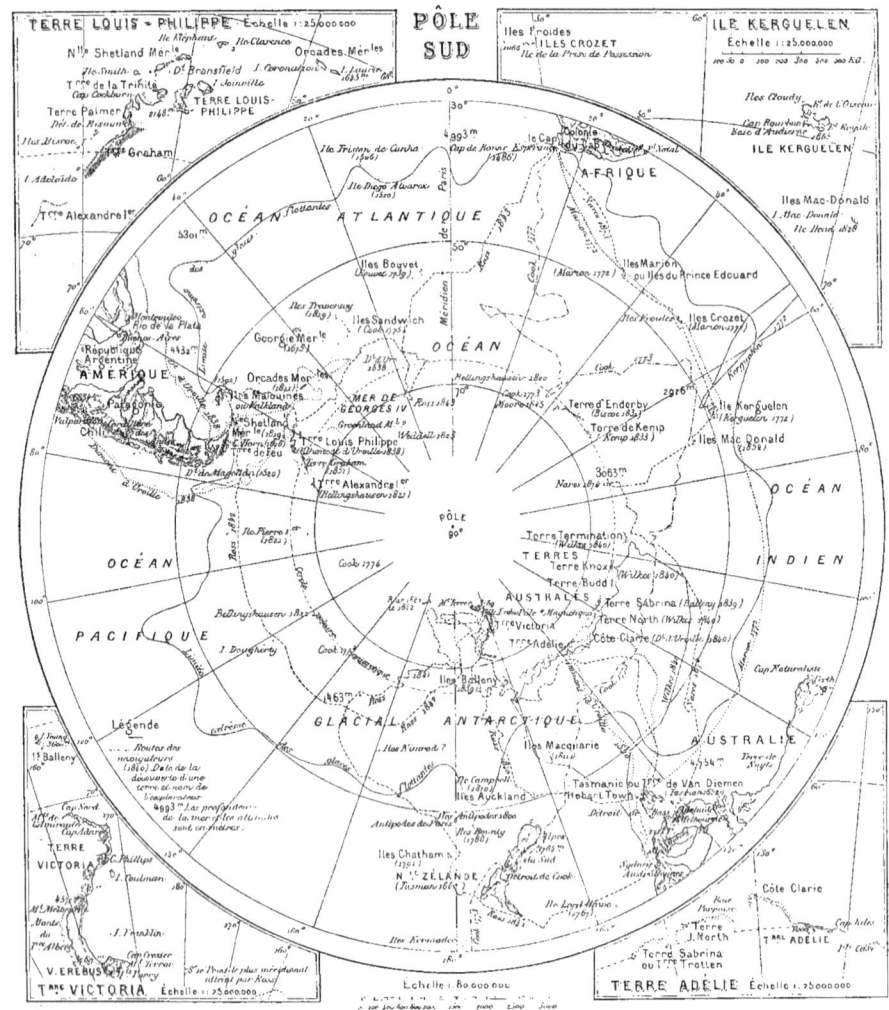

CHAPITRE XI
POLE SUD

NOMENCLATURE PHYSIQUE

Terres au sud du cercle polaire. — Terre d'Enderby; — Terre Sabrina; — Terre Adélie; — Terre Victoria; — Ile de Pierre Ier; — Terre de Graham.

Caractère de la région polaire du Sud. — Aucune partie des continents n'atteint le *cercle polaire antarctique*. Le cap de Bonne-Espérance (Afrique), en reste éloigné de plus de *trente degrés*; — la Tasmanie (Australie), de plus de *vingt degrés*; — le cap Horn (Amérique), de *dix degrés*. En deçà de ces trois pointes, les océans Atlantique, Indien, Pacifique, se confondent et mêlent librement leurs eaux. Tandis que la région polaire du *nord* paraît être un océan glacé, environné par les rivages septentrionaux des *continents*; — il semble que la région polaire du *sud* soit un continent glacé, battu de tous côtés par les flots méridionaux des *océans*.

C'est dans la partie polaire de l'océan Indien qu'on a découvert les terres les plus considérables : vers le pôle austral, au sud de la Nouvelle-Zélande, la terre Victoria, entre le 70e et le 78e degré de latitude ; — au sud de l'Australie la terre de Wilkes, dont les côtes suivent le cercle polaire ; — plus à l'Est, l'île de *Kemp* et les terres d'*Enderby* et de *Sabrina*, situées également sous le cercle polaire.

Dans l'*océan Atlantique polaire*, les terres de *Graham* et d'*Alexandre Ier*, sont au sud du cap Horn et de la Patagonie.

Dans l'*océan Pacifique*, on ne connaît encore au delà du cercle polaire que la petite île de *Pierre Ier* sous le même méridien que les îles Galapagos (p. 23).

~~~ **Difficulté des découvertes antarctiques.** — Les terres polaires australes sont beaucoup *moins connues* que les terres boréales. Elles sont en effet dans une situation absolument *océanique* et à une très grande distance du centre des voyages de découverte, c'est-à-dire de l'Europe. Elles sont loin de tout secours, et la traversée préliminaire jusqu'aux ports extrêmes, tels que la ville du Cap, Melbourne ou Buenos-Ayres entame les provisions de route et absorbe des frais considérables.

Tandis que la plupart des terres boréales offrent des ressources en gibier et renferment des tribus d'*Esquimaux* qui se mettent au service des explorateurs, les guident, leurs fournissent des bêtes de trait ou leur offrent un asile, les terres australes sont absolument désertes.

Vers le pôle Nord enfin, les *glaces* que la mer charrie ne dépassent pas, du côté de l'océan Pacifique, les îles Aléoutiennes, et dans l'Atlantique, le banc de Terre-Neuve, où l'action du Gulf-Stream qui les chasse de Laponie et de Norvège, en détruit les derniers vestiges ; les navires peuvent ainsi *s'avancer fort loin* vers le Nord avant de rencontrer des obstacles flottants véritablement sérieux, et la *banquise*, c'est-à-dire la glace solide, est elle-même fort rapprochée du pôle.

Dans l'hémisphère méridional au contraire les *glaces* s'avancent en moyenne jusqu'au 50e degré de latitude, ce qui correspond, pour l'hémisphère Nord, à la latitude de la Manche.

~~~ **Principales explorations.** — Toutes ces difficultés ont longtemps écarté et écartent encore du pôle Sud les explorateurs.

En 1599, pour la première fois, un anglais, *Dick Cherritt*, s'avança, au sud du cap Horn, au delà des Nouvelles Shetland. Près de deux siècles s'écoulèrent avant que le cercle polaire fût de nouveau dépassé : **Cook**, dans son second voyage (1772-75), le franchit trois fois, mais sans rien apercevoir.

En 1821, l'expédition russe de *Bellingshausen* découvrit les terres d'Alexandre Ier et de Pierre Ier. En 1831, *Biscoe* reconnut les terres de Graham et d'Enderby.

De 1839 à 1842, les expéditions simultanées de l'Anglais *Balleny*, du Français **Dumont-d'Urville**, et de l'Américain *Wilkes* firent connaître les terres qui sont au sud de l'Australie, tandis que **James Ross** découvrait les hautes cimes volcaniques de la terre Victoria, où l'*Erebus* et le *Terror* dépassent 3 300 et 3 700 mètres.

Depuis, ni l'Anglais *Moore* en 1845, ni le capitaine *Nares*, sur le *Challenger* (1872), n'ont rien trouvé de nouveau ; c'est à peine si le dernier a dépassé le cercle polaire.

~~~ **La vie au pôle Sud.** — Les conditions climatériques ne sont pas plus défavorables dans la région du pôle Sud que dans celle du pôle Nord ; mais à cause de son isolement au milieu des mers, ni l'homme, ni les mammifères n'y ont pénétré : sauf les pingouins et les cétacés, la vie *animale* y fait totalement *défaut;* la vie *végétale* y est bornée à quelques *mousses d'été*.

Au delà du cercle polaire la *solitude* et la *mort* règnent presque sans partage.

Les terres du **pôle Sud** sont les plus **déshéritées** de la surface du globe.

HUITIÈME PARTIE
GÉOGRAPHIE POLITIQUE DU GLOBE

CHAPITRE PREMIER

LES RELIGIONS ET LES GOUVERNEMENTS

FORMES DE GOUVERNEMENTS.

États despotiques. — Europe : Russie, Monténégro, Turquie ; — Asie : *États mahométans* (Perse, Afghanistan, Baloutchistan, Khiva, Boukhara) ; *États brahmanistes et bouddhistes* (Chine, Corée, Birmanie, Siam, Népaul, Boutan, Kafiristan, Radjahs Hindous vassaux de l'Angleterre) ; — Océanie : Sultanats de Bornéo, de Sumatra ; — Afrique : Égypte, Maroc, Madagascar, Royaumes nègres du Soudan.

Principautés féodales. — Europe : Monaco, les deux Mecklembourg.

Empires constitutionnels. — Europe : Allemagne, Autriche ; — Asie : Japon ; — Amérique : Brésil. (L'Empire allemand est formé d'une fédération d'États divers ; celui d'Autriche est uni au royaume hongrois).

Royaumes constitutionnels. — Europe : Angleterre, Bavière, Belgique, Danemark, Espagne, Grèce, Hollande, Hongrie, Italie, Norvège, Portugal, Prusse, Roumanie, Saxe, Serbie, Suède, Wurtemberg ; — Océanie : îles Sandwich (Havaï).

Principautés constitutionnelles. — Europe : Grand-Duché de Bade et les petits grands duchés, duchés et principautés de l'Allemagne, sauf les Mecklembourg ; Bulgarie ; Finlande.

Républiques fédératives. — Europe : Suisse, — Amérique : Colombie, États-Unis, La Plata (République Argentine), Mexique, Vénézuela.

Républiques. — Europe : France, Andorre, Brême, Hambourg, Lübeck, Saint-Marin ; — Afrique : Libéria, Orange, Transvaal ; — Amérique : Bolivie, Chili, Costa-Rica, Équateur, Guatémala, Haïti, Honduras, Nicaragua, Paraguay, Pérou, Saint-Domingue, Salvador, Uruguay.

RELIGIONS.

Bouddhistes. — 500 millions.
Fétichistes. — 235 millions.
Catholiques. — 220 millions (150 en Europe).
Brahmanistes. — 140 millions.
Protestants. — 120 millions.
Mahométans. — 120 millions.
Chrétiens grecs. — 80 millions.
Israélites. — 8 millions.

Religions. — Ce n'est pas seulement par leurs traits extérieurs, par les dissemblances physiques que les races humaines se distinguent les unes des autres. Toutes n'ont pas la même manière de penser. L'ethnographie ou science des peuples les classe d'après leurs liens historiques, leur *religion*, leur organisation *politique et sociale*.

Au point de vue religieux on peut diviser les hommes en six grandes catégories :

1° Les **idolâtres** adorent les *forces de la nature* et les représentent par de grossières figures ; ce sont les peuplades océaniennes, les indiens de l'Amérique et les nègres de l'Afrique ; on en compte environ 235 *millions*.

Leur nombre diminue tous les jours, parce que, n'ayant point de livres sacrés, ni de véritables traditions religieuses, ils acceptent aisément l'enseignement précis des missionnaires chrétiens ou mahométans. Le christianisme a fait de grands progrès en Océanie et en Amérique ; le mahométisme marche rapidement à la conquête de toute l'Afrique intérieure.

2° Les **Brahmanistes** professent la plus ancienne religion écrite de l'extrême orient : leurs livres saints sont les *Védas* leur doctrine est une sorte de panthéisme où l'universalité des choses est représentée par *Brahma*, et où prennent place néanmoins des divinités inférieures, souches des castes humaines.

La plus élevée des castes est celle des prêtres ou *Brahmanes* qui s'attribuent des pouvoirs surnaturels et sont vénérés comme des dieux incarnés. Le Brahmanisme qui avait succédé aux cultes idolâtres, de l'Asie orientale à la Malaisie, est aujourd'hui confiné dans la vallée du Gange ; il compte 140 *millions* de sectateurs ; sa ville sainte est Bénarès, sur le Gange.

3° Le **Bouddhisme** issu du Brahmanisme et qui le remplace dans l'Inde méridionale, le Tibet, la Chine, le Japon et la Malaisie a été fondé par *Çakia-Mouni*, six siècles avant le christianisme. Ses préceptes se rapprochent beaucoup de ceux du christianisme.

Le Mahométisme lui a déjà enlevé de nombreux prosélytes dans l'Inde et parmi les Malais. Il y a environ 500 *millions* de Bouddhistes.

4° Le **Mahométisme ou Islamisme**, qui prêche l'abandon aux volontés éternelles préconçues de Dieu, est la religion fondée par l'arabe *Mahomet* au septième siècle après Jésus-Christ. Son livre sacré est le *Koran*.

Il s'étend aujourd'hui des rives de l'Indus au Maroc : il a pour chef le *sultan* des Turcs qui réside à Constantinople.

Les musulmans se divisent en *Sonnites* (Arabes, Turcs, Berbères, Indous, Malais) et en *Chiites* (Persans et Arabes du Yémen). La force d'expansion de l'Islamisme, ses conquêtes et le fanatisme qu'il inspire à ses fidèles créent un danger permanent pour la suprématie anglaise dans l'Inde et s'opposent au progrès de la civilisation européenne dans le nord et le centre de l'Afrique.

Il y a environ 120 *millions* de mahométans.

5° Le **Judaïsme**, ancienne religion des Israélites ou Juifs, compte environ 8 millions de sectateurs.

Ils sont disséminés dans le monde entier, nombreux surtout en Pologne ; ils s'étaient en Espagne, d'où ils ont été chassés et se sont établis dans l'Afrique du Nord et en Orient.

6° Le **christianisme** devenu, au IVᵉ siècle, la *religion officielle de l'empire romain* convertit ensuite les *barbares*. Le chef de l'Église, le Pape, fut le chef politique de l'Europe pendant toute la première partie du *moyen âge*. Seuls les *Chrétiens schismatiques* d'Orient méconnaissaient sa suprématie.

La formation des divers États modernes l'apparition des sectes **protestantes** au seizième siècle, l'essor des *doctrines philosophiques* à partir du dix-huitième, ont porté atteinte à l'influence politique du pape, et diminué le domaine du Catholicisme en Europe : l'Angleterre, les États Scandinaves, l'Allemagne du Nord et la moitié de la Suisse lui ont échappé.

Hors d'Europe, l'*Amérique espagnole* est *catholique*, l'*Amérique anglaise* et l'*Australie* sont en majorité *protestantes*. Les missionnaires catholiques et protestants évangélisent les petites îles de l'Océanie et l'intérieur de l'Afrique, mais, dans cette dernière partie du monde leurs conquêtes sont très limitées par les progrès incessants du Mahométisme.

Il y a aujourd'hui 420 *millions* de *Chrétiens* sur le globe.

Gouvernements. — Le régime de la *tribu*, extension elle-même de la famille, domine chez les peuples les plus barbares, chez les idolâtres, il s'est maintenu en partie chez les mahométans, surtout chez les Arabes.

Le Brahmanisme a enfanté un grand État aristocratique où tous les hommes sont répartis en castes à jamais séparées les unes des autres, et se donnant graduellement ; le vrai pouvoir appartient aux prêtres. Cette organisation subsiste dans l'Inde, même sous la domination anglaise.

Le Bouddhisme a donné naissance aux grands *États monarchiques* de la Chine, du Japon, de l'Indo-Chine et de la Malaisie.

Le Mahométisme confond l'autorité politique et religieuse dans la personne du *Kalife*, mais il s'est trop étendu pour conserver son unité, et ce n'est que de nom que le sultan en est aujourd'hui le chef.

Quant au **Christianisme**, il a tenu une grande place dans le *système féodal*, et joué un rôle important dans l'Europe *monarchique*.

La première, la protestante Angleterre, s'est donné un gouvernement *constitutionnel* où le monarque impuissant, l'aristocratie, malgré ses privilèges, les représentants de la bourgeoisie, obéissent tous aux lois souveraines de l'*opinion publique*.

La **Révolution française** de 1789 et les mouvements qui l'ont suivie, ont abouti en France au **suffrage universel**, c'est-à-dire au règne de la **démocratie** et de la *République*, qui avaient déjà triomphé en Suisse et dans les États-Unis d'Amérique.

Toutes les vieilles monarchies européennes ont subi le contre-coup de ces événements, et sont devenues plus ou moins constitutionnelles ; c'est-à-dire qu'une part a été faite à la **nation** dans le gouvernement.

Seule, la Russie a subsisté comme représentant du moyen âge : le pouvoir absolu politique et religieux y appartient au *czar*.

En même temps le réveil des **nationalités** a simplifié la carte politique de l'ancienne Europe chrétienne : l'Italie est devenue un *royaume unique*, sans même laisser subsister l'*État temporel* du pape.

L'Allemagne forme aujourd'hui un *vaste et puissant empire* ; quelques nations slaves ou latines comme les Serbes, les Bulgares, les Roumains et les Grecs se sont *affranchis* de la domination turque et tendent à la *rejeter complètement hors de l'Europe*.

Projet de fédération de l'Empire Britannique. — Jusqu'à ces derniers temps la politique intérieure et la politique coloniale de l'Angleterre n'avaient pas varié : elles consistaient à maintenir d'une part très fermement l'unité de la mère patrie, et de l'autre à laisser aux colonies la plus large autonomie. Tandis que l'Irlande était privée de son parlement national, le Dominion du Canada se constituait en État presque indépendant, les provinces australiennes et la Nouvelle-Zélande jouissaient du régime le plus libéral, les Indes formaient un Empire à part ; application extérieure de la doctrine bien connue du *self-government*.

Tout récemment une doctrine nouvelle s'est fait jour. Tandis qu'un mouvement séparatiste agite l'Irlande, que les velléités d'autonomie gagnent le pays de Galles et l'Écosse, les colonies les plus lointaines cherchent à se rapprocher de la vieille Angleterre et à se serrer autour de leur mère commune. Il a été sérieusement question de grouper toutes les possessions britanniques en un vaste empire fédératif.

Ce mouvement paraît avoir plusieurs causes : l'expatriation continue de jeunes Anglais qui infusent aux colonies un sentiment plus frais et plus vif d'amour pour la patrie européenne ; l'extension des échanges entre la métropole et ses colonies qui leur fait apercevoir plus clairement leur solidarité économique ; — la facilité des communications qui multiplie entre la circonférence les point de contact journaliers, qui facilite les voyages, crée l'uniformité des idées et des goûts.

Une ligue s'est formée pour la réalisation du projet de fédération nationale. On a vu la Nouvelle-Galles du Sud envoyer un contingent militaire à l'expédition du Soudan (1885). L'exposition coloniale de Londres (1886) a donné une nouvelle impulsion aux idées fédéralistes. Mais jusqu'ici tout s'est borné à une agitation qu'on pourrait appeler sentimentale.

CHAPITRE II

GRANDES ROUTES DE TERRE ET DE MER
ET TÉLÉGRAPHES

~~~ **Routes naturelles.** — Les relations commerciales ont été entretenues de tout temps grâce aux *voies naturelles* que le relief du sol ménage à la surface du globe. Ces routes n'ont pas perdu de leur importance malgré l'établissement d'un très grand nombre de routes artificielles, chemins de fer et canaux.

~~~ **La Méditerranée.** — Le monde ancien ne dépassant guère les rives de la **Méditerranée**, celle-ci était la *grande* et *la seule route* de commerce. Sa direction de l'Est à l'Ouest était et est encore aujourd'hui très *favorable* à l'établissement de relations nombreuses et variées. Car les races qui ont peuplé l'Europe de l'Est à l'Ouest se sont échelonnées tout le long de la Méditerranée : *Scythes, Grecs, Phéniciens, Latins, Ligures, Celtes, Ibères.*

La Méditerranée a été le *lien de tous les peuples* que l'empire **Romain** a fini par réunir sous sa domination unique ; elle joue aujourd'hui le même rôle entre toutes les nations de l'Europe méridionale, de l'Afrique du Nord, et de l'Asie occidentale.

~~~ **Les routes à travers l'Europe.** — Deux routes de terre *naturelles* traversent la péninsule européenne : l'une de l'*embouchure de la Seine* à celle du *Rhône*, l'autre au fond de l'*Adriatique* aux bouches de la *Vistule*.

Avec le développement de la civilisation sur les bords de la Manche, de la mer du Nord, de la Baltique, l'importance de ces voies s'est accrue ; il a même fallu au moyen âge en créer de nouvelles, avec *Gênes* et *Venise* pour tête de ligne sur la Méditerranée, *Anvers, Amsterdam* et *Hambourg* sur la mer du Nord : les cols Alpestres du *Splügen* et du *Brenner* (carte, p. 103) sont devenus dès lors des routes très fréquentées.

De nos jours, malgré le développement extraordinairement rapide des chemins de fer dont le réseau en Europe comprend 200 000 kilomètres, ces anciennes routes ont gardé toute leur importance attestée par le percement des tunnels du *Cenis* et du *Saint-Gothard* (carte, p. 103).

~~~ **Les routes de l'Afrique et de l'extrême Orient dans l'antiquité.** — Les *Égyptiens* et les *Phéniciens* s'essayèrent à la *circumnavigation de l'Afrique*, les premiers en partant de la mer Rouge, les seconds de la mer Méditerranée.

Alexandre, conquérant de l'empire des Perses, établit des relations commerciales *directes* entre la Grèce et l'Inde ; son amiral *Néarque* parcourut le premier la route du *golfe Persique* aux bouches de l'*Indus* ; lui-même en pénétrant dans la Bactriane, aujourd'hui le *Turkestan russe*, assura le commerce avec la Chine, qui fabriquait seule alors toutes les étoffes de soie.

Les débouchés de ces routes commerciales de l'extrême orient asiatique étaient à *Antioche* et à *Alexandrie*.

~~~ **Au moyen âge.** — Au moyen âge l'Islamisme ferma l'Afrique, et la conquête de la *Syrie* et de la *Palestine* par les Arabes fit de la capitale de l'empire grec, **Constantinople**, un entrepôt plus important encore qu'Antioche. Mais bientôt les *Génois* établis jusqu'au fond de la mer Noire, recevaient les marchandises de Chine à travers l'*isthme Caucasien*, et les *Vénitiens*, par leur alliance avec le Soudan d'Égypte, celles de l'Inde à travers l'*isthme de Suez* ; heureux rivaux des Grecs, les uns et les autres avaient des établissements à *Alep* et à *Damas* d'où ils commandaient les routes de terre du *Tigre* et de l'*Euphrate*.

~~~ **Les routes du cap de Bonne-Espérance et de Suez.** — En doublant le cap de **Bonne Espérance**, *Vasco de Gama* sut tour supprimer l'intermédiaire des Vénitiens pour le commerce de l'Inde. *Alexandrie*, clef des routes de mer, comme Antioche et Constantinople l'étaient des routes de terre, vit décroître sa prospérité, jusqu'au jour où le percement de l'isthme de Suez permit aux navires d'éviter le long détour du cap de Bonne-Espérance et d'aller directement par la Méditerranée et la mer Rouge, de Barcelone, de Marseille, de Gênes, de Venise, ou même des ports européens de l'Océan, à Bombay, à Calcutta, à la Chine, au Japon, aux Indes hollandaises, enfin à l'Australie.

C'est là aujourd'hui une des routes maritimes les plus fréquentées du monde : *elle met en relation presque toutes les parties de l'ancien continent.*

~~~ **L'océan Atlantique.** — Les Phéniciens s'étaient aventurés les premiers sur l'océan Atlantique à la recherche de l'étain (îles Cassitérides) et de l'ambre (mer Baltique). Longtemps cet océan ne mit en rapport que les Européens entre eux.

Il est devenu une voie *universelle* par la découverte du nouveau continent, et l'établissement du commerce avec l'*Amérique*.

La Méditerranée n'est plus seule l'*axe commercial* du monde : cet axe prolongé traverse l'océan Atlantique, — grande avenue sillonnée par des vaisseaux de plus en plus rapides qui unissent la vieille

Europe à ces pays jeunes de l'Amérique, et par cent chemins largement ouverts, vont y chercher les produits de toutes les zones.

Déjà, comme une Europe nouvelle, le **Canada** et les **États-Unis**, s'y sont développés et unissent l'une à l'autre, les deux côtes du nouveau continent.

Le Pacifique. — L'Amérique à son tour est entrée en relations avec notre extrême orient, qui est pour elle l'extrême occident: les États-Unis dominent sur tout le Nord de l'océan Pacifique, ils vont chercher des travailleurs en Chine, et leur influence politique est déjà considérable au Japon.

Bientôt, le percement de **l'isthme de Panama** développera encore le commerce de l'océan Pacifique; il permettra d'aller d'Europe et des côtes orientales des États-Unis, à San-Francisco et au Chili, sans prendre le long chemin du cap Horn, il ouvrira une nouvelle route directe vers la Nouvelle-Zélande et l'Australie.

Les télégraphes. — A ces grandes routes commerciales s'ajoutent des lignes **télégraphiques** *terrestres* ou *sous-marines* qui activent le mouvement des échanges en établissant des communications presque instantanées entre les pays qu'elles touchent ou qu'elles traversent.

Des câbles transatlantiques réunissent l'Angleterre et la France au Canada et aux États-Unis. Dans les États-Unis une grande ligne suit le chemin de fer transcontinental de New-York à San-Francisco; elle est reliée, d'une part à la Colombie anglaise et à la Nouvelle-Arkangel, d'autre part au Mexique et au Guatemala; et par

PLANISPHÈRE
ÉTATS, COLONIES.
Lignes de navigation

les câbles des grandes et des petites Antilles à l'isthme de Panama.

Un autre câble transatlantique rattache le Portugal au Brésil, par Madère, les Canaries, les îles du cap Vert et Pernambouc. Il communique par des câbles côtiers, au Nord, avec l'Amazone, la Guyane et les petites Antilles; au Sud, avec le Sénégal, Montévideo et Buenos-Ayres et par la ligne de Buenos-Ayres à Santiago du Chili, avec les ports de la Bolivie, du Pérou et Lima.

Vers l'Orient, les *télégraphes russes* relient l'Europe à l'Asie centrale et aux ports sibériens et chinois du grand Océan. La ligne du Caucase et de la Perse, celle de Constantinople et du Tigre aboutissant toutes deux à Bender Abassy, se prolongent jusqu'à Bombay où atterrit également le câble de Suez et d'Aden.

De l'Inde une grande ligne se dirige par un câble sous-marin jusqu'à Singapour d'où elle envoie deux ramifications : l'une, au Nord, dessert Saïgon, le Tonkin, Canton, les Philippines, Chang-Haï et le Japon, rejoignant à Vladivostock les télégraphes russes ; l'autre, au Sud, parcourt les Indes hollandaises, traverse l'Australie de Port-Darwin à Adélaïde, aboutit à la Tasmanie et à la Nouvelle-Zélande.

Lorsque le câble projeté entre la Colombie anglaise et le Japon, par les îles Aléoutiennes aura été immergé, la terre tout entière sera enveloppée d'un réseau de fils électriques qui ne mettra pas à plus de *cinq ou six heures* de distance les pays situés aux *antipodes* les uns des autres.

Conclusion. — Le globe terrestre enveloppé de voies ferrées, de lignes de navigation et de fils télégraphiques est ceint tout entier aujourd'hui d'un large *courant d'échanges* (marchandises, voyageurs, idées) dont l'axe principal traverse l'Europe occidentale, la Méditerranée, l'isthme de Suez, l'Inde, longe la Chine et le Japon, puis par les États-Unis, et bientôt par l'isthme de Panama, rejoint l'Atlantique et l'Europe centrale, étendant ses bras toujours grandissants vers d'autres régions telles que l'Amérique du Sud et l'Australie.

Par ces communications de plus en plus nombreuses et rapides la planète et l'humanité qui l'habite tendent à *l'unité de pensée, d'action, de personnalité.*

L'homme et les animaux. — La guerre de l'homme contre les animaux féroces ou nuisibles a commencé dès les premiers âges et dure encore. La chasse, la pêche lui fournissent toujours des moyens de subsistance, exclusifs chez certaines peuplades restées sauvages, très précieux chez les civilisés. La domestication des animaux utiles et leur propagation n'ont cessé de faire des progrès. Le chien est partout. Le cheval a été introduit et pullule en Amérique. Le mouton a été importé en Australie et continue à s'y multiplier. Les troupeaux de bœufs s'accroissent sans cesse. L'éléphant est indispensable dans l'Inde, le chameau dans les déserts de l'Afrique et de l'Asie, le lama dans les montagnes des Andes.

La liste des espèces domestiques volatiles et autres s'allonge chaque jour. On a inventé et les Chinois avaient trouvé avant nous l'art d'élever le ver à soie, de propager artificiellement le poisson. Les sociétés zoologiques et d'acclimatation contribuent à ces conquêtes pacifiques. Nous avons emprunté le Faisan à la région du Caucase, le Dindon au Pérou, le Cygne noir à l'Australie, nombre de canards à la Chine, et, bien malgré nous, le phylloxera aux États-Unis.

Il est singulier que parmi les animaux l'homme ait jusqu'ici dédaigné ou combattu ceux qui se rapprochent le plus de lui, les singes. Il ne les a employés qu'à le distraire, à l'amuser et point à le servir utilement, lorsqu'il ne s'est pas acharné à les détruire. Cependant les *Gibbons*, disséminés dans l'Archipel malais et jusque dans l'Asie centrale sont d'une agilité incomparable, et lorsqu'ils sautent de branche en branche paraissent aériens. En captivité, ils sont doux et affectueux. L'*orang-outang* que l'on ne rencontre plus qu'à Sumatra et Bornéo est très vigoureux, et s'il se défend avec férocité quand on l'attaque, on cite toutes sortes de traits d'attachement qu'il témoigne à son maître, lorsque celui-ci le traite avec bonté. Le *chimpanzé* qui habite l'Afrique équatoriale vit par petites troupes et se construit un abri dans les arbres; il est très intelligent, et c'est de tous les grands singes celui qui se soumet le mieux à la domestication. Le *gorille* qui se trouve aujourd'hui cantonné dans les mêmes régions est le plus grand et le plus fort de tous. Le sentiment de la famille est très accusé chez lui. Comme le chimpanzé il forme de petites familles polygames et patriarcales où l'autorité d'un seul mâle adulte est reconnue par tous les petits. Il est très jaloux de sa liberté, résiste jusqu'à la mort; mais rien ne prouve que, pris tout petit, il ne puisse s'accommoder de la vie domestique.

Si le langage est refusé aux singes, ils ne semblent pas incapables de comprendre la parole humaine. Ils obéissent à certains ordres qu'on leur donne. Ils sont capables de sentiments délicats, non seulement ils peuvent rire, mais pleurer. Ils apprennent aisément à battre du tambour, à jouer des castagnettes. On en a vu quelques-uns, bien dressés, servir à table avec un zèle et un sérieux imperturbables.

Mais les espèces simiesques pourchassées partout cruellement sont en train de disparaître. Si l'homme veut utiliser ces frères inférieurs comme on le sa en construit, il est temps qu'il songe sérieusement à les apprivoiser. Dans les antiques épopées de l'Inde, Hanouman, le grand chef des singes, était l'allié de Rama, le grand chef des hommes.

Les rivalités politiques.
(*Politique universelle.*)

~~~ **Les races humaines ont conquis le globe.** — Apparue tardivement sur la surface du globe (comme le prouve la géologie), l'espèce humaine a fini à force de persévérance par en être la véritable maîtresse.

Les diverses *races* qui la composent ont atteint un degré de force et de civilisation plus ou moins élevé suivant les milieux où elles ont vécu et suivant leurs qualités natives; mais toutes ont engagé la *lutte contre la nature* environnante, pour la vaincre et pour l'asservir.

Partout certains animaux ont été réduits en domesticité; partout certaines plantes sont devenues l'objet d'une culture spéciale: partout le sol a fourni des matériaux qui ont servi à la construction d'abris. Les sociétés humaines se sont ainsi fondées grâce au *travail commun*.

~~~ **Lutte entre les races humaines. Prédominance des Européens.** — Ces sociétés, à peine formées, sont entrées en lutte *les unes contre les autres*, et comme aucune loi reconnue de tous ne protégeant les faibles et ne défendait leurs droits, les plus *forts* ont triomphé. L'histoire est pleine du récit de ces guerres *humaines*.

Actuellement, les peuples *Européens*, héritiers de la civilisation des *Grecs* et des *Romains*, sont arrivés à un degré de *puissance* qui leur assure sinon la possession, du moins l'exploitation et la domination de la terre presque entière.

Une connaissance de plus en plus exacte de la nature, de ses produits, des phénomènes qui s'accomplissent dans l'atmosphère et à la surface du globe, leur permet d'*utiliser de mieux en mieux tout ce qui peut leur servir, de se protéger contre tout ce qui peut leur nuire.*

Toutes les vieilles inventions humaines sont devenues entre leurs mains des *merveilles* d'habileté et de puissance: leurs armes, leurs navires, leurs machines ont multiplié leurs forces dans des proportions inouïes.

C'est ainsi qu'ils ont envahi ou colonisé: l'**Amérique**, aujourd'hui partagée entre les descendants des *Français*, des *Anglais*, des *Espagnols* et des *Portugais*; — l'**Océanie**, où les Anglais fondent en Australie une nouvelle Grande-Bretagne, tandis que la *Malaisie* est exploitée par quelques *milliers d'Espagnols* et de Hollandais; — l'**Asie**, enserrée au Nord et à l'Ouest par les Russes qui menacent aussi la Perse et l'Asie Mineure, subjuguée au Sud par les Anglais (Inde), par les Français (Indo-Chine), et ouverte à l'Est à la civilisation occidentale (Chine et Japon).

Seule l'**Afrique** intérieure, par sa forme compacte et son climat meurtrier, résiste à l'attraction de l'Europe. Mais les *Français*, les *Anglais*, les *Portugais*, les *Allemands* se sont établis sur ses côtes, tandis que de hardis voyageurs achèvent de dissiper l'obscurité qui voilait ce continent, et multiplient nos rapports avec les peuples qui l'habitent.

En maints endroits les races indigènes *inférieures* ont été absorbées ou anéanties. Mais les Chinois, les Hindous et d'autres peuples, par leur *civilisation* originale et surtout par la masse énorme de leur *population*, résistent à l'action destructive des Occidentaux. On peut les exploiter, les gouverner; mais ils ne se laissent ni entamer, ni assimiler.

~~~ **Empire universel de l'Angleterre.** — Les conquêtes de la civilisation européenne multiplient sur la surface du globe les points de contact, les rivalités, les chances de conflits entre les peuples civilisés.

L'un d'eux, le peuple anglais, servi par sa situation *insulaire* et par ses énormes ressources *métallurgiques*, a étendu son empire comme un immense filet sur la plus grande partie de la terre.

La possession de l'*Inde* et de l'*Australie* l'a obligé à s'en assurer la route.

Celle du détroit de *Malacca* lui ouvre la porte des mers de la *Chine* et de l'*Australie*.

Le *Cap*, au sud de l'Afrique, les îles *Falkland*, au sud de l'Amérique, et beaucoup d'autres îles, sont d'utiles points de relâche pour ses navires.

La même où l'Angleterre a le plus perdu, en Amérique, elle a conservé un puissant empire, le *Dominion du Canada*. Son établissement dans la plupart des *Antilles* lui assure l'accès du nouveau canal qu'on perce à *Panama* et qui deviendra la route de l'Australie. (Voir p. 116, Empire colonial de l'Angleterre.)

Les besoins croissants de son industrie et de son commerce lui font chercher partout des débouchés, c'est-à-dire des conquêtes nouvelles. Elle a réussi à prendre la première place dans le commerce avec la *Chine*; elle s'est établie à *Bornéo* et dans la *Nouvelle-Guinée*; elle s'efforce de devancer les autres nations dans l'intérieur de l'Afrique.

~~~ **Rivaux de l'Angleterre.** — Menaçante partout, l'Angleterre est aussi *menacée* partout.

La *route des Indes* lui est une cause de perpétuels *soucis*; l'Espagne revendique Gibraltar, l'Italie, Malte; la barbarie musulmane et les jalousies excitées chez toutes les nations par la décadence de l'empire turc sont un double et pressant danger pour l'Égypte et Suez.

De l'Arménie, la Russie menace l'Euphrate, route *terrestre* de l'Hindoustan, et, par le *Turkestan*, l'Hindoustan lui-même. Les projets anglais sur la Chine sont encore contrecarrés par les Russes, maîtres du fleuve *Amour*, et par les Français, qui occupent le *Tonkin*.

Les *États-Unis*, de leur côté, luttent contre elle pour établir leur influence sur l'Asie orientale et dans l'océan Pacifique, où nos possessions de *Taïti* et de la *Nouvelle-Calédonie* menacent également la route future de *Panama* à *Sydney*.

Dans l'Amérique même, le nouveau canal sera une proie tentante pour les États-Unis, qui, d'autre part, ne cachent guère leur désir de s'annexer le Canada, et deviendraient ainsi des utiles utiles au futur démembrement de l'Angleterre, pour la Russie en particulier.

Enfin, dans l'Afrique méridionale, les Zoulous et les Boërs, qui mettent en danger la colonie anglaise du Cap, peuvent trouver dans les Portugais du Congo et du Mozambique, et surtout dans l'empire d'Allemagne, de redoutables alliés.

~~~ **Conclusion.** — Ainsi, il n'y a pas une partie du monde où l'Angleterre n'ait à la fois des *intérêts* et des *ennemis*. C'est la loi à laquelle est soumise la politique des nations: toute possession crée un intérêt, et tout intérêt un danger. L'*universelle domination de l'Angleterre* fait à la fois sa *force* et sa *faiblesse*; plus son empire est *étendu*, plus il est *vulnérable*.

LES RIVALITÉS POLITIQUES.

Les Rivalités politiques
(Politique européenne)

~~~ **Différences de la politique universelle et de la politique européenne.** — *Exploiter les richesses naturelles* sans emploi, occuper les terres *vacantes* ou que la barbarie de leurs habitants fait considérer comme telles, établir sa *suprémat.*? ou prendre une *influence* prépondérante sur les peuples trop nombreux ou déjà trop avancés en civilisation pour qu'on puisse les supplanter ou les détruire : tels sont les mobiles de la *politique universelle*. Elle obéit à des intérêts assez simples, bien qu'elle ait pour champ d'action le globe presque entier.

La *politique européenne* est beaucoup plus complexe. En Europe, *point de terres vacantes*, point de différence appréciable dans le degré de civilisation des peuples. Ils ressemblent à ces machines puissantes, dont la force savamment calculée résulte d'organes délicats et de ressorts compliqués, et qui sont exposés par leur perfection même à une *foule de dangers* dont un seul peut être mortel.

~~~ **Causes diverses de rivalités.** — Les États européens sont malheureusement encore aujourd'hui en état perpétuel de guerre *ouverte* ou *latente*, et ils ont toutes sortes de moyens et d'occasions de s'entre-détruire. Ils sont vulnérables dans leur *commerce* et dans leur *industrie*; la sécurité de leur territoire exige des frontières dont la délimitation devient un intérêt capital et crée des complications internationales constantes.

Dans cette petite Europe, chaque peuple prétend à des *frontières naturelles*. Les vieux sentiments et les souvenirs *historiques*, ravivés par l'érudition, ne fournissent que trop souvent des motifs de haine.

Les questions religieuses qui ont fait la politique du moyen âge n'ont pas perdu non plus toute leur gravité en ce siècle de tolérance.

~~~ **Rivalités nécessaires.** — Plusieurs causes de rivalité entre les peuples résultent de leur histoire ou de leur situation géographique, et sont en quelque sorte fatales et *nécessaires*.

Lorsqu'un État, par exemple, possède la plus grande partie du cours d'un grand fleuve, comme le *Rhin* ou le *Danube*, il ne saurait en profiter complètement s'il n'en possède aussi l'embouchure, et il n'est pas surprenant qu'il la réclame. Aussi, l'*Allemagne* convoite-t-elle la *Hollande*, et l'*Autriche* veut-elle établir sa prépondérance sur le *Danube inférieur*. Mais, outre la résistance légitime des Hollandais et des Roumains, elles rencontrent devant elles d'autres intérêts opposés. Il vaut mieux assurément pour l'*Angleterre* avoir en face de Londres des États *faibles* comme la Belgique et la Hollande qu'une grande puissance comme l'Allemagne.

De même la *Russie* tend mieux la main aux *Slaves* des Balkans et domine plus aisément dans la mer Noire, si le Delta du Danube reste à la Roumanie que si l'Autriche s'y établit.

Cette même Russie rivalise avec l'Allemagne pour la possession du *Sund*, avec la Turquie pour le *Bosphore*, parce qu'ils sont les clés de mers *closes* où elle est confinée : la Baltique et la mer Noire.

Dans la *Méditerranée*, qui est à la fois un bassin fermé et une grande route du commerce universel, les peuples riverains se surveillent non moins *jalousement*.

La possession de la *Corse* et de *Tunis* par la France est un danger pour l'Italie ; celle de la *Sardaigne* et de la *Sicile* par l'Italie, un danger pour la France ; la situation de l'Italie, dirigée vers *Suez* et séparant le bassin oriental du bassin occidental de la Méditerranée, semble lui promettre une prépondérance que ni l'Autriche ni la France ne sauraient lui laisser prendre ; si la Russie occupait le *Bosphore* et les *Dardanelles* (carte, p. 107)que ses vaisseaux de guerre ne peuvent aujourd'hui franchir, l'**équilibre méditerranéen** serait également troublé.

Le percement de l'*isthme de Suez* a compliqué encore cette situation. L'Angleterre, intéressée à s'assurer le chemin de l'*extrême Orient*, maîtresse de Gibraltar, de Malte, de Chypre, de l'Égypte, éveille forcément l'inquiétude de la France qui domine en Indo-Chine, de l'Espagne qui a les *Philippines*, de la Hollande qui règne sur la *Malaisie*, de l'Allemagne qui cherche à prendre pied en *Océanie*.

~~~ **Les frontières naturelles.** — Aucune question n'est plus obscure que celle des frontières naturelles. En réalité, chacun les détermine suivant ses *intérêts*.

Ainsi, la France pourrait prétendre que sa frontière du nord-est ne sera point solide tant qu'elle ne sera pas formée par le Rhin ; ce qui n'a pas empêché l'Allemagne de déclarer que les *Vosges* devaient nous servir de limites et de nous les *imposer par la force*.

Il y a pourtant des cas où il ne subsiste aucun doute sur les frontières naturelles. Les îles *Anglo-Normandes* (à l'Angleterre) sont bien des *îles françaises*; Malte, (à l'Angleterre) une île italienne ; la Crète (à la Turquie), une île grecque ; Gibraltar (à l'Angleterre), un lambeau du territoire espagnol, et l'on peut concevoir les aspirations qui tendent à la réunion du *Portugal* à l'Espagne ou à celle du *Tyrol* (carte, p.139) à l'Italie.

Mais revendications et aspirations se heurtent à des faits, à des **droits établis par la possession**: autant de causes de discordes.

~~~ **Les frontières historiques.** — Bien plus artificielles encore sont les prétentions fondées sur un état *historique passager* qu'on n'invoque jamais que lorsqu'on y a *intérêt*. C'est une habitude propre surtout aux Allemands et aux Italiens. Les premiers visent ainsi la *Suisse*, le reste de la *Lorraine* et la *Belgique*, qui firent autrefois partie du saint Empire romain germanique.

Les autres convoitent la *Savoie*, parce qu'elle appartint à leur famille régnante, la *Dalmatie* et l'*Istrie* (carte, p. 95), parce que Venise y régna, *Tunis* parce que Rome conquit jadis Carthage.

~~~ **Les frontières ethnographiques.** — Celles-ci ont pris une grande importance, surtout depuis que Napoléon III proclama le principe de *l'unité italienne* et le fit triompher par les armes.

La grande puissance *slave*, la Russie, s'est mise à la tête du panslavisme et essaye d'attirer dans son orbite les Slaves de la monarchie austro-hongroise et de l'empire turc.

La *Grèce*, devenue indépendante, joue le même rôle à l'égard des Hellènes de la Turquie, de l'Archipel et de l'Asie Mineure : le panhellénisme lutte contre le *panslavisme* sur les débris encore debout de l'empire ottoman.

L'Italie réclame tous les pays limitrophes où l'on parle italien, ce qu'elle appelle l'Italia irredenta: Nice, le Tyrol, Trieste, Malte, la Corse.

Enfin, et surtout, la Prusse s'est mise à la tête du pangermanisme et a fondé *l'unité allemande*; cette unité ne sera complète à ses yeux que lorsqu'elle aura englobé, comme l'Alsace-Lorraine, tous les pays d'origine ou de langue allemande.

La *Hollande*, le *Danemark*, la *Suisse*, les provinces *baltiques* de la Russie, les provinces allemandes de l'*Austro-Hongrie* sont particulièrement menacées.

~~~ **Les questions religieuses.** — Tandis qu'un grand mouvement de fanatisme agite depuis quelques années le monde *musulman* et complique toutes les questions méditerranéennes, les haines religieuses continuent à jouer un rôle important dans la politique intérieure des peuples et dans les relations internationales.

Tantôt la persécution s'acharne contre les *Juifs*, comme en Russie et en Allemagne où l'*antisémitisme* est ouvertement prêché. Tantôt les divisions *des partis* s'expriment par un *antagonisme religieux*, qui va parfois jusqu'à la *persécution*. Plusieurs puissances ont une religion d'État ou une politique de religion : la Prusse est une puissance *protestante*, l'Autriche est très *catholique*, la Russie représente l'*orthodoxie grecque* au même titre que le panslavisme.

~~~ **Conclusion.** — En résumé, les hommes groupés en nations seront longtemps encore *rivaux* et *ennemis*.

Si les guerres sont devenues plus rares, elles sont infiniment plus *meurtrières*, et la lutte *économique* peut causer autant de ruines que la lutte à main armée. Les seules frontières équitables et vraiment *naturelles* résulteraient d'un libre accord entre les peuples. Mais les peuples sont trop aveuglés par la passion pour pouvoir s'entendre.

L'équilibre politique du monde a été rarement moins stable qu'aujourd'hui : l'audace et la *force* des uns, la *pusillanimité* et la *faiblesse* des autres ne sont pas pour le rétablir.

Ce n'est pas une raison pour désespérer de l'*humanité* et de la *justice*. La France est sortie du chaos féodal. Les États-Unis d'Europe pourront naître un jour de l'anarchie militaire que nous traversons. Mais tant que n'a pas lui le jour de la concorde, le devoir le plus strict impose à chacun le droit de légitime défense.

Quant à nous, Français, nous devons penser à l'Alsace et à la Lorraine. On a pu nous les arracher par la force : elles nous *appartiennent*. Elles sont françaises de droit, moins par des raisons historiques, géographiques, ethnographiques, que par leur *volonté*, leur affection exaltée jusqu'à l'héroïsme.

Nous devons penser en outre que nos désastres nous ont laissé dans le monde une place et un patrimoine qu'il ne faut laisser diminuer nulle part et d'aucune façon, pas plus en Afrique, en Asie ou ailleurs que dans la vieille Europe, sous peine d'éloigner le jour où nous espérons pour nous **la revanche de la justice et le triomphe du droit**.

CHAPITRE III
LA LANGUE FRANÇAISE DANS LE MONDE

Langues plus répandues que le français. — C'est en Asie que l'on observe les deux plus *vastes agglomérations* d'hommes parlant une même langue : le **Chinois** (400 millions), les langues **Hindoues** (200 millns).

Les deux langues européennes les plus répandues à la surface du globe : l'anglais, parlé par 100 millions environ de personnes dont la moitié aux États-Unis, et le russe qui compte de la Baltique et de la mer Noire aux rivages sibériens du Pacifique près de 100 millions aussi de représentants.

L'allemand qui a beaucoup moins d'extension hors d'Europe que l'anglais, et moins d'extension en Europe que le russe, est l'idiome d'un groupe compact de populations massées au centre de ce continent (empire d'Allemagne, parties de l'Autriche et de la Suisse). Il est parlé par 60 millions d'âmes, dont 36 en Europe.

L'espagnol est la langue de 48 millions d'hommes dont la grande majorité (30 millions environ) peuple les républiques de l'Amérique depuis le Mexique jusqu'aux pampas argentines.

Rang et dissémination du français. — Le français ne vient qu'au septième rang des langues du monde en général, au cinquième rang des langues européennes, pour la quantité de ses représentants. On peut évaluer à 40 millions le nombre de personnes qui le parlent. De toutes les langues c'est avec l'anglais *la plus disséminée*. Il n'est guère de grandes régions du globe où l'on ne rencontre quelques groupes d'hommes de langue française.

Le français en Europe. — Le français est la langue officielle de la **Belgique** et la moitié des Belges (2 millions et demi) n'ont pas d'autre langue. En *Alsace-Lorraine*, où l'enseignement du français est désormais interdit dans les écoles, il est cependant généralement compris et il est parlé exclusivement par 350 000 personnes. Dans la confédération helvétique 600 000 **Suisses** « romands » emploient notre langue. Les habitants des hautes vallées des Alpes occidentales (*Piémont*) et ceux des *îles anglo-normandes*, ces derniers au nombre de 87 000 sont aussi français de langue.

Le français est la langue *diplomatique* des pays civilisés. C'est la première des langues *littéraires*. Il est enseigné dans les écoles secondaires des divers États, seul ou en concurrence avec l'anglais ou l'allemand. Il est surtout apprécié et employé en Russie, en Roumanie, en Espagne, en Roumélie, en Grèce, en Bohême, en Hollande, en Danemark. Il y a des colonies françaises dans la plupart des grandes villes de l'Europe : 30 000 à Barcelone, 24 000 à Londres, 4 000 à Madrid, 2 500 à Moscou, 1 400 à Turin, etc.

Le français en Afrique. — Si les 3 millions d'habitants que possède l'Algérie sont loin de parler tous français, tous le parleront un jour et un grand nombre le comprennent déjà. Il en sera de même de la **Tunisie**. En *Égypte*, les français sont très nombreux à Alexandrie, au Caire, à Port-Saïd. La langue française domine, bien que corrompue, aux îles Seychelles ; elle est à peu près exclusivement parlée dans l'ancienne île de France, à *Maurice* (380 000 h.), aujourd'hui possession britannique, à l'île de la *Réunion* et dans les dépendances de *Madagascar* (plus de 200 000 h.). Au *Gabon*, sur certains points de la *Côte de Guinée*, mais surtout au *Sénégal*, beaucoup de nègres sont capables de soutenir une conversation en français plus ou moins correct.

Le français en Asie. — Les souvenirs des croisades, le protectorat de la France sur les catholiques d'Orient, les efforts des missionnaires, les sympathies des Grecs, des Arméniens, des Israélites, ont beaucoup contribué à répandre le français dans le Levant, où l'anglais, l'italien, l'allemand s'efforcent en vain de le supplanter. La plupart des Maronites catholiques du *Liban*, beaucoup de *Syriens* parlent français. Le français est la langue la plus usitée à *Smyrne* ; elle est très répandue à *Bagdad* et même à *Téhéran*. Elle est parlée dans nos comptoirs de l'Inde. Elle pénètre chez les Cambodgiens, les **Annamites** de la Cochinchine et du Tonkin. Elle a de chauds partisans au Japon.

Le français en Océanie. — C'est la partie du monde où le français est le moins représenté. Sauf à *Taïti* et dans la *Nouvelle-Calédonie*, il est comme écrasé par la concurrence de l'anglais. On enseigne d'ailleurs, comme chez nous, l'anglais dans beaucoup d'écoles supérieures de l'**Australie** et de la *Nouvelle-Zélande*.

Le français en Amérique. — Deux millions de canadiens-français descendants des anciens colons venus de France sont restés fidèles à notre langue nationale dans le bassin du Saint-Laurent, dans les territoires du Nord-Ouest canadien et dans la basse vallée du Mississipi. Il y a aussi d'importantes colonies françaises dans les grandes villes des États-Unis à *New-York*, à San Francisco (4000). Les Français sont 20000 au **Mexique**. L'usage de la langue française a survécu non seulement dans les *Antilles françaises* mais dans plusieurs des *petites Antilles* devenues anglaises ; il est la langue officielle de la république nègre de Haïti. Dans toute l'Amérique espagnole et au Brésil, le français est en honneur ; les livres de droit, de science, d'histoire, de médecine viennent de France. On compte enfin 14000 français dans l'Uruguay, de 70 à 80 000 dans la **Confédération Argentine**, 3 000 au Pérou, 4 000 au **Chili**, etc.

Comment se propage le français. — Les colons français des siècles derniers ont naturellement propagé notre langue aux colonies ; ce mouvement s'accomplit encore de nos jours, principalement dans l'Afrique du nord. Partout où s'établit un groupe compact de Français en pays étranger, ce groupe a quelque chance également de conserver et de répandre notre langue, comme sur les bords de la Plata. Mais il y a aussi de puissantes associations privées qui contribuent à l'extension de notre domaine linguistique par des annexions pacifiques. « *L'Œuvre catholique des Écoles d'Orient* » n'encourage pas seulement la prédication de la foi ; elle subventionne des écoles où le français est enseigné, souvent même sans aucun esprit de prosélytisme, comme en Tunisie. « *L'Alliance israélite universelle* » dont le siège est à Paris a fondé et entretient de même des écoles où l'enseignement est donné en français, depuis le Maroc, jusqu'à Bagdad et en Bulgarie. Des missionnaires catholiques et protestants français s'efforcent de leur côté d'évangéliser en français les Canaques des îles océaniennes. Mais l'association patriotique qui résume le seconde toutes les autres pour la propagation de la langue nationale est l'**Alliance française**[1] dont l'action s'étend au monde entier.

Importance de la diffusion du français. — Il est très important pour la France d'enseigner le français aux indigènes de ses colonies afin de leur inspirer peu à peu des *sentiments français* et d'accroître ainsi d'autant sa puissance et son influence dans le monde. Si tous les Algériens, Tunisiens, Cambodgiens et Annamites, si tous les indigènes du Sénégal, de l'Ogôoué et de Madagascar parlaient français, notre langue compterait en plus hors de France autant de représentants environ qu'il y a de Français en France et son domaine linguistique dépasserait alors 80 millions d'âmes. Ce prolongement artificiel de notre nationalité suppléerait dans une certaine mesure au trop faible accroissement de notre race qui menace surtout d'être *submergée* par le flot allemand en Europe et par le flot anglo-saxon dans le reste du monde. Il n'est pas moins utile d'enseigner le français aux étrangers : la connaissance de notre langue les rapproche de nous, nous concilie leur estime et leur amitié. L'exportation de nos produits est également plus facile, plus abondante dans les pays de langue française. Enfin, dans le conflit des langues qui emploie les relations internationales, notre langue peut aspirer par sa précision, sa souplesse, sa clarté, à devenir la langue de la *civilisation universelle*.

---

[1]. Le siège de l'*Alliance française* est 2, rue Saint-Simon, à Paris.

TABLE ALPHABÉTIQUE

A

Aalborg, v. du Danemark, 120.
Aar, riv. affl. de droite du Rhin, 110, 129.
Aarau, v. de Suisse, 129.
Aarhuus, v. du Danemark, 120.
Abbeville, v. de France (Somme), tissus de laine, 58.
Abeilles, France, 68.
Abeokouko, v. du Yorriba (Afrique), 188.
Abomey, capitale du Dahomey (Afrique), 188.
Aboul-Hazán, 16.
Abruzzes, mont. d'Italie, 140.
Abyssinie, royaume d'Afrique, 182.
Acapulco, ville du Mexique (Amér. du Nord), 218, 220.
Achantis, (roy. des) (Afr.), 188.
Aconcagua, volcan du Chili (Amér. du Sud), 207, 208, 216.
Açores (îles), océan Atlantique, au Portugal, 138, 198.
Adalia (golfe d'), Méditerranée (Asie), 157.
Adalia, v. et port d'Asie Mineure, 157.
Adam (pic d'), île de Ceylan, Océan Indien (Asie), 163.
Adamaoua, roy. mahométan du Soudan (Afr.), 188.
Adana. V. Seihoun.
Adda, riv. d'Italie, mer Adriatique, 140.
Adélaïde, capitale de l'Australie mérid. (Océanie), 176.
Adélie (terre d'), Pôle sud, 226.
Adelsberg (col d'), Alpes, 103.
Aden, v. et port d'Arabie (Asie), 116, 161.
— (golfe d'), Océan Indien (Asie), 182.
Aderbaidjan, prov. d'Arménie (Asie), 156.
Adige, fl. d'Italie, 109, 130, 140.
Adjemir, province de l'Inde, (Asie), 162.
Adoua, Abyssinie (Afr.), 188.
Adour, riv. de France, 34.
Adrar (oasis d'), Sahara (Afr.), 186.
Adula (mont), Alpes (Suisse), 129.
Adulis (baie d'), poss. française d'Égypte (Afr.), 188.
Affrique (Saint-), v. de France (Aveyron), 44.
Afghanistan (Asie), 154.
Afrique, 183 à 201.
— colonies françaises, 188.
— — allemandes, 188.
— — anglaises, 188.
— — portugaises, 188.
— (montagnes de l'), 182.
— (races de l'), 200.
Afrique, grandes voies de communication, 184.
Afrique australe (États Européens de l'), 197.
Afrique du Sud (République de l'), 195.
Agde, v. de France (Hérault), vins, 44.
Agen, v. de France (Lot-et-Garonne), 44.
Agnello (col d'), Alpes, 30.
Agout, riv. de France, 34.
Agrah, v. de l'Inde (Asie), 163.
Agram, v. d'Autriche, 111.
Agriculture, France, 28, 46.
— (Écoles spéciales d'), 54.
— comparaison avec l'étranger, 55.
Ahaggar (plateau de l'), Sahara (Afr.), 186.
Ahun, v. de France (Creuse), houille, 56.
Aigoual (mont), Cévennes, Fr., 32, 33.
Ain, département (France), 44.
— riv. de France, 32, 34.
Aïn-Mokra, Algérie (Afr.), 79.
Aïn-Salah (oasis du Maroc), Sahara (Afr.), 186.
Aïn-Temouchent, v. d'Algérie (Afr.), 79.
Aïr, territoire du Sahara (Afr.), 188.
Aire, v. de France (Pas-de-Calais), 75.
Aisne, départ. (France), 43.
Aisne, riv. de France, 34.
Aix, v. de France (Bouches-du-Rhône), école d'arts et métiers, 47.
Aix-les-Bains, v. de France (Savoie), eaux minérales, 29.
Aix-la-Chapelle, v. d'Allemagne, 126.
Ajaccio, v. de France (Corse), 44, 76.
Ajuda, comptoir côtier du Dahomey (Afr.), poss. portugaise, 198.
Akabah (golfe de), mer Rouge (Asie), 162.
Ak-Dagh, massif de l'Asie Mineure, 157.
Alabama, riv. (Amér. du Nord), 212.
Alagueuss, mont. d'Arménie (Asie), 156.
Alais, v. de France (Gard), 44.
— Bassin houiller, 56.
— industrie du fer, 61.
Aland (îles d'), mer Baltique, poss. russe, 132.
Alaska (mont d') (Am. du Nord), 204.
Alaska (presqu'île), (Amér. du Nord), 202.
Alaska, territoire des États-Unis, 212.
Ala-Tau, mont (Asie), 152.
Albanie (massif de l'), Eur. 143.
Albany, riv. (Amér. du Nord), 205.
Albany, v. des États-Unis (Amér. du Nord), 209.
Albères (abaissement des) Pyrénées, 30.
Albertville, v. de France (Savoie), place forte, 44.
Albi, v. de France (Tarn), 44.
Aldan, riv. de Sibérie (Asie), 158.
Alençon, v. de France (Orne), dentelles, 43, 60.
Aléoutiennes (îles), oc. Pacifique (Amér. du Nord), 202.
Alep (vilayet d'), Turquie d'Asie, 160.
Alep, v. de Turquie d'Asie, 153, 160.
Alexandra-Land, désert d'Australie (Océanie), 176.
Alexandre Ier (Terres d') Pôle Sud, 226.
Alexandrette (golfe d'), Méditerranée (Asie), 157.
Alexandrette, v. et port, Turquie d'Asie, 160.
Alexandrie, v. d'Égypte (Afr.) 144, 188.
Alexandrie, v. d'Italie, 140.
Alfa, Algérie, 79.
Alger, v. et port, capitale de l'Algérie, 76, 79.
Algérie, 79.
Alima, riv. d'Afr. affl. du Congo, 194, 195.
Alizés (vents), 27.
Allahabad, v. de l'Inde (Asie), 162, 163.
Alléghanys (monts), Amér. du Nord, 204.
Allemagne, 124 à 129.
— Forces militaires, industrie, commerce, 127.
Allier, dép. (France), 44.
— riv. de France, 32, 34.
Al-Mamoun, 16.
Alpes, 30, 32, 102, 129, 140.
— (Basses) dép. (France), 44.
— (Hautes) dép. (France), 44.
— Maritimes, dép. (France), 44.
Alpes Australiennes (Océanie), 175.
Alphée, riv. de Grèce, 143.
Alsace (ballon d'), Vosges, 32.
Alsace-Lorraine, 76 à 78
— hommes illustres, 78.
Altaï, plateau central d'Asie, 150.
Altmuhl, affluent du Danube, 111.
Alto (monte), Apennins, Italie, 140.
Altona, v. du Holstein, Allemagne, 126.
Aluta, riv. de Roumanie, 111.
Amadeus (lac), Australie (Océanie), 179.
Amand (Saint-), v. de France (Nord), 43.
Amand (Saint-), v. de France (Cher), 44.
Amager (îlot d'), Danemark, 119.
Amanus (mont de l'), Syrie (Asie), 162.
Amazone, fl. de l'Am. du Sud, 208, 216.
Ambert, v. de France (Puy-de-Dôme), 44.
Amboine, île hollandaise, oc. Pacifique, 172.
Ambre (cap d'), île de Madagascar (Afrique), 182.
Ambriz, poss. portug. Guinée (Afr.), 195.
Ameland, île hollandaise, mer du Nord, 132.
Amélie-les-Bains, v. de France (Pyrénées-Orientales), eaux minérales, 29.
Amendements, 46.
Amérique, 201 à 223.
— anglaise, 203.
— centrale, 206.
— du Nord, 204.
Amérique du Sud, 207.
— (Races de l'), 223.
— (Découverte de l') 221.
— (Républiques espagnoles de l') 218.
Amhara, Abyssinie (Afr.), 188.
Amiens, v. de Fr. (Somme), velours, tissus, 43, 58, 59, 60.
— Place forte, 75.
Amirantes (îles), oc. Indien, poss. ang., 182, 198.
Amou-Daria, fl. d'Asie (mer d'Aral), 151, 157.
Amour, fl. de Sibérie (Asie), 150, 158.
Amritzir, v. de l'Inde (Asie), 162.
Amsterdam, capitale de la Hollande, 122.
Anadyr (golfe d'), mer de Behring (Asie), 149.
Anaximandre, 16.
Ancenis, v. de France (Loire-Inf.), 43.
Ancône, v. d'Italie, 142.
Andalousie, Espagne, 136.
Andaman, îles anglaises, oc. Indien (Asie), 150, 162.
Andelys (les) v. de Fr. (Eure), 30, 43.
Andes (Cordillères des), mont. d'Amérique, 209.
Andes boliviennes, Am. du Sud, 216.
Andes chiliennes, Am. du Sud 216.
Andes de Quito, Rép. de l'Équateur, (Am. du Sud), 217.
Andidjan, v. du Turkestan Russe (Asie), 159.
Andorra, v. de la Rép. d'Andorre, 45.
Andorre (république d'), Europe, 45.
— (Val d'), Pyrénées, 30.
Andrinople, v. de Roumélie (Eur.), 143.
Andro, île grecque, Archipel 143.
Andros, île anglaise (Lucayes), oc. Atlantique, 206.
Anes, France, 53.
Angara, riv. de Sibérie (Asie), 158.
Angers, v. de Fr. (Maine-et-Loire), ardoises, toiles à voiles, école d'arts et métiers, 43, 57, 60.
Anglesey (île anglaise, Manche), 114.
Angleterre, (v. ILES BRITANNIQUES).
Angleterre (l') dans la Méditerranée, 108.
Angola, territoire portugais (Afrique), 138, 195.
Angola (monts d'), Congo (Afrique), 195.
Angoulême v. de Fr. (Charente), papeterie, 43, 61.
Angora, mont. (Asie Mineure), 157.
Angra-Pequena, posses. allemande (Afrique), 126, 196.
Anguilla, île anglaise (Antilles) 214.
Anhalt (duché de), Allemagne, 125.
Aniche, v. de France (Nord), industrie du fer, 61.
Anjouan, île française (Comores), oc. Indien, 198.
Ankober, v. d'Abyssinie (Afr.) 190.
Annam (empire d'), protectorat français (Asie), 86, 165.
Annecy (lac d'), Savoie, 34.
Annecy, v. de Fr. (Haute-Savoie), 44.
Année civile, grégorienne, julienne, sidérale, etc. 10, 11.
Annobon, île espagnole, oc. Atlantique (Afrique), 182.
Annonay, v. de France (Ardèche), papeterie, 44, 61.
Animaux, France, 53, 54.
Anson, 16.
Anticosti, île anglaise, Canada (Amér. du Nord), 209.
Antigoa, île anglaise (Antilles), océan Atl., 208, 214.
Anti-Liban, mont. de Syrie (Asie), 150, 160.
Antilles (mer des), 202, 206.
— (grandes), îles de l'Amérique centrale, 206.
Antilles (petites), îles de l'Amérique centrale, 208.
Antilles anglaises, 214.
— espagnoles, 214.
— danoises, 214.
— françaises, 83, 214.
Antipodes, 8.
Antisana, volcan de la Cordillère des Andes (Am. du Sud), 208.
Antivari, v. et port du Monténégro, 144.
Antonio (San), île du Cap Vert, poss. portugaise, oc. Atlant. 198.
Anvers, v. et port de Belgique, 122.
Anville (d'), 16.
Anzin v. de France (Nord), bassin houiller, verrerie, métallurgie, 43, 56, 61.
Apennins, mont. d'Italie, 140.
Apo, volcan, île de Mindanao (Océanie), 172.
Apt, v. de Fr. (Vaucluse), 44.
Arabes, peuplades d'Afrique, 186.
Arabie (Asie), 149, 161, 162.
— (déserts, plateaux et montagnes de l'), 150.
Araceua, mont. d'Espagne, 136.
Aragon (plaine de l'), Espagne, 136.
Aragon, riv. d'Espagne, 136.
Aral (lac d'), Asie, 150.
Aran (val d'), Pyrénées, 30.
Ararat (mont), Arménie (Asie), 150, 156.
Aravalli (mont), Inde (Asie), 161.
Arba (l'), Algérie, 79.
Arbres, France, 52.
Arcachon, v. de France (Gironde), huîtres, 42.
Archipel Dalmate, mer Adriatique (Eur.), 106.
Archipel polaire, oc. Glacial, 202, 209.
Arcis-sur-Aube, v. de France (Aube), 36, 43.
Ardèche, dép. (France), 44.
— exploitation du fer, 57.
— riv. de France, 32, 34.
Ardennes, dép. (France), 43.
Arequipa, v. du Pérou (Amér. du Sud), 218.
Argée (mont), Taurus (Asie Mineure), 157.
Argelès, v. de France (Hautes-Pyrénées), 44.
Argent : Bolivie, 216.
— États-Unis, 212.
— Mexique, 218.
— Pérou, 218.
Argentan, v. de France (Orne), 43.
Argenteuil, v. de France (Seine-et-Oise), 43.
Argentine (république), V. LA PLATA.
Argonne (chaîne de l'), France, 32.
Arica, prov. du Pérou (Amér. du Sud), 216.
Ariège, riv. de France, 34.
— départ. (France), 44.
Aristote, 16.
Arkangel (golfe), mer Blanche, (Eur.), 106.
Arkangel, v. de Russie, 132.
Arkansas, affluent du Mississipi (Amér. du Nord), 204, 212.
Arles, v. de Fr. (Bouches-du-Rhône), 44.
Armançon, riv. de France, 34.
Armée sur le pied de paix, France et étranger, 72, 93.
Armée sur le pied de guerre, France et étranger, 72, 93.
Arménie, poss. russe (Asie), 151, 156.
— (lacs et monts de l'), 150.
Armentières, v. de France (Nord), tissus, 43, 60.
Arnheim, v. de Hollande, 122.
Arno, fleuve d'Italie, 109, 140.
Arouscha, poss. allemande (Afrique), 193.
Arras, v. de France (P.-de-Calais), place forte, 43, 72, 75.
Arrée (massif), Bretagne (Fr.), 32.
Ars-sur-Moselle (Alsace-Lor.), métallurgie, 61.
Artha (golfe d'), mer Ionienne (Eur.), 143.
Artois (collines de l'), 41.
Ascension, île anglaise, océan Atlantique (Afr.), 116, 182, 198.
Asie, 149 à 170.
— (races de l'), 168.
— (bordure insulaire de l'), 167.
Asie, configuration générale, étendue, situation, etc., 149.
— montagnes, plateaux, fleuves, lacs, etc., 150.
Asie Mineure, 149, 151, 157.
Aspinwall, v. de la Colombie (Amérique centrale), 217.
Aspro Potamo, riv. de Grèce, 143.
Assab (baie d'), mer Rouge (Asie), 141.
Assab, ville et port, poss. italienne, Égypte (Afr.), 188.
Assinie, territoire de Guinée (Afr.), 84.
Assiute, riv. du Soudan (Afr.), 142.
Assomption, v. du Paraguay (Amér. du Sud), 218.
Assouan, v. d'Égypte (Afr.), 190.
Astrakan, v. de Russie, 132.
Atacama, désert du Chili (Am. du Sud), 216.
Atbara, affluent du Nil (Afr.), 190.
Atchin (sultanat de), île de Sumatra (Océanie), 173.
Athabasca, lac de l'Amérique du Nord, 204, 208
Athènes, capitale de la Grèce, 144.
Athos (mont), Turquie, 143.
Atlantique (océan), 24, 229.
Atlas, montagnes d'Afrique, 182, 184.
Atmosphère et climats du globe, 27.
Atrato, riv. de l'Amér. centrale, mer des Antilles, 206, 216.
Atrek, riv. d'Asie, mer Caspienne, 150.
Aube, départ. (France), 36, 43.
— rivière de France, 32, 35.
Aubin, v. de France (Aveyron), houille, 56.
Aubusson, v. de France (Creuse), tapis, 44.
Auch, v. de France (Gers), 44.
Auckland, v. de la Nouvelle Zélande (Océanie), 179.
Aude, départ. (France), 44.
— riv. de France, 34.
— (vallée de l'), 32.
Audjilah (oasis d'), Afrique, 184, 186.
Augsbourg, v. de Bavière (Allemagne), 126, 130.
Augustin (Saint), 16.
Aullagas, lac de Bolivie (Amérique du Sud), 207, 216.
Aulne, riv. de France, 34, 42.
Aulus, v. de France (Haute-Garonne), eaux minérales, 29.
Aumale, v. d'Algérie, 79.
Aurès (mont), Sahara algérien (Afr.), 79, 182.
Aurillac, v. de France (Cantal), 44.
Austin, lac d'Australie (Océanie), 175.
Austin, v. des États-Unis (Amér. du Nord), 212.
Austin-Drummond, explorateur, 179.
Australie (Océanie), 175.
— relief du sol, cours d'eau, 175.
Australie, (colonies d'), 176.
— (minéraux d'), 178.
— (explorations dans l'), 178.
Automne, 10.
Autriche (emp. d'), 130 à 132.
Autun, v. de France (Saône-et-Loire), 44.
Auvergne (mont d'), massif central, 32.
Auxerre, v. de France (Yonne), 36, 44.
Auxonne, v. et place forte de France (Côte d'Or), 44, 76.
Aveiro (lagunes d'), Portugal, 138.
Avesnes, v. de France (Nord), 43.
Aveugles (institut des jeunes), France, 92.
Aveyron, département (France), 44.
Aveyron, riv. de France, 32, 34.
Avignon, v. de France (Vaucluse), soie grège, 44.
Avoine, France, 48.
Avor (Cher), camp d'instruction militaire, 76.
Avranches, ville de France (Manche), 43.
Ax, v. de France (Ariège), eaux minérales, 29.
Ayaschin (mont), Atlas Saharien (Afr.), 184.
Azov (mer d'), Russie d'Europe, 132.
Azuera (cap), Colombie (Amér. centrale), 206.
Azuera, presqu'île de Colombie, 216.

B

Bab-el-Mandeb, détroit, mer Rouge (Asie), 151, 182.
Baccarat, v. de France (Meurthe-et-Moselle), cristalleries, 61.
Bacon (Roger), 16.
Baconyer Wald, Autriche, 112.
Badajoz, v. d'Espagne, 136.
Bade (Grand duché de), Allemagne, 124.
Baffin, navigateur, 204.
— (terre de), 204, 224.
— (mer de), 204, 224.
Bafoulabé, v. du Sénégal (Afrique), 84, 188.
Bogamoyo, v. du Zanzibar (Afrique), 193.
Bagdad, v. de Mésopotamie (Asie), 160.
— vilayet de la Turquie d'Asie, 160.
Baginzé (monts), Afrique, 138.
Bagnères-de-Bigorre, ville de France (Hautes-Pyrénées), eaux minérales, 44, 129.
Bagnères-de-Luchon, ville de France (Haute-Garonne), eaux minérales, 29, 30.
Baguirmi, roy. mahométan du Soudan (Afrique), 186.
Bahama (îles) anglaises, oc. Atlantique, 116, 214.
— (Canal de), océan Atlant., Amérique, 212.
Bahia, v. du Brésil (Amér. du Sud), 221.
Bahr el Abiad (Nil blanc), (Afrique), 188.
Bahr el Arab, affluent du Nil (Afrique), 188.
Bahr el Asrak, affluent du Nil (Afrique), 188.
Bahr el Ghazal, affluent du Nil (Afrique), 188.
Baïkal, lac de Sibérie (Russie d'Asie), 150, 158.
— (Massifs du), Asie, 152.
Bailleul, v. de France (Nord), dentelles, 43, 60.
Baireuth, v. d'Allemagne, 110.
Baïse, riv. de France, 30, 34.
Bakel, v. et comptoir français du Sénégal (Afrique), 84, 188.
Baker (Samuel), 16.
Bakou, v. et port du Caucase, mer Caspienne (Asie), 156.
Balaruc, v. de France (Ardèche), eaux minérales, 20.
Balboa, navigateur, 228.
Bâle, v. de Suisse, soieries, 129.
Baléares, îles espagnoles, Méditerranée, 106, 136.
Bali, île hollandaise, mer de Java (Asie), 122.
Balkans (monts), Bulgarie, 143.
Ballay (docteur), explorateur, 84, 195.
Ballarat, v. d'Australie (Océanie), 176.
Balleny, navigateur, 227.
Baloutchistan (Asie), 154.
Baltimore, v. des État-Unis (Amérique du Nord), 212.
Bamakou, comptoir français sur le Niger (Afrique), 84, 188.
Bamberg, v. d'Allemagne, 110.
Banca, île hollandaise, mer de Java (Asie), 122, 172.
Bangkok, capitale du royaume de Siam (Asie), 165.
Bangouéolo, lac d'Afrique, 182, 192.
Banks (terre de), Pôle nord, 224.
Bantry (baie de), Irlande, 114.
Baratch, v. de l'Inde (Asie), 162.
Barbade, île anglaise, Petites Antilles (océan Atlantique), 206, 214.
Barbezieux, v. de France (Charente-Inférieure), 43.
Barboude (île), île anglaise, Petites Antilles (océan Atl.), 206, 214.
Barcelone, v. et port d'Espagne, 137.
Barcelonnette, v. de France (Basses-Alpes), 44.
Barèges, v. de France (Hautes-Pyrénées), eaux thermales, 30.
Barents (mer de), Pôle nord, 224.
— navigateur, 224.
Barkoul, v. de Mongolie (Asie), 152.
Barmen, v. d'Allemagne, 110, 126.
Baroda, état vassal de l'Inde (Asie), 162.
Barrow, cap, de l'Amér. du Nord (océan Glacial), 202.
Bar-sur-Aube, v. de France (Aube), 36, 43.
Bar-le-Duc, ville de France (Meuse), 43.
Bar-sur-Seine, v. de France (Aube), 43.
Barth, 16.
Barthélemy (Saint-), île fran-

*

TABLE ALPHABÉTIQUE.

çaise, Antilles (océan Atlantique), 82, 206, 214.
Biscotte-Land, possession anglaise du cap (Afr.), 197.
Basques (les), 81.
Bass (détroit de), Australie (Océanie), 175.
Basse-Loire (plaine de la), France, 30.
— (bassin houiller de la), France, 46.
Basse-Terre, cap. de la Guadeloupe, (Antilles) (océan Atlantique), 215.
Bassins (ceinture des), 34.
Bassin houillères, France, 56.
Bassorah (vilayet de), Turquie d'Asie, 160.
— v. et port sur le golfe Persique (Asie), 160.
Bastia, v. et place forte de Fr. (Corse), 44, 76.
Batavia, capitale des Indes néerlandaises, ile de Java (Océanie), 172.
Bathurst, capitale de la Gambie, poss. anglaise (Afrique), 188.
Batoum, v. et port du Caucase, mer Noire (Asie), 156.
Batteries de côte, France, 76.
Bauge, v. de France (Maine-et-Loire), 43.
Baume-les-Dames, v. de Fr. (Doubs), 51.
Bavière (royaume de), Allemagne, 124.
— (fort de), 124.
Bayeux, v. de France (Calvados), porcelaines, 53 ;
— dentelles, 60.
Bayonne, v. et place forte de France (Basses-Pyrénées), 43, 76.
Bauss, v. de France (Gironde), 43.
Beauce (plaine de la), Fr., 30.
Beaujolais (monts du), Cévennes, 32.
Beaune, v. de France (Côte-d'Or), vins, 78.
Beauvais, v. de France (Oise), draps, mollettes, 43, 48, 58.
Beaux-Arts, 60.
Belem, v. du Brésil (Amér. du Sud), 221.
Belfast, v. d'Irlande, 115.
Belfort (territoire de), France, 44, 72.
— v. de France, place forte, 72.
Belgique, 122.
Belgrade, capitale de la Serbie, 114.
Bélize, capitale du Honduras britannique (Amérique centrale), 214.
Bellac, v. de France (Haute-Vienne), 44.
Belle-Isle, v. et place forte de France, 76.
Bellinghausen, expédition russe au Pôle sud, 228.
Belle-Ile-en-Mer, île française, (océan Atlantique), 53.
Belley, v. de France (Ain), 44.
Bellinzona, v. de Suisse, 123.
Beni (grand), détroit de Danemark, 106.
— (petit), détroit du Danemark, 106.
Benares, v. de l'Inde (Asie), 162.
Bénévent, v. d'Italie, 110.
Bender-Bushire, v. et port de la Perse (Asie), 161.
Bengale (golfe du), océan Indien (Asie), 154.
— (Présidence du) Inde (Asie), 162.
Bengazie, v. de Tripoli (Afrique), 194.
— montagnes de l'Inde (Asie), 162.
Benguela, poss. portugaise de Guinée (Afrique), 125.
— capitale du Benguela, 195.
— montagnes du Congo (Afr.), 195.
Beni-Souef, capitale de la Moyenne-Égypte, île de Rhoda, 89, 193.
Bennett, canal, v, ville de l'île de la Réunion, 92.
Berar, province de la Colombie (Amér. centrale), 217.
Berbera, v. d'Égypte (Afrique), 192.
Berbères, peuple anglaise d'Égypte (Afrique), 194.
Berbères, peuplade africaine, 186.
Berges, archipel Norvégien, 119.
— v. de Norvège, 129.
Bergerac, v. de France (Dordogne), 43.
Berghes, ville et place forte, France (Nord), 72, 75.

Béring (détroit de), Asie, 150, 154.
— (mer de), 149.
Berlin, capitale de l'empire d'Allemagne, 104, 124, 128.
Bermudes, îles anglaises, océan Atlantique (Amér. du Nord), 106, 202, 209.
Bernard (Grand-Saint-), Alpes, 30.
— (Petit-Saint), Alpes, 30.
— (col du Petit-Saint), 103.
Bernardino (col du), Alpes, 103.
Berne, v. de Suisse, capitale de la Confédération, 123.
Bernina, mont. de Suisse (Alpes), 103.
— (col de), Alpes, 103.
Bernoises (Alpes), Suisse, 123.
Berre (étang de), Méditerranée, 35.
Berry (plaine du), 30.
Besançon, v. et place forte de France (Doubs), horlogerie, 43, 51, 76.
Beskiden, mont. d'Autriche, 130.
Bességes, v. de France (Gard), bassin houiller, métallurgie, 43, 56, 61.
Béthune, v. de France (Pas-de-Calais), 43.
Beurre, France, 53.
Beyrouth, v. de Syrie (Turquie d'Asie), 159, 160.
Bhamo, v. de Birmanie (Asie), protectorat anglais, 163.
Biala, v. de Gascodaye, Soudan (Afrique), 188.
Bien-hô (lac), Asie, 163.
Biarritz (mont), Autriche, 130.
Biscayé, v. et port de Tunisie (Afrique), 81.
Biarritz, mont, des Alleghanys (Amér. du Nord), 205.
Birkének, mont, ind. d'Angleterre (Asie), 165.
Birminghem, v. d'Angleterre (Asie), 165.
Birmanie (hauteurs de), Europe, 99.
Bismark (archipel), ancienne Nouvelle-Bretagne (Océanie) 175.
Bissagos, îles portugaise, oc. Atlant. (Afrique), 188.
Biskra, v. et port de l'Algérie (Afrique), 81.
Blanc-blême, mont, des Alleghanys (Amér. du Nord), 205.
Blagovèchtchenek, v. de Sibérie (Russie d'Asie), 198.
Blanc, cap et près de l'océan Atlantique (Afrique), 188.
— (mont), Alpes, 30, 32, 93, 122.
Blanche (mer), Russie, 136.
Blavet, riv. de France, 31.
Blaye, v. de France (Gironde), 76.
Bida ? France, —
— Allemagne, 129.
— Autriche, 130.
— Canada, 209.
— Cap, 197.
— Chili, 218.
— États-Unis, 211.
— Inde, 163.
— Roumanie, 111.
— Russie, 138.
Bleues (montagnes), Australie, —
Bloemfontein, ville libre de l'Orange (Afrique), 197.
Blois, v. de France (Loire-et-Cher), 44.
Bodelé, collines du Soudan (Afrique), 188.
Boers, colons du Transvaal (Afrique australe), 197.
Bœufs : Canada, 209.
— États-Unis, 211.
— France, 53.
— Îles Britanniques, 115.
— Roumanie, 111.
— Inde, 163.
— Uruguay, 218.
Bogota, capitale de la Colombie (Amér. centrale) 217.
Bohème (royaume de), Autriche, 130.
— (forêts de), 124.
— (montagnes de), 130.
— (plateau de), 131.
Bois et forêts : Autriche, 143.
— Canada, 209.
— Caucase, 146.
— France, 58.
— Norvège, 119.
— Russie, 136.
— Sibérie, 158.

Bolama, poss. portugaise de Sénégambie (Afr.), 184.
Boileau, v. de France (Seine-Inférieure), 43.
Bolivie (république de), Amérique du Sud, 219.
Bologne, v. d'Italie, 111.
Bolores (lac du), Italie, 110.
Boma, station de l'état libre du Congo (Afr.), 195.
Bombay, v. et présidence de l'Inde (Asie), 162.
Bon, cap de la Méditerranée, Tunisie, (Afrique), 182.
Bonaire, île hollandaise, mer des Antilles (Amér.), 215.
Bône, v. et port d'Algérie (Afrique), 78.
Bonifacio, v. et place forte de France (Corse), 76.
Bonin, îles japonaises, océan Pacifique, 167.
Bonn, v. d'Allemagne, 110.
Bonneville, v. de France (Haute-Savoie), 44.
Bonne-Espérance (cap de), Afrique, 197.
Boothia (golfe de), Amérique anglaise, 202.
— (presqu'île), Amérique du Nord, 202.
Bordeaux, v. et port de France (Gironde), vins, 44 ; — mochines, faïences, 61 ; — place forte, 76.
Borioë (île de), mer de Chine (Asie), 116.
— partie anglaise, 116.
— partie hollandaise, 116.
Bornholm, île du Danemark, mer Baltique, 120.
Bornou, royaume mahométan du Soudan (Afrique), 188.
Borromées (îles du), 110.
Bosnie, province d'Autriche, 130.
— (plateau de), 130.
Bosphore (détroit), Europe et Asie, 106, 151.
Boston, v. des États-Unis (Amér. du Nord), 211.
Botany-Bay, colonie pénitentiaire anglaise (Australie), 176.
Bothnie (golfe de), mer Baltique, 106, 118, 121.
Bétrouns (hauteurs de), Eur. 99.
Bou Areridj, Algérie (Af.), 79.
Bouchara, v. d'Asie, 155.
Bouches-du-Rhône, départ., (France), 44.
Boukhorie, v. et port de Perse (Asie), 154.
Boukinkois, mont, des Alleghanys (Amér. du Nord), 205.
Boulac, v. de Russie, mer Noire, 152.
Bougainville, navigateur, 16.
Bougie, v. d'Algérie (Afrique), 78.
Bougner, 16.
Boukhara, capitale du Kanat de Boukhara (Asie), 155.
— (kanat de), protectorat de la Russie (Asie), 155.
Boulam, France, 42.
Boulogne, v. et port de France (Pas-de-Calais), 57.
Bourbon-les-Bains, v. de France (Haute-Marne), eaux minérales, 36.
Bourbourg (la), massif central (France), 32.
Bourg, v. de France (Ain), 44.
Bourgogne, ville de France (Creuse), 44.
Bourges, ville de France (Cher), place forte, métallurgie, fonderie de canons, 44, 61, 76.
Bourget (lac du), Savoie, 34.
Bourlos (lac), Egypte (Afr.), 188.
Bourg, île hollandaise (Océanie), 172.
Bourtange (marais de), Hollande, 137.
Bousson, v. de France (Creuse), 44.
Bouyas, golfe de Roumanie (mer Noire), 113.
Bourges, v. de France (Cher), place forte, métallurgie, fonderie de canons, 44, 61, 76.

Brême, v. libre et port d'Allemagne, 124, 125.
Brenne (marais de), Indre-et-Loire, —
Bresner (col du), Alpes, 103.
Brenta, riv. d'Italie, 110.
Brésil (Amérique du Sud), 221.
Brest, v. de France (Finistère), place forte, arsenal maritime et port militaire, 43, 75, 76.
Bresse (marais de la), Ain, 31.
Bressuire, v. de France (Deux-Sèvres), 43.
Bretagne (côtes maritimes), —
— (monts de), 32.
Bretons (les), 87.
Briançon, v. de France (Hautes-Alpes), place forte, 44, 76.
Briey, v. de France (Meurthe-et-Moselle), 43.
Bridgetown, capitale de l'île Barbade, poss. anglaise (Antilles), 214.
Brie, v. de Suisse, 199.
Briouc (Saint-), v. de France (Côtes-du-Nord), 43.
Brigidoles, v. de France (Var), 44.
Brighton, v. et port d'Australie, 176.
Bristol, v. et port d'Italie, 142.
Brinde, v. de France (Haute-Loire), 44.
Brisbane, G. d'Australie (Océanie), 176.
— v. et port d'Australie, 176.
Bristol, v. d'Angleterre, 115.
— (canal de), mer d'Irlande, 106.
Britanniques (îles), 113.
Brives, v. de France (Corrèze), 43, 60, 73.
Broken (monts du), Harz (Europe), —
Brook, îles des États-Unis, oc. Pacifique, 174.
Brooklyn, v. des États-Unis (Amér. du Nord), 211.
Brounghan, golfe de Chine, mer du Japon (Asie), 157.
Broussa, v. de Turquie (Asie Mineure), 143, 157.
Brown, mont. de Colombie (Amér. du Nord), 209.
Bruges, v. de Belgique, dentelles, 122.
Brunn, v. d'Autriche, 130.
Brunswick (duché de), Confédération d'Allemagne, 124.
Bruxelles capitale de la Belgique, 104, 122.
Buchers, explorateur (Afrique), 16.
Bueder, 16.
Budo-Pest, v. de Hongrie, 131.
Burgos, 138.
Budget de la guerre, France, 72.
— de la Tunisie, 80.
— Comparaison avec l'étranger, 80.
— de l'Instruction publique, comparaison avec l'étranger, 80.
Bucarest, capitale de la Roumanie, 111.
— de la Tunisie, 80.
— Comparaison avec l'étranger, 80.
Buenos-Ayres, capitale de la République Argentine (Amér. du Sud), 218.
Bulgarie, 113, 114.
Bulgarie (principauté de), 113, 114.
Burroughs, navigateur, 226.
Byron, 16.

C

Cabinda, possession portugaise, Guinée (Afrique), 195.
Cabot (Sébastien), navigateur, 209, 224.
Cachemire, État de l'Inde (Asie), 162.
— (sommet), plateau central d'Asie, 152.
Cachoeira, possession portugaise, Sénégambie (Afrique), 188.
Cadix, v. et port d'Espagne, 127.
Cadore (duché de), Autriche, 130.
Cadillac (de), v. de France (Pyrénées-Orientales), 43.
Cagliari, capitale du Grand-duché de Baden-Allemagne, 110.
Caravans, bassin houiller, France, 56.
Chandernagor, possession française, Indo-Chine (Asie), —
Malaisie, 163.
— Martinique, 214.
— Paraguay, 218.
— Venezuela, 218.
Caroline, possession esp. du Cap (Afrique), 197.
Carpates (chaînes de l'Europe), 100, 130.

Caïcos (îles angl.), océan Atlantique (Amérique), 215.
Caire, 31.
Caire (le), capitale de la Basse-Égypte (Afrique), 144, 188.
Caire, v. des États-Unis (Amérique du Nord), 212.
Calabre (mont), Italie, 110.
Calais (Pas de), 106, 199.
— (presqu'île), Italie, 146.
Calais, v. de France (Pas-de-Calais), place forte, dentelles, 72, 75, 80.
Calais (Saint-), v. de France (Sarthe), 43.
Calcutta, v. de l'Inde (Asie), 162.
Calédonie (Nouvelle-), française (Océanie), 83, 179.
Calédonien (canal), îles Britanniques, 115.
Calédrier (le), 10 à 11.
— républicain, 11.
Californie (golfe de), océan Pacifique (Amérique du Nord), 202, 218.
— (presqu'île de), Amérique du Nord, 202, 218.
Callao, v. et port du Pérou (Amérique du Sud), 219.
Castille (plateau de), Espagne, 126.
Castellane, v. de France (Basses-Alpes), 44.
Catalunia, v. d'Espagne, 126.
Cataure, v. de Sicile, 111.
Catane (île), v. de France (Hérault), —
Catskin-Penck (mont) (Afrique), 197.
Catorie (cap), Mexique (Amérique), 206, 216.
Cattaro, chemins de, golfe, mer Adriatique, 130.
Cattegat (détroit), îles du Danemark, 106.
Caucase (monts du), Asie, 139, 150, 156.
— (région du) et de l'Arménie (Amérique du Sud), 208.
Castel-Sarrazin, v. de France (Tarn-et-Garonne), 44.
Castille (plateau de), Espagne, 126.
Castellane, v. de France (Basses-Alpes), 44.
Catalunia, v. d'Espagne, 126.
Cataure, v. de Sicile, 111.
Catane (île), v. de France (Hérault), —
Cavery, riv. de l'Inde (Asie), 162.
Cayonne, V. Guyane.
Cayenne, capit. de la Guyane française (Amér. du Sud), 83, 215.
Cayembé, cap. du Haut-Congo (Afrique), 195.
Cebès, îles hollandaises (Océanie), 129, 167, 172.
Cenis (Mont), Alpes, 87, 103, 122.
Cephalanie, île grecque, mer Méditerranée, 113.
Cerom, île hollandaise, océan Pacifique (Océanie), 172.
Cerbère, France, 61.
Cerbère (cap), Méditerranée, 30, 42.
Cercles polaires, 6.
Céréales (production des), France, 44.
— (montagnes du), massif central, 32.
Cevert, v. de France (Pyrénées-Orientales), 44.
Ceylan, île anglaise, océan Indien (Asie), 116, 110, 165.
Côte-d'Or (Afrique), 188.
Cap-Breton, capitale de la colonie anglaise du Cap, 61.
— (cap-Breton), île française, 209.
Cap-Vert, îles portugaises, océan Atlantique, 188.
Chalons (pointes et métiers), 43.
Chamarus, côté de l'Afrique (Sud), —
Chambéry, v. de France (Savoie), 44.
Champagne, v. de France (Saône-et-Loire), 44.
Champlain, lac des États-Unis (Amér. du Nord), 205, 212.
Champonnpa, province française, Indo-Chine (Asie), 165.
Chandernagor, possession française, Indo-Chine (Asie), —
Chantoung, v. de France (Loire-Inférieure), 43.

TABLE ALPHABÉTIQUE. 237

Chantonnay (Vendée), bassin houiller, 56.
Chan-Toung, presqu'île de Chine (Asie), 166.
Chanvre : Belgique, 124.
— France, 49.
— Russie, 49.
Chapala, lac du Mexique (Amér. du Nord), 218.
Char-Dagh, massif montagn., d'Albanie (Europe), 93, 143.
Charente-Inférieure (dép. de la), France, 43.
Charente, riv. de France, 32,34.
— (vallées de la), 30.
Chari, fl. du Soudan (Afrique), 188.
Charleroi, v. de Belgique, bassin houiller, 122.
Charles, cap, océan Atlant. (Amér. du Nord), 202, 203.
Charleville, v. de France (Ardennes), 43 : — armes, 61.
Charlotte (archip. de la reine), océan Pacifique (Amér.), 202.
Charlotte-Amalia, v. et port français, île Saint-Thomas (Antilles françaises), 214.
Charolais (monts du), Cévennes, 32, 33.
Charolles, v. de France (Saône-et-Loire), 44.
Chartres, v. de France (Eure-et-Loir), 38, 43.
Chartreuse (massif de la Grande-), Alpes, 60.
Chasseral, mont. de Suisse, Alpes, 99, 129.
Chateaubriant, v. de France (Loire-Inférieure), 43.
Château-Chinon, v. de France (Nièvre), 36, 44.
Châteaudun, v. de France (Eure-et-Loir), 43.
Château-Gontier, v. de France (Mayenne), 43.
Chateaulin, v. de France (Finistère), 43.
Châteauroux, v. de France (Indre), 44.
Château-Thierry, v. de France (Aisne), 36, 43.
Chat-el-Arab, fl. d'Asie (océan Indien), 150.
Châtellerault, v. de France (Vienne), 43.
— manufact., d'armes, 61, 76
Châtillon-sur-Seine, ville de France (Côte-d'Or), 34, 44.
Châtre (La), v. de France (Indre), 44.
Chattahoche, riv. des États-Unis (Amér.), 212.
Chaudesaigues, Massif central (France), eaux minéral., 29.
Chaumont, v. de France (Hte-Marne), 36, 43.
Chaussade, v. de France (Nièvre), machines, 61.
Chauny, v. de France (Aisne), glaces, 43, 61.
Chaux-de-Fonds, v. de Suisse, horlogerie, 129.
Cheik-Saïd, territ. de l'Afrique orientale, 84.
Chéliff, fleuve d'Algérie, mer Méditerranée (Afrique), 79, 182, 184.
— (plaine du), 79.
Chemins de fer français et étrangers, 61, 68.
— transcontinental (Amér. du Nord), 210.
— transcaspien (Asie), 155.
Chênes, France, 52.
Cher, départ. (France), 44.
— rivière, 32, 34.
— minerai de fer, 57.
Cherago, v. d'Algérie (Afrique), 79.
Cherbourg, v. de France (Manche), 43.
— port militaire, 74.
— place forte, 76.
Cherchell, v. d'Algérie (Afrique), 79.
Chergui (chott algérien), Afrique, 73.
Chester (plaines de), Angleterre), 114.
Chesapeake (baie de), océan Atlant., États-Unis (Amérique, 202, 212.
Chevaux : France, 53.
Cheviotts, montag. d'Écosse, 114.
Chèvres : France, 53.
Chicago, v. des États-Unis (Amér. du Nord), 212.
Chikarpour, v. de l'Inde (Asie), 162.
Chili (Républ. du), Amér. du Sud, 216.
Chillan, v. du Chili (Amér. du Sud), 216.
Chiloé (v. du Chili), océan Pacifique (Amér. du Sud), 216.
Chimborazo (pic du), volcan de la Cordillère des Andes (Am. du Sud), 207, 208, 217.
Chine (Asie), 151, 175.
— (mer de), Asie, 149.
Chine méridionale (monts de la), Asie, 250.
Chimeyou, riv. d'Afrique, lac Oukérécoué, 193.
Chinon, v. de France (Indre-et-Loire), 43.
Chio, île turque (Archipel), Asie Mineure, 157.
Chiraz, v. de Perse (Asie), 154.
Chiré, riv. d'Afrique, affluent du Zambèze, 193, 195.
Chiroua, lac d'Afrique, 193.
Choa, contrée égyptienne d'Abyssinie (Afr.), 188.
Choisy-le-Roi, v. de France (Seine), faïences, 61.
Cholet, v. de France (Maine-et-Loire), toiles, 60.
Chotts algériens, 79, 182.
— tunisiens, 182.
Choumla, v. de Bulgarie, 134.
Christchurch, v. de la Nouvelle-Zélande (Océanie), 179.
Christiania (fiord de), Norvège, 120.
— capitale de la Norvège, 120.
Christiansbaab, centre de population du Groenland (Pôle nord), 224.
Christmas, île des États-Unis, océan Pacif. (Amérique), 179.
Christophe, île anglaise, petites Antilles (Amér. centrale), 206, 214.
Christophe-Colomb, V. Colomb.
Churchill, riv. de l'Amér. du Nord, 209.
Chypre, île anglaise de la Méditerranée (Asie), 116, 143, 157.
Cima-di-Gelas, Alpes, 102
Cimone (monte), chaîne des Apennins, Italie, 140.
Cincinnati, v. des États-Uni (Amér. du Nord), 212.
Ciotat (la), v. de France (B.-du-Rhône), 44.
Cisleithanie, province autrichienne, 130.
Civray, v. de France (Vienne), bestiaux, grains, 43.
Clain, riv. de France, 37.
Clair (lac Saint-), Amér. du Nord, 209.
— (Saint-), v. des États-Unis (Amér. du Nord), 212.
Clairaut, 16.
Clamecy, v. de France (Nièvre), 36, 41.
Clarence (pic de), île de Fernando-Pô, Océan atl. (Afrique), 198.
Claude (Saint-), v. de France (Jura), 44.
Clear, cap d'Irlande, 106.
Clermont, v. de France (Oise), 43.
Clermont Ferrand, v. de France (Puy-de-Dôme), 44.
Cleveland, v. des États-Unis (Amér. du Nord), 212.
Climats, 27.
Climats de la France, 47.
Club-Alpin (association de touristes), 102.
Clyde, riv. d'Écosse, 109, 114.
— (golfe de), oc. atlant., 114.
Coblentz, v. de Prusse, 125.
Cochabamba, v. de Bolivie (Amérique du Sud), 216.
Cochinchine, possession française (Asie), 151.
Cod, cap des États-Unis (Amér. du Nord), 212.
Cognac, v. de France (Charente-Inf.), eaux-de-vie, 43.
Coire, v. de Suisse, 110, 129.
Cologne, v. d'Allemagne, 110-126.
Colomb (Christophe), navigateur, 16, 222.
Colombie, républ. de l'Amérique centrale, 216.
— (massif de la), Amér. du Nord), 209.
— britannique, province du Canada (Amér du Nord), 209.
Colombier (grand), mont du Jura, 32.
Colon, V. Aspinwall.
Colonies françaises, 82.
— comparaison avec l'étranger, 82 à 86.
— — en Afrique, 84.
— — en Amérique, 83.
— — en Asie, 86.
— — en Océanie, 83, 179.
— anglaises, 116.
— allemandes, 126.
— danoises, 120.
— espagnoles, 137.
— italiennes, 141.
— hollandaises, 122.
— portugaises, 138.
— des États-Unis, 212.
Colorado, fl. de l'Amérique du Nord, 204.
— riv. de l'Amérique du Sud, 208.
— (plateau du), Amérique du Nord, 204.
Columbia, V. Oregon.
Colza (culture du) : France, 49.
— Hollande, 124.
Çomalis (côte des), possession anglaise (Afrique), 116, 188.
Côme, lac d'Italie, 140.
Comètes, 8.
Comices agricoles, 93.
Commentry, v. de France (Allier), 44 : — houille, 56 ; — métallurgie, 61.
Commerce général, France, 64, 70.
— international, comparaison avec les autres pays, 71.
Commercy, ville de France (Meuse), 43.
Comores (archipel des), protectorat français (océan Indien), 86, 182, 189.
Comorin, cap. de l'Indoustan (Asie), 150.
Compass-Berg (mont) (Afrique), 197.
Compiègne (marquis de), explorateur, 84.
Compiègne, v. de France (Oise), 36, 43.
Concours régionaux (Fr.), 93.
Condé, v. de France (Nord), place forte, 72, 75.
Condé-sur-Noireau, ville de France (Calvados), tissus de coton, 59.
Condom, v. de France (Gers), 44.
Confolens, v. de France (Charente-Inférieure), 43.
Congo (État libre du), Afrique, 193, 195.
— fl. d'Afrique, océan Atlantique, 182, 193.
Connecticut, fl. de l'Amérique du Nord, océan Atl., 212.
Conseil d'État, France, 90.
Constance (lac de), Suisse, 124, 129.
— v. de Suisse, 110.
Constantine, v. d'Algérie (Afrique, 79.
Constantinople, capitale de la Turquie, 143.
Constellations, 7.
Continent ancien, 18 à 20.
— nouveau, 21, 22.
— disparus, 23.
— Américain, 202.
Contrexeville, v. de France (Vosges), eaux minérales, 29.
Contributions (directes, indirectes), 91.
Cook, navigateur, 16, 181, 227.
— (archipel de) océan Pacifique (Océanie), 172.
— (montagne de la Nouvelle-Zélande), Océanie, 179.
Cooper-Creek, riv. d'Australie (Océanie), 179.
Corong (lagune du), Australie (Océanie), 175.
Copais, lac de Grèce, 143.
Copenhague, capitale du Danemark, 120.
Corazon, volcan des Andes (Amérique du Sud), 208.
Corbeil, v. de France (Seine-et-Oise), minoteries, 36, 43.
Corbières (mont), Pyrénées, 30.
Cordillères des Andes, chaîne de mont. (Am. du Sud), 207.
— (volcans de la), 208.
Cordoue, v. d'Espagne, 137.
Cordova, v. de la Rép. argentine (Amérique du Sud), 218.
Corée (détroit de), Asie, 150.
— (golfe de), mer Jaune (Asie), 165.
— (monts de), Asie, 150.
— (presqu'île de), Asie, 149.
Corfou, île de Grèce, mer Ionienne, 143.
Corinthe, golfe de Grèce, mer Ionienne, 143.
Cornes : France, 54.
Cornouailles, montagnes d'Angleterre, 113, 114.
Coromandel (côte de), Inde (Asie), 165.
Coron (golfe de Grèce), Méditerranée), 143.
Corps électifs, France, 90.
Corrèze, départ., France, 44.
— riv. de France, 32, 34.
Corrib, lac d'Irlande, 114.
Corrientes, cap du Mexique (Amér. du Nord), 218.
Corse, 44.
Corte, v. de France (Corse), 44 : — place forte, 76.
Cortereal (les frères), navigateurs, 224.
Cortez (Fernand), 223.
Cos, île d'Asie Mineure (Méditerranée), 157.
Cosne, v. de France (Nièvre), 44.
Costa-Rica (isthme de), Amér. centrale, 206.
— (Rép. de), Am. cent., 216.
Côtes (nature des), France, 31.
Côte-d'Or (collines de la), France, 32.
Côte-d'Or, départem., France, 36, 44.
— possession anglaise (Afrique, 116, 188.
Cotentin (presqu'île du), 42.
Côtes-du-Nord, département, France, 43.
Coton : Brésil, 221.
— Cap (le), 197.
— Congo, 195.
— États-Unis, 212.
— France, 49, 59.
— Iles Britanniques, 114.
— Indes anglaises, 163.
Cotopaxi, volcan de la Cordillère des Andes (Amérique du Sud), 208, 217.
Cottiennes (Alpes), 110.
Couanza, riv. d'Afrique, 194.
Coubango, riv. de l'Afrique australe, 196.
Coulommiers, ville de France (Seine et-Marne), 43.
Coumassie, capit. du royaume des Achantis (Afrique), 188.
Counéné, riv. du Congo (Afrique), 194.
Courants maritimes, 24.
Courbes de niveau, 30.
Cour de cassation, 94.
Cours d'eau (caractère des principaux), 40.
Courtrai, v. de Belgique, 122.
Coutances, v. de France (Manche), 43.
Cracovie, v. d'Autriche-Hongrie, 130.
Cransac (Aveyron), centre métallurgique, 61.
Creil, v. de France (Oise), faïences et porcelaines, 61.
Cremone, v. d'Italie, 140.
Crêt de la Neige (mont du Jura), France, 32, 99.
Crète, île turque, Méditerranée, 143.
Creus, cap dans la Méditerranée, France, 42.
Creuse, départ., France, 44.
Creuse, riv. de France, 37, 34.
Creusot (le), centre métallurgique (Saône-et-Loire), 61 ; — houille, 56.
Crevaux (le docteur), explorateur, 16, 223.
Crimée (golfe de), mer Noire, 134.
— (presqu'île de), mer Noire, 134.
Croatie (royaume de), Hongrie, 130.
Croix (Sainte-), île danoise des petites Antilles, océan Atlantique (Amér. centr.), 120, 206, 214.
Cuba, île espagnole des grandes Antilles, océan Atlant. (Amér. centrale), 206, 214.
— (Sierra de), île de Cuba, 214.
Cuencos, ville de la républ. de l'Équateur (Amérique du Sud), 217.
Cuivre : Algérie, 80.
— Australie, 178.
— Chili, 216.
— Espagne, 137.
— Japon, 167.
— Russie, 129.
Cultes (différents), France, 94.
Cultures (alimentaires, industrielles, textiles, fourragères, etc.), 48, 50.
Cumberland, montagne d'Angleterre, 114.
Curaçao (île hollandaise de l'Amér. centr.), 206, 214.
Cyclades, îles grecques, Archipel, 106, 143.
Cygnes (rivière des), Australie (Océanie), 175, 179.
Cyr (Saint-), France, école militaire, 76.

D

Dachstein (Mont), Alpes, 102.
Dagana, comptoir et ville française du Sénégal (Afr.), 84.
Dago, île russe, mer Baltique, 106, 132.
Dahomey, royaume indépendant (Afrique), 88.
Dahra, v. d'Algérie (Afr.), 79.
Dakar, v. et port français, Sénégal (Afrique), 84, 188.
— (baie de), 188.
Dal, riv. de Suède, 120.
Dalaï-Noor, lac de l'Asie, 152.
Dalmate (archipel), mer Adriatique, 108, 130.
Dalmatie, contrée d'Autriche, 130.
Damanhour, ville d'Égypte (Afrique), 144.
Damao, territoire portugais, Inde (Asie), 138, 164.
Damaras (mont. et territoire de), Afrique Australe, 195, 197.
Damas, v. de Turquie (cap. de la Syrie (Asie), 143.
Damiette, ville d'Égypte (Afrique), 144, 188.
Danemark, 119, 120.
Dantzig (baie de), mer Baltique, 124.
— v. d'Allemagne, 124, 125.
Danube, fleuve d'Europe, mer Noire, 103, 108, 132.
— (bassin du), 111.
— (delta du), 112.
Dapsaug, montagne du plateau central (Asie), 152.
Dardanelles, détroit (Europe et Asie) 106, 151.
Dar Four, mont. du Soudan (Afrique), 168.
Dariel (défilé de), Caucase (Asie), 156.
Darien, golfe de Colombie (Amérique centrale), 206, 216.
Darien, isthme (Amér. cent), 206.
Darling, riv. d'Australie (Océanie), 175, 179.
Darling-Downs, pâturages d'Australie (Océanie), 179.
Darling-Ranges, contrées australiennes, 179.
Darmstadt, capitale du Grand duché de Hesse (Allemagne), 125.
Da-Roca, cap de l'Espagne, 136.
Davis, navigateur, 224.
Davis (détroit de), Amérique, 152.
Debreczin, ville de Hongrie, 130.
Decazeville, ville de France (Aveyron), centre métallurgique, 61.
Decise, v. de France (Nièvre), porcelaine, 61.
— bassin houiller, 56.
— métallurgie, 61.
Défense terrestre, France, 72.
— maritime, France, 74.
Dekan (plateau du) Inde (Asie), 162.
Delagoa (baie de), océan Indien (Afrique), 194.
Delaware (baie de la), Amér. du Nord, 212.
— fleuve, États-Unis (Amér. du Nord), 212.
Delgado, cap de l'océan Indien (Afrique), 194.
Delhi, v. de l'Inde (Asie), 162.
Delisle (Guillaume), 16.
Dellys, v. d'Algérie (Afr.), 79.
Dellas, 26.
Demavend (mont du), Plateau de l'Iran (Asie), 154.
Démographie, France et princ. pays d'Europe, 97.
Denain, v. de France (Nord), industrie du fer, 43, 61.
Dender, riv. de Belgique, 122.
Denis (Saint) v. de France, (Seine), 36, 43.
— chef-lieu de l'île de la Réunion, 85, 198.
Dent du Midi, montagne des Alpes (France), 102.
Dentelles : France, 60.
— Belgique, 122.
D'Entrecasteaux navigateur, 181.
Dépression caspienne, 158.
Dera-Ismaïl, ville de l'Inde (Asie), 162.
Derg, lac d'Irlande, 114.
Desaguadero, riv. de l'Amérique du Sud, 206.
Desirade, île française Antilles (Amérique), 83, 214.
Despoto-Dagh, monts de Roumélie, 143.
Dessi, île française mer Rouge (Afrique), 84.
Detroit, ville des États-Unis (Amérique du Nord), 212.
— riv. des États-Unis (Amér. du Nord), 205.
Dette publique, France, 91.
Dhar (plateau du), Inde (Asie), 162.
Dawalaghiri (mont), Himalaya (Asie), 152.
Diamants : Malaisie, 172.
— Cap, 197.
Diarbekir, vilayet de la Turquie d'Asie, 160.
Dicearque, 16.
Dick Cheritt, navigateur, 227.
Die, v. de France (Drôme), 44.
Dié (Saint), ville de France (Vosges), 43.
Diego-Cam, explorateur, 193.
Diego-Suarez (baie de), ville et port, possession française, île de Madagascar (Afrique), 88, 198.
Dieppe, v. de France (Seine-Inférieure), 43.
Dietrich, maire de Strasbourg, 78.
Dieuze, v. de Lorraine, mines de sel, 57.
Digne, v. de France (Basses-Alpes), 44.
Dijon, v. de France (Côte-d'Or), 44 : — place forte, 76.
Dilolo, lac d'Afrique, 196.
Dinariques (Alpes), 130.
Dinan, v. de France (Côtes-du-Nord, 43.
Diplômes universitaires, Fr., 95.
Diu, possession portugaise de l'Inde (Asie), 138, 164.
Divisions académiques, 95.
Dizier (Saint-), ville de France Haute-Marne), 36, 43 ; — industrie, du fer, 61.
Djaga, possession allemande (Afrique), 193.
Djamna, rivière de l'Inde (Asie), 162.
Djebel-Amour, montagne de l'Aurès (Afr.), 185.
Djebel-Chelia, montagne de l'Aurès (Afr.), 79.
Djebel Hauran, oasis de Syrie (Asie), 161.
Djeddah, ville et port d'Arabie (Asie), 161.
Djerid, chott Tunisien, 182.
Djihoun, fleuve de l'Asie mineure, 157.
Djidjelli, v. d'Algérie (Afrique), 79.
Djouba, fl. d'Afrique, océan Indien, 193.
Djurjura, mont d'Algérie (Afrique), 79, 184.
Dniéper, fl. de Russie, 109, 132.
Dniester, fl. de Russie, 109, 130, 132.
Dobroutcha (plateau de la), Europe, 144.
— province Roumaine, 144.
Dôle, v. de France (Jura), 44.
Dollart, golfe de Hollande, 122.
Dombes (marais des), Ain, (France), 34.
Dombovitza, riv. de Roumanie, 111.
Dôme (Puy de), Massif central (France), 32, 33.
— département, France, 44.
Domfront, v. de France (Orne), 43.
Domingue (Saint), île indépendante, Antilles (Amér.), 206.
— capitale de la république dominicaine d'Haïti (Antilles), 215.
Dominion of Canada, possession anglaise, (Amér.), 116, 224.
Dominique (la), île anglaise, Antilles (Amér.), 206, 214.
Don, fl. de Russie, mer d'Azov, 109, 132.
Donali-Stuart, explorateur, 16.
Donegal, golfe d'Irlande, 114.
Donetz, riv. de Russie, 132.
Don-Naï, fl. de l'Indo-Chine (Asie), 165.
Donon (mont), Vosges, 32.
Dordogne, départ., Fr., 44.
— riv., France, 32, 34.
Dore (mont), massif central (Fr.), 32.
Doria-Baltea, riv. d'Italie, 140.
Doria-Riparia, riv. d'Italie, 140.
Douai, v. de France (Nord), 43.
— place-forte, 72, 75.
— fonderie de canons, 61.
— métallurgie, 61.
Douanes : France, 91.
Douarnenez, v. de France (Finistère), 43.
Doubs, départ. (France), 44.
— riv. de France, 32, 34.
Doudard de Lagrée, explorateur, 86.
Douera, v. d'Algérie (Afr.), 79.
Doullens, ville de France (Somme), 43.
Douro, fleuve d'Espagne et de Portugal, Oc. Atl., 109, 186.
Douvres, v. et port d'Angleterre, 114.
Dovre-Field (monts), Norvège, 99, 120.
Drau (Oued), riv. du Sahara (Afrique), 186.
Drac, bassin houiller (Isère), 56.
Draguignan, ville de France (Var), 44.
Drakenberg, mont. du Cap., (Afrique), 197.
Drave, riv. d'Autriche, 113.
Dresde, cap. de la Saxe (Allemagne), 124.
Dreux, v. de France (Eure-et-Loir), 36, 43.
Drin, riv. d'Albanie (Eur.), 143.
Drina, riv. de Serbie (Eur.), 111.
Drôme, départ., France, 44.
— riv. de France, 34.
Drontheim, port de Norvège, 108, 120.
— v. de Norvège, 120.
Dublin, capitale de l'Irlande, 116.

238 TABLE ALPHABÉTIQUE.

Du Chaillu, explorateur, 85.
Dulce, golfe de l'Amérique centrale, 216
Dumont d'Urville, navigateur, 181, 227.
Duna, riv. de Russie, 109, 132.
Duncansby, cap de l'Écosse, 114.
Dundee, ville d'Écosse, 114.
Dunedin, v. de la Nouv.-Zélande (Océanie). 179.
Dunkerque, ville et place forte de France (Nord), 43, 72, 75.
Duperrey, navigateur, 181.
Durance, riv. de France, 32, 34.
Dusseldorf, ville d'Allemagne, 110.
Dwina, rivière de Russie, mer de Baffin, 109, 132, 224.
Dyle, rivière de Belgique, 122.
Dzoungarie (monts de), Asie, 152, 159.
— dépendance chinoise, (Asie), 165.

E

Eaux (écoulement des), France, 26.
— (formation des cours d'), 26.
— (cours d') défaillants, 26.
— (cours d') intermittents, 26.
Eaux-bonnes, v. de France (Basses-Pyrénées), eaux-minérales, 29.
Eaux minérales et therm., 29.
Èbre, fleuve d'Espagne, 136.
Échange avec les principaux pays, 71.
Échelles, 14.
Écliptique, 8, 9.
Écoles de France: Agriculture, 84.
— industrielles, 62.
— maritimes, 94.
— militaires, 76, 93.
— universitaires, 95.
Écosse, 114.
— (Nouvelle-), presqu'île du Canada (Amér. du Nord), 209.
Édimbourg, capitale de l'Écosse, 114.
— (golfe d'), mer du Nord, 106.
Edrisi, 16.
Égades (îles d'Italie), Méditerranée, 140.
Eger, riv. d'Autriche, 130.
Égine, golfe de Grèce (Archipel), 143.
Égypte, 144, 190.
— (plateau de l'), Afrique, 182.
— (désert de l'), Afrique, 182.
Eider (canal de l'), Allemagne, 124.
Eiffel, mont. d'Allemagne, 124.
Eis, cap. de la Nouvelle Zemble (Eur.), 106.
Elbe, fl. d'Allemagne, 109, 124.
— île d'Italie, mer Tyrrhénienne, 140.
Elberfeld, v. de Prusse, 110, 128.
Elbeuf, v. de France (Seine-Inférieure), 43 :
— tissus de laine, 58.
Elbourz, mont. d'Asie (Plateau de l'Iran), 150, 154, 159.
Elbrouz, mont. du Caucase, 132, 156.
Elie (Saint-), mont. d'Alaska (Amér. du Nord), 204.
El Golea, territoire français (Algérie), 187.
El Hodna, chott algérien (Algérie), 187.
Eloi (Saint-), v. de France, (Puy-de-Dôme), bassin houiller, 56.
Elster, riv. d'Allemagne, 124.
Elvend (mont), plateau de l'Iran (Asie), 154.
Emba, riv. d'Asie (mer Caspienne), 159.
Emboma, possession portugaise sur le Congo (Afrique), 188.
Embrun, v. de France (Htes-Alpes), place forte, 44, 76.
Ems, v. d'Allemagne, 124.
Enara, lac de Russie, 132.
Enchastraye (massif d'), Alpes, 32.
Enderby (terre d'), pôle Sud, 220.
Enghien, v. de France (Seine-et-Oise), eaux minérales, 29.
Engrais, France, 46.
Enns, riv. d'Autriche, 111.
Enregistrement, France, 91.
Enseignement (degrés divers de l'), France, 95.
Entrecasteaux (d'), navigateur, 16.
Épernay, v. de France (Marne), vins, 38, 43.
Épices : Java, 172.
— Zanzibar, 172.
Épinac, v. de France (Saône-et-Loire), bassin houiller, 56.
Épinal, v. de France (Vosges), 43 ; — place forte, 72 ; — tissus de coton, 59.
Équateur, 12, 13.
— république de l'Am. du Sud, 217.
Ératosthène, 16.
Erebus (mont), terre de Victoria (pôle Sud), 227.
Érié, lac de l'Amérique du Nord, 204, 209, 212.
Erne, lac d'Irlande, 114.
Erzeroum, vilayet de l'Arménie russe (Asie), 156.
— capitale du vilayet d'Erzeroum, 143, 156.
Escadres (destination des), Fr. 74.
Escaut, fl. de France, 109, 122.
— (affluents de l'), 34.
— (cours de l'), 34.
— (bassin de l'), 40.
Esclave, lac de l'Amérique du Nord, 209.
Esclavonie, contrée de l'Autriche-Hongrie, 130.
Escualdunac ou Basques, 87.
Espagne, 136, 138.
Espalion, v. de France (Aveyron), 44.
Espinousse (monts), Cévennes 32.
Essek, v. d'Autriche, 111.
Essen, v. d'Allemagne, 126.
Essequibo, fl. de la Guyane (Amér. Centr.), 214.
Essones, v. de France (Seine-et-Oise), papeteries, 61.
Esterel (chaîne de l'), Alpes, 30.
Estrella (sierra de), mont. d'Espagne, 136.
Établissements militaires, Fr. 75, 76.
Étampes, v. de France (Seine-et-Oise), 43.
États-Unis de l'Amérique du Nord, 205, 210, 211.
Été, 10.
Étain : Australie, 178.
— Îles britanniques, 114.
Ethnographie de la France, 87.
Étienne (Saint-), v. de France (Jura), 44 ; — bassin houiller, 56 ; — métallurgie, 61 ; — armes, 61 ; — soieries, 59.
Etna (volcan), Sicile, 17, 99, 140.
Étoile polaire, 7.
Étoiles (les), 7.
Elosa, lac d'Afrique, 196.
Eubée, île grecque, Archipel, 143.
Eucalyptus, 82.
Euphrate, fl. de Mésopotamie (Asie), 150, 160.
Eure, département, Fr. 43.
— rivière de France, 34.
Eure-et-Loir, départ., Fr., 43.
Europe, 99.
— (côtes de l'), 105.
Eustache (Saint-), île Hollandaise, Antilles (Amérique), 132, 214.
Évreux, v. de France (Eure), 43, 59.
Eyre, explorateur, 179.
— lac d'Australie, 175.

F

Falaise, v. de France (Calvados), tissus de coton, 43, 59.
Falkland, îles anglaises, océan Atlant., 116, 202, 218.
Falster, île du Danemark, 120.
Falsterbo, cap de Suède, 106, 120.
Farewell, cap du Groenland (oc. Atlant.), 202.
Farim, poss. portugaise de la Sénégambie (Afrique), 188.
Far-Œr, îles du Danemark, oc. Atlant., 106, 120.
Faucilles (monts), France, 32.
Fécamp, v. de France (Seine-Inférieure), 43.
Feldberg (ballon du), Allemagne, 99.
Fen-District, plaines d'Angleterre, 114.
Fer et autres métaux, Fr. 56, 57.
— (production du), comparaison avec l'étranger, 56.
— (industrie du), 60, 61.
Fer : Algérie, 79.
— Allemagne, 126.
— Autriche, 130.
— États-Unis, 212.
— Îles Britanniques, 113.
— Norvège, 119.
— Russie, 136.
— Suède, 120.
Fer (île de), groupe des Canaries, océan Atlant., 189.
Fère (la), v. de France (Aisne), pl. forte, 75.
Fergana (vallée de), Turkestan russe (Asie), 159.
Fernando-Po, île espagnole, oc. Atlant. (Afr.), 182, 198.
Fernel, 16.
Ferrare, v. d'Italie, 140.
Ferté-Macé (la), v. de France, (Orne), coutils, 43, 59.
Ferté-sous-Jouarre (la), v. de France, pierres meulières, 57.
Feu central (théorie du), 17.
Fez, ville du Maroc (Afrique), 184.
Fichtel-Gebirge, mont d'Allemagne, 124.
Fidji, îles anglaises, océan Pacifique, 116.
Figeac, v. de France (Lot), 44.
Figuig, oasis du Sahara, 184, 186.
Finistère, départ., France, 43.
Finisterre, cap d'Espagne, 106, 136, 137.
Finlande, golfe de Suède, 132.
— Grand-Duché (Russie), 132.
Finster-Aarhorn (mont), Alpes, 102, 129.
Fionie, île du Danemark, 120.
Fiords (Norvège), 109.
Firminy, v. de France (Loire), bassin houiller, métallurgie, 44, 56, 61.
Fitz-Roi, rivière d'Australie (Océanie), 179.
Fiume, ville libre (Autriche-Hongrie), 130.
Fives-Lille, v. de France (Nord), métallurgie, 61.
Flandre (plaine de), 30.
Flèche (la), v. de France (Sarthe), école militaire, 43, 76.
Flers, v. de France (Orne), coutils, 43, 59.
Flessingues, port de l'île de Walcheren (Hollande), 124.
Fleuves européens, 109.
Flinders, rivière d'Australie (Océanie), 179.
Flinders, navigateur, 181.
Flinders, mont. d'Australie, 175.
Florac, v. de France (Lozère), 44.
Florence, v. d'Italie, 140, 141.
Florès, île Hollandaise, océan Indien, 172.
Floride, presqu'île des États-Unis (Amér. du Nord), 202.
— (canal de la), golfe du Mexique, 202, 214.
— Flèches côtières, 212.
Flour (Saint), v. de France (Cantal), 44.
Foix, v. de France (Ariège), 44.
Folkestone, v. et port d'Angleterre, 114.
Fondouk, v. d'Algérie (Afr.), 79.
Fonséca (baie de), Amér. centr., 216.
Fontainebleau, v. de France (Seine-et-Marne), école militaire, 43, 76.
Fonte : France, 56.
— Belgique, 122.
— Îles Britanniques, 114.
— Luxembourg, 122.
Fontenay-le-Comte, v. de Fr. (Vendée), 43.
Forcalquier, ville de France (Basses-Alpes), 44.
Foreland, cap d'Angleterre, 114.
Forêts : France, 51.
— Autriche, 130.
— Bavière, 124.
— Norvège, 120.
— Russie, 136.
— Suède, 120.
Forêt-Noire (Allem.), 102, 124.
Forez (mont du), Massif central, France, 32.
— (plaine du), France, 30.
Formentera, île espagnole, Méditerranée, 136.
Formose (détroit de), Asie, 150.
— (île de), mer de Chine, 150, 165, 167.
Forrest (Alexandre), explorateur, 179.
Fort-de-France, capitale de la Martinique (Antilles), 214.
Forth (golfe du), Angleterre, 114.
— (rivière du), Angleterre, 109, 114.
Forts et fortins : France, 75, 76.
Fougères, v. de France (Ille-et-Vilaine), 43.
Fourchambault, v. de France (Nièvre), métallurgie, 61.
Fourmies, v. de France (Nord), 43 ; — tissus de laine, 58.
Fourrures, Sibérie, 158.
Fousi-Yama, mont du Japon (Asie), 167.
Fouta-Djalon, mont de Guinée (Afrique), 182, 188.
Fou-Tchéou, v. et port de Chine (Asie), 165.
Fox, détroit de l'Amérique du Nord, 209.
Français (les), préhistoriques, 87.
France : climat, 47.
— relief du sol, 30.
— physique, géologique, 28.
— avantages maritimes, 41.
— lacs, étangs, marais, 34.
— commerce, 70, 71.
— situation et avenir, 98.
— dans la Méditerranée, 108.
Franceville, v. du Congo français (Afrique), 85, 194.
Francfort-sur-le Main, v. d'Allemagne, 110, 124, 126.
François-Joseph (terre de), pôle Nord, 224.
Franconie (monts de), Allemagne, 124.
Francs (les), 87.
Franklin (John), navigateur, 16, 224.
Fraser, riv. de l'Amér. du Sud, 209.
Free-Town, capitale de Sierra Leone (Afrique), 188.
Fribourg, v. de Suisse, 129.
Fréjus, v. de France (Var), 44.
— (tunnel de), Alpes, 32.
Fresnes, v. de France (Nord), verreries, 61.
Frischer-Haff, lagune d'Allemagne, 124.
Fromages : France, 54.
Frontières (formation des) de la France, 89.
Frouard, v. de France (M.-et-Moselle), industrie du fer, 61.
Fuego (pic de), îles du Cap-Vert, oc. Atlant. (Afrique), 198.
Fuego, volcan du Guatemala (Amér. cent.), 206.
Fuerteventura île espagnole, Canaries, océan Atlant. 198.
Fumay, v. de France (Ardennes), ardoises, 57.
Funchal, cap. de l'île Madère, océan Atlant., 199.
Furens, riv. de France, 37.

G

Gabès, golfe de Tunisie (Afr.), 81, 82.
Gabon (le), possession française, (Afrique), 84.
Gaëte, golfe d'Italie, 140.
Galatz, ville et port de Roumanie, (Europe), 144.
Gaillac, v. de France (Tarn), 44.
Galicie (royaume de), Autriche, 130.
Galilée, astronome, 16.
Galles (pays de) îles britanniques, 113.
— (Archipel du prince de), océan Pacifique (Amérique), 202.
— du Sud (Nouvelle), possession anglaise, (Australie), 176.
Galmier (Saint-), France, eaux minérales, 29.
Gallinas, cap. de Colombie, (Amér. centr.), 216.
Gallipoli, presqu'île de Roumélie, 143.
Gallo-Kimris (les), 87.
Gallo-Romains (les), 87.
Galway, golfe d'Irlande, 106, 114.
Gamboragara (mont), Grands-Lacs, (Afrique), 192.
Gambie, possession anglaise, (Afrique), 116, 188.
— fleuve du Sénégal, (Afriq.) 182, 188.
Gambier, archipel français, (Océanie), 83, 179.
Gamitto, explorateur, 193
Gand, v. de Belgique, toiles et coton, 122.
Gange, fleuve de l'Inde, (Asie) 150, 162.
— (delta du), 96.
Gannat, v. de France (Allier), 44.
Gaourizankar, montagne de l'Himalaya, (Asie), 152.
Gap, ville de France (Hautes-Alpes), 44.
Garance : France, 50.
Gard, départem., France, 44.
— riv. de France, 32, 34.
Garde, lac d'Italie, 140.
Gargano, mont. et presqu'île d'Italie, 140.
Garnier (Francis), 88.
Garonne (vallée de la), 30 ;
— bassin, 48 ;
— fleuve de France, 34.
Garonne (Haute-), départem., France, 44.
Garrigues (mont.), Cévennes, France, 32.
Gascogne, golfe de France, 106.
Gascons (les) ou Vascons, 87.
Gascoygne, rivière d'Australie (Océanie), 175, 179.
Gata, cap d'Espagne, 136.
Gatines (plateau de), 32.
Gaudens (Saint-), v. de France (Haute-Garonne), 44.
Gaulois (les), 87.
Gavarni (cirque de), pic des Pyrénées, 30.
Gazzah, ville et port de Syrie (Asie), 160.
Géants (mont.), Allemagne, 124.
Geba, possession portugaise de Sénégambie (Afrique), 188.
Geik-Dagh, massif du Taurus (Asie Mineure), 157.
Genargento, montagne de Sardaigne, 99, 140.
Gênes, golfe de la Méditerranée, 140.
— ville et port d'Italie, 141.
Genève, lac de Suisse, 129.
Genève, v. de Suisse, soieries, horlogerie, 129.
Genèvre (col du), mont. des Alpes, 32, 103.
Génézareth, lac de Syrie (Asie), 160.
Genicourt (fort de), France, 56.
Géographie (avènement de la), 16.
Géographie économique, 46.
— militaire, 72.
— extérieure, 79.
— historique, 87.
— administrative : gouvernement, population, impôts, budget, 90.
— politique du globe, 228.
Georges (baie du Roi), Australie, 179.
— (canal de Saint-), 106.
Georgetown, capitale de la Guyane anglaise (Amérique centrale), 215.
Gerardmer, v. de France (Vosges), toiles, 60.
Gerbier-des-Joncs (montagne) Cévennes, 33.
Gerlsdorf (pic du), Karpathes (Europe), 99.
Germain (Saint-), v. de France (Seine-et-Oise), 36, 43.
Germains (les), 87.
Gers, département, France, 44.
— rivière de France, 34.
Gévaudan (mont), Massif central, France, 32.
Gex, v. de France, (Ain), 44.
Ghadamès, oasis de la Tripolitaine, (Afrique), 186.
Gharbi, chott d'Algérie (Afrique), 79.
Ghat, oasis du Sahara (Afrique), 186.
Ghates orientales et occidentales, montagnes de l'Inde, (Asie), 150, 162.
Gibier : France, 83.
Gibraltar, cap. d'Espagne, 106.
— (détroit de), 182.
— ville d'Espagne, possession anglaise, 116.
Gien, ville de France (Loiret), faïences, 44, 61.
Giglio, île d'Italie, 140.
Gilbert, îles des États-Unis (Océan Pacifique), 179.
Giles, explorateur, 179.
Gilolo, île hollandaise (océan Pacifique), 172.
Gironde, départ., France, 44.
— fleuve de France, 109.
— (plaine de la), 30.
Girons (Saint-), v. de France (Ariège), 44.
Givet, ville de France (Ardennes), place forte, 72, 76.
Givors, v. de France (Rhône), 44.
— bassin houiller, 56.
— métallurgie, 61.
Glace (mer de), Alpes, 60.
Glaciers, 26.
Glaris, mont. des Alpes, 129.
Glascow, plaine d'Écosse, 114.
— ville d'Écosse, 114.
Globes, 14.
Globe (effet des forces extérieures sur le), 17.
Glommen, fleuve de Norwège 109, 120.
Goa, ville et territoire portugais, Inde (Asie), 138, 164.
Gobain (Saint-), v. de France (Aisne), glaces, 61.
Gobi (désert de), Asie, 150.
— (mont de), Plateau central (Asie), 150.
Godavery, fleuve d'Asie, océan Indien, 150, 162.
Godin, 16.
Godino de Eredia, navigateur, 181.
Gœtheborg, ville et port de Suède, 120.
Goktcha, lac d'Asie, 156.
Gondar, ville d'Abyssinie, (Afrique), 190.
Gorée, île française, Sénégal, (Afrique), 84.
Gotha (duché de Saxe Cobourg), Allemagne, 125.
Gotha-Elf, riv. de Suède, 120.
Gothard (Saint-), montagne des Alpes, 103.
— col du, 103 :
— passage du, 103.
Gothie, Suède, 120.
Gotland, île de la mer Baltique, 106, 120.
Gouandou, royaume mahométan du Soudan (Afriq.), 188.
Goulette (la), ville et port de Tunisie, (Afrique), 184.
Gourara, oasis du Sahara, (Afrique), 184.
Gourdon, v. de France (Lot), 44.
Gourma, royaume nègre du Soudan, (Afrique), 188.
Gouvernements, 90, 228.
Gracias à Dios, cap de l'Amérique centrale, 206, 216.
Grades : France, armée de terre, 93.
— armée de mer, 94.
— universitaires, 95.
Graham (terre de), pôle Sud, 226.
Graisivaudan (vallée du), Alpes, 30.
Graissessac, bassin houiller, 56.
Grampians, mont. d'Écosse, 114.
Gran, v. de Hongrie, 130.
— affluent du Danube, 111, 113.
Grand-Bassam, posses. française de Guinée, (Afrique), 84.
Grand'Combe, bassin houiller France, 44, 56.
Grand'Lieu, (lac), France, (Loire-Inférieure), 34.
Grands-Lacs, (région des), Afrique, 182, 192.
Grand-Ours, (lac du), Amérique du Nord, 202.
Grand-Sasso, mont des Apennins, 99.
Grant, 16.
Granville, ville de France (Manche), 43.
Grasse, v. de France (Alpes-Maritimes), 44.
Gratz, v. de Styrie (Autriche), 130.
Gravelines, v. de France (Nord), place forte, 72, 75.
Gray, v. de France (Haute-Saône), 44.
Grèce, 144.
Gredos (sierra de), Espagne, 136.
Greeley, navigateur, 224.
Gregory (F.), explorateur, 179.
Grées, chaîne des Alpes, 140.
Grenade, v. d'Espagne, 136, 137.
— (île de la) anglaise, petites Antilles, 206, 214.
Grenadilles, îles anglaises, Antilles, 214.
Grenoble, v. France (Isère), place forte :
— ciments, 44, 57, 76.
Griqua-Land, poss. anglaise du Cap (Afrique), 197.
Groenland (terre du), posses. Danoise, océan glacial du Nord, 120, 224.
Groningue, v. de Hollande, 122.
Gross-Glockner, mont des Alpes, 99, 102.
Grosswardein, v. de Hongrie, 111.
Guadalajara, v. du Mexique (Amér. du Nord), 218.
Guadalaviar, riv. d'Espagne, 136.
Guadalquivir, fl. d'Espagne, 136.
Guadarrama (sierra de), Espagne, 136.
Guadeloupe, île française, grandes Antilles (Amér.), 206, 214.
Guadiana, fleuve d'Espagne, 109, 136.
Guajira, cap du Vénézuela (Amér. centrale), 206.
— presqu'île, Vénézuela (Am. centrale), 218.
Guanajuato, v. du Mexique (Amér. du Nord), 218.
Guano, engrais (Pérou), 218.
Guardafui, cap de l'océan Indien (Afrique), 182.
Guatemala, république de l'Amérique centrale, 216.
— capitale de la République de Guatemala, 216.

TABLE ALPHABÉTIQUE. 239

Guayaquil, v. et port de la république de l'Équateur (Am. du Sud), 217.
— (golfe de), Amérique du Sud, 217.
Guayra (la), v. du Vénézuela (Amér. cent.), 218.
Guebviller (ballon de), Vosges, 32.
Guelma, v. d'Algérie (Afr.), 79.
Guéret, v. de France (Creuse), 44.
Guinée (golfe de), océan Atlan. (Afr.), 182.
— (montagnes de), Afr., 182.
— colonie portugaise (Afr.), 194.
— (possessions françaises en) Afr., 84.
— (îles espagnoles du golfe de), Afr., 198.
Guinée (Nouvelle), île anglaise (Océanie), 179.
— (faune de la), 180.
Guingamp, v. de France (Côtes-du-Nord), 43.
Guise, place forte (France), 75.
Gulf-Stream, courant équatorial, 24, 119, 207.
Guyane anglaise, 116, 215.
— française, 83, 215.
— hollandaise, 122, 215.
— (mont. de la), 215.
— (la) et le système pénitentiaire, 216.
Guzerate, presqu'île de l'Inde (Asie), 159, 164.
Gympie (mines de), Australie, 178.

H

Haaf (Grand), lagunes de la Baltique, 124.
Hafner-Eck (mont), Alpes, 102.
Halderabad, v. de l'Inde (Asie), 162.
— mont. de l'Inde (Asie), 162.
Hail (mont), Arabie (Asie), 162.
Haï-Nan, île chinoise, mer de Chine (Asie), 165.
Haï-Phong, v. et port du Tonkin (Asie), 165.
Haïti, île indépendante, mer des Antilles (Amérique), 214.
— (République d'), 214, 215.
Hakodadé, v. du Japon (Asie), 167.
Halifax, v. et port du Canada (Amér. du Nord), 203.
Hall, navigateur, 224.
Halluin, v. de France (Nord), 43.
Hamadan, v. de Perse (Asie), 154.
Hambourg, v. libre et port d'Allemagne, 124, 125.
Hamilton, v. du Canada (Am. du Nord), 203.
— v. et capitale des îles Bermudes, 203.
Hammamet, golfe de Tunisie (Afr.), 81.
Hamoun, lac de l'Iran (Asie), 150, 154.
Han-Kéou, v. de Chine (Asie), 165.
Ha-Noï, capitale du Tonkin, possession française (Asie), 86, 165.
Hanovre, 125.
— capitale du royaume de Hanovre, 125.
Hardangher-fiord, Norvège, 106, 120.
Hardingheim, v. de France (Pas-de-Calais), bassin houiller, 56.
Harlem (mer de), Hollande, 124.
— v. de Hollande, 122.
Harz, mont. d'Allemagne, 124.
Hatteras, cap de l'Amér. du Nord, 212.
Hautes terres Européennes, 99.
Hauts plateaux, monts d'Algérie (Afr.), 79.
Havane (la), capitale de l'île de Cuba, grandes Antilles (Amérique), 214.
Havel, riv. d'Allemagne, 124.
Havre (le), v. et port de Fr. (Seine-Inf.), 36, 43, 75.
Hawkesbury, riv. d'Australie (Océanie), 178.
Hayange (Alsace-Lorraine), métallurgie, 61.
Haye (la), v. de Hollande, 122.
Hayes, navigateur, 224.
Hazebrouck, ville de France (Nord), 43.
Hébrides (Nouvelles), îles d'Océanie, 172, 180.
Hébrides, îles anglaises, oc. Atlant., 108, 114.
Hedjaz, vilayet de l'Arabie (Asie), 161.
— (mont du), Asie, 161.
Hécatée, 16.
Heidelberg, v. d'Allemagne, 110.
Hekla, volcan d'Islande, 17.
Helder (pointe du), cap de Hollande, 122.
Hélène (Sainte-), île anglaise, océan Atlant., 182, 198.
Helgoland, île anglaise, mer du Nord, 106, 116.
Helmend, fl. d'Asie, 151, 154.
Herat, mont du plateau de l'Iran (Asie), 154.
— ville de l'Afganistan (Asie), 154.
Hérault, département, Fr., 44.
— riv. de France, 32, 34.
Hermopolis ou Syra, ville de Grèce, 144.
Herzégovine, 130.
Hesse (grand duché de), Allemagne, 124, 125.
Hêtres : France, 52.
Hielmar, lac de Suède, 120.
Himalaya (Asie), 150, 161.
— (États indépendants de l'), Asie, 163.
Himmelsberg, collines de Danemark, 120.
Hindou-Kouch (V. Indou-Kouch).
Hindoustan, presqu'île (Asie), 159, 160.
Hipparque, 16.
Hiver, 9.
Hoang-ho, fleuve de la Chine, 150, 165.
— (massif chinois du), 165.
Hobart-Town, capitale de la Tasmanie (Océanie), 178.
Hoboken, v. des États-Unis (Amérique du Nord), 212.
Hodna, chott d'Algérie (Afr.), 79.
Hohenberg, mont d'Allemagne, 124.
Hohenzollern (principauté de), Allemagne, 123.
Hollande, 122.
Homme (l') et les animaux, 232.
Honduras, poss. anglaise (Am. centrale), 216, 214.
— (République du), Amér. cent., 216.
— golfe du, 206, 216.
— isthme, 206.
Honfleur, v. de France (Calvados), 36, 43.
Hong-Kong (île de), ville et posses. anglaise de Chine, 116, 165.
Hongrie, 130.
Honolulu, capitale des îles Sandwich (océan Pacifique), 180.
Honorat (mont Saint-), Alpes, 102.
Hooker, mont de la Colombie anglaise (Amér. du Nord), 209.
Horlogerie : France, 61.
— Suisse, 128.
Horn, cap de l'Amérique du Sud, 202.
Houblon, France, 49, 50.
Hougly, riv. de l'Inde (Asie), 162.
Houille : France, 55 à 58.
— Allemagne, 126.
— Australie, 176.
— Autriche, 130.
— Belgique, 122.
— Canada, 210.
— Chine, 165.
— Colonies angl., 118.
— États-Unis, 212.
— Iles Britanniques, 114.
— Inde, 163.
— Malaisie, 173.
— Russie, 136.
Hudson, navigateur, 224.
— (baie de), Am. du Nord, 202.
— (détroit de), 202, 203.
— (fleuve), Amér. du Nord, 204, 212.
Hué, capitale du royaume d'Annam, protectorat français (Asie), 165.
Huîtres, France, 54.
Huile de Palme, Congo (Afr.), 195.
Hull, v. d'Angleterre, 114.
Humber, fl. d'Angleterre, 103, 114.
Humblot, explorateur, 199.
Humboldt (Alexandre de), explorateur, 16, 223.
— (courant du pôle Nord), 227.
Hunsruck, mont d'Allemagne, 124.
Huron, lac de l'Amér. du Nord, 204, 205, 212.
Hydrographie, 38.
Hyères, îles françaises (Var), Méditerranée, 45.

I

Iago (San), île portugaise, Açores, (océan Atlant.), 198.
Iakoutsk, ville de Sibérie, (Russie d'Asie), 158.
Iassy, v. de Roumanie, 144.
Ibadan, ville de l'Yorouba, (Afrique), 188.
Ibères, ancien peuple de la France, 87.
Ichim, riv. de Sibérie, (Russie d'Asie), 158.
Ida (mont), île de Crète, (Europe), 99.
Idria, (Autriche), mines de mercure, 132.
Iénissei, fleuve de la Russie d'Asie, 150, 158, 224.
Igharghar (oued), rivière du Sahara (Afrique), 186.
Ikélemba, rivière d'Afrique, affluent du Congo, 194.
Iles Britanniques, 113.
Iles françaises d'Afrique, 198.
Iles sous le vent, (Amérique), 206, 214.
Ilkas Dagh, mont de l'Asie Mineure, 157.
Ili, rivière d'Asie, lac Balkach, 159.
Ill, riv. d'Allemagne, 110.
Ille, riv. de France, 34.
Ille et Vilaine, département, France, 43.
Iller, riv. d'Autriche, 111.
Illimani, mont de Bolivie, (Amér. du Sud), 206, 207.
— volcan du Pérou (Amérique du Sud), 208.
Illorin, v. de l'Yorouba (Afrique), 188.
Illinois, riv. de l'Amérique du Nord, 212.
Illyrie (Roy d'), Autriche, 130.
Imbro, île grecque, Archipel, 143.
Imphy, v. de France (Nièvre) centre métallurgique, 61.
Impôts : France, 91, 92.
In-Chan, mont (Asie centrale), 152.
Inde, 163, 164.
— anglaise, 151.
— française, 164.
— portugaise, 165.
Indes occidentales, Amérique, 218.
Indigo, colonies anglaises d'Asie, 118.
— Malaisie, 172.
Indo-Chine (Asie), 163.
— anglaise, 151, 165.
— française, 88.
— (presqu'île de l'), 159.
— (montagnes de l'), 150.
Indou-Kouch, mont. du plateau de l'Iran (Asie), 150, 152, 154, 159.
Indoustan, V. Hindoustan.
Indre, départ., France, 44.
— riv. de France, 32, 34.
Indre-et-Loire, département, France, 43.
Indret, v. de France, (Loire-Inférieure), centre métallurgique, 61.
Indus, fl. d'Asie, 150, 154, 162.
— (plaine de l'), Asie, 150.
Industrie, France, 54 à 62.
Inglefield, navigateur, 224.
Ingolstadt, v. d'Allemagne, 111.
Inhambané, possession portugaise (Afrique), 195.
Inn, riv. d'Autriche, 111.
Inscription maritime, France, 74, 94.
Innsbrück, ou Inspruck, ville d'Autriche, 104, 111.
Inselsberg, montagne de Thuringe (Europe), 99.
Instruction publique, France, 94.
Ionienne (mer), 105.
Ioniennes (îles), Méditerranée, 106.
Iowa, riv. de l'Amérique du Nord, 212.
Iran, contrée d'Asie, 154.
— (plateau de l'), 150, 154.
— (steppes de l'), 150.
— (montagnes de l'), 150.
Iraouaddy, fl. d'Asie (océan Indien), 150, 163.
Irazu, volcan (Amérique centrale), 206.
Irkoutsk, v. de Sibérie (Russie d'Asie) 158.
Irlande, 114.
Irtych, riv. de Sibérie, 152, 158.
Isar, riv. d'Autriche, 111.
Ischia, île d'Italie, mer Thyrrhénienne, 140.
— volcan, 17.
Iseflord, lagune de l'île de Seeland, (Danemark), 120.
Iseo, lac d'Italie, 140.
Isère, départ., France, 44.
— riv. de France, 32, 34.
Isker, riv. de Bulgarie, 111.
Islande, île danoise, océan Atlantique, 106, 120.
Isle, riv. de France, 33, 34.
Ismaïl, v. de Russie, 111.
Ismaïlia, ville d'Égypte (Afrique), 188.
Ispahan, ville de Perse (Asie), 152, 154.
Issoire, ville de France (Puy-de-Dôme), 44.
Issoudun, v. de France (Indre) 44.
Istrie (plateau de l'), Autriche, 130.
— (presqu'île), Autriche, 130.
Italie, 142.
Itatiaya (pic de l'), Amérique du Sud, 207, 221.
Itouroup, île du Japon (Asie), 167.
Ivens, explorateur, 195.
Iviça, île espagnole, 136.
Ivoire : Zanzibar, 192.
— Transvaal, 195.
— Congo, 195.

J

Jablonoï (mont.), Asie, 150.
Jade, golfe d'Allemagne, 124.
Jaffa, v. et port de Syrie (Asie), 160.
Jalomitza, riv. d'Autriche, 111.
Jalon, riv. d'Espagne, 136.
Jakoba, capitale d'un royaume du Soudan (Afr.), 188.
Jamaïque, île anglaise des Antilles (Amér.), 206, 214.
— (canal de la), océan Atlant. (Amér.), 114.
James, riv. des États-Unis (Amér. du Nord), 212.
Jan-Mayen, île du pôle Nord, 224.
Jantra, riv. de Bulgarie, 111.
Japon (empire du), Asie, 167.
— (mont. du), Asie, 150.
— (mer du), Asie, 149.
— (archipel du), Asie, 150.
Jarama, riv. d'Espagne, 136.
Jaune (mer), Asie, 149.
Java, île hollandaise (Asie), 122, 172.
— (mer de), Asie, 172.
Jean (Saint-), île hollandaise, groupe des petites Antilles (Amérique), 120, 206, 214.
Jean-de-Maurienne (Saint-), v. de France (Savoie), 44.
Jeannette (la), expédition américaine d'exploration, 224.
Jean-Pied-de-Port (Saint-), v. de France et place forte (Basses-Pyrénées), 76.
Jenil, riv. d'Espagne, 136.
Jerez, v. d'Espagne, 136.
Jérusalem, v. de la Turquie d'Asie, 143, 160.
Joal, port du Sénégal (Afr.), 188.
John (Saint-), capitale de l'île de Terre-Neuve (océan Atl.), 203.
John (Saint-), v. du Canada (Amér. du Nord), 209.
Joigny, v. de France (Yonne), 44.
Jourdain, fl. de la Turquie d'Asie, 151.
— (vallée du), Asie, 150.
Juan Fernandez, île du Chili (océan Pacifique), 217.
Jucar, riv. d'Espagne, 136.
Julianshaab, centre de population du Groenland, 224.
Julien (Saint-), v. de France (Haute-Savoie), 44.
Jungfrau, mont des Alpes, 123.
Jupiter (planète), 8.
Jura, département, France, 44.
— (chaîne du), 99.
Juridiction civile et criminelle, France, 94.
Jute, France, 49.
Jutland, Danemark, 120.

K

Kaboul, ville de l'Afghanistan (Asie), 154.
— riv. d'Asie, plateau de l'Iran, 154.
Kabyles, peuplade d'Afr., 186.
Kachgar, v. du Turkestan (Asie), 152.
Kafiristan, contrée d'Asie, 154.
Kagosima, v. de l'île Kiou-Siou, Japon (Asie), 167.
Kaguera, riv. d'Afrique, 193.
Kaïber, défilé du plateau de l'Iran (Asie), 154.
Kai-Foung, v. de Chine (Asie), 165.
Kaïsarieh, mont de l'Asie Mineure, 157.
— ville d'Anatolie (Asie), 143, 157.
Kalahari, désert de l'Afrique du Sud, 193, 196.
Kalgouew, île de la Russie d'Europe (océan Glac. arct.), 106, 132.
Kama, riv. de Russie, 132.
Kampour, v. de l'Inde (Asie), 163.
Kamtchatka, montagne d'Asie, 150.
— presqu'île d'Asie, 149.
Kandahar, massif du plateau de l'Iran (Asie), 154.
— ville de l'Afghanistan (Asie), 154.
Kane, navigateur, 224.
Kanem, roy. mahométan du Soudan (Afrique), 188.
Kangourous (île des), Australie, 175.
Kanine, presqu'île de Russie, océan Glacial, 132.
Kano, v. du Soudan, Sokoto (Afrique), 188.
Kanpour, v. de l'Inde (Asie), 163.
Kan-Tengri, pic de l'Asie centrale, 152.
Kaolac, v. du Sénégal (Afr.), 84.
Kara (mer de), Pôle Nord, 224.
— fleuve de Russie, 109.
Karakoroum, mont du plateau central (Asie), 150, 152.
Kara-Koul, lac de l'Asie, 152.
Kara-Koum, désert d'Asie, 150.
Karikal, v. et possession française de l'Inde (Asie), 164.
Karkov, v. de Russie, 134.
Karpathes (grands et petits), monts de l'Autriche-Hongrie, 130.
Karreeberg (monts du), colonie du Cap (Afrique), 197.
Karrou (grand), terrasse du Cap (Afr.), 197.
— (petit), terrasse du Cap (Afr.), 197.
Karrow (steppes du), plateau du Cap (Afr.), 197.
Kars, v. d'Arménie (Asie), 156.
Kasan, v. de Russie, 132, 134.
Kasbeh, mont du Caucase (Asie), 132, 156.
Kasongo, état indigène du Congo (Afr.), 195.
Kastemouni, v. d'Asie Mineure, 157.
Katmandou, capitale du Népaul (Asie), 163.
Kaufmann ou Mercator, 16.
Kauffmann, pic du plateau central (Asie), 152.
Kebrabaza, contrée du Zambèze (Afrique), 196.
Kef (mont du), Tunisie (Afr.), 184.
Kelat, capitale du Béloutchistan (Asie), 154.
Kellet, navigateur, 224.
Kénia, mont. d'Afrique, 183, 188.
Kenney, v. d'Égypte (Afr.), 188.
Kentucky, riv. de l'Amérique du Nord, 212.
Kerguelen, îles françaises (oc. Indien), 86.
Kerkennah, îles de Tunisie (Afrique), 185.
Keroulonn, riv. de l'Asie centrale, 152.
Kerr-Montagu, explorateur, 196.
Kerson, ville de Russie, 132.
Kertch, détroit d'Europe (mer Noire), 106.
Kamil, v. du Turkestan (Asie), 152.
Khan-Tengri (mont), Plateau central (Asie), 152.
Khartoum, v. d'Égypte (Afr.), 188.
Khing-Ghan, mont de l'Asie centrale, 159.
Khiva, v. du Turkestan russe (Asie), 159.
— (Khanat de), protectorat russe (Asie), 159.
Khodjend, v. du Turkestan (Asie), 159.
Khoutchev, volcan du Kamtchatka (Asie), 158.
Khorassan, mont du plateau de l'Iran (Asie), 154.
Kichinev, v. de Russie, 134.
Kiehma, fl. d'Asie, 150.
Kiev, v. de Russie, 134.
Kilia, v. de Russie, 111.
Kilimandjaro, mont d'Afrique, 183, 192.
Kimris, peuple ancien de la France, 87.
Kinibalou, mont de l'île Bornéo (Océanie), 172.
King-Gan, mont de Mantchourie (Asie), 152.
Kingston, capitale de la Jamaïque (Antilles), 214.
Kiœlen, monts de la Suède et de la Norvège, 120.
Kioto, v. du Japon (Asie), 167.
Kiou-Siou, île du Japon (Asie), 167.
Khyrgizes, (steppes des), Asie, 150.
Kitchindjinga, mont. de l'Himalaya (Asie), 152.
Kita, v. du Sénégal (Afr.), 84.
Klagenfurt, v. d'Autriche, 111.
Klausenbourg, v. de Hongrie, 111.
Kœnigsberg, v. de Prusse, 125.
Kœnigsstein, m. d'Autriche, 99.
Kokand, v. du Turkestan russe (Asie), 159.
Kol-t-Dagh, mont de l'Asie Mineure, 157.
Kolcah, v. d'Algérie (Afr.), 79.
Kolima, fl. de Sibérie (Asie), 158.
Kom, mont d'Albanie, 143.
Komorn, v. de Hongrie, 111.
Kong, monts d'Afrique, 182, 188.
Korintji, mont. île de Sumatra (océan Indien), 172.
Koros, riv. d'Autriche-Hongrie 111.
Kosciusko, mont (Australie), 175.
Kosseir, v. et port d'Égypte (Afrique), 191.
Kouban, fl. du Caucase (Asie), 109, 156.
Kouen-Lun, mont du plateau central (Asie), 152.
Koufra, oasis du désert de Lybie (Afrique), 186.
Kouka, ville du Bornou, Soudan intérieur (Afr.), 188.
Koukou noor, lac de l'Asie centrale, 152.
Koura, fleuve d'Asie, mer Caspienne, 151
Kouriles, îles du Japon (Asie), 150, 167.
Kouro-Sivo, courant de l'Atlantique, 24.
Koutaïeh, ville d'Anatolie (Asie), 157.
Koutaïs, v. de Transcaucasie (Asie), 156.
Krah, isthme de l'Indo-Chine, (Asie), 168.
Krakatoa, île de Malaisie (Océanie), 17.
Krasnoiarsk, ville de Sibérie (Asie), 158.
Krichna, riv. de l'Inde (Asie), 162.
Kronstadt, v. et port militaire de Russie, 134.
Kroumirie, Tunisie, 184.
Kurisches-Haff, lagune d'Allemagne, 124.
Kysil-Koum (désert de), Asie, 159.
Kysil-Irmak, fleuve d'Asie, 157.

L

Laaland, île du Danemark, 120.
Labouan, île anglaise, mer de Chine, 116, 173.
Labrador, presqu'île du Canada (Amérique du Sud), 202, 209.
— (montagnes du), 204.
Lacerda (Francesco de), explorateur, 193.
Lachlan, rivière d'Australie (Océanie), 179.
La Condamine, explorat. 16, 223
Lacs (formation des), 26.
Lacs africains (Grands), 146.
— bavarois, Allemagne, 124.
— de l'Amér. du Nord, 204.
Ladoga, lac de Russie, 132.
La Fayette (général de), 210.
Laghouat, v. d'Algérie (Afrique), 81.
Lagos, possession anglaise (Afrique), 188.
La Hire, 16.
Lhassa, v. du Thibet (Asie), 152.
Lahn, riv. d'Allemagne, 110.
Lahore, v. de l'Inde (Asie), 162.
Laines, importation, exportation : France, 58, 59.
— Australie, 176.
— Le Cap, 197.
— La Plata, 218.
— Transvaal, 195.
Laknau, v. de l'Inde (Asie), 162.
Lalla Kadidja, mont d'Algérie (Afrique), 79.
Lamalou (Hérault), eaux minérales, 29.
Lambert (Gustave), explorateur et navigateur, 224.
Lambezellec, ville de France (Finistère), 43.
Lancastre, détroit de l'Amérique du Nord, 202.
Landerneau, ville de France (Finistère), toiles, 60.
Landes, départ., France, 44.
— (plaine des), France, 30.
— (dunes des), 42.
Land's End, cap d'Angleterre, 108, 114.
Landrecies, ville et place forte de France (Nord), 75.
Langres, v. de France (Haute-Marne), place forte, 36, 43, 76.

240 TABLE ALPHABÉTIQUE.

Langres (plateau de), 32, 99.
Langue française (la) dans le monde, 234.
Languedoc (vallée du Bas-), France, 30.
Lannemezan (plateau de), Pyrénées), 30.
Lannion, v. de France (Côtes-du-Nord), 43.
Lan-Tcheou, ville de Chine (Asie), 166.
Laon, v. de France (Aisne), place forte, 43, 75.
Laos birman (massif du), Asie, 165.
La Pérouse, navigat., 16, 181.
— (détroit de), Asie, 150.
Laplace, 17.
Laponie, presqu'île russe, 132.
Laquedives, îles anglaises, (océan Indien), 150, 162.
Largentière, ville de France (Ardèche), 44.
Larzac (causses de), Massif central, 32.
Las Palmas, capitale des îles Canaries (Afrique), 99.
La Salle, explorateur, 223.
Lattaquié, v. et port de Syrie (Asie), 160.
Latitude (calcul de la), 13.
— de la France, 30.
Laurent (Saint-), golfe du Canada (Amérique du Nord), 204, 209.
— (Saint-), fleuve de l'Amérique du Nord, 204, 209.
Lausanne, v. de Suisse, 129.
Laval, v. de France (Mayenne) toiles, 43, 60.
Lavaur, v. de France (Tarn), 44.
Lawson, explorateur, 179.
Lech, riv. d'Autriche, 111.
— bouche du Rhin (Hollande) 122.
Leeds, v. d'Angleterre, 114.
Leeuwin, cap d'Australie, (Océanie), 175.
Leevard, île anglaise (océan Atlantique), 116.
Légumes, France, 58.
Leh, ville de l'Inde (Asie), 162.
Leipzig, v. de Saxe (Allemagne), 124.
Leith, port d'Angleterre, 114.
Leitha, affl. du Danube, 113.
Lemberg, v. d'Autriche, 130.
Lemno, île grecque, Archipel 143.
Lena, fleuve de Sibérie (Asie) 150, 158, 224.
Lens, v. de France (Pas-de-Calais), bassin houiller, 43, 56.
Léopoldville, station de l'État libre du Congo (Afr.), 195.
Lépante, golfe de la Méditerranée, 106.
Lerida, v. d'Espagne, 136.
Lesparre, v. de France (Gironde), 44.
Leuca, cap d'Italie, 140.
Leucate (étang de), France, 34, 41.
Leucosia, capitale de l'île de Chypre, 143.
Levouka, capitale des îles Fidji ou Viti (Océanie), 179.
Leyde, v. de Hollande, 110, 122.
Lhassa, v. du Thibet (Asie) 152.
Liban, mont de Syrie (Asie), 160.
Liberia (République de), Afrique, 188.
Libourne, ville de France (Gironde), 44.
Libreville, v. du Congo français (Afrique), 84, 194.
Licona, riv. d'Afrique, 180, 198.
Liechtenstein (principauté de), Autriche, 130.
Liège, v. de Belgique, 130.
Lieue marine, 14.
Liegnitz, v. de Silésie (Allemagne), 128.
Liffey, riv. d'Irlande, 114.
Lignes de navigation, 69.
— de défense, 72.
— de partage des eaux, 34.
Ligures (les) et les Ibères, 87.
Lille, ville de France (Nord), tissus de coton, lin et chanvre, métallurgie, place forte 43, 59, 60, 61, 72, 75.
Lima, ville et capitale du Pérou, (Amérique du Sud), 218.
Limagne (plaine de la), 17, 30.
Limmat, riv. de Suisse, 129.
Limoges, v. de France (Haute-Vienne), porcelaine, 44, 61.
Limon, v. de la République de Costa-Rica (Amér.), 216.
Limousin (monts du), Massif central, France, 32.
Limoux, v. de France (Aude), 44.
Limpopo, fleuve d'Afrique (océan Indien), 182, 195.
Lin : France, importation, exportation, industrie, 59, 60.
— Belgique, 124.
— Hollande, 124.
— Russie, 132.
Lincoln, pic des monts Rocheux (Amér. du Nord), 204.
Lindesness, cap de Norvège, 120.
Linz, v. d'Autriche, 111.
Lion (golfe du), Méditerranée, 42, 106.
Liou-Kiou, île japonaise, grand océan (Asie), 150, 167.
Lipari, îles d'Italie, mer Tyrrhénienne, 140.
Lippe, riv. des Pays-Bas, 110.
Lippe-Detmold, principauté d'Allemagne, 129.
Lisbonne, capitale du Portugal, 136, 138.
Lisieux, v. de France (Calvados), tissus de laine, 43, 58.
Lithuanie, 105.
Liverpool, v. d'Angleterre, 114.
— (golfe de), mer d'Irlande, 114.
— plaine (pâturages d'Australie), 179.
Livingstone, explorateur, 16, 193.
Livonie, golfe de la mer Baltique, 105, 132.
Livourne, v. et port d'Italie, 141.
Lô (Saint-), ville de France (Manche), 36, 43.
Loango, ville du Congo français (Afrique), 194.
Lob-Noor, lac d'Asie, plateau central, 150, 152.
Loches, v. de France, (Indre-et-Loire), 43.
Loch-Ness (vallée de), îles britanniques, 113.
Lodève, v. de France (Hérault) 44.
Lofoden, île de Norvège, océan Atlantique, 106, 120.
Loing (le), riv. de France, 34.
Loir (le), riv. de France, 34.
Loire, départ., France, 44.
— fleuve, 32, 34, 109.
— (bassin de la), 37.
— (cours de la), 30, 41.
Loire (Haute-), département, France, 44.
Loire-Inférieure, département, France, 43.
Loiret, département, France, 43
— riv. de France, 34.
Loir-et-Cher, dép., France, 44.
Lombardie (plaines de la), Italie, 160.
Lombez, v. de France (Gers), 44.
Lombok, possession hollandaise, océan Indien (Asie), 122, 172.
— (détroit de), mer de Java, 172.
Londres, capitale des îles britanniques, 114.
Long-Island, île de l'Amérique du Nord, 212.
Long-Island-city, v. des États-Unis, (Amér. du Nord), 212.
Longitude (calcul de la), 13.
— de la France, 28.
Longwy, v. de France (Meurthe-et-Moselle), métallurgie, porcelaines, 61, 72.
Lons-le-Saunier, v. de France (Jura), 44.
Lopatka, cap du Kamtchatcka (Asie), 150, 158.
Lopez, cap de l'océan Atlantique (Afrique), 181.
Lorient, v. de France (Morbihan), 43 ; port militaire, 74 ; — place forte, 76.
Lorn, golfe d'Écosse, océan Atlantique, 114.
Lot, département, France, 44.
— rivière, 32, 34.
Lot-et-Garonne, département, France, 44.
Loualaba, riv. d'Afrique, 193.
Louapoula, riv. d'Afrique, 193
Loudéac, v. de France (Côtes-du-Nord), 43.
Loudun, v. de France (Vienne), 43.
Lough-Neagh, lac d'Irlande, 114.
Louhans, v. de France (Saône-et-Loire), 44.
Louis (canal), Allemagne, 111.
— (Saint-), capitale du Sénégal (Afrique), 188.
— (Saint-), v. des États-Unis (Am. du Nord), 204, 205, 212.
Louisville, v. des États-Unis (Amérique du Nord), 212.
Loukonga, riv. d'Afrique, 193, 195.
Louta N'sigé, lac d'Afrique, 182, 188.
Louvain, v. de Belgique, 122.
Louviers, v. de France (Eure), 36, 43 ;
— tissus de laine, 58.
Loyalty, îles de l'Océanie (océan Pacifique), 172.
Lozère, départ., France, 44.
— monts des Cévennes, 32, 33.
Lubeck, ville libre d'Allemagne, 125.
Lucayes, îles anglaises de l'océan Atlantique (Amérique centrale), 202, 206.
Lucerne, v. de Suisse, 129.
Lucie (Sainte-), île anglaise, Antilles (océan Atlantique), 206, 214.
Luçon, v. de France (Vendée), 43.
— île espagnole (océan Pacifique), 172.
Lune (la), 8, 11.
Lunéville, v. de France (Meurthe-et-Moselle), 43.
Lure, ville de France (Haute-Saône), 44.
Lux, explorateur, 195.
Luxembourg (grand duché du), 122.
— (capitale du duché de), 122.
Lybie, désert d'Arabie (Afrique), 187.
Lym-fiord (lagunes du), Danemark, 120.
Lyon, v. de France (Rhône), place forte, soieries, 44, 59, 76.
Lyonnais (monts du), Cévennes, 32.
Lys, riv. de Belgique, 34, 122.

M

Macao, v. et port portugais, Chine (Asie), 138, 165.
Macaricari, lac de l'Afrique du Sud, 196.
Macassar, détroit (Océanie), 172.
Mac-Clure, navigateur, 224.
Macédoine (massif de la), Europe, 143.
Mackensie, fleuve de l'Amérique du Nord, 204, 224.
Mâcon, v. de France (Saône-et-Loire), 44.
Mâconnais (mont du), Cévennes, 32.
Macquarie, riv. d'Australie (Océanie), 179.
Madagascar, île de l'océan Indien, protectorat français (Afrique), 83, 184, 198.
Madeira, fl. de Bolivie (Amér. du Sud), 216.
Madère, île et province portugaise, (océan Atlant.), 138, 182, 198.
Madonia, mont de Sicile, 140.
Madoura, île hollandaise, mer de Java (Asie), 122, 172.
Madras, v. et port de l'Inde (Asie), 162.
Madre (sierra de la), mont. du Mexique (Amér.), 204.
Madrid, capitale de l'Espagne, 136.
Mælar, lac de Suède, 119.
Maestricht, v. de Hollande, 122.
Magadoxo, ville du Zanzibar (Afrique), 193.
Magdalena, riv. de l'Amér. centrale, 206.
Magdebourg, v. d'Allemagne, 124, 125.
Magellan, 16, 223.
— (détroit de), 202.
Mahanady, fl. de l'Inde (Asie), 162.
Mahé, v. et possession française, Inde (Asie), 164.
Mahengé, posses. allemande, côte des Çomalis (Afr.), 194.
Main, riv. d'Allemagne, 110.
Maine (la), riv. de France, 34.
Maine, bassin houiller, 56.
Maine-et-Loire, département, France, 43.
Maïs, France, 48.
Maison carrée, v. d'Algérie (Afrique), 79.
Majeur, lac d'Italie, 129, 140.
Majorque, île espagnole, Méditerranée, 99, 136.
Makoko, roi du Congo (Afr.), 84.
Makalolo, État nègre indépendant (Afrique du Sud), 195.
Malabar (côte de), Inde (Asie), 164.
Malacca (détroit de), Asie, 150, 173.
— (montagnes de), Asie, 165.
— (presqu'île de), Asie, 149, 165.
— (territoire de), possession anglaise, 165.
Maladetta (massif de la), Pyrénées, 30, 99.
Malaga, ville et port d'Espagne, 137.
Malais (archipel), Océanie, 173.
Malden, île des États-Unis (océan Pacifique), 172.
Maldives, îles anglaises, oc. Indien, 151, 162.
Malée, cap de la Grèce, 143.
Malin, cap d'Irlande, 114.
Malines, v. de Belgique, dentelles, 122.
Malmœ, v. et port de Suède, 120.
Malo (Baie de Saint-), Manche, 106.
— (Saint-), v. de France (Ille-et-Vilaine), 43.
— place forte, 76.
Maloua (plateau de), Inde (Asie), 162.
Maloya (seuil de), Alpes, 103.
Malte, île anglaise de la Méditerranée, 116.
Malteries : France, 50.
Mamers, v. de France (Sarthe), 43.
Man, île anglaise, mer d'Irlande, 114.
Managua, lac de l'Amérique centrale, 206, 216.
Managua, capitale du Nicaragua (Amér. cent.), 216.
Manche, département, France, 43.
Manchester, v. d'Angleterre, 114.
Mandaley, capitale de la Birmanie anglaise (Asie), 165.
Mandchourie, dépendance chinoise (Asie), 165.
— (steppes de la), Asie, 150.
— (monts de), Asie, 152.
Manfredonia (golfe de la), mer Adriatique, 140.
Manille, capitale des îles Philippines, port de l'île Luçon, (Océanie), 173.
Manipour, État de l'Inde (Asie), 162.
Manitoba, lac de l'Amérique du Nord, 204.
— province du Canada, 209.
Mannheim, v. d'Allemagne, 110.
Mans (le), ville de France (Sarthe), toiles, 43, 60.
Mansourah, ville d'Égypte (Afrique), 144, 188.
Mantes, v. de France (Seine-et-Oise), 36, 43.
Mantequierra, sierra du Brésil, (Amér.), 200.
Mantoue, ville d'Italie, 140.
Manufactures artistiques, Fr., 96.
Manytch, riv. de Russie, 109.
Manzanarès, riv. d'Espagne, 136.
Maracaybo, golfe de l'Amérique centrale, 206.
— lagunes du Vénézuéla (Am. cent.), 218.
Marais-salants, France, 42.
Maranhao ou San Luiz, v. du Brésil (Amér. du Sud), 221.
Marathonisi, golfe de Grèce, 143.
Marcellin (Saint-), v. de Fr. (Isère), 44.
March ou Morava, affluent du Danube, 67, 111.
Marche, explorateur, 84, 195.
Marche, mont du Massif central, 32.
Marchiennes, ville de France (Nord), métallurgie, 61.
Marées, 24.
Marengo, v. d'Algérie (Afr.), 79.
Margarita, île du Vénézuéla, mer des Antilles, 206, 218.
Margeride, mont du massif central, France, 32.
Mariannes, îles espagnoles, oc. Pacifique, 172.
Maria-Thérésiopel, v. de Hongrie, 130.
Marie (Sainte-), v. de France (Seine-et-Marne), 62.
— cap de l'île de Madagascar, océan Indien, 182.
— île française à l'est de Madagascar, 88, 198.
Marie-Galande, île française des Antilles (Amér.), 214.
Marine (personnel de la), 93.
Marines militaires comparées, 95.
— marchandes, 70.
Marino (Saint-), république indépendante (Italie), 142.
Mariout, lac d'Égypte (Afr.), 188.
Maritza, fl. de Turquie, 143.
Marmande, v. de France (Lot-et-Garonne), 44.
Marmolata, mont des Alpes, 102.
Marne, riv. de France, 32, 34.
— département, Fr., 36, 43.
Marne (Haute-), département, Fr., 36, 43.
Maroc (Empire du), Afr., 184.
— capitale du Maroc (Afr.), 184.
Maroni, riv. de la Guyane (Amér. centr.), 215.
Maros, riv. de Hongrie, 111.
Marquises, archipel français d'Océanie, 83, 179.
Marquise, v. de France (Pas-de-Calais), métallurgie, 43.
Mars, planète, 8.
Marschall, îles de l'Océanie, 178.
Marseille, v. et port de France (B.-du-Rhône), 44, 61.
Martaban, golfe de l'Indo-Chine (Asie), 149.
Marthe (pic de Sainte-), Colombie (Amér. centr.), 216.
Martigny, v. de Suisse, 129.
Martin (Saint-), île hollandaise des Antilles (Amér.), 83, 122.
— (partie française de l'île de), 214.
Martin-de-Ré (Saint-), place forte (Charente-Infér.), 76.
Martinique, île française des Antilles (Amér.), 82, 206, 214.
Marvejols, v. de France (Lozère), 44.
Mascara, v. d'Algérie (Afr.), 79.
Mascareignes, îles anglaises, (océan Indien), 198.
Mascate, v. et port de l'Arabie indépendante (Asie), 161.
Massif central français, 32, 99.
Massina, royaume mahométan du Soudan (Afrique), 188.
Matam, v. du Sénégal (Afr.), 84.
Matamoros, v. du Mexique (Amér. du Nord), 218.
Matapan, cap de la Grèce, 106, 143.
Matebélé, État nègre indépendant (Afrique), 195.
Matthieu (Saint-), cap de France (Finistère), 106.
Maubeuge, v. de France (Nord), place forte, 43, 61, 72.
Mauléon, v. de France (Basses-Pyrénées), 44.
Mauna-Loa (mont), îles Hawaï (Océanie), 179.
Maupertuis, 16.
Maure, mont des Alpes, 30.
Maure (Sainte-), île grecque, mer Ionienne, 143.
Mauriac, v. de France (Cantal), 44.
Maurice, île anglaise (océan Indien), 116, 182, 198.
Mayence, v. d'Allemagne, 110, 126.
Mayenne, département, Fr., 43.
— rivière, Fr., 34.
— ville de France, 43.
Mayotte, île française (océan Indien), 85, 198.
Mazamet, v. de France (Tarn), 44 : — tissus, 58.
Meaux, v. de Fr. (Seine-et-Marne), 36, 43.
Meched, v. de Perse (Asie), 154.
Mecklembourg (étangs du), Allemagne, 124.
— ville d'Allemagne, 105.
— Schwerin (grand duché), 124.
— Strelitz (grand duché), 124.
Mecque (la), capitale de l'Arabie (Asie), 144, 161.
Médéa, v. d'Algérie (Afr.), 79.
Medellin, v. de la Colombie (Amér. centr.), 217.
Medine, v. du Sénégal (Afr.), 84, 188.
— v. d'Arabie, posses. turque (Asie), 161.
Méditerranée (mer), 107.
— (la France dans la), 108.
— (l'Angleterre dans la), 108.
— côtes maritimes, 42.
Mégalithiques (monuments), 87.
Medjerda, fleuve de Tunisie (Afrique), 184.
Mekinez, v. du Maroc (Afrique), 184.
Mé-Kong ou Cambodge, V. Cambodge.
Mekran, mont du plateau de l'Iran (Asie), 154.
Melbourne, v. et port d'Australie, 176.
Melghir, chott d'Algérie (Afr.), 186.
Mellacorée, riv. du Soudan (Afrique), 84.
— v. du Sénégal (Afr.), 188.
Melle, v. de France (Deux-Sèvres), 43.
Melrir, chott du Sahara (Afr.), 182, 186.
Melun, v. de France (Seine-et-Marne), 36, 43.
Melville (Bassin de), pôle Nord, 224.
— île, Australie, 175.
Memphis, v. des États-Unis (Amér. du Nord), 212
Mé-Nam, fleuve de Siam (Asie), 150, 165.
Mende, v. de France (Lozère), 44.
Mendérès, fleuve d'Asie, Archipel, 157.
Mendocino, cap des États-Unis (Amer. du Nord), 212.
Menez (massif du), Bretagne, France, 32.
Menehould (Sainte-), v. de France (Marne), 36, 43.
Ménerville, v. d'Algérie (Afr.), 79.
Menton, v. de France (Alpes maritimes), 44.
Menzaleh, lac d'Égypte (Afr.), 188.
Mercure, planète, 8.
Mercure (mines de), Espagne, 137.
— Autriche, 132.
Méridiens, 12, 13.
Mers (les), situation et étendue : — mouvements, marées et courants : — la vie dans l'océan, 19, 24.
Mersey, rivière d'Angleterre, 109, 114.
Merthyr Tydwill, v. d'Angleterre, métallurgie, 114.
Merv, v. Mourgab.
— ville du Turkestan (Asie), 159.
Mesenc (mont), Cévennes, 33.
Mésopotamie, posses. turque (Asie), 160.
Messine, détroit d'Italie, 106.
— v. d'Italie, 141.
Métalliques (mont) Allemagne, 124.
Métaux : extraction, importation, France, 57.
Metdesis (mont), massif du Taurus (Asie), 157.
Meteil, France, 48.
Metelin, île de l'Asie Mineure, 157.
Metrovitza, v. de Serbie, 144.
Metz, v. d'Als.-Lorr. 78, 110.
Meudon, v. de France (Seine-et-Oise), aérostation, 76.
Meurthe, riv. de France, 32, 110.
Meurthe-et-Moselle, département, France, 43.
Meuse, riv. de France, 32, 109, 110, 122.
— (bassin de la), 40.
— département, 43.
Mexico, cap. du Mexique (Am. du Nord), 218.
Mexique (Amérique), 218.
— (lac du), Am. du Nord, 218.
— (golfe du), Amér. du Nord, 206, 212.
— (plateau du), Am. du Nord, 204.
Meymac (mont de), France, 33.
Mezen, fleuve de Russie, 132.
Mézières, v. de France (Ardennes), 43, 110.
Miah (Oued), riv. du Sahara (Afr.), 186.
Michigan, lac des États-Unis (Am. du Nord), 204, 212.
Middelbourg, chef-lieu de l'île Walcheren (Hollande), 124.
Midi de Bigorre (pic du), Pyrénées, 30.
Midi d'Ossau (pic du), Pyrénées, 30.
Midouze, riv. de France, 34.
Milan, v. d'Italie, 141.
Milanais (plaines du), Italie, 140.
Milandchi (mont), Grands lacs (Afr.), 192.
Miliana, v. d'Algérie, 79.
Mille marin, 14.
Millau, v. de Fr. (Aveyron), 44.
Milo, île grecque, Archipel, 143.
Miltsin, mont. du Maroc (Afr.), 184.
Milwaukee, v. des État-Unis (Amér. du Nord), 212.
Mincio, fl. d'Italie, 140.
Mindanao, île espagnole, oc. Pacifique, 172.
Minden, v. d'Allemagne, 124.
Mines (service des), Fr. 92.
Minho, fl. d'Espagne, 136.
Ministères, France, 92 à 96.
Ministres, 90.
Minnesota, riv. de l'Amér. du Nord, 212.
Minorque, île espagnole, Méditerranée, 136.
Minoteries, France, 57.
Miquelon, V. Saint-Pierre.
Mirande, v. de Fr. (Gers), 54.
Mirecourt, v. de Fr. (Vosges), dentelles, 43, 59, 60.
Mississipi, fl. de l'Amérique du Nord, 204, 212.
Missouri, riv. de l'Amérique du Nord, 204, 212.
Mitchell (major), explorateur, 170.
Mitidja (plaine de la), Algérie (Afrique), 79.
Modène, v. d'Italie, 140.
Mœn, île du Danemark, 120.
Mœro, lac d'Afrique, 182, 192.
Moheli (île), groupe des Comores, océan Indien, 199.
Moissac, v. de Fr. (Tarn-et-Garonne), 44.
Moldau, riv. d'Allemagne, 130.
Moldavie, prov. de Roumanie, 144.
Moldo-Valachie (plaines de la), 143.

TABLE ALPHABÉTIQUE. 241

Moluques, îles hollandaises, oc. Pacifique (Asie), 167, 173.
— (mer des), Asie, 172.
Monaco (principauté de), 44.
Mombaze, v. du Zanzibar (Afr.), 189.
Monchique (sierra de), mont d'Espagne, 138.
Mongolie, territoire chinois (Asie), 132, 165.
Monnaies : France, 92.
— étrangères, 92.
Monrovia, cap. de la République de Liberia (Afrique), 189.
Mons, ville de Belgique, bassin houiller, 122.
Montagnes : France, 30.
Montargis, v. de Fr. (Loiret), 36, 44.
Montataire, v. de Fr. (Oise), centre métallurgique, 61.
Montauban, v. de Fr. (Tarn-et-Garonne), 44.
Montbéliard, v. de Fr. (Doubs), horlogerie, 44, 61.
Montbrison, v. de Fr. (Loire), 44.
Montceau-les-Mines, v. de Fr. (Saône-et-Loire), bassin houiller, 44.
Montdidier, v. de Fr. (Somme), 43.
Monte-Alto, mont d'Italie, 140.
Monte-Cinto, Corse, 32, 89.
Monte-Gargano, presqu'île d'Italie, 140.
Monteiro, explorateur, 193.
Monte-Leone, Alpes, 102.
Montelimar, v. de Fr. (Drôme), 44.
Monténégro, 143, 144.
Monte Rosa, Alpes, 102.
Montereau, v. de France (Seine-et-Marne), faïences, 36, 61.
Montevideo, cap. de l'Uruguay (Amér. du Sud), 208, 218.
Montluçon, v. de France (Allier), 44 ; — glaces, 61.
Montmédy, v. de France (Ardennes), place forte, 43, 72.
Montmorillon, v. de France (Vienne), 43.
Montpellier, v. de Fr. (Hérault), 44.
Montpellier-le-Vieux, Aveyron, France, 41.
Montréal, v. du Canada (Amér. du Nord), 204, 209.
Montreuil, v. de France (Pas-de-Calais), 43.
Montserrat, île anglaise, Antilles (Amér.), 214.
Morava, riv. de Serbie, 111.
Moravie, prov. d'Autriche, 130.
Morbihan, départ., Fr., 43.
More, navigateur, 227.
Morecambe (golfe de), mer d'Irlande, 114.
Morée, presqu'île de Grèce, 143.
Morena (sierra), mont d'Espagne, 136.
Moreton (baie), Australie, 173.
Morlaix, v. de France (Finistère), 43.
Mortagne, v. de France (Orne), toiles, 43, 60.
Mortain, v. de Fr. (Manche), 43.
Morte (mer) (Asie), 150, 160.
Morvan (monts du), 32.
Moscou, v. de Russie, 132, 134.
Moselle, riv. de France, 34, 34, 40, 110.
Moskowa, riv. de Russie, 132.
Mossamédès, poss. portugaise de Guinée (Afr.), 195.
Mossi, royaume nègre du Soudan (Afr.), 188.
Mossoul, v. de Mésopotamie (Asie), 160.
Mostaganem, ville d'Algérie (Afr.), 79.
Mostar, v. d'Herzégovine, 143.
Motata-Yamvo, état indigène du Congo (Afr.), 193.
Moulins, v. de Fr. (Allier), 44.
Moulmein, v. de la Birmanie anglaise (Asie), 165.
Moulouia, fl. d'Afrique, 184.
Mourgab, riv. d'Asie, 159.
Mourzouk, oasis du Sahara (Afrique), 186.
Moussons, 27.
Mouta N'Sigué, lac d'Afr. 182.
Moutiers, v. de France (Savoie),
Moutons : France, 53.
— Australie, 176.
— Canada, 209.
— États-Unis, 211.
Mouzzaïaville, ville d'Algérie (Afrique), 72.
Mozambique, colonie portugaise d'Afrique, 138, 195.
— (détroit du), 182.
— (canal du), 84.
Mtesa, état indigène du Congo (Afrique), 193.
Mühr, riv. d'Autriche, 111.
Mulde, riv. d'Allemagne, 124.
Mulets : France, 53.
Mulhacen, pic de la Sierra Nevada, Espagne, 140.
Mulhouse, v. d'Alsace-Lorraine, ancienne sous-préfecture du Haut-Rhin, 78, 110.
Munich, v. de Bavière, 124.
— (plateau de), 99.
Munster, v. de Prusse, 125.
Murat, v. de Fr. (Cantal), 44.
Murchison, riv. de l'Australie (Océanie), 179.
Murcie, v. d'Espagne, 138.
Muret, v. de France (Haute-Garonne), 44.
Murray, golfe de la mer du Nord, 114.
— fleuve d'Australie, 175.
Murrumbidje, riv. d'Australie, 175, 179.
Musées : France, 98.
Mysore, province de l'Inde (Asie), 162.
— v. et capitale de la province de Mysore (Asie), 162.
Mzab, oasis du Sahara Algérien (Afrique), 186.

N

Nagasaki (baie de), Japon (Asie), 167.
— v. du Japon (Asie), 167.
Nagoya, v. du Japon (Asie), 167.
Nagpour, montagne de l'Inde (Asie), 162.
Nahé, riv. d'Allemagne, 110.
Namaquas (mont), Afrique australe, 195.
— (pays des), Afrique, 197.
Namur, v. de Belgique, 122.
Nancy, v. de France (Meurthe-et-Moselle), 43, 61, 110.
Nan King, v. de Chine, 165.
Nan-Ling, mont. de Chine, 165.
Nantes, v. de France (Loire-Inf.), machines, 43, 61.
Nantua, v. de France (Ain), 44.
Nao (la), cap d'Espagne, 136.
Naples (golfe de), mer Tyrrhénienne, 106, 140.
— v. d'Italie, 141.
Narbonne, v. de Fr. (Aude), 44.
Nares, navigateur, 224, 227.
Narenta, riv. d'Herzégovine, 143.
Nassau, v. de Prusse, 125.
— capitale des Lucayes, Antilles, 214.
Natal, colonie anglaise du Cap (Afrique), 197.
— v. et port du Cap (Afrique), 116.
Nauplie, golfe de Grèce, 143.
Naurouse (col et passage de), Cévennes, 32, 38.
Navigation (principales lignes de) : France, 69, 70, 107.
— Italie, 107.
— Autriche, 107.
Navires de guerre, France. 74.
Naxia, île grecque, 143.
Nazaire (Saint-), v. de France (Loire-Inférieure), 43.
Neagh, lac d'Irlande, 115.
Nebraska, riv. de l'Amérique du Nord, 212.
Nébuleuses, 7.
Neckar, riv. d'Allemagne, 110.
Nelson, fleuve de l'Amérique du Nord, 209.
Nemours, ville d'Algérie, 79.
Népaul, État indépendant de l'Hymalaya (Asie), 163.
Neptune, planète, 8.
Nérac, v. de France (Lot-et-Garonne), 44.
Nerbouddа, fleuve d'Asie, océan Indien, 150, 162.
Ness (loch), lac d'Écosse, 115.
Nethou, pic des Pyrénées, 30.
Neufchâteau, ville de France (Vosges), 43.
Neufchâtel, ville de France (Seine-Inférieure), 43.
— v. et lac de Suisse, 129.
Neustadt (baie de), Allemagne, 124.
Neu-Strelitz, capitale du Grand Duché de Mecklembourg-Strelitz (Allemagne), 125.
Neutra, riv. d'Autriche, 111.
Néva, fl. de la Russie, 109, 132.
Nevada (sierra), montagne d'Espagne, 136.
— mont de l'Amérique du Nord, 204.
Nevers, v. de France (Nièvre), faïence, métallurgie, 44, 61.
Névis, île anglaise, Antilles, (Amérique), 214.
Newarck, ville des États-Unis (Amérique du Nord), 212.
Newcastle, v. et port d'Angleterre, 114.
Newhaven, v. et port d'Angleterre, 114.
New Jersey, v. des États-Unis (Amérique du Nord), 210.
New York, v. de l'Amérique du Nord, 204, 212.
N'gami, lac de l'Afrique, 182.
N'gouro, poss. allemande côte des Çomalis (Afrique), 193.
Niagara, fleuve des États-Unis (Amérique du Nord), 205.
— (cataracte du), 203, 209.
Niari Quillou, vallée du Congo (Afrique), 84.
Nicaragua, lac de l'Amérique centrale, 206, 216.
— République de l'Amérique centrale, 216.
Nice, v. de France (Alpes-Maritimes), 44, 75.
Nich, v. de Serbie, 144.
Nickel, Nouvelle-Calédonie (Océanie), 179.
Nicobar, îles anglaises, océan Indien (Asie), 160, 162.
Nicolaïevsk, ville de Sibérie, (Asie), 158.
Nicolaiew, v. de Russie, 132.
Nicopolis, v. de Bulgarie, 111.
Nicoya, golfe de l'Amérique centrale, 218.
Nidjé, mont de Thessalie, 143.
Niemen, fl. de la Russie d'Europe, mer Baltique, 109, 132.
Nieuweweld, monts et steppes du Cap (Afrique), 197.
Nièvre, riv. de France, 34, 37.
— département, France, 44.
Niger, fl. d'Afrique, 84, 182.
— (bassin du), Afrique, 187.
Nijni-Kolymsk, v. de Sibérie (Asie), 158.
Nijni-Novgorod, v. de Russie 134.
Nil, fleuve de l'Afrique, Méditerranée, 182, 188, 190.
— (delta du), 182.
Nilagiri, montagne de l'Inde (Asie), 162.
Nimègue, v. de Hollande, 110, 122.
Nîmes, v. de France (Gard), 44.
Niort, ville de France (Deux-Sèvres), 44.
Niphon, île du Japon, 167.
Nivernais (monts du), France, 32.
No, lac d'Égypte, 190.
Nœud marin, 14.
Nogent-le-Rotrou, v. de France (Eure-et-Loir), 43.
Nogent-sur-Seine, ville de France (Aube), 36, 43.
Noire (forêt), Allemagne, 124.
— (montagne), Cévennes, 32.
— — Bretagne, 32.
Noirmoutiers, île française (Loire-Inférieure), 43.
Nontron, ville de France (Dordogne), 44.
Nord (canal du), Europe, 106.
— (cap), Norvège, 106, 119.
— (département), France, 43.
— (plaines du), Europe, 59, 103.
Nordenskiold, explorateur, 120, 224.
Nord-Est (passage du), 45, 120, 224.
Nord-Ouest (territoire du Canada), 209.
— (passage du), Amérique, 202, 224.
Norfolk, île anglaise (Océanie) 116.
Normandes, îles anglaises dans la Manche, 106, 114.
Normandie (plaine de), 30.
— (collines de), 32.
— (côtes maritimes), 41.
Normands (les), 87.
Norrkoping, ville et port de Suède, 120.
Norrland (Suède), 120.
Norte (rio del), fleuve de l'Amérique du Nord, 204.
Norvège, 119, 120.
Nossi-Bé, île française, océan Indien (Afrique), 87, 198.
Nouméa, cap. de la Nouvelle Calédonie (Océanie), 83, 179.
Nouvelle Almaden, v. du Californie (Amér. du Nord), 212.
Nouvelle-Angleterre, mont de l'Amérique du Nord (Alleghanys), 204.
Nouveau-Brunswick, (Amérique du Nord), 204, 209.
Nouvelle-Écosse, presqu'île du Canada (Amérique), 202.
— province du Canada, 209.
Nouvelle-Galles du Sud (Australie), 175.
Nouvelle Guinée (Asie), 122.
Nouvelle-Orléans, v. des États-Unis (Amér. du Nord), 212.
Nouvelle-Sibérie, Pôle nord, 224.
Nouvelle-Zélande, îles anglaises de l'Océanie, 116.
Nouvelle-Zemble, Pôle nord, 224.
Novi-bazar (Sandjak de), Autriche, 130.
Nubie (plateau de), Afrique, 144, 182.
Nuremberg, v. d'Allemagne, 126.
Nyangoué, v. du Congo (Afrique), 193, 195.
Nyassa, lac d'Afrique, 182, 188, 193.
Nyons, v. de Fr. (Drôme), 44.
Nyram, État de l'Inde (Asie), 162.

O

Obdorsk, v. de Sibérie (Asie), 158.
Obi, fleuve de la Russie d'Asie, 158, 224.
— golfe de l'oc. Glacial, 158.
Obion, (montagne de France 102.
Obok, ville et port français d'Égypte (Afrique), 188.
Océan (Grand), 149.
— Indien, Asie, 149.
— Glacial arctique, 149.
Océanie, 171 à 181.
Odensee, v. du Danemark, 120.
Oder, fleuve d'Allemagne, 109, 113, 124, 130.
Odessa, v. de Russie, blés, 134.
Œland, île suédoise, mer Baltique, 106, 120.
Œsel, île russe, mer Baltique, 106, 132.
Œufs, France, 54.
Oglio, riv. d'Italie, 140.
Ogooué, fleuve du Congo, (Afrique), 182, 194.
Ohio, riv. de l'Amérique du Nord, 204, 212.
Oho-Sima, île japonaise, océan Indien, 167.
Oise, riv. de France, 34.
— département, France, 43.
Oka, riv. de Russie, 109, 132.
Okhotsk, mer d'Asie, 149.
Oki Naoua île du Japon, 167.
Okrida, lac d'Albanie, 143.
Oldembourg, Allemagne, 124.
Oléron (île d'), Charente-Inférieure, France, 43.
— (château d'), place forte, 76.
Oliviers : France, 49.
Olmutz, v. d'Autriche, 111.
Oloron, v. de France (Basses-Pyrénées), 44.
Olympe (mont) Thessalie, 143.
Oman, golfe de l'Hindoustan, (Asie), 149.
— (montagne d'), Asie, 161.
— (sultanat d'), Asie, 161.
Omer (Saint-), v. de France (Pas-de-Calais), 43, 75.
Omsk, ville de Sibérie (Asie), 158.
Onéga, (fleuve de Russie), mer Blanche, 130.
— lac de Russie, 132.
Ontario, lac de l'Amérique du Nord, 204, 203, 212.
— province du Canada (Amérique du Nord), 209.
Opium : colonies anglaises, 118, 162.
Oporto, ville de Portugal, 136.
Or : Australie, 176.
— Colombie britannique, 203.
— Colonies anglaises, 118.
— États-Unis, 212.
— Malaisie, 173.
— Mexique, 218.
— Sibérie, 188.
— Transvaal, 195.
— Nouvelle-Zélande, 179.
Oran, ville d'Algérie (Afrique) place forte, 76, 79.
Orange, v. de France (Vaucluse), 44.
— fleuve d'Afrique, 182, 197.
— (État libre du fleuve), 197.
Orcades, îles anglaises, mer du Nord, 106, 114.
Orégon, fleuve de l'Amér. du Nord, oc. Pacifique, 204, 211.
Orenbourg, v. de Russie, 132.
Orénoque, fleuve de l'Amérique centrale, 208, 216.
Orethana, explorateur, 223.
Orge, France, 48.
Oriental (cap), Sibérie, (Asie), 150, 158.
Orizaba, pic du Mexique (Amérique du Nord), 204.
Orléans, v. de France (Loiret) tissus de laine, 44, 58
Orléansville, ville d'Algérie (Afrique), 79.
Ormuz, détroit entre l'Arabie et la Perse (Asie), 150.
Orne, France, 52.
Orne, départ., France, 43.
— riv. de France, 34.
Orontès, riv. de Syrie (Asie), 162.
Orsova, v. de Serbie, 111.
Ortel ou Ortelius, 16.
Orthez, v. de France (Basses-Pyrénées), 44.
Ortler, mont. des Alpes, 102.
Oruba, île hollandaise, (Amér. centrale), 208, 214.
Osaka (baie d'), Japon, 167.
— v. et port du Japon, 167.
Ossa, mont de Thessalie, 143.
Ostende, v. et port de Belgique, 122.
Otrante (canal d'), Italie, 106.
— (presqu'île d'), Italie, 140.
Ottange, Alsace-Lorraine, métallurgie, 61.
Ottava, capitale du Canada (Amér. du Nord), 118, 209.
Ouadaï, royaume mahométan du Soudan (Afrique), 188.
Ouahabites, États de l'Arabie indépendante (Asie), 161.
Oubena, possession allemande côte des Çomalis (Afr.), 193.
Ouessant (îles d'), France, 43.
Ouest africain, 84, 194.
Oufoumbiro, mont des Grands lacs (Afrique), 182.
Ougogo, mont des Grands lacs (Afrique), 192.
Ouhéhé, possession allemande (Afrique), 193.
Ouinipeg, lac de l'Amérique du Nord, 204, 209.
Ou Kami, poss. allemande, côte des Çomalis (Afr.), 193.
Oukerooué, lac d'Afrique 182.
Oukhoutou, poss. allemande, côte des Çomalis (Afr.), 193.
Ounyamouézi (plateau de l'), Afrique, 188.
Oural, fl. de Russie (Europe et Asie), 109, 132, 151, 159.
Ourals (monts), Russie, Europe et Asie, 132, 150.
Ourazamo, poss. allemande, côte des Çomalis (Afr.), 193.
Ourga, v. de Mongolie (Asie), 152.
Ourmia, lac d'Arménie (Asie), 154, 156.
Ourse (Grande), 7.
— (Petite), 7.
Ousagara, poss. allemande, côte des Çomalis (Afr.), 193.
Ousembara, poss. allemande, côte des Çomalis (Afr.), 193.
Oust, riv. de France, 34.
Oven-Stanley, mont. de la Nouvelle-Guinée (Océanie), 173.
Oxley, explorateur, 179.
Oyapoc, rivière de la Guyane (Amérique du Sud), 214.

P

Paimbœuf, v. de France (Loire-Inférieure), 43.
Palaouan, île espagnole (Philippines), Océanie, 172.
Palerme, v. d'Italie, 141.
Palisse (la), ville de France (Allier), 44.
Palk (détroit de), Asie, 150.
Palma, cap. et port de l'île Majorque (Méditerranée), 197.
Palmes, cap d'Afrique, 182.
Palos, cap d'Espagne, 136.
Pamiers, ville de France (Ariège), métallurgie, 44, 61.
Pamir (plateau de), Asie centrale, 152, 159.
Pampas (lagune des), Rép. Argentine (Amér. du S.), 217.
Panama (isthme de), Amérique centrale, 206.
— (golfe de), 206, 216.
— v. de Colombie, Amér., 217.
Pantellaria, île d'Italie, 140.
Papetti, capitale de l'île de Taïti, 83, 179.
Papier : France, 61.
Paraguana, presqu'île du Vénézuéla (Amér. centrale) 218.
Paraguay, fleuve de l'Amér. du Sud, 208, 216, 217, 221.
— (État du), Amér. du Sud, 218.
Paraiba, mont. des Alpes, 102.
Parralèles, 12.
Paramaribo, capitale de la Guyane hollandaise (Amérique), 214, 215.
Parana, riv. de l'Amérique du Sud, 217, 221.
Paranahyba, riv. de l'Amérique du Sud, 208, 221.
Paré (le), possession allemande (Afrique), 193.
Paria, cap du Vénézuéla (Amérique centrale), 206.
— presqu'île du Vénézuéla (Amérique centrale), 218.
Parima, mont. de la Guyane (Amérique), 208, 214.
Pariua, cap de l'Amérique du Sud, 202.
Paris, capitale de la France 38, 43, 61, 76.
Parnasse, mont. de Grèce, 93, 143.
Paro, île grecque, Archipel, 143.
Parry, navigateur, 224.
Parthenay, ville de France (Deux-Sèvres), 43.
Pas-de-Calais (détroit du), 106.
— (département du), 43.
Passaro, cap de Sicile, 106, 140.
Passau, v. d'Allemagne, 111.
Patagonie (Amérique du Sud), 202, 216.
Patna, v. de l'Inde, 162, 163.
Patras, v. de Grèce, 144.
Pâturages, France 52.
Pau, v. de France (Basses-Pyrénées), 44.
— (gave de), 34.
Paul (Saint-), v. de l'île de la Réunion (Afrique), 198.
— (Saint-), v. des États-Unis (Amérique du Nord), 212.
Paul de Loanda (Saint-), ville de Guinée (Afrique), 195.
Pavie, v. d'Italie, 140.
Pavot (culture du), France, 49.
Payer, navigateur, 224.
Pays barbaresques, 184.
Pays scandinaves, 119.
Paz (la), v. de Bolivie (Amérique du Sud), 216.
Peaux : France, 54.
Pêche fluviale et maritime, France, 54.
Peel, marais de Hollande, 122.
Peï-ho, fl. de Chine (Asie), 165.
Peïpous, lac de Russie, 132.
Pekin, cap. de la Chine, 165.
Pelew, îles espagnoles, océan Pacifique (Océanie), 172.
Péloponèse (massifs du), Grèce, 143.
Pelvoux, montagne des Alpes, 32, 99, 102.
Pendjab, riv. de l'Inde, 162.
— (plaine du), Asie, 150.
Pongani, fleuve d'Afrique, 193.
Penjinsk, golfe de Sibérie (Asie), 149, 158.
Péninsule des Balkans, 144.
Péninsule ibérique, 136.
Peunine, montagnes d'Angleterre, 114.
Pepi-Chan, monts du massif Coréen, Chine (Asie), 165.
Perak, État indép. de la presqu'île de Malacca (Asie), 163.
Perche (collines du), Fr., 32.
Perdu (mont), Pyrénées, 30.
Périgueux, v. de France (Dordogne), 44.
Périm, île anglaise, détroit de Bab-el-Mandeb (Asie), 116, 161.
Perles : Malaisie, 173.
Perm, v. de Russie, 132.
Pernambouc ou Récife, v. du Brésil (Amér. du Sud), 221.
Péronne, v. de France (Somme), place forte, 36, 43, 75.
Pérou (République du), 218.
Pérouse, v. d'Italie, 140.
Perpignan, v. de France (Pyrénées-Orientales), 44, 76.
Perregaux, v. d'Algérie (Afrique), 79.
Perse (Asie), 154.
Persique (golfe), Asie, 149.
Perth, v. d'Australie, 176.
Perthus (col du), Pyrénées, 30.
Pe-tcheli, golfe de la mer Jaune (Asie), 165.
Petchora, fleuve de Russie 109, 132, 224.
Pétersbourg (Saint-), capitale de la Russie, 132, 134.
Péterwardein, v. de Hongrie 111.
Petite-Terre, île française (Antilles (Amérique), 214.
Peupliers : France, 52.
Phénix, îles des États-Unis, océan Pacifique, 179.
Philadelphie, v. des États-Unis (Amérique du Nord), 212.
Philipp, explorateur, 176.
Philippeville, v. d'Algérie, 79.
Philippines, îles espagnoles de l'oc. Pacifique, 167, 178.
Philippopoli, v. de Roumélie, 143.
Piave, riv. d'Italie, 140.
Pichaco de la Veleta, mont d'Espagne, 140.
Pichincha, volcan de l'Amérique du Sud, 207.
Piémont, Italie, 140.
Pierre Ier (île de), Pôle sud, 226.
Pierre (Saint-), v. de la Martinique, Antilles, 214.
— v. de l'île de la Réunion, océan Indien, 198.
— et Miquelon, îles françaises d'Amérique, 83, 203.
Piétermaritzbourg, capitale de l'État de Natal (Afrique), 197.
Piétrosza, mont d'Autriche, 99, 130.
Pilate, mont. de Suisse, 129.
Pilcomayo, riv. de l'Amérique du Sud, 208, 217.
Pin maritime : France, 52.
Pinde, montagne de Grèce, 143.
Pins (île des), Grandes Antilles (Amérique), 208.
Pinson, navigateur, 223.
Pirée (le), port de Grèce, 144.
Pise, v. d'Italie, 140.
Pisuerga, riv. d'Espagne, 136.
Pithiviers, v. de France (Loiret), 44.
Piton des Neiges, mont de la Réunion (Afrique), 85.
Pittsbourg, v. des États-Unis (Amér. du Nord), 204, 212.

GÉOGRAPHIE GÉNÉRALE. 16

242 TABLE ALPHABÉTIQUE.

Pizarre, conquérant du Pérou, 223.
Places fortes : France, 75, 76.
Plaines : France, 30.
— du Nord, Europe, 105.
Plaisance, v. d'Italie, 140.
Planètes (les), 7.
Plantes (culture des), 47.
— fourragères, France, 50.
— oléagineuses, tinctoriales, textiles, 49.
Plata (la), ou République Argentine (Amér. du Sud), 217.
— (Rio de la), fleuve de l'Amérique du Sud, 208, 217.
Plateau central : France, 99.
— — d'Asie, 150.
— lorrain, 101.
— scandinave, 118.
Platine : Russie, 136.
Platre : France, 57.
Ploemeur, v. de France (Morbihan), 43.
Ploermel, v. de France (Morbihan), 43.
Plomb : Algérie, 79.
— Autriche, 132.
— Espagne, 137.
— Angleterre, 114.
Plomb du Cantal, montagne de France, 99.
Pnom Penh, capitale du Cambodge (Asie), 165.
Pô, fl. d'Italie, 103, 109, 140.
Podor, v. du Sénégal, comptoir français (Afrique), 84, 188.
Pogge, explorateur, 195.
Pointe-à-Pitre, v. de la Guadeloupe (Amérique), 83, 214.
Pointe-des-Galets (port de la) île de la Réunion, 85.
Pointe-Percée, montagne de France, 92.
Points cardinaux, 12.
Poitiers, v. de Fr. (Vienne), 43.
Poitou (collines du), Fr., 32.
— (ancien golfe du), Fr., 42.
Pol (Saint-), ville de France (Pas-de-Calais), 43.
Pôles, 12.
Pôle Nord, 224.
— Sud, 226.
Policastro, golfe d'Italie, 140.
Poligny, v. de Fr. (Jura), 44.
Pologne (royaume de), 132.
Polonia-Rowna, mont d'Autriche, 130.
Poméranie, Prusse, 123.
— (étangs de), 124.
— (baie de), 124.
Pommes de terre : France, 48.
Ponce de Léon, navigateur, 223.
Pondichéry, ville française de l'Inde (Asie), 86, 164.
Pons (Saint-), ville de France (Hérault), 44.
Ponta-Delgada, cap. de San Miguel, oc. Atlantique, 193.
Pont-à-Mousson, v. de France (Meurthe-et-Moselle), 43, 61.
Pontarlier, ville de France (Doubs), 44.
Pont-Audemer, v. de France (Eure), 43.
Pontivy, v. de France (Morbihan), 43.
Pont-l'Évêque, v. de France (Calvados), 43.
Pontoise, v. de France (Seine-et-Oise), 36, 43.
Ponts et Chaussées, 92.
Popocatepetl, volcan du Mexique (Amér. du Nord), 204.
Popo (Grand), Guinée (Afrique), 84.
— (Petit), Guinée (Afrique), 84.
Population (accroissement de la) en France, 90.
Population comparée des différents pays, 91 à 97.
Porcs : France, 58.
— Canada, 203.
— États-Unis, 212.
Porsanger-fiord (Norvège), 120.
Port-au-Prince, cap. de l'île d'Haïti, Antilles, 215.
Port-Darwin, v. et port d'Australie, 176.
Port Elisabeth, v. de la colonie du Cap (Afrique), 197.
Port Essington, v. et port d'Australie, 179.
Port Jakson (baie de), v. et port d'Australie, 175.
Port Louis, capitale de l'île Maurice (Afrique), 178.
Portes de Fer (les), Hongrie, 113.
Porto, port du Portugal, 138.
Porto-Allegre, v. du Brésil (Amérique du Sud), 221.
Porto-Novo, Guinée (Afr.), 84.
Porto-Rico, île espagnole, Antilles (Amér.), 206, 214.
Porto-Santo, île portugaise, océan Atlantique, 199.
Porto-Seguro, possession allemande (Afrique), 84, 120.
Ports (mouvement des), France, 70.
Port-Saïd, v. d'Egypte (Afrique), 188.
Ports de guerre : France, 74.
Porsmouth, v. et port d'Angleterre, 114.
Port-Stanley, îles Falkland (Amér. du Sud), 218.
Portugal, 138.
Posen, v. de Prusse, 125.
Posnanie, prov. de Prusse 124.
Potchefstroom, v. du Transvaal (Afrique), 198.
Poti, v. et port du Caucase (Asie), 156.
Potomac, riv. de l'Amér., 212.
Potosi, v. de Bolivie (Amérique du Sud), 216.
Potsdam, v. de Prusse, 125.
Pougues, v. de France (Nièvre) eaux minérales, 29.
Poulo-Condor, îles françaises, mer de Chine (Asie), 165.
Poulo-Pinang, îles du détroit de Malacca (Asie), 165.
Pouvoir législatif et exécutif, 90.
Prades, v. de France (Pyrénées Orientales), 44.
Prague, v. d'Autriche, 130.
Prairies : France, 52.
Préfectures maritimes, Fr., 74.
Prégel, fl. d'Allemagne, 124.
Presbourg, v. de Hongrie, 111 130.
Prétoria, capitale du Transvaal (Afrique), 195.
Prince (île du), poss. portugaise, oc. Atlantique, 138, 198.
Prince Edouard, île anglaise, océan Atlantique, 118, 209.
Printemps, 10.
Pripet, riv. de Russie, 132.
Privat, v. de Fr. (Ardèche), 44.
Projections, 15.
Provençaux (les), 87.
Providence, v. des États-Unis (Amérique du Nord), 212.
Provinces : France, 89.
Provins, v. de France (Seine-et-Marne), 43.
Prusse (royaume de), 124.
— Rhénane, 126.
Pruth, riv. d'Autriche, 111.
Ptolémée, 16.
Puebla, v. du Mexique (Amérique du Nord), 218.
Pujet-Théniers, v. de France (Alpes-Maritimes), 44.
Punta-Arenas, v. et port de la République de Costa-Rica (Amérique centrale), 216.
Puteaux, v. de Fr. (Seine), 74.
Puy (le), v. de France (Haute-Loire), dentelles, 44, 60.
Puy-de-Dôme, dép. Fr., 44.
— mont du Massif central, France, 32.
Puy de-Sancy, mont du Massif central, France, 32, 99.
Pyrénées, 30, 136.
— (Basses-), dép., Fr., 44.
— (Hautes-), dép., Fr., 44.
Pythagore, 16.

Q

Quarnero, golfe d'Autriche, 130.
Quatre-Cantons, lac de Suisse, 129.
Québec, v. du Canada (Amér. du Nord), 118, 204, 203.
— province du Canada, 203.
Queensland, possess. anglaise, Australie, 116, 176.
— (montagnes du), 175.
Quelimané, poss. portugaise du Zambèze (Afrique), 196.
Quelpart, île chinoise, mer Jaune (Asie), 165.
Quentin (Saint-), ville de Fr. (Aisne), tissus, dentelles, machines, 36, 43, 58, 60, 61.
Quercy (causses du), Massif central, France, 32.
Quesnoy (le), ville de France (Nord), place forte, 72, 76.
Quiloa, v. du Zanzibar (Afr.), 188.
Quimperlé, ville de France (Finistère), 43.
Quintin, v. de Fr. (Côtes-du-Nord), toiles, 60.
Quito, capitale de la rép. de l'Équateur (Amér.), 217.

R

Raab, affluent du Danube, 111.
Rabat, v. du Maroc (Afr.), 184.
Race, cap de l'île de Terre-Neuve (Amér.), 102, 203.
Races de l'Europe (les), 148.
— de l'Asie, 168.
— de l'Océanie, 180.
— de l'Afrique, 200.
— de l'Amérique, 222.
Raffineries, France, 49.
Raiatea, colonie française, mer des Antilles, 83.
Raleigh (Walter), explorateur, 210, 223.
Rambouillet, v. de France (Seine-et-Oise), école militaire, 43, 76.
Rance, riv. de France, 34.
Rangoun, v. de la Birmanie anglaise (Asie), 165.
Ratisbonne, ville d'Allemagne, 111.
Ravi, riv. de l'Inde, 162.
Raynier, mont, Colombie anglaise (Amér. du Nord), 204.
Ré (île de), France (Charente-Inférieure), 43.
Reboisement des montagnes, France, 51.
Recife, v. du Brésil (Amér. du Sud), 221.
Recrutement, France, 93.
Reculet, mont du Jura, Fr., 32.
Redon, v. de Fr. (Ille-et-Vilaine), 43.
Redonda, île anglaise, Antilles (Amérique), 214.
Régions agricoles, France, 47.
— militaires, — 75.
Reims, ville de France (Marne), 43, 58, 76.
Reine-Charlotte, archipel (Am. du Nord), 209.
Religions du globe, 228.
Relizane, v. d'Algérie, 79.
Remiremont, ville de France (Vosges), 43.
Rennes, v. de Fr. (Ille-et-Vilaine), tissus, 43, 60, 76.
Réole (la), ville de France (Gironde), 44.
Républiques espagnoles, Amér. centrale, 216.
Réthel, ville de France (Ardennes), 36, 43.
Réunion, île française, océan Indien (Afr.), 85, 182, 198.
Reuss, riv. de Suisse, 129.
— principauté d'Allemagne, 124, 125.
Revilla-Gigedo, îles mexicaines, oc. Pacifique, 202, 218.
Rhig (oued), oasis Algérien (Afrique), 186.
Rhin, fl. d'Allemagne, 103, 109, 110, 122.
Rhodes, île turque de la Méditerranée, 157.
Rhône, fleuve de France, 32, 34, 103, 109.
— (bassin du), 39, 41.
— (vallée du), 30.
— département, France, 44.
Riazan, v. de Russie, 132.
Ribérac, v. de Fr. (Dordogne), 44.
Richmond, v. des États-Unis (Amér. du Nord), 212.
Riesengebirge, mont de Bohême, 93.
Rif, montagnes du Maroc (Afrique), 185.
Riga, v. de Russie, 134.
Righi, mont. de Suisse, 129.
Rilo-Dagh, mont de Bulgarie, 99, 153.
Rindjani, mont de l'île Lombok (oc. Indien), 172.
Rio Brazos, riv. de l'Amér. du Nord, 212.
Rio Cauca, riv. de Colombie (Amér. centrale), 216.
Rio Coco, fl. de l'Amér. cent., 216.
Rio Colorado, fl. de l'Amér. du Nord, 212.
— riv. de l'Amér. du Sud, 217.
Rio grande del Norte, fl. de l'Amér., 204, 212, 218.
Rio Grande, riv. du Sénégal (Afr.), 188.
Rio de Janeiro, port du Brésil (Amér. du Sud), 221.
Rio de la Plata, v. de la rép. Argentine (Amér.), 218.
Riom, v. de France (Puy-de-Dôme), 44.
Rio Magdalena, riv. de Colombie (Amér. cent.), 216.
Rio Negro, riv. de l'Amér. du Sud, 217.
Rio Nunez, riv. du Sénégal (Afr.), 84, 188.
Rio Pongo, riv. du Sénégal (Afr.), 84, 188.
Rio San-Juan, fl. de l'Amér. centrale, 216.
Ripon (chute du), Afr., 193.
Rivalités politiques, 232.
Rive-de-Gier, v. de Fr. (Loire), bassin houiller, 44, 56, 61.
Rives, v. de Fr. (Isère), 61.
Rivière (le commandant), 84.
Rivière Rouge, riv. de l'Amér. du Nord, 212.
Riz : Annam, 164.
— Cambodge, 165.
— Cochinchine, 165.
— Colonies anglaises, 118.
— Inde, 163.
— Japon, 167.
— Malaisie, 172.
Roanne, v. de Fr. (Loire), tissus, 44, 54, 59.
Rochambeau, navigateur, 210.
Rochefort, v. de Fr. (Charente-Inf.), port militaire, 74, 76.
Rochelle (la), v. de France, (Charente-Inf.), 76.
Roches ignées, 17.
— sédimentaires, 17.
Roche-sur-Yon (la), v. de Fr. (Vendée), 43.
Rocheux (monts), Amér. du Nord, 204.
Rocroy, v. de Fr. (Ardennes), place forte, 73, 72.
Rodez, v. de Fr. (Aveyron), 44.
Rodrigue, île anglaise, océan Indien, 182, 198.
Roi-Guillaume (terre du), Pôle nord, 224.
Romania, cap de l'Indo Chine (Asie), 150.
Romans, v. de Fr. (Drôme), 44.
Rome, cap. de l'Italie, 140, 144.
Romorantin, v. de Fr. (Hte-Saône), bassin houiller, 56.
Rosa (mont), Alpes, 93, 129.
Rosario, v. de la Rép. Argentine (Amér. du Nord), 218.
Rosette, ville d'Egypte (Afr.), 144, 188.
— bouche du Nil, 188.
Ross, montagnes des îles Britanniques, 113, 114.
Ross (James), navigateur, 224, 227.
Rotterdam, v. et port de Hollande, 110, 122.
Roubaix, v. de France (Nord), tissus, 43, 58, 59.
Rouen, v. de Fr. (Seine-Inférieure), tissus, machines, 36, 43, 59, 61, 75.
Rouergue (causses du), Massif central, Fr., 32.
Roufidji, riv. d'Afrique, 193.
Rouge (mer), Asie, 149.
Rouget de l'Isle, 78.
Rummel, riv. d'Algérie, 70.
Roustchouk, v. de Bulgarie, 111, 144.
Routes : France, 64.
— Franco-italienne, 103.
— Suisse et Italie, 103.
— Austro-Italienne, 103.
— (grandes) de terre et de mer, 229.
Rovouma, fl. d'Afrique, océan Indien, 182, 192, 193.
Royal (canal), Irlande, 114.
Ruelle, v. de Fr. (Charente), canons, 61.
Ruffec, v. de Fr. (Charente-Inférieure), 43.
Rufisque, v. du Sénégal (Afrique), 84, 188.
Rugen, île d'Allemagne, mer Baltique, 124.
Ruhr, riv. d'Allemagne, 110.
Ruppel, riv. de Belgique, 122.
Russie, 132, 136.

S

Saal, riv. d'Allemagne, 124.
Saba, île hollandaise, mer des Antilles, 214.
Sabi, fleuve du Zambèze (Afr.), océan Indien, 195.
Sables-d'Olonne, v. de France (Vendée), 43.
Sabrina (terre de), Pôle Sud, 226.
Sacramento, fleuve de l'Amérique du Nord, 204, 212.
Safran, France, 60.
Sagazig, v. d'Egypte (Afr.), 144.
Sahara (désert du), Afrique, 182, 186, 187.
Saïda, v. d'Algérie (Afr.), 79.
Saïgon, v. de Cochinchine (Asie), 85, 165.
Saint (voir au second mot du nom géographique).
Saintes, îles françaises des Antilles (Amérique), 83, 214.
Saisons (théorie des), 9.
Sajama, mont de Bolivie (Amér. du Sud), 207, 216.
Sakaline, île russe, mer d'Okostsk (Asie), 150, 158.
Salado, riv. de l'Amér. du S., 217.
Saldé, v. du Sénégal (Afr.), 84.
Salé (lac), Amér. du N., 204, 212.
Salerne, golfe d'Italie, mer Tyrrhénienne, 140.
Salomon, îles allemandes (Océanie), 126, 180.
Salonique, v. de Turquie, 143.
— (golfe de), Archipel, 106, 143.
Salouen, fleuve de l'Indo-chine (Asie), 150, 165.
Salvador (République du), Amérique centrale, 216.
Salzach, riv. d'Autriche, 111.
Salzbourg, v. et duché d'Autriche, 111, 130.
Salzettes, îles portugaises, golfe d'Oman (Asie), 164.
Samar, île espagnole, océan Pacifique, 172.
Samarang, v. de l'île de Java (Asie), 172.
Samarkand, v. du Turkestan (Asie), 159.
Sambre, riv. de Belgique, 34, 110, 122.
Samoa, îles, (Océanie), 173.
Samos, île de l'Asie Mineure, Méditerranée, 157.
Samothrace, île grecque, Archipel, 143.
San Antonio, cap, île de Cuba (Amér. cent.), 214.
Sancerre, v. de Fr. (Cher), 44.
Sancy (Puy de), Massif central, 33.
Sandwich, îles indépendantes, océan Pacifique, 180.
San-Francisco, v. des États-Unis, (Amér. du Nord), 212.
— riv. du Brésil (Amér. du Sud), 206, 221.
Sangar (détroit de), Japon (Asie), 150.
San-Grasso, Apennins, 99.
San-Joaquin, riv. de l'Amérique du Nord, 212.
San-Jose, capitale de Costa-Rica (Amér. cent.), 216.
San-Juan, capitale de l'île de Porto-Rico (Antilles), 214.
— fleuve de l'Amérique centrale, 206.
San-Lucas, cap du Mexique (Amér. du Nord), 202, 218.
San-Luiz, V. Maranhao.
San-Miguel, île portugaise, Açores (oc. Atlantique), 138.
San-Paulo, v. du Brésil (Amérique du Sud), 221.
San-Roque, cap du Brésil (Amér. du Sud), 202, 221.
San-Salvador, cap. de la Rép. du Salvador, (Amér. cent.), 216.
— (baie de), Brésil, Amérique du Sud, 221.
— (île de), groupe des Lucayes (Amér. cent.), 206.
San-Thomé, île portugaise (océan Atlant.), 138.
Santiago, v. et capitale de Chili (Amér. du Sud), 216.
Santorin, île grecque, Archipel, 143.
Saône, riv. de France, 32, 34.
— (vallée de la), 30.
Saône et-Loire, département, France, 44 ; — fer, 57.
Sapin : France, 52.
— Norvège, 120.
Sarragosse, v. d'Espagne, 137.
Saratow, v. de Russie, 132, 134.
Saraouak, sultanat de l'île de Bornéo (Océanie), 173.
Sardaigne, île d'Italie, Méditerranée, 106, 140.
Sarine, riv. de Suisse, 129.
Sarlat, v. de France (Dordogne), 44.
Saros (golfe de), Roumélie, 143.
Sarrazin : France, 48.
Sarrasins (les), 87.
Sarre, riv. d'Allemagne, 110.
Sartène, v. de Corse, 44.
Sarthe, riv. de France, 34.
— départem., France, 43.
Saskatchawan, fl. de l'Amérique du Nord, 209.
Satellites, 8.
Sathonay (Rhône), camp militaire, 76.
Satory (Seine-et-Oise), camp militaire, 76.
Saturne, planète, 8.
Saules : France, 52.
Saumur, v. de France (Maine-et-Loire), École militaire, 43, 76.
Saussure (Horace Benedict de) 102.
Savannah, riv. des États-Unis (Amérique du Nord), 212.
Save, riv. d'Autriche, 30, 111, 113.
Savoie, départ., France, 44.
Savoie (Haute-), département, France, 44.
Savorgnan de Brazza, 84, 85, 194.
Saxe, province de Prusse, 125.
Saxe Altembourg (duché de), 125.
Saxe-Cobourg et Gotha (duché de), 125.
Saxe Meiningen (duché de), 125.
Saxe Weimar (duché de), 124.
Sayansk, mont du Baikal (Asie), 150, 152.
Scarpe, riv. de France, 34.
Schaffouse, v. de Suisse, 110, 129.
Schaumbourg-Lippe (principauté de), 125.
Scheuchzer, 16.
Schutt, explorateur, Afrique, 195.
Schwarzbourg - Rudolstadt, (principauté de), 125.
Schwarzbourg Sondershause (principauté de), 125.
Schwerin, capitale du grand-duché de Mecklembourg Schwerin, 124.
Scilly, îles anglaises de la Manche, 106.
Scutari, v. et port de l'Asie Mineure, 157.
— lac d'Albanie, 143.
Sebou (Oued), fleuve du Maroc (Afrique), 184.
Secchia, riv. d'Italie, 140.
Sechelles, îles anglaises de l'océan Indien, 182, 198.
Sedan, v. de France (Ardennes), 43 ; — tissus de laine, 58.
Sedhiou, v. du Sénégal, comptoir français (Afrique), 84, 188.
Seeland, île du Danemark, 120.
Sées ou Séez, v. de France (Orne), 36, 43.
Ségou, royaume mahométan du Soudan (Afrique), 188.
Segré, v. de France (Maine-et-Loire), 43.
Segre, riv. d'Espagne, 136.
Segura, riv. d'Espagne, 136.
Seigle : France, 48.
Seihoun, fleuve de l'Asie Mineure, 157.
Seille, riv. d'Alsace-Lorraine, 78.
Seine, fleuve de France, 34, 109.
— bassin de la, 17, 36, 41, 43, 109.
— département, 36, 43.
Seine-Inférieure, département France 38, 43.
Seine-et-Marne, département, France, 36, 43.
Seine-et-Oise, département, France 36, 43.
Sel : France, 56, 57.
Selenga, fleuve d'Asie, 152.
Seledje, riv. de l'Inde (Asie) 162.
Semlin, v. de Hongrie, 111.
Sempolatinsk, v. de Sibérie (Asie), 158.
Semur, v. de France (Côte-d'Or), 44.
Sénégal, colonie française (Afrique), 84, 188.
— fleuve d'Afrique, 182.
Senlis, v. de France (Oise), 43.
Senna, possession portugaise (Afrique), 195.
Senne, riv. de Belgique, 123.
Sens, v. de France (Yonne), 36, 44.
Sentis, montagne de Suisse, Alpes, 129.
Serajevo, v. de Bosnie, 111.
Serbie (royaume de), 144.
Sereth, riv. de Roumanie, 111.
Serpa Pinto, explorateur, Afrique, 195.
Servan (Saint-), v. de France (Ille-et-Vilaine), 36, 43.
Service militaire : France, 93.
Setif, v. d'Algérie (Afrique), 79.
Severn, riv. d'Angleterre, 114.
Seville, v. d'Espagne, 136.
Sèvre-Nantaise, riv. de France, 34.
— Niortaise, riv. de Fr. 34.
Sèvres, v. de France (Seine-et-Oise), porcelaines, 61.
Sèvres (Deux), département, France, 43.
Seybouse, riv. d'Algérie (Afrique), 79.
Seyne (la), v. de France (Var), 44.
Seyssel, v. de France (Ain), 57.
Sfax, v. et port de Tunisie (Afrique), 82.
Shannon, fleuve d'Irlande, 103, 113, 114.
Sheffield, v. d'Angleterre, 114.
Shetland, îles anglaises, mer du Nord, 106, 114.
Siam (royaume de), Asie, 165.
— (golfe de), mer de Chine (Asie), 149, 165.
Sibérie, possession russe en Asie, 151, 158.
— (mont. de la), Asie, 150.
— (îles de la Nouvelle-), océan glacial du Nord, 150, 158.
Sicié, cap de France, Méditerranée, 52.
Sicile, île d'Italie, Méditerranée, 106, 140.
Sidi bel-Abbès, v. d'Algérie (Afrique), 79.
Sidre, golfe, Méditerranée (Afrique), 182.
Sieg, riv. d'Allemagne, 110.
Sierra Leone, possession anglaise (Afrique), 188.
Sierra Madre, mont (Amérique du Nord), 204.
Sierra Nevada, mont de Colombie (Amér. cent.), 210.
Sierra Compiida, mont du Congo (Afrique), 194.

TABLE ALPHABÉTIQUE. 243

Sigean (étang de), France, 34, 42.
Sigmaringen, v. de Prusse, 125.
Si-Kiang, riv. de Chine (Asie), 167.
Sikok, île du Japon (Asie), 167.
Silésie (Duché de), 125, 130.
Silistrie, v. de Bulgarie, 111.
Simplon (col du), Alpes, 103.
Sinaï (presqu'île du), Asie, 162.
— (montagne du), Asie, 161.
Singapour, v. anglaise, presqu'île de Malacca (Asie), 165.
Siouah (oasis de), chotts tunisiens (Afrique), 182, 186.
Siout, capitale de la Haute-Égypte, 144, 188.
Sisteron, v. de France (Basses-Alpes), place forte, 44, 76.
Sistova, v. de Bulgarie, 111.
Situation et avenir de la France, 98.
Skagen, cap du Jutland, 106, 120.
Skager-Rack, détroit du Danemark, 106, 119.
Skelleftea, riv. de Suède, 120.
Skyra, île grecque, 143.
Sleswig Holstein, province de Prusse, 125.
Sleswig, v. de Prusse, 126.
Smyrne, v. et port de Turquie (Asie), 143, 157.
— (golfe de), Archipel, 157.
Snowdon, mont d'Angleterre, 99, 114.
Sociétés savantes, industrielles, littéraires, ouvrières, de patronage, de bienfaisance : France, 96.
Socotora, île anglaise, océan Indien, 182, 198.
Socrate, 16.
Sofala, possession portugaise (Afrique du Sud), 195.
— mont du Zambèze (Afrique), 195.
Sofia, v. de Bulgarie, 111, 144.
Sogne fiord, Norvège, 106, 120.
Soie (tissus de), importation, exportation, centres d'industrie : France, 89.
— Annam, 165.
— Chine, 165.
— Italie, 141.
— Japon, 167.
— Suisse, 129.
Soissons, v. de Fr. (Aisne), 43.
Sokoto, royaume mahométan du Soudan (Afr.), 188.
Sol (nature du), France, 46.
— (abaissement du), 17.
— (soulèvements du), 17.
Soleil, 7.
Soleure, ville de Suisse, 110, 129.
Soliman, mont de l'Iran, (Asie), 150, 154.
Solis (de), navigateur, 223.
Sologne (marais de), Orléanais, France, 34.
— (plaines de), 30.
Solway (golfe de), Écosse, 114.
Somme, rivière de Fr., 34, 109.
Somme, département, 43.
Sommevoire (Haute-Marne), industrie du fer, 61.
Song-Coï, fl. de Chine (Asie), 165.
Sonde (détroit de la), Océanie, 174.
— (îles de la), poss. Hollandaise, Océan Indien, 172.
Sorata, mont de Bolivie (Am. du Sud), 216.
— volcan de la Cordillère des Andes, 208.
Sorlingues, îles anglaises, 114.
Sotteville-les-Rouen (Seine-Inférieure), 43.
Souakim, v. et port d'Égypte, mer Rouge (Afr.), 192.
Soudan, région de l'Afrique, 187.
Soudan égyptien (Afr.), 144.
— montagnes du (Afr.), 182.
Soufrière (volcan de la), Guadeloupe, 83.
Soukharas, ville d'Algérie (Afr.), 79.
Soulou (sultanat de), îles Philippines (Océanie), 173.
Soulou (mer de), Océanie, 172.
Soultz (ballon de), Vosges, France, 89, 124.
Sourabaya, v. de l'île de Java (Océanie), 172.
Sources, 20.
Sourds-muets (écoles de), France, 92.
Sousse (golfe de), Tunisie (Afrique), 184.
Southampton, v. d'Angleterre, 114.
— (île de), mer d'Hudson (Amérique), 209.
— (Terre de), Baie d'Hudson (Amérique), 204.
Spanish-port, capitale de la Trinité, Antilles (Amérique), 214.
Spartivento, cap d'Italie, 106, 143.
Speke, explorateur, 16, 193.
Spencer, golfe d'Australie (Océanie), 179.
Spire, riv. d'Allemagne, 110.
Spitzberg (îles du), pôle Nord, 106, 224.
Splugen (col du), Alpes, 103.
Sporades, îles turques, Archipel, 106, 143.
Sprée, riv. d'Allemagne, 124.
Stanley, explorateur, 193.
Stanovoï, montagnes de Sibérie (Asie), 158.
Stavropol, v. du Caucase (Asie), 156.
Stenay, v. de France (Meuse), métallurgie, 61.
Stettin, v. d'Allemagne, 124, 126.
Stirling-Range, contrées australiennes, 179.
Stockolm, cap. et port de la Suède, 120.
Stoke-upon-Trent, v. d'Angleterre, 114.
Strabon, 16.
Strasbourg, ville de l'Alsace-Lorraine, 78, 110.
Stromboli, volcan des îles Lipari, 17, 140.
Strouma, riv. de Roumélie, 143.
Stryclecki, explorateur, Australie, 179.
Stuart, explorateur, Australie, 179.
Stuttgard, cap du Wurtemberg, Allemagne, 110, 124.
Styrie (duché de), Autriche, 130.
Styring-Wendel (Alsace-Lorraine), métallurgie, 61.
Suchet, montagne de Suisse, Alpes, 129.
Sucre, v. de Bolivie (Amér. du Sud), 216.
Sucre : France, 49.
— Allemagne, 128.
— Antilles françaises, 214.
— — anglaises, 214.
— Brésil, 221.
— Maurice, 198.
— Pérou, 218.
— Réunion, 198.
— Sandwich, 180.
— Cap-Vert, 198.
Sud, cap de Tasmanie (Océanie), 175.
Sudètes, monts d'Allemagne, 124.
Suède, contrée d'Europe, 120.
Suez (canal de), Égypte (Afr.), 192.
— (golfe de), mer Rouge (Afrique), 182.
— (ville d'Égypte), Afrique, 144, 188.
Suif, France, 84.
Suisse, contrée d'Europe, 123.
Sulina, ville de Roumanie, 114.
Sumatra, île hollandaise de la mer des Indes (Océanie), 122, 172, 174.
Sumbava, île hollandaise, Océan Indien (Océanie), 172.
Sund, détroit entre le Cattegat et la Mer Baltique, 106, 119.
Sunderland, ville d'Angleterre, 114.
Superficie : France, 28.
— Algérie, 79.
— Tunisie, 89.
Supérieur, lac de l'Amérique du Nord, 204, 209, 212.
Suratte, ville de l'Inde (Asie), 126.
Surinam (colonie de), V. Guyane Hollandaise.
— fleuve de la Guyane (Amérique centrale), 214.
Suspiro del Moro, mont de la Sierra Nevada, Espagne, 140.
Susquehannah, riv. de l'Amér. du Nord, 212.
Swansea, ville d'Angleterre, centre métallurgique, 116.
Sydney, v. de l'Australie, 176.
Syra, île grecque, Archipel, 143.
Syr-Daria, fleuve d'Asie, 151, 159.
Syrie, vilayet de la Turquie d'Asie, 160.
— (montagnes de), Asie, 150.
Szamos, rivière de Hongrie, 111.
Szegedin, v. de Hongrie, 111, 130.

T

Tabac : France, 49.
— Colombie, 217.
— Colonies anglaises, 118.
— États-Unis, 212.
Tabac : Indes occidentales, 214.
— Malaisie, 173.
Tabago, île anglaise, Antilles (Amer. cent.), 206, 214.
Tabarca, v. de Tunisie (Afr.), 184.
Tabargatos (mont), Plateau central (Asie), 152.
Tabor (mont), Alpes, 32.
Tacha, province péruvienne, propriété du Chili, 216.
Tachkend, capitale du Turkestan russe (Asie), 159.
Tadjoura (baie de), possess. française (Afrique), 188.
Tafilalet, oasis du Sahara (Afrique), 184.
Tafilet, oasis du Maroc (Afr.), 186.
Tage, fl. d'Espagne, 109, 136.
Tagliamento, riv. d'Italie, 140.
Taïti ou Tahiti, île française (Océanie), 83, 179.
Tajuling, mont de Chine (Asie), 165.
Tamatave, v. et port de l'île de Madagascar, 85, 198.
Tamise, fl. d'Angleterre, 105, 114.
Tampico, v. et port du Mexique, (Amér. du Nord), 218.
Tana, riv. d'Afrique, océan Indien, 193.
Tananarive, ville de l'île de Madagascar (Afrique), 86.
Tanaro, riv. d'Italie, 140.
Tanganyika, lac d'Afrique, 182, 188.
Tanger, v. et port du Maroc (Afrique), 184.
Tantah, ville d'Égypte (Afr.) 144.
Tapajos, rivière de l'Amér. du Sud, 208.
Tapy, riv. de l'Inde (Asie), 162.
Tarare, v. de Fr. (Rhône), 44 ; tissus de coton, 59.
Tarascon, v. de Fr. (Bouches-du-Rhône), 44.
Tarbes, v. de Fr. (Hautes-Pyrénées), 44 ; fonderie de canons, 61.
Tarente (golfe de), Méditerranée, 106, 140.
Tarifa (pointe de), Espagne, 136.
Tarim, fl. d'Asie, 151, 152.
Tarn, riv. de Fr., 32, 34.
Tarn, (gorges du), Lozère, France, 41.
— (Département), France, 44.
Tarn-et-Garonne, dép., 44.
Taro, riv. d'Italie, 140.
Tarso, mont du Sahara (Afr.), 186.
Tartarie (golfe de), mer du Japon (Asie), 149.
Tarvis (col du), Alpes, 103.
Tasman, navigateur, 181.
Tasmanie (terre de), possession anglaise, océan Indien (Océanie), 116, 175.
Tassili (plateau de), Sahara (Afrique), 186.
Tassisoudon, capitale du Boutan (Asie), 163.
Tatra, mont d'Autriche, 130.
Taunus, monts d'Allemagne, 124.
Taurus, m. de l'Asie Mineure, 150.
Tauris, v. de Perse (Asie), 154.
Taygète, m. de Grèce, 99, 143.
Taymyr, cap de Sibérie, oc. Glacial (Asie), 158.
Tchad, lac du Soudan (Afr.), 188.
Tchéliouskine, cap de la Sibérie (Asie), 149, 158.
Tchernavoda, v. de Roumanie, 111.
Tchitambo, ville sur le lac Bangouéolo (Afr.), 193.
Tchou-San, île chinoise, mer de Chine (Asie), 165.
Tébessa (Algérie), 79.
Tegucigalpa, cap. du Honduras (Amér. cent.), 216.
Téhéran, v. de Perse (Asie), 154.
Téhuantépec (isthme de), Amérique, 204, 206.
— (golfe de), Mexique, 218.
Télégraphes : France, 64, 230.
Tell, région d'Algérie, 79, 184.
Tempêtes, 27.
Tende (col de), Alpes, 103.
Tenez, v. d'Algérie, 79.
Ténériffe (pic de), îles Canaries, 17, 198.
Tengri Noor, lac d'Asie, 152.
Tennessee, riv. d'Amér. 212.
Terceira (port de), île des Açores (Afrique), 198, 199.
Terglou (mont), Alpes, 102.
Ternate, île hollandaise, oc. Indien, 172.
Ternovo, v. de Bulgarie, 144.
Terek, riv. de Russie, 103, 132, 156.
Terrains géologiques, 28.
Terre (la), dans l'espace, 7.
Terre (figuration et axe de la), 12.
— (origines de la), 17.
Terre de feu, océan Pacifique (Amérique), 203.
Terres incultes : France, 52.
Terre-Neuve (île de), possession anglaise, océan Atlantique, 116, 202, 209.
Terrenoire, v. de Fr. (Loire), métallurgie, 61.
Terrible (mont), Jura, 32.
Terror (le), terre de Victoria, Pôle Sud, 227.
Ter Schelling, île hollandaise, mer du Nord, 122.
Tessin, fl. d'Italie, 140.
Têt, riv. de France 34.
Tété, poss. portugaise (Afr.), 195.
Tétouan, v. du Maroc, 184.
Teulada, cap de Sardaigne, 106, 140.
Texas (flèches côtières du), Amér. du Nord, 212.
Texel, île de la mer du Nord, 106, 122.
Thalès, 16.
Thaso, île grecque, Archipel, 143.
Thau (étang de), Méditerranée, 34, 42.
Thé : Chine, 165.
— colonies britanniques, 118.
— Inde anglaise, 163.
— Japon, 167.
— Malaisie, 173.
Theaki, île grecque, 143.
Theil (le), v. de France, chaux, 61.
Theiss, riv. d'Autriche, 114.
Thessalie, 143.
Thian Chan, plateau central (Asie), 150, 152, 154.
Thiers, v. de France (Puy-de-Dôme), 44.
Thionville, ville d'Alsace-Lorraine, 78.
Thomas (Saint-), île danoise des Antilles (océan Atlant.), 180, 182, 206, 214.
Thomé (San), île portugaise, oc. Atlantique (Afr.), 198.
Thonon, v. de Fr. (Haute-Savoie), 44.
Thun, lac de Suisse, 129.
Thur, riv. de Suisse, 129.
Thuringe (forêt de), Allemagne), 124.
Tibesti, mont d'Abyssinie (Afrique), 187.
Tibet (Asie), 152, 165.
— (exploration du), 153.
— (montagne du) Asie, 150.
— (lacs du), Asie, 150.
Tibre, fl. d'Italie, 140.
Tidikelt, oasis du Sahara (Afrique), 184.
Tien-tsin, v. et port de Chine (Asie), 165.
Tiflis, capitale du Caucase (Asie), 156.
Tigre, fl. d'Asie, 150, 160.
Tigré, division égyptienne, Abyssinie (Afrique), 188.
Tilsitt, v. d'Allemagne, 124.
Timbre : France, 91.
Timor, possession hollandaise et portugaise, océan Indien (Asie), 122, 162, 173.
Tinos, île grecque, Archipel, 143.
Tirnovo, v. de Bulgarie, 111.
Tissus de coton : France, 59.
Titicaca, lac de l'Amér. du Sud, 207, 216, 218.
Titlis (mont), Suisse, 129.
Tizi-Ouzou, v. d'Algérie (Afrique), 79.
Tlahualila, lac du Mexique (Amér. du Nord), 218.
Tlemcen, v. d'Algérie (Afrique), 79.
Tobol, riv. de Sibérie (Asie), 158.
Tobolsk, v. de Sibérie (Asie), 158.
Tocantin, riv. de l'Amérique du Sud, 221, 208.
Tœdi, mont. (Alpes), 102, 129.
Togo, possession allemande, côte des Esclaves (Afrique), 188.
Tokio, v. du Japon (Asie), 168.
Tolède, ville d'Espagne, 136.
Tolima, volcan de la Cordillère des Andes (Amér. du Sud), 207, 208.
Tom, fl. de Sibérie, océan Glacial (Asie), 158.
Tombo, royaume nègre du Soudan (Afrique), 188.
Tombouctou, v. d'Afrique, sur le Niger, 188.
Tomsk, v. de Sibérie (Asie), 158.
Tonga Reva, îles des États-Unis (océan Pacifique), 179.
Tonkin, possession française (Asie), 86, 151, 165.
— (golfe du), 149, 165.
Tonnerre, ville de France (Yonne), 44.
Topfer, touriste, 102.
Tornea, riv. entre la Suède et la Russie, 109, 120, 132.
Toronto, v. du Canada (Amér. du Nord), 203.
Torrens, lac d'Australie (Océanie), 175, 179.
Torres, détroit d'Australie (Océanie), 175.
Touamotou, îles françaises (Océanie), 179.
Touareg ou Targui, peuplade d'Afrique, 182, 187.
Touat, oasis du Sahara (Afrique), 184.
Toubouaï, îles françaises (Océanie), 84, 179.
Toul, v. de France (Meurthe-et-Moselle), place forte, 43, 72, 110.
Toulon, v. de France (Var), port militaire, 44, 74, 76.
Toulou-Saggar, territoire anglais, presqu'île de Malacca (Asie), 165.
Toulouse, v. de France (Hte-Garonne), fonderie de canons, place forte, 44, 61, 76.
Toultcha, v. de Roumanie, 144.
Toungouska, riv. de Sibérie, (Asie), 158.
Tourcoing, ville de France (Nord), 43.
Tournai, v. de Belgique, 122.
Tournon, v. de France (Ardèche), 44.
Tour-du-Pin (la), v. de France (Isère), 44.
Tours, v. de France (Indre-et-Loire), 43.
Transcaucasie, possession russe (Asie), 161.
Transkeï, possession anglaise du Cap (Afrique), 197.
Transilvanie, province d'Autriche-Hongrie, 130.
Transvaal, république de l'Afrique du Sud, 195.
Trasimène, lac d'Italie, 140.
Transylvanie (principat de), Autriche-Hongrie, 130.
Traun, riv. d'Autriche, 111.
Trébizonde, v. et port de l'Asie Mineure, 157.
Trent, riv. d'Angleterre, 113.
Trèves, v. d'Allemagne, 110.
Trevoux, v. de France (Ain), 44.
Trieste (golfe de), mer Adriatique, 106, 130.
— v. d'Illyrie, Autriche, 130.
Trinité (île de la), possession anglaise, océan Atlantique, 116, 205, 214.
Tripoli, vilayet et port turc (Afrique), 143, 160, 186.
Tripolitza, v. de Grèce, 93.
Tromsoë, île de Norvège, 120.
Tropiques, 8.
Troyes, v. de France (Aube), bonneterie, 38, 43, 59.
Tsana, lac d'Abyssinie (Afrique), 182, 188.
Tsiafazavona, pic de l'île de Madagascar, oc. Indien, 198.
Tsi-Nan, v. de Chine (Asie), 163.
Tsing-ling, montagne de Chine (Asie), 165.
Tuamotou, V. Touamotou.
Tubinge, v. d'Allemagne, 110.
Turkey, explorateur, 193.
Tucuman, v. de la Rép. argentine (Amér. du Sud), 218.
Tulle v. de France (Corrèze), armes, 44, 61.
Tummo, mont du Sahara (Afrique), 186.
Tunisie, Afrique, 80, 81.
Tunnels : France, 66.
Turc (îles de), possession anglaise, oc. Atlantique, 116.
Turin, v. d'Italie, 140.
Turkestan russe (Asie), 150, 151.
— oriental (Asie), 165.
Turquie, 143.
Tyne, riv. d'Écosse, 113, 114.
Tyrol (comté du), Autriche, 130.
Tyrrhénienne (mer), 140.

U

Ucayali, affluent de l'Amazone (Amér. du Sud), 208.
Ukraine, contrée d'Europe, 105.
Ulm, ville d'Allemagne, 111.
Universales-Montes monts d'Espagne, 136.
Uranus, planète, 8.
Urbas, riv. d'Autriche, 111.
Uriage, v. de France (Isère), eaux minérales, 29.
Uruguay, rivière de l'Amér. du Sud, 208, 217, 221.
— État de l'Am. du Sud, 218.
Ussat, v. de France (Ariège), eaux minérales, 29.
Ussel, v. de Fr. (Corrèze), 44.
Utah (plateau de l'), Amér. du Nord, 204, 212.
Utrecht, ville de Hollande, 110, 122.
Uzès, v. de Fr. (Gard), 44.

V

Vaches : France, 53.
Vaduz, capitale du Lichtenstein (Autriche), 130.
Vahal, bouche du Rhin, 130.
Vaigatz, île de Russie, océan Glacial, 132.
Valachie, Roumanie, 144.
Valcarez (étang de), Méditerranée, 34, 42.
Valdaï (plateau de), Russie, 105, 132.
Valdivia, ville du Chili (Am. du Sud), 216.
Val d'Osne, v. de Fr. (Meurthe-et-Moselle), métallurgie, 61.
Valence, v. de Fr. (Drôme), 44.
— (golfe de), Méditerr. 136.
— (lagunes de), Espagne, 136.
— ville d'Espagne, 136.
Valencia, v. du Vénézuéla (Amér. cent.), 218.
Valenciennes, v. de Fr. (Nord), bassin houiller, 43, 56, 72, 75.
Valery-sur-Somme (Saint), v. de France (Somme), 36.
Valladolid, v. d'Espagne, 136.
Valognes, v. de Fr. (Manche), 43.
Valparaiso, v. et port du Chili, (Amér. du Sud), 216.
Vals, eaux minérales (Ardèche), France, 29.
Van, lac d'Arménie (Asie), 156.
Vancouver, 16, 181.
— (îles), océan Pacifique (Amérique), 202, 209.
Van Diemen, golfe d'Australie, 179.
Vannes, v. de Fr. (Morbihan), 43.
Vanoise, massif des Alpes, 32.
Var, département, France, 44.
— rivière de France, 32, 34.
Varanger-fiord, Norvège, 120.
Vardar, fl. de Roumélie, 109.
Varsovie, v. de Pologne, 105.
Vasco de Gama, navigateur, 222.
Vascons (les) ou gascons, 87.
Vassy, v. de Fr. (Hte-Marne), 43, 37, 61.
Vaucluse, départ. (Fr.), 44.
Veaux : France, 53.
Vecht, bouche du Rhin, Hollande, 122.
Velay (mont), Massif central, 32.
Vendée, départ. (Fr.), 43.
— (plaine de la), 30.
— rivière, France, 34.
Vendôme, v. de Fr. (Loir-et-Cher), 44.
Vénézuéla, Amér. centr. 218.
— (golfe du), 218.
— (montagnes du), 205, 218.
Venise (golfe de), mer Adriatique, 140.
— ville d'Italie, 141.
Ventoux (mont), France, 102.
Vents alizés, 27.
Vénus, planète, 8.
Vera-Cruz, v. et port du Mexique (Amér. du Nord), 218.
Verdun, v. de Fr. (Meuse), place forte, 43, 72, 110.
Vermejo, riv. de l'Amér. du S. 217.
Vermeille (mer), Amér., 202.
Vernon, v. de Fr. (Eure), 76.
Vérone, v. d'Italie, 140.
Verreries, France, 61.
Versailles, v. de Fr. (Seine-et-Oise), arsenal, 43, 76.
Vert (cap), océan Atlantique (Afrique), 182.
— (îles du cap), océan Atlant. (Afrique), 182.
Verviers, v. de Belgique, 122.
Vervins, v. de Fr. (Aisne), 43
Vesoul, v. de Fr. (Hte-Saône), 44.
Vespucci, navigateur, 223.
Vésuve, volc. d'Italie, 17, 140.
Vézère, riv. de France, 32, 34.
Viaducs : France, 66.
Viborg, v. du Danemark, 120.
Vic (Lorraine), mines de sel, 57.
Vic-Dessos, v. de Fr. (Ariège), métallurgie, 61.
Vichy, v. de Fr. (Allier), eaux minérales, 29.
Victoria, possession anglaise (Australie), 116, 176.
— capitale de l'île de Hong-Kong (Asie), 165.
— fl. d'Australie (Océanie), 179.
— chutes du Zambèze (Afr.), 196.
— (Terre de), Pôle sud, 226.

TABLE DES MATIÈRES

PREMIÈRE PARTIE.
LA TERRE ET LA MER

La terre dans l'espace... 7
Figuration de la terre... 12
Comment la Géographie est devenue une science exacte... 16
Géologie... 17
Structure de l'ancien continent... 18
Structure du nouveau continent... 21
Les Mers... 24
Écoulement des eaux... 26
L'atmosphère et les climats... 27

DEUXIÈME PARTIE.
LA FRANCE

Géographie physique :
Notions préliminaires... 28
Géologie... 29
Relief du sol... 30
Hydrographie... 34
Mers et côtes... 41
Géographie politique :
Les 86 départements... 43
Géographie économique :
Agriculture... 45
Industrie... 55
Commerce... 60
Géographie militaire :
Défense terrestre... 72
Défense maritime... 74
L'Alsace-Lorraine... 76
Géographie de la France extérieure :
L'Algérie... 79
La Tunisie... 80
Les colonies... 82

Géographie historique :
Ethnographie de la France... 87
Provinces... 89
Géographie administrative :
Gouvernement... 90
Éléments de démographie... 97
Situation et avenir de la France... 98

TROISIÈME PARTIE.
EUROPE

Hautes terres européennes... 99
Alpes... 103
Plaine du Nord... 105
Côtes de l'Europe... 106
Méditerranée... 107
Fleuves européens... 109
Le Rhin... 110
Le Danube... 111
Iles Britanniques... 113
Colonies anglaises... 117
Pays scandinaves... 119
La Belgique et la Hollande... 122
L'Empire d'Allemagne... 125
La Suisse... 129
L'Autriche-Hongrie... 131
L'Empire de Russie... 133
L'Espagne et le Portugal... 139
L'Italie... 140
La Péninsule des Balkans... 143
Les Races de l'Europe... 148

QUATRIÈME PARTIE.
ASIE

Configuration générale de l'Asie... 148
Plateau central de l'Asie... 150
Plateau de l'Iran... 154
Le Caucase et l'Arménie... 156

L'Asie Mineure... 157
La Sibérie... 158
La dépression Caspienne... 159
Syrie et Mésopotamie... 160
L'Arabie... 161
L'Inde... 162
La Chine et l'Indo-Chine... 165
Bordures insulaires de l'Asie... 167
Races de l'Asie... 168
La découverte de l'Asie... 170

CINQUIÈME PARTIE.
OCÉANIE

Distribution générale des terres océaniennes... 171
La Malaisie... 172
Le relief du sol et les cours d'eau d'Australie... 175
Colonies australiennes... 178
Les minéraux de l'Australie... 178
Les explorations australiennes... 179
Petites îles de l'Océanie... 179
Races de l'Océanie... 180
La découverte de l'Océanie... 181

SIXIÈME PARTIE.
AFRIQUE

Configuration générale du sol africain... 183
Les pays Barbaresques... 184
Le Sahara... 186
Le Soudan... 187
Le Nil et les pays égyptiens... 190
Les grands lacs africains... 192
Le Congo... 193
Du Zambèze au fleuve Orange... 195

États européens de l'Afrique australe... 197
Les îles africaines... 198
Les Races de l'Afrique... 199
La découverte de l'Afrique... 200

SEPTIÈME PARTIE.
AMÉRIQUE

Caractères généraux du continent américain... 202
L'Amérique du Nord... 204
L'Amérique centrale... 206
L'Amérique du Sud... 207
L'Amérique anglaise... 209
États-Unis de l'Amérique du Nord... 211
Indes occidentales... 214
Républiques espagnoles... 215
Le Brésil... 221
Les races de l'Amérique... 222
La découverte de l'Amérique... 222
Pôle Nord... 224
Pôle Sud... 226

HUITIÈME PARTIE.
GÉOGRAPHIE POLITIQUE DU GLOBE

Les religions et les gouvernements... 228
Grandes routes de terre et de mer... 229
Les rivalités politiques (politique universelle)... 232
Les rivalités politiques (politique européenne)... 233
La langue française dans le monde... 234

Paris. — Imp. E. Capiomont et Cie, rue des Poitevins, 6.

LIBRAIRIE ARMAND COLIN & CIE
1, 3, 5, rue de Mézières. Paris.

HISTOIRE GÉNÉRALE DE L'EUROPE
PAR LA GÉOGRAPHIE POLITIQUE
PAR
EDWARD A. FREEMAN
MEMBRE HONORAIRE DU COLLÈGE DE LA TRINITÉ, OXFORD

Traduit de l'anglais par M. GUSTAVE LEFEBVRE, avec une préface de M. ERNEST LAVISSE
Directeur d'études pour l'histoire à la Faculté des lettres de Paris.

1 vol. in-8° de 756 pages, avec atlas in-4°, renfermant 73 cartes ou cartons, 30 fr.

Nous croyons rendre service au public français en lui offrant la traduction d'un ouvrage considérable de l'éminent historien anglais M. Freeman, publié sous ce titre : *The historical Geography of Europe*, que nous traduisons par : **Histoire générale de l'Europe par la Géographie politique**.

M. Freeman s'est proposé comme il l'a dit « de déterminer quelle a été, suivant les époques, l'étendue des territoires occupés par les différents États et nations de l'Europe, de tracer les limites que chacun de ces pays a possédées et les différentes significations qu'ont les noms qui servent à les désigner. »

L'auteur insiste avec raison sur les services que peut rendre la géographie historique, en corrigeant les grosses erreurs que l'on commet, lorsqu'on s'imagine que des noms tels que France, Angleterre, Bourgogne, Autriche signifient une étendue de territoire qui n'a jamais varié. Il montre que la Géographie historique a besoin de recourir à la Géographie physique, à l'ethnologie, à la philologie comparée pour expliquer les migrations des peuples et la constitution des États. Il entend donc dans un sens très large le mot de *Géographie historique* et c'est une véritable histoire de notre continent qu'il a écrite.

L'intelligence du présent n'est jamais complète sans la connaissance du passé. Par exemple, l'unification de l'Italie et de l'Allemagne, la formation d'États nouveaux dans la péninsule des Balkans, la question d'Orient, ne seront point comprises par quiconque ne sait point les antécédents. M. Freeman, en conduisant jusqu'à nos jours son histoire de la carte politique de l'Europe qu'il a commencée aux temps les plus reculés, nous donne l'origine et le développement des questions qui se débattent aujourd'hui dans le monde politique et nous permet d'encadrer la grande histoire, c'est-à-dire de mettre à leur juste place les informations que la presse nous apporte tous les jours.

Le livre de M. Freeman est accompagné d'un Atlas qui permet de suivre les transformations politiques de la carte européenne. Le traducteur y a ajouté un certain nombre de cartes nouvelles, destinées à faciliter l'intelligence du texte.

Au livre de M. Freeman, M. Ernest Lavisse a donné un utile complément. Dans un *avant-propos* qui ne comprend pas moins de 72 pages, il a caractérisé les différentes périodes de l'Histoire de l'Europe, suivant à travers toutes le courant des idées et des sentiments qui ont conduit la politique.

TABLE DES CARTES DE L'ATLAS. — CARTES AVEC TEXTE

1. Grèce d'après Homère.
2. Grèce et colonies grecques.
3. Grèce au cinquième siècle avant J.-C.
4. Empire d'Alexandre, 323 av. J.-C.
5. Royaume des successeurs d'Alexandre.
6. Les pays égéens au commencement de la guerre de Cléomène, vers 227 av. J.-C.
7. Italie avant la domination romaine.
8. Les pays méditerranéens au commencement de la deuxième guerre punique, 216 av. J.-C.
9. Domination romaine à la fin de la guerre de Mithridate, 64 av. J.-C.
10. L'empire romain à la mort d'Auguste.
11. L'empire romain sous Trajan.
12. L'empire romain (préfectures).
13. Europe pendant le règne de Théodoric.
14. Europe à la mort de Justinien.
15. Europe à la fin du septième siècle.
16. Empire des Arabes.
17. Europe au temps de Charlemagne.
18. Partage de l'empire d'Occident au traité de Verdun, 843.
19. Partage de l'empire d'Occident en 870.
20. Partage de l'empire d'Occident 887
21 à 32. Europe centrale en 980, en 1180, en 1360, en 1460, en 1555, en 1660, en 1780, en 1801, en 1810, en 1815, en 1860, en 1871.
33. Limites de la France en 1555, en 1715, en 1791, en 1871.
34 à 47. Europe du sud-est vers 910, en 1000, de 1040 à 1070, en 1210, en 1340, de 1354 à 1358, en 1401, en 1444, en 1464, en 1672, en 1700, en 1725.
48. Europe du sud-est vers 1861.
49. Europe du sud-est en 1878 après le traité de Berlin.
50 à 61. Europe du nord-est vers l'an 1000, vers 1220, en 1270, de 1350 à 1360 en 1400, en 1478, en 1563, en 1617, en 1701, en 1772, en 1795, en 1809.
62 à 64. Les royaumes espagnols en 1030, en 1210, en 1360.
65. Les royaumes espagnols et leurs dépendances en Europe sous Charles-Quint.
66. Allemagne en 1530.
67. Italie en 1867.
68. Pays-Bas de 1610 à 1790.
69. Angleterre au VIIIe siècle.
70. Angleterre vers 1065.
71. Angleterre vers 1485.
72. Colonies anglaises.
73. Planisphère.

P. N° 839.

SPÉCIMEN DE PETITES CARTES
DE L'ATLAS DE L'HISTOIRE GÉNÉRALE DE L'EUROPE PAR LA GÉOGRAPHIE POLITIQUE

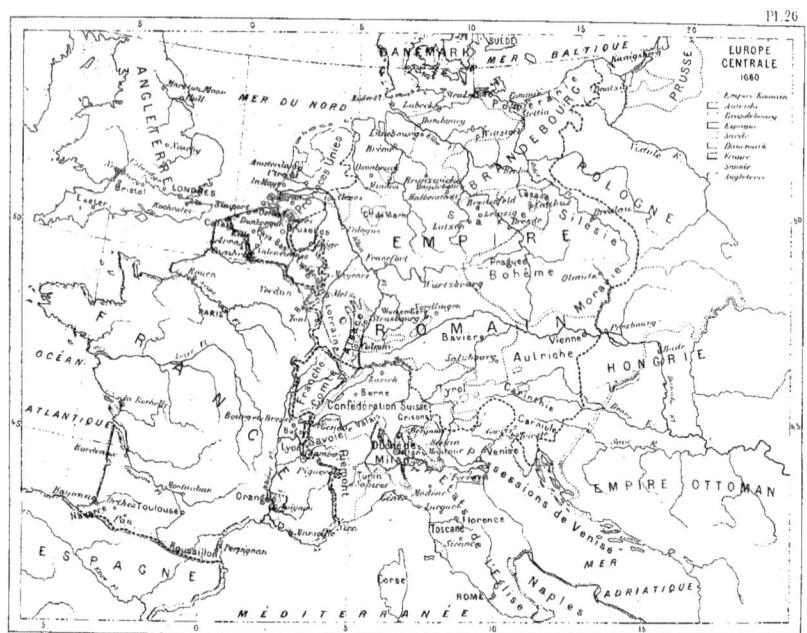

EUROPE CENTRALE
1660

Les provinces septentrionales des Pays-Bas se déclarent indépendantes de l'Espagne et forment la république des *Sept Provinces Unies* (1578), dont l'existence est reconnue officiellement en 1648.

La *Confédération Suisse*, réellement indépendante de l'Empire depuis la fin du quinzième siècle, s'en sépare complètement (1648).

Le duc de Savoie recouvre toutes ses possessions au sud du lac de Genève (1567); il échange avec le roi de France la *Bresse*, le *Bugey* et *Gex*, pour le marquisat de Saluces (1601); il acquiert un peu plus tard une partie du duché de *Montferrat* (1631), mais *Pignerol* et quelques autres points dans le Piémont sont occupés par la France jusqu'à la fin du dix-septième siècle (1630-1696).

La partie de la *Navarre* située au nord des Pyrénées devient française après l'avènement d'Henri IV (1589).

Le *traité de Westphalie* (1648) donne à la France toutes les possessions et droits de la maison d'Autriche en *Alsace*. Le *traité des Pyrénées* (1659) lui donne le *Roussillon*, *Arras* et la plus grande partie de l'*Artois*, avec quelques points détachés dans les provinces espagnoles voisines. Le *Barrois*, également annexé en 1659, fut rendu au duc de Lorraine en 1661. *Calais* avait été repris aux Anglais en 1558, et *Dunkerque*, qui était devenue anglaise (1658), fut vendue à la France trois ans plus tard (1662).

L'électeur de Brandebourg acquiert par héritage le duché de *Prusse* (1611-1618), pour lequel il devient vassal de la Pologne jusqu'en 1656. Il reçoit au traité de Westphalie la *Poméranie orientale* à la droite de l'Oder, avec les principautés ecclésiastiques de *Cammin* de *Magdebourg*, d'*Halberstadt* et de *Minden*. Le reste de la Poméranie, avec Stettin et les bouches de l'Oder, est laissé à la Suède (1648).

La république de Florence, qui s'était changée en un duché (1530), devient ensuite le *grand-duché de Toscane* (1567).

L'Histoire Générale de l'Europe par la Géographie politique est imprimée avec soin sur beau papier glacé, les présentes pages d'annonces ne donnent qu'une idée insuffisante de l'exécution irréprochable du Volume et de l'Atlas.

SPÉCIMEN DE PETITES CARTES
DE L'ATLAS DE L'HISTOIRE GÉNÉRALE DE L'EUROPE PAR LA GÉOGRAPHIE POLITIQUE

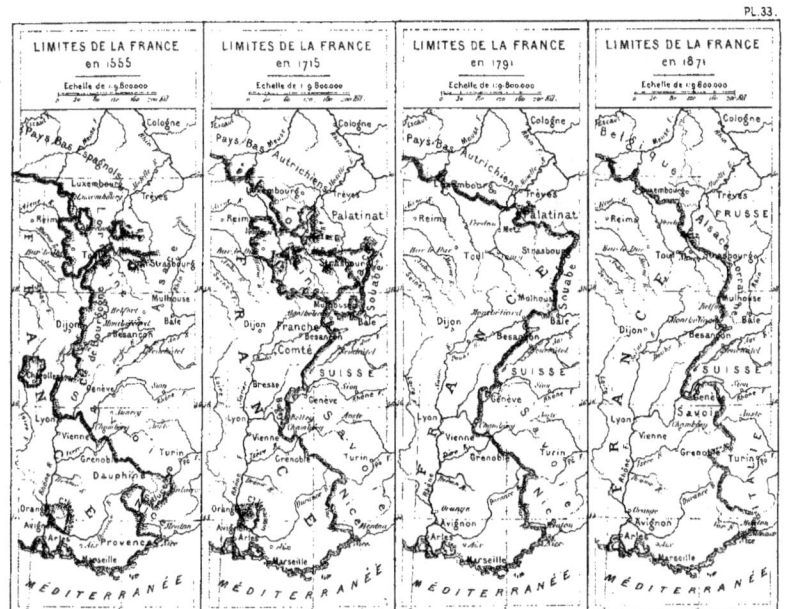

LIMITES ORIENTALES DE LA FRANCE
DE 1555 A 1871

Le duché de *Bourgogne* avait été réuni à la couronne de France après la mort de Charles le Téméraire (1477), mais les autres fiefs français et impériaux de ce prince, Charolais, comté de Bourgogne, etc., restèrent à ses successeurs autrichiens puis espagnols. Le *Dauphiné* avait été réuni au quatorzième siècle (1343-1349), la *Provence* au quinzième (1481); mais la principauté d'Orange restait toujours enclavée dans le territoire français, et le Comtat-Venaissin appartenait aux papes depuis 1348; de ce côté, le marquisat de *Saluces* avait été annexé en 1548.

Les trois évêchés lotharingiens, *Metz*, *Toul* et *Verdun* furent conquis par la France en 1552, mais elle n'en reçut la confirmation légale qu'au traité de Westphalie (1648), qui lui donna en outre toutes les possessions et tous les droits de la maison d'Autriche en *Alsace*. Un peu plus tard, *Strasbourg* et d'autres points qui appartenaient toujours à l'Empire furent réunis à la France (1679-1697). La *Franche-Comté*, conquise une première fois (1668), le fut définitivement en 1674.

La *Bresse*, le *Bugey* et *Gex* furent acquis en échange du marquisat de Saluces, laissé à la Savoie (1601). La principauté d'*Orange* fut annexée en 1714.

La *Lorraine* fut réunie à la France (1735-1766). *Montbéliard* et les quelques points de l'Alsace qui avaient échappé aux réunions, sous Louis XIV, furent annexés en 1791 ainsi que le *Comtat-Venaissin*. La ville de *Mulhouse*, alliée de la Confédération Suisse, le fut en 1798.

La *Savoie* et *Nice* font partie de la France depuis 1860; le district de *Menton* a été acheté au prince de Monaco (1861); mais l'*Alsace* et une partie de la *Lorraine* ont été annexées à l'Allemagne en 1871.

Les cartes de l'*Atlas de l'Histoire générale de l'Europe* sont accompagnées d'une notice indiquant d'une manière succincte les modifications subies par les territoires des États européens aux différentes époques.

Librairie ARMAND COLIN et C*ie*, 1, 3, 5, rue de Mézières.

La France coloniale, *Histoire, Géographie, Commerce*, par M. ALFRED RAMBAUD, professeur à la Faculté des lettres de Paris, avec la collaboration d'une Société de géographes et de voyageurs. 1 vol. in-8°, br., avec 12 cartes en couleurs. . . . . **8 fr.** »

Cet ouvrage, d'une grande actualité, présente des notices très complètes et très riches en informations toutes récentes sur les possessions coloniales de la France et les pays soumis à son protectorat. Après une *introduction historique* de M. A. RAMBAUD, on trouve : **L'Algérie**, par M. P. FONCIN, inspecteur général de l'Université. — **La Tunisie**, par M. Jacques TISSOT. — **Le Sénégal et ses dépendances**, par M. le commandant ARCHINARD. — **La Guinée du Nord** : Etablissements de la Côte d'Or, Grand-Bassam et Assinie, par M. A. BRETIGNÈRE. — Etablissements de la Côte des Esclaves, Porto-Novo, Kotonou, Grand Popo, par M. Médard BÉRAUD. — **L'Ouest africain**, par M. J.-L. DUTREUIL DE RHINS. — **L'Ile de la Réunion**, par M. Jacob DE CORDEMOY. — **Madagascar et les îles voisines**, par M. Gabriel MARCEL. — **La Mer Rouge** : Obock, Cheik Saïd, par M. Paul SOLEILLET. — **L'Inde française**, par M. Henri DELONCLE. — **L'Indo-Chine française**, par M. le capitaine BOUINAIS et M. PAULUS. — **L'Océanie française** : Tahiti, par M. A. GOUPIL, membre du Conseil Colonial. — **La Nouvelle-Calédonie**, par M. Charles LEMIRE. — **Terre-Neuve**, Saint-Pierre et Miquelon, par M. le lieutenant J. NICOLAS. — **La Guadeloupe**, par M. ISAAC, sénateur de la Guadeloupe. — **La Martinique**, par M. HURARD, député de la Martinique. — **La Guyane**, par M. Jules LÉVEILLÉ, professeur à la Faculté de droit de Paris, chargé d'une mission en Guyane. — Une conclusion de M. Alfred RAMBAUD termine l'ouvrage.

Histoire de la Civilisation française depuis les origines jusqu'à nos jours, par M. ALFRED RAMBAUD, professeur à la Faculté des lettres de Paris. 2 vol. in-18 jésus, brochés. I. *Des Origines à la Fronde.* — II. *De la Fronde jusqu'à nos jours.* . . . . . **8 fr.** »
Chaque volume se vend séparément. . . . . **4 fr.** »

Le livre de M. ALFRED RAMBAUD, aujourd'hui complété par l'apparition de son second volume, est, on le sait, une histoire du développement de la société française et un tableau de notre vie nationale aux différentes époques.
Il retrace les destinées de l'aristocratie, de l'Église, de la bourgeoisie, du peuple des villes et des campagnes.
Il montre comment la France s'est formée de ces différents éléments; comment un État s'est constitué avec ses organes essentiels : administration, justice, armée, finances. M. Rambaud aurait été infidèle à son titre, s'il n'avait pas suivi l'histoire de notre agriculture, de notre industrie, de notre commerce. Il n'a eu garde d'oublier la fleur même de toute civilisation, les progrès accomplis dans les lettres, les sciences et les arts.

Les Maîtres de la Musique, depuis 1633 jusqu'à nos jours, par LÉOPOLD DAUPHIN. Recueil de 71 morceaux, fragments d'opéras, airs, duos, chœurs simplifiés, avec accompagnement ou pour piano seul. Biographies des Maîtres avec 50 portraits et vignettes, lexique des expressions musicales. 1 vol. in-4°, rel. toile, tr. dorée. . . . . . **7 fr.** »

Aucun livre jusqu'ici n'avait joint l'histoire des maîtres de la musique à des morceaux extraits de leurs œuvres, de manière à permettre aux jeunes musiciens de suivre l'histoire de la musique par ses chefs-d'œuvre, et de se rendre compte de ses transformations jusqu'à nos jours. L'ouvrage de M. LÉOPOLD DAUPHIN sera donc à l'histoire de la musique ce que des morceaux choisis de littérature sont à l'histoire littéraire.

L'Expansion de l'Angleterre, deux séries de *Lectures*, par J.-R. SEELEY, professeur à l'Université de Cambridge, traduites de l'anglais par M. J.-B. BAILLE, colonel d'infanterie en retraite, et M. ALFRED RAMBAUD, professeur à la Faculté des lettres de Paris, avec une préface par M. ALFRED RAMBAUD. 1 volume in-18 jésus, broché. . . . . **3 fr. 50**

Rechercher les efforts qui ont été nécessaires pour atteindre à ce degré de puissance, étudier les moyens employés pour conserver le plus de cohésion possible entre toutes les parties d'un semblable organisme, peser l'influence qu'une expansion aussi démesurée a pu avoir et a encore sur la mère patrie, tel est le but du livre dont nous présentons la traduction au public français. Il y a des leçons de politique et d'économie sociale qui ne s'adressent pas seulement aux compatriotes de l'auteur, mais aux citoyens de tous les pays, et avant tout aux Français.

Courte Histoire de Napoléon I*er*, suivie d'un Essai sur sa personnalité et sur sa carrière, par LE MÊME, traduit de l'anglais par M. J.-B. BAILLE. 1 vol. in-18 jésus, broché. . . . . **3 fr. 50**

L'auteur a cherché à fixer la place de Napoléon dans l'Histoire de la France et dans celle de l'Europe. Il est intéressant pour nous de connaître les jugements sincères d'un étranger sur le caractère et les actes de celui qui fut « le plus grand des ennemis extérieurs de l'Angleterre ».

La Divine Comédie de DANTE, traduction nouvelle par M. HENRI DAUPHIN, conseiller à la Cour d'Appel d'Amiens. 1 vol. gr. in-8°, broché. . . . . **10 fr.** »

Cette traduction est précédée d'une étude biographique, historique et littéraire sur le grand poète florentin. Non content de cet exposé préliminaire, qui facilitera singulièrement la lecture et la compréhension des trois livres de Dante, le traducteur a accompagné chaque page de notes fort courtes, mais très nombreuses, qui ne laissent pas passer un souvenir mythologique, une allusion historique, une anecdote contemporaine sans en donner en deux mots une explication suffisante pour éclairer tout un passage obscur.

La France économique. *Statistique raisonnée et comparative*, 1887, par ALFRED DE FOVILLE, professeur au Conservatoire des Arts et Métiers, chef du bureau de statistique au ministère des finances, président de la Société de statistique de Paris. 1 vol in-18 jésus, avec cartes et diagrammes. Cartonné. . . . . **6 fr.** »

L'auteur trace, d'après les sources les plus sûres, le tableau de l'économie nationale de notre pays : territoire, population, propriété, industrie, commerce, transports, monnaie, crédit, richesse publique.

www.ingramcontent.com/pod-product-compliance
Lightning Source LLC
Chambersburg PA
CBHW070626170426
43200CB00010B/1921

www.ingramcontent.com/pod-product-compliance
Lightning Source LLC
Chambersburg PA
CBHW070626170426
43200CB00010B/1921